James Baldwin
Zum Greifen nah
Roman

Deutsch
von Thomas Lindquist

rororo

Rowohlt

*Die amerikanische Originalausgabe erschien 1979
unter dem Titel «Just Above My Head»
im Verlag The Dial Press, New York
Umschlaggestaltung Werner Rebhuhn
(Foto: Gerhard Melzer)*

19.–22. Tausend Mai 1991

*Veröffentlicht im Rowohlt Taschenbuch Verlag GmbH,
Reinbek bei Hamburg, März 1984*

*Gesamtherstellung Clausen & Bosse, Leck
Printed in Germany
1480-ISBN 3 499 15313 0*

Für

meine Brüder
George
Wilmer
und
David

und meine Schwestern
Barbara
Gloria
Ruth
Elizabeth
und
Paula Maria

und
Bernard Hassell
und Max Petrus

Daniel sah den Stein
der gehauen aus dem Berg
Daniel sah den Stein
der gewälzt nach Babylon.
Daniel sah den Stein
der gehauen aus dem Berg
der zerbricht das Königreich der Welt!

Erstes Buch
Hab Erbarmen

Wirket: es kommt die Nacht

Der gottverdammte Blutschwall, durch die Nase zuerst, dann durch die Adern in seinem Hals pochend, der scharlachrote Sturzbach explodierte durch seinen Mund, überschwemmte seine Augen und blendete ihn – und warf Arthur nieder, nieder, nieder, nieder, nieder.

Der Anrufer am Telefon ging nicht auf diese Einzelheiten ein, auch nicht das Telegramm: dringend wurde mein Kommen gefordert, mein Bruder war tot. Lakonisch hatten die britischen Zeitungen lediglich gemeldet, daß ein «fast vergessener Negro-Spiritualist und -Sentimentalist» (so bezeichnete die britische Presse meinen Bruder) in der Männertoilette im Keller eines Londoner Pubs tot aufgefunden worden war. Niemand sagte mir, wie er gestorben war. Die amerikanische Presse meldete das Ableben eines «gefühlsstarken» Gospelsängers, verstorben im unzeitigen Alter von neununddreißig Jahren.

Sein Haar hatte sich schon gelichtet, dieser senegalesische Regenwald von Haaren, das wußte ich. Jimmy war nicht bei ihm gewesen; Jimmy hatte in Paris auf ihn gewartet, um ihn nach Hause zu holen. Julia hatte schon in ihrem Haus in Yonkers die Zimmer für sie hergerichtet.

Ich – saß vor dem Telefon. Betrachtete dieses Wunder menschlichen Fleißes, das Telefon. Das Telefon neben meinem Bett war schwarz, genau wie ich, dachte ich, glaube ich, weiß Gott, warum ich das dachte, falls ich überhaupt etwas dachte. Das Telefon im Bad war grau. Das Telefon in der Küche war blau, hellblau.

Die Sonne schien an diesem Morgen, wie ich die Sonne noch nie hatte scheinen sehen.

Er war in einer Blutlache liegend aufgefunden worden – warum sagt man ‹Lache›? –, in einer Flut, einem Sturm, einem Wunder von Blut: sein Blut, meines Bruders Blut, meines Bruders Blut, meines Bruders Blut! *Mein* Blut, meines Bruders Blut, *mein* Blut, Arthurs Blut, versickernd im Sägemehl am Boden einer schmierigen Männertoilette im dreckigen Keller irgendeines dreckigen Londoner Pubs.

Oh. Nein. Arthur. Ich glaube, ich habe gelacht. Ich glaube, ich konnte nicht weinen. Mein Bruder.

Das Haus war leer. Ruth war einkaufen gegangen, Tony und Odessa waren in der Schule: es war ein Donnerstagmorgen.

Mein Bruder. Weißt du denn, mein Freund, wie ein Bruder seinen Bruder liebt, wie gewaltig, wie unsagbar es ist, mit der Wahrheit konfrontiert zu sein, die hinter diesem einfachen Wort steckt? Einfach. Wort. Ja. Nein. Alles wird unsagbar, unlesbar im Angesicht eines Ereignisses, das noch unvorstellbarer ist als der eigene Tod. Es *ist* der eigene Tod, und er ereignet sich weit jenseits unserer Vorstellungskraft. Oder, jedenfalls, weit jenseits meiner Vorstellungskraft. Und weißt du denn, weißt du, wie sehr mein Bruder mich liebte? Wie sehr er mich liebte! Und weißt du, daß ich es nicht wußte, es nicht zu wissen wagte: weißt du das? Nein. Nein. Nein.

Ich starrte und starrte und starrte auf das Telefon: ich starrte auf das Telefon, und ich starrte auf das Telefon. Das Telefon blieb stumm. Es war das schwarze Telefon. Ich stolperte zu dem grauen Telefon im Bad. Vielleicht glaubte ich, es hätte Erbarmen mit mir, wenn ich mich auf der Toilette demütigte. Es kam nichts aus mir heraus, nicht einmal Wasser, und das Telefon klingelte nicht. Ich tappte zu dem hellblauen Telefon in der Küche und starrte es an und starrte es an: es starrte mich an, irgendwoher, über dem hellblauen Regenbogen, und es klingelte nicht. Wie kannst du mir das antun, *wie* kannst du mir sagen, was du mir eben gesagt hast, und jetzt einfach nur dasitzen *auf deinem beschissenen, gottverdammten Regenbogen!* und schweigen? Oh. Wärst du doch ein Mensch, wie ich. Oh. Oh. Oh. Arthur. Sprich. Sprich. Sprich. Ich weiß, ich weiß, ich war nicht immer gut zu dir, ich schrie dich an, wenn ich nicht hätte schreien sollen, ich war oft weg, wenn ich hätte dasein sollen, ich weiß, ich weiß; und manchmal bist du mir ganz beschissen auf die Nerven gegangen, und ich hab mir deine Stories angehört, viel zu oft, und ich kannte alle deine miesen kleinen Touren, Mann, und wie du den Leuten was vorgemacht hast – aber das ist nicht wahr, du hast den Leuten nicht wirklich etwas vorgemacht, du hast gesungen, du hast gesungen, und wenn überhaupt, dann haben die Leute dir etwas vorgemacht, mein Bruder, denn sie wußten nicht, daß *sie* der Song waren, der Preis und der Ruhm: du hast gesungen. Oh, mein Gott mein Gott mein Gott mein Gott, o mein Gott mein Gott mein Gott o nein nein nein, mein Gott mein Gott mein Gott mein Gott verlasse mich, wenn du willst, mir soll's recht sein, aber gib mir meinen Bruder wieder, mein Gott mein Gott mein Gott mein Gott mein Gott!

Ich weinte nicht. Nichts kam aus mir heraus, nicht einmal Wasser. Stumm und nackt wie ein Gaul stand ich unter der Brause. Ich trocknete mich ab, und ich rasierte mich – sehr, sehr langsam, sehr, sehr sorgfältig: ich rasierte einen anderen. Ich blickte in meine Augen: es waren die Augen eines anderen. Ich kämmte meine Haare. Das Telefon klingelte nicht. Gleich würde ich den Hörer abnehmen und eine Nummer wählen und in ein Flugzeug steigen. *London Bridge is falling down. My fair Lady.*

Ruth fand mich flach auf dem Rücken liegend, nackt, am Boden des Badezimmers, den Rasierapparat in der Hand: und das Telefon klingelte.

Zwei Jahre ist es her: wäre Arthur jetzt noch am Leben, dann wäre er bald einundvierzig. Ich bin der ältere Bruder, und ich werde in diesem Jahr achtundvierzig.

Ich heiße Hall: Hall Montana. Ich bin in Kalifornien geboren, aber Arthur ist in New York geboren, und in New York wuchsen wir auf.

Paul, unser Vater starb vor ein paar Jahren – starb daran, glaube ich, daß er einen Kontinent durchquert hatte, um sich in New York wiederzufinden. Er kam in Tallahassee auf die Welt, wuchs auf in New Orleans und machte schwere, schwere Zeiten durch in Kalifornien. Wie dem auch sei, er starb, als Arthur noch Arthur war, Gott sei Dank – er machte sich davon, bevor es mit Arthur abwärts ging. Florence, unsere Mutter, zog später, als Arthur schon unter der Erde lag, nach New Orleans zurück – wo sie und Paul sich kennengelernt hatten –, und dort lebt sie auch jetzt noch, bei einer ihrer jüngeren Schwestern. Ruth und ich und die Kinder versuchen es so einzurichten, daß wir jeden Sommer ein paar Wochen bei ihr sind, und manchmal hole ich Mama über Weihnachten hierher. Aber hier gefällt es ihr nicht. Vielleicht hat es ihr nie gefallen – aber wenn sie jetzt auf Besuch kommt, spüre ich direkt, wie sich etwas in ihr zusammenzieht. Sie sagt nichts, der Schmerz sitzt tief am Grund ihrer Augen. Ich merke es manchmal, wenn sie reglos dasitzt, in den Fernseher oder aus dem Fenster schaut, oder wenn sie auf der Straße geht. Sie geht hier bei uns nicht gern zur Kirche. Sie sagt, die Leute haben keine Seele, ihre Religion ist nichts weiter als Geschwätz und Getue: sie haben den wahren Glauben verloren. Das mag richtig sein. Ich selbst gehe nicht in die Kirche. Aber auch wenn es wahr wäre, was sie sagt – und ich erinnere mich, wie diese Leute Arthur behandelt haben, als er dem Gospel untreu wurde und andere Sachen sang –, so ist dies nicht der eigentliche Grund. Unsere Kirchen hier könnten Jesus persönlich Tag und Nacht am Telefon sitzen haben – Mama wäre doch nie bereit, auch nur in die Nähe des Apparats zu gehen. Nein, niemals. Sie kann diese Stadt nicht leiden, weil sie ihr den Sohn geraubt hat, und sie spürt, daß die Leute in der Kirche, als sie sich gegen ihn wandten, unmittelbar seinen Tod verschuldet haben. Bei sich zu Hause, ja, da geht sie in die Kirche, da kann sie trauern und beten. Weit weg von all diesen gehässigen Menschen, die mit ihren spitzen Zungen ihren Jungen zerfleischt haben. Da kann sie für sich allein singen, ohne die Angst, verspottet zu werden, und Kraft und Trost in dem Lied finden, das da sagt: *Sie wußten nicht, wer du warst.* Und sie singt dann nicht von Jesus, sie singt von ihrem Sohn. Vielleicht entstehen alle Gospelsongs aus Blasphemie und Hochmut – aus dem, was die Kirche Blasphemie und Hochmut nennen würde: daß wir Gottes Leiden auf uns nehmen und es zu unserem eigenen machen, daß wir unser Leiden auf uns nehmen und Gott den Allmächtigen herausfordern, er möge Erbarmen mit uns haben und uns seine Gnade schenken oder sie für sich behalten. Einst werden wir zu zweit auf dem Gnadenthron sitzen: *mein Gott – und ich!*

Zwei Jahre ist es her: und ich habe niemals wirklich darüber gesprochen, nicht mit Ruth, nicht mit Tony und Odessa, meinen Kindern (die ihren Onkel lieben), nicht mit Julia, nicht mit Jimmy. Und sie können nicht darüber sprechen, solange ich nicht sprechen kann.

Ich weiß, ich tue unrecht, sie in meinem Schweigen gefangenzuhalten. Zu einem Teil mag es daran liegen, daß ich Arthurs Manager war. Jahrelang habe ich über ihn reden müssen, als er noch lebte, und später, als er tot war – wie über einen Besitz, einen Star: ich mußte ihn beschützen, weil, Herr erbarme dich, dieser kraushaarige Tolpatsch sich nicht selber zu schützen verstand. Ich fürchtete, ich könnte ihn als Bruder verlieren: er könnte vielleicht glauben, daß auch ich ihn wie eine Büchse Bohnen behandelte, die jeder kaufen und weiterverkaufen konnte – und immer weiter so, Junge, und immer mit hübschem Profit.

Ich glaube nicht, daß er so von mir dachte. Ich weiß, er tat es nicht. Hätte er es getan, dann wäre er sehr viel früher gestorben. Ich weiß es, weil ich weiß, daß er nie etwas vor mir verheimlichte, auch wenn er manchmal bemüht war, auf mich Rücksicht zu nehmen. Ich weiß, daß ich ihn liebte, und *er* wußte es – mit ganzem Herzen liebte ich ihn; auch wenn er mich manchmal so wütend gemacht hat, daß ich ihm am liebsten den Schädel eingeschlagen hätte. Er machte es sich so schwer im Leben! Nein, das ist auch nicht richtig. Er lebte sein Leben, wie er es lebte, wie jedermann es lebt, glaube ich; und er zahlte seinen Preis, wie jedermann ihn zahlt. Wenn ich sage, er machte es sich so schwer im Leben, dann meine ich damit, glaube ich, er wollte seinen Preis immer im voraus entrichten. Und das ist nicht immer möglich – man könnte es sogar eine schlechte Angewohnheit nennen. Manche Schulden werden vielleicht bezahlt. Andere Schulden sind vielleicht nur eine böse Erinnerung; aber du kannst dich nicht wirklich darauf verlassen, solange du nicht deiner Erinnerung trauen kannst. Wie auch immer, die Wahrheit ist: ich würde mich um all diese abstrakten Spekulationen nicht scheren, wenn es mir nicht darum ginge, über meinen Bruder zu sprechen. Er stand auf der Bühne. Er stand im Rampenlicht, und so sah ich ihn – deutlicher, als ich mich selbst jemals sehen werde.

Ich hatte einen Traum an diesem Morgen, diesem Sonntagmorgen, als ich gerade eben aus der Höhle des Schlafs auftauchte, und genau in diesem Augenblick, als ich, noch drunten in der Höhle, Ruth seufzen hörte und fühlte, wie sie sich zu mir drehte – und noch im Schlaf, aber schon im Begriff aufzuwachen, drehte ich mich zu ihr um.

Aber der Traum hielt mich noch gefangen. Arthur und Jimmy und Julia und ich waren alle irgendwo zusammen, an einem verrückten Ort wie Disneyland oder Coney Island. Die Kinder waren aber nicht dabei. Es war Nacht, und Jimmy sagte irgend etwas zu Arthur, etwas Lustiges, was ich nicht verstand, weil ich gerade in dem Augenblick spürte, wie Ruth sich bewegte.

Ich rückte etwas zur Seite, damit Ruth sich frei bewegen konnte, näher zu mir, näher: ich wartete. Wartete. Arthur anwortete Jimmy, und Julia hielt zwischen den beiden einen mit weißem Zuckerguß überzogenen Krapfen hoch, und Ruth legte den Kopf an meine Brust, und meine Hand verstrickte sich in Ruths Haar. Julia warf den Krapfen in die Luft, und dann kam meine Mutter dazu – sie brachte irgend etwas zum Frühstück – und sie sagte: *Ihr solltet diesen Krapfen dort oben lassen, wo er hingehört, ihr kennt euch mit Krapfen nicht so gut aus wie ich.* Dann fuhren wir alle aufs Land hinaus. Ich hockte auf einem Lastwagen, der einen Berg hinauffuhr. Oben auf dem Berg gab es viele Bäume. Arthur lief auf der Straße, und seine großen Schuhe klatschten im Sand. Er rannte, um den Lastwagen einzuholen. Er war noch ein kleiner Junge, vielleicht fünf, und er weinte, und der Rotz lief ihm aus der Nase. Ich versuchte den Lastwagen anzuhalten, aber ich wußte nicht wie. Ich konnte mich dem Fahrer nicht verständlich machen. Jedesmal wenn ich auf der Pritsche nach vorn kriechen wollte, um ans Kabinenfenster zu pochen und den Fahrer zu bitten anzuhalten und mich meinen Bruder heraufziehen zu lassen, rüttelte der Lastwagen und raste im Zickzack über die Straße, und ich wurde von einer Seite zur anderen geschleudert.

Arthur rannte noch immer und weinte, und die Bäume rannten dicht hinter ihm her: ein paar Bäume hatten ihn schon fast eingeholt, und manche liefen ein Stück voraus. Ich beschloß, vom Wagen abzuspringen, und griff nach einem Baum, um meinen Sturz zu dämpfen, aber der Baum wich zur Seite. Ich griff nach einem anderen Baum, aber dieser Baum stieß mich rückwärts gegen das Kabinenfenster. Ich war entschlossen zu springen und robbte auf dem Bauch an den Rand der Pritsche vor, aber da bäumte der Lastwagen sich auf und raste einen steilen Berg hinunter, und ich wurde wieder das ganze Stück zurückgeworfen. Die Bäume lachten: noch immer konnte ich Arthur schreien hören. Ich krabbelte hinauf, hinauf, hinauf, bis an den Rand der Wagenpritsche hinauf, und der Wagen raste den Berg hinunter, und dann strömte Wasser über meinen Kopf hinweg, graues, salziges Wasser. Meine Mutter schüttelte etwas Backpulver in einen Becher. Sie sagte: *Nein. Nicht daß ich wüßte.* Und schaltete den Backofen auf geringere Hitze. Ich rannte und rannte und konnte gerade noch auf die Subway aufspringen, bevor die Türen sich krachend schlossen. Ziemlich viele Menschen starrten mich an, die meisten Weiße, aber da waren auch ein paar Brothers in dem Wagen, ich kannte sie nicht, und ich sagte mir: *Na, gut, verdammt, wenn ihr alle so sein wollt, dann muß ich eben mein eigener Barmixer sein.* Und ich ging hinüber und schenkte mir einen großen Wodka Martini ein. Dann schenkte ich noch einen ein, weil ich mir vorstellte, daß Arthur einen Drink brauchte, und Arthur wartete auf mich im nächsten Wagen. Ich drängte mich durch die Menge, versuchte die beiden großen, kühlen Drinks, die ich hielt, nicht zu verschütten, und Arthur fing an zu singen: «Schönster Herr Jesus, nimm meine Hand.» Und ich dachte, er sei im nächsten Wagen, aber eine Frau sagte: *Nein, er ist zu Hause, mein Schatz, er ist zu Hause.* Ich war so glücklich, meines Bruders Stimme zu hören, eine Stimme, so hoch und hell, daß du zu zittern anfingst, und so tief dröhnend, daß du stöhnen mußtest, daß ich mir fast in die Hosen pißte, und ausgerechnet da hielt die Subway auf dem Dach unseres Hauses, und ich sprang aus dem Wagen und rannte die Treppe hinunter, immer mit den zwei großen Martinis in den Händen. Aber ich wußte nicht, hinter welcher Tür Arthur steckte. Ich wollte anklopfen, aber ich konnte nicht anklopfen, mit einem Glas in jeder Hand. Der Boden war so schief, daß ich fürchtete, die Drinks zu verschütten, wenn ich sie absetzte. Ich trat gegen eine Tür, und die Tür ging plötzlich auf; ganz plötzlich flog die Tür einfach auf, in den Himmel hinaus. Ich konnte das Gleichgewicht nicht halten. Ich beugte mich zurück, aber meine Füße rutschten schon über die Kante in den leeren Raum. Dann bewegte sich Ruth und drückte ihre Lippen auf meine Brust. Und dann, im Schlaf, drehte ich mich zu ihr, drängte mich an sie heran, klammerte mich an sie, fand das Gleichgewicht wieder – irgendwo zwischen Schlafen und Wachen begann ich meine Frau zu liebkosen. Die Augen noch immer fest geschlossen, klammerte ich mich an meine Frau, und ihr Seufzen, ihr Stöhnen riß mich herauf aus der Tiefe. Ich zitterte. Ihre Finger auf meinem Rücken begannen das Zittern aus mir herauszustreichen. Meine Arme spannten sich fest um sie, ihre Schenkel umfingen mich, ihre Füße kitzelten meinen Arsch, die Haare in meiner Arschkerbe. Sie öffnete sich, ich drang ein; ich drang ein, und sie öffnete sich. Sie strich den Traum aus mir heraus, sie zog mich zu sich heran, brachte mich zum Erwachen, sie streichelte mich in eine wache Qual hinein und dann, langsam, ganz langsam, als schickte sie sich an, meinen Traum vorsichtig zu tragen und keinen Tropfen zu verschütten (*ich dachte an meine zwei Martinis!*), zog sie ihn aus der Tiefe meines Bauchs herauf an den Rand meines Geschlechts. Ich war so dankbar, dankbar, ich empfand solche Dankbarkeit, und ich klammerte mich an meine Frau, die mich festhielt und auf mich wartete, und dann, nach einer Pause, einer gewaltigen Pause, schoß ich es alles in sie hinein und lag auf ihrer Brust, umarmt wie ein Mann und gewiegt wie ein Kind – befreit.

Ruth stand auf, und ich schaute ihr nach, wie sie von mir fortging, ins Bad. Ruth ist eine starke Frau, kräftig gebaut, mit einer Hautfarbe irgendwo zwischen Mahagoni und Kupfer und einer Fülle stahlwollener Haare, die eben anfangen, grau zu werden. Ich muß immer ihre Arschbacken ansehen, wenn sie geht – sie sagt, ich bin ein Arschfreak. Ihre Arschbacken sind groß, aber fest und schwer und schön – *saftig,* sage ich manchmal, und dann nennt sie mich einen Arschfreak.

Ich wußte nicht, wie spät es war. Dann erinnerte ich mich, daß ich heute nicht aufzustehen brauchte, es war Sonntag. Tony und

Odessa waren über Nacht bei Julia geblieben. Ruth wollte hinfahren und sie abholen. Sie würde mich von dort anrufen, später.

Sie würde sagen: «Wie ist dir zumute, Baby?»

«Jedenfalls, verdammt, nicht nach Autofahren.»

«Das willst du doch nie. Darum hab ich den Stationswagen genommen, nur für alle Fälle. Aber komm doch, Baby, Julia würde sich so freuen, und die Kinder sind immer begeistert, wenn du sie abholst. Tony könnte mit dir fahren und Odessa kann mit mir fahren und dann, verstehst du, kommen sie sich vor, als hätten sie ganz wichtige Erwachsenengeheimnisse voreinander.»

Sie würde lachen.

«Eigentlich würde Odessa ja viel lieber mit dir fahren, aber Tony wird allmählich erwachsen, und er will mit Mädchen nichts mehr zu tun haben – nicht mit seiner Mama und ganz bestimmt nicht mit seiner Schwester.»

Tony ist fünfzehn. Mir kommt es so vor, als würde er ganz bestimmt nie so kräftig werden wie Ruth; aber Ruth sagt, doch, das wird er. Ruth ist nicht fett. Sie hat schwere Knochen und einen festen Körper. Sie sagt, daß sie in Tonys Alter noch viel schlimmer aussah als Tony und daß das Fleisch bei ihr kaum die Knochen bedeckte. Im Moment sieht Tony aus wie ein Baukasten voller Einzelteile, die darauf warten, daß jemand sie zusammenbaut. Vielleicht wird eine Eisenbahn daraus oder ein Bahnhof oder ein Wolkenkratzer oder ein Lastwagen oder ein Traktor oder ein Dampfbagger – es hängt alles davon ab, wer sie in die Hand bekommt. Der arme Kerl hat wunde Stellen von dem ständigen Krieg zwischen seinen Knöcheln, und manchmal attackieren seine Knöchel auch irgendwie seine Knie, die in einem beklagenswerten Zustand sind. Tonys Finger und Handgelenke und Schulterblätter sind einfach ein einziger großer Magnet für alle harten, unbelebten Dinge dieser Welt. Ich sah, wie Tische und Tischbeine sich auf ihn stürzten. Offene Schiebefenster verwandeln sich, wenn er sie berührt, in Guillotinen. Türschwellen grinsen nur noch, wenn sie ihn kommen sehen. Und Treppenstufen erwarten ihn voll Ungeduld. Es tut mir schon weh, wenn ich diesen Burschen nur in Bewegung sehe. Und am Hintern hat er auch noch keine Faser Fleisch – tatsächlich hat er überhaupt keinen Hintern –, und Fußböden, besonders die alten, voller Splitter, haben es auf seine Kehrseite abgesehen.

Trotzdem kann er tanzen – sehr, sehr schön, finde ich; es ist eigenartig, wenn man sieht, wie so viel Ungeschicklichkeit verwandelt, verklärt wird durch etwas, das mein Sohn in der Musik, hinter den Tönen, hört. Er hat riesige, dunkle Augen – wie sein Onkel Arthur – und Haare irgendwo zwischen dem Afrika am Mississippi, wo Ruth herstammt, und dem indianisch gesprenkelten Afrika in Kalifornien, woher ich komme. Er gleicht eher seiner Mutter als seinem Vater. Er hat Ruths hohe Wangenknochen und ihren breiten Mund, aber von mir hat er die Nase und das Kinn.

Ich habe das unangenehme Gefühl, daß ich wahrscheinlich ein lausiger Vater bin – mein Sohn ist aus Quecksilber, ich nicht –, aber ich hoffe, daß Tony es nicht so empfindet. Ich weiß nicht, ob mein Sohn mich liebt – du hast ja immer das Gefühl, bestimmt ein paar ganz dicke Fehler gemacht zu haben –, aber ich weiß, daß ich meinen Sohn liebe. Irgendwie weiß ich es, weil ich meinen Vater liebte; ich weiß, daß beides nicht unbedingt miteinander zu tun haben muß. Ich versuchte, ihm ein guter Sohn zu sein, aber – ich weiß nicht: er wurde durch eine Welt geprägt, die ich nie wirklich kennengelernt habe. Ich versuchte auch, meinem Bruder ein guter Bruder zu sein – aber – ich weiß nicht. Arthur lebte in einer Welt, in die ich nur manchmal, durch ihn, flüchtigen Einblick hatte: ich habe in dieser Welt nicht wirklich meinen Preis bezahlt, nicht so wie er. Aber ich weiß auch nicht recht, ob die Menschen, die in Arthurs Welt leben, wirklich gut zu ihm waren. Ich hatte immer das Gefühl, daß Arthur etwas an sich hatte, wovor sie sich fürchteten.

Tony ist nicht sehr nett zu seiner Schwester, soweit ich das beurteilen kann. Odessa ist dreizehn. Sie und Tony sind sich niemals einig, außer in dem einen Punkt, daß das andere Geschlecht abscheulich ist: falls man so etwas Einigkeit nennen kann. *Odessa, ich bring dich um!* hörte ich Tony einmal in der Küche brüllen, während Ruth und ich im Wohnzimmer saßen. Ich blickte auf. Ruth sah mich an. «Wenn ihr beide nicht sofort aus der Küche kommt», schrie sie, «komme ich rein und bringe euch um! Und *ich* hab das große Fleischermesser. Jetzt kommt ihr her. Wenn ihr nicht ruhig sein könnt, marschiert ihr ab ins Bett. O Gott!» Und sie vertiefte sich wieder in ihr Buch.

Manchmal aber scheinen sie recht gut miteinander auszukommen, besonders wenn sie auf uns wütend sind. Odessa wird einmal schön werden. Davon bin ich seit jeher überzeugt, auch wenn ich mir nicht so sicher war, wie mein Sohn einmal aussehen wird. Für mich schlägt mein Sohn mehr seiner Mutter nach. Odessa ähnelt eigentlich niemandem in der Familie – na, vielleicht meiner Mutter ein bißchen. Meinen indianischen Vorfahren verdankt Odessa ihre anmutig geschwungene Nase und ihre leicht schrägstehenden Augen. Man kann sagen, daß sie meine hohe Stirn hat. Und ich bin größer als Ruth, aber nicht so kräftig; die Leute halten mich wahrscheinlich für einen ganz passabel aussehenden Kerl, mit dunkelbrauner Hautfarbe, dem Körperbau nach eher ein Leichtgewicht, auch wenn ich jetzt ein paar Pfunde ansetze. Odessa wird einmal sehr schön werden, und sie wird groß werden, wie ich. Ich bin, wie gesagt, achtundvierzig. Ruth ist zweiundvierzig. Wir haben geheiratet, als sie siebenundzwanzig und mit Tony schwanger war. Ich war damals dreiunddreißig.

Ruth ist der erste Mensch, auf den ich mich ganz eingelassen habe, abgesehen von meiner Bindung an Arthur, und diese Bindung war nur möglich, weil sie mich liebte und wußte, wie sehr ich meinen Bruder liebte – und da sie mich liebte, konnte sie auch Arthur lieben.

Jetzt, noch nicht ganz wach, nicht mehr schlafend, horchte ich, wie sie sich im Bad zurechtmachte. Nicht ganz wach, nicht schlafend, nahm ich wahr, wie sie sich im Nebenzimmer ankleidete.

Wir wohnen in einem ziemlich alten Steinhaus am Rande der Bronx, nicht weit von Yonkers; und Julia wohnt in Yonkers. Ich war meines Bruders Manager, und ich bin noch immer im Show Business. Das Haus kaufte ich in einem von Arthurs besseren Jahren; in einem der allerletzten besseren Jahre, bevor ich einsehen mußte, daß es mit meinem Bruder nicht mehr lange gutgehen würde. Arthur hatte davon gesprochen, daß er ein Haus in Istanbul kaufen wollte – er war ein paarmal dortgewesen, manchmal, um zu arbeiten, manchmal, um auszuspannen, und es gefiel ihm dort. Es war eine verrückte Idee, und ich wollte ihm weder zureden noch abraten. Zum Glück hatte er sich damals schon mit Jimmy zusammengetan, und Jimmy pflichtete mir bei: gerade dieser typische Amerikaner würde es nicht lange aushalten in der Hauptstadt eines amerikanischen Satellitenstaates, mit Grenzen nach Griechenland und nach Rußland – um nur zwei dieser Grenzen zu nennen. Dort würde er beklommen auf einen einsamen Tod warten – sein Gesang würde verstummen. Eigentlich kümmerte es mich einen Dreck, ob Arthur sich ein Haus in East Hell auf Tahiti oder in Lower Switchblade in Island kaufte. Meine Aufgabe war es, dafür zu sorgen, daß er die Dollars hatte, um das Haus zu bezahlen – er hätte sowieso nie darin gewohnt –, weil er verdammt hart genug arbeitete, um sich kaufen zu können, was immer, verdammt, er wollte. Einmal ertappte ich mich dabei, wie ich so einen Arsch von weißem Produzenten anbrüllte, der mir auf die feine Tour beibringen wollte, daß meines Bruders Privatleben doch ein Problem sei. *Wenn er Jungen liebt, dann kaufen Sie ihm doch 'ne ganze Badewanne voll, verstanden? Kaufen Sie ihm 'ne ganze Schiffsladung voll! Was zum Teufel lieben Sie?* Ich werde das Gesicht des Burschen nie vergessen: manche Leute sehen dich an, als ob du gefurzt hättest, wenn du ihnen nur die Wahrheit sagst, oder wenn sie wissen, daß du es so meinst, wie du es sagst. Und ich weiß noch, wie ich nur aus Fairness gegenüber Arthur zu ihm sagte: *Im übrigen ist das gar nicht meines Bruders Problem.* War es auch nicht. Als ich das Haus hier kaufte, dachte ich an Arthur: es sollte ein Platz sein, wo er immer notlanden konnte. Er sah es allerdings nicht so an, er wollte nicht, daß sein Kummer mein Leben zerstörte oder das Leben meiner Kinder bedrohte.

Es ist komisch, sagte ich, daß wir nie darüber sprechen, aber das ist nicht wahr. Ruth kann nicht darüber sprechen, niemand kann wirklich darüber sprechen, solange ich nicht darüber sprechen kann. Es ist jetzt fast zwei Jahre her. Ich hatte so viel damit zu tun, Arthur zu rechtfertigen, gegen die Presse zu kämpfen, um den halben gottverdammten Globus zu fliegen – ich hatte so viel damit zu tun, meinen Bruder anständig unter die Erde zu bringen, daß ich kaum Zeit fand zu weinen, geschweige denn zu sprechen.

Ruth kommt ins Zimmer, fertig angezogen, und ihre hochhackigen Sonntagsschuhe klappern leise.

Sie beugt sich über mich. Sie hat ihr grünes Herbstkostüm an und einen hellgrauen Mantel. Sie trägt keine Kopfbedeckung – diese schönen gekräuselten Haare scheinen mir wie ein Geschenk, das sie mir darreicht. Sie hat ein bißchen Make-up aufgelegt und ein bißchen Parfum. Ich mag diesen Duft. Ich mag es, wie sie aussieht.

«Das Essen steht im Ofen», sagt sie. «Da bleibt es warm. Du brauchst nur noch die Kaffeemaschine anzustellen. Der Kaffee ist fertig.»

Ich küsse sie. Sie streicht mir sanft über das Haar und richtet sich auf.

«Du kannst ruhig weiterschlafen. Du hast eine Menge Zeit, bis ich dich anrufe.»

«Okay, Mama.»

Ich sehe ihr ins Gesicht, und wieder regt sich in mir diese überwältigende Dankbarkeit, die ich am Morgen in ihren Armen empfunden habe.

«Okay. Aber weißt du, vielleicht hab ich wirklich keine Lust, zu Julia zu fahren. Vielleicht möchte ich nur hier zu Hause rumhängen.»

«Na, wir werden sehen. Jedenfalls rufe ich dich an. Okay?»

«Okay, Baby.»

«Bis später», sagt sie und küßt mich wieder, und dann geht sie. Ich höre, wie sie die Tür leise hinter sich schließt.

Da lag ich, in einer Erstarrung, die keine körperliche war – eine aufgeladene Erstarrung, in deren Tiefen sich irgend etwas langsam sammelte, duckte, bereit machte zum Sprung. Ruth. Manchmal, vor allem als wir jünger waren, aber auch jetzt noch, wache ich auf, wenn sie schläft, und starre sie an; alles was ich körperlich, mit den Augen, von ihr sehen kann – ihren Körper. Und doch registrieren unsichtbare Antennen etwas, das tiefer liegt, als meine Augen sehen können. Ich bin einfach glücklich mit ihr. Ich habe nie gewußt, daß ich glücklich sein könnte. Es kam mir nie in den Sinn; ich hatte es nie gesehen. Ich kannte weiß Gott keinen, der glücklich war in dieser Welt der Gospelsänger: die Musiker, die Busse, die Kostüme, die Theaterbesitzer, die Kirchen, die Pastoren, die Diakone, der Begleitchor, die Kartenverkäufer, die Hotelzimmer, die Autos, die Busse und manchmal die Eisenbahnzüge und schließlich die Flugzeuge, die beschissenen Fahrpläne, die zerschlissenen Nerven, die vier Freunde: Red und Crunch und Peanut und Arthur, in der Anfangszeit ihres Quartetts, als Arthur, damals fünfzehn, die erste Stimme sang. *Jesus ist all meine Welt für mich alten Scheißer erhalte mir mein kleines Licht uh-ba uh-ba Mist Mann uh-ba uh-ba wenn ich den Zaster nicht zusammenbringe Hal-leh-lu-ja! will ich den ganzen Quatsch nicht hören Jesus ich vergesse nie daß du gehst und 'n brandneues Arschloch kriegst du kannst ihm keinen aufsetzen bis ich uh-ba uh-ba bum-bum-bum yeah und was meinst du wenn ich 'n brandneuen Riemen krieg und dir 'n schnellen schieb warum? willst du nicht angerufen sein hinieden uh-ba uh-ba ja swing weiter süße Stunde des Gebets mein armer Alter weiß sich kein Versteck! Nicht mehr? Jesus ich vergesse nie Mann hast du gehört die machen mich geil Mann uh-ba uh-ba uh laß gut sein Mama ein blitzsauberer Kerl macht sich 'n guten Tag und du da unten wie hast du dich gefühlt Mann als du yeah Baby los mach weiter und er ist noch gar nicht halb hart aus der Wildnis o Baby! stillhalten bringt nichts yeah Foxy Lady uh-ba uh-ba yeah halt still du wunderbare süße Sau halt still komm oh das ist gut halt stille sei vor dem Herrn der da kommt ist der alte yeah da kommst du gleich von Zion her wird einst so schön meine Seele ich will dir mal was zeigen und dir etwas zu kosten geben zu dir!*

O Herr. Und doch: sie wandelten im Glauben.

Ich zündete mir eine Zigarette an und drehte mich auf die Seite und inhalierte die Erinnerung an Ruths Duft, starrte die Stelle an, wo ihr Körper gelegen hatte – ich bin glücklich mit ihr. Jeder Zoll ihres Körpers ist ein Wunder für mich; vielleicht weil ihr Körper mich so vieles über das Wunder meines Körpers gelehrt hat. Manchmal, wenn ich aufwache, bevor sie aufwacht, liege ich da, wie ich jetzt liege, und beobachte sie: die breiten Füße, die so gern auf der nackten Erde gehen, die stumpfen, beharrlichen, geduldigen Zehen. Und ich küsse sie. Kniend küsse ich ihre Beine, ihre

Schenkel, und meine Lippen, meine Zunge gleiten aufwärts zu ihrem Geschlecht, ihrem Nabel, ihren Brüsten, ihrem Hals, ihren Lippen, und ich halte sie in meinen Armen wie einen unermeßlichen, ungefügen Schatz. Ich jedenfalls danke Gott, daß er mich aus der Wildnis führt. Meine Seele ruft Halleluja, und ich danke Gott.

Ich drücke meine Zigarette aus. Ich schlafe ein.

Ein Donner rollte durch meinen Kopf, ein betäubender Donner, und ich wachte auf. Meine weißgekalkte Decke mit den schweren, freiliegenden Balken war herabgestürzt, um mich zu erdrücken – war nicht mehr als ein paar Zoll über mir – zum Greifen nah. Dieses Gewicht erdrückte, erstickte das Geheul in meiner Brust. Ich schloß die Augen: ein Reflex. Dann öffnete ich die Augen. Die Decke hatte sich von selbst gehoben und war wieder da, wo sie immer gewesen war. Ich blinzelte. Die Decke bewegte sich nicht, weder abwärts noch aufwärts. Sie sah aus, als sei sie dort fixiert, für immer, wie der Himmel draußen fixiert, zum Greifen nah.

Und ich zitterte, wie ich noch nie im Leben gezittert hatte. Meine Zimmerdecke wird nicht immer diesen Himmel tragen können. Dieser Himmel wird da sein, zum Greifen nahe, immer, lange nachdem meine Decke eingestürzt ist, und lange nachdem ich hinabgestiegen bin unter jenen dunkleren Himmel, die Erde, die bis zu dieser Stunde mein Gewicht getragen hat. Dieser dunklere Himmel, die Erde, wird mich bis auf die Knochen verzehren, und dann zu Staub zermalmen: Staub in den Eingeweiden der Erde. Vor lauter Angst rumpelte es jetzt in meinen Eingeweiden, und ich stand auf. Meine Pisse und meine Scheiße waren bereits Teil der Erde, in die sie jeden Tag fielen. Jeden Tag fällt ein Stückchen von dir in dieses Dunkel, sammelt sich dort an, geduldig, bis zu einem letzten Rendezvous: eines Tages wird deine Scheiße in die Erde fallen, eine Stunde bevor du dich mit ihr vereinigst, vielleicht auch weniger.

Arthur hatte manchmal eine Parodie auf ein altes Kirchenlied gesungen:

Zur Zigeunerin ging ich
und sie sagte
frohlocke
du erkennst den Geliebten
am Klang seiner Stimme
leis, leis, sagte sie
er wird dich rufen
bei deinem Namen!

Na, und da unten wirst du dich an deinem Gestank wiedererkennen, und du brauchst nur deiner Nase zu folgen, um dein Rendezvous einzuhalten. Dieses Rendezvous war schon im Mutterleib vereinbart worden, mit der Scheiße und Pisse deiner Mutter, und vorher schon, mit der Nahrung, die dein Vater aß, die seinem Sperma Textur und Geschmack gab, und lange, lange davor – und das furchtbare, das gewaltige, das unausweichliche Rendezvous wird lange, lange danach noch gelten, immer. Während ich mich abwischte und die Spülung zog und meinen dunklen Botschaftern nachschaute, wie sie wirbelnd in der Flut untergingen, und den Wasserhahn aufdrehte, um mir die Hände zu waschen und mich zu rasieren und mich dabei im Spiegel betrachtete, dachte ich an Arthurs Lieblingsbibelstelle: *O Herr*, sagte Arthur oft, manchmal lächelnd, manchmal weinend, *ich danke dir darüber, daß ich wunderbarlich gemacht bin. Solche Erkenntnis ist mir zu wunderbar und hoch.*

Ich habe das kalte, leise Gefühl, daß dieser Moment, als die Decke auf mich herabzustürzen schien, um mich zu erdrücken – mich nie wieder loslassen wird. Ich kann der Zimmerdecke nicht mehr trauen, ich werde ihr nie mehr trauen, und ganz bewußt blicke ich nie zu ihr hinauf, wenn ich ins Schlafzimmer gehe. Ich versuche nicht einmal, mich deswegen auszulachen. Ich bin viel zu verängstigt, um darüber zu lachen. Ich bin zu verängstigt, um Trost daraus zu schöpfen, daß das Herabstürzen der Decke nur eine optische Täuschung war, verursacht durch Müdigkeit, durch nachlassende Sehkraft.

Ich bin aufgewachsen in Straßen, wo das Leben – ja, das Leben! – davon abhängt, daß du in einem unendlich kleinen Bruchteil einer Sekunde reagierst, wo deine Ahnung schneller sein muß als die

Geschwindigkeit des Lichts. Ich habe einen großen Teil meines Lebens auf den Flachdächern verbracht. Ich wage nicht, wieder ins Bett zu gehen. Zögernd beginne ich mich anzuziehen und sehe dem Rest des Sonntags entgegen: Zuerst muß noch das Telefon klingeln: es ist zwei Uhr dreißig nachmittags. Ruth läßt mir wirklich viel Zeit: *Scheiße*, denke ich. *Angenommen, ich hätte auf dem Hausdach oben auf dem Bauch gelegen, und die Straße wäre mir so nah erschienen, daß ich versucht hätte, mich vertrauensvoll hinunterrollen zu lassen?* Ich hörte meinen Schrei, und ich sah meinen Sturz, als ich, zu spät, erwachte – mitten in der Luft; und meine Hände, meine Achselhöhlen, mein Sack und mein Arsch sind naß, als ich mich in meine Kleider zwänge.

Endlich saß ich in der Küche und trank Kaffee, starrte durch die Küchenfenster auf die verbannten Bäume, die diese traurigen Straßen einer verzweiflungsvollen Leere säumten. Besser als die City – so sagen wir; gut für die Kinder – oder für meinen königlichen schwarzen Arsch. Es ist einer der bluttriefenden Außenposten der Hölle. Der Tag wird kommen, bald, an dem wir gezwungen sein werden, unsere Sachen zu packen und zu gehen. Nichts kann hier leben, das Leben hat diesen Ort verlassen. Die ungeheuerlich kalkulierte Existenz dieses Orts entlarvt einen absoluten Betrug am Leben.

So warnen diese Bäume mich, täglich, mit ihrem verhauchenden Atem. Auch sie werden demnächst gefällt werden, werden sich bald zu ihren Vorfahren in den seligen Jagdgründen gesellen.

Ich sehe Arthur hier in der Küche stehen, er schaut aus dem Fenster.

«Ich weiß», sagte er, «du glaubst, ich sei nie zufrieden, und ich glaube, das stimmt. Irgendwie.»

Dann hielt er inne und schaute mich an. Ich saß da, wo ich jetzt sitze.

«Du kennst das nicht, und ich weiß nicht, was das bedeutet – nie zufrieden zu sein, mit nichts. Aber, Mann –» er hatte gelacht, er hatte Scotch mit Milch getrunken, all die verblassenden Farben der Landschaft wurden zu Feuer in seinem Glas –

«dieser Ort saugt dich aus. Wie mit einem Strohhalm. Hast du je in die Gesichter dieser Menschen geschaut? Oh, Baby. Scheiße. Wie ist *das* gekommen?»

«Wir wollten einfach nur frei sein», sagte ich. «Wir konnten nicht alle nach Kanada ziehen. Ein paar von uns mußten hier-bleiben.»

Arthur lachte, während er hier in der Küche auf und ab ging, aber es war kein befreites Lachen. Dann stand er reglos vor dem Fenster, das Glas in der Hand, mit dem Rücken zu mir, reglos und staunend wie ein Gefangener.

Die sinkende Sonne brannte ihn jäh in meine Erinnerung ein – wie ich mir später sagte.

«Niemand», sagte Arthur, «ist glücklich hier.» Er hörte sich an wie ein Kind, wirklich. Ich wollte sagen – ich glaube, ich wollte sagen: *Ach, Scheiße, Mann, vergiß das.* Aber ich sagte nichts. «Ich möchte nur wissen, was hinter all diesen ordentlichen Jalousien vorgehen mag. Es kann nicht – *nichts* sein. Aber –» er leerte sein Glas und drehte sich zu mir um – «es sieht wirklich nicht so aus, als ob da *etwas* wäre. Es müßte doch zu sehen sein.» Er blickte zu mir auf. «Oder nicht?»

«*Ich* bin zu sehen», sagte ich. «Ich bin etwas.»

Er grinste ein trockenes Grinsen und goß sich noch einen Drink ein. «Verdammt, das glaub ich dir», sagte er, «du alter lahmer Lahmarsch.»

Strahlen vom Himmel, wenn ich gehe

Das war Arthurs Lieblingslied, das erste Lied, das er je in der Öffentlichkeit sang – in Julias Kirche. Paul und Florence, unsere Eltern, waren dort gewesen, obwohl sie nicht Mitglieder der Gemeinde waren. Aber Julia war die Enkeltochter einer Nachbarin, einer Freundin unserer Mutter aus New Orleans. Julia war eine Kind-Evangelistin, ungefähr elf Jahre alt, und dies war die Gemeinde, in der sie zu Hause war. Ihr kleiner Bruder Jimmy war damals ungefähr neun.

Paul, unser Vater, saß hinter Arthur am Klavier.

Durch diese Wildnis hinieden

Pfingstsonntag: Arthur, mit dreizehn.

Führe meine Schritte auf Friedenspfaden
Mache aus meinen dunklen Nächten
Helle Tage

Julias Gemeinde versammelte sich damals in einem heruntergekommenen Sandsteinhaus an der 129th Street, Ecke Park Avenue, im Schatten der Hochgleise der New York Central Railroad, und ein Zug donnerte vorbei, während Arthur sang.

Wenn ich im Finstern
Suchend taste
Sieht doch der Glaube stets
Den Hoffnungsstern:
Und bald bin ich
Von des Lebens Kummer
Und von Gefahr befreit:
Der Tag ist nah.

Es war ein ziemlich erwachsenes Lied für so einen winzigen Kerl. Ich erinnere mich, daß er einen dunkelblauen Anzug trug, ein weißes Hemd mit einer blauen Schleife, und er trug blitzblank polierte spitze schwarze Schuhe, und er hatte onduliertes Haar. Auch diese Locken waren ziemlich erwachsen, für einen so jungen Burschen, aber es war die von seinen Altersgenossen vorgeschriebene Mode, und mit welchem Grund hätte man ihn davon abhalten sollen, sein Haar auf diese Art zu tragen?

Was dies betrifft, so trug unser Vater Paul, der unerschütterlich und aufmerksam am Klavier saß, sein ergrauendes Haar nach der Mode *seiner* Altersgenossen, mit Vaseline an den Kopf geklatscht, so daß es beinah glatt wirkte.

Aber wer weiß
Wie lange es dauert
Oder was die Zukunft
Mir bringt?
Eines nur weiß ich
Wenn Jesus mich führt
Werde ich heimkehren:
Der Tag ist nah.

Dies war Arthurs Debüt, und es war ein großer Erfolg; die Hüte der Frauen wogten wie Meereswellen; die Kirche hallte wider von donnernder Bewunderung. Ich war schon etwas älter, mir war es ungemütlich. Ich wußte nicht, wieso ich mich für meinen Vater und meine Mutter freute, weil sie sich freuten. Ich sagte zu meinem Bruder, so wie er sein Haar trüge, sähe er wie ein Homo aus, und dies war vielleicht das erste Mal, daß ich meinen Bruder wirklich ansah. Er kicherte los, und dann fing er an, die heruntergekommensten Schwuchteln, die wir kannten, zu imitieren, und dauernd sagte er: «Ich *bin* ja auch ein Homo.» Er machte mir angst – ich hatte nicht gewußt, daß er so klar durchblickte, daß er so viel sah – so viel Verzweiflung, und so deutlich. Aber er brachte mich zum Lachen, bis mir die Tränen über das Gesicht liefen und ich schließlich am Boden lag und mir mit beiden Händen den Bauch hielt.

Damals vielleicht fingen wir an, wirklich Freunde zu werden.

Arthur trug sein Haar noch eine ganze Weile in diesem Stil, aber dann ließ er es sich plötzlich abschneiden und nie wieder glätten und ondulieren: Auf seinem künstlerischen Höhepunkt sah er, mit seinem Regenwald von senegalesischem Haar, wie ein gutmütiger Basketballspieler aus.

HALL MONTANA PRESENTS:
(*limited engagement*)

und darunter Arthurs Bild, das ganze Gesicht, in Nahaufnahme, meines kleinen Bruders längliches, schmales Gesicht, singend, die Nasenflügel bebend wie bei einem Hengst, die großen Zähne schimmernd, die kurze Oberlippe, die breite Unterlippe, das gespaltene Kinn, die riesigen Augen, nach oben blickend – mein Glaube blickt zu dir empor! –, und ich sah immer den perlenden, sich kräuselnden Schweiß, der seinen Haaransatz glänzen ließ, ich sehe immer – hinter dem ratlos machenden Ruhm – seine unbegreifliche Müdigkeit, Arthur verabscheute seine Fotos und bestand immer darauf, weil er nicht unehrlich sein wollte, wie er sagte, daß er so fotografiert wurde, wie er *jetzt* aussah, nicht wie er *damals* ausgesehen hatte, und ich tat immer, was er verlangte, zumindest im Bereich der Öffentlichkeit – aber das Foto war, auch wenn Arthur es nicht zu merken schien, immer irgendwie das gleiche.

Die Zeit attackierte meines Bruders Gesicht, wie sie alle Gesichter attackiert; aber für mich war es ganz wunderbar und auch seltsam, sehen zu müssen (denn die Publicity fiel in mein Aufgabengebiet), wie der Feind, die Zeit, auch ein Verbündeter – ein Freund und ein Zeuge sein konnte. Arthur wurde zehn Jahre lang ewig fotografiert, aber was immer sein Gesicht zusammenhielt, das blieb – sich ständig verändernd und sich doch nie verändernd. Und als Arthur schließlich gezwungen war, daran zu zweifeln, fühlte er sich höchst unwohl in seiner Haut. Die Zeit konnte dem Lied nichts anhaben. Die Zeit war mit dem Lied im Bunde, gesegnet im Amen corner, sie erfüllte Arthur unmerklich, wenn Arthur sang, sie riß ihn und viele Tausende mit. Die Zeit war stolz auf Arthur, so flüsterte ich in meinen tiefsten und tödlichsten Mitternachtsstunden vor mich hin. Ein gewaltiges Werk wurde getan, in der Zeit, durch das Gefäß meines Bruders, der damals nicht länger mein Bruder war, mir nicht mehr gehörte, und der dennoch und mehr denn je, für immer, mein Bruder war und mein Bruder ist.

Wirklich: ich mußte dafür sorgen, daß Arthur aus seinen tropfnassen Kleidern herauskam und ein Bad nahm oder unter die Dusche ging und einen starken Drink bekam, Scotch oder Wodka, je nach Abend und Stadt, und etwas zu essen bekam und sich irgendwo hinhauen konnte. Bis Jimmy auftauchte – oder vielmehr, bis er wieder in unser Leben eintrat –, war das ein ungeheures Problem für mich gewesen, denn Arthur war imstande, jeden beliebigen abzuschleppen, und ich konnte doch nicht im selben Zimmer schlafen. Oft schlief ich überhaupt nicht, und oft war es ziemlich hart, denn Arthur mußte erst aufstehen, wenn es Zeit für die Show war; aber ich mußte am Morgen hinaus, gleich am Morgen.

Aber trotz dieser blöden Geschichten haben wir uns immer geliebt. Ich konnte Arthur immer dazu bringen, auf mich zu hören, weil Arthur mir immer vertraute. Er fehlt mir, fehlt, fehlt, fehlt, fehlt mir, er fehlt mir schlimmer, als dir Zahnweh fehlt, schlimmer, als der fehlende Zahn dir fehlt, schlimmer, als das fehlende Bein dir fehlt, ja, schlimmer, als das totgeborene Kind dir fehlt. Seine Stimme ist überall, aber nicht einmal die Stimme kann den Raum ausfüllen, in dem Arthur sich bewegte und ging und stöhnte und sprach und rülpste und furzte und pißte und schiß und weinte und weinte und weinte und weinte und manchmal schrie und manchmal lachte und manchmal – mir zeigte, daß er mich liebte – seine große Hand auf meinen Kopf legte und seine Finger in mein Haar wühlte und sagte: *Scheiß drauf, Mann, wir sitzen selten genug zusammen, trink noch einen auf mich! Komm schon, ja:* schreitend, schreitend, schreitend in seinen großen ausgelatschten Schuhen, all überall über meinen Himmel.

HALL MONTANA ENTERPRISES
Is proud to present
the soul emperor

ARTHUR MONTANA

Ladies and Gentlemen, es ist ein großes Vergnügen und ein außerordentliches Privileg, Ihnen den König des Soul vorzustellen: Mr. Arthur Montana!

Und die Melodie, die Arthur in Schwung brachte, war, einerlei in welcher Verkleidung, immer die gleiche:

Laß die Kirche sagen
Amen
Laßt die Brüder sagen
Amen
Laßt die Schwestern sagen
Amen
Und jetzt alle miteinander
Amen
Amen
Amen!

Und, ja, die Kirche, was immer es war, ein Footballplatz in Montgomery, Alabama, ein Stadion in Tokio, ein Konzertsaal in Paris, die Royal Albert Hall in London oder ein Platz im fernen Sidney: sie rockte.

Es war beinah vier Uhr, als ich endlich ins Auto stieg und losfuhr zu Julia. Vielleicht hatte ich mich nur aufraffen können, ins Auto zu steigen, weil Ruth mich angerufen hatte – oder weil ich mich fürchtete, allein im Haus zu sitzen. Ich hatte plötzlich den Wunsch, Ruth und die Kinder zu sehen.

Von unserem Haus zu Julia fährt man ungefähr eine halbe Stunde durch eine gefällige und zugleich erschreckende Landschaft. Erschreckend, weil sie nicht echt ist. Sie ist da, aber sie ist es auch nicht; sie ist gegenwärtig, aber sie ist auch verborgen. Manche Leute, manche Gesichter geben einem dieses Gefühl – wie das Gesicht einer Frau, die weiß, daß sie schön ist. Wenn sie es weiß, dann fragt man sich, was sie sonst noch weiß, oder ob sie noch etwas anderes weiß; denn es ist nicht leicht zu wissen, daß man schön ist. Und sie kann wirklich schön sein und dich am Abend anlächeln oder in der Nacht unter dir weinen oder am Morgen nackt sein, ohne Make-up, sie kann machen, daß du einen Steifen kriegst, daß du die Nase aufsperrst – und doch, und trotzdem, tief am Grunde der klaren und ehrlichen Augen wohnt etwas, was die Schönheit der Oberfläche Lügen straft und das, wenn du dich wirklich damit auseinandersetzen mußt, die Schönheit in der Tiefe stört. Du beginnst undeutlich, aber nachdrücklich, den Mangel an innerer Übereinstimmung zu spüren – ein Lächeln im falschen Moment, eine ungeschickt wieder angezündete Zigarette, ein Ohrring, der an diesem Ohr nicht hängen sollte, ein abgekauter Fingernagel, nur einer – und du fragst dich, was sich dahinter verbirgt, und fängst an, dich davor zu fürchten, was dies verraten mag. Schließlich erkennst du, daß es nichts gibt, was du gegen diese absolut aufrichtige Unstimmigkeit tun könntest; es ist eine verzweifelte Aufrichtigkeit. Aufrichtigkeit ist eine so billige Tugend – tagtäglich wird sie auf jedem Marktplatz verhökert, an Wände geschrieben, in Scheißhäuser, auf Flaggen – eine so billige Tugend, daß sie gar keine Tugend mehr ist, sondern ein gemeiner Reflex –, daß du am Ende den Menschen, der diesen Konsumartikel zu einem so extravaganten Preis gekauft hat, verachtest. Ja, es ist etwas Unwirkliches an der Wirklichkeit dieser Schönheit, etwas zutiefst Gewolltes. Etwas, das durch eine so gewaltige Willensanstrengung ins Leben gerufen wurde, ist keine Maske, keine Tarnung und auch keine Lüge. Es ist ein bewußtes Verstecken: dieser Verdacht zerstört deine Gedanken und führt zum Terror. Ich erinnere mich zum Beispiel an einen Jungen, einen Weißen, mit dem Arthur einmal bekannt war – nur kurz, Gott sei Dank –, einen Jungen namens Faulkner, der so schön und so rein war wie eine Wikingersaga und so grausam wie die russische Steppe. Er konnte nichts dafür. Er war ein Lügner und ein Dieb und ein Schwanzfopper; er war auf der Suche nach dem Gefängnis, in dem er sich auf immer von einem Heer schwarzer Hengste vergewaltigen lassen konnte. Vergewaltigung kommt nicht von selbst, und dieses Kind war die losgelassene Hölle. Ich habe nur einmal erlebt, daß er nicht lächelte: als er heulend seine Unschuld beteuerte und bettelte, man solle ihn nicht totschlagen. Jedenfalls dachte ich, daß er darum bettelte. Ich mußte ihn einmal mordsmäßig verprügeln und ihn auf den Kopf stellen und Arthurs Geld aus seinen Taschen beuteln. Aber heute denke ich, daß er vielleicht gebettelt hat, ich sollte ihn umbringen. Leben im Tod oder Tod im Leben: aber eine Veränderung muß kommen.

Die Straßen, durch die ich zu Julia fahre, sind auf irgendeine Weise ganz ähnlich, sie machen mir angst, weil nichts von dem, was ich sehe, echt ist. Diese Häuser, diese pfennigschmalen Rasenstücke, die rechtwinkligen Straßen, immerhin war es ja nie beabsichtigt, daß *wir* hier leben sollten. Und das ist noch nicht vergessen. Die Bäume und die Häuser und das Gras erinnern sich, die Ampeln erinnern sich, die Feuerwache, die Kirchen, das Gericht. Die Menschen scheinen sich nicht zu erinnern – nur wenige sind auf der Straße –, aber andererseits mußten sie sich so lange an so wenig erinnern, daß man jetzt nur noch dumpf auf ihren nächsten Krampf wartet – und tatsächlich, das Lächeln der wenigen, die draußen herumlaufen oder -fahren, zeigt zusammengebissene Zähne und angespannte Backenmuskeln. Ihre ruhigen Augen spiegeln ihre ruhige Umgebung wider (die Kirchturmspitze zittert auf dem Grund des heiteren Auges), und inzwischen sind sie, zumindest was mich betrifft, imstande, gar nichts mehr widerzuspiegeln.

Es gab eine Zeit, da fand ich das traurig. Vielleicht finde ich es immer noch traurig, aber Mitleid ist eine Sackgasse, ein sinnloses Schicksal. Zurückgewiesenes Mitgefühl verwandelt sich in Galle: vergiß es. Ein paar Weiße, die heute gesund und munter herumlaufen, werden bald hingemetzelte Leichen sein – vielleicht morgen schon, aber es wäre ganz unsinnig, Mitleid mit ihnen zu haben. *Sünder, wohin willst du fliehen?* fragt das Lied, und es warnt davor, zum brennenden Felsen und zur kochenden See zu laufen, und es fragt, wie von weit her, *Wer aber wird bestehen?*

Der Wagen vor mir hat an der Stoßstange einen Aufkleber: AMERIKA – LIEBE ES ODER VERLASSE ES, und ich möchte so weit weg von diesem Wagen, wie ich nur kann. (Peanuts Leiche wurde nie gefunden, nach der Tournee damals nach Georgia.) Ich möchte meine Frau und meine Kinder sehen. An jeder Ampel dauert es ewig; ich kann den Wagen mit dem Aufkleber an der Stoßstange nicht abschütteln, er fährt in meine Richtung. Mit lächerlicher Klarheit sehe ich die spärlich über die Landschaft verstreuten Sonntagspolizisten. Ich sehe nicht zu ihnen hin. Aber ich weiß, daß sie mich sehen. Ich weiß, daß sie es nie erwartet, nie beabsichtigt haben, und jetzt schmort in ihnen das Bedürfnis nach Rache für diese Beleidigung. *Stopf dir's in' Arsch, und ich hoffe, du kommst dran um!* Aber normalerweise denke ich nicht so.

Ich parke den Wagen vor Julias Haus und stolpere die Treppe hinauf – rote Ziegelstufen, die ich nicht ausstehen kann, aber Julia ist sehr stolz darauf. Ich klingle, aber der Plattenspieler läuft – Esther Phillips: *From a Whisper to a Scream* – und ich stolpere die Stufen wieder hinunter und gehe um das Haus herum, in Julias Garten.

Es ist Vorfrühling. Es ist kurz nach fünf Uhr und es wird frisch, aber es ist noch nicht kalt.

Julia steht allein im Garten, am Barbecue-Grill, und dreht die Spareribs um. Der heiße, scharfe Fleischgeruch ist wundervoll, und Julia, die mit gesenktem Kopf, mit dem Profil zu mir, dasteht und das Fleisch beobachtet, gibt wohlabgewogen Gewürze und Sauce dazu. Ein Drink – Gin – steht auf dem Rand des Grills, eine Zigarette glimmt im Aschenbecher neben dem Glas; Julia, in einem luftigen afrikanischen Kleid, das Haar mit einem bunten Tuch hochgebunden, ein bronzener Ohrring, ein Talisman, baumelt an ihrem Ohr, die Augen zusammengekniffen gegen den Rauch aus der Zigarette und den Rauch des Feuers, so steht sie im Schatten der bedrohten Bäume ihres Gartens, Plateausandalen an den Füßen, nach ihrer Zigarette greifend, daran ziehend, sie wieder in den Aschenbecher legend, nach ihrem Glas greifend und daraus trinkend und dabei drei oder vier weitere Spareribs umwendend – Julia war auch wunderbar, und ich sagte: «Ich komme wohl gerade richtig.»

Sie wandte sich um, mit diesem Lächeln, diesem Kinderlächeln, das sie zu einer so rührenden Kind-Evangelistin gemacht – und später so rührend gemacht hatte. «Ruth hat gerade bei dir angerufen», sagte sie. «Sie hat sich schon gedacht, daß du unterwegs bist. Wie hältst du dich?» Und sie lachte. «Du siehst gut aus.»

«Du aber auch», sage ich, und ich ging zu ihr hin und küßte sie.

Julia und ich hatten eine große Sache, eine kurze Sache, eine große Sache miteinander gehabt, vor langer Zeit, lange, lange nachdem sie der Kirche den Rücken gekehrt hatte und wir beide auf der Wanderschaft waren, vor langer Zeit. Es gab uns etwas, war wir nie verlieren werden, eine wirkliche Freiheit miteinander, eine wirkliche Liebe, geboren aus dem Feuer und dem Leid der Vergangenheit. *Be seeing you, baby. Please take care.*

Damals war ich viel älter als sie; heute nicht mehr. Wäre Arthur noch am Leben, er wäre jetzt einundvierzig. Julia ist neununddreißig.

Sie sieht nicht danach aus. Sähe sie so alt aus, wie sie *wirklich* ist, dann müßte sie zu Staub zerfallen.

«Komm mit rein», sagte sie. «Die hier sind bald fertig.» Sie drehte noch ein paar Spareribs um, nahm ihren Drink und drückte ihre Zigarette aus. Sie nahm mich am Arm.

Billy Preston hat nun endlich, dem Himmel sei Dank, James Brown in Tonys Soul- oder Wertsystem entthront – nicht daß ich je darauf hingewirkt hätte –, denn bestimmt hat Tony die Billy Preston-Platte aufgelegt, die Julia und mich begrüßt, als wir ins Haus treten. Tony tanzt mit seiner Mutter, einen flotten Bump nach Billys *Nothing From Nothing.*

«He, Dad», sagt Tony ohne aus dem Rhythmus zu kommen, und, «He, Dad», sagt Ruth, lächelnd, ohne einen Schritt auszulassen und bumpt gegen Tonys fleischlosen Hintern. Odessa kommt angelaufen und wirft sich in meine Arme. «Komm, tanz mit mir, Daddy», sagt sie, und ich sage: «Warum nicht?» und so gesellen wir uns zu Ruth und Tony, klatschen in die Hände und bumpen, während Julia sich eine neue Zigarette anzündet und uns von der

Tür her zusieht. Wie seltsam und schön – es muß wohl einer der wenigen Gründe für den Wunsch, am Leben zu bleiben, sein –, mit der eigenen Tochter zu tanzen, mit dem Sohn, mit der Frau; sich anfassen, voll mitgehen, lachen, den Beat halten, frei. Odessa ist eine sehr aggressive Tänzerin, zumindest, wenn sie mit ihrem Vater tanzt, mit dem sie für ein Ereignis probt, von dem sie bis jetzt noch nichts weiß. Ruth ist sehr behutsam mit ihrem Sohn, der zugleich sehr behutsam und spöttisch mit ihr umgeht – auch für ihn ist es eine Probe. Gestern waren wir die Kinder, Ruth und ich und Julia: jetzt sind wir die Alten, und so wird es auch Tony und Odessa ergehen, wenn Gott will. Oh, das Leben mag ein Kornfeld sein und eine Ähre der anderen gleichen: aber lieber nehme ich es wie ein Kornfeld hin, als daß ich mich wie ein Trottel darum herumlüge.

Das Stück war zu Ende. Julia klatschte. Tony sagte danke zu seiner Mutter, und ich dankte Odessa. Ich ließ mich auf einem von Julias Sitzkissen nieder. In Julias Wohnung herrschen Kissen und Liegen und niedrige Tische und afrikanische Skulpturen – echte – vor. Ich sagte, ich könnte einen Drink brauchen, und Ruth brachte mir einen Scotch on the Rocks.

«Ruth», sagt Julia, «ich finde, wir essen lieber drinnen, meinst du nicht?» Und gleich darauf verschwinden Ruth und Julia, und einen Moment später folgt ihnen Odessa – Tony und ich bleiben allein zurück.

Und dann, einen Sekundenbruchteil bevor Tony tatsächlich sagt, «Ich möchte mit dir reden, Daddy», wird mir klar, daß dies ein Moment ist, den Tony schon seit langem gesucht hat: und ich bin ihm ausgewichen.

Ich trinke einen Schluck und sehe ihm in die Augen und sage: «Okay.»

Tony blickt auf seine riesigen Hände hinunter, und dann schlingt er sie um seine riesigen Füße; und ich bin plötzlich von hilfloser Liebe zu meinem heranwachsenden Jungen erfüllt.

Aber da sind die Geräusche aus der Küche, und wie ein ganzer Mann steht Tony auf und schaut mich an und sagt: «Gehen wir einen Moment nach draußen.»

Wir gehen zur Tür, und ich rufe: «Tony und ich machen einen

kleinen Gang im Garten», und wir gehen hinaus. Die Luft trägt das Geräusch des brutzelnden Fleisches herüber, den Duft von Gewürzen und undeutlich, unter alldem, den Geruch von Erde, wenn es geregnet hat.

Wir gehen um das Haus herum in den Vorgarten. Wir haben noch kein Wort gesprochen. Wir gehen an den Ziegelstufen vorbei und bleiben beim Auto stehen, und wir sehen einander an.

«Was war mit Onkel Arthur los?»

«Wieso, warum fragst du? Du hast ihn doch gekannt.»

«Unsinn. Ich war noch ein Kind. Was wußte *ich* schon?»

«Also gut, was willst du wissen?»

«Die Kinder in der Schule – sie reden über ihn.»

Ich wünschte, ich hätte meinen Drink mitgenommen.

«Was sagen sie denn?»

«Sie sagen ... er war ein Schwuler.»

Und Tony schaut mich an. Mir ist, als hörte ich irgendwo einen Hund bellen. Eine Frau schreit ihr Kind an. Ein Motorrad furzt monströs durch die Straße in die Unendlichkeit.

«Du wirst noch eine ganze Menge über deinen Onkel hören.»

«Yeah. Darum frag ich dich.»

«Dein Onkel ... allerhand Leute ...»

«Nein. Ich frage *dich*.»

«Okay. Dein Onkel war mein Bruder, ja? Und ich liebte ihn. Okay? Er war ein sehr ... einsamer ... Mann. Er hatte ein sehr seltsames ... Leben. Ich glaube ... er war ein ganz großer Sänger.»

Tonys Augen lassen mein Gesicht nicht los. Ich spreche in seine Augen hinein.

«Ja. Ich kenne allerhand Männer, die meinen Bruder ... deinen Onkel ... liebten, oder die glaubten, ihn zu lieben. Ich kenne zwei Männer, die ... dein Onkel ... Arthur ... liebte ...»

«War Jimmy einer von diesen Männern?»

Gott. «Du meinst ... Julias Bruder?»

«Ja.»

Guter Gott. «Ja.»

Tony nickt.

«Ich weiß ... vor Jimmy ... schlief Arthur mit allerhand Leuten ... meist waren es Männer, aber nicht immer. Er war jung, Tony.

Vor deiner Mutter ... habe *ich* auch mit vielen Frauen geschlafen –» ich meine, es nicht aussprechen zu können, aber seine Augen lassen mein Gesicht nicht los – «meistens Frauen, aber ... in der Army ... auch ich war jung ... nicht immer. Du willst die Wahrheit hören, und ich will dir die Wahrheit sagen ... jedenfalls, laß dir sagen, Baby, ich bin stolz auf meinen Bruder, deinen Onkel, und ich werde stolz auf ihn sein bis zu dem Tag, an dem ich sterbe. Du solltest es auch sein. Was zum Teufel dein Onkel auch war, und er war 'ne Menge Dinge – er war niemandes Tunte.»

Tony lehnt sich an den Wagen und beobachtet mich.

«Tony ... haben ich und deine Mutter dich nicht richtig erzogen? Habe ich ... haben wir ... dir nicht schon vor langer Zeit gesagt, du sollst nicht an Etiketten glauben?»

Er wendet den Blick ab. Dann: «Ja, das habt ihr gesagt.»

«Darf ich *dich* etwas fragen?»

«Sicher.»

«Was dachtest *du* von deinem Onkel?»

Er schaut auf den Boden; gegen seinen Willen lächelt er.

«Für mich war er ein ganz verrückter, ganz wunderbarer Kerl.» Er schaut mich an. «Ich habe ihn geliebt ... deshalb ...» Tränen tropfen ihm von der Nase herab; er wirft den Kopf zurück. «Ich wollte es nur von dir wissen», sagte er.

Ich wage ihn nicht zu berühren, aus Furcht, ich würde gleich losheulen. Odessa ruft: «Kommt herein, ihr beiden ... das Essen wird kalt!» Wir hören, wie sie die Tür zuschlägt. Da stehen wir. Tony ist beinah so groß wie ich.

«Jedenfalls», sage ich, «danke, daß du mich gefragt hast», und wir gehen zurück, um das Haus herum.

Wir kommen ins Zimmer, das jetzt ganz anders aussieht. Die Stereo-Anlage schweigt. Julia hat zwei lange weiße Kerzen auf den flachen Tisch gestellt, aber sie hat sie noch nicht angezündet. Der Tisch ist ein dunkel lackiertes, schimmerndes Brett, mit dunklen Sets – geflochten aus irgendwelchen getrockneten und lackierten Pflanzenfasern – mit Kupferbechern, schweren, hölzernen Pfeffer- und Salzbehältern, zwei großen Holzschüsseln mit hölzernen Löffeln und Gabeln, einer flachen Fleischplatte aus Holz. Die eine Schüssel enthält einen Salat aus rohem Spinat, grünem Salat, Tomaten und Radieschen, die andere einen scharfen Kartoffelsalat. Die mahagonifarbenen Spareribs liegen auf der Mahagoniplatte. Da ist eine kleine Schüssel mit sehr scharfen afrikanischen Pfefferschoten, die grün und rot leuchten, ein Weidenkorb mit warmen, butterbestrichenen Brötchen, und Coca-Cola, Rotwein und Bier.

Der Tisch steht in der Mitte des Zimmers, rundherum farbenfrohe Sitzkissen. Ein Bücherregal nimmt die eine Wand ein. Die gegenüberliegende Wand besteht hauptsächlich aus einem großen Panoramafenster, das auf die schmale, mit Sträuchern bestandene Kiesfläche hinausblickt, die Julias Haus von dem ihrer Nachbarn trennt. In einer Ecke neben der Tür steht eine afrikanische Gottheit; zu beiden Seiten der Tür befinden sich zwei kleine Fenster – einst waren sie zu hoch für die Kinder, um hinauszuschauen –, aus denen man den Garten überblickt. Aus dem Zimmer gelangt man über zwei Stufen auf einen langen Flur, der zu zwei Schlafzimmern, dem Bad, der Küche, dem Arbeitszimmer, der Haustür, der vorderen Veranda (mit der roten Ziegeltreppe) und dem Kellergeschoß führt. Die Zimmer, in denen Arthur und Jimmy wohnten, liegen im Obergeschoß.

Julia sitzt am unteren Ende des Tischs, mit dem Rücken zur Tür und zu dem kleinen Klavier in der Ecke gegenüber der afrikanischen Gottheit. Oben auf dem Klavier stehen Fotografien von Arthur, Julia und mir und kleinere Fotos von Ruth, und von Tony und Odessa – als sie fünf und sieben waren – und ein Foto von Jimmy.

Ich sitze am oberen Ende des Tischs, Ruth zu meiner Linken, die Kinder zu meiner Rechten. Das Kissen neben Julia ist leer.

«Laßt uns das Dankgebet sprechen», sagt Julia, «im stillen, jeder auf seine Weise», und wir neigen den Kopf. «Amen», sagt sie nach einer Weile. «Und jetzt los, Kinder!» und wir alle lachen.

Das Zimmer ist jetzt anders, weil Tony und ich miteinander gesprochen haben, und das Gewicht, das so schwer und so lange auf mir lastete, ist unmerklich etwas leichter geworden. Ich bin mir kaum bewußt, daß ich das fühle; aber das ist es, was ich fühle. Ich möchte singen, und die Salate und die Spareribs und die Pfefferschoten und das Brot und der Wein sind köstlich. Das Licht, das durchs Fenster einfällt, verwandelt sich jetzt in glühendes Perlmutt. Außer den Eßgeräuschen und dem Geräusch von leicht gegen Holz stoßendem Holz – ein atemlos feierlicher Laut – ist es still im Zimmer.

Odessa hat sich ein gelbes Band ins Haar gebunden und es im Nacken geknotet, so daß das Ende ihr frei über den Rücken fällt. Und sie trägt einen blaßblauen Hosenanzug. Tony trägt eine braune Cordhose und abgetretene Latschen und einen viel zu großen grauen Sweater, und er könnte auch einen Haarschnitt gebrauchen, finde ich – ich habe keine Ahnung, was er mit seinem Haar vorhat. Ich jedenfalls bin kein gutes Vorbild, in meinem alten schwarzen Rollkragenpullover und den alten Bluejeans.

Tony schaut mich einen Moment an, lächelt: ein anderes Lächeln, wie er es noch nie gelächelt hat.

«Ratet mal, wen ich gestern getroffen habe», sagt Julia. Und dann: «Nein. Ihr werdet es nie erraten – den alten Red! Ihr erinnert euch doch an Red!»

«Mach keine Witze.»

Red war einer von dem Quartett, damals: Red, Peanut, Crunch und Arthur.

«Ja. Ich war gerade bei Bloomingdale's gewesen. Ich mußte dort etwas für einen von meinen Neffen besorgen. Und nun stand ich an der Ecke, wartete, daß die Ampel grün wurde, und da kommt dieser Kerl daher, trägt noch immer den alten steifen Hut – ich schwöre, es ist derselbe – und bleibt vor mir stehen. Ich war in Gedanken ganz woanders, ich spürte, daß da jemand vor mir stand, aber ich bemerkte ihn nicht, bis er meinen Namen rief. So leise, als spräche er mit sich selbst – ‹Sister Julia?› Na, wer sagt denn heute noch *Sister*, außer den Radikalen? und danach sah er nicht aus. Ich wollte irgend etwas sagen, aber dann sah ich ihm in die Augen, und plötzlich war er wieder da – der alte Red!»

Arthur war fünfzehn, sechzehn gewesen, Red siebzehn, achtzehn, als sie zusammen sangen. Ihr Quartett, die Trumpets of Zion, brachte es nicht sehr weit, ehe der Korea-Krieg es zerschlug; aber es war ein gutes Quartett, ganz groß in den Kirchen und bei Song-Wettbewerben. Und sie waren wirklich sehr nette Jungs, verrückt wie sie waren.

Red war nah an der Erde gebaut – untersetzt; Haare, die im

Sommer sandgrau wurden; und Sommersprossen, die wie Nadelstiche seine kupferfarbene Haut sprenkelten. Er hatte große, breite Zähne und ein reizendes Grinsen. Und wenn ich mich recht erinnere – ich nähere mich nämlich jetzt dieser Kollision zwischen der Angst, mich zu erinnern, und dem Hoffen auf die Erinnerung – wenn ich mich, gegen meinen Willen, erinnere, sang er Baß. Und das war tatsächlich ein Wesenszug von ihm, nicht nur dunkel, sondern tief.

Das Quartett fiel auseinander, die Jungen zerstreuten sich in alle Winde. Arthur machte solo weiter, *Arthur wurde ein Star*! Crunch wurde verrückt, Peanut wurde ermordet und Red: wurde ein Junkie. Genauer gesagt, er wurde ins Gefängnis gesteckt für ein Verbrechen, das er nicht begangen hatte, und dann wurde er in die Army gesteckt, und dann wurde sein Arsch nach Korea verfrachtet, und da drüben blieb er an der Nadel hängen, wie einer der geschätzteren amerikanischen Dichterlinge es ausdrücken würde. Ich sah ihn, kurz nachdem er von drüben zurückkam. Er hatte noch kaum Zeit gehabt zu lernen, wie man sich den Arsch abwischt, und schon war er auf dem Weg hinüber ins Jenseits. Sein trauriges Schicksal und mehr noch sein Gerede, es sei bloß 'ne schwere Erkältung, machten ihn in meinen Augen verächtlich. Das war vor vielen Jahren; wenn man Red zuschaute, dann war es, als sähe man einen Einarmigen auf dem Baseball-Feld. Ich hoffe, ich habe seither dazugelernt – und es sei mir vergeben.

«Wer ist Red?» fragt Odessa.

«Dein Onkel Arthur hat eine Zeitlang mit ihm zusammen gesungen», sagt Julia. «Sie gehörten beide zu einem Quartett – vor langer Zeit, bevor du auf die Welt kamst, Baby.»

«Bevor ich deinen Vater kennenlernte», sagt Ruth.

Aber Odessa interessiert sich wenig für die Gerüchte über das, was vor der Sintflut geschah. Gestützt auf ihre biologischen Kenntnisse, akzeptiert sie, Ruths *bevor ich deinen Vater kennenlernte*, ohne mit der Wimper zu zucken. Ist doch klar, denkt sie, wie ich aus einer ungeduldigen Bewegung des gelben Bandes schließe, daß ihr Vater und ihre Mutter sich wohl irgendwo kennengelernt haben müssen, sonst wäre sie – und natürlich auch ihr Bruder, den sie jetzt ziemlich verächtlich anstarrt – nicht da.

«Und wie geht es Red?» frage ich.

«Oh.» Der eine Ohrring blitzt auf, wie eine aus dem Augenwinkel nach hinten geschleuderte Träne. «Er gibt sich Mühe, mein Lieber, er gibt sich Mühe. Er führte mich zur nächsten Cafeteria. Ich hatte eigentlich keine Zeit, nur manchmal sollte man besser Zeit haben. Und er schob mir einen Stuhl hin. Wir tranken eine Tasse Kaffee.»

Sie kaut an ihrem Sparerib, ihre dunklen Augen sehen irgend etwas. «Er kommt gerade aus dem Gefängnis – bewaffneter Raubüberfall, nicht das erste Mal –, und jetzt versucht er es mit dem Methadon-Programm, und er versucht, mit den Kindern in den Straßen zu arbeiten. Aber mach, was du willst, sie bleiben doch auf der Straße. Und Methadon bringt dich auch um, du bist und bleibst ein Junkie ... vielleicht nur ein bißchen mehr hirnamputiert, ein *guter* Junkie, und sie können mit dir machen, verdammt, was sie wollen. Ich meine, Red weiß, daß es ein ganz beschissener Rat ist. Es ist eben, wie er gesagt hat – was willst du *sonst* machen? Er gibt sich Mühe.» Wieder macht sie eine Pause, nippt an ihrem Wein. «Seine Frau, Lorna, ist abgehauen, und sie hat die beiden Jungen mitgenommen. Er sagt, er *weiß*, daß sie im Recht war ... aber du siehst es ihm an, wie sehr es ihn verletzt. Er sagt, er weiß eigentlich nicht mehr, wozu er leben soll, er macht weiter – weil er vor dem Sterben Angst hat. Oder weil so viele Leute rumlaufen, die er am liebsten umbringen würde ... langsam, damit sie leiden, damit sie Zeit haben und *wissen*, warum du sie umbringst ... ihnen in die Augen sehen die ganze Zeit, während der Tod immer näher kommt, und sie herausfinden warum. Ja. Jetzt endlich, sagt er, versteht er die Songs, die er gesungen hat, früher ... aber er kann nicht mehr singen, und er will auch nicht mehr.» Sie schaut Tony und Odessa an. «Er war wirklich ein guter Freund von eurem Onkel», sagt sie mit einem plötzlich ganz anderen Ton, einem Ton, der es plötzlich Wirklichkeit werden läßt für sie: «Damals, als wir alle Kinder waren, als ich eine Predigerin war.» Sie grinst mich an mit ihrem Kindergrinsen. «Ich glaube, ich hab meine Predigten selbst nicht verstanden; fange vielleicht erst heute an, sie zu verstehen. Gott, hab Erbarmen.»

«Wie alt warst du, als du Predigerin warst?» fragt Odessa.

«Du *weißt* doch, daß sie Predigerin war», sagt Tony ungeduldig.

«Ja», sagt Odessa – nicht zu Tony –, «aber wie *alt* warst du?»

«Oh», sagt Julia, und es klingt sehr nüchtern, «ich wurde ... *berufen* ... als ich sieben war, und ich stand auf der Kanzel bis ich vierzehn war.»

«Warum hast du aufgehört?» fragt Tony.

«Der Lauf der Zeit», sagt Julia und lacht. «Der natürliche Lauf der Zeit.» Dann: «Nein. Ich habe etwas über die Liebe erfahren. Sonst wäre *ich* vielleicht ein Junkie geworden.» Sie schaut Ruth an, dann mich. «Aber einer der Gründe, warum ich es nicht wurde – vielleicht der einzige –, war, daß ich Angst hatte, Jimmy könnte es werden. Er hatte es schwer genug, als kleiner Bruder einer Kind-Evangelistin.» Sie grinst zu Tony und Odessa hinüber. «Oh. Mein Lieber, in meinen großen Tagen hätte sich Billy Graham nicht einmal in die Nähe einer Stadt gewagt, in der *ich* predigen sollte. Wer sonst?» Jetzt grinst sie mir zu. «Wir hatten es da für eine Weile eingesperrt, nicht wahr? Und ebenso hatte es *uns* eingesperrt.»

«Das habe ich nicht gesagt.»

«Ach, komm, Hall – du grinst genauso, wie du damals gegrinst hast.» Sie wendet sich wieder Tony und Odessa zu. Tony ist entzückt. «Nur damals nannten wir ihn nicht Hall. Wir sagten es nicht, weil wir es nicht wagten – ich weiß nicht warum, aber für uns war er nur Ha! Wir sagten immer: ‹Siehst du Mister Ha dort hinten, mit seinem Haha? Warte nur, bis ihm ein Aha ... aufgeht.› Denn so schaute er dich immer an – als könnte er alle diese Albereien selber nicht verstehen!»

«Ich war damals schon viel älter als ihr alle», sage ich.

«Ha!» sagt Julia, und Ruth und die Kinder lachen. «Ich habe noch Fotos von diesem Quartett», sagt Julia. «Nach dem Essen werde ich sie holen.»

Julias Arbeitszimmer, das ist ihr geheimer Platz – im biblischen Sinne; und niemand tritt dort unaufgefordert ein. Ich bin ein paarmal dort gewesen. Arthur war viel öfter dort. Es ist ein Meditationsraum, sagt Julia, und das ist kein Unsinn. Du spürst eine Konzentration menschlicher Leidenschaft in diesem Zimmer; in dem es außerdem zwei Tonbandgeräte, viele Bücher, alle möglichen Bücher, von Foxes Märtyrern bis zum Tal der Puppen gibt – «sie gehören zusammen», sagt Julia –, außerdem mehrere Bibeln, Gesangbücher. An der einen Wand, oberhalb von einem Baby Grand-Piano: ein Tamburin, ein Pult, eine Schreibmaschine, ein Stuhl, ein Feldbett.

Heute abend aber gehen wir nicht in das Arbeitszimmer, vielleicht aus Rücksicht auf die Kinder. Nachdem wir heißen Apfelauflauf mit Eiskrem gegessen haben, und nachdem Julia und Ruth und ich Kaffee getrunken haben – und die Kinder sich fahrig mit einem Kartenspiel vergnügen, das sie anscheinend gerade erfinden –, geht Julia allein in das Arbeitszimmer und kommt mit zwei großen Mappen wieder. Viele dieser Fotos habe ich schon gesehen, aber das ist Jahre her: vielleicht hoffte ich halb, wenn ich auch wußte, daß es eine vergebliche Hoffnung war, sie nicht wiederzusehen.

Wir machen es uns auf den Sitzkissen am Boden bequem. Julia sitzt da, das eine Knie hochgezogen, in der Hand eine Zigarette. Sie ist hier und zugleich weit weg und dabei von einer Schönheit, wie ich sie nur bei Menschen gesehen habe, die bis zum Erstaunen – und darüber hinaus – leiden mußten. Diese Schönheit ist erschreckend, weil man sie nicht leugnen und nicht besitzen kann; während sie so gänzlich auf das Erbarmen des Menschen angewiesen ist, entzieht sie sich doch allem menschlichen Zutun.

Julia öffnet eine Mappe. «Auf den meisten hier bin nur ich», sagt sie, «aber euer Daddy wird sich an manche erinnern. An viele kann ich mich selbst kaum erinnern. Die Leute, die Fotos machen, erinnern sich oft besser daran als man selber. Aber die Trumpets und ich, wir sind in vielen Kirchen zusammen aufgetreten.» Sie blickt auf und lächelt. «Weil wir alle so jung waren. Hätten wir einen anständigen Manager gehabt, wir hätten leicht einen Vertrag bei Metro-Goldwyn-Mayer gekriegt.» Sie lacht. «Aber ein Glück, daß wir ihn nicht kriegten.»

«Aber aus Red wäre dann vielleicht kein Junkie geworden», sagt Tony. Und nach einer Pause, nachdem er mich kurz angesehen hat, als wollte er sich zwingen, alles zu prüfen, als erwartete er eine Reaktion auf das, was ist, eine Frage: «Und mein Onkel wäre vielleicht nicht gestorben.»

Julia sieht ihn an und macht keinen Versuch, der unausgesprochenen Anklage auszuweichen. «Es gibt so viele Möglichkeiten, ein Junkie zu sein. Red *weiß* wenigstens, daß er ein Junkie ist. Und weil er es weiß, könnte er davon loskommen.»

Tony und Julia beobachten einander sehr aufmerksam, und Odessa beobachtet sie beide. Ruth lehnt an der Wand und beobachtet Julia, ein schwaches Lächeln verklärt ihr Gesicht.

«Es ist, wie wir damals in der Kirche sagten, und es ist immer noch wahr – der Sünder kann nicht gerettet werden, so lange er nicht *weiß*, daß er ein Sünder ist. Und du bist von Junkies umgeben, mein Junge. Wir sind eine Nation von Schlafwandlern, und sie können nicht aufwachen.» Sie streckt die Hand aus und streicht Tony leicht übers Gesicht. «Und der Tod kommt, Baby, das ist gewiß. Und es ist das Beste, wenn der Tod kommt, daß er die Arme um dich schlingt und dich mitnimmt. Der Tod *kann* dich auch streifen und dich grinsend stehen lassen, wo du stehst – ein in Kleider gehülltes Skelett. Das passiert jeden Tag um uns her. Sieh dich nur mal um, wenn du morgen früh rausgehst.»

Tony und Odessa rühren sich nicht, sind wie hypnotisiert – weniger von dem, was sie sagt, als von der Leidenschaft in ihrer rauhen Tabakstimme. «Euer Onkel ist mit dem Tod zusammen fortgegangen – Arm in Arm. Der Tod hat euren Onkel nicht verachtet, weil euer Onkel das Leben nie verachtet hat. Seid nicht traurig.» Sie klopft mit dem Finger auf eine Seite. «Schaut her.»

Da sehen wir das Kind Julia in ihrer langen Robe, mit ihrem gehäkelten weißen Häubchen auf dem Kopf – wie gut ich mich erinnere! – auf der Kanzel stehend, vor einer riesigen, aufgeschlagenen Bibel. Hinten sieht man ein Fenster, mit aufgemaltem Kruzifix; zu beiden Seiten des Kindes türmen sich Vasen, in denen weiße Marienlilien stehen. Die Augen des Kindes blicken empor, die winzigen Hände liegen flach auf der Heiligen Schrift.

«Das war einmal, an Ostern, in Reverend Kelseys Gemeinde,

in Brooklyn. Ich erinnere mich noch an meinen Text: *die Gerechten unter den Zehntausend* – und wißt ihr was, dieser Mann ist immer noch da! Treibt seine fromme Zuhälterei wie eh und je. Aber dort hinaus bist du ja eigentlich nie mit uns mitgefahren.»

«Ach komm, Julia! Ich bin doch sogar nach Philadelphia mitgefahren, und nach Washington, viele Male.»

«Ja. Aber das war später.»

«Wie alt warst du damals?» fragt Odessa.

«Damals? Ach, ich war vielleicht neun Jahre alt. Da bin ich wieder, mit meiner Mutter und Daddy und Jimmy – aber das sind hier nicht die Bilder, die wir anschauen wollten...»

«Moment mal», bittet Tony und hält die Seite fest. Er zwingt uns, eine sehr hübsche Frau zu betrachten – ja, ich erinnere mich, so sah Julias Mutter aus –, sie trägt einen Hut, der nach der Mode der vierziger Jahre keck über einem Auge hängt, und ein Bolero über einer weißen Bluse und einen engen Rock. Sie hält eine stolz grinsende Julia an der Hand. Und hier: Julia barhäuptig, mit gekräuseltem Haar, mit einem Band darin, und sie trägt eine weiße Matrosenbluse und einen schwarzen Faltenrock und diese flachen, an der Seite geknöpften Lackschühchen. Sie sieht aus, als würde sie jeden Moment vor Glück platzen, und ihre Freude ist so intensiv, daß sie uns – besonders mir – direkt entgegenlodert, über dreißig Jahre hinweg, so daß Tony ein «Wow» murmelt und Odessa rasch von der Fotografie zu Julia aufblickt, und nichts sagt. Julias Vater und Mutter stehen Hand in Hand, und ich erinnere mich noch genau an diesen gutaussehenden Mann, mit seinem breiten Grinsen, seinem schmalen Schnurrbart, seinem wattierten Dandyanzug mit der Röhrenhose und seinem dunklen Hemd mit offenem Kragen. Er hält Jimmy bei der Hand. Jimmy ist vielleicht drei Jahre alt, auf stämmigen Beinchen, in kurzen Hosen. Sein Vater hält ihn bei der Hand, aber Jimmy strebt nach vorn, scheint sie alle aus dem Bild herausziehen zu wollen; seine Augen sind groß, und er lächelt.

«Jimmy und sein Vater kamen nie gut miteinander aus», sagt Julia und blättert die Seite um. «So wenig wie meine Mutter und ich.» Und sie schaut Ruth an, und beide Frauen lächeln.

Julia blättert weiter die Seiten um, unbarmherzig und doch mit einer gewissen Zärtlichkeit, als ob sie diese Bilder ihrer Familie, ihrer Verwandten, von sich fortschieben wollte, diese Hieroglyphen, in denen die Wurzel und der Anfang ihres Leidens geschrieben stehen. Wir kommen zu einem Foto von Red, Peanut, Crunch und Arthur, wie sie irgendwo sangen, unglaublich jung, innerlich beseelt, Crunch hält grinsend die Gitarre. Ihre Frisuren sind gelockt und geölt, ihre Stirnen, Nasen und Zähne glänzen. *Die Gerechten unter Zehntausend.* «Schau sie dir an», murmelt Julia. «Mir ist immer, als sängen sie *Sweet Hour of Prayer.*» Ich habe keine Ahnung, welches Lied sie da singen, auf ihrem Weg zum Ruhm. Noch hat kein Schicksalsschlag ihnen die Nase gebügelt, die Zähne ausgeschlagen und die Lippen in Hackfleisch mit Tomatenketchup verwandelt. Crunch hatte damals noch alle Zähne; aber jahrelang, bevor sich unsere Wege trennten, fehlten ihm die beiden oberen Schneidezähne. Ein Cop hatte sie ihm ausgeschlagen, ein schwarzer Cop; und weil es ein schwarzer Cop war, der ihm Gewalt antun wollte, ließ Crunch sich diese Zähne nie reparieren. Er hätte es sich leisten können; hätte es machen können; er hatte überall die Finger im Spiel, er war gescheit, und er war rücksichtslos. Aber nein: er wollte, daß die Schwarzen sehen, was schwarze Menschen an schwarzen Menschen verbrechen können: *Die Weißen könnten uns nichts anhaben, wenn wir nur lernen würden, einander zu lieben!*

Dies half ihm aber nicht, seine Frau zu lieben, und seiner Frau half es auch nicht.

Eines Morgens beim Vögeln erkannte er, daß der Teufel in seine Frau gefahren war und an seinem Schwanz zog, und so versuchte er den Teufel aus ihr rauszuprügeln. Er kam an den Teufel nicht heran, die Nachbarn schlugen die Tür ein und rissen ihn von ihr fort und trugen ihn raus. Sie mußten auch sie raustragen, das arme Mädchen, und seither hat niemand mehr sie gesehen, sie, die ohnehin nicht wiederzuerkennen gewesen wäre. Crunch ist noch am Leben, er lebt irgendwo im Norden des Staates New York.

Jetzt, auf zwei gegenüberliegenden Seiten, kommen wir zu zwei Fotos, auf denen Arthur und Julia gemeinsam zu sehen sind. Die erste Aufnahme – das ist lange her. Julia in ihrem weißen Gewand und ihrer weißen Kappe. Arthur in schwarzem Anzug mit weißem Hemd und schwarzem Schlips, das Haar glänzend und gekräuselt.

Das zweite Bild – das war später. Arthur und Julia bei irgendeiner Party, irgendwo. Arthurs Haar wieder in seiner natürlichen Krause, und er trägt einen engen blauen Anzug mit Maokragen und eine schwere goldene Kette um den Hals und einen schweren goldenen Ring am Mittelfinger der rechten Hand. Ich weiß, daß Jimmy jetzt den Ring hat, und wer ihn haben wollte, mußte ihm den Finger abhacken. Was aus der Kette geworden ist, weiß ich nicht. Dies Bild wurde aufgenommen, als Arthur auf den Höhen des Ruhms schwebte. Ich erinnere mich an den Anzug, und ich erkenne den Goldschmuck wieder, und vor allem Arthurs stolzes, sorgloses Grinsen, die Art, wie er den Kopf hoch trägt. Er hält Julia um die Taille; Julia mit hochgestecktem Haar, an ihren Ohren und ihrem Hals blitzt Silber, sie trägt ein tief ausgeschnittenes, wehendes Abendkleid, in der einen Hand hält sie eine Zigarette, in der anderen ein Champagnerglas, sie lacht und ist sehr, sehr schön.

«Ich hab die beiden Bilder nebeneinander eingeklebt», sagt Julia, «denn beide Male hatte ich Arthur gebeten, mir einen Gefallen zu tun. Und beide Male tat er es wirklich.» Sie klopft auf das erste Foto. «Hier hatte ich ihn –» sie lacht – «um eine berufliche Gefälligkeit gebeten. Er sang damals mit dem Quartett zusammen, und ich bat ihn, solo für mich zu singen, bei der Beerdigung einer alten Dame, einer wirklichen alten Dame, die gerade gestorben war. Sie hatte mich kurz vor ihrem Tod darum gebeten, die Ansprache bei ihrer Beerdigung zu halten. Und ich hatte es ihr versprochen.» Sie schaut mich an. «Es war in Reverend Parkers Kirche, verstehst du, oben in der Madison Avenue. Sie besteht heute nicht mehr.»

«Ich glaube, ich erinnere mich», sage ich. Aber wenn ich mich wirklich erinnere, dann nur schwach, und nur weil Arthur mir viel später davon erzählt hat. Aber vielleicht erzählte er es mir auch schon damals. Ich bin mir nicht sicher. Als Arthur sechzehn war, da war ich dreiundzwanzig. Beerdigungen mied ich, und ich ging nicht in die Kirche, außer wenn ich das Quartett – und manchmal Julia – chauffieren mußte.

Und doch: Julia und das Foto erinnern mich an irgend etwas.

Ich höre ihr zu, und gleichzeitig versuche ich, die zweite Fotografie – etwas genauer – in meiner Erinnerung unterzubringen.

«Ich brauchte Arthur», sagt Julia, «weil diese blinde alte Dame – Miss Bessie hieß sie – mit Reverend Parker Streit gehabt hatte. Ich war damals erst vierzehn – fast vierzehn –, aber ich konnte ihn nicht ausstehen, er kam mir immer vor wie ein fetter, runder Käfer mit Schnurrbart. Und später – oder vielleicht auch schon damals – denn er war mir direkt ekelhaft – fragte ich mich oft, wie eine Frau ihn überhaupt nackt ansehen konnte, ohne sich zu übergeben. Im Ernst. Mit ihm im Bett liegen – das stellte ich mir vor, wie wenn man wochenlang im Schokoladenteig rumrührt. Seine Frau war dauernd krank, sie sagte, der Herr habe ihren Körper heimgesucht. Verdammt, das hatte er!»

Ruth lacht, und Tony jault laut los und stampft mit seinen großen Füßen auf den Boden. Odessa, die Julia anstarrt, legt ihre Hand auf Ruths Schulter. Julia zündet sich eine Zigarette an.

«Wie auch immer, ich war auch schuld an dem Streit zwischen Reverend Parker und Mother Bessie. Reverend Parker hatte keinen Verstand, er war kein richtiger Mann – und es war im Grunde kurz nach dieser Beerdigung, daß ich für immer von der Kanzel herunterstieg – und gerade weil er ein Nichts war, gab er dauernd Erklärungen ab, erließ Dekrete wie der gottverdammte Papst. Und der Grund für die Streitereien zwischen ihm und Miss Bessie: der Herr hatte Reverend Parker schlicht mitgeteilt, daß es eine Sünde sei, wenn Frauen Ohrringe trügen. Über so einen Quatsch konnte ich mich immer schon aufregen, erinnerst du dich, Hall? Ich meine, warum sollte der große Allmächtige auch nur zur Kenntnis nehmen, daß du Ohrringe trägst? Besonders wenn du über achtzig bist und blind – diese Frau war noch während der Sklaverei geboren – und diese verfluchten Ohrringe nicht mal sehen kannst; und sie waren übrigens nicht einfach im Laden gekauft: jemand hat sie ihr durchs Ohr gezogen, als sie noch ein Baby war. Und Gott weiß, Mother Bessie konnte sie nicht sehen, sie konnte ja nicht *sehen*. Na gut. Ich reiste damals als Evangelistin, ich war nicht Mitglied dieser Kirchengemeinde, aber nachdem Reverend Parker all diesen Blödsinn losgelassen hatte, ging ich hin und holte Mother Bessie immer ab und brachte sie zur Kirche. Und das war schlimm, denn bis dahin hatten zwei von Reverend Parkers Gemeindegliedern Mother Bessie zur Kirche gebracht, und Reverend Parker hatte es ihnen verboten. Aber *ich* war die feuergetaufte Kind-Evangelistin, Little Sister Julia – *mich* konnte er nicht hindern. Also kletterte ich Sonntag für Sonntag die Treppen zu Mother Bessies Zimmer hinauf und half ihr beim Anziehen und brachte sie zur Kirche, mitsamt Ohrringen und allem.

Reverend Parker steckte sich hinter meine Eltern; aber Reverend Parker brachte ihnen nicht das Brot auf den Tisch – das besorgte ich. Und ich sagte nur: ‹Ich tue, was der Herr mir befiehlt› – und ich nehme an, das kam der Wahrheit ziemlich nahe. Ich konnte einfach nicht anders. Ich hielt es nicht für richtig, die arme alte blinde schwarze Dame, die roch, wie alte Leute manchmal riechen, versteht ihr? und die nervtötend war wie alte Leute es sein können – ich hielt es einfach nicht für *richtig*, sie mit all den Ratten und Kakerlaken allein zu lassen und sie allein sterben zu lassen. Ich konnte einfach nicht glauben, daß ich zum Predigeramt berufen worden war, um so etwas zuzulassen.

Und vielleicht machte es mir Spaß, Reverend Parker alle Sonntage zu beobachten. Er konnte mich ... uns ... nicht rauswerfen. Immerhin wollte er, daß ich weiter in seiner Kirche predigte, wenigstens hin und wieder – auch auf *seinen* Tisch brachte ich Brot.

Wie auch immer. Eines Nachmittags legte Mother Bessie Zeugnis ab – sie prophezeite es Reverend Parker auf den Kopf zu, wirklich, sie *sagte* ihm, was mit dieser Tochter widerfahren würde –, und sie sagte, daß sie bald sterben würde, und sie wollte, daß ich bei ihrer Beerdigung predigte. Und ich versprach es ihr.

Dann aber erklärte mir Arthur, wenn ich mein Versprechen halten und bei der Trauerfeier predigen wolle, müsse es auch eine Trauerfeier *geben*: und wer sollte die bezahlen? Wie sollte die Frau beerdigt werden? Seit der Befreiungsproklamation hatte sie ihre Versicherung bezahlt, einen Dime die Woche – aber reden wir nicht davon, wenn ich von Lebensversicherungsgesellschaften anfange, verliere ich noch den Rest meiner Nerven. Wie auch immer. Wir legten zusammen, dein Bruder und das Quartett und meine Eltern, und mit Hilfe von ein paar zusätzlichen Predigten, die ich hielt, und von einem Neffen, den Arthur ausfindig machte – kurz mit saurem Schweiß und leichter Erpressung brachten wir das Kleingeld zusammen, als Mother Bessie starb. Der Neffe schaffte es sogar, bei diesen Versicherungsdieben ein bißchen rauszuholen. Mother Bessie hatte schon lange im Sterben gelegen, ich wußte es, und doch starb sie dann ganz plötzlich. Ich glaube nicht, daß sie gelitten hat; sie starb im Schlaf. Seltsam. Ich hatte mich ihr näher gefühlt, als ich mich je meiner eigenen Mutter oder meinem Vater gefühlt hatte, und dabei kannte ich sie gar nicht. Und dann dachte ich – zum erstenmal –, daß ich vielleicht deshalb auf die Kanzel gestiegen war: Denn zu Hause, in der eigenen Familie, war ich so weit von Gott entfernt, so weit entfernt von jemandem, der mich liebte. Die Liebe Gottes war die erste Liebe, über die ich etwas erfuhr. Ich sage euch: sie hat mich von weit, weit her zu mir gebracht.»

Im Zimmer ist es völlig still und ruhig: lautlos: es ist schon lange dunkel. Tony hat seine Arme um die Knie geschlungen. Er beobachtet Julia mit einer verwunderten Intensität, wie ich sie noch nie in seinem Gesicht gesehen habe; seine Augen gleichen mehr denn je Arthurs Augen. Odessa lehnt sich an ihre Mutter, in einer Haltung, die zu angespannt ist, als daß man sie als Kuscheln beschreiben könnte, zu bedacht, als daß man sie Furcht nennen könnte. Ruth starrt Julia an, ich presse mich mit dem Rücken gegen die Wand. Ich sehe Ruths Gesicht, ohne es anzusehen: sie und ich sind durch all die anderen im Zimmer verbunden.

«Und so bat ich Arthur heraufzukommen und mir zuliebe bei dem Begräbnis zu singen. Und er tat es. Er sang zwei Lieder – eines kurz vor meiner Predigt und eines am Schluß.» Sie schaut mich an, sieht wieder wie ein kleines Mädchen aus. «Hab ich dir nie davon erzählt?»

«Du hast mir nie all das erzählt – was du mir eben gerade erzählt hast.»

«Nun ja. Ich nehme an, es braucht Zeit – mehr Zeit, als sich irgend jemand vorstellen mag –, um die Dinge in dir auseinanderzuklauben und dann zu versuchen, sie zusammenzusetzen, und dann den Versuch zu machen, nicht einen Sinn hineinzusehen, sondern sie vielmehr zu *sehen*. Vielleicht ist das der Grund, warum das, was vergangen scheint, uns allmählich klarer vorkommt als das, was gegenwärtig zu sein scheint. Wie auch immer.» Julia lächelt, und wieder tritt Stille ein; nur kurz, denn Odessa fragt: «Über welchen Text hast du gepredigt?»

«Warum fragst du das?»

«Ich weiß nicht ... ich hatte nur ... so ein Gefühl ...»

Tony sagt: «Odessa meint nur, da ihr, du und Onkel Arthur, all diese Schwierigkeiten gemeinsam durchgestanden habt, muß doch alles, was du gemacht hast, eine Wirkung auf ihn gehabt haben. Wie – stell dir mal vor, Julia – wie wenn ihr beide zwei Trapezkünstler wärt, die da oben zusammenarbeiten: sein Timing und dein Timing müßten unfehlbar sein, hab ich recht?»

«Wie schön du es ausgedrückt hast», sagt Julia leise. Und dann: «Ich nahm einen Text aus Jesaja: *Bestelle dein Haus, denn du wirst sterben und nicht lebendig bleiben.* Aber er hatte die Predigt noch nicht gehört, als er sein erstes Lied sang.»

«Nein. Aber kannte den Text.»

«Ja. Ich hatte ihm den Text gesagt.»

«Yeah. Und er *wußte*, daß du diesen Text richtig auslegen würdest.» Tony grinst und umarmt seine Knie. «Das kann ich mir vorstellen.»

Julia betrachtet ihn lächelnd; dann schaut sie Ruth und mich an. «Ich predigte nicht eigentlich für Mother Bessie – sie war über all das hinaus. Ich predigte für Reverend Parker – und», sagt sie nach einer Pause, nach einem Blick zu Tony und Odessa, «für mich selbst.»

«Welche beiden Lieder hat Arthur gesungen?» frage ich.

Julia lächelt. «Ich werde es nie vergessen. Dieser Nachmittag hat in meinem Leben viel ausgelöst. Ich werde diesen Nachmittag nie vergessen. Ich spürte – ich glaube, ich *wußte* –, daß es mit meinem Predigeramt zu Ende ging – jedenfalls mit *diesem* Teil meines Amts – und daß es *mein* Haus war, das ich in Ordnung bringen mußte. Falls ich leben wollte. Ich predigte bei Mother Bessies Beerdigung. Aber du wirst nicht immer auf den Friedhof gebracht, wenn du stirbst. Reverend Parker war der Beweis dafür. Mother Bessie roch nach Alter – nach muffigen Kleidern, muffigem Essen, saurem Magen –, damit konnte ich fertig werden, ich konnte mich sogar damit abfinden, daß ich selbst vielleicht eines Tages so riechen würde, wie ich ja auch weiß, daß ich eines Tages sterben werde. Aber Reverend Parker und fast alle anderen Geistlichen rochen auch – nach Korruption. Der Geruch war an ihren Händen, er war in ihrer selbstgerechten Wollust – du kannst es sehen, wenn sie ihr Sonntagshühnchen verspeisen. Teufel, ich nahm es wahr, wenn sie mich anschauten, als ob ich die Hühnerbrust und der Flügel und die Füllung wäre. Und der Herr würde auch nichts dagegen haben, wenn zwei von seinen gläubigen und müden Dienern einander auf der Kellertreppe Trost und Erquikkung spendeten. Und *damit* wurde ich nicht fertig.» Sie schweigt, dann lacht sie. «Über diese Predigt wird noch immer geredet, manche Leute reden noch heute davon. Eines ist wahr, ich habe nie besser gepredigt, nicht auf dieser Kanzel. Und *das* war's dann auch, wie die alte Dinah gesagt hätte.»

Sie steht auf und schlüpft wieder in ihre Plateausandalen.

«Ich werde versuchen, es euch vorzuspielen, ich kann es nicht beschreiben. Die Kirche war rappelvoll. Alle, die da waren, erinnern sich noch daran, auch wenn sie nicht *wissen*, daß sie sich daran erinnern.» Sie geht zum Klavier. «Ihr müßt bedenken, wie jung er war. Und er hatte noch nie erlebt, daß ein Mensch, den er liebte, gestorben war. Und er war nicht errettet wie ich.» Sie lacht und setzt sich an das Klavier. «Arthur war hin und her gerissen, was die Errettung betraf.» Sie läßt ihre Finger über die Tasten gleiten. «Ich kann gar nicht singen, ich weiß nicht, warum ich das hier mache – aber du hast bestimmt das Bild vor Augen, Hall.»

Sie spielt die Anfangsakkorde – den Eröffnungstakt – feierlich und zugleich schräg, zu ruhig und entschieden, als daß man es aggressiv nennen könnte – absolut unabweisbar: man muß zuhören oder weglaufen. Die Gemeinde sitzt da und wartet, und endlich stößt sie, mit dem Sänger zugleich, ein Stöhnen aus, fern wie ein gedämpftes unterirdisches Grollen, wie die erste schwache Ankündigung eines Erdbebens.

Ich denke an Freunde, die ich einst kannte.

Noch nicht, er konnte ja noch nicht an Freunde denken, die er einst gekannt hatte; aber vielleicht sang er von der rasch nahenden Stunde, die manche von denen, vor denen er jetzt sang, hinwegraffen würde; vielleicht war er auch nur wegen der heiligen Fragilität seiner Jugend gezwungen, die Reise ohne sie zu machen.

Die lebten und litten in diesem Jammertal.

Ja, sagt das Meer von Frauenhüten, ja sagen die Felsen von Männerschultern: ein leiser Wind kräuselt die See und haucht die Felsen an, flaut ab, schwillt wieder an –

Sie fuhren auf in den Himmel

und einige heben ihre Gesichter empor wie in den Wind, und manche bedecken ihre Gesichter mit den Händen.

Und mich verlangt zu wissen

Alles ist still. Nur die Stimme steigt empor wie ein einsamer Vogel gegen den aufkommenden Sturm.

Was sie dort oben jetzt wohl tun?

Oh, donnert das Klavier, und *Ja* haucht der Wind
Was

und die Stimme, der einsame Vogel, schwingt sich empor

Werden sie dort oben im Himmel tun?
Wo Sünd und Kummer fortgewaschen sind,
Wo Friede herrscht, ein steter Friede.
Oh, was werden sie dort oben jetzt wohl tun?

Ich beobachte, wie Sister Julias Finger auf den Tasten lesen. Es ist ein seltsamer Wind, der sich da erhebt, von so fern her, und die Stimme schwingt sich über den Wind.

Da waren sie
Ja
Deren Herzen
Ja
Von Sorgen bedrückt waren.
Sie verbrachten ihr Leben
Ja
In Kummer und Tränen

Die See wogt vor und zurück, die Felsen schwingen hin und her, die einsame Stimme steigt empor, nähert sich einem gellenden Triumph.

Sie hielten fest!

Das Piano legt Zeugnis ab, der Wind läßt nach.

Am Kreuz

Ja
mit Zittern und Zagen,
Oh, was
sie jetzt dort oben wohl tun?

Julia hält inne, und der Raum scheint zu schweben – verändert durch die Leidenschaft jenes fernen Nachmittags.

«Und dann», sagt Ruth, «hast du deine Predigt gehalten?»

«Ja. Und dann fuhren wir Mother Bessie zum Friedhof.»

In Tonys Gesicht zeichnet sich eine Frage ab. Es klingelt an der Tür.

«So spät am Abend?» sagt Julia; denn es ist kurz nach zehn Uhr.

«Das trifft sich gut», sage ich. «Ich brenne schon lange darauf, deinen heimlichen Liebhaber kennenzulernen.»

Als es wieder klingelt, steht Julia vom Klavierhocker auf und schreitet durch das Zimmer. «Komm ruhig mit, Hall, falls es nicht mein heimlicher Liebhaber ist, dürfte es ein anderer Irrer sein.»

Sie geht vor mir her über den Flur und hält ihr Auge an das kleine Loch in der Tür, durch das du siehst, wer draußen steht. Dann schreit sie vor Freude auf: *«Ach, du liebe Güte.»* Lachend dreht sie sich zu mir um. «Du wolltest meinen heimlichen Liebhaber kennenlernen – hier ist er!» Und sie öffnet die Tür. «Komm herein, Jimmy!»

Und da ist er, ebenfalls sehr elegant. Ich habe ihn fast zwei Jahre lang nicht gesehen; und als ich ihn das letzte Mal sah, war er überhaupt nicht elegant. Und ich auch nicht. Ich habe Jimmy sehr gern – ich glaube, ich liebe ihn richtig. Er ist ein ziemlich kräftiger Kerl mit lebkuchenfarbener Haut, sehr, sehr ruhig, mit großen, weiten braunen Augen in einem breiten, gemeißelten Gesicht. Er hat ein Grinsen wie eine Laterne und eine Stimme wie Samstagabendglocken: irgendwie sehe ich ihn immer vor mir, wie er später einmal, als alter Mann, dasitzt, eine Menge Kinder um sich herum und ihnen die wildesten Geschichten erzählt, die sie je gehört haben, und das Gelächter rings um ihn prasselt nur so wie ein Feuer.

Er hat mich überrascht, Jimmy, sehr überrascht, besonders damals, in den letzten Monaten mit Arthur. Nicht viele Menschen sind da in Zeiten der Not – traust du mir nicht, dann schrecke ich dich: und komme in Schwierigkeiten –, und Jimmy *war* da. In mancherlei Beziehung, auf eine Art, über die er nicht sprechen konnte, nicht einmal mit mir, muß es für ihn noch schwieriger gewesen sein als für mich. Und man sah es ihm an, bei Arthurs Begräbnis – grau war er, ausgemergelt, ausgezehrt von einer Säure, die ihn von innen zerfraß. Dann zog er sich zurück, nach oben, in dem Haus, in dem er und Arthur zeitweilig lebten. Ich war damals noch auf Achse, aber selbst wenn ich es nicht gewesen wäre – ich war der letzte Mensch auf der Welt, der ihm hätte helfen können.

Julia wollte ihm helfen, sie wollte, daß ihr Bruder zu ihr ins Haus kam; aber er war nicht wirklich *in* ihrem Haus, er weinte am Grab seines Geliebten. Schließlich konnte Julia ihn dazu bewegen fortzuziehen, und zuletzt sah ich ihn, kurz bevor er ein Schiff nahm, «irgendwohin», wie er sagte. Er sah sehr jung aus damals.

Jetzt sieht er ganz so aus, als habe er sich wieder gefangen: schwarze Stiefel, blaue Hosen, dunkelbrauner Regenmantel. Er stellt seine Koffer im Eingang ab und schließt Julia in die Arme. Julia, die ihn an den Schultern umklammert hält, lehnt sich schließlich zurück.

«Warum hast du mich nicht wissen lassen, daß du kommst? Und woher kommst du überhaupt?»

«Ich komme gerade aus Rom, Schatz.» Jimmy sprach schon immer etwas atemlos – es hört sich an, als improvisierte er, immer um einen Schritt der Katastrophe voraus. Bevor er seine Improvisation fortsetzt, hebt er die Augen, sieht mich, und wir fallen einer dem anderen in die Arme. «He, *Brother*», sagt Jimmy, und wir klammern uns einen Moment aneinander. Es ist mächtig beruhigend, ihn eine Weile zu halten und zu fühlen, wie er mich hält. Tränen stehen ihm in den Augen, und mir auch, und wir küssen einander auf die Wangen. Wir grinsen, ich gehe in den Eingang hinaus, nehme seine Koffer und schließe die Tür. «Ich hatte gehofft, daß du hier wärst», sagt Jimmy.

«Und wieso wußtest du, daß ich da bin?» fragt Julia.

Jimmy lacht und küßt sie noch einmal. «Dein Telefon war dauernd besetzt, Schatz», sagt er. Und wendet sich mir zu. «Sie vergißt, daß sie mir einen Schlüssel gegeben hat.»

«Ich hätte das Schloß auswechseln können», sagt Julia.

«Und natürlich, ohne einem Menschen etwas zu sagen, nur damit der kleine Bruder mit seinem Arsch draußen in der Kälte steht.» Er lacht wieder, er wirkt sehr glücklich. Erstaunlich. «Sagt mal, feiert ihr hier eine Party? Kriege ich einen Drink? Habt ihr was zu essen? Oder soll ich meine alten Knochen ins nächste chinesische Restaurant schleppen?» Er hält inne, mit diesem Grinsen im Gesicht, diesem Lichtschein, den Mantel halb an-, halb ausgezogen.

«Gib mir deinen Mantel», sagt Julia, nimmt ihn ab und gibt ihm einen Klaps auf seinen mageren Hintern, «und geh rein. Hall, führe ihn ins Zimmer. Jimmy, du mußt eben vorliebnehmen mit dem, was da ist. Wie bist du überhaupt hergekommen?»

«Einen Wagen gemietet, dann bin ich hergefahren, Schwester.» Er und ich gehen durch den Flur. Ruth steht am Eingang zum Wohnzimmer, Tony und Odessa hinter ihr. «He!» schreit Jimmy. «Heut abend ist ja die ganze Familie beisammen! Komm her, Mama!» Und er und Ruth packen einander, lachend und fast weinend. Ruth zieht ihn ins Wohnzimmer, ich höre kaum, was sie einander erzählen, aber sie sind wunderschön anzusehen. Jimmy läßt sich vor Odessa auf ein Knie nieder und hält ihre beiden Hände in seinen, und Tony überragt sie beide. Julia kommt und bleibt, einen Fuß auf der Treppe, neben mir stehen, und Jimmy steht auf und legt den Arm um Tonys Hals. Tony ist befangen und entzückt zugleich, ich kann es ihm vom Gesicht ablesen, aber das Entzücken und eine natürliche Zuneigung siegen, und er grinst und sagt zu Jimmy: «Ich hab an dich gedacht. Ich wußte, daß du heut abend kommst, ich schwöre dir, ich wußte es! Das Lied hat dich hergebracht – bestimmt, es war das Lied!»

Rasch, unbewußt, berührt Jimmy den goldenen Ring an seinem Finger und starrt Tony an.

«Welches Lied?» Halb lächelt er, halb runzelt er die Stirn.

Julia tritt ins Zimmer. «Ich habe vorhin eines der Lieder gesungen, die Arthur sang, vor langer Zeit, als ich Predigerin war.»

Jimmy schaut Tony an und lächelt. Irgend etwas scheint sich zwischen ihnen zu entspannen. «Ja – ich glaube fast, du hast recht, Mann. Ich glaube fast, das Lied hat mich hergebracht.» Er geht zum Tisch. «Sieht aus, als hättet ihr ein *Fest* gefeiert.»

Aber Ruth, Julia und Odessa tragen schon die Teller und Platten hinaus. «Gib ihm einen Drink, Hall», sagt Julia, «während wir das Essen aufwärmen.» Und: «Tut mir leid», sagt Ruth freundlich, während sie die Spareribs davonträgt. Und: «Wir sind gleich wieder da», sagt Odessa, die den Kartoffelsalat und die Brötchen trägt. Tony bringt die Gläser hinaus.

Ich gieße Jimmy und mir einen Drink ein. Jimmy setzt sich und zieht sich die Stiefel aus, legt den Kopf auf ein Kissen, die Füße auf ein anderes, nimmt mir den Drink aus der Hand und setzt sich auf.

«Ich bin mächtig froh, dich zu sehen, Bruder.»

«Das bin ich auch.»

Wir stoßen mit den Gläsern an und trinken. Odessa kommt herein und wischt den Tisch ab. Zwischen Jimmy und mir entsteht ein Schweigen – nicht unangenehm, aber angespannt. Mit unseren ersten Worten, welche es immer sein mögen, werden wir eine Reise angetreten haben. Aber wir lächeln. Odessa schwingt aus dem Zimmer.

«Nun – was hast du gemacht, in Rom?»

«Mann – was hab ich irgendwo gemacht? Ich weiß es kaum. Oder doch, ich weiß es.» Er sucht seine Zigaretten, und ich gebe ihm Feuer und zünde mir auch eine an.

Vielleicht ist es das, was ich meine, wenn ich sage, daß Jimmy ruhig ist: er kann jeden Moment vor deinen Augen verschwinden und trotzdem da sein, so reglos und vertraut wie eine Katze. Er lächelt. «Ich hab so etwas wie eine Pilgerfahrt hinter mir. Ich war in Istanbul. Ich war in London und in Berlin und Genf. Ich war in Venedig. Ich war in Paris. Städte, wo Arthur und ich uns zusammen rumgetrieben haben. Oder einfach Städte, von denen ich wußte, daß er einmal dort gewesen war. Ich war in Barcelona – wir sind in Barcelona einmal sehr glücklich gewesen.» Er grinst und trinkt von seinem Drink. «Die Stationen des Kreuzwegs.» Dann: «Versteh mich nicht falsch. Ich habe entdeckt, wie sehr ich ihn liebte – ihn immer noch liebe. Und da konnte ich allmählich schlucken, ohne daß es weh tat. Da wurde es allmählich wieder gut. Zum Teufel, vielleicht ist nichts jemals wirklich gut, in Ordnung, aber du weißt, was ich meine. Ich hörte auf, Gott zu hassen – oder was immer. Alles was uns so weh tut. Was ihn kaputtgemacht hat.» Er lehnt sich auf ein Kissen zurück. «Du weißt ja. Ich werde dir alles erzählen, bald.»

Tony kommt herein. «Habt ihr was dagegen, wenn ich reinkomme? Wißt ihr, ich meine, in der Küche bin ich nämlich nur im Weg, aber ich kann auch nach oben gehen und ein Buch lesen.» Er lächelt, aber trotzdem wirkt er ängstlich.

Jimmy klopft auf ein Kissen. «Setz dich, Tony. Ich bin nicht so dumm zu glauben, ich hätte irgendwelche Geheimnisse vor dir. Verflucht, ich hab keine Geheimnisse, Schluß, Punkt!» Wir drei lachen, und Tony setzt sich hin; oder vielmehr, er arrangiert seine spitzen Winkel auf eine Weise, daß man wohl von einer sitzenden Haltung sprechen könnte; jedenfalls steht er nicht mehr.

«Was hast du in Rom gemacht?» fragt Tony.

«Ein paar Schwachköpfe waren ganz wild darauf, einen Film über das Leben deines Onkels zu drehen. Ich sagte ihnen –» er dreht sich zu mir – «daß du der Mann wärst, mit dem sie reden müßten, aber nach einer Sitzung mit ihnen würde ich ihnen nicht einmal mehr deine Adresse geben. Ich erzähle dir noch davon. *Blutiger Pfingstsonntag*, in schwarzschwarz, oder *Porgy und Fummeltrine.*» Er macht ein würgendes Geräusch. «Das *letzte*, Junge. Sonst», sagt er zu Tony, «habe ich Klavier gespielt. Überall, wo ich war, hab ich Klavier gespielt. So habe ich mich über Wasser gehalten. War eine harte Tour.» Er trinkt aus seinem Glas. «Glaube kaum, daß ich's noch mal machen werde. War nicht dasselbe, bedeutete mir nicht dasselbe. Ich fing an zu verstehen, besser als ich vorher –» Jimmy hält inne, trinkt aus und hält Tony das Glas hin. «Tust du 'nem alten Mann einen Gefallen? Tu da noch mal etwas Scotch rein, und ein paar Eiswürfel.»

«In Ordnung», sagt Tony, dann sieht er mich an, aber ich winke ab. Ich habe Angst vorm Trinken, wenn ich fahren muß, und auf der Fahrt nach Hause heute abend werden Tony und ich allein sein, und Tony wird voller Fragen sein.

«Was fingst du an zu verstehen?» frage ich.

«Wie Arthur sich fühlen mußte, nach einer Weile. Das war nicht mehr er, der sang.» Jimmy seufzte. «Das war's, was er fühlte, ich weiß es. Du weißt es auch. Aber er konnte auch nicht mehr zurück.» Er setzt sich auf, drückt seine Zigarette aus, zündet sich sofort eine neue an. «Ich glaube, ich habe angefangen, ein Buch zu schreiben», sagt er.

Tony bringt Jimmy seinen Drink und setzt sich wieder.

«Ja», sagt Jimmy, «ich glaube, ich habe angefangen, ein Buch zu schreiben.»

Die Frauen kommen mit dem Essen und dem Wein.

Ich kenne Jimmy nicht mein ganzes Leben lang, aber ich kenne ihn *sein* Leben lang – ein seltsamer Unterschied, je älter wir werden. Ich hatte kaum von ihm Notiz genommen, bis ich mit Julia zusammen ging. Bis dahin war er für mich nur Julias rotznäsiger frecher kleiner Bruder gewesen, ein Plagegeist, und immer wieder einmal mußte ich, sehr höflich, über ihn hinwegsteigen oder ihn, sehr höflich, beiseite schieben oder ihm, sehr höflich, sagen, er sollte sich zum Teufel scheren. Ich hatte nichts gegen ihn. Ich konnte ihn nur nicht brauchen.

Wenn ich an die Zeit zurückdenke, in der ich mit Julia ging, sehe ich ihn vor allem, wie er zur Tür hereinkam oder hinausging: er wohnte nicht mehr zu Hause. Und doch wurde er damals realer für mich: ich wußte, wieviel er Julia bedeutete.

Julia und ich gingen 1957 miteinander, in dem Jahr, als Arthur anfing, solo zu singen, Julia und ich hielten es aus Gründen, auf die ich später noch eingehen werde, nicht lange zusammen aus; aber Arthur hielt es aus als Solosänger. Um 1960 oder so gab Arthur ein Benefizkonzert zugunsten der Bürgerrechtler irgendwo in einem Winkel von Florida; und sein Pianist saß im Gefängnis in Alabama. Ich begleitete Arthur auf dieser Reise, weil ich irgendwie Angst um ihn hatte – und vielleicht auch, weil ich mich, ohne es mir ganz einzugestehen, tiefer zu engagieren begann. Ich hatte eine ganze Menge Vorbehalte gegen den gewaltlosen Protest, gegen Gebete für unsere Feinde und Freiheitslieder und all das. Aber diese weißen Spießer waren alles andere als ‹gewaltlos›. Du konntest die Schläge und die Schreie und die Gebete vom Mississippi bis nach Harlem hören. Du konntest es auf dem Fernseher sehen, wenn du nach Hause kamst. Es war gar nicht möglich – für manche Menschen –, so zu handeln, als ob sie nichts wüßten. Ich sage ‹manche Menschen›, und ich sage es mit großer Verbitterung, sogar mit Haß im Herzen, denn Gott weiß, ‹manche Menschen› – das waren nicht die meisten. Die meisten Amerikaner kümmerten sich einen Dreck darum, wie diese schwarzen Jungen und Mädchen und Männer und Frauen – und ein paar weiße Jungen und Mädchen und weiße Männer und Frauen – zusammengeschlagen und ermordet wurden ... in ihrem Namen. Die meisten Amerikaner erwiesen sich damals als absolute Feiglinge – das ist die Wahrheit, und die Tatsachen beweisen es. Aber ich greife vor. Ein paar von den jungen Leuten fuhren uns in die Kirche, denn Arthur war entschlossen, und dort trafen wir Jimmy wieder. Jimmy arbeitete seit ungefähr zwei Jahren im Süden.

Julia hatte es mir erzählt, und ich wußte auch, daß Jimmy Klavier spielte, aber ich hatte das alles nicht registriert, bis zu dem Augenblick, als Arthur und ich in die Kirche gingen und Jimmy dort sitzen sahen. Er saß in der Küche, die sich im Keller der Kirche befand. Dieser Keller war schon zweimal bombardiert worden. Sandsäcke lagen in der einen Ecke und auch in dem Loch, wo einmal ein Fenster gewesen war.

Jimmy saß am Küchentisch und kaute an einem Schinken-Sandwich. Er trug einen zerschlissenen grünen Sweater, Jeans und Tennisschuhe. Er war sehr mager. Ich erkannte ihn nicht gleich wieder, Arthur dagegen erkannte ihn sofort.

Jimmy grinste und sagte: «Willkommen beim Gemetzel, Kinder. Und geht niemals ohne Kamm, Waschlappen und Zahnbürste irgendwohin – in manchen Gefängnissen gibt's fließendes Wasser.» Dann sagte er zu Arthur: «Ich höre, dein wichtigster Mann ist eingebuchtet, in Montgomery, der Wiege der Konföderation. Wenn du willst, spiele ich für dich.»

«Wunderbar», sagte Arthur. «Wollen wir eben schnell mal ein paar Nummern durchspielen, ganz rasch, nur um uns aufeinander einzustellen?»

Jimmy stand auf und schluckte den letzten Bissen seines Sandwichs herunter. «Gern zu Euren Diensten», sagte er, und wir gingen in die Kirche hinauf. Jimmy setzte sich ans Klavier. Ein paar junge Leute kamen dazu. Zwei Schwarze standen an der Tür und beobachteten die Straße. Es war etwa zwei Stunden, bevor der Gottesdienst – der eigentlich eine Protestversammlung war – beginnen sollte. Transparente mit Arthurs Namen hingen draußen an der Kirche. Es herrschte eine geladene Atmosphäre, die mir inzwischen so vertraut war wie mein eigener Name.

Jimmy fing an zu spielen. Arthur wartete einen Moment, dann fing er an zu singen. Er und Jimmy lächelten einander kurz zu, während sie sich einer in des anderen Rhythmus hineinfanden. Weitere junge Leute versammelten sich. Ein paar Frauen standen mit verschränkten Armen im Mittelgang. Im Büro der Kirche klingelte das Telefon; jemand nahm sofort ab und schloß die Bürotür. Als die Musik in Schwung kam, gesellte ich mich zu den beiden Männern an der Tür, und gemeinsam starrten wir hinaus auf die friedlichen apokalyptischen Straßen.

Über ein Jahr später, es war in einer Regennacht in Harlem, ließen wir uns vom Regen sozusagen von einer Bar in die andere schwemmen, und wir wanderten und redeten, ganz allein auf den schwarzsilbrigen Straßen, vom Regen eingehüllt, und das Wasser tropfte uns von den Haaren und von den Augenwimpern, von der Nasenspitze und den Nacken hinunter. Arthur war eben aus London zurückgekommen.

Niemand weiß sehr viel vom Leben eines anderen. Diese Unwissenheit schmerzt, wenn du den anderen liebst. Die Liebe entzündet das Feuer der Phantasie und verglüht sie zu einem härteren Element: die Phantasie kann es der Liebe nicht gleichtun, sie kann nicht so tief eintauchen, so weit ausgreifen.

Ruth war damals mit Tony in der Klinik, und Arthur und ich hatten allein zu Abend gegessen. Es regnete, als wir das Restaurant verließen, das sich, nicht weit vom Renaissance Theatre, in der Seventh Avenue befand. Meine Wohnung, in einer jener verheerenden Wohnanlagen, lag in östlicher Richtung hinter uns.

Arthur war während des Essens sehr still gewesen. Ich beobachtete sein Gesicht. Ein Gesicht, das ich kannte und doch nicht kannte. Er hatte etwas auf dem Herzen.

Wir gingen schweigend hinaus und stellten fest, daß es regnete, aber wir gingen nicht zurück zu meiner Wohnung. Langsam gingen wir die lange lärmende Avenue hinunter – lang durch das Schweigen, lärmend durch den Regen. Autos schaukelten wie furchtlose Amphibien vorbei und schleuderten eimerweise Wasser empor. Menschen standen in den Hauseingängen in kleinen Lichtkreisen, drängten sich an Häuserwände, platschten wütend durch Pfützen: wir gingen ganz langsam. Ich trug eine Mütze, aber Arthur hatte nichts auf dem Kopf und bedeckte sich mit einer zusammengefalteten Zeitung. Vor dem *Dickie Wells* blieb Arthur stehen. Wir schauten uns kurz an und gingen hinein und setzten uns an die Bar. Es war noch früh, das heißt, es war noch nicht Mitternacht, und es war still im Lokal.

Der Barkeeper bediente uns, und Arthur blickte in sein Glas, dann blickte er zu mir auf und sagte: «So. Wir werden also endlich zusammenarbeiten.»

Das hatten wir beschlossen, kurz bevor er nach London geflogen war. Arthur hatte darauf gedrängt. Ich arbeitete damals in der Anzeigenabteilung einer schwarzen Zeitschrift – zumindest gab sie sich schwarz –, und der Job war nicht schlecht, aber Arthur meinte, er würde mich auf die Dauer verrückt machen, und ich sah ein, daß er recht haben mochte.

Arthur war ungefähr sechsundzwanzig, das heißt, wir standen am Anfang der sechziger Jahre. Arthur hatte es zwar, wie man so sagt, noch nicht ‹geschafft›, aber er war ein gewaltiger Trumpf, absolut einmalig, und er hatte diesen seltsamen Punkt erreicht, den anscheinend alle denkwürdigen Karrieren durchlaufen: wenn du entweder weiter aufsteigen oder ab- und aussteigen mußt.

In diesen Tagen sollten wir den Vertrag über sein erstes Plattenalbum unterzeichnen, und auch das lastete ihm schwer auf der Seele.

«Hast du irgendwelche Bedenken, was unsere Zusammenarbeit angeht?»

Er grinst. «Auf *die* Tour kannst du nicht wieder aussteigen, Baby.»

Dann schwieg er wieder, und ich beobachtete sein Gesicht.

«Wenn du singst», sagte er plötzlich, «kannst du nicht außerhalb der Musik singen. Du mußt die Musik *sein*, die du singst. Du mußt ein Bekenntnis ablegen.»

Er drehte sein Glas in den Händen und sagte in verändertem Ton: «Jedesmal wenn ich an dieser Ecke beim Renaissance vorbeikomme, muß ich an den Mann denken, der dort einmal stand und mich bat, für ihn in einen Laden zu gehen. Ich war etwa dreizehn. Er war dreißig oder vierzig, ein ziemlich derb aussehender Kerl, groß und dünn und mit einem Hut auf dem Kopf. Er sagte, zuerst müßten wir zu ihm nach Hause gehen, um Geld zu holen.»

Arthur schaute mich schief an, mit einem scheuen Lächeln, einem Achselzucken. «Er sah aus, als würde er mir vielleicht ein paar Cents in die Hand drücken.»

Ich beobachtete Arthur und hielt den Atem an.

«Das Haus, in dem er angeblich wohnte, war nicht weit von der Straßenecke. Wir gingen durch die Halle und fingen an, die Treppe hinaufzusteigen. Komisch, ich werde es nie vergessen, aber in dem Moment, als wir anfingen, die Treppe hinaufzugehen, wußte ich, daß der Mann nicht in dem Haus wohnte. Ich wußte es. Ich bekam Angst, wie ich noch nie vorher Angst gehabt hatte, aber ich drehte mich nicht um und lief nicht davon, ich war wie hypnotisiert. Ich folgte ihm einfach die Treppe hinauf, bis wir im dritten Stock anlangten.»

Ich bemühte mich, die Szene als kleines, dummes Jugendabenteuer abzutun, so gewöhnlich wie Staub. Aber Arthurs Stimme und seine Augen sagten etwas anderes.

«Er sagte, ich sei ein hübscher Junge – oder irgend so etwas –, und er strich mir übers Gesicht, und ich stand nur da und sah ihn an. Und während ich ihn ansah, wurden seine Augen dunkler, wie der Himmel, verstehst du, und es war, als sähe er mich gar nicht an, genau wie der Himmel. Und es war still in dem Treppenhaus, du konntest die Stille anschwellen hören, als würde sie gleich explodieren.»

Arthur schaute mich an, schaute weg und nahm noch einen Schluck aus seinem Glas.

«Er holte seinen Schwanz heraus, und ich starrte nur auf das

Ding, das auf mich zeigte, und … Mann, du weißt ja, wie wir erzogen worden sind, und ich wußte nicht, nach *wem* ich schreien sollte, und denn legte er seine Hand auf meinen Schwanz, und mein Schwanz zuckte, und dann konnte ich mich überhaupt nicht mehr bewegen. Ich stand nur da und wartete wie gelähmt, und er öffnete meine Hose und holte ihn heraus, und er wurde groß, so hatte ich ihn noch nie gesehen, es war das erste Mal, also bedeutete es, daß ich genauso sein mußte wie dieser Mann, und dann kniete er sich hin und nahm ihn in den Mund. Ich dachte, er würde ihn abbeißen. Aber die ganze Zeit wurde er immer noch größer, und ich fing an zu heulen.

Irgendwo über uns wurde eine Tür zugeschlagen, und er stand auf und drückte mir Geld in die Hand, und dann lief er die Treppe hinunter. Ich machte mir, so gut es ging, die Hose zu und rannte nach Hause. Ich glaube, ich bin den ganzen Weg gerannt. Ich schloß mich im Bad ein und schaute das Geld an – es waren ein Quarter und zwei Dimes. Ich schmiß sie aus dem Fenster.»

Er trank aus. «Und ich hatte gerade mit dem Singen angefangen.»

Eine Scheu, die ich bei einem Freund oder einem Fremden vielleicht nicht empfunden hätte, lähmte meine Zunge. Immerhin war nichts gar so Schreckliches passiert; viel Schlimmeres hätte passieren können. Für diesen Gedanken schämte ich mich: woher wollte *ich* das wissen? Es war nicht *meine* Initiation. Ich schäme mich aus einem anderen Grund, nämlich daß Arthur nie daran gedacht hatte, seinem großen Bruder von dieser Vergewaltigung zu erzählen: wem hätte er es sonst erzählen sollen?

Aber ich war zwanzig, als Arthur dreizehn war, und weit über die kindlichen Sorgen meines kleinen Bruders hinaus. Wahrscheinlich wäre es ihm nie in den Sinn gekommen, mich aufzusuchen, mit mir zu sprechen. Er hätte sich zu sehr gefürchtet und zu sehr geschämt.

«Ich habe diesen Mann nie vergessen», sagte Arthur langsam, «nicht so sehr dieser körperlichen Geschichte wegen … sondern …» Er hielt inne und sah mich an, und es war, als hätte ich ihm nie zuvor in die Augen gesehen – oder als hätte ich nie zuvor erkannt, wie riesengroß sie waren, und wie tief.

«... es war die Art und Weise, wie ich mir danach selber vorkam. Dieser Mann machte es mir lange Zeit unmöglich, irgend jemanden, Mann oder Frau, anzufassen, und doch erfüllte er mich mit einer schrecklichen Neugier. Und in dieser ganzen Zeit sang ich, Mann, sang ich gegen einen Sturm an.» Er hielt inne und lachte. «Ich muß das Leben leben, von dem ich in meinen Liedern singe», sagte er.

Er legte Geld auf die Theke und griff nach seiner nassen Zeitung. «Komm», sagte er, «machen wir eine Runde durch die Bars. *Mir* macht's nichts aus, naß zu werden», und er grinste und schob mich zur Tür.

Wir traten wieder in den Regen hinaus und gingen die Avenue hinunter. Wir gingen langsam, schweigend, mit gesenktem Kopf, die einzigen Menschen auf der Straße. Wäre dort jemand gewesen, der uns gesehen hätte, wir wären ein seltsamer Anblick gewesen.

Arthur legte sich wieder die Zeitung auf den Kopf, wo ihre endgültige Auflösung begann. «Würdest du mich besser kennen, da bin ich mir sicher, dann würdest du sagen, ich war ein Narr, und wäre ich nicht dein Bruder, würdest du mich vielleicht auslachen – aber ich habe sehr wenig Erfahrung gehabt, und ich hatte immer Angst. Außerdem war ich ständig im Gange. Und falls du es bemerkt hast – ich habe mich immer irgendwie ferngehalten von dir. Weil ich immer zu dir aufgeschaut habe, und weil ich dich liebe, und ich könnte nicht leben, Mann, wenn ich denken müßte, daß du dich für mich schämst.»

Ich gab ein Geräusch von mir, das ein Lachen sein sollte, ein leises, blödsinniges Geräusch gegen die Sturmflut. «Warum sollte ich mich für dich schämen?»

«Sieh mal. Du bist jetzt immer mehr mit mir zusammen.» Inzwischen waren wir schon ziemlich durchnäßt, wir fingen an, schneller zu gehen, dicht an den Häusern entlang. Arthur warf die aufgeweichte Zeitung weg, und wir rannten auf die nächste Bar zu.

«Du wirst mein Leben kennenlernen. Ich will nichts vor dir verbergen, mein Bruder.»

«Warum solltest du etwas vor mir verbergen?» Aber meine Stimme klang hohl, und, ja, ich hatte Angst.

Wir gingen in die Bar. Es war eine Bar, die wir kaum noch kannten, eine armselige Bar. Man kann sagen, daß alle Bars in Harlem armselig sind, aber es gibt Abstufungen, Abstufungen des Sichtbaren; und diese Bar war armselig.

Auch wir waren sehr sichtbar, als wir durch die Bar gingen und uns im Hintergrund in eine Nische setzten. Die Jukebox lärmte sehr laut, und die Leute ebenfalls.

Arthur ging zum Klo, um sich sein triefnasses Gesicht und die Haare abzutrocknen. Die Barfrau, eine ältere Frau mit angenehmem Gesicht, kam zu mir herüber.

«Ises der, der singt?»

«Ja.» Dann: «Es ist mein Bruder.»

«Wie heißt er doch?»

«Arthur Montana.»

«Wußte ich's doch. Das ist er. Meine Schwester redet dauernd von ihm. Er hat eine schöne Stimme. Sind Sie *wirklich* sein Bruder?»

«Warum sollte ich sagen, ich bin's, wenn ich's nicht wäre?»

«Keine Ahnung, warum die Leute so viel reden. Sagen Sie ihm, er hat eine wunderbare Stimme. Ich hab ihn bei Reverend Larrabee gehört, ich, mit meiner Schwester zusammen.»

Sie nahm die Bestellung an und entfernte sich. Ich hörte: «... ein *Gospel*sänger? *Hier* gibt's für ihn keine Seelen zu erretten.» Gelächter. «Er wird naß, wie alle andern auch», sagte jemand. «Und durstig auch», sagte ein anderer. «Mann, wer hat 'n da gesagt, er is 'n *Prediger*?» – «Los, er soll mal *Didn't It Rain* singen.» – «Ihr nichtsnutzigen Sünder», sagte die Frau an der Theke mit ruhiger Stimme, «ihr wißt nicht, daß der Herr überall ist!» Noch mehr Gelächter. «Fang an mit deiner Predigt, Minnie!» Dinah und Brook Brenton sangen *A Rocking Good Way*. «Dinah hat auch mit Gospels angefangen», sagte jemand.

Arthur kam zurück, nicht sehr viel trockener – unser Haar hält den Regen –, er zog seine Jacke aus und setzte sich. Die Barfrau stellte ihr Tablett auf den Tisch. «Geben Sie mir die nassen Sachen», sagte sie, und sie nahm meinen Mantel und meine Mütze und Arthurs Jacke und legte alles über einen Tisch in der Nähe. «So ist es besser», sagte sie und goß uns ein.

«Danke», sagte Arthur.

«Passen Sie auf, daß der Whisky nicht Ihre schöne Stimme ruiniert», sagte sie und ging hinter die Theke zurück.

Arthur starrte in ihre Richtung, und dann starrte er mich an. «Hast du über mich geredet?»

«Baby, sie hat dich bei Reverend Larrabee singen hören, und sie hat es schon allen Leuten hier erzählt. Sie hat es *mir* gesagt.»

Arthur machte ein erstauntes Gesicht. Unwillkürlich lächelte er, dann wurde sein Gesicht nachdenklich. Er zündete sich eine Zigarette an.

«Paß auf, daß diese Zigaretten nicht diese schöne Stimme ruinieren», sagte ich.

Arthur grinste und sah plötzlich aus wie damals mit zehn Jahren und sagte: «Tu mir das nicht an, Bruder.» Ich mußte daran denken, wie ich ihm vor vielen Jahren beigebracht hatte, seine Schuhe zuzubinden – seine Turnschuhe –, sie waren braun und weiß, und ich habe keine Ahnung, warum ich mich daran erinnere.

«Ich tu's nicht», sagte ich. «Es ist der Ruhm.»

«Glaubst du, ich werde berühmt?»

«Ja», sagte ich, «das glaube ich!» Und zum erstenmal spürte ich, daß für einen Moment so etwas wie ein kalter Wind zwischen Arthur und mir wehte: in diese Leere drängten sich der Lärm der Jukebox und die Stimmen der Leute an der Bar.

Und Arthur hob die Augen und blickte hinaus, über die Bar hinweg, als sähe er etwas zum erstenmal, als hörte er einen neuen Klang.

Ich saß Arthur gegenüber, mit dem Rücken zur Bar, und daher konnte ich nicht sehen, was er sah. Nun ja: da war der grauhaarige Mann mit den gelben Zähnen und dem törichten Grinsen, der, als wir hereinkamen, an der Bar gestanden hatte, mit beiden Händen sein Glas umklammernd, vornüber gebeugt, in einem abgewetzten schwarzen Regenmantel. Auf dem Hocker neben ihm saß eine füllige schwarze Lady mit langem, gekräuseltem, leuchtendrotem Haar und purpurrotem Lippenstift, so daß ihre Lippen wie zerschrammt aussahen. Sie schien etwas mehr als vertraut mit dem grauhaarigen Mann, dem sie sich offenbar zu entziehen suchte, doch seine Geduld war vermutlich ebenso erbarmungslos wie sein Grinsen. Neben dieser Unzufriedenen stand ein hochgewachsener gelblicher Kerl in einem braunen Anzug, der in sein Glas stierte und gleichermaßen (und mit der gleichen Anstrengung) die Lady mit den zerschrammten Lippen und den großen Mann ignorierte, der neben ihm stand und ein helles senffarbenes Sakko trug, das nach Tweed aussehen sollte; er hielt eine kalte Pfeife zwischen den Zähnen, und seine Brillengläser blitzten heller als der Zorn Gottes, er hatte ein langes Kinn, und schwere Ringe funkelten an seinen zuckenden Fingern – im gleichen Takt klopfte er mit den Füßen auf den Boden, zu keiner bestimmten Musik. Neben ihm standen zwei Mädchen und zwei Jungen, so high, wie sie müde waren und ließen die Jukebox laufen, während sie darauf warteten, daß das Wetter sich besserte. Ein fetter Mann stand allein da und hütete sein Bier. Neben ihm saß ein schweigendes Mädchen in einer gelben Bluse und einem langen blauen Rock. Zwei Lehrertypen lehnten an der Wand, plapperten und grinsten und hatten nur Augen für den schlanken Jungen in der Cordhose, der da allein an der Bar stand und offenbar ein Freund von dem Barkeeper war – der Barkeeper war klein, rundlich und fröhlich, mit Schnurrbart, und er und der schlanke Junge unterhielten sich jedesmal, wenn der Barkeeper nicht beschäftigt war. Eine Frau und ein Mann saßen nicht weit vom Fenster schweigend beisammen, und hinter ihnen fiel endlos der Regen. Die Barfrau redete mit jedem und sah alles und bewegte sich gelassen hinter der Bar, spülte Gläser, kontrollierte die Flaschen und schickte zuweilen den Barkeeper nach diesem oder jenem Getränk in den Keller. Die Musik spielte endlos, so endlos wie der Regen fiel. Die Stimmen schwollen an und ebbten ab wie ein Fluß, wie ein angeschwollener Fluß, der den Damm sucht. Die Flaschen glitzerten wie die Bosheit selbst vor dem bedrängten Spiegel. Die Registrierkasse klingelte in Abständen – wie eine Gefängnisglocke, die die Insassen zur Verurteilung oder zur Freilassung ruft. Die Tür ging auf und zu, Leute kamen und Leute gingen, aber hauptsächlich kamen Leute herein. Die Uhr an der Wand zeigte Viertel nach zwei. Darunter hing ein Bleistiftporträt von Malcolm X.

Arthur schaute mich wieder an.

«Na», sagte er, «was es auch sein mag – du wirst mir hindurchhelfen, nicht wahr? Ich habe niemand außer dir.»

«Ach was», sagte ich.

Er grinste. Ich spürte, daß das Grinsen ihm weh tat, und das tat mir weh. «Im Ernst. Du, du hast Ruth, und jetzt hast du auch den kleinen Tony, der da drüben in der Klinik liegt, mit seinem Namensbändchen und in seinen Windeln – aber ich, ich habe nur dich.»

Wieder grinste ich, diesmal ein breiteres Grinsen. «Reg dich nicht auf. Meine Ansprüche sind sehr bescheiden.»

«Baby, weißt du, daß du lauter Scheiße redest?»

«Das ist keine Art, mit einem Gospelsänger zu reden.»

Wir fingen beide an zu lachen. «Bestell mir noch einen Drink, du blöder Arsch; wenn ich schon mit dir rumhänge, will ich mich wenigstens besaufen.»

«Richtig. Und du ... wir ... müssen den Beginn eines neuen Lebens feiern.»

Er blickte zur Bar hinüber, und sofort, als hätte sie auf diesen Strahl vom Leuchtturm gewartet, erschien die Barfrau.

«Ich habe Sie gewarnt», sagte sie und nahm die Gläser, «passen Sie auf Ihre Stimme auf.»

«Schon gut, mein Bruder ist ja bei mir.»

Sie lächelte nicht, aber sie sah kurz zu mir her und sah dann wieder Arthur an. «Ist er der einzige Bruder, den Sie haben?»

«So ist es.»

Darauf schaute sie mich an. «Dann machen Sie sich mal keine Sorgen.»

Schließlich verließen wir die armselige Bar – der Regen strömte noch immer – und gingen in die Nachtpinte, einen Keller irgendwo draußen im Westen, an der 118th Street, wo alle Arthur kannten. So kam es mir jedenfalls vor. Es war eines der allerletzten Male, daß ich verwirrt darüber war, wer Arthur kannte und wer nicht. Es war eines der allerletzten Male, daß ich mich gehenließ und mich betrank, wenn ich mit Arthur ausging. Es war das erste Mal, daß ich meinen Bruder in einer Welt beobachtete, die seine war, nicht meine. Ich war diese Nacht betrunken, und ich wußte, daß Arthur mir etwas zu zeigen versuchte, etwas, das ich vielleicht nicht hätte sehen können, wäre ich nicht betrunken gewesen.

Oder, wenn Tony nicht zwei Nächte zuvor geboren worden wäre. Diese Freude und dies Erstaunen, dieser Schrecken und dieser Stolz wogten und tanzten in mir in dieser Nacht, machten mein Leben neu, machten meinen Bruder neu. Es kam mir unglaublich vor, daß er, als ich ihn zum erstenmal sah, genauso hilflos und winzig und wild gewesen war, wie Tony es jetzt war, seine Augen genauso fest geschlossen, seine Fäuste und Beine genauso ohnmächtig, jeder Zoll von ihm Widerstand gegen die Gewalt seiner Begegnung mit der Luft.

Zweites Buch
Zwölf Tore zur Stadt

Tretet ein in das Haus des Herrn –
Es wird regnen

«Mein Text an diesem Morgen», sagt Julia, «stammt aus dem Psalter Davids. Bitte, schlagt mit mir den 31. Psalm auf, und wir wollen alle zusammen den 22. Vers lesen.»

Sie war ganz in Weiß gekleidet und stand auf einem Podest, das durch die Kanzel verdeckt war. Dies war ein ganz besonderes, zusammenklappbares Podest, das ihr Vater gebaut hatte. Und sie blickte zu ihm hinunter, während sie dort stand und er sich zur gemeinsamen Lesung erhob. Das versteckte Podest sah aus wie eine Holzkiste mit einem Seil als Handgriff. Wenn ihr Vater mit seinem jungenhaften Schwung die Kiste aufklappte, wurde daraus ein Podest mit einer flachen Stufe und aus dem Tragseil wurde ein manchmal golden angemaltes Geländer. Diese Trickkiste und der Vater begleiteten Julia überall hin: sie verliehen Julias Erscheinen auf der Kanzel etwas Geheimnisvolles, so als würde sie emporgehoben.

Ihre Mutter und ihr Vater saßen direkt vor ihr in der vordersten Reihe, und Jimmy saß zappelig zwischen ihnen. Sie waren erst vor kurzem aus New Orleans gekommen, und unsere Mutter und unser Vater hatten Julias Großmutter gekannt. Wir saßen gleich hinter ihnen, unsere Mutter und unser Vater und Arthur und ich, es war an einem Sonntag morgen. Es war unheimlich, wie wir in diese Kirche geschleppt worden waren, um ein Kind, eine Neunjährige, das Evangelium predigen zu hören. Irgend jemand beschwindelte die Zuhörer, und ich wußte, es mußten ihr Vater und ihre Mutter sein, die mir alles andere als heilig vorkamen.

Julias Mutter schnitt äußerlich besser ab, trotz ihrer kecken Hüte und ihrer zu engen Röcke. Sie hatte einen herrlichen Arsch und hohe, feste, fordernde Brüste und lange Beine, und sie trug immer hohe Absätze – nur um sicherzugehen, daß man ihre Beine nicht übersah. Wenn sie in fromme Ekstase geriet, pflegte sie sich über die Brüste zu streichen, und ich betrachtete ihre Schenkel und ihre Beine und diesen Arsch, wenn sie anfing zu kreischen, und dann kriegte ich mit meinen achtzehn Jahren einen so hoffnungslosen sündigen Steifen, an diesem heiligen Ort, daß man mich armen Sünder sicherlich stöhnen hören konnte.

Ihr Vater machte nicht viel von sich her – er hatte es nicht nötig, da er ihr Vater war. Er war der dandyhaft gekleidete Hengst aller Hengste – ein sanfter Hengst, der die Damen wild machte bei der Vorstellung, wie es mit ihm war, wenn er wild wurde. Er hatte die grausamen Perlenzähne und den kurzen, schwarzen, kitzligen Schnurrbart und das Grinsen des Sünders, der auf die Erlösung bringende Berührung wartete, und er hatte dichtes, krauses, gutes schwarzes Haar. Seine Augen waren wie Mexikaneraugen, und er wirkte in allen Dingen lässig, er wartete darauf, daß man auf ihn zukam.

Ich war nicht der einzige, der erleben sollte, wie sich das alles änderte, aber damals hatte Brother Miller die Welt in einem Krug, und den Stöpsel dazu in seiner schlanken braunen Hand.

Die Kirche war gedrängt voll, denn eine Kind-Evangelistin, das versprach immerhin so etwas wie eine heilige Monsterschau, und auch noch etwas mehr, etwas, das von Verheißung und erfüllter Prophezeiung kündete. Und dieses Kind kam aus dem tiefen Süden, den wir, die Kinder, nie gesehen hatten, an den aber alle unsere Eltern sich mit Sehnsucht, Furcht und Schmerz erinnerten.

Sie war ein kleines Mädchen, dunkler als ihr Vater, mit krauserem Haar als er – Haar, das nun großenteils von dem heiligen Häkelhäubchen verdeckt war. Ihres Vaters Augen waren hell. Ihre Augen waren dunkel, blitzend und wirkten in dem winzigen, unberührten Gesichtchen unglaublich alt. Arthur meinte, sie sei eine Hexe und könne einen verzaubern, oder aber sie sei eine über hundert Jahre alte Zwergin, und Brother und Sister Miller hätten sie aus Ägypten geraubt.

Sie sprach nicht wie ein Kind, als sie jetzt vorlas und wir schleppend mit ihr lasen – und ich kann mich noch erinnern, daß mir sehr seltsam zumute war, so als ob ich, einfach durch den Klang meiner Stimme, ein unbarmherziges, geheimnisvoll-gefährliches Gelübde ablegte.

«Gelobt sei der Herr», lasen wir, «daß er hat eine wunderbare Güte mir bewiesen in einer festen Stadt.»

Ihr Vater setzte sich – er stand immer bei der Lesung, während die Gemeinde sitzen blieb –, und sie starrte über uns hinweg, plötzlich weit von uns entrückt, eine Hohepriesterin, ja, das ist wahr, aus einer anderen Zeit, einer anderen Welt.

«Amen!» sagte Julia. «Nun, so also sprach David. Ihr wißt, wer David war? David schrieb diese Psalmen, und ich glaube, in alten Zeiten wurden sie mit Musik begleitet, und die Menschen sangen einfach mit und machten ein fröhliches Geschrei vor dem Herrn, mit diesen *Psalmen.* So spricht David, und wißt ihr, wer David war? Nun, David zog eines Tages aus und suchte diesen bösen Riesen, er suchte diesen *großen* schrecklich aussehenden bösen Riesen, den alle Menschen in der Umgebung auf den Tod fürchteten, diesen Riesen, der Goliath hieß, und der kleine David zog eines Tages mit seiner Schleuder aus, und er *erschlug* diesen bösen Riesen! Wißt ihr immer noch nicht, wer David war? David war ein Hirtenknabe, er fütterte die hungrigen Schafe. Ich höre einige von euch sagen: ‹Wer war dieser David? Erzähl uns mehr von diesem David!› Also, David war ein König, ihr wißt ja, er hieß *König David*, und die Heerscharen verbeugten sich tief vor ihm, o ja! Ich höre einen von euch fragen: ‹Wer war dieser David?› Also, ich will es euch sagen. Dieser David hatte einen Sohn, und dieser Sohn irrte vom rechten Weg ab, er lief durch den Wald und versuchte sich vor Gottes Zorn zu verstecken, und dieser Sohn hatte lange, schöne Haare, ja, ich glaube, er war mächtig stolz auf diese Haare, und der Herr machte einfach, daß all diese schönen Haare sich in den Weinranken und Büschen und in den Dornen der Bäume verhedderten, und so starb Davids Sohn, der versucht hatte, sich vor Gottes Zorn zu verstecken, und wir hören, wie David laut schreiend auf die Knie fällt, schreiend wie ein kleines Kind, liebe Gemeinde, ich kann ihn schreien hören, könnt ihr ihn schreien hören, jetzt, liebe Gemeinde? König David, demütig auf den Knien, schreiend und schreiend: ‹O mein Gott, ich wollte, du hättest mich für meinen Sohn sterben lassen, ich wollte, du hättest mich

sterben lassen an meines Sohnes Statt!› Oh, hört nur, wie König David schreit: ‹Mein Sohn, mein Sohn!› Und jetzt wollt ihr noch mehr über David wissen? Ich glaube, ich will euch heute morgen noch ein wenig mehr von König David erzählen! Der Herr hielt seine Hand über David – denn aus dem Hause *Davids* stammt der Erlöser, Christus der Herr!»

Was immer sie da machte, sie schwindelte jedenfalls nicht: und die Gemeinde schien drauf und dran, abzuheben und Jesus inmitten der Lüfte zu begegnen. Sie konnte sich nicht bewegen und wie ein erwachsener Prediger hinter der Kanzel auf und ab gehen, denn sie wäre nicht mehr zu sehen gewesen, wäre sie von der Kiste herabgestiegen. Und doch bewegte sie sich, wie ich nur wenige Leute sich bewegen sah. Ich sah ihre Hände, sah diese Augen, diese Schultern, diesen pulsierenden Hals und hörte die Stimme, die doch nicht von einem winzigen, neunjährigen Mädchen ausgehen konnte. Für mich hatte das alles etwas Erschreckendes, so erschreckend, als hörte ich die stummen Steine sprechen oder als wäre ich bei der Auferstehung der Toten dabei. Denn wenn die Toten auferweckt werden konnten, dann vermochte es die Stimme dieses kleinen Kindes – doch wer möchte wirklich dabei sein, wenn die Toten aufstehen?

Und während sie sprach, stöhnte die ganze Gemeinde *Amen* und schrie *Gesegnet sei dein Name* und *Heilig! Heilig!* und *Sprich, Herr Jesus!* – aber wenn sie eine Pause machte, dann pausierte auch die Gemeinde, und eine mächtige Stille zitterte dann im Raum, eine mächtige Musik sammelte sich in der Stille, wartete darauf, wie ein Sturm loszubrechen.

Ihre Mutter und ihr Vater rührten sich nicht. Und auch Klein-Jimmy rührte sich nicht. Arthur saß starr aufgerichtet da, mit offenem Mund und geweiteten Augen.

«*Also*, habt ihr jetzt alle eine Ahnung, wer König David war? David ist derjenige, der sagte: ‹Gelobt sei der Herr, daß er hat eine wunderbare Güte mir bewiesen in einer *festen* Stadt›! Oh! in einer *festen* Stadt! David ist derjenige, der sagte: ‹Der Herr ist mein Hirte, mir wird nichts mangeln›! David war ein Hirte, und ich glaube, er war ein guter Hirte, und er ließ niemals seine Schafe Hunger leiden, amen, und darum konnte er sagen: ‹Mir wird nichts mangeln› – nicht einmal in einer *festen* Stadt! Oh, liebe Gemeinde, ich glaube, er mußte wohl manchmal das Brot der Betrübnis essen. Ich glaube, ich höre ihn an diesem Morgen, wie er sagt: ‹Ich hebe meine Augen auf zu den Bergen, von welchen mir Hilfe kommt.› Ich glaube, ich höre ihn an diesem Morgen sagen: ‹Erzürne dich nicht über den Bösen› – hört ihr ihn auch, liebe Gemeinde, an diesem Morgen, in dieser *festen* Stadt? Oh, und ja, ich glaube, ich höre ihn sagen: ‹Wer unter dem Schirm des Höchsten sitzt und unter dem Schatten des Allmächtigen bleibt›, oh, ja, hier, in dieser *festen* Stadt! Ich glaube, ich sehe ihn, wie er hinabblickt bis auf *Jesus*, amen, und wie er schreit: ‹Mein Gott, mein Gott, warum hast du mich verlassen?› in dieser *festen* Stadt! Ich glaube, ich sehe ihn, wie er durch die Straßen geht und mit der Subway fährt und die Fußböden scheuert, amen! in dieser *festen* Stadt, und Mülltonnen ausleert und ‹Yes, Ma'am!› und ‹No, Ma'am!› sagt, in dieser festen Stadt. Ich glaube, ich höre, wie seine Kinder nach Brot schreien, in dieser *festen* Stadt, ich glaube, ich höre die Bösen lachen, in dieser *festen* Stadt, wie Goliath vielleicht gelacht hat, als er diesen kleinen Jungen sah, mit nichts als einer Schleuder, oh, ja, er lachte, kurz bevor er vor seinen Schöpfer treten mußte, oh, ja, liebe Gemeinde, lacht ihr lieber nicht über den Gesalbten des Herrn, denn es wird *kein* Lachen sein vor seinem Richterstuhl. Eines Tages ...»

Mein Herz donnerte, und die schweigende Kirche donnerte.

«... *eines Tages!* werden wir aufwachen in dieser *festen* Stadt und die Erlösung des Herrn sehen! Unsere Kinder werden nie mehr! nie nie mehr! hungrig sein. Wir werden nicht mehr die Alten sehen, krumm vor Rheumatismus, und das Wasser läuft ihnen über das Gesicht – nie mehr! Gelobt sei der Herr! für seine wunderbare Güte, in dieser *festen* Stadt. In dieser festen Stadt. Oh, aber ich höre eine andere Stimme an diesem Morgen, die sagt: ‹Wo der Herr nicht die Stadt behütet, so wachet der Wächter umsonst!› Hört ihr nicht auch heute morgen diese Stimme, liebe Gemeinde? Ich höre David sagen: ‹Frohlocket mit Händen, alle Völker, frohlocket mit Händen!› Ich höre David sagen: ‹Mit Drommeten und Posaunen jauchzet vor dem Herrn!› Und jetzt, glaube ich, höre ich einen von Davids Leuten, den alten Bruder Josuah, wie er um die Mauern einer *festen* Stadt schreitet und draußen vor den Mauern einer festen Stadt seine Posaune bläst, und ich höre eine Stimme, die mir sagt, wie die Mauern dieser Stadt zusammenstürzen werden. Dieser *festen* Stadt. Und wieder höre ich David sagen: ‹Machet die Tore weit und die Türen in der Welt hoch, daß der König der Ehren einziehe!› Ich höre jemand singen, *ich schrie* – !»

Meine Stimme antwortete, und die Gemeinde antwortete, «und er erlöste mich».

«Ich schrie!»

«und Er erlöste mich.»

«Ich schrie!»

«und Er erlöste mich. Er erlöste meine arme Seele.»

Der Boden unter meinen Füßen schwankte, ja selbst die Wände schienen zu schaukeln, der Sturm brach los in einem Donner von Händen und Füßen, im Toben des Pianos, im Rasen – wie Rösser! – der Tamburins, und die Menschen fingen an zu schreien. Julia stand dort, hoch über allem, beobachtend, wie eine Hohepriesterin. Sie hatte diesen Sturm entfesselt, oder er war durch sie hindurchgegangen, aber sie sang nicht, noch schrie sie, und ihre Augen hätten auf Ägypten fixiert sein können. Ihr Vater sprang auf die Kanzel und stand neben ihr und wischte ihr die Stirn – und, ja, man konnte sehen, daß er sie liebte – und geleitete sie hinunter, aus unserem Blickfeld hinaus, zu ihrem königlichen Sitz dort oben.

Das Licht in der Kirche erschien mir sehr befremdlich, und zum erstenmal machten die schreienden Menschen mir Angst. Ich vergaß sogar, Sister Millers Arsch zu beobachten, wie ich es vorher getan hatte. Klein-Jimmy saß allein in einer Ecke, er sah so ähnlich aus, wie ich mich fühlte – ich wollte hier raus. Aber ich wußte, daß Julia und ihre Eltern zu uns nach Hause kommen würden, sobald der Gottesdienst vorbei war, und es wäre nicht sehr nett von mir gewesen davonzulaufen. So blieb ich neben meinen Eltern sitzen, neben Arthur und direkt hinter Jimmy, und schaute zu, wie die Erlösten frohlockten.

Doch die Erlösten scheinen nicht gar so unwiderruflich erlöst, sobald sie nicht mehr im Licht des Tempels stehen. Brother und

Sister Miller kamen mit zu uns nach Hause, mit ihrem Sohn und ihrer Tochter: jetzt nur ein junges Paar, sie sehr verliebt in ihn, er sehr verliebt in ihre Tochter. Sie neckten einander und machten viel Getue um Julia – die ein wunderschönes kleines Mädchen war. Was mich überraschte, war, daß sie ein sehr fröhliches kleines Mädchen war. Sie lachte gern, besonders auf dem Schoß ihres Vaters, und ihr Daddy brachte sie gern zum Lachen. Unsere Mama und unser Daddy – Paul und Florence – machten viel Getue um Amy und Julia und Joel und, in geringerem Maß, auch um Jimmy, der nicht so fröhlich war. Er war mürrisch, er gehörte irgendwie nicht dazu. Arthur war zu alt für ihn und ließ ihn verächtlich abblitzen, ich war keine Hilfe, und wenn seine Mutter ihn anredete, funkelte Jimmy sie mörderisch an und schien davonlaufen zu wollen. Julia schien von seiner Existenz nie gehört zu haben: diese Offenbarung war ihr noch nicht zuteil geworden.

Falls jemand sich belehren lassen wollte – niemand will es – über die verräterische Rolle, die die Erinnerung im Leben eines Menschen spielt, möge er bedenken, wie unbarmherzig das Wasser der Erinnerung sich nachzugeben weigert, wie es den Flug in die Luft der Zeit verhindert. Zeit: das Wispern unter diesem Wort heißt Tod. Mit diesem unbestreitbaren Gewicht, das immer schwerer über unserem Kopf hängt, vernebelt sich der Blick, nichts ist das, was es scheint. Das Wort *Erleben* hat keine Bedeutung, es sei denn in einem rituellen Sinn: im Sinne, ja, eines Gelübdes, eines tiefen Verbeugens zwischen der Erde der Zukunft und dem Himmel der Vergangenheit: mit Freuden. Du kannst nicht sehen, wenn du zurückblickst: zuviel Dunkelheit hinter mir. Und das Lied sagt schlicht, mit verblüffender Selbstverständlichkeit: «Da ist ein Licht vor mir. Ich bin auf dem Weg.»

Wie also kann ich denn meiner Erinnerung an diesen besonderen Sonntagnachmittag trauen? Die Erinnerung hilft mir nicht, es gab für mich damals nichts zu erinnern. Julia war ein neunjähriges Mädchen; ich war achtzehn. Ich wußte nicht, daß sie von der Kanzel heruntersteigen, eine Hure und später die Geliebte eines afrikanischen Häuptlings in Abidjan werden würde. Ich wußte nicht, daß wir uns einmal lieben würden und daß sie einer der Pfeiler werden würde, die mein Leben tragen. Ich wußte nichts über Arthur, der damals elf war, und noch weniger über Jimmy, der damals sieben war, der Arthurs letzter und ergebenster Geliebter werden sollte. Wer hätte es damals wissen können? Hinter dem Gesicht eines Menschen, den du wirklich geliebt hast – eines Menschen, den du liebst, den du immer lieben wirst, denn Liebe ist nicht der Zeit preisgegeben und sie erkennt den Tod nicht an, sie sind einander Fremde –, hinter dem Gesicht des Geliebten, mag es noch so alt, zerstört, zernarbt sein, ist das Gesicht des Babys, das deine Liebe einst war und immer sein wird – für dich. Die Liebe hilft also, wo die Erinnerung versagt und die Leidenschaft unabhängig von ihrer gespannten Beziehung zur Agonie, unter dem Schatten des Todes wirkt. Leidenschaft ist erschreckend, sie kann dich erschüttern, dich verändern, dich auf den Kopf stellen, wie wenn ein Wind vom Grund des Meeres auffährt und du im Schiffchen deiner Sterblichkeit dort draußen bist – allein.

Aber ich muß versuchen, mich zu erinnern. Der Gottesdienst war früh zu Ende, für die Verhältnisse dieser Kirche jedenfalls, und wir gingen gegen drei Uhr nach Hause.

Die Kirchengemeinden waren damals nicht wie *eine* Kirche – wir kannten alle ihre Unterschiede und Verzweigungen und ihre Streitigkeiten –, aber im Rückblick verschwimmen sie zu ein und derselben Kirche, manchmal das Gebäude wechselnd, manchmal das Mobiliar wechselnd (nie die Pastoren wechselnd). Vielleicht war dies die Kirche, in der Arthur bald darauf zu singen anfangen sollte – die Kirche in der Nähe der Bahngleise bei der Park Avenue: aber vielleicht will es meine Erinnerung nur deshalb so, weil ich dort Arthur zum erstenmal in der Öffentlichkeit singen hörte.

Über ein paar Dinge bin ich mir ziemlich sicher. Ich war achtzehn, vor dreißig Jahren. Das Land lebte zwischen zwei Kriegen, und niemand war sich über das schmutzige Geschäft, das Geschäft des Tötens, auf das alles zustrebte, im klaren. Die Pause war nützlich. Paul spielte Piano in einer Kneipe oben in der Stadt, wo einst der *Sugar Hill* gewesen war. Mama ging zu einer Familie in der Bronx und war dort sehr beliebt. Ich hatte einen Job im Garment Center, nicht als Karrenschieber, nein, danke, ich war Angestellter der Versandabteilung. (Heute kann ich kaum noch ein Paket verschnüren, nicht einmal Weihnachtsgeschenke, meine

Finger haben endgültig rebelliert.) Ich besuchte die Abendschule, und wir hofften, Arthur aufs College schicken zu können.

Wenn ich zur Abendschule ging, dann wohnten wir damals in der 135th Street, zwischen Fifth Avenue und Lenox. Ich erinnere mich an die Fahrten mit der Subway. Wir machten uns Sorgen, weil wir gehört hatten, daß unser Haus abgerissen werden sollte, um Platz für ein Wohnungsbauprojekt zu schaffen.

Ich erinnere mich, daß wir zu Fuß von der Kirche nach Hause gingen, denn Jimmy bekam einen Wutanfall, weil er pinkeln wollte. Seine Mutter war furchtbar verlegen, aber sein Vater lachte und stellte sich neben ihn, während Jimmy zwischen zwei parkenden Autos pinkelte.

«Fühlst du dich jetzt mehr wie ein Mann?» fragte sein Vater; und Jimmy wandte sich ab und knöpfte sich die Hose zu. Einen Augenblick hatte ich das Gefühl, er würde auf die Straße laufen und sich überfahren lassen. Aber er nahm die Hand seines Vaters und ging neben ihm weiter.

Amy und Florence redeten über irgendwelche Leute in New Orleans. Julia ging zwischen ihnen, sie war plötzlich wieder sehr still und alt. Dieses Mädchen machte mir Angst. Irgend etwas an ihr wird mir vielleicht immer Angst machen.

Und mein Vater und ich gingen zusammen, mit Arthur zwischen uns – so schlenderten wir durch den Sonntagnachmittag.

Wenn Arthur bei uns, zwischen uns war, wie an diesem Nachmittag, war es Vater und mir unbenommen, ob wir sprechen wollten oder nicht: unser Gesprächsgegenstand war greifbar, gegenwärtig, sichtbar und zugleich unseren Händen entzogen. Diese unausgesprochene Verpflichtung verband uns sicherer als jede Liebeserklärung es hätte tun können.

Denn heute verstehe ich, daß Paul nicht direkt mit mir über den Weg sprechen wollte, der ihn zu seinem derzeitigen – und so gefährlich wackligen – Klavier geführt hatte. Das hätte mich, was meinen Weg betraf, abschrecken können. Wenn wir uns aber um Arthurs Weg sorgten, so betraf dies nicht direkt meine Zukunft und auch nicht direkt meines Vaters Vergangenheit. Diese Sorge, diese Verpflichtung, war die stillschweigende Anerkennung unseres gegenseitigen Respekts als Männer und unserer gegenseitigen

Liebe als Vater und Sohn. Denn ich liebte meinen schweigsamen, stolzen Alten – er war damals nicht alt, er wurde nie alt.

Und Arthur wußte all dies, auf andere Art, obgleich ich nicht glaube, daß er damals wissen konnte, daß er es wußte. Ich glaube, er hat sich nie sicherer gefühlt, als wenn sein Vater und sein großer Bruder neben ihm waren und über seinen Kopf hinweg konferierten.

Wir kamen nach Hause und stiegen die drei Treppen hinauf, und Arthur rannte voraus, um die Tür aufzuschließen. Paul und Florence lächelten und ließen sich Zeit, während sie gemeinsam die Treppe hinaufstiegen – Arthur war bereits in der Wohnung, und ich kümmerte mich um die Millers. Meine Eltern kletterten hinter mir die Treppe herauf, und ich war hinter Amy und Joel und Julia und Jimmy. Die Stimmung der Kinder hatte sich verändert.

«Du erzählst Märchen!» flüsterte Jimmy seiner Schwester grimmig zu. Es war auf dem Treppenabsatz. Ihre Eltern hatten gerade die dritte und letzte Treppe in Angriff genommen, und ich hatte das Gefühl, daß auch sie, wie meine Eltern hinter mir, einen Moment verharrten.

«Ich bin in des Herren Hand», sagte Julia ruhig.

Aber sie stolperte, als sie die dritte Treppe hinaufzugehen begann.

Jimmy sagte mit einer Gehässigkeit, die *mich* beinah ins Stolpern brachte: «Sei froh, daß du nicht in meiner bist!»

Und Jimmy schaute seine Schwester mit einem Haß an, als wollte er sie die Stufen hinabstoßen oder sie übers Geländer hinabschleudern. Wir alle erreichten den letzten Treppenabsatz und traten durch die offene Tür ein.

Arthur hatte die falsche Tür geöffnet, das heißt, er hatte die Tür geöffnet, die in das kleine Zimmer führte, von dem es in die Küche und ins Bad ging, statt die andere Tür, die ins Wohnzimmer führte, und das Schweigen lastete ein wenig, als wir durch die beiden dunklen Schlafzimmer gingen, die in den vorderen Teil unserer Wohnung führten. Im Hindurchgehen hörte ich: «Jetzt aber, Jimmy, sei brav, hörst du?» und seine Mutter schlug ihn zweimal fest ins Gesicht. Jimmy gab keinen Ton von sich. Er rannte vor meinen

Eltern und mir ins Wohnzimmer, stellte sich ans Fenster und schaute hinaus.

«So. Fühlt euch nur wie zu Hause», sagte Paul lächelnd und wußte nicht, was er sonst sagen sollte, und starrte auf Jimmys Rücken.

Florence warf Amy einen kurzen Blick zu, als sähe sie die Vergangenheit und die Zukunft, als gäbe es etwas, was sie ihr sagen wollte – oder vielleicht, als wollte sie sie schlagen –, und Amy setzte sich neben ihren Mann aufs Sofa. Für mich sah sie jetzt nicht mehr sexy aus, sie war nicht einmal hübsch. Sie sah aus wie ein mageres, verängstigtes junges Ding, nicht sehr intelligent und kein bißchen hübsch. Und der Kerl neben ihr war auf einmal genau das: ein Kerl, und machte ein verschrecktes Gesicht, er war in sich zusammengesunken, als befände er sich in den Händen der Cops im Keller der Polizeiwache und wäre im Begriff, seine eigene Mutter anzuzeigen.

Es war ein Augenblick der Erstarrung. Florence ging aus dem Zimmer. Julia lief zu ihrem Vater und legte den Kopf auf seinen Schoß. Aber diese beiden Bewegungen wirkten wie erstarrt. Arthur ging langsam und schüchtern auf Jimmy zu, und Paul sagte: «Hall, nimm die beiden mit nach unten in die Eisdiele. Mit dem Essen dauert's noch ein paar Minuten.»

Also war ich es, der Jimmy am Kragen packte und ihn aus dem Zimmer zog, und Arthur folgte uns. Wir verließen die Wohnung, und Jimmy fing an zu weinen, und ich setzte mich auf die Treppenstufe und hielt ihn, und Arthur stand dabei. Rückblickend betrachtet, begannen eine Menge Dinge an diesem Tag. Ich *weiß*, daß vieles von dem, was passierte, *nicht* hätte passieren können, wenn dieser Tag nicht gewesen wäre; und doch kann Jimmy sich kaum daran erinnern. Er erinnert sich, und nicht im entferntesten, wie ich mich erinnere, daß sein Vater ihn zwischen zwei parkenden Autos pinkeln ließ: und ich nehme an, auch das bedeutet etwas. Gott. Sagtest du etwas von wegen wunderbarlich gemacht.

Ich führte meine beiden Schutzbefohlenen um den Block, nunmehr ganz der große Bruder, und ich genoß es, und obwohl ich wußte, daß es ihnen den Appetit verderben würde, kaufte ich ihnen zwei Eiskrem-Soda und setzte mich an die Theke, um eine Zigarette zu rauchen und mit dem Mädchen an der Kasse herumzuschäkern. Ich muß sagen, daß ich meinen Bruder Arthur sehr liebte an diesem Tag, weil er sehr nett war, nicht gezwungen und oberflächlich, sondern wirklich nett. Es tat ihm leid, daß dieser rotznäsige Junge, den er den ganzen Tag so von oben herab behandelt hatte, geschlagen worden war, und er gab sich alle Mühe, es wiedergutzumachen – und war so taktvoll, sich nicht anmerken zu lassen, daß er etwas wiedergutmachen wollte, als hätte er gar nicht bemerkt, daß etwas schiefgegangen war. Er brachte Jimmy zum Lachen. All dies sollte ich später vergessen, aber dann, noch später, kam es mir wieder in den Sinn. Als ich meinte, sie hätten genug über irgendwelche Geheimnisse gelacht, die sie einem alten Mann wie mir niemals anvertrauen würden, bezahlte ich und führte sie um den Block herum nach Hause. Ich trug Jimmy hukkepack die Treppe hinauf, und Arthur raste vor uns her wie eine Motorrad-Eskorte.

«Seht ihr», sagte Amy gerade, als wir das Wohnzimmer betraten, «als Julia berufen wurde ...»

«Wie alt war sie da?» fragte Florence.

«Ich war sieben», sagte Julia. Sie saß auf dem Schoß ihres Vaters, reglos, und sie benutzte ihn ungefähr so, wie die Sphinx die Ebenen Ägyptens benutzt.

Amy saß neben ihnen; sie hatte ihren Hut abgenommen.

Auf dem langen, niedrigen Tisch vor dem Sofa standen eine Flasche Coca-Cola, eine Flasche Ginger Ale, ein Teller mit Keksen, Gläser und eine Flasche mit trockenem Sherry. Amy trank Ginger Ale, ihre Tochter hatte ein Glas Coke getrunken, Paul und Joel tranken Sherry – Paul leistete Joel Gesellschaft, er saß auf seinem Klavierhocker, den Rücken zum Klavier. Florence saß neben ihm im Sessel.

Meine Mutter war um die Vierzig, Amy knapp Dreißig – und doch wirkte sie neben meiner Mutter vertrocknet, verängstigt und alt. Vor allem verängstigt, und das war mir vorher nie aufgefallen. Ich hatte sie noch nie wirklich angesehen.

Als wir hereinkamen, blickte meine Mutter rasch von Jimmy zu Arthur, dann zu mir.

Ich nickte ihr fast unmerklich zu, und sie widmete sich wieder

Amy. Arthur und Jimmy sahen sich kurz um und gingen durch den Flur in die Küche. Ich stand an der Tür.

«Nimm Platz, mein Sohn», sagte Paul. Er schaute amüsiert und zugleich wütend drein. Seine Stimme enthielt einen Befehl. Ich setzte mich, nicht weit von der Tür.

«Sie kam ins Zimmer, und sie sah aus – oh, ich kann es gar nicht beschreiben – sie sah so sauber und frisch geschrubbt aus, aber innerlich geschrubbt – sie sah aus, als hätte sie etwas *gesehen* – und ich, ich war so erschrocken, daß mir das Herz stehenblieb, ich dachte ... ich dachte, mein Kind stirbt.

Ich war in der Küche. Es war früh am Morgen, noch bevor sie zur Schule gehen mußte. Joel war schon zur Arbeit gegangen. Sie kam auf mich zu und streckte mir die Arme entgegen, und ich beugte mich zu ihr hinunter, und sie küßte mich und sagte: ‹Ich kann heute nicht zur Schule gehen, Mama.› Ich hatte Angst, sie zu fragen warum, aber andererseits wußte ich, ich *mußte* sie fragen, und sie schenkte mir den wunderbarsten Blick, den ich je in meinem Leben gesehen habe, es war kein Lächeln, es war nur ... ein *Blick* ... und sie sagte: ‹Mama, der Herr hat mich berufen zu predigen.›»

Paul und Joel nippten gleichzeitig an ihrem Sherry, ohne sich anzusehen. Und ich war mächtig verlegen, als hätte ich eigentlich in diesem Zimmer nichts zu suchen.

«Ach, Gott–» sagte sie und wollte ihre Tochter berühren, tat es aber nicht – es war wie eine Geste der Segnung oder wie wenn man die Hand vor dem Feuer zurückzieht – «wir sprechen über eine gefährdete *Seele*. Ich wollte es nicht glauben, ich glaubte es nicht – aber es war geschehen, nicht wahr, und da war sie nun, meine Tochter, die mir nicht länger gehören sollte. Dann sagte eine Stimme in mir, daß es Sünde sei, nicht zu glauben, und ich legte die Hände vors Gesicht, und wir beide, Julia und ich, fielen auf die Knie, auf dem Küchenfußboden.

Ich weiß nicht, wie lange wir dort verharrten. Ich weiß nur, ich betete um ein Zeichen. Ich liebe meine Tochter, und wissen Sie, der Teufel weiß viele Wege, um sich einzuschleichen. Aber gleichzeitig sagte mir eine innere Stimme, daß es falsch war, um ein Zeichen zu beten. Irgend etwas sagte immer wieder: ‹Glaube. Glaube nur.›

Also stand ich auf und sagte: ‹Julia, jetzt mache ich dir dein Frühstück›, und das tat ich, und sie aß es, und dauernd beobachtete ich sie, aber sie wirkte nicht verändert, und doch war sie es.»

«Wie?» fragte Florence.

«Ich kann Ihnen nur sagen, es war, als sei Friede eingekehrt. Überall.»

«O ja», sagte Julia.

«Als ich von der Arbeit komme», sagte Joel mit seinem lässigen leichten Grinsen, «und zur Tür hereinkomme, da war es mir, als ob sich bei uns alles verändert hätte. Ich sah mich um und war mir nicht sicher, ob ich wirklich zu Hause war. Dann hörte ich sie in der Küche. Amy und Julia und Klein-Jimmy, und ich brüllte: ‹Da bin ich!› und ich weiß nicht warum, ich mußte einfach lachen, so gut ging es mir.»

«Und wie du gelacht hast», sagte Julia.

«Ja», sagte Amy, «die Freude stand ihm im Gesicht, als er durch die Küchentür kam, und ich hatte ihn noch nie so gesehen, und ich wußte, das war das Zeichen.»

«Ich brüllte: ‹Wer war denn hier, als ich fortgewesen bin?› Und Julia schaute mich lange an, und dann sagte sie: ‹Der Heilige Geist.› Und ich – ich zitterte, glaube ich, und setzte mich hin.»

«Gleich am nächsten Sonntag predigte Julia in unserer Kirche», sagte Amy. «Joel mußte sich von seinem Boss Geld vorstrecken lassen, damit ich das Gewand nähen konnte.»

«Und dann», sagte Joel bedächtig, «begann eine ganz neue Zeit für uns.»

«Das will ich meinen», sagte Paul behutsam, nach einer Weile; und er drehte sich um und berührte leicht die Tasten seines Klaviers.

Ich fing den Blick auf, mit dem meine Mutter Julia betrachtete. Ich weiß, daß ich keine Bewegung machte, und doch richtete ich mich in meinem Sessel auf.

«Wahrscheinlich sollte ich Sie so etwas nicht fragen», sagte meine Mutter, «aber trotzdem, ich würde doch gern wissen, warum Sie Klein-Jimmy so hart geschlagen haben. Soweit ich sah, hat er sich doch nur wie ein kleiner Junge benommen. Ich habe zwei von der Sorte, deshalb verstehe ich etwas davon.» Wieder schaute sie Julia an. «Unser kleines Töchterchen haben wir verloren.»

Zwischen mir und Arthur hatte es noch eine kleine Schwester gegeben, meine kleine Schwester Sylvia. Sie war mit einem Nierenleiden zur Welt gekommen und lebte nur drei Jahre, lange genug jedoch, daß alle, und ganz besonders selbstsüchtigerweise ich, denn sie war *meine* kleine Schwester, sich in sie verliebten. Die sieben Jahre, die zwischen Arthurs und meiner Geburt liegen, haben sicherlich etwas mit dieser Geburt und diesem Tod zu tun.

«Jimmy kann ganz schön widerspenstig werden», sagte Joel gemächlich, aber Amy unterbrach ihn und schrie: «Eifersüchtig ist er! Eifersüchtig auf die Gesalbte des Herrn! Eine Sünde ist es, verstehen Sie, eine Sünde ist es, und es macht mir Angst – ja!» und sie blickte rasch zu Joel und Julia hinüber, dann wieder zu Florence. «Es ist direkt, als ob *ich* eifersüchtig wäre.»

«Aber er ist doch nur ein kleiner Junge», sagte Paul behutsam, blickte vor sich hin und ließ den Finger über die Tasten gleiten. «Er versteht doch das alles nicht.»

«Und da hilft es auch nichts, wenn man ihn schlägt», sagte Florence. «Er ist immerhin Ihr Kind, und nicht der Heilige Geist erzieht ihn, sondern Sie!»

«Auch *sie* ist Ihr Kind», sagte Paul, der sich jetzt umdrehte und Joel anschaute, «und vielleicht gehört es ja nicht zum Thema, aber ich *würde* ganz gern auch etwas über die Gesalbten des Herrn erfahren.»

«Vielleicht weil Sie nicht dazugehören?» sagte Julia.

Amy hielt den Atem an und stammelte: *«Sprich, Herr Jesus!»* Florence warf den Kopf zurück und lachte. Sie stand auf. «Na, dann will ich mal gehen und das Essen auf den Tisch bringen.» Sie sah Amy an. «Sie wissen, ich hab's nicht bös gemeint.»

«Mein Vater!» sprach Julia, und sie rutschte von seinem Schoß herunter und trat in die Mitte des Zimmers. «Mein Vater», rief sie mit jener wahrhaft erschreckenden Stimme, von der man nicht recht wußte, woher sie kam, «ich muß heute abend das Wort Gottes verkünden, und wir dürfen nicht das Brot in diesem Haus brechen.» Tränen kullerten ihr übers Gesicht. «Sie haben die Gesalbten des Herrn verspottet», sagte sie, «und ich, ich tue das Werk des Herrn», und sie ging aus dem Zimmer.

Niemand rührte sich. Das Schweigen – nach dem Klang dieser

Stimme – war schrecklich. Ich hätte beinah laut gelacht, aber um die Wahrheit zu sagen: ich hatte Angst. Paul klimperte leise auf dem Klavier, er improvisierte *Komm zu uns, Herr, komm zu uns her*.

Amy stand bebend auf und stürzte sich in die Arme ihres Mannes. Er drückte sie kurz und fest an sich und starrte auf die Tür. Für einen Moment lang trafen sich unsere Blicke, und ganz langsam stand auch ich auf. Amy rührte sich wieder und setzte ihren Hut auf. Sie schaute Florence an, Florence schaute sie an.

Paul erhob sich vom Klavier, und jetzt herrschte wirklich Schweigen.

«Ihr seid von Herzen eingeladen zu bleiben», sagte Florence. «Ich bringe sie zu Bett. Die Kleine ist müde. Sie braucht heute abend nicht zu arbeiten.»

«Sie muß dem Herrn gehorchen», sagte Amy. Sie hakte sich bei ihrem Mann unter, und sie wandten sich zur Tür. Joel drehte sich noch einmal um und nickte meinem Vater zu – noch nie hatte ich im Gesicht eines Mannes einen so hilflosen Ausdruck gesehen – später allerdings manchmal. Und dann schritten sie aus dem Wohnzimmer hinaus und auf den Flur. Wie hörten, wie sie nach Jimmy riefen. Wir hörten, wie Arthur ihnen die Tür aufschloß. Dann schloß die Tür sich hinter ihnen. Arthur kam ins Zimmer gelaufen, und ich packte ihn ohne jeden Grund und drückte ihn an mich, und Mama sagte: «So, nun kommt, Kinder, ich weiß, ihr müßt hungrig sein.»

Mama hatte Schinken gebacken und Biskuits, und es gab Kohl und Yamwurzeln und Reis und Bratensoße – und einen Auflauf von Süßkartoffeln, und von allem war mehr als reichlich da, weil die Gäste gegangen waren. Arthur aß wie ein Schwein, und zwar wie ein verwöhntes, aber er meinte es ehrlich, als er sagte, wie schade es sei, daß Jimmy fortgemußt hatte.

Es gab Fragen, die ich gern gefragt hätte, aber nicht in Arthurs Gegenwart. Aber auch *er* wollte Fragen stellen – und ihn hinderte meine Gegenwart nicht.

«Muß sie zur Schule gehen? Ich meine», fügte er hinzu, «weil sie doch eine Predigerin ist.»

«Ich weiß nicht», sagte Paul lächelnd, «aber die meisten Prediger, die *ich* kannte, mußten arbeiten gehen. Klar», fügte er nach einer Weile hinzu, «sie hatten auch einige Mäuler zu stopfen.»

Florence brummte, schaute zu Arthur hin und sagte nichts.

«Wie kommt es, daß sie eine Predigerin ist? Was macht sie zur Predigerin?»

Paul sagte: «Sie sagt, der Herr hat sie berufen, Arthur.»

«Was bedeutet das, Daddy, wenn der Herr einen beruft?»

«Das weiß dein Daddy nicht. Ihn hat der Herr nicht berufen.» Und leise fügte sie hinzu: «Gott sei Dank!» Und Arthur blickte erstaunt von seiner Mutter zu seinem Vater hinüber und dann, verwirrt, zu mir.

«Viele sind berufen», sagte ich, «aber wenige sind auserwählt.» Und ich zwinkerte ihm zu, aber niemand am Tisch schien es besonders lustig zu finden, und Arthur wandte sich wieder seinem Vater zu.

«Könnte *ich* berufen sein?»

«Du bist berufen», sagte Florence. «Du bist aufgerufen aufzuessen und zu Bett zu gehen.»

«Aber es ist noch so *früh*!»

«Gut, iß trotzdem auf.»

Und im Nu richtete Arthur seine Aufmerksamkeit von den geistlichen Dingen wieder auf die zeitlichen, denn er hoffte, noch ein Weilchen hinauszudürfen, sobald er aufgegessen hatte.

«Ich bin froh, daß ihre Mutter sie nicht sieht», sagte Florence zu Paul, und ich sah, daß dies Arthur verwirrte, der ja nicht wissen konnte, daß Florence von Amys Mutter und nicht von Amy sprach. Er beschloß, sich diesmal aus dem Spiel zu halten und hielt die Augen auf seinen Teller gerichtet. «Ich habe nie geglaubt, daß sie allzuviel im Oberstübchen hat, aber gesunden Menschenverstand hätte ich ihr zugetraut.»

«Der Kopf ist nicht ihr Problem», sagte Paul knapp.

«Nein – aber was ist mit dem Jungen?»

«*Welchem* Jungen?»

«Dem *kleinen*», sagte Florence, «denn der große ist ein hoffnungsloser Fall.»

Arthur hustete ein Kleinjungenhusten und stand auf – ganz der kleine Junge, der er im Moment, wo er aus der Tür hinaus und hinunter auf die Straße sprang, nicht mehr sein müßte.

«Mama, darf ich noch ein bißchen raus?»

«Na, lauf schon. Aber du weißt, wann du zurück sein mußt.»

«Ja, Ma'am ... Daddy?»

«Du, verwöhne mir nicht das Kind.»

Aber sie machte keine Anstalten, Paul abzuhalten, der Arthur einen Quarter zuwarf, und Arthur sagte: «Danke, bis später», und fort war er.

Hinaus auf die Straße, wo er bald Peanut, Crunch und Red begegnen würde oder schon begegnet war.

Peanut war nicht auf den Namen Peanut getauft, aber er *war* getauft worden – von seiner Großmutter, deren Tochter gestorben war, als sie Peanut auf die Welt brachte. Bald darauf und zum Teil auch wegen dieser Großmutter, verschwand Peanuts Vater. Peanut sollte ihn nie kennenlernen. Peanuts wirklicher Name war Alexander Theophilus Brown (ich hatte seinen vollen Namen nie gewußt, bis die Suche nach seiner Leiche begann), und er war in Albany, New York, geboren, wo seine Großmutter als Friseuse arbeitete.

Er war vielleicht ein Jahr älter als Arthur – ein Jahr, oder genauer: fünfzehn Monate. Und da ich ihn hauptsächlich durch Arthur kannte, kann ich nicht behaupten, daß ich ihn kannte. Ich sah ihn mit Arthurs Augen, was nur geschieht, wenn du jemanden gern hast. Trotzdem bin ich nicht Arthur, meine Augen sind nicht Arthurs Augen. Ich konnte mir zum Beispiel nicht vorstellen, wie Peanut zu seinem Spitznamen gekommen war. Später wurde mir klar, daß ich es mir nicht vorstellen konnte, weil ich nicht zu denen gehörte, die ihn ihm verliehen hatten. Aber Arthur gehörte dazu – er war dabei gewesen. Was immer Peanut getan haben mochte, um sich seinen Spitznamen zu verdienen, es muß großartig und lustig gewesen sein, denn seine Kumpel sprachen den Namen mit so viel Liebe und Lachen aus. Ich zum Beispiel habe keinen Spitznamen, was wahrscheinlich eine Menge über mich aussagt, aber wenn ich einen hätte, würden nur die Leute, die ihn mir gaben, wissen, womit ich ihn mir verdient hätte.

Er sah überhaupt nicht wie eine Erdnuß aus. Er war groß und dünn und hatte sandfarbenes, krauses Haar. Ich hätte ihn eher Erdbeere genannt. Er hatte eine Art Röte unter seiner bananenfarbenen Haut. Sein Gesicht war lang und schmal, hohe Backenknochen, längliche, schmale Bernsteinaugen. In Augenblicken der Ruhe oder in jenem Zorn, der Schweigen zu einem furchterregenden Zustand macht, war sein Gesicht verschlossen wie eine prähistorische Maske. Und bald, ohne es selbst zu merken, wartetest du auf die Freude und das Erstaunen – ganz zu schweigen von der Erleichterung –, dieses Gesicht sich öffnen zu sehen, etwa wenn er lachte oder über etwas sprach, das ihn begeisterte.

Eigentlich war er Waisenkind und lebte bei seiner Großmutter, einer unbarmherzig respektablen schwarzen alten Dame, die alle Schwarzen haßte und alle Schwarzen, vor allem ihren Enkel, und am allerheftigsten ihre Tochter für das Mißgeschick verantwortlich machte, das sie von den Höhen Albanys in den Kessel der Stadt hinabgetrieben hatte. Dieses Mißgeschick war ganz real und hatte nichts Geheimnisvolles an sich. Es rührte schlicht und einfach von Immobilienspekulationen der Leute her, denen das Land gehörte. Diese Spekulationen zwangen sie, ihr Geschäft mit Verlust zu verkaufen. Es war ihr nicht vorherbestimmt, sich durch das Labyrinth von Gesetzen, Banken und Versicherungen hindurchzulavieren und einen neuen Laden zu finden: schwarze Menschen, die viele Fehler haben mögen (und noch manche zu entdecken haben), sind nicht die Erfinder dieser Form der Verwüstung. Und doch gab die alte Dame, Peanuts Großmutter, die Schuld an alldem uns; und die Dinge wurden auch dadurch nicht besser, daß Peanut, wenn er neben ihr stand, so hell wie der Morgen und sie selber schwarz wie ein Schuh war. Und dabei hatte Peanut gehört, daß er seiner Mutter (oder war es sein Vater?) ähnlich sehen sollte. All dies muß Peanuts Herz ziemlich beunruhigt haben, aber er versuchte damit zurechtzukommen; und er liebte seine Großmutter, die ihn auf ihre schwarze, freudlose, unbarmherzige Art ebenfalls liebte. Und Peanut sprach nie über das Mißgeschick, das sie in die Stadt hinuntergetrieben hatte – für ihn konnte es nicht unbedingt ein Mißgeschick gewesen sein, denn er war in Albany vor lauter Langeweile schon asthmatisch geworden –, aber es hatte sicher etwas mit seinen beiden Gesichtern zu tun.

Wie dem auch sei, ungefähr ein Jahr, nachdem all dies geschehen war, hatte ich einmal bei der Arbeit eine Schlägerei mit einem rotznäsigen, rothaarigen weißen Typ, der es komisch fand, mich «Schuhwichser» zu nennen. Dabei hatte ich zuerst durchaus freundlich reagiert, sage ich euch. Ich sagte es ihm einmal, ich sagte es ihm zweimal. Beim drittenmal – aber ich war immer noch freundlich – warnte ich ihn eindringlich vor den Qualen des Verstopfungstods, denn wenn ich ihn mir einmal vornehmen würde, sagte ich, würde er keinen Arsch mehr zum Scheißen haben. Und wenn ich sage, ich war freundlich, dann meine ich, daß ich ja sehen konnte, daß dieser hirnlose, demokratisch-republikanische Andy Hardy-Typ keine Ahnung hatte, womit er da rumspielte, nicht wußte, daß er sein Leben aufs Spiel setzte. Er meinte es nicht mal böse, er machte einfach Spaß – auf die Art, wie er es gelernt hatte. Das arme Schwein. Das nächste Mal, als er mich *Schuhwichser* nannte: «Mach schnell, Schuhwichser, los, schnell!» – da sagte ich kein Wort mehr. Ich stand gerade oben auf der Leiter und plagte mich damit herum, einen von diesen Stoffballen freizubekommen. Dabei muß man sehr vorsichtig sein. Der Mann auf der Leiter muß den Ballen behutsam zu dem Mann am Boden hinunterlassen. Der Stoffballen liegt, wenn du ihn herausziehst, waagerecht, und er muß senkrecht hinuntergelassen werden, in die Arme des Mannes am Boden.

Das Kunststück besteht darin, die Last in eine vertikale Position zu verlagern, und da du dem Mann am Boden den Rücken zukehrst, muß er bereit sein, wenn du den Ballen über die Leiter hinabgleiten läßt.

Als der Junge mich diesmal *Schuhwichser* nannte, war ich gerade dabei, einen Stoffballen zu lockern, aber er wußte das nicht. Ich hob den Ballen an und ließ ihn fallen und drehte mich auf der Leiter um – gerade noch rechtzeitig, um sein Gesicht zu sehen, als das Ding ihn um Haaresbreite verfehlte. Hätte es ihn getroffen, es hätte ihm das Genick gebrochen. Ich werde nie seine Augen vergessen – er wußte gar nicht, was er getan hatte, daß ich ihn umbringen wollte. Und da er nicht wußte, was er getan hatte, sprang ich die Leiter hinunter und – versuchte ihn umzubringen.

Es ist furchtbar, dort zu arbeiten. Ich bin seither noch ein paarmal dagewesen und hoffe, nie wieder dorthin zu müssen. Du bist von einem blutroten Donnern umgeben, blendendes Licht blitzt von Zeit zu Zeit auf, Stimmen brüllen und verstummen, brüllen und verstummen. Du bist in den Klauen einer namenlosen Agonie, sie ist in deinen Schultern, deinen Armen, deinen Händen, deinem Atem, eine unerträgliche Mühe, und, nein, nein, es ist nicht so wie das Nahen eines Orgasmus, Orgasmus bedeutete auch Befreiung, wenn auch eine verzweifelte Befreiung manchmal, bedeutet die Hoffnung der Liebe. Liebe und Tod sind miteinander verbunden – aber nicht dort, wo ich an diesem Tag war.

Irgendwer zerrte mich von ihm fort. Der Junge war eine verstörte blutige Masse. Ich empfand eine absolut unerträgliche Trauer und Scham. Der arme Kerl wußte es nicht. Er wußte es nicht. Fast wären zwei Leben verpfuscht gewesen – und wie viele andere hingen von diesen zwei ab, weil er's nicht besser wußte.

Wunderbarerweise verlor ich nicht meinen Job. Obwohl, wenn ich's kühl betrachte, war es wahrscheinlich gar kein Wunder – ich war einfach der nützlichere und billigere Arbeiter. Ich entschuldigte mich bei dem weißen Jungen, ich war sogar bereit, ihm beim Aufwischen zu helfen, aber sie gaben mir für den Rest des Tages frei.

Ich arbeitete in der 39th Street. Ich lief also die Seventh Avenue hinauf, ich hatte vor, in ein Kino an der 42nd Street zu gehen, aber als ich dort ankam, hatte ich keine Lust mehr, ins Kino zu gehen, und so lief ich einfach weiter. Nicht zum erstenmal, aber ernsthaft vielleicht doch zum erstenmal, fragte ich mich, was ich tun sollte: mit meinem Leben.

Ich wanderte durch die Stadt. Ich war nicht imstande, in einen Bus oder in die Subway zu steigen. Ich ging zu Fuß nach Hause.

Es war gegen sechs Uhr abends. Als ich nach Harlem kam, wurde mir klar, daß es ein schöner Frühlingstag gewesen war. Es war April.

Ich hörte Klavierspielen, als ich in unsere Etage kam, und ich war froh, daß Paul zu Hause war. Ich ging hinein, und zwar durch die Tür, die zur Küche führte. In diesem Teil der Wohnung war niemand. Ich ging durch die zwei Schlafzimmer ins Wohnzimmer. Dort waren Paul, Peanut und Arthur; und Peanut saß am Klavier.

Arthur stand neben Peanut und sang. Paul stand hinter ihnen und gab mit dem Fuß den Takt an. Und Peanut versuchte den Takt zu halten.

Der Gospelzug ist unterwegs
Ich höre ihn schon nahen
Ich höre ihn schon stampfen
Und donnern durch das Land,

Arthur sang, und «*Jetzt!*» brummte Paul, aber Peanut verhedderte sich mit den Tasten.

Paul beugte sich über ihn und schlug einen Akkord an. «Wenn du's so machst, *dann* kannst du den hier greifen.» Und er schlug einen anderen Akkord an. «Mühelos. Und jetzt los, Arthur – *kommt* ...»

«*An Bord, ihr Kinderlein* ...»
«*Kommt!*» brummte Paul
«*An Bord, ihr Kinderlein* ...»
«*Kommt!*»
«*An Bord, ihr* ...»
«*Kin-der-lein!*»
«*Hier passen* ...»
«*Tretet ein!*»
«*– noch viele von euch rein!*»

Alle lachten, und Paul sagte: «Diesmal hast du's beinah geschafft, Junge. Aber du darfst dich nicht hetzen, wenn du spielst. Wenn du dir nicht die Zeit nimmst, die es braucht, dann kommst du nicht hin mit der Zeit, verstehst du, was ich meine?»

Peanut nickte, seine Stirn kräuselte sich lebhaft vor Anspannung und war mit Schweiß bedeckt. Er hockte da, die Hände zwischen den Knien, und starrte auf die Tasten. Sie hätten schon den ganzen Nachmittag oder schon seit Tagen hier sein können; noch niemand hatte bemerkt, daß ich im Zimmer war.

«Du kümmerst dich zuviel um den Rhythmus. Aber der Rhythmus kommt aus der *Zeit* – aus dem Zwischenraum zwischen einem Ton und dem nächsten. Und du mußt auf die Zeit vertrauen, die *du* hörst – so mußt du dein Lied spielen.»

Peanut drehte sich auf dem Klavierhocker herum, und die beiden Jungen starrten zu Paul hinauf, beide im verglühenden Sonnenlicht gebadet, das durch das Fenster hereinflutete. Paul, schwarz, schwer, stand so, daß ich ihn im Profil als Silhouette sah. Die beiden Jungen blickten zu ihm auf, voller Glauben und Staunen. Peanuts Stirn zuckte noch immer gepeinigt.

«Würden Sie mir Stunden geben?» fragte er.

Arthur schaute Peanut an und sah dann zu Paul auf. In seinem Gesicht zeichnete sich ein faszinierender Streit zwischen Eifersucht und Stolz ab.

«Ich bin kein Lehrer», sagte Paul.

Peanut errötete und senkte die Augen, und seine Hände hingen wieder zwischen seinen Knien. «Ich weiß», sagte er, «aber ...»

Paul sagte: «Wenn du ab und zu abends mal vorbeikommen magst – früh, verstehst du, so wie heute –, kann ich ja ein bißchen mit dir üben.»

«Das fände ich sehr nett», sagte Peanut, «das fände ich wirklich sehr nett, Sir», und er wollte noch mehr sagen, aber er wußte nicht was, und Paul wandte sich verlegen ab und sah mich. Ich schaute ihm in die Augen, und wir lächelten. Ich war so froh, ihn zu sehen, meinen Vater, meinen alten Herrn. Ich dachte an den Jungen, der mich *Schuhwichser* genannt hatte: aber mein Vater wußte schon von ihm, war ihm selber irgendwann, irgendwo anders begegnet.

«Du kommst ja früh nach Hause», sagte mein Vater.

Arthur und Peanut starrten mich an, sagten aber nichts.

«Es war ein harter Tag», sagte ich, «da unten im Bunker. Aber alles ist in Ordnung, wenn du dich noch mal ans Klavier setzt und uns irgendwas vorspielst.»

Paul sah mich an, und Peanut sprang vom Klavierhocker auf. Peanut und Arthur stellten sich ans Fenster, ich setzte mich in den

Sessel in der Nähe der Tür. Paul spielte Dukes *Across the Track Blues.* Die Jungen am Fenster, ich im Sessel und Paul mit seinem angeklebten Haar – während draußen der Tag verblaßte und Duke von irgendwoher, wo immer er sein mochte, über sein ganzes Gesicht lächelte.

Ich möchte nicht den Eindruck erwecken, als sei ich damals schon erwachsen gewesen. Das war ich nicht, und ich bin mir nicht einmal sicher, ob ich heute erwachsen bin. Aber ich bin einer von denen, die immer erwachsen *scheinen* mußten: wahrscheinlich hat diese Eigenschaft ihres Ehemanns zu Ruths Sinn für Humor beigetragen. Wie Peanut, versuchte auch ich zurechtzukommen. Ich war glücklicher dran als Peanut, denn ich hatte meine Mutter und meinen Vater, und ich hatte Arthur. Aber Arthur (das wußte ich damals nicht) war ein zweischneidiges Schwert.

Ein kleiner Bruder beginnt sein Leben (so glaubst du) innerhalb der stabilen Pforten deiner Vorstellungen. Er ist das, was er in deinen Augen ist, er ist all das, was du nicht bist, und er ist, obwohl du ihm es nie sagen wirst, viel besser, viel schöner und viel wertvoller als du. Und zwar deshalb, weil du schon da bist und er gerade erst angekommen ist. Du bist schon verbraucht, und er ist neugeboren. Du bist schmutzig, und er ist sauber. Du wünscht dir für deinen Bruder den Mond vom Himmel; du hast vergessen, daß du ihn dir einst für dich selbst gewünscht hast. Dein Leben kann jetzt auf der leeren Schiefertafel seines Lebens neu geschrieben werden – welch eine Last, die du da deinem kleinen Bruder aufbürdest.

O ja. Ich sah mich selbst in Arthur. Ich vergaß, daß wir Brüder waren und daß auch er sich vielleicht in mir sah. Ich wäre vielleicht klein und häßlich geworden, hätte ich sehen können, was er sah. Nun. Das ist Liebe, wie wir es auch drehen und wenden. Die Liebe zwingt zumindest zu dieser Demut: Du kannst nicht lieben, wenn du nicht lieben *lassen* kannst; du kannst nicht sehen, wenn du nicht zulassen kannst, daß du gesehen wirst.

Was sah Arthur? Ich war ein ziemlich gutaussehender dünner Kerl von zwanzig Jahren. Dank ein paar kleinen Diebereien war ich immer fein in Schale – ziemlich fein in Schale. Ich war nicht verrückt, ich machte zum Beispiel keine Anzahlung auf ein Auto, um dann darin schlafen zu müssen. Ich liebte meine Mutter und meinen Vater – das hilft. Ich wollte Arthur kein schlechtes Beispiel geben, und auch das hilft. Drogen überschwemmten das Getto, und das erschreckte mich zu Tode, Arthurs wegen, und so gab's eine ganze Menge Dinge, die ich nicht tat, und eine ganze Menge Leute, denen ich sagte, sie sollten mich am Arsch lecken.

Aber ich hatte Angst. Meine Zukunft lag vor mir wie ein Sumpf. Ich klammerte mich an die Abendschule, und ich behielt meinen Job. Ich hatte ein Mädchen nach dem anderen. Aber wenn es für dich keine Zukunft gibt, wenn das Vögeln nicht irgendwann mehr wird als Vögeln, dann kannst du es vergessen. Und dann bist du schlimmer dran als vorher.

Die Jugend ist wohl die schlimmste Zeit im Leben jedes Menschen. Alles, was geschieht, geschieht zum erstenmal, und das bedeutet, daß die Sorgen nicht aufhören. Später erkennst du dann, daß diese Zeit auch etwas sehr Schönes an sich hatte. Weil du sie nicht noch einmal durchmachen mußt.

Trotzdem, das Wetter mancher Tage, der Duft eines Augenblicks, oder der Moment, in dem du um eine Ecke biegst, zum Beispiel in eine Straße, an die du dich nicht erinnern kannst und die du doch nie vergessen wirst, oder der Anblick einer Gestalt, die vom Bus abspringt, oder ein Junge und ein Mädchen, die Hand in Hand gehen, oder wenn du ein kleines Kind siehst, das zum Himmel aufblickt und lächelt, oder ein Baum oder der Himmel oder ein Stein – alles kann dir weh tun, als ob keine Zeit vergangen wäre seit dem erstenmal, als du die Liebe sahst, dem erstenmal, als die Liebe dich ansah. *The light that's in your eyes / reminds me of the skies / that shine above us every day* ... Die erste Liebe schwindet, aber sie hört nie auf. Aus dem Schmerz wird Versöhnung.

Immerhin, ich trank zum Beispiel. Aber junge Menschen saufen ja nicht wirklich, sie schlucken – und produzieren auf der Stelle Pisse. Erst später, wenn du älter wirst, staut sich die Flüssigkeit, die du herunterschüttest.

Ach ja ... du läufst, du weinst, du kotzt ... du stinkst; dein Schwanz richtet sich auf, du wichst dir einen runter (*so dich aber deine Hand ärgert!*), Dämonen zerren dich in den Schlaf, schaudernd wachst du auf. Du scheißt und duschst dich und rasierst dich. Du staunst. Du siehst ein, daß du zurechtkommst, und du schaffst die Szene. Du sagst deinem kleinen Bruder, daß alles klar ist.

Ist das wahr? sagt er. Und er beobachtet dich.

Und hier kommt Crunch. Er war groß, der größte Junge in dem Quartett, das später als die Trumpets of Zion bekannt werden sollte. Könnte man den Donner sehen, dann würde er, so stellte ich mir vor, wie Crunch aussehen. Und ebenso die Unschuld. Er besaß mehrere Plantagen dichten wirren schwarzen Haars, eine breite Nase, die irgendwie aggressiv und zugleich gekränkt aussah, schwere Lippen, ein wunderbares Grinsen, jede Menge weißer, vollkommen ebenmäßiger Zähne. Er war dünn, aber stark, er spielte Baseball, und er war der Junge, der am besten mit den ‹Ladys› auskam – sein Ausdruck.

Der Ausdruck sprach für seine Verwirrung. Manche Männer und auch manche Frauen scheinen zu dem Zweck geboren, Begierde zu entzünden: Das scheint ihre Aufgabe zu sein. Es scheint ausgemacht, daß sie die Absicht haben, Verlangen – *dein* Verlangen – zu befriedigen, daß ihr Lächeln oder ihr Blick diese Absicht ausdrücken soll.

Es ist mitnichten ihre Absicht. Sie haben dich höchstwahrscheinlich gar nicht bemerkt und sind viel zu unschuldig, als daß sie sich vorstellen könnten, was du dir vorstellst.

Solche Menschen werden mit einer unglaublichen Brutalität behandelt, einer Brutalität, die noch abscheulicher dadurch wird, daß sie sich als Liebe ausgibt. Nach meiner Erfahrung zumindest wissen diese Menschen, die Objekte einer so abstrakten und zugleich verzehrenden Wollust sind, sich kaum zu wehren. Sie wissen nicht – bis es zu spät ist –, daß sie allen Grund haben, sich zu wehren. Das liegt an dieser unbesiegbaren Unschuld: und wären sie weniger unschuldig, dann wären sie weniger attraktiv. Die Unschuld zu einer wüsten, tobenden Leidenschaft aufzustacheln ist ein in jedermanns Wesen verwurzelter Wunschtraum. Da dreht sich alles im Kopf; da dreht sich vielleicht die Erde. Was all diesen Phantasien fehlt, ist der Schweiß der Liebe, den man *Respekt* nennt. *«Ich bin es leid»*, sollte Crunch später, viel später zu mir sagen, *«als etwas behandelt zu werden, das am anderen Ende eines Schwanzes hängt.»* Denn er war ein King-Kong mit Sackschutz, der arme Kerl, er dribbelte mit dem Ball über den Platz, stolzierte durch die Straßen, tätschelte Kindern den Kopf, half den alten Damen und den Blinden über die Straße. Er war ein wunderbarer Mensch, gebrochen, zerschmettert.

Er war das älteste von fünf Kindern, drei Mädchen und zwei Jungen. Ihre Väter kamen und gingen; ihre Mutter war im Hauptberuf Barfrau. Sein Name war Jason Hogan, und er war in New York City geboren.

Red war sein bester Freund, er war sogar ein entfernter Vetter von ihm, und sie waren gemeinsam aufgewachsen. Crunch nannte Red sein «Herz», und er meinte es so.

Ein Samstagnachmittag. Crunch spielt Gitarre. Paul sitzt am Piano. Peanut, Red und Arthur stehen hinter ihm, Crunch steht an der Seite.

Es ist Anfang Dezember. Die Straßen sind leer, und die Luft ist eisig, Weihnachten naht.

Am Weihnachtsmorgen sollen sie ihr Debüt geben, in unserer Kirche an der Edgecombe Avenue. Einer der Gründe, warum wir uns zu dieser Gemeinde halten, ist, daß Paul immer noch am Shugar Hill arbeitet. Aber Paul spielt nicht Klavier in dieser Kirche – die Gemeinde würde es nicht billigen, außer wenn Arthur singt. Er spielt nicht immer für Arthur, und in anderen Kirchen spielt er fast nie für ihn. Er wollte Arthur nicht herumreichen, wie Brother Joel Miller seine Julia herumreichte; er hatte eine sehr distanzierte Haltung gegenüber Arthurs Singerei, fast so, als wäre es eine Jugendkrankheit, die sein Sohn überstehen mußte. Für Peanut, Crunch und Red war er weit aufgeschlossener als für Arthur. Das machte Arthur eifersüchtig, und die Eifersucht trieb ihn zur Arbeit an – er harrte am Piano aus und hörte sich alles an, und falls es Pauls Absicht gewesen war, Arthur zu entmutigen, wirkte seine Taktik wie ein Bumerang.

Später verstand ich Paul. Ich nehme an, ich habe ihn auch damals schon irgendwie verstanden. Paul wußte nicht, ob Arthur wußte, *warum* er sang. Arthur war ganz allein darauf gekommen, und das im Alter von dreizehn Jahren. Er hatte nicht behauptet, errettet worden zu sein. Er war nicht im Wasser getauft worden (er war nach der Geburt in die christliche Gemeinde aufgenommen worden, aber das ist nicht die richtige Taufe). Und doch sang er – und wie er sang, und es war etwas Erschreckendes an einer so tiefen und unbegreiflichen Leidenschaft bei einem so jungen Menschen. Der Schlüssel zu allem war seine Art zu phrasieren – unbeschreiblich; seine Hingabe an das Lied machte dies deutlich, daß er wußte, wovon er sang.

Deine Reaktion auf solche Leidenschaft kann den Sänger zerstören. Paul wußte es, und Arthur wußte es nicht. Paul stellte die anderen Jungen schützend um seinen gefährdeten Sohn, denn warum *sie* sangen, das wußte er. (Und die Jungen glaubten auch, es zu wissen.) Paul wußte, sie würden nicht lange singen – irgend etwas würde dazwischenkommen. Aber wenn Arthur etwas dazwischenkäme, würde Paul einen Sohn verlieren.

Also plagte er sich jedes Wochenende, mein alter Herr mit seinen angeklatschten Haaren, am Freitagabend, am Samstagabend, am Sonntagabend. Es geschah aus Eifersucht und Neugier, daß Arthur sich ihnen anschloß, und so entstand das Quartett. Arthur brannte nicht gerade darauf, seinen Solistenstatus aufzugeben, es paßte ihm ganz gut, allein da oben zu stehen. Aber andererseits war es mit den anderen zusammen eine stärkere Herausforderung, und es machte auch mehr Spaß, und er lernte so mehr. Paul hatte ihn in der Falle: Ohne die anderen arbeitete er nicht mit Arthur – und indem er die anderen unterrichtete, unterrichtete und lenkte er seinen Sohn.

Paul fragte: «Mit welchem Stück wollt ihr anfangen, Jungs?»

Crunch stimmt seine Gitarre und schlägt vor: «*Als Jesus ward geboren.*»

«Daran brauchen wir nicht mehr viel zu arbeiten», sagt Arthur. «Wir sollten lieber *Herbei o ihr Gläubigen* üben, da kommen wir überhaupt noch nicht zusammen.»

«Das ist wahr», sagt Peanut mürrisch – er singt die erste Stimme bei diesem Stück.

«Gut, einverstanden», sagt Crunch schnell. «Ich dachte, wir könnten es zum Auflockern benutzen, zum Aufwärmen, versteht ihr … es ist kalt, und *Herbei* … ist ein kühles Lied.»

«Warum sagst du das, Mann?» fragt Red. «Es ist getragen, aber es ist nicht unbedingt kühl.»

«Oh, wir bringen Feuer rein. Nigger bringen in alles Feuer rein, aber das Lied *ist* kühl. ‹Freudenvoll und triumphierend› – mit dieser Zeile hab ich immer Schwierigkeiten», sagt Crunch und grinst.

«Fühlst du dich nicht freudenvoll und triumphierend, mein Sohn?» fragt Paul sanft und grinst, während er auf dem Klavier den Anfangsakkord anschlägt. «Na, wie auch immer, wenn es das schwerere Stück ist, wollen wir damit anfangen. Wie machen wir's?»

Sie haben Schwierigkeiten mit der langen feierlichen Eröffnung. Sie suchen nach einem Weg, sie weniger feierlich und etwas frömmer zu bringen. Schließlich ersetzt Arthur das *Herbei o ihr Gläubigen* durch ein *Kommt her, alle miteinander*, und alle sind begeistert, und sie müssen wieder ganz von vorn anfangen, aber Arthurs Einfall hat geholfen.

Ich kann es nicht beschreiben, ich war nicht dabei. Es wäre vergeblich, wollte ich versuchen, es zu beschreiben: Im Grunde habe ich vielleicht sogar das Gefühl, daß ein solcher Versuch eine Frechheit wäre. Ich habe zuviel Respekt vor den Menschen, aus denen die Musik kommt. Nun ja. Als ich an diesem einen Samstagnachmittag nach Hause kam, waren sie bei ihrem letzten Stück. *O Heiland, gehe nicht an mir vorüber.* Arthur sang den führenden Part, und während ich die Treppe hinaufstieg, hörte ich seine Stimme über allen anderen schweben.

Paul war tropfnaß und wirkte abgespannt, und die Haare standen ihm zu Berge. Er begleitete die Jungen, deren Stimmen den Raum erfüllten.

Heiland!

Und dann wieder: *Heiland!*

Eine Pause, dann die Gitarre und das Piano, dann der Solist: *O Heiland, gehe nicht an mir vorüber!*

Stimmen, die sich zu einer dumpfen Anrufung vereinten, Stimmen wie an einer Klagemauer: *Heiland! Heiland!*

Arthur allein, die Augen geschlossen, jede Sekunde ganz dabei, hoch einsetzend, es klingt wie ein Schrei, dann die Stimme senkend, es klingt wie ein Gebet, ein im Kerker geflüstertes Gebet, *gehe nicht an mir vorüber!*

Was ich auch weiß oder nicht weiß, nie werde ich die Gesichter vergessen, die ich an diesem Nachmittag sah, als ich unbemerkt ins Zimmer trat. Da waren die Jungen, Straßenjungen, ruppig und häßlich – auf der Straße jedenfalls. Sie stahlen, sie logen, sie schlugen sich – sie betrogen. Wenn sie stahlen, dann rannten sie; wenn sie erwischt wurden, logen sie; wenn sie geschlagen wurden, fluchten und brüllten sie und pißten sich in die Hosen. Ja. Ich war dabei. Ich weiß es. Sie spielten Handball, Football, Baseball, boxten, träumten davon, Champions zu werden, sie hatten angefangen zu rauchen. Einige rauchten Marihuana. Manche gingen noch weiter. Sie meinten, die Weißen zu hassen, und das ist kein Wunder. Sie waren noch weit entfernt von der harten Erkenntnis, daß sie es einfach nicht ertragen konnten, verachtet zu werden; weit entfernt von dem Wissen, daß fast jeder verachtet wird. Sie konnten sich nicht vorstellen, daß die Welt oder zumindest die Welt, die wir kennen, so ungeheuer voll von Menschen sein konnte, die einander verachteten, weil jeder sich selbst verachtete. Nein. Sie träumten von Sicherheit – auch ich träumte davon. Sie konnten nicht wissen, daß sie unter einer zeitlosen und allgemeinen Bedrohung lebten, da sie wie alle Menschen waren – das Wort ward Fleisch. Und so stellten sie sich vor, daß sie die Weißen haßten, weil sie nicht schwarz waren, und konnten sich nicht vorstellen, daß sie den Weißen Schrecken einflößten, weil die Weißen nicht weiß waren. In ihren Gesichtern und ihren Stimmen war die Verheißung des gelobten Landes; aber wir sehen nie unsere Gesichter, der Sänger hört kaum je sein eigenes Lied. Sie hatten angefangen zu vögeln – am flammenden äußeren Rand der Liebe.

Paul steht auf und sagt: «Gut, das war's für heute», und er zieht ein Taschentuch aus der Gesäßtasche und wischt sich über das Gesicht.

«Und wie steht's mit unseren Zugaben?» fragt Arthur, und Paul und die anderen lachen.

«Es werden drei Quartetts auftreten», sagt Paul, «und ihr seid die Jüngsten und noch ganz neu, ihr werdet als erste auftreten und als erste wieder vom Podium verschwinden – kommt erst mal runter von da –, und die kleine Sister Julia Miller will ihre Predigt loswerden. Da bleibt euch nicht viel Zeit für Zugaben.»

«Und», sagt Crunch, «die Silver Nightingales haben schon ihren Mojo-Zauber in Gang gesetzt. Wenn wir's mit einer Zugabe versuchen, werden uns möglicherweise die Mandeln aus dem Hals und über den Altar fliegen.»

«Wir sollten jedenfalls vorbereitet sein», sagte Arthur.

Er starrt die Jungen an, und sie starren ihn an, und dann wenden sie sich alle hilflos Paul zu.

«Seht nicht *mich* an», sagt Paul zu ihnen. «Geht und haltet euer Gipfeltreffen ab, und wenn ihr euch einig seid, laßt es mich wissen.» Er kommt zu mir und blinzelt mir zu. «Komm mit, Junge, ich lade dich zu einem Drink ein.»

Denn ich war schon alt genug, und manchmal zogen wir samstag nachmittags in eine Kneipe. Mama arbeitete samstags oft bis spät in die Nacht, weil die Hausfrau der Familie, bei der sie so beliebt war, dann ihre Bridge-Parties oder ihre Bingo-Spiele oder weiß Gott was für Orgien – ist ja auch egal! – veranstaltete: Der Erlös war für wohltätige Zwecke bestimmt. Und Mama mußte bleiben und saubermachen.

Paul nahm seinen Mantel, wir gingen die Treppe hinunter und ließen die durcheinanderschreienden Jungen zurück.

Paul atmete tief aus, und beinah tat er mir leid in seiner Erschöpfung, aber er sagte: «Sie sind nicht schlecht, die kleinen Dreckskerle. Vielleicht kommt am Ende etwas dabei heraus. Eines ist wahr», sagte er, «sie *arbeiten*. Das muß ich ihnen lassen.»

Und er lächelte, als wir auf die Straße traten, die bitterkalt und fast menschenleer war. Wir gingen die Avenue hinunter, zu Pauls Lieblingsbar, die es Gott sei Dank immer noch gibt, einer der wenigen übriggebliebenen Zeugen meiner Jugend.

Aber mit Arthur habe ich in dieser Bar kaum je etwas getrunken; vielleicht weil der jüngere Bruder niemals Zeuge der Jugend des älteren Bruders sein kann. Dies waren *meine* Nachmittage mit *meinem* Vater.

Damals hatte der Krebs Fernsehen noch nicht alle Organe des Gesellschaftskörpers angefressen, und darum war es still in der Bar, gedämpfte Geräusche, ein Lachen hier und dort, vielleicht spielte leise die Jukebox. Ein paar von Pauls Freunden waren da, und an solchen Nachmittagen pflegte Paul zu sagen: *«Und das ist mein Sohn Hall.»* Als wäre nichts weiter dabei. Aber ich sah in den Augen seiner Freunde, daß sie begriffen, daß er nicht dachte, es sei nichts weiter dabei. Mit einem schnellen Aufflammen von Liebe und ein wenig Eifersucht sahen sie ihn an. Dann sahen sie mich an, und ich sah in ihren Augen, daß mein Vater stolz auf mich war. Ich wußte nicht, warum er stolz auf mich war, ich wußte nicht, was ich getan hatte, um ihn stolz zu machen. Aber er war es, ich sah es in den Augen seiner Freunde, und es erfüllte mich mit einem Glück, das ich noch heute empfinde. Ich schwor mir, daß ich nie etwas tun würde, was ihn beschämte. Und ich glaube, daran habe ich mich gehalten. Ich glaube wirklich, daß ich das sagen kann – Gott sei Dank.

Und im gleichen Moment, in dem ich das sage, denke ich an Arthur, und wenn ich ehrlich bin, weiß ich, daß Arthur nicht glaubte, dies von sich sagen zu können. Ich weiß es besser, aber ich sage es trotzdem: Ich kannte unseren Vater besser als er. Das lag daran, daß mein Leben als Mann, daß mein Leiden schon begonnen hatte. Ich hatte meinen Vater, an den ich mich halten konnte, aber Arthur hatte nur mich, und das war nicht genug.

Wir setzten uns an einen Tisch am Fenster. Paul nahm seinen Hut ab, seine Haare waren noch immer zerzaust; trotz der Kälte, durch die wir gegangen waren, war sein Gesicht immer noch ein wenig feucht.

«Was machen wir mit deinem Bruder?» fragte er. «Ich glaube, aus ihm könnte ein wirklicher Musiker werden – ich meine, ein wirklicher», fügte er hinzu, «nicht so einer wie ich.»

Auf dieses *nicht so einer wie ich* wollte ich ihm nicht widersprechen. Ich spürte, wie mich ein kalter Schauer durchzuckte, kalt wie die Straßen da draußen, denn ich wußte: er wußte, daß ich genau verstanden hatte, was er meinte. Paul verdiente sich seinen Lebensunterhalt als Pianist, wenn er konnte; wenn er es nicht konnte, machte er andere Dinge; aber jetzt sprach er nicht vom Geldverdienen.

Gleichzeitig war ich sehr viel skeptischer als Paul, was Arthurs Laufbahn als Musiker betraf. Ich wußte, daß Paul mehr von Musik verstand als Arthur oder sonst jemand in dieser Welt: nur erkannte ich nicht, daß eben diese Autorität sein Urteil bestimmte – *er*, Paul, wußte es. Im Grunde glaubte ich, daß all das nur zu Arthurs Jugendentwicklung gehörte, daß er irgendwann darüber hinauswachsen und ein etwas berechenbareres Geschöpf werden würde, aber Paul tat nur so, als ob er das glaubte, und das war vielleicht der Grund, warum sein Gesicht immer noch feucht war und warum ihm die Haare zu Berge standen.

Paul bestellte, und wir warteten schweigend auf unsere Drinks, es war ein geladenes und doch friedliches Schweigen. Unsere Drinks kamen, und Paul sagte: «Ich habe mein Leben lang mit Musik zu tun gehabt – habe sie mein Leben lang geliebt. Aber ich schwöre, ich habe nie gehofft, daß einer meiner Söhne sich mit Musik abgeben würde.» Er lachte, hob mir sein Glas entgegen und trank von seinem Bourbon. «Ich nehme an, du denkst, ich könnte von Glück reden, daß ich hier über meinen Sohn und nicht über meine Tochter spreche.» Er hörte auf zu lachen und senkte den Blick. Er trank wieder aus seinem Glas. Er seufzte, und es klang fast wie der Seufzer eines Sterbenden: *Ahhh*.

«Du machst dir Sorgen», sagte ich. «Warum? Wenn er Musiker, Sänger werden will – was ist so schlecht daran?»

«Nichts», sagte Paul, «nur daß es ihn verbrennen wird, ihn jede Stunde, die er lebt, verbrennen wird, ihm das Fleisch von den Knochen sengen wird, so daß jemand sie aufsammeln und begraben muß. Und –» er trank seinen Bourbon aus und schaute mich an – «und dieser jemand wirst sehr wahrscheinlich du sein.»

Ich wollte lachen, aber ich lachte nicht. Ich beobachtete das Gesicht meines Vaters. Er blickte auf die Straße hinaus.

«Musik fängt nicht wie ein Lied an», sagte er. «Vergiß den ganzen Scheiß, den du gehört hast. Musik kann ein Lied *werden*, aber sie fängt mit einem Schrei an. Das ist's. Vielleicht ist es der Schrei eines neugeborenen Babys, oder der Laut, den ein geschlachtetes Schwein von sich gibt, oder ein Mann, wenn sie ihm das Messer an die Eier setzen. Und dieser Laut ist überall. Menschen verbringen ihr ganzes Leben mit dem Versuch, diesen Laut zu übertönen.»

Paul nahm mich, wie die jungen Leute heute sagen würden, auf einen ziemlich abgehobenen Trip mit, und ich war mir nicht sicher, ob ich ihn mitmachen wollte. Aber die steinerne Tür des Gelächters schloß sich in meinem Gesicht, ich hörte fast, wie es *bumzu* machte.

«Ach», sagte Paul und blickte auf die Straße hinaus – aber ebensogut hätte er über einen Fluß blicken können – «es gibt andere Geräusche – das Geräusch des Wassers, aber auch das kann dich wahnsinnig machen. Es ist schon dazu benutzt worden, um Leute in den Wahnsinn zu treiben. Ich wette, wenn du darüber nachdenkst, findest du kein einziges Geräusch, mit dem du auf die Dauer leben könntest. Darum leben wir mit so vielen – eines übertönt das andere.» Er blickte in sein leeres Glas. «Ich wette, du denkst, dein alter Herr ist verrückt.»

Ich wollte einen Witz machen, aber es gelang mir nicht, und dann sagte ich: «Nein. Ich glaub nicht, daß du verrückt bist.»

«Falls du mal wirklich darüber nachgedacht hast, wie wir vom Geräusch zur Musik kommen ... Gott, ich weiß nicht ... Es scheint mir doch zu beweisen, daß Liebe in der Welt ist – ohne sie wäre Musik ... ich glaube, wir würden alle mit bluttriefenden Lefzen herumlaufen.» Er lachte. Er *konnte* lachen. «Vielleicht *bin* ich verrückt. Aber eben deshalb ist alle Militärmusik nur kalte Wichserei. Die Nigger in New Orleans wußten es, Baby, und *wie* sie drauflosspielten!»

Plötzlich machte er mir Angst, und er merkte es. Er bestellte noch eine Runde, und dann saß er wieder da und starrte aus dem Fenster, und mir wurde zum erstenmal bewußt, wie mächtig beunruhigt er war.

«Was ist mit Arthur?» fragte ich unsicher, und ohne zu wissen warum, fürchtete ich die Antwort.

Er schwieg eine Weile. Unsere Drinks kamen, und noch immer saß er da, die Ellbogen aufgestützt, aus dem Fenster starrend.

«Ich war mit einem Haufen von Mädchen und Jungen zusammen, als ich jung war», sagte er, «und es waren wunderbare Menschen, sage ich dir. Ich will nicht erzählen, wie es einigen von ihnen ergangen ist – manche sind immer noch da. Sie waren wunderbar, wie gesagt. Das Dumme war, wenn sie nicht sangen oder spielten, wußte niemand etwas mit ihnen anzufangen. *Sie* wußten es auch nicht – diejenigen, die *irgend etwas* herausfanden –, wenn sie nicht gerade sangen oder spielten. Nun ja, es brauchte eine Weile, und sie bezahlten ihren Preis. Sie haben geliebt, weiß Gott, und sie haben sich weh getan, weiß Gott, aber verstehst du, sie konnten es nur in der Öffentlichkeit.» Er lächelte plötzlich – es war ein seltsames, trauriges Lächeln, das ihn sehr jung aussehen ließ, beinahe so jung wie Arthur, und ich sah, ganz kurz nur, ein Echo von Arthur in seinem Gesicht. Ja, er war auch Arthurs Vater, wir kamen beide aus den Lenden dieses Mannes. Jetzt merkte ich, daß auch *mein* Gesicht feucht wurde.

«Einige, wie ich zum Beispiel, wußten, was sie wollten und wie sie es machen mußten. Es bedeutete Schweiß, aber auch nicht nur Schweiß, wenn du verstehst, was ich meine – oder es bedeutete nichts als Schweiß. Aber manche wußten nicht, von einem Ton zum nächsten *wußten* sie nicht, ob sie es schaffen würden. Sie scheiterten fast nie, aber sie *wußten* es nie. Wenn die letzten Töne verhallten und sie von der Bühne oder vom Parkett gingen, sahen sie immer aus wie ein Kind, das zu Weihnachten bekommen hat, was es sich gewünscht hat. Mein Gott, sie waren wunderbar. Aber sie konnten nicht bis zehn zählen, und sie konnten nicht haushalten. Sie liebten ihre Kinder, aber ihre Kinder merkten es nicht immer. Sie erinnerten sich oft nicht einmal an die Namen ihrer Kinder, sie wußten auch nicht immer den Namen der Frau, des Mannes oder der Geliebten – und das hieß *nicht*, daß sie sie nicht liebten. Aber wer soll imstande sein, sich das vorzustellen? Wie sollst du glauben, daß jemand dich liebt, wenn er mit den anderen irgendwo weit weg ist, irgendwelchen Mist baut und dich aus zweitausend Meilen Entfernung anschaut, als wärst du ein Sandkorn in der Wüste? Wie sollst du dir vorstellen, daß so eine Frau, wenn du sie verläßt, sich die Augen nach dir ausweinen wird, sich vielleicht noch umbringen wird? Nein. Am nächsten Samstag siehst du sie alle wieder im Club, und da singen sie sich die Seele aus dem Leib und reißen dich mit, sie treffen dich irgendwo, tief innen, treffen dich hart und bringen dich vielleicht zum *Weinen*, aber ... du weißt es nicht.

Er senkte den Blick, trank von seinem Bourbon und schaute wieder aus dem Fenster. Dann sah er mich an, sah mir direkt in die Augen.

«Verstehst du mich, Junge?»

«Ich glaube ja», sagte ich. «Ich glaube, ich versteh dich.»

«*Ich* glaube auch», sagte er. Und dann: «Ich hatte ein Mädchen, das so war, unten im Süden, als ich so alt war wie du, bevor ich deine Mama kennenlernte. Damals hab ich zu spielen angefangen, ich spielte für sie.»

Ich fragte: «Was ist aus ihr geworden?»

Paul sagte: «Ich weiß nicht. Wir hatten Streit, sie ging weg. Ich versuchte, sie zu finden, aber ... ich habe nie wieder von ihr gehört.»

«Sprichst du deswegen jetzt über Arthur?»

«Ja. Nein.» Dann: «Hör zu. Ich wollte dir etwas sagen, was ich dir sagen *mußte*, denn das Leben ist nun einmal so, Mann, und ich weiß, du liebst deinen Bruder. Ich *weiß* es ... sehr viel besser als du. Aber du sollst nicht glauben, ich hätte deine Mutter geheiratet, weil irgendein wildes Huhn mich verlassen hat. Das ist nicht der Fall. Gott, wäre das Leben so einfach, dann brauchten wir keine Musik, auch kein Gebet. Ich liebte das Mädchen, das ist wahr – wie man eben als junger Kerl liebt. Aber glaube nur nicht, daß ich deine Mutter nicht liebe. Glaube nicht, daß ich dich nicht liebe.»

«Vielleicht wäre ich nie geboren worden», sagte ich lächelnd, «wenn sie dich nicht verlassen hätte.»

«Ich fragte dich vorhin», sagte er, «ob du mich verstanden hast.»

«Ja», sagte ich. «Und ich habe ja gesagt.»

«Und – du verstehst?»

«Ja», sagte ich und schaute ihn an. «Ja, ich verstehe.»

Nach einer Weile sagte er: «Ich erzähle dir das alles, weil ... ja, ich spreche über Arthur. Gott, es ist ein Mysterium.» Er senkte den Blick, schaute hinaus und schaute dann wieder mich an. «Junge. Laß mich dir einiges sagen. Lauf nie vor etwas davon. Ich schwöre dir, wovor du auch wegläufst, es holt dich eines Tages ein, bis an die Zähne bewaffnet, Mann, es kommt wieder in anderer Gestalt, und dann weißt du nicht mehr, *wie* du davonlaufen sollst – es kommt wieder in einer Gestalt, die du nicht verleugnen *kannst*!» Er stürzte seinen Bourbon hinunter. «Ich sehe Arthur an, und ich denke an das Mädchen damals, das ich nicht wiedergesehen habe, seit ich etwas über zwanzig war. Und ich muß erkennen, daß das, was mich zu ihr hinzog, genau das ist, was Arthur hierhergebracht hat. Und ich will es tragen, soweit ich kann, aber ich weiß inzwischen, daß ich es eines Tages dir überlassen muß – meine Zeit ist nicht mehr lang.»

Er erschreckte mich so sehr, daß ich kaum wußte, was ich sagte: «Was zum Teufel redest du da ... deine Zeit ... nicht mehr lang?»

«*Ich* weiß, was ich rede, zum Teufel. Die Zeit eines Vaters ist niemals lang, einerlei, wie lang sie sein mag. Und darum –» er hob sein Glas und grinste – «erlaube ich mir, ein wenig von deiner zu borgen.»

Ich mußte lachen, als ich ihn grinsen sah. Ich war erschrocken und erleichtert zugleich. Wir stießen an und tranken, und in diesem Augenblick schienen die Straßen da draußen in unseren sicheren Hafen einzudringen und begannen in meinem Schädel widerzuhallen. Ich schaute aus dem Fenster. Dort draußen an der Ecke, mit dem Rücken zu uns, standen Peanut, Arthur, Crunch und Red und warteten darauf, daß die Ampel grün wurde; und noch immer diskutierten sie – jetzt pantomimisch. Paul blickte auf, schaute hinaus und sah sie: Er lächelte und nickte mit dem Kopf – aus unvorstellbarer Ferne und mit einem Lichtschimmer in den Augen, wie ich ihn noch nie in jemandes Augen gesehen hatte. Irgend etwas brachte die Jungen draußen zum Lachen. Arthur warf sich auf Crunch. Crunch packte Arthur mit der einen Hand beim Genick und wirbelte ihn herum, mit der anderen hielt er die Gitarre hoch über seinen Kopf. Die Ampel schaltete, und sie rannten über die Straße. Crunch schien wie ein Pfeil dahinzuschwirren und hob den winzigen Arthur hoch. Red und Peanut, links und rechts von ihnen, wußten anscheinend etwas, was wir nicht wußten.

Einen Tag vor Weihnachten hatte ich ziemlich viel Geld in der Tasche, von dem Zeug, das ich gestohlen und verkauft hatte. Und ich machte einen Spaziergang durch die Stadt.

Ich mußte ein paar Geschenke einkaufen, für Paul und Florence, für Arthur und für meine Freundin Martha, eine schwarze Sozialarbeiterin mit College-Abschluß, die zwar keine Schwester namens Mary hatte, sich aber den Gospel-Vers hätte zu Herzen nehmen sollen. *Sage Martha, sie soll nicht mehr trauern.* Das Mädchen hatte eine Neigung zum Trauern, und ich konnte es ihr nicht verdenken: Ich verbrachte zum Beispiel nicht so viele Stunden wie sie in den Korridoren des Harlem Hospitals; ich war nicht, wie sie, umgeben vom Gestank des Bluts, vom Röcheln verhauchenden Lebens, von den kalten, brutalen, schrillen Sirenen unserer Gleichgültigkeit: *Samstagabends lesen sie hier einen Torso, dort ein paar Beine auf, dort drüben einen Kopf und hier ein Auge, da ein anderes Auge, einige Gedärme, die über der Mülltonne hängen, und das alles, und was sie sonst noch finden können, stopfen sie in einen Leichensack und schaffen es ins Hospital und sagen: Näht es zusammen! Und, weißt du, es ist kaum zu glauben, aber – manchmal tun wir es.* Und am nächsten Morgen spazieren sie davon und sagen nicht einmal danke. Ja, das Mädchen neigte zum Trauern, und ich konnte es ihr nicht verdenken. Ich wollte, daß sie ihren Job kündigte, aber sie würde so schnell keinen anderen finden, und ich wußte, daß ich sie nicht heiraten wollte. Ich wollte mich nicht in einem Leichensack wiederfinden und von ihr zusammennähen lassen.

Da wir am Weihnachtsmorgen alle gemeinsam in die Kirche gehen wollten, mußte ich auch für Julia und Jimmy und ihre Eltern etwas finden. Das war lästig, denn in Wirklichkeit konnte ich die Millers nicht leiden. Aber ich mußte es tun, weil ich auch für die Jungen von den Trumpets of Zion etwas finden mußte. Ich konnte Arthur nicht ein Geschenk machen und die anderen vergessen.

Ich lief durch die Stadt, die Hände in den Taschen vergraben. Es war kalt, und ich spürte es, und trotzdem war mir nicht kalt. Aber in den Schaufenstern war nichts, was ich jemandem, den ich liebte, gern gekauft hätte – und was in den Schaufenstern zu den Millers gepaßt hätte, das hätte ihnen etwas gesagt, was ihnen zu sagen ich nicht das Recht gehabt hätte.

Ich wußte, was ich für Paul kaufen wollte. Ich hatte es in einem Schaufenster gesehen. Ich hoffte, ich würde es wiederfinden. Es war ein dicker grauer Schal, denn Paul schwitzte am Klavier, und er dachte nicht immer daran, etwas anzuziehen, wenn er auf die Straße hinausging. Für Florence wollte ich einen Armreif kaufen, einen schweren silbernen Reifen, ganz schlicht – ein geschlossener Ring.

Amy und Joel: Seit dem Nachmittag bei uns zu Hause hatte ich nie wieder an ihren Arsch, ihre Brüste oder ihre Beine gedacht. Ich mußte immer daran denken, wie sie ihren kleinen Sohn geschlagen hatte und daran, wie ich ihn dann gehalten hatte, als er auf der Treppe weinte, und an Arthurs liebes und besorgtes Gesicht hinter ihm, und an die Eisdiele später und an seine erschreckende Schwester. Die beiden, müßt ihr bedenken, existierten damals weder für Arthur noch für mich als Jimmy oder als Julia. Sie waren die komischen Kinder von Brother und Sister Miller. Außerdem ahnten wir, obwohl unsere Eltern es nicht ausdrücklich sagten oder uns nicht damit belasten wollten, daß Paul Joel nicht ausstehen konnte, daß Florence Amy verachtete. Man sah direkt, wie es sie in den Fingern juckte, Julia übers Knie zu legen, damit sie einmal richtig um Errettung schrie. *Berufen?* hörte ich sie einmal zu Paul sagen, als die beiden in der Küche saßen und Bohnen abzogen. *Die möchte ich gern mal berufen. Dann wird sie wissen, daß sie berufen ist!* Und sie packte eine grüne Bohne, als ob es Amys oder Julias Genick wäre.

Doch unter diesem Zorn lagen echter Schmerz und Verwirrung. Der Zorn selbst war echt und falsch zugleich. Amy war immerhin die Tochter einer Frau, die einst wie eine Mutter zu Florence gewesen war. Eines Tages würde diese Frau vor Florence hintreten und sie nach ihrer Tochter fragen. Dann würde Florence sich nicht mehr hinter der unbestimmten Fröhlichkeit ihrer Briefe verstecken können. Sie würde gezwungen sein, die Mutter in eine Auseinandersetzung mit der Wahrheit hineinzuziehen. Gleichzeitig hatte sie das Gefühl, daß Amys Mutter die Wahrheit wußte und darauf baute, daß Florence diese Wahrheit entweder veränderte oder sie vor ihr schützte. Das bedeutete, daß auch Florence in eine Konfrontation hineingezogen wurde – eine Konfrontation mit der Wahrheit, diese Frau betreffend, die wie eine Mutter zu Florence gewesen war, die es aber irgendwie versäumt hatte, wie eine Mutter zu Amy zu sein. Wer hätte einen solchen Brief ertragen können? Florence beobachtete ihre Söhne und fragte sich, ob sie bereits versagt hatte, und manchmal beobachtete sie Paul und fragte sich, ob sie vielleicht Komplicen seien bei einem noch nicht aufgedeckten Verbrechen. Es war durchaus möglich, daß einer von uns an jemanden geriet und sein Leben mit ihm verbrachte, der so hübsch und so schlaff war wie Joel – und am Ende so rührend.

Julias Entwicklung war nicht vorauszusehen gewesen; darüber hätten die beiden Frauen sich schnell geeinigt. Aber darüber hinaus eine weitere Wahrheit anzuerkennen, daß nämlich Brother Miller ohne Julias Berühmtheit und ohne das Geld, das sie einbrachte, sich schon lange aus dem Staub gemacht hätte, das war eine sehr viel kältere und abschreckendere Angelegenheit. Joel liebte seine Frau nicht so sehr wie seine Tochter, denn diese brachte Brot auf den Tisch. Es war nicht sehr viel, aber auch ein wenig kann sehr viel ausmachen, kann ein großer Unterschied sein – das war der Grund, warum ich manchmal stahl. Florence sah sich als Teil einer Verschwörung, die bezweckte, Joels Wohlbefinden, seine jungenhafte Jugend zu erhalten – eine Verschwörung, die von einem kleinen Mädchen, seiner Tochter, angeführt wurde: und sie fand keinen Weg aus diesem Teufelskreis heraus. Zu einer anderen Zeit und an einem anderen Ort wäre sie imstande gewesen, das Mädchen als eine von einem Dämon Besessene abschlachten zu lassen. Nicht jedoch in unserer Zeit und an diesem Ort, denn Julia sprach mit feuriger Zunge, und das war das Zeugnis des Heiligen Geistes.

Ich ging die Avenue hinunter in der eisigen Kälte, die irgendwie nicht an mich herankam, und blickte in die Schaufenster. Damals wußte ich noch nicht, wie gering die Wahl ist, die uns jene lassen, die für all den Scheißdreck verantwortlich sind. Ich wußte nur, daß es in diesen großen, einladenden Fenstern sehr wenig gab, das ich gern irgendeinem Menschen mitgebracht hätte. Ich war natürlich im Zentrum, wo der Scheißdreck billiger ist, aber Scheißdreck verkauft sich gut. Und jedermann schien ganz versessen drauf. Die Leute rasten an mir vorbei, rasten mir entgegen, stießen mich von einer Seite auf die andere, wie Wellen im Meer, aber ohne die Sanftheit, die das Wasser hat, wenn du nicht gerade am Ertrinken bist. Irgendwie schaffte ich es, auf den Wellen zu reiten. Ich sah Pauls Schal und ging in den Laden.

Es kann eine Menge Vorteile haben, ein Schwarzer zu sein; und erst recht in jenen Jahren. Wenn du zum Beispiel in einen Laden in der City gingst, ließen die Verkäufer alles stehen und liegen und kamen herbeigestürzt, um dich zu bedienen. Wenn du vernünftig warst, dann hieltst du ihnen keinen Vortrag darüber, daß du wußtest, daß sie nur angelaufen kamen, weil sie wußten, daß du ein armer Dieb ohne einen Penny warst. Nein, du lächeltest, und du lächeltest auch dem Hausdetektiv zu, der, müßig seine Fingernägel polierend, neben dem Alarmknopf stand, und ließest sie raten, wo du deine Brieftasche trugst, falls du eine hattest. Du nahmst dir Zeit, machtest ein intelligentes und mächtig gelangweiltes Gesicht, und mit der Bescheidenheit eines Aristokraten gabst du zu verstehen, daß du gern dies oder das ansehen möchtest. Mit einem Dreiviertellächeln beobachtetest du, wie der Verkäufer oder die Verkäuferin sich beinah die Zunge abbissen, die dich um ein Haar unklugerweise auf den Preis hingewiesen hätte. Mit der von deinen Vorfahren ererbten Anmut tatest du so, als hättest du nicht bemerkt, wie knapp der Verkäufer oder die Verkäuferin an der Katastrophe vorbeigeschlittert war, als verstündest du, daß man vor Angst schon einmal furzen kann, und als wolltest du zu erkennen geben, daß du weißt, daß der Gestank nicht lange in der Luft hängen wird. *Nun*, sagt er oder sagt sie lächelnd und steif wie Draht und hoffend, daß der Gestank sich schnell verzieht, *wir haben ...* und zaubert blindlings eine Kaskade von Schals herbei. Du weißt genau, was du willst, aber du befingerst die Schals gewissenhaft, tust dein Bestes, um deine Verachtung oder deine Verzweiflung zu verbergen: Du weißt, daß dieser Mensch, der dich jetzt beflissen über die Herkunft der Waren aufklärt, hier nur arbeitet – du gibst mit einem resignierten Achselzucken zu verstehen, daß auch du weißt, wie schwer das Leben sein kann. Und unfähig, das Elend des anderen noch einen Augenblick länger zu ertragen, sagst du schließlich wie ein guter Junge: *Ich nehme diesen hier*. Erleichterung überflutet das Gesicht, als bräche die Sonne zwischen den Wolken hervor – doch dann folgt ein rascher Blick zu dem Mann, der inzwischen aufgehört hat, seine Nägel zu polieren und nun angelegentlich einen Ständer mit Krawatten studiert. Der Verkäufer oder die Verkäuferin wickelt den Schal ein. *Das macht?* sagst du und legst die Hand aufs Herz. *Hier herüber, bitte!* sagt sie oder er und geleitet dich zur Kassiererin, die dich nicht ansieht, die nur für den Kassenzettel Augen hat. (Der Krawattenständer hat das Interesse des Mannes verloren, jetzt schaut er sich Hüte an.) Der Verkäufer oder die Verkäuferin hält sich jetzt am

Rande des Geschehens, zögert noch, leicht aus der Bahn geworfen; während du umständlich deine Brieftasche hervorziehst und das Geld abzählst. Du erhältst deine Quittung und dein in Geschenkpapier eingewickeltes Päckchen. *Fröhliche Weihnachten!* ruft der Verkäufer oder die Verkäuferin, und du sagst: *Auch Ihnen fröhliche Weihnachten!* und beide stolziert ihr in verschiedenen Richtungen aus der Arena hinaus.

Ich ... in eine Seitenstraße vom Herald Square, wo ich den Armreif für Florence kaufte und die Krawattenklammer für Joel – eine Klammer in Form eines Pferdekopfs, denn Joel wettete gern. Für Amy fand ich ein Fläschchen Parfum, und schließlich entschloß ich mich für ein größeres, teureres Flakon französischen Parfums für Martha. (Es ist seltsam – vielleicht –, wie der Kauf eines Geschenks dir offenbaren kann, was du wirklich für den Menschen empfindest, für den du das Geschenk kaufst. Bei dieser Offenbarung kann dir ganz warm ums Herz werden; aber dich kann dabei auch frösteln, und mich fröstelte bei dem Geschenk, das ich für Martha kaufte. Sie bedeutete mir eigentlich nichts – das heißt, ich kannte sie eigentlich gar nicht –, und da ich fünf- oder sechsmal in der Woche mit ihr schlief, war das ziemlich entmutigend.)

Blieben noch die Kinder: Arthur, Julia, Jimmy, Peanut, Crunch und Red. Arthur war fünfzehn, Julia war dreizehn, Jimmy war elf. Peanut, Crunch und Red waren alle ein bißchen älter, zwischen sechzehn und achtzehn.

Ich hatte noch nicht viel zu schleppen. Pauls Schal und Marthas Parfum befanden sich in einer Einkaufstasche, die ich in meiner behandschuhten Hand trug; Amys Parfum und Joels Krawattenklammer und Florences Armreif waren in meinen Taschen verstaut (zusammen mit den Kassenzetteln). Weihnachtsbäume, zusammengeschnürt und unverkauft, häuften sich am Straßenrand. Die Männer, die sie verkaufen wollten, unförmig vermummt mit Kapuzen, Hüten, Handschuhen, Stiefeln und alten Armeejacken, schritten auf und ab und schlugen die Hände zusammen. Auf dem Herold Square leuchtete ein riesiger geschmückter Weihnachtsbaum. Überall um mich herum glitzerten kleinere Bäume. Zu Hause würden wir – Arthur und ich und Paul und Florence – unseren Baum heute abend schmücken, wenn ich nach Hause kam.

Was Arthur jetzt wohl machte? Ich überlegte, was ich für ihn kaufen sollte. Ich überlegte – Schatten kommender Ereignisse, mein Gott –, ob ich ihm irgend etwas kaufen konnte, das er brauchte.

Ich wanderte zum Village an diesem kalten Abend, an dem mir trotz allem so warm war. Es war noch nicht spät, knapp zehn Uhr, und die Geschäfte hatten, dem Geburtstag des Friedensfürsten zu Ehren, bis in die Nacht hinein geöffnet – ich nehme an, wenn ich es recht bedenke, aus der gleichen blinden selbstsüchtigen Verwunderung heraus, die sie zwang, ihn zu kreuzigen. Aber darauf will ich mich hier wirklich nicht einlassen: *Sie* sind immer wir, und was sie tun, haben wir auch getan. Damit und mit einem Subway-Fahrschein kannst du von hier bis in den Himmel reisen. Eine lange Fahrt, Pilger, mit Aufenthalten an den Stationen Verhängnis, Verzweiflung, Wirrnis und Verlust, und mit Umsteigen in Gaza – an der Mühle, mit den Knechten.

Ich hatte noch ein wenig Zeit, und ich glaubte, ich hätte einen Drink verdient, und so landete ich in einer Bar, die ich kannte – bei der Mühle, bei den Sklaven – und zwängte mich auf einen freien Barhocker ganz am Ende der Bar. Erst da wurde mir klar, daß mich tatsächlich fror und daß ich müde war. Ich war sehr lange unterwegs gewesen. Ja, ich war durch die ganze Stadt gewandert. Der Barkeeper war ein deutscher Flüchtling, der Ludwig hieß, und er brachte mir einen doppelten Scotch on the Rocks – *Auf Rechnung des Hauses!* rief er und: *Fröhliche Weihnachten!* Und strahlend wie Santa Claus entfernte er sich, wurde wieder Teil des Gewoges von Fleisch und Rauch.

Ich zündete mir eine Zigarette an, fühlte mich fern und verloren. Ich sah plötzlich vor mir, was ich Arthur kaufen würde: einen silbernen Ring für seinen kleinen Finger. Ich hatte ihn gesehen, als ich den Armreifen für Florence kaufte, aber da war ich mir noch nicht sicher gewesen. Jetzt war ich es, aber ich war nicht sicher, ob ich ihn an diesem Abend noch besorgen könnte. Okay, eins abgehakt. Julia. Julia war dreizehn: Und was schenkte man einer halbwüchsigen Hohepriesterin? Ich dachte sofort: *eine Viper.* Aber dann dachte ich: *sei doch nicht so*, und lachte über mich selbst und trank von meinem Drink. Ich hatte Julia kaum mehr gesehen seit dem Nachmittag bei uns zu Hause, und ich mochte sie nicht mehr seit diesem Tag. Jimmy hatte ich überhaupt nicht gesehen, natürlich, und ich wäre nicht überrascht gewesen, wenn man mir gesagt hätte, daß er irgendwohin verfrachtet worden war – vielleicht zu seiner Großmutter, denn ich wußte, daß Florence sich deshalb Sorgen machte.

Also. Julia. Das Kind trug keinen Schmuck, also konnte ich ihr keine Ohrringe oder irgendwelche Juwelen schenken. Ich dachte daran, ihr einen Geldbeutel zu kaufen, aber das wagte ich nicht – ihr Vater hätte ihn mir um die Ohren gehauen. Dann dachte ich an diese kleinen Armbanduhren, die die Mädchen so lieben, und ich wußte auch, wo ich eine besorgen konnte. Daran war doch wohl nichts Verfängliches, und andernfalls ... na, scheiß drauf, ich versuchte ja nur, freundlich zu sein. Für Peanut, Crunch und Red fiel mir gar nichts ein, aber so oder so mußte ich meine restlichen Einkäufe auf morgen verschieben. Ich war also los und ledig, ich war frei: für diesen Tag hatte ich meinen Teil getan.

Ich redete mir ein, daß ich es sei, aber ich wußte, daß ich nicht frei war. Ich hatte noch eine Menge Bargeld bei mir und all die Geschenke, also konnte ich mich nicht betrinken, konnte mich auf keine Bettgeschichte einlassen. Ich hatte schon ein paarmal Erfolg gehabt bei weißen Mädchen, in dieser Bar, aber vielleicht wurde ich rasch älter: Ich war fasziniert, aber es ließ mich unberührt; in tiefem Wasser ertrunken, tauchte ich doch durstig wieder auf. Ich muß zugeben, daß ich absolut nichts wußte und umhergetrieben wurde von der unersättlichen Neugier meines Schwanzes, der ein Gegenstand der unwiderstehlichen Neugier dieser kleinen weißen Mädchen wie auch ihrer Freunde war, die buchstäblich nicht wußten, was sie damit anfangen sollten. Es war mehr eine Sache seiner Farbe als seiner Größe, oder – seine Farbe *war* vielleicht seine Größe. Ich hatte schon mein ganzes Leben lang mit ihm gelebt, und ich wußte, daß er ungefähr die gleiche Farbe hatte wie mein Arsch und mein Gesicht; und er erschien mir meist groß genug – wie ich es selbst gewöhnlich war – für alles, was er zu tun hatte. Aber sie staunten ihn immer an, als hätte Napoleon ihn eben aus Ägypten angeschleppt, eigens für sie, und obwohl sie ihn steinhart machen konnten, machten sie ihn auch kalt.

Ich trank also aus und ging hinaus in den Wind und nahm die Subway nach Hause.

Den Weihnachtsabend verbrachten wir in der Küche, wir aßen Maiskuchen und tranken Tee und legten unsere Geschenke unter den Baum im Wohnzimmer, wo wir Ginger Ale und Bier tranken – nur Paul und Florence und Arthur und ich, ganz in der Stille. Ich hatte zwei Geschenke für Arthur, den silbernen Ring für seinen kleinen Finger und einen schwarz-grau gestreiften Schlips, denn den gleichen Schlips hatte ich für alle Jungen im Quartett gekauft. Ich hatte Julias kleine Armbanduhr, heiß wie die Hölle, und es verschaffte mir einen zusätzlichen Kitzel zu denken, daß sie gestohlenes Gut tragen würde. Mit Jimmy war es schwierig gewesen, denn ich wußte, daß er ein wildes Unabhängigkeitsgefühl an den Tag legte und mit keinem von diesen Menschen in Verbindung gebracht werden wollte, und darum kaufte ich ihm einen scharlachroten Rollkragenpullover. Ich dachte, das würde ihm gefallen, weil damals nicht allzu viele mit so etwas herumliefen. Ich wußte seine Größe nicht, darum kaufte ich ihn recht groß, wobei ich darauf spekulierte, daß er hineinwachsen würde, bevor er ihn verschlissen hatte – eine Spekulation, die danebenging.

Es war ein schöner, ruhiger Weihnachtsabend. Paul spielte, und wir sangen zusammen ein paar von den alten Liedern. Ich beobachtete Arthurs Gesicht und begann darin etwas von dem zu sehen, was Paul sah, aber darüber hinaus sah ich, wie sehr sie einander ähnelten, wie sehr sie Vater und Sohn waren. Ich weiß nicht, warum das so tröstlich für mich war, aber das war es. Wir gingen früh zu Bett, da Florence schon aufgeregt an den Weihnachtstag dachte, den wir bei den Millers verbringen sollten, und Arthur Lampenfieber wegen dem Singen hatte.

Ihre Augen hatten sich verändert – das war das erste, was ich an diesem Weihnachtsmorgen an Julia entdeckte. Und sie war größer – sie würde sehr groß werden. Ihr Vater schleppte nun nicht mehr das raffinierte zusammenlegbare Podest mit sich herum, und Julia schritt zur Kanzel, statt – scheinbar – zu ihr emporzuschweben. Sie war so mager, daß sie beinah so durchsichtig wie ein Lampenschirm schien: man konnte fast die Flamme im Wind flackern sehen und hielt unwillkürlich den Atem an. Sie stand auf dem Höhepunkt ihrer Evangelistenlaufbahn, im Zenit ihrer Welt – aber ihre Augen hatten sich verändert, irgend etwas war geschehen hinter ihren Augen.

Amy war weihnachtlich gekleidet, ich hätte fast gesagt, wie ein Christbaum geputzt – sie leuchtete in vielen Farben, wobei ich mich hauptsächlich an eine Art Silberblau erinnere, das aussah, als könnte es dir einen tödlichen Stromstoß versetzen. Sie trug hohe Absätze, und ihre langen, schlanken Beine waren noch immer ein stattlicher Anblick, aber ihr Rock war lang und weit, und ihre Bluse untadelig. Joel war immer noch der dandyhaft gekleidete Hengst aller Hengste, wenn auch Müdigkeit den Schwung seines Kinns unterminierte und eine erbitterte Verwirrung hin und wieder in seinen Augen aufflackerte. Aber der Anzug war marineblau und ebenso der gestrickte Schlips; das Hemd war weiß, die Manschettenknöpfe funkelten golden. *Ein schöner Pfennig!* das war der Gedanke, der mir kam, wie ein Bote mit schlechter Nachricht, und ich kehrte diesem Boten schnell den Rücken, dem jedoch, wie ich feststellen sollte, angewiesen war, auf Antwort zu warten.

Dieser geduldige Bote blieb den ganzen Weihnachtstag lang an meiner Seite.

Es war ein strahlender Weihnachtstag, eine silbrige, stechend kalte Luft, und der Himmel oben und das Straßenpflaster unten waren beinah von der gleichen Farbe; man konnte den Himmel nicht anfassen, auch nicht auf ihn stürzen, aber der Himmel sah so hart aus wie das Straßenpflaster. Arthur war vor mir aufgestanden (die Umkehrung der kommenden Ereignisse) und hatte ein Bad, vielleicht auch zwei Bäder genommen, hatte sich die Zähne geputzt, bestimmt mehr als einmal, und sich rasiert und mit meinem ganzen Eau de Cologne begossen, bevor ich die Augen aufschlug. Arthur hatte eigentlich nichts zu rasieren, aber er hatte es nicht gern, wenn ich das sagte. Ich wollte ihm klarmachen, daß er, wenn er erst einmal einen Bart hätte, ihn für den Rest seines Lebens haben würde und daß er, wenn er sich jetzt rasierte, nichts anderes tat, als den Pfirsichflaum in häßliche kleine Stoppeln zu verwandeln. Auch das hörte er nicht gern, besonders, da es offenkundig stimmte. Sein Haar war ein erstarrter Wasserfall schwarzsilberner Wellen, und als ich ins Bad kam, stand er vor dem Spiegel und schob sich dieses Chaos sorgfältig am Kopf zurecht.

Wir sahen einander im Spiegel, unsicher wie immer in dieser Zeit, wie gut wir miteinander auskamen.

Ich tat so, als wollte ich ihm mit der Hand kräftig durchs Haar fahren, berührte es aber nicht; er duckte sich mürrisch, und ich lachte.

«Fröhliche Weihnachten», sagte ich, während ich dieses Gesicht betrachtete, das nicht mehr ein Kindergesicht und noch nicht das Gesicht eines Mannes war.

«Auch dir fröhliche Weihnachten», sagte er grinsend und zeigte mir einen Moment lang, als ob er gewußt hätte, daß ich es sehen wollte, das Gesicht des kleinen Jungen.

«Du hast dich beim Rasieren geschnitten», sagte ich.

«Das ist nichts», sagte er, und trotzdem wandte er sich mit ernster Sorge wieder seinem Spiegelbild zu.

Er war fast nackt, das heißt, er hatte eine Unterhose an. Wie er so dastand, mit dem Rücken zu mir und ernst in den Spiegel blickte, kam mir der Gedanke seltsam vor, daß ich ihn auf meinen Schultern getragen und ihn schon gekannt hatte, als er noch nicht laufen konnte. Sein Gesicht war immer ein wenig mürrisch, wenn ich in der Nähe war, als ob er mir zu verstehen geben wollte, ich solle mich aus seinen Angelegenheiten heraushalten.

Ich hatte natürlich keine Ahnung, wie dieses Gesicht aussah, wenn ich *nicht* in der Nähe war.

«Ich muß mich auch schön machen», sagte ich.

«Okay, dann laß ich dich wohl besser mal ran», sagte er grinsend. «Nimm dir Zeit, Mann.» Er ging zur Tür.

«Ich werde keine Minute brauchen», sagte ich.

«Nein, natürlich nicht», sagte er freundlich. «Nie im Leben kannst du diese Unordnung in *einer Minute* in Ordnung bringen. Schon recht, Mann, wir werden warten.« Er klopfte mir auf die Schulter. «Viel Glück.» Und er schloß die Badezimmertür hinter sich.

Ich mußte lachen und wäre beinah herausgerannt, um ihn zu packen, aber ich hatte Angst, sein Haar in Unordnung zu bringen.

Es hat etwas von einem Wunder an sich: da ist dein Vater, da ist deine Mutter, da ist dein Bruder, da bist du: ihr sitzt unter dem Weihnachtsbaum und packt eure Geschenke aus. Das Licht ist seltsam, oder du siehst es seltsam. Es ist ein feierliches Licht. Mit heimlicher Angst packst du dein Geschenk aus. Das Geschenk wird dir sagen, ob jemand dich liebt, ob jemand dich *sieht* – vor allem dein Vater, deine Mutter, dein Bruder –, und wenn du lesen kannst, wird das Geschenk dir sagen, was *sie* sehen.

Mein Vater hatte mir eine schwere, mit Schaffell gefütterte Nappalederjacke gekauft, etwas heller als schokoladenfarben, mit tiefen Taschen und hohem Kragen. Sie war so teuer – ich wußte, er hatte dafür sparen müssen und sie schon vor einer ganzen Weile ausgesucht. Also: Er wußte über mein Kommen und Gehen Bescheid, und er vertraute mir. Tränen traten mir in die Augen, aber ich lächelte, und er zog mich in seine Arme und hielt mich einen Moment lang ganz fest, und ich war wieder sein kleiner Junge, der Erstgeborene, wieder da, wo wir angefangen hatten. Dann schob er mich von sich und legte sich den Schal, den ich ihm geschenkt hatte, um den Hals. Der Schal sah wunderbar an ihm aus, tatsächlich, er zierte das Grau seiner Haare. Mama hatte mir einen dicken schwarzen Rollkragenpulli gekauft, und Arthur hängte mir eine silberne Kette mit einer silbernen Eichel um den Hals. *Ich habe einen Zauber darin versiegelt*, sagte er, *damit er dich beschützt*. Und einen Augenblick lang hing er mir am Hals, wieder ganz mein kleiner Bruder. Der Schlips gefiel ihm, weil er zu dem dunkelgrauen Anzug paßte, den sein Vater ihm geschenkt hatte, und zu dem kastanienbraunen Hemd mit Monogramm, das seine Mutter ihm geschenkt hatte, und zu dem silbernen Ring an seinem kleinen Finger. Unsere Mutter streifte sich den silbernen Armreif über die Hand und küßte mich. Die eine Hand noch in meiner Hand und wie ein kleines Mädchen unterm Weihnachtsbaum kniend, öffnete sie eine Schachtel und nahm einen kleinen, schweren Kamm heraus, halbmondförmig, aus Perlmutt.

Er sah wie du aus, sagte Arthur schüchtern. Unsere Mutter sagte nichts und steckte ihn sich in ihr dichtes schwarzes Haar. Dann legte sie wieder ihre Hand in meine und zog mit der anderen ihren Jüngsten zu sich her und drückte uns beide fest an sich und blickte zu Paul auf.

Na, Alter, sagte sie und lachte, mit Tränen in den Augen, *was sagst du nun?* Paul brummte: *verdammt, du willst wohl gar nicht den alten Fetzen von Pelzmantel sehen, den ich für dich habe*, und Mama sagte: *Und du frag mich besser erst gar nicht, wo du deine Wildlederhandschuhe gelassen hast!*

Und ob er einen Pelzmantel für sie gefunden hatte – zweifellos mit ein wenig Unterstützung seiner geschickten Freunde vom Sugar Hill, und sie hatte ein Paar schöne, pelzgefütterte Handschuhe für ihn gefunden, zweifellos mit Hilfe der Familie in der Bronx. Mama hob den Mantel aus dem Karton, und er half ihr hinein. Er hatte seine Handschuhe an und trug seinen Schal und hatte das Feuerzeug, das Arthur ihm geschenkt hatte, in der Tasche. Ich trug mein Amulett – ach, der Schatten kommender Ereignisse! –, Mama trug ihren Kamm im Haar und keinen Hut. Arthur trug alles an sich, was er zu Weihnachten bekommen hatte, und so gingen wir die Treppe hinunter auf die Straße – zur Kirche.

Alle waren da, die Kinder – die eigentlich keine Kinder mehr waren – in der ersten Reihe. Peanut, Crunch und Red waren keine Kinder, sondern eigenständige Wesen voller Sehnsucht und Verlangen, die darauf brannten, auf das Spielfeld gelassen zu werden. Arthur setzte sich zu ihnen, er trug die drei Schachteln in der Hand, in denen die Schlipse für sie waren. Dann saßen die vier da, mit stiller Arroganz – sie galt den anderen Quartetts, die im Hintergrund der Kirche eine feste Mauer bildeten. Julia saß bereits auf ihrem Thron auf der Kanzel, aber ihr schmales Gesicht und ihre brennenden Augen waren von überallher in der Kirche zu sehen. Ihr Hals pulste schwach und machte mich plötzlich aufmerksam auf die kleinen knospenden Brüste unter der langen weißen Robe: dieses Kind war jetzt in der Lage, ein Kind zur Welt zu bringen.

Auch Jimmy saß in der ersten Reihe, aber auf der anderen Seite des Mittelgangs, und er preßte seine Schulter gegen die Wand, als hoffte er, ein Loch hineindrücken zu können. Sein Gesicht, ein Muster an mürrischer Resignation, hellte sich nur kurz auf, als Arthur eintrat. Aber bis Arthur ihn entdeckt hatte, preßte Jimmy schon wieder seine Schulter gegen die Wand. Er saß direkt vor seiner Mutter und seinem Vater, Paul und Florence und ich saßen neben Amy und Joel. Ich gab Jimmy einen leichten Klaps auf den Kopf und drückte seine trotzige Schulter, und ich wurde mit einem schüchternen breiten Grinsen belohnt – es war hell wie Licht, was mich ahnen ließ, wie selten jemand ihn berührte.

Wir hatten die Kirche genau in dem Augenblick betreten, als der Gottesdienst begann und der Chor, in purpurnen Gewändern, sang *Maria zog nach Bethlehem.* Ich lauschte dem Chor. Von Zeit zu Zeit warf ich einen Blick auf den Hinterkopf meiner Mutter und den milchweißen Kamm, der dort leuchtete. Sie und Amy flüsterten miteinander. Dann verstummte der Chor, die Chormitglieder setzten sich, der Pastor stand auf und kam auf die Kanzel, Schweigen breitete sich aus: und meine Mutter wandte sich von Amy ab, sie schien direkt zur Kanzel zu blicken, schaute aber in Wirklichkeit auf etwas anderes; ich sah ihr Gesicht im Profil, und es machte mir angst. Sie hatte etwas gesehen, etwas so Furchtbares, daß sie es nicht glauben konnte, und mir war, als hörte ich sie den Atem anhalten, als wir jetzt aufstanden und die Köpfe senkten und der Pastor die Gemeinde segnete.

Die erste Kollekte wurde gesammelt. Der Pastor – alle diese Pastoren sind heute für mich gesichtslos, alle haben sie das gleiche schimmernde, himmelwärtsgerichtete Zahnpastalächeln – kündigte die Gäste an, die gekommen waren, um an diesem Weihnachtsmorgen bei uns zu sein. Bis zu diesem Moment hatte ich mir nie Gedanken darüber gemacht, warum Julia eingewilligt hatte, in dieser Kirche zu predigen, die bei den Frömmlern als eine weltliche Kirche galt. Jetzt wunderte ich mich – aber ich wunderte mich nicht mehr, als ich sah, wie die erste Kollekte in den Weidenkörben durch den Mittelgang nach vorn gebracht wurde, damit der Pastor sie segnete, ehe sie hinter der Kanzel verschwand. Opfergaben wurden später auch für jedes der Quartetts gesammelt – freiwillige Opfergaben, und die Körbe waren auf dem Tisch unmittelbar unter der Kanzel aufgestellt, auf dessen purpurroter Decke zwei Gesangbücher und eine Bibel lagen und eine Vase mit roten und weißen Nelken stand. Es war eine besonders lebendige und wohlhabende Gemeinde, und ihre Cadillacs und Buicks parkten in

Doppelreihen auf der Avenue und in den Seitenstraßen, die steil zu dieser Anhöhe hinauf und ebenso steil hinabführten.

Die Quartetts kamen, so sagte der Pastor (als wären sie am gleichen Morgen seinen Lenden entsprungen), aus Philadelphia, Newark und Brooklyn, und – mit einem besonders herzlichen Lächeln für die Jungen in der ersten Reihe – «von hier aus der Nachbarschaft». Die Gemeinde ließ beifälliges Gemurmel hören, und all dies wurde von Philadelphia, Newark und Brooklyn als abgekartetes Spiel betrachtet, als Schlag unter die Gürtellinie ihrer Ehre und ihres Genies, und sie lehnten sich zurück, setzten ein selbstgefälliges, zorniges Lächeln auf und strafften ihre Schultern. Die Trumpets of Zion waren als erste an der Reihe, und Philadelphia, Newark und Brooklyn würden ihr letztes geben, um das Podium zu erobern und nie wieder herzugeben. Die Trumpets of Zion hatten natürlich die gleichen niederträchtigen Absichten, und falls sie Erfolg hatten, würde den Rivalen nichts anderes übrigbleiben, als sich aus dem tiefen Loch Gehör zu verschaffen, das dort klaffte, wo vorher das Podium gestanden hatte.

Und doch muß gesagt werden – auch wenn dies sehr schwer zu vermitteln ist –, daß diese leidenschaftliche Rivalität nur mit sehr wenig Feindseligkeit verbunden war; ich bin mir nicht sicher, ob überhaupt Feindseligkeit darin enthalten war. Philadelphia, Newark und Brooklyn waren im Grunde äußerst neugierig auf ihre rotznäsigen, dummen kleinen Brüder und bedauerten keineswegs, daß sie gekommen waren. Im Gegenteil, es mochte manches passieren, worüber sie gemeinsam lachen konnten. Sie alle hatten eine Menge zu lernen, und einiges davon, ja das meiste, konnten sie doch nur voneinander lernen. Es war kalt dort draußen, wohin sie zu gelangen hofften.

Unsere Jungen wurden angekündigt, zusammen mit Paul Montana, «dem berühmten Pianisten, der Mitglied dieser Gemeinde und der Vater eines der Sänger des Quartetts ist, ja, in Wahrheit der Vater des Quartetts, das Sie gleich hören werden». Philadelphia, Newark und Brooklyn machten wirklich finstere Mienen zu so einem abgekarteten Spiel, wenngleich sie Paul auch als ihren Vater zu betrachten schienen: sie kannten seinen Namen, und einige von ihnen hatten ihn spielen hören. *Okay*, schienen ihre gestrafften Schultern zu sagen, *jetzt kommt und zeigt uns, was ihr könnt.*

Paul erhob sich, blinzelte mir zu und schob sich aus der Reihe und ging zum Klavier. Die Jungen warteten und folgten ihm – mit einem schwer zu beschreibenden Respekt. Paul hatte ihnen gesagt, dies sei das letzte Mal, daß er für sie spielen würde. *Peanut ist jetzt euer Klavierspieler. Und er ist gut – glaubt ihr, ich habe meine Zeit mit Peanut verschwendet?* Aber Peanut hatte panische Angst, das Quartett zu enttäuschen. Er hatte viel mehr Angst als die anderen, in der Öffentlichkeit zu singen, und Paul verstand Peanut und respektierte es.

Er sah die Jungen an und lächelte und setzte sich ans Klavier. Die Jungen stellten sich auf, verbeugten sich, Crunch mit der Gitarre ein wenig abseits – wie jung sie aussahen dort oben –, schauten einander an und begannen.

Herbei, o ihr Gläubigen

Sie kamen gut durch. Peanuts Angst war so groß, daß er unfehlbar wurde; seine Stimme vermittelte das Wunder, das sich zugetragen haben mußte, als dieses Lied in die Welt kam; das Wunder, das allein schon der anonyme Urheber des Lieds ist. Sie kamen gut durch. Sie grinsten und verbeugten sich, die Gemeinde stöhnte und schrie, Pauls Haare richteten sich langsam auf, Crunch und Paul spielten das Vorspiel zu *Als Jesus ward geboren*, und Arthurs Stimme führte und gab den Rhythmus des Lieds an. Philadelphia, Newark und Brooklyn waren jetzt hingerissen und grinsten und klatschten in die Hände, und unsere Jungen wechselten, nach einem kurzen Klavier- und Gitarrendialog zwischen Paul und Crunch, in eine tiefere Tonart und sangen *Kein Raum in der Herberge.* Bei diesem Lied gab Crunch den Ton an, mit seiner ruhigen, anheimelnden Country-Boy-Stimme.

Nigger können Gospel singen wie sonst niemand, denn sie singen eigentlich nicht Gospel – falls ihr versteht, was ich meine. Wenn ein Nigger das Evangelium zitiert, dann zitiert er nicht: er erzählt dir, was ihm heute widerfahren ist und was höchstwahrscheinlich morgen dir widerfahren wird: vielleicht ist es dir schon widerfahren, und du arme Seele weißt es nicht. In diesem Fall – *Herr erbarme dich!* Unser Leiden ist unsere Brücke zueinander. Jeder muß, solange er noch am Leben ist, diese Brücke überqueren oder sterben – aber dies ist keine politische, erst recht keine populäre Einsicht. *Oh, es war kein Raum*, sang Crunch, *kein Raum! in der Herberge!* Er sang nicht von einer Straße in Ägypten, vor zweitausend Jahren, sondern von seiner Mama und seinem Daddy und von sich selbst und von den Straßen da draußen, Bruder, gleich draußen vor jeder Tür, den Straßen, auf denen du und ich wandern und auf denen wir weiterwandern werden, bis wir einander begegnen.

Als Jesus nun
Vorüberzog
Rief eine Frau ihn an

Zuerst nur Arthurs Stimme, dann fielen seine Begleiter ein:

Sie rief
O Heiland, gehe nicht an mir vorüber!

Ich sah meine Mutter an, die ihren Sohn beobachtete, dabei aber etwas anderes sah. Ein Lächeln lag auf ihren Lippen und Dunkelheit in ihren Augen. Sie hielt Amys Hand fest in der ihren.

Ach, könnte ich berühren
Den Saum seines Gewands
Ich ginge und verkündete
Sein Wort im ganzen Land.

Joel saß reglos. Die beiden Frauen nickten mit den Köpfen; ich hörte, wie Amy *Amen!* hauchte, und *Amen!* hauchte meine Mutter, und der Gesang schwoll langsam an:

O Heiland
Gehe nicht an mir
Vorüber.

Unsere Jungen verbeugten sich, und Paul verbeugte sich mit ihnen, und sie kamen von da oben herunter. Philadelphia, Newark und Brooklyn jubelten und brannten darauf, sie *und* einander zu übertreffen, begierig, an dem Liederwettstreit teilzunehmen, landauf und landab und rund um die Welt, bis es wieder Weihnachten wurde.

In meiner Erinnerung war es ein seltsames Weihnachten, es hatte etwas Hartes an sich, hart wie die Erde und wie der Himmel an diesem langen Tag. Es war ein langer Gottesdienst, Bekenntnisse,

Kollekten – die Bekenntnisse kurz, die Kollekten lang –, Hände und Zähne des Pastors spielten geschickt zusammen, in Abständen wurden die anderen Quartetts aufgerufen, Paul neben mir seufzte, und die Hitze stieg an und beeinträchtigte sogar Julias Predigt ein wenig, die, vielleicht der Hitze wegen, kurz ausfiel. Immer wieder schlichen sich Männer hinaus zur Toilette im Hintergrund der Kirche, zum Pinkeln oder einfach nur, um sich die Beine zu vertreten. Und Julia, in meiner Erinnerung, sehr seltsam und bedrückt an diesem Tag, glühend vor Erschöpfung. Warum glaubte ich, daß es Erschöpfung war? Ich hörte es in ihrer Stimme, und ich hörte es, weil ich wußte, daß sie erst dreizehn war.

Ihre Eltern waren in eine Wohnung nicht weit von der Kirche gezogen, und nach einer Weile gingen wir dorthin, den Berg hinunter, zur Edgecombe Avenue, glaube ich. Julia ging zwischen ihrer Mutter und ihrem Vater, starr wie eine Zauberin. Sie hatte einen schweren schwarzen Mantel an, trug aber noch ihr frommes Häubchen auf dem Kopf. Arthur und die anderen Jungen gingen hinter uns, zusammen mit Philadelphia, Newark und Brooklyn, die Kampfstrategien austauschten. Zwischendurch, wohl um eine Behauptung zu illustrieren, sangen einer oder mehrere von ihnen ein paar Takte. Ich erinnere mich noch, wie klar und frei ihre Stimmen klangen, wie sie über unsere Köpfe hinwegschwebten, als wir die hügelige Straße hinabgingen. Paul und Florence gingen nebeneinander, und der Kamm im Haar meiner Mutter besänftigte und beherrschte das harte Silberlicht. Klein-Jimmy ging neben mir oder, um die Wahrheit zu sagen, er schien gewillt, mich an seiner Seite gehen zu lassen.

Die Millers waren in ein Sandsteinhaus gezogen, von denen heute nur noch wenige stehen, und Julia und ihre Mutter stiegen nebeneinander die Stufen hinauf. Julia war inzwischen größer als ihre Mutter, besonders in ihrem langen schwarzen Mantel, und ihre Mutter, die einen modischen dunkelgrünen Mantel mit Gürtel trug, schien sich leicht auf ihre Tochter zu stützen. Joel ging ihnen voraus ins Vestibül und öffnete die Haustür, die aus Glas und Holz bestand, das Glas merkwürdig bemalt und innen mit Vorhängen bespannt.

Ich blieb unten auf dem Bürgersteig und wartete auf Arthur und die anderen. Die anderen drei Quartetts hatten sich verabschiedet: Red, Peanut, Crunch und Arthur kamen die Straße herunter.

Alles ließ sich ganz gut an. Red und Peanut und Crunch wollten tatsächlich nur höflich sein und Arthur ein paar Minuten Gesellschaft leisten, bevor sie irgend woandershin zum Weihnachtsessen gingen. Arthur und ich saßen in der Falle, denn die Millers hatten die Montanas zum Weihnachtsessen eingeladen, und Florence hatte nicht ablehnen können. Aber immerhin war es erst zwischen drei und vier Uhr nachmittags. Später wollte ich Martha bei ihrer Tante abholen, und Arthur und seine Leute wollten später auch noch dazustoßen. Das Kunststück war, das Weihnachtsessen zu überstehen, ohne mit der heiligen Weihnachtshexe aneinanderzugeraten.

Denn keiner von uns mochte Julia; wir konnten sie nicht ausstehen. Gut, wir zollten ihr den schuldigen Respekt, das Kind konnte eine Kirche in Ekstase versetzen, aber das konnte Arthur auch – und in unserer Welt, einer Welt, zu der auch das Apollo Theatre gehörte, war das keine ganz so große Sache, wie Sister Julia glauben machen wollte.

Wir hatten zu viele Manifestationen des Heiligen Geistes gesehen, um uns davon noch einschüchtern zu lassen – der Heilige Geist ist eine intime Angelegenheit der Mitternachtsstunde –, und kurzum, wir brauchten sie nicht, wir kannten andere Prediger, bei denen es mehr zu lachen gab. Red und Crunch hatten nur Arthur zuliebe die Einladung angenommen, auf eine ‹kleine Erfrischung› mit zu ihr zu kommen.

Und Florence hatte gesagt: «Amy ist die Tochter dieser Frau. Und ich habe Söhne. Ich weiß nicht, wo sie sich vielleicht eines kalten Weihnachtstags wiederfinden werden.»

Wir kamen also in die Wohnung, die im ersten Stock lag und, wenn ich mich recht erinnere, die ganze Breite der Etage einnahm; und vielleicht waren es sogar zwei Etagen, denn in meiner Erinnerung verschwand Julia gleich nachdem wir eingetreten waren, und sie verschwand, wie mir schien, nach oben. Jedenfalls verschwand sie für eine ganze Weile.

Amy und meine Mutter verschwanden ebenfalls in einem Zimmer und schlossen die Tür hinter sich – aber im Gegensatz zu Julia entschuldigten sie sich und überließen es Joel, die Pflichten des Gastgebers zu erfüllen.

Und so sah ich mir an diesem Weihnachtstag Brother Miller an. Da ich ihn zum erstenmal in seinem Haus erlebte, und da ich immerhin noch sehr jung war, kam es mir fast so vor, als sähe ich ihn zum erstenmal. Vielleicht kam es mir auch nur so vor, weil er – irgendwie – in seiner eigenen Wohnung so befangen wirkte. Er wirkte mehr wie ein Fremdenführer. Aber es könnte auch sein, daß die Wohnung so überladen war mit so unglaublichem Mist, daß es eines Führers bedurfte. Da waren Gemälde von Leuten, die Harfe spielend in Sonnenuntergängen ertranken; irgendwas Blaues auf einem Tisch, das wie ein im Orgasmus oder in Geburtswehen erstarrter Oktopus aussah – und er gebar, wie sich herausstellte, Süßigkeiten: die sich ringelnden Tentakeln hielten Bonbons umklammert. Hier ein Spitzendeckchen, dort ein Samtschoner, geschlossene Vitrinen, die wer weiß was enthielten, Lampen wie Statuen, Glühbirnen in Form von Blumen, Erbauungsbücher, Gesangbücher, eine Bibel, ein gnadenloser fotografischer Familienstammbaum, vom zahnlosen ersten Lächeln bis zum zahnlosen Sabbern, ein Weihnachtsbaum, der erklärte, warum Klein-Jimmy sich schon so früh von Santa Claus abgewandt hatte, überall Fotos von Julia, und Plakate, die ihr Auftreten ankündigten. Ein Klavier. Eine mit Goldstoff bespannte Kanzel, vielleicht die, die Brother Miller so lange herumgeschleppt hatte. Ich kann es nicht glauben, daß all dies in einem Zimmer versammelt gewesen sein soll, denn da waren auch noch andere Dinge, zum Beispiel Stühle und Tische, ein großer Eßtisch und Spiegel. Zimmerpflanzen wuchsen in Kästen auf den Fensterbänken: es war eine überladene, aber mehr noch eine begrabene Wohnung, ein Mausoleum. Sogar die Kleider, die Brother Joel Miller trug, verstärkten dieses luftleere Treibhausklima, denn – sie verbargen ihn: man hatte nicht den Wunsch, ihn sich in seiner Nacktheit vorzustellen – oder aus irgendeinem Grund gezwungen zu sein, ihn so zu sehen.

«Na, machen wir's uns gemütlich», sagte er, «bis die Damen wieder da sind.»

Er führte uns durchs Eßzimmer, wo der Tisch schon gedeckt war, in das große Wohnzimmer, das auf den Hinterhof hinausging. Dieses Zimmer wirkte relativ licht – es war, als hätte jemand die Geduld verloren und beschlossen, einfach Platz zu nehmen. Was die Jungen auch gleich taten – einer neben dem anderen auf dem Sofa. Jimmy hockte in einer Ecke beim Fenster.

Auf dem großen Tisch in der Mitte des Zimmers standen ein Punschgefäß und Gläser und Teller mit schrecklich süßem Gebäck.

Brother Miller fing an, den Punsch auszuschenken, und die Jungen stellten sich höflich an und hielten ihre Gläser hoch. Sie waren in ihrem besten Weihnachtsstaat, und sie zeigten sich von ihrer besten Seite. Ihre übertriebene Höflichkeit verbarg eine spöttische Distanz, aber von Brother Miller war nicht zu erwarten, daß er dergleichen bemerkte.

Crunch nippte genüßlich an seinem Punsch und fragte: «Will Sister Julia sich uns nicht anschließen?»

Ich bezweifle, ob Brother Miller überhaupt irgend etwas wußte über Julias Beziehungen zu Gleichaltrigen, aber er blickte überrascht auf.

«O ja», sagte er, «sie kommt in ein paar Minuten – gleich. Sie schätzt es, unmittelbar nach dem Gottesdienst zu meditieren.» Dann, als wäre ihm noch etwas eingefallen, wandte er sich Jimmy zu: «He, Junge, willst du was von dem Punsch?»

Jimmy wandte sich vom Fenster ab, und ich sah ihm fast an, wie er zu entscheiden versuchte, welche Reaktion am wenigsten peinlich wäre – nein zu sagen (was er am liebsten gesagt hätte) und einen öffentlichen und demütigenden Tadel zu riskieren oder ja zu sagen und dann in einer Gesellschaft gefangen zu sitzen, in der er sich fehl am Platz fühlte. Aber Crunch löste das Problem, indem er Brother Miller das Punschglas aus der Hand nahm und es Jimmy brachte.

«Fröhliche Weihnachten, Kleiner», sagte Crunch, und Jimmy sagte: «Dir ebenfalls fröhliche Weihnachten.» Dann, überraschend: «Fröhliche Weihnachten euch allen.»

Ich war ihm dankbar für seinen feierlichen Ernst. Er brachte alle zum Lachen, und wir alle wünschten auch ihm fröhliche Weihnachten.

Dann überlegte ich plötzlich, ob Arthur daran gedacht hatte, für ihn ein Geschenk zu kaufen oder ob er sich an Pauls und Florences Geschenk beteiligt hatte. Als wir hereinkamen, hatte ich alle unsere Geschenke unter den Baum gelegt, aber wir wollten sie erst auspacken, wenn die Frauen wieder da waren. Ich hatte jedoch das Gefühl, daß es Jimmy sehr gefallen hätte, eine kleine Feier für sich allein zu haben.

«Dies ist ein Punsch für die Kleinen», sagte Brother Miller jetzt – und bemerkte nicht, wie grimmig die Trumpets of Zion dem zustimmten und wie wenig es ihnen gefiel, «die Kleinen» genannt zu werden – «aber wenn die erwachsenen Herren mir folgen wollen –»

Wir taten es natürlich, da uns nichts anderes übrigblieb und gingen mit ihm in die Küche, die gleich links hinter diesem Zimmer lag.

Von nebenan hörten wir die Stimmen der Jungen, verschwörerisch und voll rauhem Spott. Sie beachteten Jimmy nicht weiter, der nach wie vor mit seinem Glas am Fenster stand.

Brother Miller öffnete den Kühlschrank – Kühlschränke waren damals im Harlem noch selten – und holte eine Flasche hervor und begann sie zu entkorken. «Bleiben wir einen Moment hier in der Küche», sagte er, «denn die kleine Julia billigt das Weintrinken nicht.» Er lachte und entkorkte die Flasche und fing an einzuschenken. «Ich sage ihr immer, daß es in der Bibel heißt: ‹Trink ein wenig Wein, um deines Magens willen.› Aber sie sagt: ‹Dir fehlt doch nichts am Magen!›» Wieder lachte er, und wir alle wünschten einander fröhliche Weihnachten. Paul und Joel setzten sich an den Küchentisch, und ich lehnte am Kühlschrank und fühlte mich so fehl am Platz wie Jimmy.

In der Küche roch es natürlich nach Essen, aber nicht wie in unserer Küche, in der es nach Gewürzen und Schweiß roch. Der Geruch hier war schwer und süßlich und er brandete dir in Wellen entgegen, plötzlich nahm ich Brother Joel Millers scharfen und zugleich faulig-süßlichen Körpergeruch wahr.

Ich hörte die Stimmen der Jungen aus dem anderen Zimmer:

«... ihre eigene Schwester hat's mir gesagt, Mann ...!»

«... wie biste denn an ihre Schwester rangekommen?»

«... du lügst, Mann – ich kenn die Schwestern ...»

«... in 'nem Keller an der hundertsechzehnten Straße!»

«Ist das wahr?»

Lachen. Flüstern. Große Erwartungen.

«Einer der Gründe, warum Julia soviel allein ist», sagte Joel, «ist, daß sie sich Sorgen um ihre Mutter macht. Amy fühlt sich in letzter Zeit nicht wohl, und Julia hat lange gefastet und gebetet – um Fürsprache einzulegen beim Herrn, auf daß er den Körper ihrer Mutter berühre.»

Er sagte es mit einer Überzeugung, die ihn einiges gekostet haben mußte, denn dies war sonst nicht seine Sprache. Ich weiß nicht, warum mir dieser Mann, den ich nicht leiden konnte, auf einmal leid tat.

«Florence erwähnte so etwas», sagte Paul behutsam. «Was fehlt ihr denn?»

Da erst begriff ich, warum Florence gemeint hatte, sie könne diese Weihnachtseinladung nicht ablehnen, und warum Paul nicht protestiert hatte. Er starrte Joel mit echter Sorge an, aber auch so, als wolle er Joels Stärke abschätzen – sich fragend, wie dieser Mann ertragen würde, was auf ihn zukommen konnte.

Sein Blick erinnerte mich einen Moment an den Ausdruck im Gesicht meiner Mutter an diesem Morgen. Paul und Florence wußten oder befürchteten dasselbe.

«Wir waren schon bei ein paar Ärzten – aber Julia glaubt nicht an die Ärzte ... und, Brother, es sieht so aus, als ob es 'ne Frauensache wäre ... ein Arzt hat gesagt, sie müßte sich vielleicht operieren lassen.» Hilflos sah er Paul an. «Sie wissen ja.» Er schaute kurz zu mir herüber – aber ich war jetzt ein Mann. Trotzdem, ein altmodischer Reflex veranlaßte ihn, seine Stimme zu senken. «Wir haben es für uns behalten ... wissen Sie ... aber Amy hat ein Baby verloren, vor gut einem Jahr jetzt. Sie hatte sich das Baby so sehr gewünscht. Und seitdem ist sie nicht mehr dieselbe.»

Paul trank einen Schluck, und Joel trank einen Schluck. Ich stand da und hörte den Jungen im Nebenzimmer zu. Aus ihren Antworten und aus der lüsternen Feierlichkeit in Crunchs Stimme schloß ich, daß er ihnen sexualkundliche Aufklärung erteilte. Ich konnte es auch Jimmys Gesicht ansehen. Er hatte sich nicht vom Fenster fortbewegt, und von da, wo ich stand, konnte ich ihn sehen: er horchte.

«Wenn's so ernst ist, Mann», sagte Paul – er hustete – «würde ich mich nicht so sehr auf Julias Fasten und Beten verlassen. Der Herr hat nicht umsonst Ärzte in die Welt geschickt.»

«Oh, einverstanden, Mann», sagte Joel schnell, «und ich und Amy haben insgeheim verabredet, noch einen anderen Arzt aufzusuchen, sobald die Feiertage vorbei sind.»

«Warum wollt ihr so lange warten?» fragte Paul; aber dann hörten wir, wie Amy und Florence im anderen Zimmer die Jungen begrüßten, und Paul und Joel verstummten und sahen einander an.

Ich beobachtete Amy, wie sie zu Jimmy ging. Sie fuhr ihm mit der Hand über den Kopf, dann bückte sie sich und küßte ihn und trank ein Schlückchen von seinem Punsch. Er sagte nichts und rührte sich nicht, aber seine Augen leuchteten, als er zu seiner Mutter aufblickte, und sie küßte ihn noch einmal.

Dann stand sie neben ihm und starrte mit ihm aus dem Fenster.

Florence kam in die Küche. Mit leiser Stimme und ohne Umschweife sagte sie: «Joel, Sie bringen Amy zu einem Spezialisten, hören Sie? Und warten Sie keine Minute länger und lassen Sie sich von Julia keinen Scheißdreck einreden, von wegen Handauflegen!»

Joel schaute entsetzt drein; wahrscheinlich hatte er noch nie eine Frau so wütend gesehen.

Und Florence wiederholte: «Ja, ich habe *Scheißdreck* gesagt! Und ich habe von *Ihrer* heiligen Tochter gesprochen, in Ihrer Küche, am Weihnachtstag.» Sie dämpfte ihre Stimme, aber mühsam, und ihre Stimme bebte. «Sie bringen Ihre Frau zu einem Spezialisten, oder *ich* werde es tun. Und ich werde Ihre Tochter etwas lehren, von wegen Handauflegen!» Sie funkelte Joel an. Bekümmert sagte sie: «Sie und Amy hätten das schon vor langer Zeit tun sollen.» Dann beugte sie sich vor, ganz nahe an sein Gesicht heran und flüsterte: «Sie gottverdammter, nichtsnutziger Idiot, Ihre Frau ist *krank*!» Sie sah ihn an mit einem Ausdruck, wie ich ihn noch nie auf einem Gesicht gesehen hatte: wenn er schon mich erschreckte, kann ich mir vorstellen, wie er auf Joel wirkte. Man sah ihr an und man hörte ihr an, daß sie es eigentlich nicht sagen wollte, aber sie tat es doch: «Und ich weiß nicht einmal, ob Ihre Tochter *will*, daß sie gesund wird!» Sie spähte ihm ins Gesicht, und ihre Züge entspannten sich: «Joel! Leute, die glauben, daß ihnen das Himmelreich gehört, glauben manchmal, daß ihnen auch alles andere und auch andere Menschen gehören!»

Amy hatte inzwischen Jimmy stehenlassen und wandte sich der Küche zu – ich konnte mich nicht bewegen oder meinen Mund auftun. Aber gerade als Amy eintrat, richtete Florence sich auf und sagte mit fröhlich lauter Stimme: «Falls ihr Männer euch Hoffnungen auf ein Weihnachtsessen macht, verschwindet besser aus der Küche.» Sie ergriff die Flasche und drückte sie Paul in die Hand. «Habt ihr verstanden? Packt euch!»

Aber Joel war nicht in der Verfassung, sich zu packen. Sein Gesicht war naß, er konnte sich kaum erheben, sein faulig-süßer Körpergeruch verstärkte sich. Amy schaute ihn an, ging zu ihm und legte die Hand an seine Wange und flüsterte: «Was hast du, Schatz?»

Er sah aus, als wollte er weinen – als wollte er, wie Paul später sagte, sich alles von der Seele reden. Darum sagte Paul fröhlich: «Na, wir machen einen kleinen Spaziergang, danach wird er sich besser fühlen.»

Er blinzelte Amy zu und half Joel auf die Füße.

Das muß ich ihm lassen: kaum stand er auf den Füßen, straffte er sich, schüttelte den Kopf und lächelte. Er sagte zu Amy: «Bin gleich wieder da, Schatz.»

Wir gingen wieder in das Zimmer, wo die Jungen waren. Peanut, Crunch und Red wollten aufspringen und mitkommen, aber ich sagte energisch zu Arthur: «Ihr wartet hier, bis ich wiederkomme.» Jimmys großen fragenden Augen wich ich aus. Paul stellte die Weinflasche auf den Tisch, und ich ging mit Paul und Joel aus dem Haus. Wir zogen uns nicht erst unsere Mäntel an und gingen deshalb schnellen Schritts und ohne etwas zu sagen zu einer Bar an der Ecke.

Ohne etwas zu sagen. Nichts sagen, heißt viel sagen. Paul und Joel setzten sich nebeneinander. Keiner von beiden sprach, weil keiner sprechen konnte: es war das Schweigen vor dem Sturm, ein Schweigen, das man weder ertragen kann noch zu brechen vermag.

Und die Bar, es war Weihnachten, war bis auf den Barkeeper leer und still: sie schien zu warten.

Ich wollte weglaufen. Als der Barkeeper angeschlurft kam, sagte ich zu Paul und Joel: «Hört zu. Ich hab den Jungen gesagt, sie sollen warten, bis ich wieder da bin. Ich geh also lieber zurück, damit sie zu ihrem Weihnachtsessen gehen können. Soll ich wiederkommen und euch abholen?»

«Ja», sagte Paul. «Wir wollen deine Mutter und die anderen nicht warten lassen.»

Ich ging also zurück, stieg wieder die Treppe hinauf und klingelte.

Amy öffnete mir die Tür.

«Was – wo ist Joel?» fragte sie, und sie hörte sich entsetzt an, wie jemand, der gleich in Ohnmacht fallen wird.

«Er ist mit meinem Vater zusammen», sagte ich. «Sie unterhalten sich. Sie werden gleich zurück sein.» Ich schloß die Tür und ging in die Küche, Amy kam langsam hinter mir her. Abgesehen von den Kochgeräuschen war es auch in der Küche still. Florence stach Plätzchen aus. Julia, in ein langes lichtblaues Gewand gekleidet, saß mit verschränkten Armen am Küchentisch, sie sah aus wie eine Hohepriesterin und doch auch wie ein störrisches kleines Mädchen.

«Wo ist mein Vater?» fragte sie mich.

«Mit meinem Vater zusammen», sagte ich und ging weiter ins Wohnzimmer.

«Davon weiß ich nicht, *wo* er ist!» rief Julia mir nach.

Ich ging in die Küche zurück. «Dein Vater und mein Vater sitzen in der Bar an der Ecke. Wenn du ihn so dringend sehen willst, dann bewege deinen heiligen Arsch die Treppe hinunter und zur Bar an der Ecke, hast du mich verstanden, Kind?»

«Hall!» murmelte Florence; aber sie stach weiter ihre Kekse aus, ohne aufzublicken.

«Weißt du nicht», fragte Amy mit weit aufgerissenen Augen und plötzlich verfinstertem Gesicht, «mit *wem* du sprichst?»

«Ich weiß nur, daß meine Mama heute an diesem Weihnachtstag die ganze Arbeit in *Ihrer* Küche macht», sagte ich, «und es ist mir egal, mit *wem* ich spreche, aber ich finde das nicht richtig.»

«Meine Mutter ist krank», sagte Julia.

«Und du?» sagte ich. «Was fehlt dir?»

«Ich hab's ja gesagt, daß es so kommen mußte», murmelte Florence zu Amy. «Ich hab's ja gesagt», und fing an, die Kekse in die mit Papier ausgelegte gefettete Pfanne zu legen.

«Ich», fing Julia an und hielt inne. Ich stand direkt vor ihr, starrte sie an, maß sie mit den Augen von oben bis unten. Ich setzte den unheiligsten Blick auf, den ich bewerkstelligen konnte. Ich wollte ihr zu verstehen geben, daß ihr frommer Quatsch mir nicht imponierte, daß ihr Daddy nichts anderes war als ihr Clown. Das Seltsamste war, daß Amy, die hinter ihrer Tochter stand, lodernde Augen im lodernden Gesicht, diese Botschaft zu vernehmen schien – aber auch noch eine andere Botschaft, die ich nicht hörte. «Hilf, Herr Jesus», sagte Amy und wandte sich ab; während ich mich darauf besann, daß Julia erst dreizehn Jahre alt war. Ich berührte ihren Arm, sie zuckte zurück, irgend etwas veränderte sich hinter ihren Augen: ich war plötzlich verstört und beschämt.

«Jetzt gehe ich und hole dir deinen Vater», sagte ich und ging ins Wohnzimmer zurück.

Peanut, Crunch und Red starrten mich an – sie saßen auf dem Sofa und hörten, sahen und sprachen nichts Böses. Jimmy und Arthur standen am Fenster, und Jimmy bewunderte Arthurs silbernen Ring.

«Okay», sagte ich zu den Jungen. «Ihr seid erlöst – gehen wir.» Und sie erhoben sich grinsend. Arthur und Jimmy drehten sich nach uns um – Meister der Verstellungskunst. Sie hatten natürlich alles mitangehört, alles; aber was sie aus dem Gehörten für sich machten, sollte mir an diesem Tag noch nicht offenbart werden.

Dennoch lag in Jimmys Blick, als er sich zu mir umdrehte, so etwas wie Vertrauen und Besitzergreifung, und in Arthurs Blick ein betont unverbindlicher Stolz.

«Bis bald, Arthur», riefen Peanut, Crunch und Red, und: «Fröhliche Weihnachten, Jimmy!» Crunch lief hin und hob Jimmy vom Boden auf und küßte ihn auf die Stirn. «Mach dir bloß keine Sorgen», sagte Crunch, «und sieh zu, daß es ein glückliches neues Jahr für dich wird, hörst du?»

«Ja», sagte Jimmy, und er lächelte mit der unglaublich zaghaften und vertrauensvollen Freude, die man nur in einem Kindergesicht findet, «du auch.» Er hob die Augen auf zu Crunch und Arthur und wandte sich dann uns zu. «Fröhliche Weihnachten. Und ein glückliches neues Jahr, auch euch.»

Julia stand in der Küchentür, die Arme über der Brust verschränkt. «Mein Bruder scheint ja mächtig beliebt zu sein», sagte sie.

«Du aber auch, Sister Julia», sagte Crunch rasch. Er schaute sie an und fügte nach einer kurzen, bedeutungsvollen Pause hinzu, «nur trauen wir uns nicht, uns bei dir so auszudrücken, wie wir uns bei ihm ausdrücken.» Wieder machte er eine Pause. «Ich glaube, du verstehst mich, Sister Julia.»

Sie bewegte ihr verschränkten Arme, sich noch fester umarmend, und ihre Hände streichelten ihre Schultern. Ein schwaches Lächeln umspielte ihre Mundwinkel, und ihre Augen blickten auf und verdunkelten sich. «Natürlich verstehe ich», sagte sie. Wieder lächelte sie uns alle an, besonders aber Crunch. «Fröhliche Weihnachten, und ein glückliches neues Jahr euch allen», sagte sie. «Preist den Herrn.»

«Preist den Herrn», sagten die Jungen nach einer Weile und stolperten durch die Küche, um sich von Amy und Florence zu verabschieden und einen guten Abend zu wünschen.

«Ich bin gleich zurück», rief ich Arthur zu und ging zur Tür. Peanut, Crunch und Red kamen hinterher. Ich zog das Weihnachtsgeschenk von meinem Vater an, und ich nahm meines Vaters Mantel und Schal und Joels Überzieher, und dann eilten wir alle zusammen die Treppe hinunter.

«Auf bald!» sagte ich. «Fröhliche Weihnachten! Und ein glückliches neues Jahr euch allen!»

«Dir auch!» schrien sie. Ich blieb stehen und schaute ihnen nach, wie sie alle drei die winterliche Straße den Hügel hinaufliefen. Dann drehte ich mich um und lief in die entgegengesetzte Richtung.

Paul und Joel hatten sich nicht vom Fleck gerührt, und ich fragte mich einen Moment, ob sie überhaupt miteinander gesprochen hatten. Jeder hatte ein Glas Whisky vor sich stehen.

Ich brachte ihnen ihre Mäntel. Ich wußte nicht recht, was ich mit mir anfangen sollte, ob ich gehen oder bleiben sollte.

«Nimm einen Drink», sagte Paul. «Wir bleiben nur noch eine Sekunde.»

Ich bestellte mir einen Drink und schlenderte zum hinteren Ende der Bar, um nach der Jukebox zu sehen. Ich wollte nicht dabei sein – wollte ihr Gespräch nicht mitanhören. Andererseits schien es mir nicht richtig, gerade jetzt die Jukebox in Gang zu setzen. Ich dachte daran, ein Gespräch mit dem Barkeeper zu beginnen, aber er sah nicht so aus, als sei er zum Reden aufgelegt. Er hatte ein dunkel-schokoladenfarbenes, verwüstetes Gesicht wie ein in die Jahre gekommener Preisboxer, eine glühende Zigarette zwischen seinen Lippen, ein Tuch um den Kopf, und er blätterte in einem Magazin.

Trotzdem probierte ich es: «Fröhliche Weihnachten. Kann ich Sie zu einem Drink einladen?»

Er blickte auf. Seine Augen, große, dunkle, sanfte Augen, veränderten sein Gesicht völlig. Es war beinah, als sei der Mann, der jetzt aufblickte, nicht der Mann, den ich angesprochen hatte.

«Auch Ihnen fröhliche Weihnachten», sagte er. Sein Lächeln machte ihn viel jünger. «Glaube, ich hab Lust auf'n Sherry.» Er schenkte ein und hob sein Glas. «Auf Ihr Wohl», sagte er. «Sie wohnen hier in der Gegend?»

«Nein», sagte ich. «Nur auf Weihnachtsbesuch.»

Er warf einen Blick zu Paul und Joel hinüber, die sich vorgebeugt hatten und leise miteinander sprachen.

«Der Grauhaarige da, der spielt doch Klavier hier» – und er nannte den Namen der Kneipe. «Nicht wahr?»

«Ja», sagte ich. «Er ist mein Vater.»

Er lächelte. «Ach. Sie Glücklicher. Sie haben noch Ihren Vater.» Er trank seinen Sherry und schaute mich feierlich an. «Und Sie haben auch noch Ihre Mama?»

«Ja», sagte ich. «Meine Mama hab ich auch noch.»

«Einziges Kind?»

«Nein. Ich habe noch einen Bruder, jünger als ich.»

«Wieviel jünger?»

«Sieben Jahre. Ich hatte eine kleine Schwester, aber die ist gestorben.»

Er zündete sich eine neue Zigarette an. «Trotzdem, Sie Glücklicher. Mein alter Herr ist abgehauen, als ich noch ein kleiner Kerl war, und meine Mama ... na ja, die hat mich zu ihrer Mama gegeben, verstehen Sie?» Und er lachte. «Ich mußte also das Beste daraus machen. Meine Großmama ist letztes Jahr gestorben ... darum ... tja, jetzt bin ich an Weihnachten allein», und er lachte wieder.

Ich wußte nicht, was ich sagen sollte. Sein Lachen, seine ganze Art verboten jedes Wort des Mitleids, trotzdem sagte ich: «Das tut mir leid.»

«Ach. Man muß es nehmen, wie es kommt, habe ich recht? Jedenfalls, meine Großmama war eine einmalige alte Dame. Vielleicht, wenn sie nicht gewesen wär, wär ich tot oder hinge an der Nadel jetzt, verstehen Sie? Wer weiß. Na, meine Mama und mein Daddy waren zu jung, um ein Kind zu haben – wußten gar nicht richtig, was sie taten ...!» Er blickte an mir vorbei in die Ferne und spielte mit seinem Sherryglas.

Ich hörte Paul sagen: «... der Heilige Geist wechselt den Kindern nicht die Windeln, und er bringt ihnen auch nicht bei, über die Straße zu ...!»

Der Barkeeper wurde mir richtig sympathisch. Er war ein ganzes Stück älter als ich, an die Dreißig, schätzte ich, aber durch ihn wurde mir plötzlich klar, daß ich keine Freunde in meinem Alter hatte. Ich hatte noch nie darüber nachgedacht, aber jetzt fragte ich mich warum.

«Trinken wir noch 'ne Runde», sagte ich. «Teufel, es ist Weihnachten.»

«Na», sagte er grinsend, «Sie wollen doch nicht betrunken zum Weihnachtsessen aufkreuzen?»

«Ist mir doch egal», sagte ich, und er und ich lachten wieder miteinander.

Ich hörte Joel sagen: «... ich war schon immer ein von Frauen gegängelter und regierter Mann, wissen Sie ...»

«Einen *Dreck* weiß ich! Ich weiß, daß Sie ein Problem in der Familie haben!»

Der Barkeeper füllte mein Glas und dann seins, dann schaute er zu Paul und Joel hinüber. «Diese Runde geht aufs Haus. Wollen wir die Alten auch zu unserer kleinen Feier einladen, was meinen Sie?»

Und er blinzelte mir zu und ging ans Ende der Bar und sagte zu Paul: «Ihr Sohn und ich haben eben Bekanntschaft geschlossen, Sir, und wir dachten, Sie setzen sich vielleicht zu einem Weihnachts-Drink zu uns? Auf Rechnung des Hauses, Sir, wenn's recht ist.»

Und er füllte ihnen die Gläser.

Paul sah den Barkeeper an, sah mich an und lächelte. «Danke Ihnen, mein Sohn», sagte er, und er und der Barkeeper und Joel stießen an, und ich hob mein Glas in ihre Richtung.

«Ganz frohe Weihnachten Ihnen, und falls ich Sie nicht vorher sehe, auch ein glückliches neues Jahr.»

«Das meine ich auch», sagte Joel, und er drehte sich um und hob mir sein Glas entgegen. «Und dir auch, Hall!»

Ich verbeugte mich und nippte an meinem Drink. Der Barkeeper kam an seinen Platz an der Theke zurück.

«Sie heißen Hall?»

«Ja. Und Sie?»

«Ein guter Name! Mein Name ... mein Name ist Sidney.»

«Ich freu mich, dich kennenzulernen, Sidney.»

«Ich freu mich, *dich* kennenzulernen», sagte er, und wir schüttelten uns die Hände.

Pauls Stimme: «Und seit wann ... sagen Sie mir jetzt die Wahrheit ... seit wann haben Sie angefangen, an den Heiligen Geist zu glauben?»

«Wird ein bißchen stürmisch da drüben», sagte Sidney.

«Ja», sagte ich. «Als Jesus ward geboren ... Wann war das doch?»

«*Heute*, du Trottel», sagte Sidney, und wir kicherten los.

Joels Stimme: «... ja, ich verstehe, ich hab eine Frau und eine Tochter ...»

«*Und* Sie haben einen Sohn», sagte Paul.

Sidney beobachtete mein Gesicht. «Vielleicht sollten wir die Jukebox laufen lassen», sagte er.

«Wird gemacht.» Ich ging zur Jukebox, und vielleicht war ich beschwipst, ein bißchen beschwipst, oder vielleicht war ich boshaft, jedenfalls war die erste Platte, die ich drückte, Nat King Coles *White Christmas*. Sidney war hingerissen und lachte so sehr, daß seine große, dicke Oberlippe sich zu seinen Nasenflügeln hochbog. «Mann, bist du ein Teufel», sagte er. «Und ich wette, ein Lügner bist du auch.»

Und in diesem Augenblick, während er so an der Theke lehnte, gefangen im New Yorker Sonnenlicht, das draußen so hart war, aber hier drinnen durch die Vorhänge am Fenster der Bar gemildert wurde und sein Gesicht sich wie das Wasser einer Fontäne in der Luft verwandelte, die Augen unendlich tief und hell und strahlend, und weiß die Zähne in dem dunkel-schokoladefarbenen Gesicht, die eine dunkelrosa Zunge verbargen und enthüllten – in diesem Augenblick war er unglaublich schön, und ich fühlte mich zu ihm hinschweben, während ich ebenfalls vorgebeugt in meinem nicht ganz schokofarbenen pelzgefütterten dreiviertellangen Jakkett an der Jukebox stand und ihn anstarrte und loslachte. Es war ein Augenblick, an den ich mich sehr viel später wieder erinnern und der mir sehr zustatten kommen sollte: der Schatten kommender Ereignisse.

Aber dann spielte ich noch ein paar andere Lieder, *Stille Nacht* zum Beispiel. In meiner Erinnerung war es Mahalias Stimme, obwohl ich mir, wenn ich's bedenke, nicht sicher bin, ob Mahalia damals schon angefangen hatte, Platten aufzunehmen. Ich kam an die Bar zurück, und wir beruhigten uns, und mein neu gefundener Freund und ich tranken noch ein Glas zusammen – eins für den Weg, denn ich wußte, daß wir jetzt aufbrechen mußten.

«Mußt du heute abend arbeiten?» fragte ich ihn.

Wir blickten beide auf die Uhr hinter der Bar. Es war halb fünf. «Ich hab frei, so von sechs bis neun, und dann, ja, dann komm ich zurück und bleibe bis zum Schluß.»

«Gut, ich komme später wieder», sagte ich. «Okay? Ich bringe mein Mädchen mit.»

«Wunderbar. Du bist ein wahrer Glückspilz, was? Hast noch deine Mama und deinen Papa und einen kleinen Bruder *und* ein Mädchen.»

«Ja», sagte ich, «ich bin unersättlich. Ich hätte auch gern einen Freund.»

Er ergriff meine Hand und drückte sie fest. «Den hast du, Baby», sagte er. Er ließ meine Hand los, und sein Gesicht veränderte sich. «Das ist es, so muß es sein.» Er grinste. «Wann kommst du wieder?»

«Oh. Gegen Mitternacht, okay?»

«Cool, Mister Cool. Sehr cool.» Wir schüttelten uns noch einmal die Hände, und ich holte Paul und Joel an der Tür ein.

«Guten Abend, mein Sohn», rief Paul Sidney zu. «Und ein Fröhliches ... hören Sie? Gottes Segen!» Und Joel winkte, und ich winkte.

«Gott segne Sie», sagte Sidney und kam ans Ende der Bar. «Sie haben mir wirklich den Tag gerettet, wissen Sie das?» Und zu mir: «Wir sehen uns später, Baby, ich erwarte dich. Bye-bye!»

«Bye-bye», sagte ich, und wir gingen.

Wir gingen schweigend die Straße hinauf, bis Paul sagte: «Wann habt ihr es also verabredet ... Amy zum Arzt zu bringen?»

«Nun ... ja ... ich wollte es gerade sagen ... wir haben es nicht richtig verabredet ... wir wollten ... aber dann ... Amy kann sich anscheinend nicht entschließen.»

«*Sie* braucht sich auch nicht zu entschließen. Sie braucht nur in ein Taxi zu steigen und sich von Ihnen zum Arzt bringen zu lassen. Das ist alles.» Er sah Joel an. «Bringen Sie das nicht fertig?»

«Oh. Sicher. Aber sie sagt, sie fühlt sich besser. Und sie sieht besser aus. Vielleicht ...»

Paul seufzte. «Ich schwöre. So was habe ich noch nie erlebt. Ihr habt beide Angst vor diesem Kind. Und ihr habt beide zugelassen, daß diesem Kind etwas widerfahren ist ... das einem Kind ... nicht widerfahren sollte.»

«Paul, der Herr kann Wunder wirken durch dieses Kind!»

«Ich kenne ein paar Leute, die an Wunder glauben. Und ich kenne ein paar, die nicht daran glauben. Sie gehören zur letzteren Kategorie ... ich weiß, woran *Sie* glauben, und das ist gar nicht so wunderbar.» Wir kamen zum Haus und gingen die Stufen hinauf. «Und *dieses* Wunder wird der Herr *nicht* wirken.» Paul blieb brummend vor der Tür stehen – «das garantiere ich Ihnen.»

Joel hatte seine Schlüssel vergessen, darum klingelte er. Und wie um Pauls düstere Prophezeiungen Lügen zu strafen, erschien Julia an der Tür, strahlend wie ein Erzengel in ihrem traumhaften, unbeschreiblichen Blau. Und es war offenbar – ich sah es zum erstenmal –, daß sie schön werden würde.

«Ich dachte schon, ihr würdet nicht wiederkommen», sagte sie, warf die Arme um ihren Vater und drückte ihn an sich.

Wie die Zeugin eines Wunders stand Amy in der Diele, strahlend, fast so strahlend wie ihre Tochter. Es war mir vorher nicht aufgefallen, aber jetzt, als ich sie beide nebeneinander sah, bemerkte ich, daß beide, Mutter und Tochter, in Blau gekleidet waren: nur war Amys Blau härter, dunkler, elektrischer.

Paul und ich schlossen die Tür hinter uns und gingen hinein.

Ich wollte nicht hier sein, fast wollte ich um Erlaubnis bitten, gehen zu dürfen, aber ich tat es nicht. Irgendwie wußte ich, ohne zu wissen warum, daß mein Vater und meine Mutter und mein kleiner Bruder und – ja, und auch Jimmy – mich hier noch brauchten.

«Wir waren mit dem Herrn zusammen», sagte Amy zu Joel, «und es war wunderbar, ach, so wunderbar – er segnete meine Seele. Jetzt fühle ich mich, als könnte ich hundert Meilen laufen, ohne müde zu werden.»

Julia ließ Joel los – er ging auf Amy zu. «Er sagte: ‹Glaube.› Nur: ‹Glaube›», flüsterte Amy, und ihre Augen glänzten wunderschön im dämmrigen Licht der Diele. Sie warf den Kopf zurück und lachte wie ein kleines Mädchen. Julia stand mit verschränkten Armen und beobachtete lächelnd ihren Vater und ihre Mutter. «Oh!» Amy nahm Joels Hand. «Komm herein, Schatz. Laß uns zusammen das Brot brechen und sagen: ‹Gesegnet sei der Name des Herrn!›»

Und so gingen wir durch das Zimmer, wo der Tisch gedeckt war. «*Ich* habe den Tisch gedeckt», sagte Julia zu mir, «heute morgen» – das Zimmer, wo Florence auf dem Sofa saß, gelöst lächelnd, noch nicht resigniert, den Perlmuttkamm in ihrem Haar und mit Arthurs Kopf an ihrer Schulter und mit Jimmys Kopf auf ihrem Schoß.

Meine Mutter blickte auf, als wir eintraten und lächelte das schönste Lächeln, das ich je gesehen hatte. «Ah. Jetzt sind alle da», sagte sie. «Mir ist es egal, wie oft ihr um den Block lauft, aber vergeßt niemals, wie sehr ich euch liebe, hört ihr? Ich spreche die Wahrheit. Ich bin gesegnet.»

Sanft hob sie Jimmys Kopf von ihrem Schoß, Arthur rückte zur Seite, und Florence erhob sich. «Wir wollen uns an den gedeckten Tisch setzen. Hall, ich bitte dich, sprich das Dankgebet.»

Paul sollte recht behalten: der Herr wirkte nicht das Wunder, und an diesem Tag war es das letzte Mal, daß ich Amy Miller auf ihren Füßen sah. Dieser Tag bezeichnete den Anfang des schrecklichen Endes, das Julias geistliches Amt nehmen sollte – den Anfang von Joels Ende und beinahe auch das von Klein-Jimmy –, dieser silberne, stechend kalte Weihnachtstag.

Über Martha habe ich bisher nicht mehr verlauten lassen, als daß sie zur Traurigkeit neigte und im Harlem Hospital arbeitete; aber es war sehr viel mehr an dem Mädchen. Und wäre ich damals ein Mann und kein so ängstlicher Junge gewesen, hätte sich wirklich etwas zwischen uns abspielen können. So spreche ich heute: Aber ich sehe auch, daß sie mir auf irgendeine Weise half, für die Liebe bereit zu werden, sie half mir, für Ruth bereit zu sein. Jedenfalls ist sie ein Teil meines Lebens, auf immer, auch wenn ich sie seit jenen Jahren nicht wiedergesehen habe und nicht weiß, was aus ihr geworden ist.

Damals wußte ich es nicht, aber mein Leben war im Grunde beherrscht von einem tiefen, wortlosen Gefühl für die Rolle, die ich in Arthurs Leben spielen sollte. Ich kann das nicht erklären, ich versuche es lieber nicht; aber ich weiß, es ist wahr. Es war einer der Gründe – das erkannte ich, als ich darüber nachdachte –, warum ich keine Freunde meines Alters hatte. Ich war nicht frei. Und das war auch einer der Gründe, warum Martha trauerte.

Als ich an diesem Abend das Haus der Millers verließ, war das Muster einer schrecklichen Zukunft vorgezeichnet. Niemand wußte es damals, nicht einmal Paul und Florence. Paul und Florence wußten gerade genug, um sich an die aussichtslose Hoffnung zu klammern, einer der Millers werde die Kraft finden, sich zu wappnen gegen eine See von Plagen. Aber wenn Gottes Wege wunderbar sind, so ist nichts wunderbarer als die Art, wie seine Geschöpfe es fertigbringen, ihre Bürde dem Herrn aufzuladen – und sie dort liegen zu lassen.

Während des ganzen Weihnachtsessens war viel vom Glauben die Rede, der Berge versetzt, vom Glanz des Heiligen Geistes – erbarmungslos, betäubend. In Selbstverteidigung aß ich wie ein Schwein und hätte mir am liebsten die Ohren mit Essen zugestopft. Joel und Amy strahlten, Julia war heiter, Paul und Florence waren stumm. Ich beobachtete die Blicke, die Florence von Zeit zu Zeit auf Jimmy richtete – noch nicht ganz resigniert, meine Mutter, sie kalkulierte bereits, wie Jimmy vielleicht, wenn die Katastrophe eintrat, gerettet werden könnte.

Allerdings hatte sie inzwischen resigniert, Julias Mutter wachrütteln zu können.

Und was dachte ich, was empfand ich, der ich jetzt versuche, diese Geschichte aus Bruchstücken zusammenzufügen, der ich versuche, diese Erzählung hervorzustammeln? Wider meinen Willen erschrecke ich und hoffe, den Mut aufzubringen, mir klarzumachen, was ich mir kaum klarzumachen wage – wo stand ich selbst in alldem, ich selbst, und wo das Selbst, das in meinem Bruder gefangen war, den ich so rechtschaffen anbetete. Ist Anbetung eine Blasphemie oder der Schlüssel zum Leben, zum ewigen Leben – unser Gewicht in der Waagschale des gnädigen Gottes? (Muß Jesus denn das Kreuz allein tragen?)

Ich weiß nicht. Die Millers waren weit vom Zentrum meiner Aufmerksamkeit entfernt. Arthur war mein Herz, mein Augapfel. Ich hatte Angst vor den Polizisten und den Schlagstöcken, vor Drogenpuschern und Gefängniszellen und Dachterrassen und Kellern, vor dem Fluß und der Leichenhalle: ich bewegte mich wie ein Späher auf verhängnisvollem, feindlichem Territorium, mein ganzes Leben war eine einzige Strategie und ein Gebet: Ich wußte, ich konnte nicht leben ohne meinen Bruder.

Also bedeuteten Joel, Amy, Julia und sogar der kleine Jimmy mir eigentlich nichts, sie beunruhigten nicht einmal, wie Martha gesagt hätte, meine ‹kleinsten› Gedanken. Ich war nicht erschrocken, das war sehr viel später, als Julia selbst mir erzählte, was sie getan hatte und welchen Preis sie danach für ihr Verbrechen bezahlte. Damals war das Erschrecken mit Liebe und Mitleid vermischt: Es zeigte mir die furchtbare Kehrseite der Anbetung.

Nein. Ich dachte nicht viel an sie alle, empfand nicht sehr viel für sie. Joel und Amy waren mir scheißegal, Julia war ein frommes Monstrum und eine majestätische Nervensäge; Klein-Jimmy war ihr netter, rotznäsiger kleiner Bruder. Er war der einzige, der mich irgendwie rührte, aber das lag zum Teil daran, daß er ein Baby war, und ich wußte, daß Arthur ihn gern hatte.

Amys Strahlen verlosch gegen Ende des Essens, und Julia und Florence brachten sie oben zu Bett. Ich spürte, daß die Stunde der Wahrheit nahte, und ich ging, um mein Mädchen abzuholen.

Martha wohnte in der 139th Street, Ecke Seventh Avenue, nicht weit vom Harlem Hospital. Ihre Tante, eine massige und stattliche Lady von den karibischen Inseln, hielt – von der anderen Straßenseite her – ein Auge auf sie, und in der Wohnung dieser Dame holte ich Martha ab.

Ich hörte den Rhythmus der westindischen Balladen und der tanzenden Füße, während ich müde die Treppe hinaufstapfte. Ich hatte wirklich zuviel gegessen, und ich wollte mich nur noch irgendwo hinhauen, die Decke über den Kopf ziehen und schlafen, bis ich aufstehen und aufs Klo gehen mußte. Aber Martha würde tanzen wollen.

Sie machte mir die Tür auf – in einer engen weißen Bluse, einem wehenden dunkelroten Rock und mit großen Silberreifen in den Ohren. Ihr Haar war hochgetürmt, mit einer weißen Nelke darin. Sie sah aus, als ginge es ihr sehr, sehr gut, ihre Kupferhaut erinnerte an die Sonne.

Ich hatte sie sehr gern, wirklich, aber ich hatte auch Angst. Irgendeine kleine, beharrliche Kluft – meine Angst? – verhinderte die Verbundenheit und Verpflichtung, die Liebe ist.

Sie tanzte in meine Arme, hielt mich fest und küßte mich.

«Bin ich froh, daß du kommst, Liebling», sagte sie. «Ein paar von den Leuten hier waren so gemein, schon Wetten abzuschließen.»

Und sie lächelte triumphierend und drückte die Tür hinter mir zu und führte mich in das kleine Zimmer, wo Mäntel hochgestapelt auf einem Bett lagen.

«He!» kreischte eine Frau hinter uns. «Er ist noch hübscher als Harry Belafonte!»

«Richtig, Schätzchen», rief Martha, «und Harry hat vorhin angerufen und gesagt, du sollst auf ihn warten!»

Sie nahm mir die Jacke ab und hielt sie sich einen Moment ans Gesicht. «Schön», sagte sie, «wirklich elegant.»

«Mein Daddy», sagte ich. Ich küßte sie. Ich faßte meinen Pullover an. «Meine Mama.» Ich zeigte ihr das silberne Amulett. «Mein Brüderchen.»

«Ich habe auch etwas für dich – drüben bei mir», sagte sie.

«Und ich hab etwas für dich», sagte ich, «in meiner Jackentasche.»

Sie schenkte mir einen lachenden, vielsagenden Blick, und wir gingen händehaltend aus dem kleinen Zimmer in den größeren Raum hinüber, der vor Musik und Farben rockte und raste – angefüllt mit den Düften von Gewürzen, Parfums und Fleisch.

Ich kannte ein paar von den Leuten hier im Zimmer, die meisten kannte ich nicht, und es wäre sinnlos gewesen, auch nur zu versuchen, sich bekannt zu machen. Wir bahnten uns einen Weg zur Küche, wo wir Tante Josephine vorfanden, die umgeben war von Platten voller Speisen und selber einer solchen ovalen Platte glich: ähnlich hochgetürmt und vielversprechend und prächtig, man hätte sogar behaupten können, daß sie bestimmt frisch aus dem Ofen kam. Ihre Haut war holzkohlenbraun, und sie trug ein lavendelfarbenes Satinkleid. Ich weiß nicht, wie alt sie war. Sie lächelte und ließ ihre Grübchen sehen wie ein kleines Mädchen; ihr Haar war nicht mehr holzkohlenschwarz und war doch noch nicht grau.

«So! Hier ist er! Hier ist Prince!» schrie sie. Prince war mein Spitzname bei ihr; ich habe nie herausgefunden warum. «Eine Sekunde!» sagte sie und befreite sich von verschiedenen Haushaltsutensilien, mit denen sie hantiert hatte. «Fröhliche Weihnachten!» Und sie legte ihre Hände in die meinen und küßte mich auf die Stirn. Ich küßte ihr Grübchen auf der linken Wange. «Ooh!»

kreischte sie. «Geh du zu Martha! Beeil dich, Martha, und füttere dieses Kind und gib ihm zu trinken, hörst du? Bevor er uns ganz außer Rand und Band gerät.»

«Ich weiß nicht, ob ich noch etwas trinken kann», sagte ich, «und bestimmt kann ich nichts mehr essen.»

«Schafft mir diesen Narren aus den Augen», sagte Tante Josephine und goß mir ein gewaltiges Glas Inselpunsch ein. Sie drückte mir das Glas in die Hand, nahm ihr eigenes Glas und stieß mit mir an. «Und auch ein glückliches neues Jahr», sagte sie. «Und jetzt, Martha, bring dieses Kind besser fort von mir, bevor ich mich nicht mehr beherrschen kann.»

So war sie immer, aber sie war eine ehrbare Lady aus Kingstontown, die in ihrem Leben drei oder vier Ehemänner unter die Erde gebracht hatte. «Jeder von ihnen», pflegte sie zu sagen, wenn der Rum ihr zu Kopf stieg, «starb in meinen Armen und starb *arm*!» Dann pflegte sie den Kopf zurückzuwerfen und zu lachen – ein Lachen, frei von aller Bitterkeit, wenigstens soweit ich es beurteilen konnte.

Aber wenn man sie so erzählen hörte, waren sie allesamt unterschätzte Narren gewesen – Narren, weil sie es zugelassen hatten, daß sie so unterschätzt wurden; und dennoch ein bißchen mehr wert als der Lehm, in den ihre krausen Dickköpfe gesenkt worden waren. «Ich war wirklich stolz auf So-und-So», pflegte sie zu sagen und nannte den Namen eines von ihnen. «Auch wenn wir nichts hatten – sie haben den Mann so schrecklich zusammengeschlagen, sie haben ihm die Nieren zermatscht. Er konnte nur noch Blut pissen.» Dieser spezielle Ehemann – der ihr anscheinend der liebste war, denn sie sprach von ihm am meisten – war kein rauher Gelegenheitsjobber im Hafen gewesen, sondern ein zum Scheitern verurteilter Arbeiterführer. «Danach packte ich meine Koffer und kam hierher zu meinem Bruder.» Ihr Bruder ist Marthas Vater. «Er versuchte mich vor dem Leben hier zu warnen. Ich konnte ja nicht hören. Aber, pah – jetzt weiß ich, diese Weißen werden es nie schaffen. Es steckt nicht in ihnen drin.»

Und trinkt noch einen großen Schluck Rum und wirft den Kopf zurück und lacht.

Martha irritierte mich immer, indem sie alles mir überließ –

oder zu überlassen schien: Sie wußte ganz genau, daß ich zu keinem anderen Arrangement fähig war. Aber in jenen Jahren tat ich so, als glaubte ich an eine gewisse zum Scheitern verurteilte Gleichheit zwischen den Geschlechtern – als ob Mann und Frau mit der gleichen Vision lebten, die gleiche Last zu tragen hätten. Dieser Anspruch zeigte Martha einfach, wie wenig bereit ich war, meine eigene Bürde, die eines Mannes, auf mich zu nehmen, wie wenig bereit ich war, ihr zu helfen, eine Frau zu sein.

Sehr selten – und dafür gibt es einen Grund – wird eine Frau, wenn sie vor einem Mann versagt, Feigling genannt. Ein Mann kann eine Frau niemals Feigling nennen: aus dem gleichen Grund vielleicht, aus dem er sie niemals ohne eine verheerende Einbuße an Selbstachtung eine Votze nennen kann. Er darf einen anderen *Mann* Votze nennen, auch aus Gründen, die mit seiner Selbstachtung zu tun haben. Wie die Frauen miteinander umgehen, wissen die Männer im Grunde bis zu dieser Stunde nicht.

Wir tanzten die Tänze der Inseln, die eine weit weg, die andere hier, wo wir um unser Leben kämpften.

I got sun-shine
on a cloudy day –

Ich kann nicht beschwören, daß dieser Song damals schon geschrieben war, daß ich diesen Song damals hörte, aber jedesmal wenn ich ihn höre, denke ich an Martha, wie sie sich so wunderbar, so an mir und mit mir bewegte in dieser lange vergangenen Weihnachtsnacht.

and when it's cold outside –

Und ich erinnere mich, spüre sie wieder, ihre festen schwarzen Brüste unter der engen weißen Bluse und meine Hände am Bund ihres wehenden Rocks.

I've got the month of May.

Ich erinnere mich an ihren Atem, diese Lippen und diese Augen, Augen, in denen eine Tiefe oder Tiefen der Verzweiflung lagen – eine verschreckte blinde Schönheit, für die ich keine Augen hatte.

What can make me feel this way?
My girl!
Talking about
My girl!

Ein anderes Mädchen, später, was immer später heißen mag, hat für mich die Augen von *I Want a Sunday Kind of Love.*

Und ich erinnere mich, wie Arthur und Jimmy mir von *Since I fell for You* erzählten: wie sie es spielten und sangen, als es so aussah, als würden sie voneinander abfallen, und wie sie es spielten und sangen, als sie einander doch wieder verfielen.

Da war ich nun, ich, der große Hall – der alles wußte: wer er war und, natürlich, wer *du* warst und wie man alles machte – ach ja, ich, Hall, fand am Ende unvermeidlich zu mir selbst und ‹fand› ist, meine ich, das richtige Wort, es muß etwas mit ‹Fundament› zu tun haben in diesem auf keiner Karte verzeichneten Territorium, in dem Huck Finn sich verloren hatte.

Aber damals wußte ich nichts. Sie bewegte sich an mir und mit mir; sie machte meinen Schwanz hart.

«Laß uns gehen», sagte ich.

«Okay, Liebling», sagte sie und bewegte sich wieder an mir und mit mir noch einen weiteren dieser Inseltänze. Mein Schwanz hatte zu flehen angefangen, und sie hörte es, bewegte sich mit mir und zu mir her – mein: und die Musik von den Inseln trommelte lauter, kündend, kündend, lauter als alle Trommeln der kündenden Welt.

Es war Mitternacht.

«Komm», sagte ich. «Ich lade dich auf einen Drink ein, und dann bringe ich dich nach Hause.»

Denn ich wollte mein Versprechen, das ich Sidney gegeben hatte, nicht brechen, und ich wußte, daß wir die ganze Nacht bei Martha bleiben würden.

Und ich dachte, daß Martha dieser kleine Ausflug Spaß machen würde, nur wir zwei allein in einer scharfen schwarzen Bar, an diesem alles andere als weißen Weihnachten. Es war nicht einmal so kalt. Und wenn man zusammen ging und wußte, wohin man ging, war es auch nicht einmal zu weit.

Wir legten also die Arme umeinander, hüpften und sprangen und liefen, sangen Fetzen von Weihnachtschorälen, alberten miteinander, wünschten jedem, der uns entgegenkam, *Fröhliche Weihnachten!* Wir waren beide einer großen, kindlichen Lust und Freude fähig, die sonst niemand bei uns vermutete und die auch niemand sonst auslösen konnte. Da waren wir keine Verlierer, die trauernde Martha und ihr kläglicher Hall: da waren wir das, was wir einmal kurz gewesen waren und nie wieder werden sollten.

Im Fenster der Bar stand jetzt ein kleiner Weihnachtsbaum, voller Lametta und funkelnder Lichter, den ich am Nachmittag nicht bemerkt hatte, und die Lichter und die Musik aus der Bar schwappten hinaus auf den Bürgersteig. Wir liefen in einen lärmenden, rauchigen, hallenden Hafen ein, die Stimmung schlug hohe Wellen und keiner hatte in dieser Nacht den Wunsch, böse mit seinem Nachbarn zu sein. Es war ein älteres Völkchen.

Sie bedachten Martha und mich mit väterlich-mütterlicher Zuneigung, als sie uns *Fröhliche Weihnachten!* wünschten und uns immer wieder umarmten. Sidney war am anderen, am hinteren Ende der Bar und zeigte alle seine Zähne. Er hatte sich umgezogen und sein Kopftuch abgenommen, und er sah viel jünger aus, direkt jungenhaft, als er zur Registrierkasse tänzelte und sie klingeln ließ.

Ich rief: «He, Sidney!», und er wandte sich um. Sein Lächeln wurde tiefer, wurde wirklicher und privater, und er winkte uns zum hinteren Ende der Bar. Ich schob Martha vor mir her, und Sidney beugte sich über die Theke und griff nach meiner Hand.

«Fröhliche Weihnachten, noch einmal, alter Knabe», sagte er. «Ich bin mächtig froh, daß du's wahrgemacht hast.» Dann wandte er sich Martha zu. «Das also ist dein Mädchen, was? Du vierfacher Glückspilz, du.» Und er nahm Marthas Hand in seine beiden Hände. Martha lächelte zu ihm hinauf. Ich hatte das Gefühl, daß sie ihn auf Anhieb mochte, daß sie wegen Sidney auch mich in einem neuen Licht sah – und ich war absurderweise stolz und erfreut.

«Ich freu mich, Sie kennenzulernen», sagte sie. «Ich wußte gar nicht, daß Hall irgendwelche Freunde hat.»

«Oh, viele hat er nicht», sagte Sidney. «Er versteht nicht, mit ihnen umzugehen. Aber jetzt, wo ich Sie sehe», und er grinste, «glaube ich, es gibt auf jeden Fall noch Hoffnung für den armen Hall – gefällt ihnen der Reim?» Er wandte sich zu mir. «Ich hab euch einen Tisch da hinten reserviert.» Er rief nach jemand. «George! Zeige meinen Freunden mal den Tisch, bitte, Mann.» Und dann zu uns: «Geht schon hinter, ich komme gleich zu euch.»

Und boshaft zu mir: «Hast du was dagegen, wenn ich Martha 'n brüderlichen Freundschaftskuß gebe, Mann?» Und er küßte Martha auf die Stirn; sie reckte sich hoch, stellte sich auf die Zehenspitzen, erreichte aber nur seine Nasenspitze. Wir lachten und George, der Kellner, Sidneys Kumpan, unser Führer, beinah mahagonifarben und weißhaarig, in den Fünfzigern und plattfüßig, lachte auch und stieß mich in die Seite, und wir folgten ihm in die Ecke hinter der Jukebox, wo die Tische gedeckt waren – und da war tatsächlich ein Tisch, wie das kleine Schild für alle sichtbar verkündete, reserviert für: *Hall.*

Martha war ganz gerührt, das sah ich, und ich freute mich. Es war, als hätte mein neuer Freund Sidney uns ein Weihnachtsgeschenk gemacht, einfach so, für nichts, aus Liebe.

Ich gab George unsere Mäntel und schob Martha den Stuhl hin. Der Raum war strahlend und schwarz, schwarz, strahlend vor lauter Schwarzen, gezackt und exakt wie der Blitz.

«Was werden wir trinken?»

«Oh», sagte Martha hilflos, «ich hab den ganzen Abend Punsch getrunken ...»

«Oh, gut, wir können Ihnen einen wunderbaren Punsch machen, Ma'am», sagte George. Er schaute mich an, und beide lachten wir.

«Das will ich wohl meinen», sagte ich. «Okay. Für uns beide.»

«Ist mir ein Vergnügen», sagte George und trottete zurück zur Bar.

«Du», sagte Martha, «das ist das erste Mal, daß wir zusammen ausgehen seit ... ich weiß nicht wie lang.»

Ich nahm ihre beiden Hände in meine. «Ja, weißt du auch warum? Weil wir beide so gottverdammt ernst sind. Du machst dir zuviel Sorgen. Ich mach mir zuviel Sorgen.»

«Wieso? Warum machst du dir Sorgen, Hall?»

Und ich fühlte, wie ich auswich, mich wie eine Schnecke in ihr Haus zurückzog. Ich wollte nicht ausweichen. Ich hielt ihre Hände fest, und ich hielt ihren Blick mit meinem fest.

Ich sagte: «Ich habe 'n Menge, worüber ich mir Sorgen machen muß, Martha. Das Entscheidende ist, es gibt auch noch andere Dinge im Leben als Sorgen.»

Sie war ein- oder zweimal meinen Eltern begegnet, hatte ein- oder zweimal Arthur gesehen. Sie wußte, daß Paul Musiker war – und das war fast alles, was sie über mich wußte.

Soweit ich natürlich fähig oder gewillt war, ihr von mir zu erzählen.

Sie ließ ihre Hände in meinen, aber sie senkte den Blick.

«Sicher, das sehe ich», sagte sie schließlich, «nur ...»

Ich rieb ihre Hände zwischen meinen. Ich wollte nicht, daß sie auswich, daß sie sich zurückzog, zurückzog von mir, auch wenn ich keine Ahnung hatte, wie ich mit ihrer Verletzlichkeit umgehen sollte. Trotzdem: «Was macht dir Sorgen, Martha?»

Es war jedenfalls eine wirkliche Frage, und ich hatte nicht gewußt, daß ich sie stellen würde.

Sie schaute mich an und lachte ein kleines Lachen. «Oh ... Meine Tante. Das Krankenhaus. Mein Gewicht.» Wieder lachte sie, und ich lachte mit ihr. «Mein Leben. Meine Zukunft.» Sie schlug die Augen nieder. «Meine Hautfarbe. Mein Geschlecht.» Sie blickte wieder auf. «Du», sagte sie, «und ich.»

Ich wollte ihre Hand loslassen, tat es aber nicht. Jetzt war ich an der Reihe, den Blick zu senken. «Da sind wir nun», sagte ich. «Sieh uns nur an, wir machen uns Sorgen darüber, wieviel Sorgen wir uns machen.»

Sie lachte wieder und zog ihre Hand aus meiner Hand und berührte mein Gesicht. «Laß», sagte sie. «Ich glaube, ich verstehe.»

Schweigen jetzt zwischen uns, und rings um uns her das Blitzen.

«Vielleicht werde ich bald eingezogen», sagte ich.

«O nein», sagte sie. «Meine Tante hat mir zu Weihnachten eine Schrotflinte gekauft, ich werde dich in den Fuß schießen.»

George näherte sich unserem Tisch wie ein großer, breitärschiger Vogel im Anflug.

Martha sah sich um, und dann sagte sie mit leiser Stimme, trokken, distanziert: «Dann hast du also vor, das nächste Weihnachtsfest in Korea zu verbringen?»

George landete mit seinem Tablett, und ich ließ ihre Hand los. «So ungefähr», sagte ich.

George stellte zwei der größten, ausgefallensten Gläser vor uns hin, die ich je gesehen hatte – die sogar die Aufmerksamkeit der Leute am Nachbartisch auf sich zogen und eine Sensation gewesen sein mußten, als er sie durch die Bar getragen hatte.

«Sidney hat sie selbst zubereitet, speziell für euch», sagte George. «Voller Vitamine, sagt er. Er muß es ja wissen, und ihr werdet's erleben.» Und George bedachte uns mit einem geilen Kichern und humpelte davon.

Wir erhoben die schweren Gläser mit beiden Händen und stießen sie sanft und feierlich gegeneinander. Wir blickten einander in die Augen, ein bißchen wie Kinder – warum dachte ich das? –, die zum erstenmal Zuneigung, wenn nicht Liebe entdecken. Wir schlürften den Punsch, wir lächelten, aber Martha sagte: «Ich glaube doch, ich werde dich in den Fuß schießen. Du brauchst doch nicht alle zehn Zehen, hörst du ... du kannst dich auch mit neun behelfen. Zum Teufel, diese Stadt ist voll von Leuten, die nur ein oder zwei haben, ein paar davon hab ich selbst angenäht.» Wir lachten beide, aber es war eigentlich nicht komisch. Ich wollte keine neun Zehen, ich wollte alle zehn, und Korea konnte mir schon ganz gestohlen bleiben. Ich sah nicht ein, mit welchem Recht ich dort sein sollte, mit welchem Recht irgendwer meinen schwarzen Arsch dorthin verfrachten konnte. Ich glaube nicht, daß jemand sein Land wirklich hassen kann, ich glaube, das ist nicht möglich; aber du kannst natürlich den Weg ablehnen, den dein Land einschlägt, und die Leute, die es wählt, damit sie es auf diesen Weg führen. Wäre ich ein Weißer gewesen, ich hätte mich wirklich geschämt, einen Schwarzen irgendwo hinzuschicken, damit er für mich kämpft. Aber Scham ist etwas Individuelles, nichts Kollektives, und kollektiv betrachtet haben Weiße keine Scham. Sie haben das kürzeste Gedächtnis von allen Völkern in der Welt – was zweifellos erklärt, warum sie keine Scham haben.

Ich sagte: «Vielleicht finde ich eine Möglichkeit – das nächste Weihnachtsfest nicht in Korea zu verbringen – und trotzdem meine zehn Zehen zu behalten.»

«Das», sagte Martha, «wäre wunderbar. Das fände ich gut, wirklich.»

«Wirklich?»

«O ja, wirklich. Dafür würde ich den Pachtzins für Tara centweise zusammenstehlen und vom Winde verwehen lassen.»

«Du bist verrückt, Mädchen, du weißt das, nicht?»

«Was ist so verrückt daran, wenn man beschließt, seinen Arsch aus Georgia fortzuschleppen? Du weißt, ich habe Tara nie geliebt – und – Mutter hat Scarlett *immer* mehr geliebt als mich.»

Wieder lachten wir, tranken wieder aus unseren exotischen Gläsern. Ich dachte: *So muß dir zumute sein, wenn du glücklich bist.*

Aber wir sollten den Pachtzins für Tara nie zusammenbringen, und nächstes Jahr um diese Zeit waren wir vielleicht beide vom Winde verweht. Ich würde höchstwahrscheinlich in Korea sein. Und was mir am meisten Sorge machte, war nicht, was dann mit Martha sein würde, sondern was meinem Bruder passieren könnte.

Ich wünschte, ich hätte es Martha damals sagen können, denn heute weiß ich, daß sie es sicherlich verstanden hätte; und viele von unseren Qualen wären uns erspart geblieben. Um die Wahrheit zu sagen, ich glaube, sie verstand alles damals, ich aber nicht, und Martha war sozusagen kein Mensch, der seinen Hut über den Zaun warf, um ihn wiederzuholen.

«Machen wir uns darüber jetzt nicht zuviel Sorgen», sagte ich. «Heute ist Weihnachten, und heute haben wir einander.»

Sidney kam mit all seinem gewellten Haar an den Tisch und setzte sich und stieß tief ausatmend einen gewaltig übertriebenen Seufzer aus. «Verdammt gute Sache, daß nur einmal im Jahr Weihnachten ist. Ich werde noch Krampfadern kriegen bis Neujahr.» Aus seinem Tonfall zu schließen, konnte man sich vorstellen, daß er dieser neuen Heimsuchung freudig entgegenblickte. Er warf uns beiden einen raschen Blick zu. «Wie fühlt ihr euch?» Er schaute auf unsere Gläser. «Viel habt ihr ja nicht getrunken, wie?»

«Wir haben auf dich gewartet», sagte ich.

«Oh, du bist schlagfertig», sagte Sidney. «So schlagfertig, daß ich manchmal um dich zittere.»

«Es war ein langer Tag für Sie, was?» sagte Martha.

«Die Tage wären ja nicht so schlimm», sagte Sidney grinsend, «wenn man wenigstens nachts seine Ruhe hätte. Ich bin schon den ganzen Tag hier und bin erst am frühen Morgen weggekommen – und nicht nach Hause gegangen!»

«Dann kannst du dich nicht beklagen», sagte ich, «wenn du Krampfadern kriegst.»

Sidney sah mich mit einer Mischung aus tiefster gespielter Verachtung und Mitleid an. «Richtig», sagte er, «wem außer mir sollte ich die Schuld geben? Ich sehe direkt, wie ich mich mit meinem steifen Bein selbst in den Arsch trete.» Er lachte. «Hast recht, Hall, man kann niemand die Schuld geben außer sich selbst. Ich sehe nur nicht, was damit erreicht ist. Ich kann mir für 'ne Menge Dinge die Schuld geben, und ich gebe mir für 'ne Menge Dinge die Schuld. Was ändert das? Es ändert nichts. Es ändert *mich* nicht. Wenn ich mich ändern könnte, brauchte ich mir nicht die Schuld geben, richtig? Aber ich weiß nicht, ob ich mich überhaupt ändern will. Bei so einer Operation könnte mir die Hand zittern, verstehst du? Und ich würde so 'n Pfusch machen, daß überhaupt niemand mehr da wäre, dem ich die Schuld geben könnte. Und siehst du, da gebe ich lieber gleich weiterhin Sidney die Schuld. Er ist das einzige, was ich habe.» Und er grinste uns an mit einem ein bißchen betrunkenen und sehr gewinnenden Lächeln.

Martha küßte ihn impulsiv auf die Nase. «Und du trinkst auch nicht?» fragte sie.

«Klar, ich werde mit euch trinken, das wißt ihr doch, ihr seid meine Freunde.» Er schaute von Martha zu mir, und sein Gesicht strahlte wie ein Kindergesicht. «Wow! So was! Das reinste Weihnachtsgeschenk, und ich war so einsam.»

Feierlich küßte er Martha auf die Stirn, und dann küßte er mich.

George stand an unserem Tisch und lächelte.

«Du, du hast noch nicht frei!» sagte George.

«Ich weiß, ich hab nicht frei – aber ich hab mal eben zehn Minuten frei. Ich kann doch wohl mal zehn Minuten Pause machen?».

«Und was willst du mit deinen zehn Minuten anfangen?»

«Gib mir 'n Bourbon ...»

«Und mir bring bitte ein Bier», sagte ich.

Denn wenn wir noch was unternehmen würden, und es sah jetzt ganz danach aus, mußte ich den Gang wechseln und von dem Punsch loskommen.

George versuchte – mit wenig Erfolg – ein tadelndes Stirnrunzeln aufzusetzen, dann trottete er davon – in den Rest vom Weihnachtsfest.

Aber erstaunlicherweise, wunderbarerweise war noch ein großes Fest vom Fest übrig – in Sidneys Gesicht, in Marthas Gesicht: es war wirklich das erste Mal, daß ich mir wie ein Weihnachtsgeschenk vorkam. Und das lag an ihnen, Sidney und Martha, weil sie Weihnachtsgeschenke für mich waren –, Marthas neue alte Liebe, Sidneys alte neue Liebe, und beide Lieben zusammen betäubten meine Furcht vor der Liebe. Ich warf den Kopf zurück und lachte laut auf. Sidney schüttelte seine Wellen, diese leuchtende Mähne seiner geglätteten Haare, und Martha nahm jeden von uns beiden bei der Hand. Ihre funkelnden Ohrringe paßten zu den blitzenden Lichtern. Es hatte etwas Unaussprechliches an sich – der zerbrechliche Augenblick, der ewig fortdauert.

Aber Sidneys zehn Minuten waren vorbei ... nach, oh, fünfzehn Minuten; also beschlossen Martha und ich, ein paar Straßen weiterzuziehen, in die Kneipe, wo mein Vater Klavier spielte. Sidney hatte nämlich Martha so viel Mut gemacht, daß sie gesagt hatte, sie würde gern meinen Vater wiedersehen. Sidney versprach, uns dort abzuholen, bevor die Kneipe schloß, und George versprach, Sidney rechtzeitig an die Luft zu setzen.

Paul wußte, daß ich – wie er es vorsichtig ausgedrückt hatte – mit ‹einem Mädchen ging›, und er hatte sich darauf eingestellt, mich zu sehen, wenn er mich sah. Aber an diesem Abend war er nicht darauf gefaßt, mich zu sehen, und ich war nicht darauf gefaßt, meine Mutter zu sehen, die gegenüber der Bar im Schatten einer Seitennische saß, den prächtigen Perlmuttkamm noch immer in ihrem schwarzen Haar. Ich sah Florence gleich in dem Augenblick, als Martha und ich eintraten, und sofort hielt ich instinktiv nach Arthur Ausschau, denn nie hätte Florence ihn an diesem Abend allein gelassen. Arthur war noch minderjährig und hatte kein Recht, in einer Bar zu sitzen; aber er war auch Paul Montanas Sohn, und es war noch immer Weihnachten.

Da saß er also bei seiner Mutter am Tisch – sich wohl bewußt, daß er zu groß war, um mit seiner Mutter am Tisch zu sitzen, und bewußt auch, daß er noch nicht groß genug war.

Paul spielte gerade, als wir eintraten. Martha und ich schoben uns durch die Menge und kamen ans Ende der Bar, wo Arthur und Florence uns sehen konnten.

Florence sah uns sofort, aber Arthur nicht. Seine Blicke schweiften umher zwischen seinem Vater und allem und jedem hier in der Bar. Bald würde er mich entdecken. Aber vorerst, fast als wäre ich ein Spion, als fühlte ich, daß dies ein Moment war, der so bald nicht wiederkehren würde, versuchte ich angespannt, mich unsichtbar zu machen, während ich dieses Gesicht beobachtete, meines Bruders Gesicht – das Gesicht, das er hatte, wenn er nicht wußte, daß ich da war.

Er hatte die Augen, die Intensität eines Schülers, eines kleinen Schülers an einem seiner ersten Schultage; aber es müßten schon seltsame Eltern sein, die versuchen wollten, diesen Schüler zu beschützen. Seine Augen bewegten sich mit der herrlich unbekümmerten Präzision eines kleinen Vogels, eines Insekts mit durchsichtigen Flügeln, das hier und dort landet, auf einem Zweig, einem Stein, einem Ast, auf dir – und davonfliegt, kreisend und wieder zurückkreisend und wieder davon: aus Luft, Licht, Raum und Gefahr eine Provinz, ein Königreich erschaffend – und du, fest an die Erde gebunden, folgst ihm reglos mit den Augen, starrst ihm nach. Ich konnte nicht sehen, was er sah. Da waren links von ihm Leute, im tieferen Schatten, die ich gar nicht sehen konnte, die er aber von Zeit zu Zeit mit undurchdringlichem Mitleid betrachtete. Von dort, wo er saß, konnte er die Bar nicht sehen – oder höchstens das Ende davon. Er saß gegenüber von Pauls Klavier und konnte – verschwommen – die Leute an den Tischen hinter Paul sehen. Er wirkte so, als beobachte der die Leute mit der Absicht, das Terrain abzustecken und zu erobern: vielleicht in der Art, wie ein Schauspieler die physischen Grenzen und Möglichkeiten des Bühnenraums abmißt, in dem er seine Darstellung vollbringen muß – oder vielleicht in der Art, wie die kleine Julia mit einer Kanzel umging. Sein Blick war voller Staunen, aber es war nicht naiv. Es war ein junges Staunen, und gleichzeitig war es voller Unruhe. Seine Augen nahmen alles auf, schweiften umher – aber sein Vater war das Zentrum, seine Mutter war der Anker. Dann sah er Martha, die er sofort erkannte – ein Wiedererkennen, das ihn beunruhigte, denn mich hatte er noch nicht gesehen. Dann sah er mich.

Es war schön, dieses Wiedererkennen. Ich werde mich immer daran erinnern. Als er zuerst nur Martha sah, fürchtete er, daß sie mich hinterging, daß ich betrogen war – daß mir ‹etwas› zugestoßen sei. Seine Augen verdunkelten sich und wurden elektrisch wachsam, während er die Stelle absuchte, wo ich hätte sein sollen. All dies passierte im Bruchteil einer Sekunde, denn irgend etwas in Marthas Gesicht beruhigte ihn, und Florence hatte mich bereits erblickt – da sah Arthur mich, und sein ungeschütztes Kindergesicht öffnete sich und ließ mich wissen.

Paul klimperte versonnen auf dem Klavier, während wir uns einen Weg zum Tisch bahnten und irgendwie zwei Stühle ergatterten.

Martha und Florence küßten einander, ich drückte Arthurs Kopf einen Moment an meine Brust – mächtig vorsichtig jedoch mit seinem Haar – und fragte Mama in einer Art Bühnenabseits, wie es denn komme, daß ‹Skeesix› so spät noch unterwegs sei und was sie ihm zu trinken bestellt habe.

«Jedenfalls keinen Abendmahlwein, das kann ich dir sagen», sagte Mama, und sie und Arthur lachten, aber es war kein glückliches Lachen. «Wir erzählen dir später», sagte Florence und fuhr sich mit der Hand durchs Haar.

Arthur flüsterte: «Etwas Furchtbares wird passieren in dem Haus, Bruder. Etwas Furchtbares. Man spürt es direkt.»

«Wir kommen nämlich gerade aus dem Haus einer Predigerin», sagte Florence zu Martha, «und Arthur wundert sich ein bißchen über die Veränderungen, die man an solchen Predigern beobachten kann – wenn man den Prediger zuerst auf der Kanzel sieht und dann bei sich *zu Hause*!»

Martha lächelte Arthur an, ganz offen bemüht, mit ihm Freundschaft zu schließen. «Wir haben auch ein paar Prediger in unserer Familie. Darum versteh ich, wovon ihr sprecht.»

Ich fand, daß sie, um mich weiterhin lieben zu können, nicht *so sehr* die Hilfe meines kleinen Bruders benötigte: aber ich hatte auch noch nie um Hilfe schreien müssen.

«Ich hoffe nur, die Prediger in Ihrer Familie waren keine Kinder», sagte Florence.

Sie senkte den Blick, während sie dies sagte, und ihr Gesicht war verbittert. Ohne es zu merken, legte sie eine Hand leicht auf Arthurs Hand.

«Den Jahren nach – nein», sagte Martha. «Einige von ihnen gehen sogar zur Wahl.»

«Verrate uns nur nicht wo», sagte ich. Und dann: «Die beiden kommen gerade von Brother und Sister Miller, verstehst du ... wo ich auch war ... von Little Sister Julia ...»

«Ah, so, ja», sagte Martha, «das Wunderkind. Ich habe sie an Straßenecken predigen hören ... vielleicht sehe ich sie eines Tages auf der Straße wieder.» Sie sprach natürlich zu Arthur und mir, weil wir da waren, aber die eigentliche Kommunikation fand zwischen ihr und Florence statt. Florence und Martha schauten einander in die Augen. Und Florence nickte zustimmend, als Martha bedeutungsvoll sagte: «Das Kind wird einmal eine schwere Zukunft haben, weil es bereits eine Vergangenheit hat ... und *was* für eine Vergangenheit ... und sie wird sich anstrengen müssen, um mit dieser Vergangenheit aufzuräumen, bevor sie an eine Zukunft denken kann ... wie alt ist sie jetzt?»

«Dreizehn», sagte Arthur prompt – und dann: «Martha, arbeiten Sie nicht in einem Krankenhaus?»

«Sicher», sagte Martha. «Im Harlem Hospital. Wieso?»

Arthur schaute Florence an. «Siehst du? Mama ... hör mal ... das ist gar nicht so weit. Könnt ihr nicht einfach ... du und Martha ... einen Spaziergang mit Julias Mutter dorthin machen? Vielleicht morgen nachmittag? Wenn Martha im Krankenhaus arbeitet, kann sie auch mal eine Minute Pause machen. Und dann geht ihr hin, und ihr könnt Julias Mutter untersuchen lassen ...»

«So was nennt man Kidnapping», sagte ich. «Und dagegen gibt es ein Gesetz.»

«Entmutige ihn doch nicht», sagte Florence. «Ich jedenfalls bin mit meiner Weisheit am Ende.»

Martha fragte: «Was hat ihre Mutter denn?» Sie schaute kurz

zu mir her – ich hatte ihr von alldem nichts erzählt –, dann zu Florence.

Arthur beobachtete ihr Gesicht, und das Gesicht seiner Mutter.

Florence sagte: «Sie ist nicht mehr jung, sie ist nicht glücklich, sie hat vor kurzem ein Baby verloren.»

Schweigen zwischen den beiden Frauen: Arthur und ich sind wirklich ausgeschlossen.

«Und wieso hat sie das Baby verloren?»

Florence zuckte die Achseln.

«Warum will sie nicht zum Arzt gehen?»

«Ihre Tochter glaubt ans Handauflegen – an die Macht des Heiligen Geistes.»

«Ihre Tochter ...»

«... ist erfüllt von der Macht des Heiligen Geistes», sagte Florence.

Martha sah Arthur an, dann mich, dann wieder Arthur. «Ich bin keine Ärztin. Ich bin nur geprüfte Krankenschwester.»

«Aber Sie könnten sie vielleicht ... ins Krankenhaus bringen?»

«Arthur, wir können sie doch nicht festbinden und untersuchen, wenn sie sich nicht untersuchen lassen will.»

(Ah. Die guten alten Zeiten. Denn heute, in manchen Teilen des Landes, braucht ein allzu fruchtbares schwarzes Mädchen, das keinen Ehemann hat, nicht erst einzuwilligen, um sterilisiert zu werden.)

«Und was ist mit Mr. Miller?» fragte Martha meine Mutter.

«Na ja, sagen wir mal», meinte Florence, «er legt so ziemlich alles in die Hände des Herrn und läßt es laufen, wie der Herr ihn führt.»

Die beiden Frauen sahen einander an. Ich weiß nicht, wieso ich auf einmal das Gefühl hatte, daß irgend etwas, was meine Mutter gesagt hatte, Martha verbittert und ihr Herz gegen mich verhärtete, daß Joel Miller und ich unversehens unter den gleichen Hammer geraten waren.

«Ah», sagte Martha, «ich verstehe.»

Ein Schweigen breitete sich aus, in das die Klänge von Pauls Klavierspiel hineintröpfelten: *I Cover the Waterfront*. Kein

Weihnachtslied, mag sein, aber von denen gibt's ja nicht genug, daß sie für vierundzwanzig Stunden reichen würden.

«Ich habe sowieso versprochen, morgen wiederzukommen», sagte Florence vorsichtig, «und es würde nicht schaden, wirklich, wenn Sie mitkommen würden ... mehr als scheitern kann ein Versuch nicht», fügte sie trocken hinzu und trank einen Schluck aus ihrem Glas.

Arthur hatte Ginger Ale getrunken – jedenfalls hier in der Bar mit seiner Mutter. Aber dazwischen lag ein Zeitraum von mehreren Stunden, in dem Paul zur Arbeit gegangen und Florence noch bei den Millers gewesen war, Stunden, in denen er sich mit Peanut und Crunch und Red herumgetrieben hatte, und bestimmt hatten sie auf der Straße ein paar Joints geraucht, da war ich mir ganz sicher. Ich hatte den Eindruck, die daher rührende Mischung aus Anspannung und Leichtigkeit, Wärme und Distanz bei ihm wiederzuerkennen, die Aura des Insiderwitzes – seine Sorge um die Millers zum Beispiel hatte teilweise etwas von einem Insiderwitz. Andererseits war es ihm wirklich ernst. Man konnte seine Ernsthaftigkeit *als* den Witz verstehen, denn schließlich und endlich gab es hier, wie in so vielen anderen Dingen, nichts, was er hätte tun können. Oder – da der Insiderwitz sich endlos wiederholt, nach innen, ohne Ende, wie eine Serie von chinesischen Schachteln – *schien* es so, als könnte er nichts tun. Inzwischen öffnete er die Schachteln – er sollte zum Beispiel bald bei Sister Bessies Begräbnis singen. Und Arthurs privater Witz schloß auch mich ein. Er fragte sich, was ich, falls ich wüßte, daß er Marihuana rauchte, zum Beispiel, was ich dann zu ihm sagen würde: falls ich wüßte. Nun ja. Ich hatte beschlossen, nichts zu sagen. Ich konnte nicht gut – noch nicht – einen Joint anzünden und ihn zusammen mit ihm rauchen. (Und *warum nicht*? Manchmal dachte ich wütend: *du Heuchler* – denn in seinem Alter hatte ich genau den gleichen Mist gemacht. Und ich törnte immer noch gern an, wenn es sich ergab, mit den Kumpeln, die ich auftreiben konnte – viele waren es nicht. Aber nein, trotzdem, nein: Arthur war noch ein Kind, ich hielt es nicht für richtig.)

Und ich sorgte mich weniger um seine Raucherei als darum, wohin sie führen konnte. Überhaupt – was führte nicht alles wohin? Arthurs erste Bettgeschichte mochte zu siebenundzwanzig Kindern führen oder zu heulender Syphilis im Keller des Bellevue Hospital. Dies bedeutete auch, daß ich mich wegen seiner Singerei sorgte: wohin mochte sie führen? Ich ekelte mich vor mir selbst, gottverdammt – dies bedeutete, daß ich mich um seine Größe sorgte und sein Gewicht, um seinen Stuhlgang und seinen Blutdruck und seinen Schwanz und seine Eier und sein Schamhaar und seinen Schweiß, um jeden feindseligen oder (vor allem) freundlichen Blick und um jede Straße, die er überquerte, um jede Bewegung, die er machte – hatte ich denn nichts Besseres zu tun? Gott, *meine* chinesischen Schachteln waren auch nicht komisch, mir grauste geradezu vor mir selbst, und da kam, Gott sei Dank, die Kellnerin, und wir, Martha und ich, bestellten uns etwas zu trinken. Wenn du dich dermaßen um das Leben eines anderen kümmerst, bedeutet das, daß du Angst vor deinem eigenen hast wie Missionare und Anthropologen: schwerblütige Kriecher mit zusammengekniffenen Arschbacken, und doch ist es ebenso wahr – chinesische Schachteln! –, daß wir alle, immer und an jedem Tag, einer ein Teil des anderen sind.

Dann saßen wir eine Weile schweigend da, es war ein sonderbares, geladenes, von innen kommendes Schweigen, während Paul spielte. Jetzt spielte er für uns; und Sidney kam herein, wie von der Musik herbeigerufen, schob sich zu unserem Tisch heran, fand einen Stuhl und setzte sich. Ich ‹pantomimte›: *meine Mutter, mein Bruder*. Und Sidney ‹pantomimte›: *sehr erfreut*. Und so klang der erste Weihnachtstag allmählich aus.

Martha und ich wachten spät auf am nächsten Tag, und es stimmte nichts mehr zwischen uns, gar nichts. Zunächst einmal mußte sie sofort aus dem Bett springen, weil sie sich mit meiner Mutter in Amy Millers Wohnung verabredet hatte, und wir hatten sonst immer unsere freien Tage im Bett verbracht. Wir hatten gefickt, hart und heiß und hungrig, aber wir hatten einander nicht geliebt, irgend etwas fehlte. Sie kam, ich kam, sie machte, daß ich kam, ich machte, daß sie kam – aber es war, als ob wir jeden Augenblick aneinandergekettet und uns umklammernd, die Arme nacheinander ausstreckten, über unbeschreibliche Schluchten hinweg nacheinander riefen, und mit jedem Stoß, jedem Zucken ergaben wir uns der Seelenqual, sahen wir einer den anderen in einer Sphäre entschwinden, die zarter und trügerischer als Nebel war, erbarmungsloser als Sonnenglanz auf Stahl. Der Schmerz unserer drängenden, stoßenden Körper sang: *nichts mehr zu machen, nichts mehr zu machen, nichts mehr zu machen!*

Zuletzt fiel ich zurück, drehte mich wieder zu ihr und hielt sie fest. Sie drehte sich zum Fenster. Ihre dunkle Gestalt und ihr Kopf verschwammen vor den morgengrauen Jalousien. Und ich zog mich zurück, verließ diesen Körper für eine Weile.

«Bist du hier, wenn ich zurückkomme? Ich möchte mit dir sprechen.»

«Klar. Nur, du weißt nicht genau, um welche Zeit du zurück sein wirst.»

«Mrs. Miller scheint ein bißchen unberechenbar zu sein, das ist wahr ...»

«Oh, Süße, es gibt auch noch Mister Miller, und Miss Julia und den kleinen Bruder ...»

«Das fällt ins Aufgabengebiet deiner Mutter. Ich brauche nur charmant zu sein und die tüchtige Krankenschwester zu spielen.»

«Während die Männer schlafen. Ich weiß. Sei nicht bitter. Wie auch immer, Baby, glaube mir, das letzte, was du bei diesem Auftritt gebrauchen kannst, ist die Erinnerung an den Geruch der Eier irgendeines Kerls.»

«Erinnerung ... Bist du also da? Ich kann auf dem Rückweg etwas einkaufen.»

«Du wirst nichts einkaufen. Auch nichts kochen. Ich führe dich aus, ja? Und falls ich nicht hier bin, wenn du wiederkommst, dann werde ich gleich hier sein, verstanden? Du wirst nicht die Zeit haben, ungeduldig in der Bude auf und ab zu rennen.»

«Wahrscheinlich wirst du schlafen.»

«Falls ich wieder einschlafe, ja. Bye.»

Sie küßte mich. Ich küßte sie. Gott, das Mädchen gefällt mir wirklich, was stimmt da nicht?

Ich will nicht fort, und ich weiß nicht, wie ich bleiben soll.

«Bis später.»

«Bis später – mach dir keine Sorgen, Süße, ich werde hier sein.»

«Ich liebe dich, Hall.»

«Ich liebe dich auch, Baby. Ich liebe dich auch.»

Und weg war sie, und ich schlief wieder ein, für eine Weile, in Marthas Bett.

Für eine Weile: eine kurze Weile. Es war schon spät am Tag, dem zweiten Weihnachtstag, dem Tag nach Weihnachten, und das Telefon fing an zu klingeln.

Alle, die wir kannten, wußten von mir und Martha, und sie lebte schließlich nicht von der – darf ich das Wort aussprechen: *Wohlfahrt.* Man konnte sie nicht dafür bestrafen, daß sie einen Mann im Bett oder im Haus hatte, und wenn daher das Telefon klingelte, nahm ich immer ab.

Die erste Anruferin war Tante Josephine.

«Wie geht's meiner Kleinen?»

«Deine Kleine ist ausgegangen, Tante Josephine ... Hier ist Hall –»

«Oh. Prince! Was macht sie denn so früh, und du bist in der Wohnung? Und ich wette, du bist noch im Bett!»

«Das stimmt, Tante Josephine ... aber ...»

«Und wartest darauf, daß sie die Kutteln nach Hause bringt.»

Ich lachte, und ich wußte, daß Tante Josephine es nicht böse meinte, daß sie mich nur neckte, aber mein Lachen war ein hohles, bitteres Lachen. «Warum bist du so streng mit mir, Tante Jo? Sie und meine Mutter hatten etwas vor, heute morgen, sie tut meiner Mutter einen Gefallen ...»

«Deiner Mutter?»

«Ja. Ich hab eine Mutter.»

«Jetzt werde mir nicht sauer!»

«Bin ich nicht. Aber ... sie wollte ... sie hat versprochen, meiner Mama einen Gefallen zu tun, für eine andere Frau, und ... ich nehme an, sie müßten jetzt im Krankenhaus sein.»

Im gleichen Moment, als ich ‹Krankenhaus› sagte, war ich mit einem Schlag hellwach.

«Im *Krankenhaus*?»

«Ja, ja – sie kann es dir erklären, Tante Jo. Wirklich, es war eine Sache zwischen ihr und meiner Mama, und ... jetzt warte ich einfach darauf, daß Martha nach Hause kommt.»

Schweigen. Dann: «Ihr zwei könntet doch eigentlich ebensogut heiraten, das weißt du doch, oder? Würde das Leben für alle Beteiligten einfacher machen …»

«Wieso glaubst du, daß sie mich heiraten will?»

«Oh, Nigger, sei still», sagte sie, «und sag meiner Kleinen, daß ich angerufen habe … ich wollte, wünschte nur, *ich* könnte mit deiner Mama reden!» Und Tante Josephine lachte und legte auf.

Ich legte auf, ich starrte das Telefon an und sah mich um. Ich lehnte mich zurück und zündete mir eine Zigarette an und betrachtete durch den Zigarettenqualm hindurch das verschwimmende Zimmer, das ich gar nicht erst zu beschreiben versuchen will: das unglaublich, ja heroisch überladene Schlafzimmer einer Drei-Zimmer-Wohnung im sechsten Stock eines Miethochhauses. Die Aufzüge waren der geeignete Ort, um sich einen Schuß zu setzen oder einen blasen zu lassen, der geeignete Ort für Raub, Vergewaltigung oder Mord. Die Dachterrasse war ideal für Bandenbumsereien. Und die Rasenstreifen schufen einen pittoresken Abstand zwischen den Ratten, dem Müll und dir.

Oh. Ich stieg aus dem Bett, die brennende Zigarette zwischen den Lippen – die sich trocken, rissig und wund anfühlten – und ging pinkeln. Während ich noch pißte, klingelte das Telefon. Ich beeilte mich und stolperte zurück zum Schlafzimmer, wobei ich mir vorkam wie der Glöckner von Notre-Dame.

Diesmal war es Arthur.

«He, Hall?»

«Ja. Wie geht's, Brüderchen?»

«Gut. He, du, Martha hat mir gesagt, ich soll dich anrufen, falls es länger dauern sollte … sie haben mich hier zu Hause zurückgelassen, damit ich das Telefon bewache, aber bis jetzt hat noch keiner angerufen, und es wird schon spät …»

«Was ist los?»

«Ich weiß nicht, Bruder. Mama und Daddy sind mit deiner Freundin, mit Martha, fortgegangen … he, sie ist wirklich nett, ich mag sie … und ich glaube, Daddy wollte sich um Brother Miller kümmern, während Martha und Mama mit Sister Miller im Krankenhaus sind …»

«Und was ist mit Julia? Und Jimmy?»

«Ich weiß nicht. Ich nehme an, sie sind zu Hause. Hör zu,

ich muß fort. Ich hab 'ne Verabredung, ich meine, ich hab 'ne Probe.»

«Okay. Hör zu. Falls jemand anruft, bevor du gehst, sag, daß ich, falls ich nicht hier bin, in der Bar an der Ecke bin, wo Julia wohnt – Daddy und Joel Miller und ich waren gestern dort. Sag einfach: *Jordan's Cat*, so heißt die Bar, wo Sidney arbeitet. Sidney, das ist der Typ, den du gestern kennengelernt hast, hast du verstanden?»

«Ja. Kommst du nach Hause?»

«Ja, wir sehen uns später.»

«Okay. Wow. Was 'ne Szene.» Und er hängte ein.

Ich rasierte mich und duschte und zog mich an. Während ich darauf wartete, daß das Telefon klingelte, machte ich mir einen Drink. Ich rief bei uns zu Hause an. Keine Antwort. Ich rief mehrmals im Krankenhaus an – besetzt oder es ging niemand ran. Es war sechs, und es wurde dunkel.

Ich schaute auf die Straße hinunter, so tief unter mir, und jetzt beinahe leer: und ein verspäteter Schneefall hatte eingesetzt – so rachsüchtig, daß er schwarz war, bevor er den Boden erreichte.

Ich wählte die Nummer von Sidneys Bar.

«Hallo», sagte Sidneys Stimme, «*Jordan's Cat* ...»

«He, Baby, hier ist Hall. Wirst du noch eine Weile da sein?»

«He! So ... feierlich ... so früh am Morgen? Ich bin da. Willst du kommen?»

«Ja. Ich brauche einen Freund.»

«Dann beeil dich, Baby, ich bin da», sagte Sidney und legte auf.

Als ich hinauskam, waren die Straßen trostlos vor lauter Versprechen. Trostlos: nicht so sehr wegen des gebrochenen Versprechens, denn das gebrochene Versprechen hatte unseren Stil, unsere Vitalität geschaffen. Trostlos wegen des Preises, den es kostete, das Versprechen zu halten. Dieses Versprechen hallte und hallte durch die Straßen, durch die ich an diesem zweiten Weihnachtstag lief. Sie hallte in den Kopftuch-Brüdern und in den Friseurläden, in den Frauen, den Mädchen, den Kindern – die Lauge, mit der sie ihre Haare kochten und glätteten, hatte schon das Knochenmark erreicht. Dennoch – und das ist es, was ich so seltsam finde, denn das Herz war mir schwer, und ich dachte an meinen Bruder und an meine Freundin und an Korea –, irgend etwas in dem vergifteten Knochenmark kalkulierte ständig und fand tatsächlich das Gegengift. Wie? Und wie würde *ich* es finden?

Erreichte *Jordan's Cat* ... und da war Sidney, ohne sein Kopftuch.

Die Bar schien Gott sei Dank beinahe so leer wie das erste Mal, als ich hier hereingeraten war; und das war – kaum zu glauben – erst gestern gewesen? Aber ja: gestern war Weihnachten gewesen.

Meine Verwirrung muß in meinem Gesicht gestanden haben. Ich war jetzt froh, daß ich mich rasiert und geduscht und all diese Dinge gemacht hatte – aber trotzdem stand alles in meinem Gesicht, denn Sidney sagte: «Du siehst bedrückt aus, alter Junge ... was willst du trinken?»

Ich schaute ihn an und legte den Kopf in die Hände. Auf einmal prasselte alles auf mich nieder, traf mich hart, und ich hielt meinen Kopf zwischen den Händen und weinte.

Die Erinnerung ist ein seltsames Vehikel. Oder vielleicht sind *wir* das Vehikel, das den immer schwerer und unruhiger werdenden Passagier, genannt Erinnerung, trägt? *Ich blickte über den Jordan.* O ja. Aber das Ereignis, der Augenblick, der mir gegeben wurde – und er entzieht sich meiner Erinnerung. Die Erinnerung ist unruhig wie Quecksilber und wählerisch, aber die Leidenschaft schmiedet Leben und Tod zusammen, sie schweift draußen umher und fällt kein Urteil. Du bist, du selbst bist das Urteil.

Julia erinnert sich daran, wie Arthur bei Sister Bessies Begräbnis *Was tun sie wohl im Himmel heut?* gesungen hat, aber Arthur erinnert sich daran, daß er *Kinder sind wir unseres himmlischen Vaters* gesungen hat. Ich weiß es nicht. Ich weiß nur: als ich vor meinem Kopftuch-Brother meinen Kopf zwischen den Händen hielt und weinte, da hallte, aus irgendeinem Grund, in meinem Kopf das Lied:

Wir haben die Freude,
Seine Versicherung:
Unser himmlischer Vater
Erhöret dein Gebet
Und er weiß
Er weiß

Genau
Wie viel
Wir tragen können.

«Komm wieder», flüsterte Sidney. «Komm wieder.» Mit wunderbarer Zurückhaltung kam er ans Ende der Bar, streckte die Hände nach mir aus, umfing mich, zog mich in den Winkel hinter der Jukebox, und während dieses ganzen elektrisierenden Vorgangs sagte er, falls die Erinnerung mich nicht trügt, kein einziges murmelndes Wort.

Ich stützte mich auf den Tisch, Wasser tropfte mir durch die Finger. Ich konnte nicht aufhören und wußte doch nicht, warum ich weinte.

«Zieh deine Jacke aus», sagte Sidney. «Es ist heiß hier drinnen», und er half mir aus der Jacke und drückte mir eine Taschentuch in die Hand. «Bin gleich wieder da», sagte er und ließ mich allein.

Ich wischte mir das Gesicht und trocknete mir die Augen, putzte mir die Nase und sah mich hier im hinteren Raum um. Ich weiß nicht mehr, was ich dachte. Ich konnte mich nicht erinnern, jemals so erschüttert gewesen zu sein.

Ich hörte, wie Leute in die Bar kamen, hörte Sidneys kräftige, fröhliche Stimme, während er sie bediente. Irgendwann, dachte ich, ich sollte wieder zu Martha gehen. Aber ich konnte nicht in Marthas Wohnung bleiben, und hier konnte ich schon gar nicht bleiben, und jetzt konnte ich nicht einmal mehr weinen.

Sidney erschien wieder, er brachte mir ein Glas mit sehr dunklem Tomatensaft.

«Das ist ein doppelter Bloody Mary-Molotow», sagte er und schaute mich besorgt grinsend an, «sie ist bestimmt keine Jungfrau; ist viel rumgekommen, und so hat sie Mr. Molotow getroffen. Trink's langsam, aber trink's. Ich bin gleich wieder da.»

Ein Pärchen kam herein, sie setzten sich an den Tisch in der Ecke gegenüber. Er sah aus wie ein Baseballspieler, von dieser gewissen rauhbeinigen Fröhlichkeit, und sie sah aus wie eine Einpeitscherin von der Stadiontribüne, die zugleich auch die erste in ihrem Chefsekretärinnenkurs war. Sie glühten von der

Kälte draußen, lachten und waren miteinander glücklich, und sie machten, daß ich mich alt fühlte.

So saß ich eine Weile. Jetzt drängten die Sieben-Uhr-Leute herein, und Sidney schmiß die Bar allein. Sein doppelter Bloody Mary-Molotow konnte einen allerdings zum Weinen bringen, wenn einem zum Weinen zumute war und hätte wahrscheinlich Gallensteine erweicht, aber sie konnte einem auch ganz schön aufpulvern. Ich fragte mich, was passieren würde, wenn man zwei davon trank. Aber die eine jetzt war mir genug, und Sidney hatte sich fabelhaft verhalten.

So saß ich eine Weile. Ich wußte: Sidney wollte, daß ich warte-te, bis er wieder zu mir kommen konnte; ich wußte, er würde verstehen, wenn ich nicht warten konnte. Martha würde bald zurück sein. Ich fragte mich, welche Nachrichten sie bringen würde.

Immerhin hatten sich die Millers, bis ich die Ereignisse dieses Weihnachtstages miterleben mußte, für mich von anderen Familien nur dadurch unterschieden, daß Julia eine Kind-Evangelistin war. Dies aber war eigentlich kein großer Unterschied: es verstieß in keiner Weise gegen die Realität oder die Prinzipien unseres Lebens – es stellte sie nicht einmal in Frage. Wenn wir auch nicht unbedingt an die Macht des Heiligen Geistes, an das Sprechen in Zungen, die ekstatische Besessenheit, an das Handauflegen glaubten, so zweifelten wir doch nicht daran und kannten auch niemanden, der daran zweifelte. Vielleicht würden wir es nach und nach begreifen – mit der Zeit; das war ungefähr unser Standpunkt. Wenn wir auch manche Leute komisch fanden, spotteten wir doch über niemandes Glauben. Wohl fanden wir, daß manche Menschen selbst ihren Glauben zum Gespött machten – doch der Glaube an sich war eine ganz andere Sache. Jeder betete, wie er es verstand. Für uns war es selbstverständlich, daß jeder Mensch betete – irgendwann, irgendwo.

Ich fand zum Beispiel nicht, daß Joel Miller ein richtiger Mann war, und ich weiß, daß auch Paul es so empfand – vielleicht empfanden wir es alle so. Aber es war nicht wegen seines Glaubens. Eigentlich war es auch nicht wegen seiner Tochter – außer in dem Sinn, daß der Vater nicht in der Lage gewesen war, seine Tochter geradezubiegen. Und ohne dieses Geradebiegen war sie, anders als sie glaubte, nicht so sicher in den Armen Jesu. (Der Herr Jesus hatte andere Dinge zu tun, man durfte nicht erwarten, daß er seine Zeit damit vertrödelte, sich um verzogene Gören zu kümmern.) Nein – es war, weil Joel nicht wirklich an etwas zu glauben schien, nicht einmal genug, um einen Glauben vorzutäuschen. Dies bedeutete für uns, daß er ein Mensch ohne Gebet, ohne innere Reserven war – er würde nie den Sturm überstehen. Paul fand Joel abstoßend, aber seine Reaktion war nicht, daß er ihn ablehnte, sondern er versuchte ihm aufzuhelfen. Pauls Liebe zu Florence veranlaßte ihn, es mit Joel zu versuchen – er war ein notwendiges Element bei Florences Bemühen, sich um Amy zu kümmern: aber Florence hatte kein Interesse an Joels Rettung, auch hatte sie kein Interesse, sich auf einen Machtkampf mit dem Heiligen Geist einzulassen. Sie dachte gar nicht über den Heiligen Geist nach, der an seinem Platz, wie sie gesagt hätte, völlig in Ordnung war. Aber sein Platz war nicht hier. Der Heilige Geist hatte nichts damit zu tun, daß Joel zu ‹schlaff› war, um seine leidende Frau zu einem Arzt zu bringen – dafür konnte man den Heiligen Geist nicht verantwortlich machen. Und was die Heilkraft des Heiligen Geistes betraf, nun, alles Heilen war wunderbar, das wußten wir nur zu gut. Die himmlischen Heerscharen waren sicherlich überarbeitet. Es erschien uns unnötig und unbescheiden, sogar rücksichtslos, solche besondere, unverdiente Beachtung zu fordern. Gott, andere hatten es auch tun müssen – nimm dein Bett, Kind, und wandle!

Aber dies hatte auch mit Sister Millers Aura der schmerzlichen und besonderen Heiligkeit zu tun, denn der Herr hatte ihr seine Gunst bezeigt, indem er ihr eine Evangelistin als Tochter gab.

Und während ich so dasaß, in meinem kurzen, erzwungenen Höllendasein, sah ich Julia in einem neuen Licht, und ich begann um sie zu fürchten.

Joel machte Florence und Martha die Tür auf, und er stand da und schaute, wie Martha später sagte, überrascht drein. Er war in Hemdsärmeln, unrasiert, und auf Martha machte er einen gebrechlichen Eindruck.

«Guten Abend, Brother Miller», sagte Florence. «Wir wollen Sie nicht lange stören, nur ein paar Sekunden. Wir kommen, um Amy abzuholen. Ist sie bereit, oder ruht sie noch?»

Er antwortete mit einer leichten Verbeugung und einem Lächeln, sagte aber nichts. Sie traten in die Wohnung ein, und er schloß und verriegelte die Tür. Martha und Florence wechselten einen raschen Blick.

«Kommen Sie rein», sagte Joel. «Machen Sie es sich bequem.» Und er führte sie ins Wohnzimmer.

Es herrschte eine beklemmende Atmosphäre. Im Haus war es still.

«Diese junge Dame ist vom Krankenhaus», sagte Florence. «Miss Jackson ...»

Martha und Joel nickten und lächelten einander an, und Joel sagte, mit seinem leisen Lächeln: «Kann ich den Ladies eine Erfrischung anbieten?»

Florence sah ihn gereizt, dann erschrocken an: «Wieso, nein, Brother Miller», sagte sie. «Sagen Sie Amy nur, wir sind da ... und wir wollen gehen.» Sie sah sich um, noch immer erschrocken, und ohne zu wissen warum. «Wo ist Jimmy? Und Julia?»

«Oh, ich glaube», sagte Joel vorsichtig, «daß Klein-Jimmy ins Kino gegangen sein könnte, gerade vor ein paar Minuten ... und Julia ...» er unterbrach sich und biß nervös auf seine Oberlippe.

Die Stille in der Wohnung und Joels Schweigen begannen plötzlich zu Florence zu sprechen. «Wo ist Amy?» fragte sie.

«Hm, Julia», sagte Joel, «Julia hat ihre Mutter zu einer Betversammlung mitgenommen ... eine neue Gemeinde irgendwo in der Nähe, aber ich weiß nicht genau, in welcher Straße.»

«Aber sie war doch heute nachmittag mit mir und Miss Jackson verabredet, wir wollten zum Krankenhaus!» schrie Florence.

«Oh, Sie wissen doch, wie Amy ist», sagte Joel. «Anscheinend kennt jeder sie besser als ich. Sie ändert dauernd ihre Entschlüsse ... macht mich ganz wirr.»

Martha saß steif auf ihrem hohen Lehnstuhl und wußte nicht, wohin sie blicken sollte. Florence starrte Joel an.

«Wie geht's meinem Freund Paul?» fragte Joel. «Ich dachte, *er* würde heute nachmittag vorbeikommen.»

Es lag etwas unerwartet Rührendes in der Art, wie er das sagte – er brauchte Paul wirklich. Martha jedoch hatte das Gefühl, bei einem geheimen Stammesritual gefangen zu sein und gleich das Blut des Opfers trinken zu müssen. Sie hatte den Wunsch aufzustehen und aus dem Haus zu rennen.

Aber Florence, die Joel beobachtete und ihn besser kannte, spürte etwas anderes – eine laue Wut in diesem Mann, lauwarm wie Wasser in einer Pfanne über kleiner Flamme auf dem Herd.

Auf einmal erkannte sie auch, daß diese lauwarme Wut immer da gewesen war, in Joels ganzem Stil, in seinem Lächeln. Sie bemerkte es jetzt nur, weil irgend jemand in letzter Zeit die kleine Flamme seiner Demütigung aufgedreht hatte.

«Paul ist zur Arbeit gegangen», sagte Florence. «Er dachte, wir brauchten ihn nicht. Wie ich sehe, hatte er ganz recht.» Sie stand auf. Martha stand ebenfalls auf. «Joel, erst gestern abend, hier in diesem Zimmer, haben Sie Amy das Versprechen abgenommen, heute mit mir einen Arzt aufzusuchen!»

«Sie hat es sich anders überlegt! Was soll ich Ihnen sagen?»

Florence beobachtete ihn.

«Wie lange wollen Sie das eigentlich noch so weiterlaufen lassen, Joel?»

Er stierte verstockt vor sich hin – er fragte sich das auch.

«Haben Sie keine Ahnung, wo diese ... neue ... Gemeinde ist?»

«Nein.» Joel setzte sich aufs Sofa. «Julia sagte, daß der Herr sie für einen besonderen Zweck versammelt hat ... und Amy, Amy wurde ganz aufgeregt. Julia wollte mir nicht verraten, wo diese Gemeinde ... ist, sie sagt, sie traut mir nicht zu, ein Geheimnis zu hüten.» Er blickte zu Florence auf und lächelte – ein Lächeln, wie es Florence noch nie in seinem Gesicht gesehen hatte. «Es ist nicht nur Milch und Honig, mit der Gesalbten des Herrn unter einem Dach zu leben.»

«Vor allem», sagte Florence, «wenn es Ihre Tochter ist und Sie haben niemals die Hand gegen sie erhoben.»

Joel lächelte. «Sie war wirklich ein gutes Kind. War gar nicht nötig. Dann ... später ...» Er stand auf und trat ans Fenster. «Vielleicht sind sie bald zurück. Sie können gern hier warten.»

«Nein», sagte Florence langsam. «Sie werden nicht wiederkommen, solange wir hier sind.»

«Als das alles anfing», sagte Joel plötzlich, «als Amy das Kind verlor ... damals gingen wir zu den Ärzten, und alles schien in Ordnung. Die Ärzte sagten Amy nur, sie soll vorsichtig sein. Und sie sollte regelmäßig zur Kontrolle wiederkommen. Ich dachte also, sie würde hingehen. Julia wußte nichts von dem Kind – sie war ganz überrascht gewesen. Sie hat wirklich gut für ihre Mutter gesorgt, und sie waren sich immer so nah, so hab ich mir keine Gedanken gemacht. Ich hörte auf, mich zu sorgen. Klar, jetzt mach ich mir Sorgen.»

«Könnten Sie Amy nicht zu ihrer Mutter schicken?» fragte Florence, und am liebsten hätte sie hinzugefügt: *und Julia ins Bellevue*, aber sie beherrschte sich.

«Amy und ihre Mutter kommen am besten über die Entfernung miteinander aus», sagte Joel.

«Amy! Amy! Immer wenn ich Sie etwas frage, antworten Sie *Amy*. Aber *Sie* sind der Mann im Haus, Joel.»

«Dieses Haus», sagte Joel, «wurde vor einiger Zeit vom Heiligen Geist in Besitz genommen.»

Florence wußte darauf nichts zu erwidern, und Martha warf ihr einen verzweifelten Blick zu.

Doch schließlich, als Martha aufstand und sie sich beide langsam in den Flur und auf die Wohnungstür zu bewegten, sagte Florence: «Joel, ich würde noch einmal darüber nachdenken, wenn ich Sie wäre – über den Heiligen Geist, meine ich. Er ist keiner von diesen Tagedieben auf der Straße, die nichts Besseres zu tun haben, als Frauen den Kopf zu verdrehen und ihre Familien zu ruinieren.»

Joel folgte ihnen in den Flur hinaus. «Was wollen Sie mir damit sagen?»

Florence, die an der Haustür stand, drehte sich um und sah ihm ins Gesicht. «Ich glaube, Sie wissen ganz genau, was ich Ihnen damit sagen will.»

Joel schloß langsam die Tür auf. Die Winterluft pochte draußen und drängte herein, als die Tür aufsprang.

«Genauso», sagte Florence, «genauso, wie Sie eben die Tür geöffnet haben, nehmen Sie Ihre Frau aus den Händen Ihrer Tochter! Das rate ich Ihnen. Der Heilige Geist hat nicht Ihre Möbel abbezahlt, und er kauft Ihnen nicht Ihre Kleider.»

Sie trat hinaus in die Kälte. Joel starrte sie an, mit Augen so schwarz wie Rosinen.

Martha sagte: «Leben Sie wohl, Mr. Miller.» Sie stand zitternd auf den Sandsteinstufen.

Er erwachte noch einmal kurz zum Leben – oder vielleicht waren es seine Reflexe. Er winkte und lächelte das gewisse Lächeln. «Junge Lady!» Ein blinder Reflex ließ seine Augen über ihren Körper wandern, den er nicht sah und nicht begehren konnte. «Ich hoffe, wir sehen uns einmal wieder!»

«Ich werde Paul vorbeischicken», sagte Florence. «Sie wollten ihn doch sehen. Gute Nacht. Sagen Sie Amy, sie soll mich anrufen ... falls der Heilige Geist es erlaubt.»

Und die beiden Frauen stiegen über die gefährlich vereisten Stufen zur Straße hinunter. Martha hörte nicht, wie sich die Tür hinter ihnen schloß, und weder sie noch Florence blickten zurück.

Schweigend gingen sie bis zur Straßenecke, blieben stehen, warteten an der Ampel.

«Martha, es tut mir leid, daß ich Sie umsonst bemüht habe heute nachmittag. Wirklich, es tut mir leid.»

«War ja nicht Ihre Schuld. Aber mir tut es auch leid, daß es umsonst war.»

Sie standen vor *Jordan's Cat* – jetzt gingen sie weiter, ohne zu wissen, daß ich dort drinnen saß. Florence trug ihren Pelzmantel und einen Hut. Der Perlmuttkamm lag, in Seidenpapier gewickelt, und auf dem Boden einer Truhe – und würde so bald nicht wieder zum Vorschein kommen.

Martha zitterte, die Hände tief in den Taschen ihres Mantels vergraben, den Kopf gesenkt. Florence sah sie scharf an und blieb stehen.

«Hören Sie, Kind, es ist kalt, lassen Sie sich nicht länger von mir aufhalten. Sie haben es nicht weit nach Hause ... und sicher wartet Hall auf Sie.»

«Ja, schon gut. Ich begleite Sie noch ein Stück.» Und Martha sah in Florences Gesicht und lächelte und faßte sie am Arm.

«Kommen Sie. Mir ist nicht kalt. Ich habe nur ... nachgedacht. Was wird mit dieser armen Frau geschehen? Und mit *ihm*! Was ist mit ihm los?»

«Er ist träge», sagte Florence. Sie lächelte. «Klingt vielleicht komisch, ist aber wahr.»

Sie wanderten schweigend durch die dunklen Straßen, die jetzt fast menschenleer waren.

«Er erinnerte mich ein bißchen an meinen Vater», sagte Martha. «Der konnte sich auch nie zu etwas aufraffen. Immer mußte meine Mutter die Entscheidungen treffen. Und später, da hörte ich oft Leute sagen: ‹So *sind* die schwarzen Männer eben – sie können sich einfach nicht entschließen.›»

Florence horchte, aber nicht auf Marthas Worte. Sie horchte auf Martha.

«Oh, das ist nicht wahr. Und wissen Sie, das letzte, was ein schwarzer Mann brauchen kann, ist, daß eine schwarze Frau so über ihn denkt.»

«Ich weiß nicht, warum ich so denke. Aber ich sehe die Männer im Krankenhaus, auf den Straßen ... manche von diesen Männern sind ziemlich trostlose Gestalten, wirklich, schleimiger Abschaum aus der Gosse, sie bringen sich um, wenn's darum geht, die Raten fürs Auto zu bezahlen oder die verdammte Versicherung ... aber wenn es um eine Frau geht oder um einen anderen Mann oder irgend jemand, ist ihnen alles egal. Es ist alles so *hoffnungslos*. Mein Vater kam immer nach Hause und machte Radau, weil er nicht wagte, draußen Radau zu machen. Er ließ es einfach an *uns* aus.»

«*Was* ließ er an Ihnen aus?» fragte Florence.

«Sie wissen schon ... seine Arbeit ...»

«Was hatte er für eine Arbeit?»

«Er arbeitete beim Postamt – er haßte es. Ich vermute, er haßte es, den ganzen Tag lang ein Nigger zu sein. Dann kam er nach Hause und gab Befehle ... wie King-Kong.»

Florence lachte, und einen Moment später lachte Martha mit.

«Ja, ich versteh Sie», sagte Florence. «Aber da gäbe es noch viel mehr zu sagen.» Eine Weile gingen sie schweigend. Und dann: «Der einzige Weg, wie wir aus dem Scheiß rauskommen könnten», sagte Florence, «wäre, wenn wir anfangen aufzupassen, gleich von Anfang an, meine ich. Denn am Anfang, als Sie ein kleines Mädchen waren, da war Ihr Daddy einfach Ihr Daddy – noch niemand hatte Ihnen etwas von *schwarzen Männern* erzählt. Später hörten Sie dann, wie die Leute über schwarze Männer reden, oder was die Schwarzen tun sollten, und da denken Sie an Ihren Daddy, und dann denken Sie, ach so, ja, darum also ... er ist eben ein schwarzer Mann. Und Sie stecken ihn in diese Schublade, von der sie eben erst gehört haben, in die Schublade für schwarze Männer.

Aber an *Ihren* Daddy hat niemand gedacht. Sie kennen ihn nicht, sie kümmern sich nicht um ihn. Aber *Sie* sollten sich um ihn kümmern. Egal, auch wenn es weh tut. Die Welt ist voll von schwarzen Männern, aber Sie haben nur einen Daddy. Die Welt ist voll von schwarzen Männern, aber Sie können nur *einen* heiraten – wenigstens zu meiner Zeit haben wir immer nur einen auf *einmal* geheiratet.» Sie lachte. «Verstehen Sie, was ich damit sagen will?»

«Ich glaube, ja», sagte Martha stirnrunzelnd, sie blickte auf den Gehweg und hielt Florences Arm fest. «Ich glaube, ich verstehe.»

«Ich weiß nicht, wie der schwarze Mann ist», sagte Florence. «Ich weiß nicht einmal, ob ich weiß, wie mein Mann ist; ich weiß kaum, wie meine Söhne sind. Aber ich weiß, daß sie sich nicht gleichen. Sollte ihnen was zustoßen, ich wüßte nicht, was ich täte. Und mit alldem fertig zu werden, ist mehr als genug.» Sie blickte Martha ins Gesicht.

«Ja», sagte Martha mit einem mutlosen Zögern, «aber Sie *haben* jemand, für den Sie sorgen können.»

Florence lachte. «Ich war ja auch schon ein bißchen vor Ihnen auf der Welt, meine Tochter. Aber meinen Männern sage ich natürlich nichts davon.» Dann, nach einer Weile: «Auch mit *mir* muß man fertig werden. Es ist keine Sackgasse, Tochter. Es ist eine Straße, die in zwei Richtungen führt.»

Sie gingen schweigend weiter, Martha mit gesenktem Kopf, die Lippen vorgewölbt.

«Glauben Sie, daß die schwarzen Frauen unfair sind?» fragte Martha. «Ich meine ... gegenüber den schwarzen Männern?»

«Die meisten von uns sind auf die eine oder andere Weise unfair zu jemand», sagte Florence, «und sonst kann ich auch nicht sagen, wie schwarze Frauen sind.»

Sie kamen am Harlem Hospital vorbei und bogen an der Ecke in die 135th Street ein, zu unserer Wohnung. Sie gingen schweigend die Straße hinunter, Martha zitterte wieder, sie pfiff vor sich hin – ein leises Pfeifen, fast wie ein Gebet.

Vor der Treppe zu unserem Haus blieben sie stehen. Arthur war noch nicht zu Hause, er rauchte wahrscheinlich Hasch mit Peanut, Crunch und Red. Paul spielte Klavier in seiner Kneipe. Ich war in *Jordan's Cat*. Martha sah Florence an, Tränen standen ihr in den Augen.

«Ach ja. Ich danke Ihnen, Lady», sagte Martha. Dann: «Ganz gleich, was passiert, ich hoffe, wir bleiben Freundinnen. Sie sind wunderbar.» Sie küßte meine Mutter und wandte sich ab. «Gute Nacht! Schlafen Sie gut. Sie wissen, wo Sie mich finden, wenn Sie mich brauchen.»

«Gute Nacht», sagte Florence. «Gott segne Sie.» Sie schaute Martha nach, wie sie die Straße hinabeilte. Sie dachte an Amy, wie sie gewesen war, bevor sie Joel kennengelernt hatte. Sie dachte an Julia, an Jimmy, an ihren Mann und ihre Söhne, überlegte, während sie die Treppe hinaufstieg, versuchte einen Brief aufzusetzen – und wußte, daß jeder Brief, jetzt, zu spät käme.

Onkel Sams Grüße kamen früher als erwartet, und ich wollte mir nicht von Martha in den Fuß schießen lassen. Unsere gemeinsamen letzten Tage in New York waren seltsam, waren seltsam friedlich. Ich kam mir ein bißchen feige vor, denn irgend etwas außerhalb von mir, außerhalb von uns beiden, hatte eine Entscheidung herbeigeführt, für die ich nicht verantwortlich war. Nun ja. Martha vermied es, mich zu bitten, sie zu heiraten – ich bat sie nicht, mich zu heiraten. Wir ... äh, ich ... hatten den Korea-Krieg als Begründung. Wir beide wußten – oder Martha wußte –, daß dies nicht der eigentliche Grund war, aber seltsamerweise versöhnte dieses Wissen uns mit unseren letzten gemeinsamen Tagen. Der Frühling war da, und wir wanderten durch New York, in einer Art bittersüßem Überfluß an Glück – ein Überfluß, den wir vielleicht nicht hätten auskosten können, hätten wir nicht gewußt, daß er vergänglich war.

Etwas jedenfalls war entschieden, und so etwas bringt immer einen gewissen Frieden.

Arthur sagte Julia auf den Kirchenstufen Good-bye – damals am Tag von Sister Bessies Beerdigung und verschwand für eine Weile aus ihrem Leben. Damals im Sommer, als Amy begraben wurde, war er mit den Trumpets of Zion in Nashville, und ich war in Korea.

Jimmy kam zu seiner Großmutter in den Süden. Julia und Joel blieben in der alten Wohnung. Julia hörte auf zu predigen. Einige erzählten, sie hätten sie aus einem Kino kommen sehen. Arthur wußte, daß sie sich mit Crunch traf. Aber Arthur sah sie nie. Praktisch sah keiner sie, obwohl sie eine High School in der Bronx besuchte und obwohl sie nach der Schule einen Job hatte – sie schrubbte Fußböden in der Nachbarschaft. Crunch und Red kamen auch nach Korea, aber Peanut hatte einen Augenfehler, und so ging er nach Washington an die Howard University.

Ich muß jetzt zurückgreifen und diese Dinge ausführlicher erzählen. Ich will nur versuchen, in Gedanken die Reihenfolge wiederherzustellen. Ich war ja die meiste Zeit weg vom Schauplatz. Arthur war mein wichtigster (unzuverlässiger) Informant. Er hielt mich nur mehr oder minder auf dem laufenden über das, was er erlebte, und versuchte mich mit Skizzen vom Leben in meinem alten Revier zu amüsieren. Das einzige, was er damals wirklich tat, war singen, und er und die Trumpets schienen ununterbrochen zu arbeiten, und in den Ferien und im Sommer gingen sie auf Tournee.

ATLANTA: *Spazierte heute über die Peachtree Street, Bruder, und kann nur sagen, sie sollen ihre Pfirsiche behalten.* Und *die Bäume dazu.* BIRMINGHAM: *Ich hatte kein Banjo dabei, aber ich schaffte es mit dem Knie – nicht* AUF *den Knien. (Du hast nur das Recht,* ein *Knie vorzuführen.)* CHARLOTTE: *Peanut hat hier ein paar Cousins, aber sie sind heller als Peanut, und sie hatten etwas gegen uns, besonders gegen Crunch. Glaube, sie fanden ihn zu niggerisch.* DURHAM: *Red sagt, wenn das hier die Gegend ist, wo sie Tabak anbauen, dann hört er auf zu rauchen.* BOSTON: *Hier, wenn sie hier auf dich scheißen, reichen sie dir ein Handtuch – damit du* ihnen *den Arsch wischen kannst, nehme ich an.* New York: *Klar, du fehlst mir, Bruder, wünschte, du wärst hier. Hab jetzt niemand mehr, mit dem ich reden kann.* Und: *Mama geht's gut, sie vermißt dich, wir alle vermissen dich, Bruder, wann hört diese Scheiße endlich auf?* Und: *Daddy spielt ein heißes Piano, verstehst du? Er ist* SCHLAU, *merke erst jetzt, wie er das macht, und ich bin ganz verliebt in Dizzie Gillespie!* und *ich weiß nicht, ob ich jemals ein richtiger Sänger werde, Bruder, was meinst du?* und: *Sieht so aus, als ob Julia es aufgesteckt hätte, erinnerst du dich noch an Julia, also sie predigt nicht mehr, seit ihre Mama gestorben ist. Weißt du, Hall, ich frage mich, ob sie sich* SCHULDIG *fühlt, und Brother Joel Miller treibt sich in den Bars (und mit den Weibern) herum, wie ein* SÄUFER, *Bruder, oder wie ein Zuhälter (grins!),* und *Red ist heut abgereist, vielleicht triffst du ihn dort drüben, will's nicht hoffen, aber natürlich hoffe ich, daß er dich ein bißchen auflockert,* und *ich sehe Crunch nicht mehr oft, er ist die meiste Zeit (glaub ich) mit Julia zusammen. Ich weiß, sie tut ihm leid. Crunch tun alle Menschen leid. Er kann einfach nicht anders,* und *sah Crunch heute, weil er nächste Woche fährt, und er fand es nötig, Julia mitzubringen. Schätze, Julia geht's gut, aber sie ist so gottverdammt* dürr, *sieht aus wie 'ne Rasierklinge, verflucht noch mal, und sie hatte 'ne Masse* LIPPENSTIFT *aufgeschmiert. Was ist mit dem Heiligen Geist? Ich glaube, sie denkt jetzt, Crunch ist der Heilige Geist (grins!)* und *jemand hat behauptet, Julia sei schwanger, und ihr Vater will ihr den Arsch versohlen* und *Crunch ist heut abgereist, vielleicht trifft er dich jetzt dort drüben* und *so wie die Dinge laufen, könnt ich dich dort drüben treffen,* und *Hall, ich weiß, ich bin sehr jung, und vielleicht stelle ich eine Menge dumme Fragen, ich hoffe aber, du machst dir nichts draus, aber ich muß jemand fragen, und du bist mein Bruder, und ich liebe dich* und *Brother Miller hat Julia wirklich grausam den Arsch verhauen, und man sagt, sie hat ihr Baby verloren und die Großmutter ist gekommen und hat sie geholt, und vielleicht wird Brother Joel 'n Weile sitzen müssen. Ich glaub es nicht. Ich glaube nicht, daß das Leben so sein kann,* und *Happy Birthday, Hall! Ich hoffe natürlich, daß du an deinem nächsten*

Geburtstag hier bist. Oder an meinem. Ich warne dich, bald hab ich Geburtstag, und ich wünsch mir etwas, was nur DU *mir aus dem heißen exotischen verschlagenen mysteriösen* OSTEN *mitbringen kannst, dein dich liebender Bruder, Arthur.*

Als Julia die Treppe zur Kanzel hinaufstieg, an jenem hitzigen Tag von Sister Bessies Begräbnis, da fühlte sie, wie etwas in sie eindrang, und wie etwas sie für immer verließ. Und sie wußte, daß es für immer war. Schweiß stand ihr auf der Stirn wie nie zuvor, und ein neuer Schmerz war in ihrem Leib – als sie die vertrauten Stufen hinaufstieg, zu einem Ort, der ihr völlig fremd war.

Sie legte ihre Bibel auf die große aufgeschlagene Bibel auf der Kanzel, und sie schaute auf, schaute auf – in ein großes Schweigen.

Die Kirche war gedrängt voll und es herrschte gespannte Erwartung – es war erstaunlich, woher die Menschen alle kamen, denn Sister Bessies Freunde und Anverwandte waren tot, lebten verstreut, waren nur noch wenige. Der Neffe war da, mit ein paar anderen Verwandten. Die vielen anderen Menschen waren ein Wunder, besonders an einem Mittwoch- oder Donnerstagnachmittag. Arthur saß ganz hinten, allein. Julias Mutter lag krank im Bett; ihr Vater saß in der vordersten Reihe.

«Geliebte im Herrn», sagte sie, «wir nehmen unseren Text heute aus Jesaja achtunddreißig Vers eins.»

Sie suchte ihres Vaters Augen, und er stand auf, die aufgeschlagene Bibel in der Hand.

«Mein Vater», sagte sie und lächelte hilflos. «Mein *geliebter* Vater, Brother Joel Miller, wird uns den Vers vorlesen.»

Und Joel las vor, mit einer Stimme, die sie schon immer verwundert hatte – schon immer, von Beginn ihres geistlichen Amtes an, denn es schien gar nicht seine Stimme – und doch hatte sie diese Stimme gehört, manchmal, wenn er glücklich mit ihrer Mutter war: Joel las jetzt vor, glücklich über seine Tochter:

Zu der Zeit ward Hiskia todkrank. Und der Prophet Jesaja, der Sohn des Amoz, kam zu ihm und sprach zu ihm: So spricht der Herr: Bestelle dein Haus; denn du wirst sterben und nicht lebendig bleiben!

Ihr Vater blickte einmal kurz zu ihr auf, klappte die Bibel zu und setzte sich.

«Amen!» sagte Julia. «Mein Text lautet also: Bestelle dein Haus.»

Dann hielt sie erschrocken inne, als gewahre sie erst jetzt die Bahre am Fuß der Kanzel und den Pastor und den Diakon, die hinter ihr auf der Kanzel saßen: diese Männer, die nicht die Verantwortung für Sister Bessies Begräbnis hatten übernehmen wollen.

«Wir sind hier zusammengekommen», sagte Julia, «weil diese Botschaft soeben an unsere liebe Schwester Bessie ergangen ist, wie sie eines Tages an uns *alle* ergehen wird – an einen jeglichen von uns. Vielleicht hatte sie ihr Gesicht zur Wand gekehrt, aber dann mußte sie sich aufsetzen und um sich blicken und die Botschaft vernehmen, und wir glauben, amen, daß sie den Heiligen Geist anrief, und sie machte sich mit dem Heiligen Geist ans Werk, und sie bestellte ihr Haus. Sie hatte keine Zeit mehr, zu zittern und zu zagen, *nein*, die Tage des Zitterns waren für sie vorbei, und, oh, liebe Gemeinde, habt ihr jemals ein Haus bestellen müssen? Ihr steht vom Bett auf, aber ihr macht das Bett nicht gleich, doch ihr wißt, das werdet ihr irgendwann tun müssen. Vielleicht geht ihr in die Küche, gelobt sei Gott, und seht euch um. Ihr seht den Herd, und er müßte gescheuert werden. Ihr laßt euch auf Hände und Knien nieder, amen, und holt das Büschel Stahlwolle hervor. Oh, ja! Und dann laßt ihr Wasser einlaufen – und ihr holt den großen Besen des *Glaubens* hervor und die kleine Bürste der *Liebe*, weil der große Besen den Herd wohl scheuert, liebe Kinder, aber die kleine Bürste fährt in alle Winkel – und ihr laßt Wasser fließen, das Wasser der Erlösung! Und alsbald seht ihr die Kakerlaken hervorkriechen, und ihr schrubbt die Wände. Und ihr schaut in die Töpfe und Pfannen hinein, und ihr stellt sie ins Wasser. Und ihr scheuert sie, und ihr wascht und trocknet das Geschirr, und ihr stellt alles an seinen Platz, amen, und ihr wischt den Tisch ab, und ihr scheuert den Boden, und ihr seht, daß auch die Fenster geputzt werden müssen, und ihr scheuert die Fenster und laßt das Licht hereinfluten!

Oh, ja! Und die ganze Zeit, während ihr euch in eurem Haus zu schaffen macht, tickt die Uhr, und die Zeit verrinnt. Gott, ihr hört es in jedem Schlag eures Herzens, und jedesmal wenn ihr von einer Ecke in die andere lauft, hört ihr, wie die Zeit *verrinnt*! Ihr hört eure Nachbarn tanzen und Musik spielen – sie bestellen nicht ihr Haus! Ihr hört jemanden auf der Straße fluchen – Gott fluchen! –, er bestellt nicht sein Haus! Ihr hört die Dirne nebenan mit ihren Freiern! – sie bestellt nicht ihr Haus! Ihr hört den Reichen und den Armen, wie sie alles zertrampeln, zertrampeln, zertrampeln, und ihr wollt auf die Straßen laufen und schreien: ‹Bestelle dein Haus!› Ihr wollt den Polizisten am Arm packen und schreien: ‹Bestelle dein Haus!› Ihr wollt eure Mutter, euren Bruder, eure Schwester, euren Vater am Arm packen und schreien: ‹Bestelle dein Haus! Bestelle dein Haus!
Bestelle dein Haus, denn du wirst sterben und nicht lebendig bleiben!›

Oh. Und die Uhr, sie tickt immer weiter. Und ihr habt immer noch nicht euer Bett gemacht – euer Sterbebett. Dann ist da vielleicht ein Spiegel an der Wand, ein Spiegel, in den ihr viele lange Jahre nicht geblickt habt. Und vielleicht sagt ihr euch: ‹Ich sollte den Spiegel lieber saubermachen! Und so geht ihr hin zu dem Spiegel, während die Zeit weitertickt, und ihr blickt in den Spiegel, und ihr seht euer Gesicht. Aber ihr seht es nicht richtig, es sieht ganz fremd aus, ganz weit entfernt. Und so fangt ihr an, den Spiegel zu reiben, und fangt an, das Gesicht in dem Spiegel zu sehen, und während ihr weiterreist, fragt ihr euch, wie ihr vor das Angesicht eures Schöpfers treten werdet. Herr, mein Gott, habe ich jemandem ein Leid getan?› Und der Spiegel antwortet nicht, und die Zeit tickt weiter. ‹Herr, ich will meine Schminke abwaschen› – und die Zeit tickt weiter. ‹Herr, ich werde die Bleiche aus meinem Haar entfernen› – und die Zeit tickt weiter. Vielleicht habt ihr ein Paar Ohrringe in euren *Ohren*, und ihr habt sie im Grunde nie gesehen, seit ihr ein kleines Kind wart, und irgend jemand sie euch an die Ohren gehängt hat, und ihr sagt: ‹Herr, wenn sie dich beleidigen, will ich sie abnehmen, aber führe du meine zitternden Hände, meine blinden Augen, ich kann nicht sehen.›

Und der Herr sagt: ‹Ich sehe, was du mit deiner Küche gemacht hast. Ich sehe, was du mit deinem Herd gemacht hast. Ich sehe, wie du den Boden gescheuert hast. Ich sehe keine Kakerlaken mehr hier. Ich sehe, wie du diese Fensterscheibe geputzt hast. Ich sehe, wie du den Spiegel blankgerieben hast, weil du nicht wolltest, daß ich mich deiner schäme, und auf daß wir uns von Angesicht zu Angesicht schauen können. Du darfst in mein Reich kommen – *mit* deinen Ohrringen! Ich habe dir gesagt, bestelle dein Haus, und ich sehe, du hast dein Haus bestellt!

Lege nun du deine Hand in meine Hand, mein Kind, und folge mir ins Nebenzimmer, damit ich dir dein Sterbebett bereite.›»

Sie machte eine Pause und blickte zu Sister Bessies Totenbahre hinab.

«Sie wandelt und spricht mit dem Herrn», sagte Julia. «Mit unserem himmlischen Vater, der alle Geheimnisse unseres Herzens sieht, der alle seine Kinder kennt, und der versprochen hat, uns niemals allein zu lassen. Sie war in der Zeit der Sklaverei geboren, und sie ging jeden Schritt ihres Weges mit dem Herrn. Laßt uns des Textes gedenken: *Bestelle dein Haus*. Und laßt uns alle sagen: *Amen.*»

Sie neigte den Kopf, und die Gemeinde sagte: *Amen!* Julia ging zu ihrem Sessel hinter der Kanzel zurück. Der Pastor erhob sich. Die Gemeinde sang. Arthur fragte sich, wo Jimmy sein mochte – entweder in der Schule oder im Kino: dort vor allem verbrachte er seine Zeit.

Und nachdem sie Sister Bessies Sarg hinausgetragen hatten, ging Arthur auf die Treppe hinaus und sagte Julia Lebewohl, und dann verschwand er eine Weile aus ihrem Leben.

Er sah Julia und ihrem Vater nach, wie sie langsam die Straße hinaufgingen – denn Julia ging nicht mit auf den Friedhof. Sie hatte ihren Job getan.

Das war im Frühjahr gewesen. Im Sommer waren Julia und Joel allein in der Wohnung – ein paar Tage nach Amys Beerdigung.

Jimmy war mit seiner Großmutter in den Süden gefahren. Paul und Florence hatten sich genug um ihre beiden abwesenden Söhne zu sorgen. Martha wurde von Sidney getröstet, auch wenn ich das damals noch nicht wußte.

Julia hatte seit Sister Bessies Begräbnis nicht mehr gepredigt. Sie hatte noch nicht damit begonnen, ‹abtrünnig› zu werden: wie wir es nannten, im Gegenteil, sie war flammender und wurde mehr verehrt denn je, und zwar wegen ihrer leidenschaftlichen Aufopferung für ihre Mutter, ihre Hingabe veranlaßte sie zu einem Fasten, das beinahe ihre Gesundheit zerbrochen hätte – nie hatte jemand unter uns so mächtig um die Seele eines anderen Menschen gekämpft! Im Frühling war Amy bettlägerig geworden: sie konnte nicht mehr von ihrem Bett aufstehen, und Julia verbrachte jede wache Stunde an der Seite ihrer Mutter. Zu Beginn des Sommers war Amy ins Krankenhaus gebracht worden, ins Harlem Hospital, aber es war schon, sagte Martha, zu spät. Der Tod tritt in ein Gesicht ein und sitzt dort, in der Stirn, in den Backenknochen, den Lippen, und überschwemmt, wie Blut oder Wasser, das Innere der Augen. Das Auge scheint umwölkt, aber es blickt auch gerade heraus, es ist ein Feuer im Zentrum der Wolke. Julia war tatsächlich bis auf die Haut abgemagert, aber der Tod war nicht bereit, sie statt ihrer Mutter zu nehmen: unauslöschlich saß das Leben in Julias Gesicht, und ihre Augen bezeugten die wilde, getriebene Reue der Lebenden.

Sie saß den ganzen Tag lang im Krankenhaus, und manchmal die ganze Nacht. Sie wusch den Körper ihrer Mutter – sie hätte ihn mit der Zunge saubergeleckt, wenn sie gekonnt hätte. Deshalb war noch niemand auf die Idee gekommen, daß sie ihrem geistlichen Amt entsagt hatte. Sie war unseren täglichen Sorgen weit entrückt, sie rang auf heiligem Boden.

Und auch dies ist wahr: Florence gestand, mit Tränen in den Augen: *Sie ist ein Engel, jetzt. Zu spät. Was geschehen ist, kann man nicht ungeschehen machen.* Und: *Nie hätte ich gedacht, daß ich um dieses arme Kind weinen würde*, Paul äußerte sich lakonischer, aber Julia war nun eben noch ein Kind – und sie mußte jetzt entdecken, was es hieß, ein Kind zu sein.

Jimmy jedoch verabscheute seine Schwester schlicht, und er sprach nicht mehr mit seinem Vater. Er verbrachte die meiste Zeit auf der Straße, im Kino, in den Parks, fing an zu stehlen, zu rauchen, sich auf den Subway-Toiletten knutschen und einen abwichsen zu lassen; und saß jeden Abend im Harlem Hospital auf der Bank, wartend, daß seine Schwester ihn zu seiner Mutter vorließ.

Er sprach nie ein Wort. Martha machte sich zu seiner Mittlerin. Wenn er kam und seine unsägliche Wache antrat, ein paar Schritt von der Tür entfernt, hinter der er seine Mutter wußte, ging Martha an Amys Bett – Amy lag hinter einem Paravent – und flüsterte: «Ihr Sohn ist da.»

Julia erhob sich dann wortlos, und ebenso Joel, wenn er anwesend war. Julia ging einfach hinaus und schien Jimmy nicht zu sehen, der sich weigerte, sie zu sehen. Manchmal wartete Joel draußen, aber er hatte keine wirkliche Autorität mehr über seinen Sohn – obwohl Jimmy erst zwölf war –, und er konnte Jimmy nicht in die Augen sehen.

Jimmy blieb sitzen, bis seine Schwester und sein Vater an ihm vorbeigegangen waren.

Sein Vater sagte vielleicht: «Ich möchte dich nachher zu Hause sehen», und Jimmy reagierte vielleicht, vielleicht auch nicht – in jedem Fall aber nur mit den Augen – und lief dann zu seiner Mutter. Auch dann sagte er nicht viel – außer wieder nur mit seinen Augen, die jeden Schatten der über das Gesicht seiner Mutter glitt, zu registrieren schienen –, aber er beantwortete alle ihre Fragen oder schien es doch zu tun. Sein tapferer Versuch, aufrichtig zu sein, zwang ihn manchmal, ausweichende Antworten zu geben. Amy durchschaute es und neckte ihn, und manchmal blickte sie düster vor sich hin, so kämpfte sie um einen Weg, ihm irgend etwas zu sagen. Aber immerhin *konnte* sie ihm etwas sagen oder wußte doch, daß er es herausfinden würde. Sie wußte, daß ihre Mutter ihn holen, ihn den Händen ihrer Tochter und ihres Mannes entreißen würde. Und ihrem Mann schien sie nichts, nichts mehr zu sagen zu haben: *aber* ihrer Tochter hatte sie etwas zu sagen.

Eines Nachmittags, an einem Sonntag, als Julia allein bei ihr war, versuchte sie es.

«Wie geht's deinem Vater jetzt immer?»

Julia hatte auf der Bettkante ihrer Mutter gesessen, hatte auf den Boden gestarrt. Jetzt blickte sie auf.

«Meinem Vater?» Sie lächelte. Aber dann hatte sie das Gefühl, daß ihr Gesicht in diesem Lächeln erstarrt war. Als Kinder hatten sie immer zu hören bekommen, sie dürften keine Fratzen schneiden, sonst käme der Teufel und dann würde das häßliche Gesicht für immer bleiben. Sie versuchte ihr Gesicht zu entspannen und das Lächeln loszuwerden.

Sie sagte: «Er macht sich Sorgen um dich, Mama, aber abgesehen davon, geht es ihm gut.»

«Pah», sagte Amy. «Nicht nötig, sich um mich Sorgen zu machen.»

Sie senkte den Blick und spielte mit ihren dünnen Bettüchern. Sie schaute auf den Paravent, dann senkte sie die Stimme.

«Wirst du mit der Arbeit des Herrn fortfahren? Wirst du fortfahren zu predigen?»

«Wieso ...» sagte Julia und sah ihre Mutter an. Ihre Kehle wurde eng, ihr Mund trocken – sie wußte plötzlich nichts zu sagen.

Doch Amy nickte, als hätte Julia die Frage beantwortet.

«Ich möchte, daß du eines weißt», sagte Amy. «Auch wenn ich es vorher nicht wußte, und wenn ich nie wieder in der Lage sein werde, es dir zu sagen – ich habe etwas über den Willen des Herrn herausgefunden.» Sie lächelte. Dieses Gesicht, wie Pergament, straffte sich, die Zähne sprangen vor: mit einer zerbrechlichen und zugleich mächtigen Klaue umfaßte sie Julias Handgelenk. «Vertraue auf den Willen des Herrn. Wenn dich Unglück trifft, gib nicht dem Herrn die Schuld. Gehe nur, wohin er dich schickt.» Sie lehnte sich zurück in ihr verknülltes Bettzeug. «Gib acht auf deinen Bruder – er ist mein Herz. Ich dachte immer, er sei eifersüchtig auf dich. Ich irrte, wie man nur irren kann.» Sie ließ Julias Handgelenk fahren; Julia vermißte die Berührung ihrer Mutter. Amy sah zu ihr auf. «In Wahrheit verhielt es sich genau umgekehrt.» Jetzt sah sie mit einem fast haßerfüllten Blick zu ihrer Tochter auf, und Julia fing an zu weinen.

Amy beobachtete sie aus ihrer seltsamen, uneinnehmbaren und doch irgendwie triumphierenden Ferne – sie machte keine Anstalten, sie anzurühren. Aber als Julia aufsprang und taumelnd, bebend vom Bett zum Fenster ging, sagte Amy: «Der Herr wird mich sehr bald von dir fortholen, und ich glaube, ich bin bereit zu gehen.» Sie musterte Julias Rücken. «Komm wieder her», sagte sie. «Komm hierher.»

Julia, immer noch weinend, kam ans Bett ihrer Mutter. Sie war tränenblind und entsetzt und ganz und gar allein, aufrecht gehalten nur durch einen eisigen Wind – und aus diesem Wind sprach die Stimme ihrer Mutter zu ihr.

«Spare dir deine Tränen, Tochter. Du wirst sie noch brauchen. Höre auf, für *mich* zu fasten und zu beten – du meinst es nicht ehrlich, und der Herr weiß es; er hat noch nie ein Opfer angenommen, das kein wirkliches war. Glaubst du, der Herr sieht nicht in dein Herz? Wenn *ich* doch sehe? Schluß mit den Tränen und setz dich hin.»

Julia setzte sich auf das Bett. Wieder griff Amys Hand nach ihrem Handgelenk, ihre Hand war heiß wie Feuer, und sie machte den kalten Wind noch kälter. Durch einen eisigen Sturm, in dessen Zentrum ein Feuer glühte, beobachtete sie das Gesicht ihrer Mutter.

«Fang du *heute* noch an zu fasten und zu beten – für deinen Vater und für *dich*. Der Herr ist nicht zufrieden mit euch. Er wird es euch beide wissen lassen. Ja, glaubst du denn, du könntest den Herrn zum Narren halten? Vielleicht konntest du *mich* zum Narren halten. Aber ich *wollte* mich zum Narren halten lassen! Glaubst du denn, der Herr sieht es nicht? Wenn sogar *ich* es sehe!»

Und sie schleuderte die Hand ihrer Tochter von sich, es war ein Fluch. Sie sank aufs Bett zurück und raffte die Laken enger um sich.

«Geh nach Hause, Tochter», sagte sie. «*Lauf*. Zieh die Vorhänge zu und falle auf die Knie. Und vergiß nicht, daß du einen Bruder hast. So wirst du des Herrn Vergebung erlangen.»

Dann verbarg sie ihr Gesicht vor den Augen ihrer Tochter, sie bedeckte ihr Gesicht – wie Hiskia drehte sie ihr Gesicht zur Wand.

Julia wandte sich ab, ging um den Paravent herum, dann durch die eisige Krankenstation, den eisigen Flur und die eisigen Stufen hinunter in die grellen Sonntagsstraßen hinaus.

Sage der verworfenen Tochter und dem verlorenen Sohn, sie werden den Heimweg finden, wenn sie laufen!

Nie hatte sie ihren Vater gemieden, nie hatte sie gefürchtet, mit ihm allein zu sein: doch jetzt, einige Tage nach Amys Begräbnis, allein mit ihm in der Wohnung, da hockte die Angst in ihrem Leib und schnürte ihr die Kehle zu.

«So», sagte er, «jetzt sind nur noch wir beide übrig.»

Er hatte ein Foto von Amy betrachtet, das er jetzt, zusammen mit anderen Andenken, in einen Karton legte – sie waren damit beschäftigt, Amys Sachen wegzuräumen.

Julia hatte einen Bademantel an, die Haare mit einem alten schwarzen Tuch aufgebunden.

Sie hatte alte graue Pantoffeln an den Füßen und war so müde, daß sie in Ohnmacht zu fallen meinte.

Er war im Unterhemd und trug eine alte schmutzige blaue Arbeitshose. Plötzlich setzte sie sich aufs Sofa, und er drehte sich um und schaute sie an.

Er sagte ganz sanft: «Ich weiß, wie du dich fühlst, Tochter ... bedenke nur, wie *ich* mich fühlen muß. Aber wir müssen praktische Dinge besprechen.»

Sie legte den Kopf in die Hände und sagte: «Oh, Daddy, nicht heute.»

«Ich denke, es ist das beste», sagte er, als hätte er es nicht gehört, «wenn du gleich wieder auf die Kanzel gehst. Du hast lange nicht mehr gepredigt – die Leute fragen mich dauernd nach dir, Mädchen. Wir haben Kirchen auf der Liste stehen – für mehr als ein Jahr! Es wird dir helfen, all den Kummer von deiner Seele abzuwerfen. Du wirst sehen. Darum hat deine Mutter gebetet, als sie von uns ging – es waren ihre letzten Worte, die sie an mich richtete. Sie war immer so stolz auf dich.»

Er ging in die Küche und schenkte sich ein Gläschen Wein ein, dann kam er zurück und stand am Fenster, mit dem Rücken zu ihr.

«Also, ich fange morgen an, feste Termine zu vereinbaren – oder vielleicht schon heute nachmittag, warum nicht? Wir könnten nächsten Sonntag anfangen, das ist nicht zu früh. Wir könnten in Bischof Pritchards Kirche in Philadelphia anfangen, erinnerst du dich, das ist ein großer, *bedeutender* Tempel – was hältst du davon?»

Julia sagte zwar immer, sie hätte bei Sister Bessies Begräbnis gewußt, daß dies ihre letzte Predigt sei, aber ich frage mich, ob sie tatsächlich vor diesem Moment bereits eine bewußte Entscheidung über ihre Zukunft als Evangelistin gefällt hatte. Ich zweifle nicht daran, daß ihre Entscheidung in den Tiefen ihres Herzens bereits getroffen war, aber ich glaube, es geschah erst jetzt, daß diese Entscheidung sich so erbarmungslos und unabänderlich offenbarte – dem Diktat ihres Willens oder der Bequemlichkeit ihres Vaters entzogen. Und was das betraf, so dachte sie erst jetzt und zum allerersten mal über die Bequemlichkeit ihres Vaters nach – es war seine Haltung, wie er so am Fenster stand, mit dem Rücken zu ihr, sein Gläschen Wein in der Hand. Die Form seines Schädels, sein gelocktes Haar zeichneten sich in das Tagesgrau hinein, das gegen die Fensterscheibe drängte. Und die breiten, knochigen Schultern, die Haare und die Knochen an seinem Nacken, das dünne, schmutzige Unterhemd, die Haare in seinen Achselhöhlen, der breite schwarze Gürtel um seine Hüften, sein schmaler Hintern, seine langen, drahtigen Schenkel und Beine – all das barg ein Geheimnis, an das sie vorher nie gedacht hatte, das sie ängstigte. Sie sah sich plötzlich mit einem Fremden im Zimmer: sie spürte, daß ihre Mutter zuschaute, sie, die den nackten Körper dieses Fremden gekannt hatte.

Joel drehte sich um und sah sie an – mit einem leisen Lächeln, einem Lächeln, das sie zum erstenmal sah. Julia stand auf.

«Nein», sagte sie.

«Nein? Nein – *was*?»

Ihre Kehle verengte sich, sie konnte nicht antworten.

«Nein», sagte sie noch einmal und vergrub die Hände in den Taschen ihres Bademantels. Es verlangte sie, zu ihrem Vater zu laufen; es verlangte sie, aus dem Zimmer zu rennen. Sie begriff, daß sie nirgendwohin laufen würde, es war zu spät zum Weglaufen.

«Ich versteh dich nicht, Mädchen. Was sagst du da?»

«Ich werde nicht mehr predigen», sagte sie. «Nie, nie, nie wieder.»

Er stellte sein Weinglas auf den Tisch vor dem Sofa.

Wieder lächelte er.

«Du bist durcheinander, meine Tochter ... meinst du, ich weiß nicht, wie dir zumute ist? *Ich* weiß, wie dir zumute ist. Aber du wirst drüber wegkommen. Du *mußt* drüber wegkommen. Ich blikke nach vorn und werde diese Termine vereinbaren, und du wirst sehen, ich habe recht. Und du, Tochter, gehst jetzt hinauf und ruhst dich etwas aus – du bist durcheinander, das ist alles, und du weißt nicht, was du sagst.»

«*Doch*, ich weiß, was ich sage!»

Aber ihre Stimme war ohne Überzeugung, und um die Sache noch schlimmer zu machen, fing sie an zu weinen.

Er ging auf sie zu, und um seiner Berührung auszuweichen, kauerte sie sich auf dem Sofa zusammen, ihm den Rücken zukehrend, weinend. Er streichelte ihr mit der Hand über den Hals. Sie roch seine Achselhöhlen und den Wein in seinem Atem.

«Mein kleines Mädchen», sagte er, «wir haben eine Menge zu tun, und zwar bald. Du gehst jetzt hinauf und ruhst dich aus, und ich kümmere mich um die Geschäfte.»

Sie stand wieder auf und entfernte sich von ihm zum Fenster hin.

Sie blickte auf die Rückseiten anderer Häuser, in eine unerträgliche Sehnsucht und Furcht hinaus. Sie dachte: *ich bin erst vierzehn.* Sie wunderte sich, wieso sie das dachte. Ihr Vater beobachtete sie, und sie zitterte. *Ich bin erst vierzehn. Ich kann nirgendwo predigen, nie wieder. Warum?* Sie wußte es nicht.

«Daddy», sagte sie, «ich bin mit dem Predigen fertig. Der Heilige Geist hat mich verlassen.»

Sie spürte, während er ihren Rücken anstarrte, wie seine zornige Ungeduld wuchs, und wieder wäre sie am liebsten aus dem Zimmer gerannt.

«*Mir* hast du immer gesagt», sagte er, «daß der Heilige Geist niemals eines seiner Kinder verläßt.»

«Aber man kann sich am Heiligen Geist versündigen», sagte sie. «Man kann eine Sünde begehen, die nicht vergeben wird.»

Er schwieg.

«Sünde?»

Dann, noch einmal: «Sünde?»

Dann: «Von was für einer Sünde redest du?»

Sie schwieg, weil sie wußte, daß sie das falsche Wort gewählt hatte – gleichzeitig kalkulierte sie, wie sie sein flüchtiges Mißverständnis zu ihrem Vorteil nutzen konnte.

Er kam zu ihr und faßte sie grob an den Schultern und drehte sie zu sich herum.

«Welche Sünde? Was hast du getan?»

«Es ist nicht», sagte sie entsetzt, «eine Sünde des Fleisches.»

«Hast du eine Dummheit gemacht ... einer von den Jungen, die hier aus und ein gehen?»

«Nein.»

«*Welche* Sünde?»

«Hochmut.»

Er lachte. «Geh hinauf und schlaf ein wenig. Dann bist du wieder klar im Kopf. Du hast deine Mama verloren, mein Liebling, aber du hast noch deinen Daddy. *Ich* weiß, wann du müde und durcheinander bist.»

«Du verstehst mich nicht ... bitte, versuche mich zu verstehen.» Und wieder begann sie zu weinen, mit einer stillen Hilflosigkeit, die ihn aufhorchen ließ.

«Ist es ein Junge, mein Liebling, der dir den Kopf verdreht hat? Es mußte ja eines Tages passieren ... und ich dachte, *ich* bin dein Mann!» Und er lachte – sein leises, leichtes Lachen – und hielt sie bei den Schultern.

«Nein. Nur ... ich ...» und jetzt staunte sie, staunte über das, was sie sagte, fühlte einen eisigen Wind ihr ins Gesicht wehen, während sie gleichzeitig wieder den Wein in seinem Atem roch. – «Ich glaube es nicht – ich glaube nicht – ich glaube nicht ...» und sie starrte ihren Vater an.

«Du sagtest, du bist zum Predigen berufen ... *du* sagtest, Gott habe dich zum Predigen berufen, *du* glaubst nicht? Und *uns* hast du zum Glauben geführt!»

«Ich *habe* geglaubt! Ich *habe*! Aber ... jetzt ...»

Sie starrte ihren Vater an, er starrte sie an: keiner von beiden konnte eine Bewegung machen.

«Und jetzt? Jetzt? Jetzt ... *was*?»

Sie starrte in seine Augen, es war wie zum erstenmal, sie fing an zu zittern, er packte sie fester an den Schultern, sie fühlte, wie sie in seinem Atem ertrank.

«Wenn du nicht diese Tour durch die Kirchen machst, Mädchen – was werden wir dann essen? Sag mir das. Du weißt, wieviel Geld *ich* verdiene ... du hast diesen Haushalt in Schwung gehalten. Willst du jetzt deinen Vater zum Bettler machen?»

Wie in einem Alptraum, wenn das namenlose Entsetzen heranschleicht und der Träumende sich nicht rühren kann, starrte sie in die Augen ihres Vaters.

«Du hast es doch immer gern gesehen, wenn ich elegant und hübsch war – ja, ich weiß es. Was meinst du damit, wenn du sagst, du glaubst nicht mehr? Glaubst du nicht mehr an mich?»

«Ich hab es für dich getan», sagte sie – und hörte sich selbst nicht, wußte nicht, was sie sagte.

«Dann tu es weiter für mich. Jetzt sind beide übrig.»

Seine Arme hatten sich enger um ihre Schultern gelegt. Sie wollte ihre Arme um ihn legen und ihn an sich ziehen, wie sie es immer getan hatte – wie sie es getan hatte, als ihre Mutter noch lebte. Damals hatte sie sich sicher gefühlt.

Aber er war ihr Vater – noch immer ihr Vater. Sie zwang sich, ihm zu vertrauen, und sie legte ihre Arme um ihn. Seine Arme umschlossen sie enger, und seine Bartstoppeln streiften ihre Wange.

«Tu's doch einfach weiter für mich», sagte er. «Glaube du weiter an *mich*, wir werden sehr glücklich sein, wir werden herrlich und in Freuden leben.» Er preßte sein Gesicht an ihre Schulter, streichelte das Tuch, das ihr Haar bedeckte. «Niemand wird es je erfahren, Baby, du würdest überrascht sein – es geschieht jeden Tag. Die Liebe ist etwas Schönes, mein Liebling; ich glaube, in jedem Mann gibt es etwas, das seine Tochter zur Frau machen will.» Sie spürte, wie sein Geschlecht steif wurde gegen sie, und irgendwie riß sie sich los, irgendwie war sie sich des grauen Fensters hinter ihr und der sehnsuchtsvollen Häuser schrecklich bewußt. Kein Ort, wohin sie flüchten, kein Ort, wo sie sich verbergen konnte. Sie stieß das Weinglas um, und der Weingeruch, der Schrei, den sie nicht ausstoßen konnte, sprengten ihr fast das Gehirn. Sie fiel auf das Sofa, und er fiel auf sie. Noch immer konnte sie nicht schreien. Sie wußte, daß irgend etwas in ihr dies immer gewollt hatte, aber nicht dies, nicht dies, und nicht so. Sie wollte sagen: *Bitte. Bitte, warte,* aber er grunzte mit leisem Gelächter:

«Du und der Heilige Geist, ihr zwei wart *lange genug* hinter meinem Arsch her; du hast mich gewollt, du bekommst mich.»

Sie machte eine letzte Anstrengung, sich zu erheben, aber er stieß sie zurück; sie hörte seinen schweren Gürtel auf den Boden fallen. Eines wußte sie klar – dies hatte sie nie gewollt: diese Raserei, diesen Haß. Sie hatte immer seine Liebe gewollt. Sie hatte, ja, sie selbst hatte diesen Moment herbeigeführt – ja, das hatte sie, aber nicht *diesen* Moment. Er drückte sie mit der einen Hand nieder, während er das eine Bein aus seiner schmutzigen blauen Arbeitshose zog. Sie versank in ein Schweigen, das weit wirklicher war als das Schweigen des Grabes. Er deckte sie ganz zu – sie hörte wie aus weiter Ferne sein Stöhnen. Er schob beide Hände unter ihre Hüften und stieß. Nicht einmal, als die große, schwere, bluterfüllte Waffe, die ihr das Leben gegeben hatte, in sie hineinstieß, vermochte sie einen Laut von sich zu geben. Jeder Stoß seines Penis schien ihr das Leben zu nehmen, das er ihr gegeben hatte, stieß den Schmerz tiefer in sie hinein – in eine Tiefe, zu der keines Mannes Geschlecht je vordringen konnte, eine Tiefe, die zu finden sie viele Jahre brauchen sollte, eine Tiefe, die tiefer war als das Wunder des Schoßes, tiefer fast als die Liebe, die Erlösung ist.

Drittes Buch
Der Gospelsänger

Wirket, es kommt die Nacht

In einer kleinen Stadt in Tennessee beenden Peanut, Red und Crunch und Arthur eben ihr letztes Stück: *Still, still, jemand ruft mich bei meinem Namen.* Crunch singt bei diesem Lied die erste Stimme, Arthur begleitet ihn. *Oh,* singt Crunch, *du magst nach deiner Mutter rufen, aber,* singt Arthur, *deine Mutter hilft dir nicht!* Peanut sitzt am Klavier, Red stöhnt: *Oh, mein Gott. Oh, mein Gott. Herr, was soll ich tun?*

So, genau, ist ihnen zumute.

Die letzte Kollekte ist eingesammelt und rausgetragen worden, Gott weiß wohin. Sie bangen um ihre Bezahlung – denn sie werden nicht immer bezahlt –, aber sie tarnen diese Bangigkeit mit ihrem jugendlichen Lächeln: einem Lächeln, das jugendlicher ist, als sie ahnen, weshalb sie auch nicht immer bezahlt werden. Sie sind nie zuvor im Süden gewesen. Nashville gefällt ihnen eigentlich nicht, aber es sieht wenigstens wie eine Stadt aus. Dies hier ist ein Städtchen, etwa zwanzig Meilen von Nashville entfernt – nicht weit, wenn man sie nicht laufen muß.

Sie sind in den Händen eines Mr. Clarence Webster, eines schwarzen Musiklehrers, etwa siebenundvierzig Jahre alt, der ihr von Harlem aus operierender Impresario ist. Sie spüren undeutlich, daß er nie zuvor als Impresario gearbeitet hat, und ebenso undeutlich spüren sie, daß er hier unten im Süden mehr Angst hat als sie. Das ist bedrückend, denn Mr. Webster ist im Süden geboren, und er kennt ihn besser als sie. Und doch kann jeder Weiße ihn dazu bringen, ein Lächeln zu lächeln, bei dem er aussieht, als hätte er kalten Haferschleim auf der Zunge, oder genauer gesagt, kalte Maisgrütze, die keiner von ihnen je wieder essen wird, falls er je wieder hier rauskommt. Oh, wie er lächelt! Und wie stolz er ist auf seine Jungen, die er allein von der Straße aufgelesen und zu ihrem jetzigen Ruhm geführt hat! Sie können es nicht ausstehen, von ihm ‹Jungen› genannt zu werden. Kurz, sie können Mr. Webster nicht ausstehen. Aber im Norden oben, da hatten sie ihn ganz gern, und er ist auch kein schlechter Lehrer. Um so erschreckender ist seine Einstellung den Schwarzen gegenüber, denn er scheint sie zu verachten, weil sie nie den Mut aufgebracht haben, in den Norden zu ziehen. Diese wiederum, obwohl sie Freunde und Verwandte im Norden haben, scheinen ihn zu verachten, weil er nicht den Mut hatte, im Süden zu bleiben.

Die Jungen können diesen ätzenden Wortwechseln nicht folgen, sie spüren irgendwie, daß sie im Zentrum dieses Sturms sind.

Der Pastor hat den Segen gesprochen, und die Jungen, der Chor und die Gemeinde haben zusammen *Gott sei mit dir bis zum Wiedersehen* gesungen.

Die älteren Damen mit ihren erstaunlichen Hüten und Broschen und ererbten Schmuckstücken und mit einem Lächeln, so zwingend wie die Sonne, segnen die Jungen für ihren Gesang – und ebenso tun es die jüngeren auf eine andere Art. Der Pastor, der Diakon, der Prediger dieses Morgens, die zu Besuch weilenden Prediger, alle in den gleichen traurigen Anzügen mit passender Krawatte und weißem Hemd, sind herzlich und fröhlich und unvergleichlich distanzierter – sie stellen die Jungen vor die Wahl, sich als Komplicen oder Parias zu fühlen.

In Harlem wußten sie, wo sie waren, und sie waren stolz darauf, älter zu werden – jede neue Entdeckung erprobten sie miteinander. Hier sind sie mit der verheerenden Realität ihrer Jugend konfrontiert. Hier beginnen sie erstmals zu ahnen, daß die Welt kein Mitleid kennt und sie keine Waffen haben. Sie haben nur einander, und vielleicht schon bald nicht einmal mehr das.

Jetzt steigen sie alle die Stufen zum Keller der Kirche hinunter, wo die Frauen der Gemeinde ein Festessen vorbereitet haben. In dieser Zeit seines Lebens ist Arthur immer hungrig, und sein Magen knurrt, während er weiter lächelt. Wenn er nicht mehr lächeln kann, wird er stöhnen. Eine junge Schwester, Sister Dorothy Green, geht neben ihm die Treppe hinunter. Sie ist so angezogen, wie sie glaubt, daß sich die Mädchen im Norden anziehen. Sie hat nicht ganz unrecht. Die Mädchen im Norden *haben* sich mal so angezogen, vor einiger Zeit.

Arthur entwickelt, ohne es zu wissen, historisches Bewußtsein.

«Wie gefällt dir unsere Stadt?» fragt Sister Dorothy Green.

Crunch geht gleich hinter ihnen, mit einer anderen Sister, hübscher natürlich als Sister Dorothy Green, und scheint keinerlei Schwierigkeiten zu haben. Sie sind in der hallenden Tiefe des Treppenhauses angelangt, sind jetzt im Kellergeschoß der Kirche. Es ist weitläufig und tief, und: *schön* – das ist das Wort, das Arthur in den Sinn kommt –, denn das Licht fällt durch die Kellerfenster ein wie die unermeßliche Liebe Jesu und segnet all die Tische, die weiß gedeckt und mit Speise für die Hungrigen beladen sind; und die vielen warmen Düfte verheißen Geborgenheit. Hier kann niemandem Leid geschehen. er blickt zurück. Peanut und Red stehen oben auf der Treppe, umringt von älteren Schwestern.

Er sucht nach Clarence Webster, aber Webster sitzt schon, umgeben von Schwestern und Diakonen, am Tisch und konzentriert sich auf die Biskuits, das Hühnchen, den Reis, die Sauce, die Yamwurzeln, den Schinken, die Ananas und das Apfelmus.

Arthur hat Sister Dorothy Greens Frage nicht beantwortet.

«Ach so ... ich weiß eigentlich nicht», sagt er dümmlich.

Klar, daß er's nicht weiß. «Ich ... wir ... sind erst heute morgen angekommen. Aber es ist eine hübsche Stadt.»

«Hübscher als die Städte im Norden, nicht? Sag mir die Wahrheit.»

Er hat noch nie ein so beharrliches Lächeln gesehen. Er denkt es nicht bewußt – es ist nicht so, als drängte sich ihm der Gedanke auf –, aber das Lächeln macht ihm seine Jungfräulichkeit bewußt, und alle Haare an seinem Körper beginnen zu jucken. Schweiß perlt an seinem Haaransatz hervor. Er sieht sich nach Crunch um, der verschwunden ist. Unbarmherzig führt Sister Dorothy Green ihn an einen Tisch.

Webster ißt und ißt, und Arthur ekelt sich vor ihm. Er ist umringt von Schwestern und Brüdern. Peanut und Red sind es ebenfalls. Was Crunch betrifft, so hat er sich wahrscheinlich schon lange mit *seiner* Kirchenschwester davongeschlichen und treibt es mit ihr irgendwo in einem anderen Kellerraum.

«Ich kenne eigentlich keine anderen Städte im Norden», sagt er. «Ich bin in Harlem geboren.»

«Oh. Hier ist's aber schöner als in Harlem, nicht?»

«Nun ja», sagt Arthur hilflos, nach einer Pause, «sicher ist es hübscher als Harlem. Es ist *sauberer* –» aber als er dies sagt, kommt er sich wie ein Verräter vor.

Er ärgert sich ein bißchen über Sister Dorothy, und er schaut sie zum erstenmal an.

Sie ist kein hübsches Mädchen, aber sie ist auch kein häßliches Mädchen; sie ist nicht viel älter als er – vielleicht achtzehn, neunzehn. Ihre Haut hat die Farbe von Ingwerschnaps, und sie hat sandfarbenes, krauses Haar: Als er sie anschaut, fällt ihm auf, daß ihre Augen grün sind – wie die Augen von Scarlett O'Hara in *Vom Winde verweht*. Irgendwie, er kann nichts dafür, sind ihm ihre Augen – oder vielmehr die Farbe ihrer Augen – gründlich zuwider. Ausgehungert wie er ist, vergeht ihm der Appetit, je näher sie an den Tisch kommen. Unsinnigerweise beginnt er Crunch zu hassen, der die Idee hatte, hierherzukommen.

Und er wünscht sich, ich wäre dabei. Er fragt sich (er fragt es sich jeden Tag), ob ich noch am Leben bin. Dann ist er ganz froh, daß ich nicht dabei bin.

Er wird mir später davon erzählen – falls er jemals hier rauskommt, falls ich noch am Leben bin.

Irgendwie gibt seine Panik ihm eine gewisse Kraft.

Dorothy placiert ihn an einen Tisch.

«Du bleibst sitzen», sagt sie. «Ich werde dich bedienen. Was möchtest du?»

«Alles», sagt Arthur und blickt grinsend zu ihr auf.

Das Grinsen reißt irgendwie die Distanz zwischen ihnen ein. Sie grinst ebenfalls, und ihr Grinsen ist schelmisch und verheißungsvoll. Auf einmal wird sie für Arthur eine Erscheinung, sie tritt völlig heraus aus ihrem krausen, geglätteten, sandfarbenen Haar, ihrem Pillenschachtelhütchen, ihrem beigen Kostüm, ihren grünen Augen. Sie stellt ihre Handtasche auf den Tisch.

«Paß darauf auf», sagt sie. «Ich bin gleich wieder da.»

«Ich bin aus Harlem», sagt er, «du weißt doch! Ich könnte sie stehlen.»

«Ich warne dich», sagt sie, wieder mit diesem Grinsen. «Und glaube mir, da ist nicht viel zu stehlen.»

Er hört ihren Akzent, hört ihn zu erstenmal, ohne Furcht und beginnt sie gern zu haben, während sie in einer Wolke von Zeugen entschwindet.

Er sieht sich um. Der Kirchenkeller ist geräumig und niedrig. Ich erinnere mich dunkel an die Tage in Harlem, als Father Divine die Hungrigen speiste. Und die Geschichte wird zeigen, Baby, daß er es wirklich tat. (Niemand hat es seither getan, nicht einer von diesen mürrischen Scheißkerlen, die seither in alle möglichen Ämter eingesetzt wurden – nicht einer. Und möge die Überlieferung auch bezeugen, daß ich, wenn ich das Volk, das ich liebe, nicht lieben würde, gar nichts dagegen hätte, diese unsagbar widerwärtigen mediokren Gestalten, die den amerikanischen Staat regieren, in die Ewigkeit zu sprengen – und ihnen dort zu begegnen.) Nun ja. Arthur ist zu jung. Er hat keine Möglichkeit, sich an den geräumigen, niedrigen Keller der Kirche wieder zu erinnern. Er weiß nicht, was es kostet – das Blut, mit dem so etwas erkauft wird, die Mühe, der Schweiß und die Gefahr, mit der es aufgebaut wird, die Leiden, die es erhält. Er weiß nicht, wieviel Geist für das Kochen und Backen, das Braten und Schmoren, für das Aufwaschen draufgeht – wie schwer es ist, sich selbst jeden Tag zu säubern, wie schwer es ist, Nahrung zu finden und zuzubereiten. Er fühlt sich nur auf geheimnisvolle Weise warm und beschützt. Die Stimmen um ihn her, mag der Akzent noch so fremd sein, geben ihm irgendwie Sicherheit. Er sieht sich um. Keinen dieser Menschen hat er schon einmal gesehen; und doch kennt er sie seit jeher. Er beobachtet Webster. In Harlem wirkt Webster sehr elegant und hip, weder alt noch jung. Hier hat er überhaupt kein Alter. Undeutlich, undeutlich beginnt Arthur etwas zu ahnen: bei all dem ätzenden Gerede über die *Citys* des Nordens und die Städte des Südens, bei dem eigentlich immer die Jungen der Mittelpunkt und der unerträglich bedrohte Preis waren, gab es eine Verbindung, so tief wie jene unausgesprochene Verbindung zwischen ihm und Peanut und Crunch und Red, wenn sie sangen. All das geschah in der Zeitspanne eines Augenzwinkerns, eines Takts, einer Pause – einer unausgesprochenen Frage, die sie von einem Moment zum anderen geleitete. Er denkt an seinen Vater und an seine Mutter, er denkt an mich. Er fragt sich – jetzt wirklich zum erstenmal –, wie er denn ohne uns leben könnte, ja leben konnte: Und das Staunen kehrt sich plötzlich brutal um: *das* ist der Grund, warum wir ihn schlugen und badeten und ausschimpften, ihn so behandelten, daß er uns manchmal hassen und manchmal sich miserabel vorkommen müßte – wir lieben ihn. Wir lieben ihn. Wir fragen uns auch, wie wir denn ohne *ihn* leben könnten. Wieder sieht er sich in dem Kirchenkeller um – und er sieht etwas, zum erstenmal. All diese Schwestern ... und all der fröhliche Lärm, eine Wärme, so gefährlich wie der Blitz und so behaglich wie ein Ofen, erfüllt den Raum. Lachen klingt auf, Klatsch und Tratsch blühen – verdecken für den Augenblick den unendlichen Kummer und die Gefahr. Er sieht – sieht aber auch nicht – die geschwollenen Knöchel, die Plattfüße, die emsigen, knorrigen Finger, sieht, wie sie den Diakonen das Essen servieren, wie sie ihre Hilflosigkeit leugnen, mit einem Lachen die Verzweiflung abwehren. Er beobachtet die Gesichter der Männer – bitterer im ungeschützten Augenblick als die der Frauen, und im gleichen Augenblick unschuldiger, vertrauensvoller. Er staunt, und Dorothy kommt zurück und bringt:

«Alles!» sagt sie triumphierend und stellt seinen Teller vor ihn hin.

«Willst du nichts essen?» fragt er sie.

«*Ich* muß auf meine Taille achten», sagt sie. Der Blick, mit dem er darauf reagiert, bringt sie zum Lachen. «Ich nasche ein bißchen von deinem Teller – ich möchte nur einen Hühnerflügel. Was willst du trinken?»

Jetzt bringt *ihr* Blick *ihn* zum Lachen.

«Eine Pepsi-Cola?»

«Eine Sekunde, Mister», sagt sie und wirbelt wieder davon.

Und wieder sieht er sich um. Red und Peanut sitzen an einem entfernteren Tisch mit etwas älteren Schwestern. Crunch ist nirgendwo zu sehen. Er ist sich bewußt, auch wenn das Wort ihm nicht kommt, daß er eine Eroberung gemacht hat – *die Kleine mag dich, Mann* –, man wird von ihm erwarten, daß er später davon erzählt, wie die anderen es tun. Aber er hat ihren Berichten nie geglaubt: das wird ihm jetzt zum erstenmal klar. Und zum erstenmal ahnt er auch dunkel, daß es ihn nicht danach *verlangt*, Sister Dorothy Green in irgendeine dunkle Ecke zu führen und die Hände unter ihr Kleid zu schieben und dann, hinterher, darüber zu reden – es *verlangt* ihn nicht danach, es zu tun. Er hat dann und wann seinen Steifen, und er hat mit der Wichserei angefangen – ohne ein Ziel in seinen Gedanken, seine Gedanken sind dabei blind wie ein Stein. Er hat einen Frömmigkeitskomplex – vielleicht ist das die beste Art, es auszudrücken. Er ist voll des Staunens. Er weiß nichts über andere: er weiß, daß er nichts weiß. Die Liebe hat ihm noch kein Bild gezeigt – keinerlei Bild. Der Mann, der ihm an jenem fernen Tag einen blasen wollte, ist auf dem Grund eines Brunnens gefallen, ja, noch tiefer: diese Vergewaltigung, dieser Schreck, diese Demütigung ist von jedem Gedanken an Liebe so weit entfernt wie Kansas von Alaska. Und doch wächst ein Verlangen in ihm, ein quälendes Verlangen, ohne Namen, ohne Objekt. Er beginnt sich einsam zu fühlen – wir, die wir ihn lieben, genügen ihm nicht.

Für den Augenblick genügt der Gesang – genügt beinahe: Alles oder fast alles geht in den Gesang.

Trotzdem spürt er seinen Schwanz steif werden, als Dorothy jetzt an den Tisch zurückkommt; die Pepsi-Cola trägt sie wie eine Opfergabe vor sich her. Und er empfindet die Nichtigkeit des sehr jungen Mannes.

Sie setzt sich und lächelt.

«Wie hättest du denn deinen Hühnerflügel gern?»

«In meine Serviette, wenn's recht ist.»

Mit ausgesuchter Anmut legt er ihr den Hühnerflügel in die Serviette, und sie gefällt ihm immer besser, und er begehrt sie immer weniger. Zum allererstenmal fragt er sich, mit einer Art Fallangst, was in aller Welt bei ihm nicht stimmt.

Er fängt an zu essen. Er betrachtet ihre Brüste unter dem beigen Tuch. Sein Schwanz versteift sich ein bißchen, zuckt, aber in einem Vakuum: er verspürt keinerlei Neugier auf diese Brüste. Sie bewegt ihre Schenkel, und vor seinem geistigen Auge sieht er das V der Scham zwischen ihren Schenkeln. Er würde vielleicht ganz gern dorthin vordringen – aber wohin weiter, von dort? Sie gefällt ihm. Sie ist kein Spielzeug. Undeutlich, undeutlich und mit wachsendem Erschrecken sagt ihm irgend etwas, daß er nicht für sie bestimmt ist.

Er wünscht sich, ich wäre da, damit er mir Fragen stellen könnte; und im gleichen Moment dämmert es ihm, daß es jetzt Fragen gibt, die er niemals einem Menschen stellen können wird. Aber er lächelt Dorothy an und fängt grimmig zu essen an, so als müsse er sich mit irgend etwas beschäftigen. Er nimmt einen kräftigen Schluck Pepsi-Cola.

«Ich wußte, daß du hungrig sein mußt – so wie du singst.»

«Gefällt es dir, wie ich singe?»

Er fühlt sich behaglich und zugleich unbehaglich. Sie gefällt ihm. Aber zum allerersten mal fragt er sich, was *sie* von ihm will, warum er ihr gefällt, falls er ihr gefällt – aber er weiß, daß er ihr gefällt.

Er fragt sich, wo Crunch stecken mag, und was er wohl gerade macht, und er fühlt, wie sein Schwanz zuckt, und wieder bricht ihm leichter Schweiß auf der Stirn aus.

«Du singst echt wunderbar. Wirklich, du bist der beste von allen!»

«Ach, komm. Meine Freunde, *die* können singen. Sie sind älter als ich. Sie haben's mir beigebracht.

«Na. Da hast du aber gut gelernt.»

Er grinst sie an, den Mund voll Maisbrot. «Und was machst du?»

«Ich?» Sie legt die Knochen des Hühnerflügels in ihre Serviette und faltet sie zusammen. «Nächstes Jahr, wenn ich mit dem Seminar fertig bin, werde ich Lehrerin. In der Grundschule. Mit ganz kleinen Kindern, weißt du? Ich glaube, das gefällt mir, weil ich Kinder wirklich lieb habe.» Sie lächelt. «Will versuchen, ihnen beizubringen, klüger zu sein als ich.»

«Willst du an eine Schule hier im Süden gehen?»

«Hm. Ich glaube nicht, daß sie mich da, wo du herkommst, unterrichten lassen.»

«Wieso nicht?»

Sie lacht, dann hört sie auf zu lachen und schaut ihn an. «Habt ihr eigentlich schwarze Schulen da oben, wo du herkommst?»

«Was hat das damit zu tun?»

Wieder lacht Dorothy. «Denk mal drüber nach. Waren deine Lehrer weiß oder farbig?»

Eigentlich hat er noch nie darüber nachgedacht. Jetzt denkt er nach. «Na – beides. Ich meine –» er denkt nach – «ich hatte ... ich hatte ein paar farbige Lehrer.

«Wie viele?»

«Na ... nicht viele ...»

«Die meisten waren weiß?»

«Na ... ja ...

«Siehst du, da hast du dir deine Frage selbst beantwortet.»

«Du meinst – du willst an eine Schule hier unten gehen, weil ...» Er schaut sie an. Sie schaut ihn an, mit einem leisen, angespannten Lächeln, und sagt nichts. Er zwingt sich zu einem Lachen, er kommt sich komisch vor und schämt sich heftig, ohne zu wissen warum.

«Du bist wohl sehr scharf drauf, Lehrerin zu werden.»

«Bist du denn nicht scharf drauf zu singen?»

Diesmal bringt er kein Lachen zustande. Er blickt in ihr stolzes Gesicht. Zum erstenmal wird ihm klar, daß dieses Gesicht stolz ist. Das ist der Grund, warum es nicht hübsch ist. Es kann sich nicht leisten, hübsch zu sein. Und obwohl sie ihn gern hat und ihn wissen lassen möchte, daß sie ihn gern hat, beobachtet sie ihn auch, hält ihn auf Distanz. Er kaut irgend etwas, schluckt irgend etwas. Beobachtet sie hilflos.

«Nicht wahr?»

«Ja», sagt er endlich. «Ich glaube ja», und beobachtet sie.

«Ich glaub's auch», sagt sie. «Das ist der Grund, warum du in diesem Keller sitzt und mich auszufragen versuchst.» Und sie lacht. Er mag sie sehr gern, wenn sie lacht – er lacht mit ihr.

«Also», sagt sie, wieder sachlich, «du bist jetzt unterwegs. Und du weißt genausogut wie ich ... wenn du weiß bist, ist alles in Ordnung, wenn du braun bist, kannst du dich sehen lassen. Aber wenn du *schwarz* bist – heißt es überall: *zurück, zurück, zurück*. Ob du singst oder unterrichtest, ob im Norden oder im Süden, es macht keinen Unterschied. So ist es nun mal.»

Ihr Gesicht, ihre Stimme sind jetzt wirklich bitter, und ihm wird bewußt, daß er da eigentlich eine seltsame Unterhaltung führt, mit einem seltsamen, vielleicht nicht einmal ganz schwarzen Mädchen im Kellergeschoß einer Kirche in einer Kleinstadt, nicht weit von Nashville.

Er fragt sich, was wohl mit Crunch passiert sein mag. In der Ferne, durch die sommerlich stille Luft, hört er jemanden Holz sägen.

«Das darf uns nicht abhalten», sagt er .

«Viele hält es ab. Aber ich glaube nicht, daß *ich* mich davon abhalten lassen werde.»

Schweigen tritt ein. Dann: «Wann fahrt ihr zurück?»

«Wir fahren zurück nach Nashville, gleich nach dem Essen. Anschließend fahren wir nach Birmingham.»

«Warst du schon mal dort?»

Er schüttelt verneinend den Kopf.

«Jedesmal wenn ich hinkomme», sagt sie, «muß ich an diese Geschichte aus der Bibel denken, wo einer, ich vergeß immer, wer's war, in diese verruchte Stadt gehen muß. Der Herr will diese Stadt vernichten, aber der Prophet bittet ihn – bittet den Herrn –, ob der Herr die Stadt verschonen wird, falls er dort fünfzig Gerechte findet. Und der Herr sagt, ja, er wird die Stadt verschonen, wenn der Prophet fünfzig Gerechte finden kann. Aber der Prophet weiß sehr wohl, daß er keine fünfzig Gerechten finden kann, und so fragt er den Herrn, ob er die Stadt verschonen wird, wenn er nur einen ... nur *einen* Gerechten findet. Der Herr sagt, ja, er wird die Stadt verschonen, wenn der Prophet nur einen Gerechten findet. Aber er weiß, er wird *nicht einen* Gerechten finden.» Sie lacht. «Immer wenn ich nach Birmingham komme, muß ich an diese Geschichte denken. Ich nehme an, es muß wenigstens *einen* Gerechten in Birmingham geben, auch wenn ich ihm noch nie begegnet bin. Und der Herr hat die Stadt nicht vernichtet.» Dann sagt sie: «Sei vorsichtig. Halte den Mund. Sag nicht mehr, als du mußt – nur ja, Sir, und nein, Sir. Die Leute dort sind wie die Schweineherde in der Bibel, nur daß es kein Meer gibt, in das sie sich stürzen könnten.» Sie seufzt, dann lacht sie, dann wird sie wieder ernst. «Wenn ich nicht dem Herrn vertraute», sagt sie, «dann wüßte ich nicht, was ich tun sollte.» Sie packt ihn am Handgelenk. «Du, sei vorsichtig, hörst du? Du bist ein ziemlich hübscher *junger* Farbiger. So etwas mögen sie da nicht gern. Sie *töten* Jungen wie dich, nur so aus Spaß, jeden Samstagabend.»

Sie macht ihm höllische Angst – da ist irgend etwas in diesen grünen Augen. Er fürchtet sich nicht vor Birmingham, noch nicht, obwohl er sich, weiß Gott, fürchten wird. Er fürchtet sich vor ihr. Vor seinen Augen ist sie alt und traurig geworden – in ihrem hübschen beigen Kostüm, mit ihrem beigen Pillenschachtelhütchen.

Rufe. Rufe nach deiner Mutter. Aber deine Mutter hilft dir nicht.

Wieder hört er, über all die anderen Geräusche hinweg, durch die stille Sommerluft, jemanden Holz sägen. Er stellt sich unsinnigerweise vor, daß es womöglich Crunch ist, der irgendwo draußen auf den Feldern zur Entspannung seine Muskeln übt.

Er möchte raus aus diesem Keller.

«Könnten wir nicht irgendwo einen Spaziergang machen?» fragt er. «Nur ein paar Minuten?»

«Wenn du ein paar Minuten Zeit hast», sagt sie ohne Zögern und steht auf, als hätte sie auf diesen Moment gewartet.

Auch er steht auf und sieht sich um. Webster ist in Gespräche mit den Älteren vertieft – erstaunlicherweise schiebt er sich noch immer Essen ins Gesicht. Arthur betrachtet ihn leicht angeekelt. Red und Peanut sitzen mit irgendwelchen anderen Mädchen zusammen. Er sieht ihnen an, daß sie sich furchtbar unbehaglich fühlen. Nein, Crunch ist nirgends zu sehen. Sister Dorothy Green greift nach ihrer Handtasche, nimmt seinen Arm und zieht ihn zur Treppe.

Er blinzelt Red und Peanut zu.

«Bin gleich wieder da», sagt er gefaßt, zu Tode erschrocken.

Sie gehen die Treppe hinauf, durch die leere Kirche, durch die Tür, auf die stillen Straßen dieser ländlichen Stadt hinaus. Er sieht den Stationwaggon, der sie schon bald nach Birmingham bringen wird. Vielleicht ist Crunch im Stationwaggon.

Er hat das Gefühl, den Verstand zu verlieren. Die Straßen sind hell und rechtwinklig und leer, sie erstrecken sich in eine beängstigende Zukunft. Die Häuser sind niedrig, verschwörerisch, überall Bäume – nie hat er viele Bäume gesehen. Er baumelt an jedem einzelnen, an jedem einzelnen – hin und wieder dreht er sich leicht in der leisen, schwülen, unheilkündenden Luft. Beinah spürt er, wie das Seil brennend seinen Adamsapfel scheuert. Er spürt das Gewicht seiner Füße in der Luft, wie es an seinem gebrochenen Genick nach unten zieht. Ein Wind fährt ihm durchs Haar, ein Wind von den vergletscherten Berggipfeln, der Glast, die fühlbar flimmernde Sommerhitze läßt die Landschaft zittern, rieseln wie Wasser. Er möchte laufen, ewig laufen – wohin? Das Sägen hat aufgehört.

Er sieht den Abort an der Seite der Kirche. Unter vielen Bedürfnissen ist das physische das am wenigsten drängende, also bleibt er stehen und sagt zu Dorothy – mit einem Lächeln und sich gleichzeitig fragend, wie er es fertigbringt zu lächeln: «Entschuldigst du mich einen Moment, Sister?» Und er deutet mit dem Kopf in Richtung des Aborts.

Vielleicht ist Crunch in dem Abort!

«Aber sicher, Brother», sagt sie lächelnd und schaut weg, die lange Straße hinunter.

Er eilt zu dem weißgekalkten Häuschen, öffnet die Tür und schließt sich ein. Der weißgekalkte Abort ist sauber gescheuert, Toilettenpapier hängt an einer Schnur. Er pinkelt und schaut in diese löschkalkbedeckte Tiefe – ein Sack voll Kalk hängt an der Seitenwand der Latrine. Am liebsten möchte er scheißen, ja, tatsächlich, wenn nur das Leben anders wäre, aber er weiß, daß er unmöglich hier und jetzt kann, wo Sister Dorothy Green draußen wartet, und wo sollte er sich die Hände waschen? Also pinkelt er und schaut seinen Schwanz an, als gehörte er nicht zu ihm, und fragt sich, wo Crunch ist. Er knöpft sich die Hose zu. Er ist allein. Am liebsten würde er hierbleiben, allein, für immer, aber der Geruch wird allmählich lästig. Er öffnet die Tür und geht hinaus ins Sonnenlicht, lächelnd, und: *Ist dies das Leben?* fragt er sich unvermittelt: *Ist es das? Ist dies mein Leben?*

Sister Dorothy Green lehnt an einem Baum, sie lächelt wie ein Filmstar, als er sich ihr nähert.

«Fühlt sich der große Junge besser?» fragt sie, und er fragt sich jetzt, was er eigentlich an ihr findet.

«Viel besser», sagt er – und plötzlich, an diesem Baum, vor aller Augen, sind ihre Arme um ihn geschlungen und sie liegt in seinen Armen.

Ihre Zunge in seinem Mund erstickt das entsetzte Geheul in ihm, und ihre Brüste an seiner Brust lösen einen Donner unter seiner Schädeldecke aus. Und doch ist auch eine erschreckende Lust dabei, und ihre Hände sind überall. Wußte gar nicht, daß jemand so viele Hände haben kann, denkt er unsinnig, und dieses schlaffe Stück Fleisch, das er gerade zum Pinkeln benutzt hat, wird plötzlich steif und riesig, und er reibt es gegen sie. Beinah geht ihm jetzt und hier einer ab, hier im Sonnenlicht, und sie machen sich zitternd voneinander los.

Aber sie scheint sehr ruhig. Sie legt eine schmale, dünne Hand an seine Wange.

«Damit wollte ich dir nur zeigen, wie sehr ich hoffe, daß du eines Tages wieder hier vorbeikommst.» Sie lächelt das sehnsüchtigste, gierigste Lächeln, das er je gesehen hat. «Ich werde bestimmt hier sein.» Sie zieht ihren Rock gerade und setzt ihr Hütchen zurecht. Sie nimmt seine Hand. «Gehen wir besser wieder rein.»

Und sie gehen, einfach so, zurück in die Kirche, die Treppe hinunter und ins Kellergeschoß.

«Crunch, was ist heut nachmittag mit dir gewesen? Wo warst du?»

«Eine junge Lady hat mich in Daddys Auto spazierengefahren.»

Sie hatten ohne Crunch abfahren müssen, und die junge Lady war so aufmerksam, ihn den ganzen Weg bis Nashville zu fahren – wo sie jetzt sind, in einer Pension, die Freunden von Webster gehört. Sie sind jeweils zu zweit in einem Zimmer untergebracht, Peanut und Red, Crunch und Arthur. Die Jungen waren über Crunchs Heldentat so verblüfft, daß sie ihn nicht einmal aufzogen. Sie hatten die junge Lady kennengelernt, sehr elegant und cool, und sie hatte eine Tasse Kaffee mit ihnen getrunken, bevor sie wieder nach Hause fuhr. Und es war offensichtlich, daß sie Crunch mochte; es war ihr egal, ob alle es merkten.

Arthur hat auch keine Lust, ihn aufzuziehen, er ist nur froh, daß er wieder aufgetaucht ist. So reagieren sie alle, hier unten im Süden, wenn einer mal fehlt. Sie drücken es nie mit Worten aus, das können sie nicht; aber immer wenn einer fehlt, ist es eine Bedrohung. In New York hatten sie niemals dieses Gefühl – sie sind durch ganz New York gezogen. Hier hat jeder Angst, daß einer von dem anderen, bis sie ihn wiedersehen und bevor einer ihm helfen kann, in schreckliche Schwierigkeiten gerät. Es ist das Wesen der Menschen hier, es sind die Augen, die sie ewig beobachten, es sind die Blicke, die nie die ihren treffen. Etwas wie Wollust, etwas wie Haß scheint in der Luft, über den Landstraßen zu schweben, verwehend wie Nebel oder Dampf, aber immer da, es hängt wie Dunst in den Straßen der Städte und macht jede Kreuzung zu einer gefährlichen Kreuzung. Sie verausgaben sich jeden Tag mehr, als sie sich leisten können, sie leben über ihre Verhältnisse; jeden Abend fallen sie erschöpft ins Bett, in einen erschöpfenden Schlaf. Und niemand kann ihnen helfen. Die Leute, die hier leben, wissen, wie man es macht – so scheint es jedenfalls –, aber sie können sie das Geheimnis nicht lehren. Das Geheimnis läßt sich nur lernen, indem man die Vorbilder beobachtet, nachahmt – durch gefährlichen Versuch und tödlichen Irrtum.

Er beobachtet Crunch im anderen Bett, der gähnt und die Hände hinter dem Kopf verschränkt.

Das Fenster neben Crunchs Bett geht auf die Straße hinaus – durch die Jalousie und die geschlossenen Vorhänge spürt Arthur die Bäume. Arthurs Bett steht an der Wand, die an den Flur und das Bad und die Küche grenzt.

Es ist absolut still; die schwere, geladene Stille des Südens. Sie sollte friedlich sein, aber sie ist es nicht; du wartest auf den Schrei, der die Stille unterbricht, du fürchtest den kommenden Tag.

«Wann fahren wir hier morgen los, Crunch?»

«Ich glaube, der Alte will, daß wir gegen sechs auf den Beinen sind.»

«Freust du dich, daß wir hergekommen sind? Ich meine, irgendwie war es doch deine Idee.»

Crunch dreht sich auf die Seite, er schaut Arthur lächelnd an.

«Willst du mir irgend etwas vorwerfen?»

«Ach, Mann, sei doch nicht so. Ich bin hier, nicht wahr, und du hast mir nicht die Pistole an den Kopf gesetzt, was soll ich dir also vorwerfen? Ich habe dir nur eine Frage gestellt.»

«Also, sieh es mal so an, Arthur: wir arbeiten, wir machen ein wenig Geld – sehr *wenig* –, das gebe ich zu, aber oben in New

York würden wir uns auch nicht besser stehen – und wir lernen, *ich* zumindest finde, daß wir lernen ... und wir hungern nicht, und wir sind an der frischen Luft, Baby, vergiß das nicht, das ist sehr wichtig ... und *manche* von uns finden junge Ladies, die sie in Daddys Auto herumkutschieren.»

Arthur wirft ein Kissen nach ihm, und Crunch lacht und wirft es zurück. «Also freu ich mich, daß ich hier bin, ja.» Er sieht Arthur mit einem sanften, reuevollen Lächeln an. «Wir sind nur spazierengefahren, wirklich, das war alles ... sie hat mir Sehenswürdigkeiten und Denkmäler gezeigt. Sie war wirklich nett. Ich habe heute ein bißchen über die Gegend hier unten erfahren.» Er setzt sich auf und zündet sich eine Zigarette an, er wirft das Päckchen und die Zündhölzer zu Arthur hinüber. Arthur zündet sich eine Zigarette an, wirft das Päckchen und die Zündhölzer zurück. «Siehst du, ich verstehe deine eigentliche Frage. Ich kann sie nicht beantworten. Dieser Ort ist auch für mich ein Mysterium.»

«Macht er dir Angst?»

«*Alle* Mysterien machen mir Angst. Nur wenn man zu *abgestumpft* ist, um Angst zu haben, hat man keine Angst.»

Arthur denkt darüber nach, zieht an seiner Zigarette. Sie haben eine trübe Nachtfunzel im Zimmer, und ihre Zigaretten glühen rostig-orangefarben in dem Dunkel. Sie haben sehr leise gesprochen.

Auf der Straße draußen fährt ein Auto vorbei, sehr rasch, es macht ein zischendes, knisterndes Geräusch, wie eine lodernde Flamme.

Dann – Schweigen. Crunch sitzt da und blickt vor sich hin, die Ellbogen auf die Knie gestützt, die Zigarette locker zwischen den Fingern der einen Hand.

«Aber etwas in mir kommt von hier unten», sagt er, «auch wenn ich nie hiergewesen bin. Auch das ist ein Mysterium, aber –» er dreht sich um und sieht Arthur an – «fühlst du es nicht auch so? Als ob etwas hier auf dich wartet, die ganze Zeit?»

«Ja», sagt Arthur – aber mehr weiß er dazu nicht zu sagen. Irgend etwas dreht sich in ihm, wie das kleine Rädchen in dem Song.

Er denkt an Sister Dorothy Green.

«Ich war auch mit einem Mädchen zusammen, heute nachmittag», sagt er, «aber sie hatte kein *Automobil.*» Und er lacht.

«Und, was hatte sie sonst?»

Er weiß jetzt, daß er niemals wirklich darüber reden kann. Er weiß nicht wieso – undeutlich fühlt er, daß er nicht das Recht dazu hat.

«Ich weiß nicht.» Er sieht Crunch an, in echter Hilflosigkeit. Crunch betrachtet ihn ernst. Arthur merkt zum erstenmal und bewußt, daß Crunch ihm zuhört, auf ihn eingeht, ihn ernst nimmt – ihn ernst nimmt, auch wenn er sich immer lustig über ihn macht. Das ist vielleicht ein ebenso großes Mysterium wie der Süden, wie die Menschen hier im Süden. Die Oberfläche ist irreführend, soll vielleicht sogar irreführend sein oder muß es sogar sein – aber die Wahrheit liegt woanders, weit unter der Oberfläche: wie die Zärtlichkeit jetzt, am Grund von Crunchs Augen, während er Arthur ansieht.

«Ich weiß nicht», wiederholt Arthur. «Schmerz», sagt er, ohne sich zu besinnen. «Ich spüre ... ihren furchtbaren Schmerz.» Er blickt zu Crunch hinüber. «Weißt du, was ich meine?»

«Ich glaube ja», sagt Crunch ernst. «Ja, ich glaube, ich weiß.»

«Ist das immer so? Ich meine – für jeden?»

«Manchmal», sagt Crunch. «Manchmal. Für jeden.»

«Auch für dich?»

«Kleiner Kerl. Bist ja mächtig feierlich heute abend.» Dann: «Ja, auch für mich.»

Er drückt seine Zigarette aus.

«Immer wenn ich meine Mama sehe», sagt er leise – so leise, daß Arthurs Herz beinah vor Angst stockt. Crunch lehnt sich auf dem Bett zurück, schaut zu Arthur hinüber. «Meine Mama ist eine Hure, wirklich. Ich liebe sie – aber das ist sie eben.» Er macht ein Geräusch, irgendwie zwischen Schluchzen und Brummen. «Komisch ... ich glaube nicht, daß es mir etwas ausmachen würde, wenn es *ihr* nichts ausmacht. Ich glaube, auch den anderen Kindern würde es nichts ausmachen ... sie ist unsere *Mama.* Sie hat keinen Grund, sich zu schämen ... ich bin kein Idiot, ich weiß, was geschehen ist ... und die Männer kamen und gingen, aber sie blieb, sie hat uns großgezogen. Sie hat alles für uns getan, was sie konnte, es ist nicht ihre Schuld, daß die Welt so ist, wie sie ist.»

Arthur hält den Atem an, er hört die Tränen auf dem Grund von Crunchs Stimme.

«Aber sie schämt sich so sehr, sie denkt nur, *wir* schämen uns – sie denkt, *ich* schäme mich, um Gottes willen, und ich kann es ihr nicht klarmachen ... und ich liebe sie doch!»

Jetzt weint Crunch, ein würgender Ton, und Arthur ist wie gelähmt.

«Deshalb möchte ich etwas tun, ich möchte sie glücklich machen, ihr schöne Kleider kaufen, 'ne Menge Geld verdienen und ihr in die Hand drücken, sie wie eine schöne Frau behandeln. Sie *ist* eine schöne Frau!»

Jetzt wagt Arthur hinzusehen, und er sieht die Tränen rollen, aus Crunchs Augenwinkel quellen, in sein Ohr rinnen. Crunchs Bett bebt leise, er hält den Atem an. Aber das macht es nur schlimmer, es ist, als blutete er innerlich.

«Crunch, Crunch», flüstert er. «Crunch!»

Crunch antwortet nicht, scheint ihn nicht zu hören. Arthur steigt aus dem Bett und kommt herüber und beugt sich über Crunchs Bett und legt die Arme um ihn.

«Crunch», sagt er wieder. «Bitte, Crunch. Bitte, Mann. Bitte.»

Er streichelt das nasse Gesicht, er küßt die Tränen. «Bitte, Crunch. Sonst muß ich auch weinen, Mann.»

Und es ist wahr: gleich, im nächsten Moment, werden seine Tränen fließen. Er will nicht weinen. Er möchte Crunch trösten, dieses dunkle Gesicht zu sich selbst zurückbringen, zurück zu ihm, den zitternden Körper festhalten, bis er nicht mehr zittert.

Er zieht seine Pyjamajacke aus und wischt Crunchs Gesicht ab. Er hält Crunch das Tuch an die Nase.

«Schneuz dich», sagt er. «Komm, los.»

Crunch schneuzt sich schwach, dann nimmt er Arthur das Tuch aus der Hand und schneuzt sich noch einmal.

Er öffnet die Augen und sieht in Arthurs Augen.

«Danke», sagt er, «kleiner Kerl.»

Sie können nicht aufhören, einander in die Augen zu sehen. Sie haben etwas entdeckt. Sie haben entdeckt, wie gern sie sich haben.

Etwas in Arthur macht einen Sprung, etwas wie Angst macht in Arthur einen Sprung: etwas in ihm singt. Er lächelt. Er flüstert: «Geht es dir gut?»

«Jetzt, ja. Danke.» Und Crunch lächelt.

«Du brauchst mir nicht zu danken», sagt Arthur und fühlt sich auf einmal sehr schüchtern, die Pyjamajacke hält er noch in den Händen.

Crunch sieht ihn an, endlos, sehr ernst, als ob er ihn noch nie gesehen hätte, und Arthur starrt Crunch an, geblendet von seiner Schönheit, von der Offenbarung seiner Schönheit. Tief, tief in ihm drinnen beginnt ein absolut neues Beben. Er weiß nicht, ob dies Glück ist, es sind keine Worte in seiner Seele, aber – er hat sich noch nie glücklich, so emporgehoben gefühlt.

Crunch küßt ihn ernst auf die Stirn, dann beugt er sich vor und nimmt Arthur in die Arme. Arthur legt seine Arme um Crunch. Sie halten einander fest, ein Wunder der Freude steigt in ihnen auf, wie eine Flut, ein Wunder von Sonnenlicht explodiert hinter ihren Augen, überall, ein weiter neuer Raum tut sich vor ihnen auf. Sie verlangen jetzt nichts mehr, nichts, alles wird kommen, und sie wissen es, alles; sie halten sich in den Armen. Sie öffnen im gleichen Moment die Augen und sehen sich in die Augen und lachen.

Crunch küßt Arthur leicht auf die Lippen.

«Wir sind bald mal allein zusammen, okay?»

«Okay.»

Noch nie hat er solche Augen wie Crunchs Augen gesehen.

Crunch sagt ernst: «Ich liebe dich, weißt du?»

«Ich liebe dich», sagt Arthur. «Mit ganzem Herzen liebe ich dich.»

«Du und ich, also?»

«Du und ich.»

Crunch hält Arthur an den Schultern, dann berührt er sein Kinn leicht mit der Faust.

«Schlaf jetzt ein bißchen.»

«Du auch.»

«Gute Nacht.»

«Gute Nacht.»

Und Arthur geht durchs Zimmer und steigt in sein Bett und hält die Pyjamajacke in seinen Armen. Crunch macht das Licht aus, sie schlafen.

Sie waren schon oftmals zusammen allein, auf diese oder jene Art: am nächsten Morgen sind sie zum erstenmal im Leben miteinander allein. Sie müssen dieses Geheimnis vor allen anderen verbergen – das ist fremd und neu, und es schmerzt sogar ein bißchen, denn in Wahrheit würden sie am liebsten aufspringen und rufen: *He, Baby, weißt du, was passiert ist?* Sie können nicht *Halleluja* rufen! sie wagen nicht *Hosianna!* zu schreien – und doch quillt eine gewaltige, schmerzende Freude aus dem Bauch, aus den Lenden auf.

Sie lagen in ihren Betten, jeder in seinem, und wagten nicht einander anzusehen – und hatten, geheimnisvollerweise, auch noch nicht das Bedürfnis, einander anzusehen – als das Morgenlicht gegen den Fensterladen anstürmte und über die Zimmerdecke kroch, als Autos draußen auf der Straße vorüberbrummten, als sie Peanut und Red und ihre Wirtsleute und Webster in der Toilette, in der Küche, im Flur hörten.

Crunch blickte zu Arthur hinüber.

«Das Bad ist frei. Wer geht zuerst?»

«Geh du», sagte Arthur, und Crunch stand auf und legte sich ein Handtuch über die Schultern und schob sein langes Selbst gebückt durch die Tür.

Arthur lag reglos, er wünschte sich, Crunch hätte ihn berührt, wenn auch nur für eine Sekunde. Es war wirklich, als hätte er Crunch noch nie vorher gesehen. Hilflos wartete er darauf, daß Crunch sich wieder zur Tür hereinschob; noch nie hatte er Angst gehabt, Crunch zu verlieren – hatte noch nie Angst gehabt, jemanden zu verlieren, außer seinen Vater und seine Mutter – und mich. Aber unsere Abwesenheiten waren stets etwas anderes gewesen als Crunchs kurze Abwesenheit an diesem Morgen, während Arthur wartete – an einem fremden Ort, in einem fremden Bett. Er hatte gewußt, daß Crunch groß war – jetzt, als Crunch sich unter der Tür bückte, hatte er gesehen, wie *lang* er war. Schon immer hatte er Crunchs Gesicht gemocht. Jetzt kannte er diese hohen Backenknochen irgendwie auswendig, sie waren wie die eines Indianers, und diese länglichen, schmalen Augen, die leicht schräg nach oben standen, und diese immer leicht hochgezogene eine Braue – vielleicht war's das, warum er fast immer so aussah, als machte er sich über einen lustig. Seine Nase war lang und gebogen – *wie bei einem Indianer? Bei einem Juden?* Und die beiden kleinen Knochenhöcker glänzten schwach auf beiden Seiten der Stirn, gleich unter dem Haaransatz. Seine Lippen waren voll und schwer, schienen immer bereit zu lächeln oder sich zu einem Grinsen zu öffnen, das die langen, geraden weißen Zähne zeigte. Der Hals und die Arme und Schultern waren kraftvoll. Arthur veränderte seine Lage und drehte sich zum Fenster. Die Jalousie war noch heruntergezogen, die Vorhänge noch geschlossen. Crunch war älter als Arthur, aber Arthur sah plötzlich, daß Crunch sehr, sehr jung war. Er wollte Crunch in die Arme nehmen und ihn beschützen – vor dem Morgengrauen und der Straße und den Autos und den Bäumen da draußen.

Sie aßen ihren Maisbrei und Eier mit Schinken, geborgen in ihrem Schweigen, von Lärm umgeben. Arthur beobachtete Crunch, wie er lachte und scherzte und lärmte. Er beobachtete sich selbst, wie er lachte und scherzte und lärmte. Er machte irgendwelche Geräusche – zu Wirt und Wirtin der Pension, zu den anderen, zu den übrigen anwesenden Gästen. Webster schien schrecklich laut: auch Webster, so schien es ihm, war jemand, den er noch nie gesehen hatte. Zum erstenmal fragte er sich, wie alt Webster sein mochte. Er kannte das Alter von Red und Peanut, aber auch sie hatte er noch nie gesehen. Peanuts Haut leuchtete wie Erdnußbutter und Honig, und Reds breites, braunes, sommersprossiges Gesicht ließ Arthur, als sei es zum erstenmal, seine hellen schokoladenfarben Augen sehen. Alles schmerzte: die Servietten und das Tischtuch schmerzten; der schwarze Kaffee, als die Dame des Hauses ihn einschenkte, schmerzte; sein Lächeln, als er aufsah und *Danke, Ma'am* sagte, schmerzte. Das Sonnenlicht, das unbarmherzig immer heller wurde und sie zur Abreise trieb, das den Speiseraum erfüllte, das in der Küche zwischen die Pfannen und Töpfe platzte, das donnernd in den von fern und doch von so nah vernehmbaren Stimmen des Kochs und der Dienstboten schallte – Dienstboten? – ja, auch des Mannes, der die Töpfe scheuern mußte, es schmerzte, es beleidigte, es begann meinen Bruder zu vernichten; und irgendwo klingelte das Telefon und irgendwer sagte: *Entschuldigen Sie mich einen Augenblick,* und jemand anderes sagte: *Ich hoffe nur, es geht euch gut da unten,* und Webster sagte: *Los, wir fahren lieber,* und Red stand als erster auf, Arthurs Herz bebte, und dann wischte Peanut sich mit der weißen Serviette die Lippen und lächelte, und es schmerzte; und irgendein anderer sagte, *Bim-bam, nach Birmingham!*, und Gelächter füllte den Raum, genau wie das Sonnenlicht, und es schmerzte. Und die ganze Zeit über hatte Crunch nur zwei Stühle weiter gesessen, hatte gelacht und gescherzt und gelärmt und ihn nicht angesehen – und sich doch, das wußte Arthur, ausschließlich auf ihn konzentriert, und es schmerzte; er wollte rennen, rennen, wollte mit Crunch zusammensein, irgendwo, für immer, wollte daß Crunch ihn in die Arme nahm; er wußte nicht, was er wollte, die Stelle zwischen seinen Schulterblättern war naß vor Erschrecken, *Ist das mein Leben? Mein Leben?* und um sein Erschrecken noch wirrer zu machen, war seine Phantasie leer wie eine frisch gewischte Tafel, sie zeigte nichts, keine Bilder. In seiner Nase war noch Crunchs Geruch, da war noch das überwältigende Bild der Haare unter seinen Achseln, diese Baseballspielerschenkel und Knöchel, *tief wie ein Fluß,* dachte Arthur verrückterweise, dann seine Arme, seine Arme; und plötzlich senkte sich Schweigen auf ihn herab wie eine schwere Wolke, er blickte auf, alle hatten sich erhoben. Da war Crunch, er stand schon, lachte und scherzte und lärmte, und da war plötzlich die junge Lady, die den ganzen Weg hierher an diesem Morgen gefahren war, im Automobil ihres Vaters, um Crunch Good-bye zu sagen, und Crunch hielt sie leicht im Arm, und es schmerzte; und Arthur wischte sich mit der weißen, kratzigen, glühenden Serviette die Lippen und stand auf, und zum erstenmal im Leben ließ der Akt des Aufstehens ihn vor Schmerzen zittern, und er schüttelte allen diesen Leuten die Hand, und er lächelte und lächelte und hörte seine Stimme aus vielleicht siebenundzwanzig Meilen Höhe über seinem Kopf an seinen Ohren vorbeifallen; trotzdem schienen seine Füße am Boden zu stehen – wenn auch seine Schuhe plötzlich zu eng waren, seine Knöchel schmerzten, seine Zehennägel sich auf einmal wie die

Scheren eines Krebses in sein Fleisch gruben; Schweiß rieselte innen an seinen Kleidern entlang, aus seinen Achselhöhlen, von seinem Nacken, von allen seinen geheimen Stellen und an der Innenseite seiner Schenkel herab, und Crunch, als hätte er das alles die ganze Zeit über gewußt, blickte jäh auf und sah ihm direkt in die Augen und sagte mit einem Lächeln, das sonst niemand sah – Arthur sah es, und es half ihm, sich endlich zu bewegen, er war wahrhaftig gelähmt gewesen – *Komm, kleiner Kerl, Bam-bam, nach Birmingham!* Er hatte einen Arm um die junge Lady gelegt. Mit dem anderen griff er hinüber und zog Arthur zu sich heran, und er machte die beiden miteinander bekannt, und Arthur lächelte und sagte weiß Gott was, und es schmerzte, es schmerzte, es schmerzte.

Sie liefen in ihr Zimmer, um zu packen – sie hatten ja nicht viel zu packen. Arthur war naß, er zitterte. Crunch sperrte hinter ihnen die Tür zu und lehnte sich dagegen.

Arthur stand in der Zimmermitte. Crunch beobachtete ihn.

«Was ist?»

«Nichts.»

Er hob seinen Koffer auf und versuchte mit dem Packen zu beginnen. Aber er war jung, mein Bruder, und er fing an zu weinen.

Crunch beobachtete ihn noch immer.

«Warum weinst du?»

«Nichts!»

Aber er sah mit tränenüberströmtem Gesicht zu Crunch auf; er wandte sich ab und ließ sich aufs Bett fallen.

Crunch ließ sich aufs Bett fallen, auf Arthur, und drehte Arthur zu sich herum und hielt ihn in den Armen. Crunch schlang sich um ihn, mit Armen und Beinen, hielt Arthur fester, als er jemals festgehalten worden war und küßte ihn, zuerst wie ein Bruder, und dann wie ein Liebender.

Er richtete sich auf, und Arthur öffnete die Augen.

«Warum weinst du? Was ist der Grund?»

Arthur konnte Crunch nur ansehen. Er wollte, Crunch würde ihn nie verlassen, nie seine Arme wegnehmen.

«Komm, kleiner Kerl. Wir haben nur eine Minute Zeit. Gleich werden sie an die Tür klopfen.»

Arthur sagte – ängstlich und zugleich auf einmal ganz ruhig, sich an Crunch festhaltend: «Ich bin verliebt.»

Nach einer Weile sagte Crunch ernst: «Und darum weinst du?»

Arthur nickte.

«Versteh ich nicht, in wen bist du verliebt? Die junge Lady? Mit dem Automobil?»

Arthur merkte, daß er lachen konnte.

«Nein.»

Auch Crunch lachte, sein Bauch stieß gegen Arthurs Bauch – lautlos: als wären ihre Bäuche eins.

«In wen also?»

Arthur hielt den Atem an. Er sah Crunch in die Augen.

«In dich. Ich bin verliebt. In dich.»

Und hielt wieder den Atem an. Er sah Crunch an. Draußen im Flur klappten Türen.

«Na – und was hab ich dir gestern abend gesagt?»

Crunch lächelte; jetzt lächelte auch Arthur.

Crunch schüttelte ihn sanft.

«Na, komm schon ... was hab ich gesagt?»

«Du sagtest ... du und ich.»

«Und was hab ich noch gesagt?»

«Du sagtest, du liebst mich.»

«Und, du glaubst mir nicht?»

«Ich glaube dir. Ich ... habe nur Angst.»

«Warum?»

«Ich bin noch nie verliebt gewesen», sagte Arthur – so hilflos, daß Crunch ihn wieder küßte, lachte, ihn wieder küßte und lachte und aufstand.

«Wirf deine Klamotten in den Koffer, kleiner Kerl ... bevor sie kommen und an die Tür klopfen, komm jetzt.»

Arthur stand auf und ging wieder an seinen Koffer.

«Ich hätte nie geglaubt», sagte Arthur, «daß ein Mann in einen Mann verliebt sein kann.»

Crunch lachte, schloß die Tür auf und öffnete sie.

«Ich hab auch nie daran gedacht, Lieber. Aber jetzt denke ich natürlich daran.» Er blinzelte, und sein ganzes Gesicht veränderte sich, es drückte so etwas wie spielerisches, freundliches, ungeziertes Verlangen aus. «Eins sage ich dir, du hast ganz bestimmt keinen Grund zum Weinen.» Zu Webster, der plötzlich in der Tür erschien, sagte er: «Fertig, Mann, nur noch zwei Sekunden brauchen wir.» Webster verschwand.

Beide schlossen sie ihre Koffer, und Crunch sagte mit dieser anheimelnden Country Boy-Prediger-Stimme, einer Stimme, die Arthur jetzt schon für seine Ohren allein bestimmt glaubte, so viel Entzücken schenkte sie ihm: «Wir werden zusammen sein.» Er schaute auf den Flur hinaus, der leer war, alle warteten draußen auf der Veranda auf sie.

Eine Sekunde blieben sie in der Tür stehen, dann berührte Crunch leicht Arthurs Gesicht. «Komm.» Er schloß die Tür hinter ihnen. Sie gingen den Stimmen draußen auf der Veranda entgegen. Crunch lachte leise, tief in der Kehle, und flüsterte: «Meinst du, nur weil ich größer bin als du, kann ich mich nicht verlieben?»

Birmingham *ist* eine biblische Stadt – in dem Sinne, daß sie den Schall von Gabriels Posaune erwartet. Meile um Meile flach hingestreckt, wollüstig, kann die Stadt keine andere Hoffnung einflößen: und das Zeichen des Gerichts hängt alle Tage und alle Nächte über der Stadt in den glühenden Bergen. Arthur dachte an Sister Dorothy Green, und er fragte sich, warum sie gesagt hatte: «*Jedesmal* wenn ich nach Birmingham komme.» Er würde bestimmt nicht hierher zurückkehren, wenn er je herauskam, und falls es hier *einen* Gerechten gab, dann mußte er im Armenasyl sein.

Sie hatten Zeit genug, um sich zu waschen und anzuziehen, nicht aber, um zu essen – aber das war gut so, erklärte Webster, denn diesmal lag ihr Logierhaus direkt neben einer Grillbude, die die ganze Nacht offen hatte. Sie hatten gewußt, daß sie Paul vermissen würden; sie hatten nicht gewußt, daß sie anfangen würden, Webster zu hassen. In New York war es ihnen immer so vorgekommen, als wüßte Webster eine Menge, und sie hatten ihm vertraut. Aber hier unten erkannten sie, daß er gar nicht soviel wußte, und sie erkannten es an der Musik, die sie hörten. Sie wollten näher herankommen an diesen rauhen, köstlichen Sound, der noch nicht als *funky* berühmt geworden war – sie wollten mitmachen, loslegen, ausprobieren, sich mitreißen lassen und *lernen*: da war etwas, sagte Crunch, das hier auf sie gewartet hatte, die ganze Zeit. Trotz ihrer Angst waren sie unheimlich erregt, ihre Angst hatte auch nichts mit den Schwarzen hier zu tun. Gewiß – noch nie hatten sie Schwarze mit einer Villa und Rasen, mit mehr als einem Auto und sogar mehreren Häusern und *Dienstboten* kennengelernt, noch nie waren sie zum Tee eingeladen gewesen bei einer schwarzen Matrone im blaßblauen raschelnden Kleid mit Haaren wie Rita Hayworth, noch nie hatten sie solche hochbusigen arroganten Töchter gesehen, mit Fingernägeln, die nie in einer Mülltonne gewühlt hatten, noch nie waren sie einer solchen erhabenen, untadeligen Höflichkeit, einer solchen Herablassung, Liebenswürdigkeit, einer solchen unzweifelhaft aristrokratischen Distanz begegnet, noch nie hatten sie dem Sohn die Hand geschüttelt, dem Sohn im blauen Blazer und im offenen weißen Hemd, in dunkler Hose und in blanken schwarzen Schuhen und mit einem schweren Ring am Finger, *mein Sohn studiert Jura*, noch nie hatten sie solche schimmernden Anrichten gesehen, die alle alkoholischen Getränke enthielten, die man sich vorstellen kann, nie zuvor hatten sie einem Mann mit Krawattennadel und Pfeife die Hand geschüttelt, *unser Bankdirektor*, waren noch nie von *unserem College-Präsidenten* mit einem freundlich-verächtlichen Lächeln bedacht worden. Peanut und Red und Crunch und Arthur wußten, daß sie nach Getto stanken und niemals eine richtige Schule besucht hatten, und sie wußten, daß viele der Schwarzen, denen sie hier begegneten, auf sie herabsahen und daß viele dieser Töchter und Söhne sich über sie lustig machten – und Peanuts Verwandte hatten Peanuts Gefühle verletzt, waren wirklich sehr häßlich zu dem Jungen gewesen. Aber die vier hatten das Gefühl, daß sie damit fertig wurden. Sie verstanden es im Grunde nicht und verstanden es doch, und was sie nicht verstanden, wollten sie herausfinden, *lernen*.

Aber dann kam Webster daher – der manchmal, zu ihrer ohnmächtigen Wut, Crunchs Gitarre mißhandelte. *Er kam daher*, erzählte Arthur mir später, *als ob er Cab Calloway wäre, und wir seine Cabettes*. Er erzählte jedermann, wie groß sie im Norden rausgekommen waren und wie er sie entdeckt hatte, wie er sie unterrichtet und rechtzeitig ins Bett geschickt und ihnen ihren Lebertran gegeben hatte, erzählte es jedem, der es hören wollte, College-Präsidenten, Bankdirektoren, Rechtsanwälten, Matronen, Söhnen und Töchtern, Dienstboten; erzählte es dem Geißblatt, der Glyzine, der Magnolie, erzählte es den langen, hohen Veranden und den schläfrigen Treppenhäusern, den langen, stillen, geraden Landstraßen, erzählte es den Leuchtkäfern, erzählte von ihrem strengen Zeitplan, ihren sich drängenden Terminen in Chicago, in Detroit, in Denver, in Washington und vor allem in New York – und ach, wie schwer es war, die richtige Wahl zu treffen, wie die drei Telefone andauernd klingelten, wie er hier ja sagen und dort nein sagen mußte, und wie seine Sekretärinnen sich die Haare rauften, und bald würde er eine Entscheidung wegen England treffen müssen – während die Jungen hilflos um ihn herumstanden, fasziniert, erschrocken, gedemütigt, ihn hassend. Sie beobachteten das Glas in seiner Hand und die Art, wie er seine Gastgeber hin und wieder anlächelte, lächelte, als ob er sie kaufen und mit einem Telefonanruf nach Pittsburgh verkaufen könnte. Wenn der Augenblick gekommen war loszufahren, in den Kombibus einzusteigen, machte er immer einen Witz über den Sheriff.

Oh, wir kennen den Sheriff, sagte dann vielleicht einer der Aristokraten, *er weiß, daß Sie bei uns zu Besuch waren.*

Guten Abend, sagte dann einer der Jungen vielleicht verbissen – mit der erstickten, verzweifelten Höflichkeit der bedrängten Jugend.

Guten Abend! tönte es aus dem Schatten zurück, und die Scheinwerfer flammten auf, und die Fahrt ging los, auf die Landstraße hinaus, während Webster eine Weile vor sich hin fluchte und Crunch seine mit knapper Not gerettete Gitarre festhielt.

Es war eine weiße Stadt voll von Schwarzen – von New York hätten sie das nie gedacht –, und *nichts als Gerechte*, dachte Arthur, als sie in der Kirche von Birmingham ihren Platz unter der Kanzel einnahmen. Sie waren so aufgestellt, daß Peanut am Klavier zu sehen war. Peanut schlug den Akkord an, Arthur begann mit dem Lied. Red stand zu seiner Rechten und Crunch zu seiner Linken, beide etwas hinter ihm, so gegenwärtig wie die Hitze.

Crunchs Gitarre setzte ein, als Arthurs Stimme einsetzte:

Führe mich zum Wasser

stöhnte Crunch.

Ja! Führe mich zum Wasser!

Er hörte Reds begleitendes Falsett, aber er antwortete auf Crunchs Echo:

Führe mich zum Wasser,
Ich will
Die Taufe.

Er hielt inne, und schloß die Augen, Schweiß sammelte sich in seinen Haaren; er horchte auf Crunch, dann hob er wieder an:

Führe mich zum Wasser
Ja!
Führe mich zum Wasser
Jetzt!
Führe mich zum Wasser
Oh, Herr!
Ich will
Ich will?
Ich will
Jetzt, sag es!
Ich will
Die Taufe!

Wieder hielt er inne, warf den Kopf zurück, um den Schweiß aus den Augen zu schleudern, voller Vertrauen jede Sekunde in diesem nie gekannten Dunkel, wissend, daß Crunch und er beisammen waren, jetzt, hier, in dem Lied unterwegs zu etwas Neuem; noch nie hatten sie so zusammen gesungen – seine Stimme in Crunchs Sound, und Crunchs Sound erfüllte seine Stimme:

Denn
Ich weiß
Keiner
sag es nicht, ich weiß, ich weiß, ich weiß!

Es war, als ob Crunch lachte und weinte in einem:

Außer den Gerechten
so wahrhaft!
Keinen

Verlasse mich nicht!
Außer den Gerechten
Und laß die Abendsonne nicht untergehen!
Keinen
Oh, große Gnade –!
Keiner außer den Gerechten
Ja, kleiner Kerl, jetzt leg los!
Wird Gott schauen.

Crunch und er endeten gleichzeitig, wie auf einen einzigen Trommelschlag. Er öffnete die Augen, neigte den Kopf, trat zurück. Red und Peanut machten Gesichter, als wären sie zappelnd durch ein Wunder geschleppt worden, aber sie lächelten, die Kirche rockte, Crunch und Arthur wischten sich sorgfältig die Brauen, bevor sie es wagten, sich anzusehen. Peanut schlug den Akkord an. *Oh. Oh. Oh. Oh,* und Crunch trat mit der Gitarre vor und sang: *Jemand rührte mich an,* sangen sie, *es muß die Hand des Herrn gewesen sein!*

Es war ein drückender, langweiliger Samstagnachmittag in Atlanta, und sie hatten frei bis Sonntag morgen. Webster war frühmorgens verschwunden, mit vielen eindringlichen Ermahnungen, und sie waren froh, für sich allein zu sein; aber seine Ermahnungen blieben bei ihnen, und die Hitze war zäh wie der Zuckersirup hier in der Gegend. Am liebsten wären sie die Stadt entdecken gegangen, und sie gingen ein Stück, aber sie wagten sich nicht sehr weit fort. Wenn sie sich verirrten, müßten sie jemand nach der Richtung fragen, und daher gerieten sie leicht in Panik, sobald sie mehr weiße Gesichter als schwarze sahen. Man hatte ihnen zu verstehen gegeben, daß sie aus dem Norden waren und daß ihre Sprache sie verriet und daß sie leicht als Sträflinge enden konnten, aneinandergekettet. So etwas passierte hier unten jeden Tag, und Webster war, weiß Gott, nicht der Mann, der ihnen dann helfen konnte.

Und die Stadt war wie ein Schachbrett. Da gingen sie durch einen Block, der rein schwarz war, dann bogen sie um eine Ecke und fanden sich plötzlich von nichts als weißen Gesichtern umgeben. Sie wären natürlich am liebsten davongerannt, aber rennen hieß, daß der weiße Mob hinter ihnen herrannte, und dann würden sie am Ende gelyncht. In solchen Momenten lächelten sie ziellos, guckten in ein Schaufenster, falls eins in der Nähe war, oder bewunderten konzentriert die Aussicht, wobei sich ihr Gang zu einem Schleichen verlangsamte. Dann, so als wäre ihnen allen die gleiche Idee im gleichen Moment gekommen – was auch der Fall war –, drehten sie sich langsam um und gingen langsam zurück, den Weg, den sie gekommen waren. Manchmal platzten sie beinah vor entsetztem Gelächter, das sie nicht herauszulassen gewagt hatten, ehe sie wieder von Schwarzen umgeben oder zurück in ihrer Pension waren.

An diesem Samstag also kehrten sie in das Café neben der Pension zurück. Webster hatte ihnen das Mittag- und Abendessen im voraus bezahlt. Sie hatten wenig Geld in der Tasche – wirklich sehr wenig, weil sie ihre Gage noch nicht gekriegt hatten. Webster hatte ihr ganzes Geld. Auch das machte ihnen Angst, aber sie wußten nicht, was sie dagegen tun konnten. Sie mußten Webster vertrauen. Wortlos vertrauten sie aber auch Crunch, der unter ihnen der einzige war, der Webster vielleicht einzuschüchtern versuchte.

Sie setzten sich ins Café, das fast leer war – es war ihnen bisher noch nicht aufgefallen, daß die Südstaatler sich an heißen Sommernachmittagen so wenig wie möglich bewegten – in der Regel jedenfalls, aber das hing von Unberechenbarkeiten ab, auf die sie reagierten, die sie aber nicht verstanden –, und Peanut und Crunch gingen zur Theke und holten vier Pepsi-Cola.

«Ich sage euch», sagte Red. «Dieser Trip geht mir mit der Zeit auf die Nerven. Kann es kaum noch erwarten, wieder an der Seventh Avenue zu sein.»

«Als du dort warst», sagte Arthur lächelnd, «konntest du's nicht erwarten wegzukommen.» Er zündete sich eine Zigarette an und legte das Päckchen auf den Tisch. «Aber ich weiß, wie dir zumute ist.»

«Wir sind es einfach nicht gewöhnt», sagte Peanut. «Und wir kennen hier niemand. Nächstes Mal wird's anders sein.»

«Wieso?» fragte Red. «Wie sollen wir *nächstes Mal* jemand kennenlernen? Willst du einen Brief an den Gouverneur schreiben?»

Crunch lachte, er nahm die Zigarettenschachtel und zündete sich eine an.

«Also», sagte Peanut, «wenn wir immer wieder kommen, *müssen* wir doch irgendwann ... irgendwen ...»

Alle lachten, und nach einer Weile lachte Peanut mit. Crunch sagte: «*Du* kennst doch jemand, wenigstens *kanntest* du jemanden, diese Vettern von dir in Charlotte ...»

Peanut seufzte und starrte vor sich auf den Tisch. «Ja, das tut mir leid.»

Crunch beugte sich über den Tisch und schlug Peanut auf die Schulter. «Was soll *dir* das leid tun? *Du* kannst doch nichts dafür, wenn deine Vettern Idioten sind.»

Peanut hat von uns allen die hellste Haut, und Crunch die dunkelste, und Peanuts Vettern hatten bewiesen, daß sie schwarzes Fleisch nicht liebten. Sie hatten Crunchs Gefühle verletzt, und sie hatten Peanut an seine wunderliche Großmutter erinnert.

«Ach, mit der Zeit werden wir schon herausfinden, wie wir's machen müssen», sagte Red fröhlich. «Ich such mir ein flottes Mädchen bei einer von diesen Kirchen-Parties, und die soll dann unser Fremdenführer sein.»

«Diese Weiber sind scharf darauf, geheiratet zu werden, Mann», sagte Crunch. «Und sie werden keinen von *uns* heiraten wollen. Was soll eine Bankdirektorstochter schon anfangen mit ... einem wandernden Troubadour?»

«Ach, zum Teufel, Crunch», sagte Peanut, «die Liebe wird schon einen Weg finden.»

«Nicht hier unten, im Land der Baumwolle», sagte Arthur, und sie lachten.

«Jedenfalls», sagte Crunch nach einer Pause, «dürfte Klein-Arthur der einzige von uns sein, der wahrscheinlich noch einmal hier runterkommen dürfte.»

Alle schauten sie Crunch an. «Wieso?» fragte Arthur.

Crunch sah Arthur an. «Na, wo ist denn dein Bruder?»

«Mein Bruder?» sagte Arthur und starrte Crunch an. Sein Herz donnerte wie ein Expreßzug, dann setzte es aus.

«Ach, du Scheiße», sagte Red. «Hast recht.»

«Recht ... womit?» fragte Arthur. Aber er wußte es. Daran hatte er nie gedacht.

«Uncle Sam will da drüben wieder ein Volk glücklich machen», sagte Crunch. «Er will die Welt für die Demokratie retten, und da braucht er ein paar Nigger, die die Latrinen putzen.»

Es wurde ganz still am Tisch.

«Scheiße», sagte Red noch einmal.

Arthur sagte nichts. Er wußte nicht, was er sagen sollte. Er wagte nicht aufzublicken. Er blickte auf die weiße Marmortischplatte und die braunen Ringe von den Pepsi-Cola-Flaschen. Dann besah er sich gründlich das an der Decke herabhängende Fliegenpapier und die Fliegen, die, steckengeblieben, auf dem gelben Papier klebten. Er fragte sich, wie viele Fliegen es sein mochten und dachte daran, sie zu zählen. Auf einmal wurde ihm bewußt, daß in der Nähe ein elektrischer Ventilator schwirrte – wenn man seine Finger in den Ventilator steckte, würden die Propellerflügel einem die Finger abschnitzeln. An mich dachte er nicht – er dachte nichts.

«Kommt, laßt uns hier nicht so rumsitzen», sagte Peanut unsicher. «Laßt uns was machen.»

Ja, aber was? Ein Kino wäre ideal gewesen, aber da erhob sich die Frage, ob Schwarze auf dem Rang sitzen mußten oder durch die Hintertür hineingingen. Keiner von ihnen wußte, wie das hier unten funktionierte – sie hatten vergessen zu fragen oder konnten sich nicht an die Antworten erinnern.

«Zum Teufel», sagte Red plötzlich, «da ist ein schwarzer Billardsalon an der Ecke, kommt, laßt uns 'ne Runde *Pool* schießen.»

«Okay», sagte Crunch, und alle außer Arthur standen auf. Alle sahen ihn an.

«Kommst du nicht mit?»

«Ach, seht mal», sagte Arthur leise mit einem Lächeln, «geht ihr schon mal voraus. Vielleicht komme ich später nach. Ich habe Kopfweh, ich möchte mich ein bißchen hinlegen.»

Crunch sah ihn an, mit dieser hochgezogenen Augenbraue. «Bist du dir sicher?»

«Yeah, alles klar. Geht schon mal, Jungs, wir sehen uns später.»

«Okay.»

Die drei stolzierten in die Sonne hinaus und blieben einen Moment lachend vor dem großen Glasfenster stehen. Arthur wartete, bis sie verschwunden waren. Dann stand er langsam auf, stützte sich leicht auf den Tisch und ging nach draußen. Die Sonne traf ihn wie ein Schlag. Er schaute in die Richtung, die die Jungen eingeschlagen hatten – sah sie drüben an der menschenleeren Kreuzung über die Straße schlendern.

Dann wandte er sich in die entgegengesetzte Richtung. Die Pension war gleich nebenan, eigentlich mehr so etwas wie ein Hotel, ein schmales, dreistöckiges Gebäude. Peanut und Red und Webster waren im Erdgeschoß untergebracht. Er selbst und Crunch im obersten Stock. Er trat in den langen, dunklen, schmalen Flur, in dem es absolut still war, und stieg langsam, zitternd die Treppe hinauf.

Er war in kalten Schweiß gebadet, als er den obersten Stock erreichte, und seine Hände zitterten so sehr, daß er kaum den Schlüssel ins Schloß stecken konnte, aber schließlich schwang die Tür auf. Das Sonnenlicht hämmerte auf das Zimmer ein, und er ging hinüber zum Fenster und zog die Jalousie herunter. Er ließ kaltes Wasser ins Becken laufen und tauchte sein Gesicht und seinen Kopf ein, fand blindlings das Handtuch und trocknete sich ab. Er streifte seine Schuhe ab, pellte sich die Socken von den Füßen, zog sein Hemd und die Hosen aus und legte sich auf Crunchs Bett. *Korea.*

Lange Zeit lag er dort, taub, leer wie die lauschende Stille, betäubt. Er lag auf dem Rücken. Die Luft bewegte sich nicht. Er bewegte sich nicht. Die Sonne würde sich nicht bewegen, die Erde, die Sterne, der Mond, die Planeten, was immer das alles zusammenhalten mochte, das große Rad und das kleine Rad, und der Fels seines Kummers, der auf ihn gefallen war und ihn auf dieses Bett drückte – nichts würde sich bewegen, bis er Crunch wieder sah. *Korea.* Er schlief ein.

Crunch rüttelte ihn sanft. Das Zimmer war halbdunkel, noch nicht ganz dunkel. Crunch saß auf der Bettkante und sah ihn besorgt an, mit dieser hochgezogenen Augenbraue, halb lächelnd, halb stirnrunzelnd.

«Geht es dir besser?»

Arthur starrte vor sich hin und sagte nichts, dann lächelte er.

«Du bist wieder da.»

«Natürlich bin ich wieder da. Geht's dir besser?»

Arthur bewegte sich und legte seinen Kopf auf Crunchs Schoß, er hielt sich an ihm fest und blickte zu ihm auf.

Das Zimmer wurde dunkler. Sie waren allein. Crunch beugte sich herab und küßte ihn. Arthur hielt Crunch mit aller Kraft fest, mit allen seinen Tränen – Tränen, die er noch nicht vergossen hatte. Crunch richtete sich auf.

«Laß mich die Tür abschließen», flüsterte er.

Arthur setzte sich auf und beobachtete, wie Crunch die Tür abschloß.

Er machte es sehr sorgfältig, dann drehte er sich um, grinsend, einen Finger an den Lippen.

«Wir beide, ganz allein jetzt, kleiner Kerl. Ist niemand da auf dem Flur, außer uns. Und außerdem ist Samstagabend, alle sind ausgegangen.» Er grinste, dann veränderte sich sein Gesicht; er stand an der Tür und sah Arthur an.

«Wo sind Peanut und Red?»

Arthur flüsterte, und Crunch flüsterte: «Ich habe sie in dem Billardsalon zurückgelassen. Sie haben da Freunde gefunden.»

«Kommen sie wieder?»

«Ich habe ihnen erzählt, daß wir zusammen fortgehen.»

Er setzte sich wieder aufs Bett und fing an, seine Schuhe abzustreifen. Er sah Arthur an. «Habe ich's richtig gemacht?»

«Sicher.»

«Geh unter die Bettdecke.»

Arthur sah zu, wie Crunch sich auszog – Crunch summte, tief in der Kehle. Und mit großer Verwunderung ging es Arthur auf, daß Crunch summte, weil er glücklich war – glücklich war, hier zu sein, mit Arthur. Arthur schaute zu, wie Crunch sein Hemd aufknöpfte, beobachtete diese langen, dunklen Finger an den Knöpfen und auf dem Stoff, sah den Stoff durchs Zimmer fliegen und auf dem anderen Bett landen, sah, wie er seinen Gürtel aufschnallte, seine Hosen fallen ließ, ein Knie, dann das andere hob, sich wieder aufs Bett setzte, um die Hosen über seine großen Füße zu streifen, dann die Hose zusammenfaltete und aufstand, um sie aufs andere Bett zu legen, wie er sein Unterhemd auszog, seine Unterhose fortschleuderte, sah seinen ganzen langen schwarzen Körper zu dem kleinen Waschbecken trotten, wo er kurz in den

Spiegel schaute, kaltes Wasser laufen ließ, gurgelte, während sein dunkler Körper im dunkel werdenden Zimmer leuchtete, ein Wunder von Wirbelsäule vom Hals bis zu den Arschbacken, von Schultern und Schulterblättern, Ellbogen, Handgelenken, Schenkeln, Knöcheln, ein Wunder von Knochen und Blut und Muskeln und Fleisch und Musik. Arthur hatte noch immer das Unterhemd und die Unterhose an. Er haßte es, vor anderen nackt zu sein, sogar vor mir – vielleicht besonders vor mir; ich hatte ihn manchmal gebadet –, aber das war unter besonderen Umständen gewesen, für die er nicht verantwortlich war und an die er sich nicht zu erinnern brauchte. Nacktheit war damals noch nicht ein Bekenntnis oder Gelübde. Arthur fürchtete sich, und er fürchtete sich auch nicht. Er stellte nur fest, daß er sich nicht bewegen konnte. Er konnte sein Unterhemd nicht ausziehen. Er konnte seine Unterhose nicht ausziehen. Crunch wandte sich um, und Arthur beobachtete mit friedlichem Schrecken, wie das Gesicht und die Augen in diesem Gesicht und der Hals und die Brust und die Brustwarzen auf der Brust und die Rippen und der gestreckte flache Bauch und der Nabel und der Haardschungel, der sich von dem langen, dunklen, schweren, schwingenden Geschlecht hinaufringelte, näher kamen, und Crunch schlüpfte unter die Decke und nahm Arthur in die Arme.

Crunch seufzte, ein müdes, vertrauensvolles Seufzen, und schob seine Hände unter Arthurs Unterhemd und zog es Arthur über den Kopf, und plötzlich lachten sie beide, ein flüsterndes Lachen. Crunch ließ das Unterhemd auf den Boden fallen.

«Das nennt man Fortschritt», flüsterte Crunch. «Und jetzt», sagte er, «laß uns mal sehen, was wir da unten machen können.»

Er schob seine Hände unter Arthurs Hüfte, zog ihm die Unterhose runter, streifte sie über einen Fuß. Arthurs Schwanz stand.

Crunch streichelte ihn und grinste. «Das ist genug Fortschritt einstweilen», sagte er, aber er legte sein steifes Geschlecht an Arthurs, und dann lagen sie einfach da, hielten einander fest, unfähig, sich zu bewegen. Sie wußten wirklich nicht, wohin die nächste Bewegung sie führen konnte. Arthur fürchtete sich auf eine Art, Crunch auf eine andere. Es war, als hätten sie, um diesen Moment zu erreichen, so viel Energie verausgabt, daß sie loslassen und

Atem holen mußten, und dieser Moment war beinah genug. Aber es war nur ein Moment: sie hatten den Zug bestiegen, die Lokomotive war abfahrbereit. Sie hielten einander fest. Dies konnte der Anfang sein; es konnte der Anfang vom Ende sein. Sie hatten den Zug bestiegen, die Lokomotive pochte, große Türen wurden hinter ihnen zugeschlagen, gleich würde der Zug abfahren, eine Reise hatte begonnen. Sie konnten einander auf dieser Reise verlieren; nichts konnte verborgen bleiben auf dieser Reise. Sie konnten später, viele Meilen weiter, wenn der Zug an irgendeinem unvorstellbaren Ort hielt, einander ansehen und wünschen, sich nie wiederzusehen. Sie konnten beschämt sein – sie konnten verdorben sein: sie konnten für immer verloren sein.

Arthur fürchtete sich weniger als Crunch. Er hielt Crunch einfach fest und streichelte ihn und küßte ihn, denn im Brennpunkt seines inneren Auges war da Crunch in Uniform, Crunch fort, Crunch für immer fort, und jetzt, da er ihn gefunden hatte, wurde seine Seele still und leer wie der Winterhimmel bei dem Gedanken, ihn zu verlieren. Er hielt diese Leere tief in sich verschlossen, wie seine Tränen – denn irgend etwas sagte ihm, daß Crunch seine Tränen nicht ertragen konnte, daß er niemandes Tränen ertragen konnte. Tränen waren eine Waffe, die man gegen Crunch gebrauchen durfte.

Und Crunch – ah, Crunch. Er hielt meinen Bruder fest und verliebte sich – verliebte sich in den kleinen Kerl. Crunch war älter als Arthur, einsamer als Arthur, wußte mehr über sich selbst als Arthur über sich wußte. Er war noch nie auf diesem Zug gefahren, gewiß; aber er war schon an wüsten Orten angekommen. Er hielt ihn fester, er verliebte sich, sein Schwanz wurde steif, sein Verlangen wuchs, seine Hoffnung wuchs; der Zug setzte sich in Bewegung, Arthur hielt ihn noch fester, und Crunch kam näher, wurde nackter und betete, daß Arthur seine Nacktheit annehmen möge.

Sein langes Selbst deckte Arthur zu, seine Zunge leckte Arthurs Brustwarzen, seine Achselhöhlen, seinen Nabel. Noch wagte er nicht weiterzugehen; zitternd näherte er sich Arthurs Lippen. Er nahm Arthurs Geschlecht in die Hand.

«Tu mir wie ich dir tu», flüsterte er. «Komm, kleiner Kerl, das ist erst der Anfang», und Arthur, wie von einem wunderbaren

Verstehen geleitet, küßte Crunchs Brustwarzen, glitt hinab, um sein Geschlecht zu küssen, kam wieder hinauf an seine Lippen. Als er Crunch pulsieren fühlte, pulsierte er mit ihm, liebkoste die pulsierende Ader an der Unterseite des Organs, wie Crunch das seine liebkoste, kaum atmend. Crunch stöhnte, *kleiner Kerl*, stöhnte wieder, sie schienen für eine Sekunde in einer zersplitterten, blendenden Luft zu hängen, dann schoß Crunchs Sperma heraus gegen Arthurs Bauch, Arthurs schoß gegen seinen, es war, als ob einer durch das Geschlecht des anderen käme.

Sie lagen sich in den Armen.

Crunch sah in seine, Arthurs Augen.

«He.»

«He, und du?»

Ihr Atem ging langsamer. Keiner von beiden mochte sich bewegen.

«Glaubst du, wir machen Fortschritte?»

«Ich bin bei dir.»

Sie lachten, hielten einander fest, naß voneinander.

Crunch fragte schüchtern: «Liebst du mich noch?»

«Vielleicht sollten wir noch ein bißchen mehr Fortschritt machen.»

Crunch zitterte vor lautlosem Lachen, und Arthur zitterte vor Freude, als er ihn ansah. «Jetzt gleich?»

«Wann immer du willst.»

«Oh ... komm ...» sagte Crunch.

«Ich hab's gesagt.»

«Du ... bist einer ...»

«Ich liebe dich. Ich tue alles für dich», sagte Arthur.

Crunch sah ihn an. «Wirklich?»

«Wirklich.»

Crunch hielt ihn fester.

«Ich will dich lieben – auf jede mögliche Art, egal was passiert, so lange ich dich festhalten kann.» Er beobachtete Arthurs Augen; aber er wurde ruhiger jetzt.

«Du willst Fortschritte machen, *ich werde* Fortschritte machen. Wir werden zusammen Fortschritte machen.»

Crunch fragte: «Du und ich, also?»

«Du und ich.»

Das Zimmer war dunkel. Sie hörten die Nacht draußen. Sie wollten einer die Arme des anderen nicht verlassen.

Crunch fragte: «Bist du hungrig?»

«Nein – jetzt nicht.»

«Willst du dich waschen?»

«Nein. Noch nicht.»

«Was willst du denn?»

«Vielleicht ein bißchen schlafen – bei dir.»

«Okay.»

Sie rollten sich ineinander, Rücken an Bauch, Arthur lag in Crunchs Armen.

Sie schliefen nicht lange. Arthur erwachte und pinkelte ins Waschbecken, so leise wie möglich. Er ließ Wasser laufen, so leise wie möglich. Er hob die Jalousie und sah aus dem Fenster. Es war Nacht, er schätzte so gegen neun oder zehn Uhr. Es waren nicht so viele Menschen auf der Straße wie in Harlem am Samstagabend. Die meisten waren schon irgendwo angekommen, oder sie waren noch unterwegs, und ihre gedämpften Stimmen und ihre Musik erfüllten die Luft, erfüllten das Zimmer. Er ließ die Jalousie fallen.

Crunch lag da, wie er ihn verlassen hatte. Ein Arm lag an seiner Seite, der andere lag ausgestreckt da, wo Arthur gelegen hatte. Sein Atem ging tief und langsam – und doch fühlte Arthur, daß Crunch nicht ganz im Schlaf verloren war. Arthur kroch zurück ins Bett und zog die Bettdecke herauf. In dem Moment, als er ins Bett kroch, zog Crunch, noch im Schlaf, Arthur in seine Arme.

Und doch lag Crunch hilflos. Arthur wurde durch diese Hilflosigkeit angespornt, durch die willfährige Hilflosigkeit des Körpers in seinen Armen. Er küßte Crunch, der stöhnte, aber sich nicht rührte. Er ließ seine Hände über den langen Körper rauf- und runtergleiten. Er schien das Geheimnis der Geographie zu erkunden, des Raums und der Zeit, den Blitzstrahl der Spannung zwischen einem – Moment? – einem Atemzug und dem nächsten Atemzug. Das Einatmen – das Ausatmen. Das Wunder der einströmenden Luft, und die Brust hob sich: das Wunder der in das Atemwunder verwandelten Luft, die ausströmt in dein Gesicht, vermischt mit Pepsi-Cola, Frikadelle, Senf, was immer in den Eingeweiden liegt: und die Brust senkte sich. In dieser Bedrängnis lag er eine Weile, furchtsam und glücklich.

Er hielt Crunch fester, fuhr mit den Fingern über das kaum tastbare komplexe Telegrafensystem des Rückgrats auf und ab. Seine Hände wagten, Crunchs wunderbare Arschbacken zu erkunden, seinen Arsch, seinen Hintern. Er streichelte das Geschenk zwischen seinen Beinen, das die Gegenwart und die Zukunft barg. Ihr Geschlecht wurde steif. Crunch brummte, rollte sich auf den Rükken, hielt Arthur noch immer fest.

Arthur bewegte sich in Crunchs Armen, Bauch an Bauch. Pepsi-Cola, Senf und Zwiebeln und Frikadelle und Crunchs schwellender Schwanz: Crunch stöhnte. Arthur wußte etwas, wovon er nicht wußte, daß er es wußte – er wußte nicht, daß er wußte, daß Crunch auf Arthurs Lippen an seinem Hals wartete, auf Arthurs Zunge an seinen Brustwarzen. Pepsi-Cola, Senf, Frikadelle, Eiskrem wichen schärferen, unbekannten Düften; wieder stöhnte Crunch, sich hingebend, sich hingebend, als Arthurs Zunge über Crunchs langes schwarzes Selbst hinabglitt, hinunter zum ragenden Penis. Er leckte die Unterseite des Penis, fühlte ihn zucken, und er leckte die Eier. Er machte Crunch frei – er schenkte ihm etwas, das Crunch, wie Arthur irgendwie wußte, ersehnte und ihm nicht zu schenken wagte. Er nahm den Penis in den Mund, und er bewegte ihn mit seidiger Glätte über seine Lippen, in seine Kehle. Einen Moment erschrak er: was jetzt? Denn das Organ war hart und riesig und klopfte, Crunchs Hand kam herab, nur ganz leicht, auf Arthurs Kopf, und er fing an aufwärts zu drängen, vorsichtig, in Arthurs Mund.

Arthur verstand Crunchs Erschrecken – das Erschrecken von jemandem im Meer, der von der Küste abgetrieben wird – und dieses Erschrecken, das sein eigenes Erschrecken war, ließ ihn keuchen, ließ ihn versuchen, sich zurückzuziehen, während er gleichzeitig festhielt. Daß er Crunchs Erschrecken sah, half ihm, mit dem eigenen Erschrecken fertig zu werden. Er hatte dies noch nie getan. Ähnlich wie er wußte, wie sehr Crunch fürchtete, von ihm verachtet zu werden, so wußte er auch, daß er jetzt fürchtete, von Crunch verachtet zu sein. *Schwanzlutscher*.

Ja. Es war Crunchs Schwanz, also leckte er ihn; mit aller Liebe, die in ihm war, und es kam ein Moment, da er fühlte, daß Liebe Vertrauen gewann und erwidert wurde. Ein Moment kam, da er spürte, wie Crunch aus einer Art erschrockener Befangenheit in jubelnder Freude hineinglitt. Eine freundliche, freudige Bewegung begann. *So hoch. Du kannst nicht über ihn sein.*

Schweißtropfen von Arthurs Stirn fielen auf Crunchs Bauch.

So tief – und Crunch keuchte, als Arthurs Mund seinen Schwanz losließ und in der kalten, kalten Luft stehen ließ, als Arthurs Zunge seine heiligen Eier leckte – *du kannst nicht unter ihm sein.* Arthur kam wieder hinauf zu Crunchs Lippen. *So weit. Du kannst ihn nicht umfangen.* Es war, als wären sie durch diesen Kuß für immer verbunden. Crunch stöhnte in höchster Qual, und Arthur glitt wieder hinab.

«Kleiner Kerl. Baby. Lieber.»

Komm herein, verharre nicht an der Pforte.

Er hielt den Schwanz wieder im Mund, fühlend, wartend auf die Eruption. Er, und er allein hatte sie aus den Tiefen seines Geliebten heraufgezogen.

«Oh. Kleiner Kerl.»

Dann, zitternd wie ein Erdbeben: «Oh, mein Geliebter. Oh, mein Geliebter.»

Atlanta stand still. Die Welt stand still. Nichts bewegte sich in den Himmel.

«Oh, Geliebter.»

Seltsam, der Geschmack, als es springend herauskam an die Oberfläche: von Crunchs Schwanz, von Arthurs Zunge, in Arthurs Mund und seine Kehle. Er erschrak, aber er jubilierte. Er wollte am liebsten singen. Der Geschmack war vulkanisch. Dieser Geschmack, der Nachgeschmack, diese Qual und diese Freude hatten für immer jeden Geschmack für ihn verwandelt. Der Grund seiner Kehle war wund, seine Lippen waren matt. Jedesmal wenn er schluckte, von nun an, würde er an Crunch denken, und bei diesem Gedanken mußte er lächeln, als er sich jetzt, langsam und mit einer eigenartigen Freude und Panik, von Crunch hinaufziehen ließ, in seine Arme.

Er wagte es, Crunch in die Augen zu blicken. Crunchs Augen

waren feucht und tief, *tief wie ein Fluß*, und Arthur fand, daß er lächelte, *friedlich wie ein Fluß*.

Arthur fragte Crunch: «Gut? Fühlst du dich gut?»

Crunch zog Arthurs Kopf an seine Brust, fuhr mit schmaler Hand an Arthur auf und ab.

«Du bist das Wunderbarste, was mir je passiert ist, Baby», sagte er. «So fühle ich mich.» Dann: «Danke, Arthur.»

«Wofür?» fragte Arthur – neckend, bestürzt, triumphierend – und geborgen in Crunchs Armen.

«Daß du mich liebst», sagte Crunch.

Nach einer Weile zog er die Decke hoch. Sie schliefen ein, Rükken an Bauch, und Arthur hielt Crunch in den Armen.

Nichts kann verborgen bleiben; Geheimnisse gibt es nicht. Sie waren wieder zehn Tage unterwegs. Sie wurden ‹Turteltäubchen› genannt, sie wurden ‹Romeo und Romeo› genannt. Sie lachten, manchmal eng umschlungen, viel zu glücklich, um Angst zu haben. Vor allem waren sie zu jung, um Angst zu haben. Soweit sie wußten und soweit es sie betraf, war das, was zwischen ihnen geschah, in der ganzen Weltgeschichte noch nicht geschehen. Andere hatten Worte dafür, was es auch sein mochte: schlimm genug, traurig genug – sie beide fanden sich nicht in diesem Wörterbuch. Sie gingen einer im Licht der Augen des anderen, völlig arglos gegen Weiße oder Schwarze, erwachten manchmal einer in des anderen Armen und wußten nicht, welche Stadt es war, kümmerten sich auch nicht darum: sie wurden ‹Turteltäubchen› und ‹Romeo und Romeo› genannt, weil sie allein waren, sie waren weit weg von den anderen, sie waren in Gefahr.

Peanut und Red waren glücklich, einfach weil Crunch und Arthur glücklich waren. Sie reagierten auf die äußeren Zeichen: Arthur lachte und redete mehr und aß mehr, und Crunch schien vor ihren Augen der Fürst eines weiten, wunderbaren Landes geworden. Arthur war sein Fürstentum – oder: wegen Arthur fing er an, feierlich einherzuschreiten. Crunch war verliebt. Ja. Das ist die einzige Art, es zu sagen. Und Arthur, mein Bruder Arthur – er war verliebt, sicherlich, unbezähmbar wie ein junger Hund; wenn Crunch auf diesen seinen langen Beinen einherschritt, schien Arthur sich in unberechenbaren Sprüngen und Hopsern durch die Gegend zu bewegen; aber er war viel weniger verletzlich. Damals wußte er es noch nicht, er betete Crunch ja an, aber die Zeit sollte Arthur, und zwar in unsagbaren Qualen, die Algebra seines Lebens offenbaren. Als viele Jahre später Crunch von uns weggeschleppt wurde, heulend, mit dieser furchtbaren Lücke in seinem Mund, wo seine Zähne gewesen waren, da schlug die Sanduhr in Arthur in jene Verzweiflung um, die ihn töten sollte. Arthur war stärker als Crunch: so einfach, so furchtbar und so geheimnisvoll war es. Arthur konnte Einsamkeit ertragen, er war für sie geboren und konnte nie von ihr überrascht werden, wie mächtig sie ihn auch peinigen mochte: Crunch fürchtete die Einsamkeit, er war rasch verstört, er konnte nicht ohne Liebe leben. Arthur aber konnte von Steinen leben – er suchte Liebe überall, aber er konnte von Steinen leben. Noch aus dem Schweigen der Steine konnte er Nahrung herauspressen. Er konnte sich Crunch so bereitwillig hingeben und alles von sich schenken, weil es ihm nicht gegeben war, alles von sich zu schenken. Es gab in ihm eine geheime Stelle, in die kaum jemand vordringen konnte – *eine gottverfluchte Echokammer!* –, gestand er mir viel später weinend, in der Arthur allein auf und ab ging.

Damals wußte er es nicht. Gegen Ende seines Lebens fing er an, sich damit zu versöhnen, zusammen mit seiner letzten Liebe, Jimmy, dem einzigen Menschen in Arthurs Leben, der ebenso stark war wie er, der ihn mehr liebte als Arthur je wußte; Jimmy, der Arthurs geheimer Stelle vertraute, der wußte, er könnte nicht weiterleben, wenn sie verletzt würde, der in fremden Städten, in Flugzeugen, in Betten, manchmal in Arthurs Arm kaltblütig kalkulierte, wie er seinen Geliebten am Leben erhalten, wie er weiterleben könnte, wenn sein Geliebter nicht mehr da war.

Damals aber – wußte Arthur nichts vom Tod, wußten Peanut und Red nichts von Liebe oder Leidenschaft. Crunch und Arthur waren komisch, es war Licht um sie – vielleicht witterten Peanut und Red, jeder auf seine Weise, eine gewisse Freiheit, wie ein Pferd das Wasser wittert. Für sie waren Crunch und Arthur nicht Liebende, ein Zustand, den sie sich noch nicht wirklich vorstellen konnten, sondern einfach zwei Typen, die irgendwie eine tiefe Sache miteinander hatten: ähnlich wie Red Peanuts ‹Herz› war. Das war eigentlich alles, was es da zu wissen gab. Alles andere war Privatsache, und es wäre ihnen nicht eingefallen, diesen privaten Bereich zu verletzen.

Aber Webster war da ganz anders.

«Was geht vor zwischen euch beiden?» stellte er Crunch zur Rede. Es war an einem Sonntagnachmittag, auf der Treppe vor einer Kirche irgendwo im hintersten Virginia – von wo sie nach Washington, D. C., und dann nach Hause fahren sollten.

«Was soll das, Sir?» fragte Crunch sehr vorsichtig.

Arthur und Red und Peanut gingen hinter ihnen.

Crunch ging möglichst langsam.

«Bist du schwerhörig?»

«Manchmal, Sir. Wenn Leute nicht laut genug reden. Oder wenn sie – brüllen.»

Sie waren gezwungen, weiter die Stufen hinabzusteigen.

«Die Jungen», sagte Webster. «Ich habe gehört, wie sie euch Turteltäubchen nennen. Und du und der kleine Arthur, ihr verschwindet immer zusammen.» Er sah Crunch an, der langsam weiterging und auf den Boden schaute.

«Ich würde nicht so viel drauf geben, was die Jungen reden», sagte Crunch. «Sie blödeln einfach rum – Jungen bleiben Jungen», setzte er hinzu und schaute Webster ins Gesicht.

«Ich frage dich noch einmal», sagte Webster. Sie waren am Fuß der Treppe angekommen. Sie mußten weitergehen, wegen der Leute hinter ihnen und weil sie es sich nicht leisten konnten, daß es aussah, als hätten sie Streit.

So gingen sie ein paar Sekunden. Crunch schaute nicht zurück, weil er wußte, daß Arthur ihn sehen konnte: trotzdem ging er sehr langsam.

«Wie war Ihre Frage, Sir?»

Webster sah Crunch an, und Crunch sah Webster an.

«Ich bin ein sehr verständnisvoller Bursche», sagte Webster langsam. «Ihr kennt mich noch nicht.»

Crunch sagte nichts.

«Soll ich meine Frage wiederholen?»

«Ja. Vielleicht besser.»

«Ihr beiden –» sie blieben stehen und sahen sich an – «was macht ihr da?»

Crunch schaute sich um. Er gab Arthur ein Zeichen. Arthur gab ein Zeichen zurück und kam zu ihm her.

Crunch, die Hände in den Taschen, drehte sich um und schaute Webster an, grinsend.

«Was meinen Sie? Was *glauben* Sie, was wir machen?»

Sie gingen weiter, in der frostigen Atmosphäre, und Crunch ließ seine Gitarre leicht gegen den Rücken schlagen.

«Ich hab's dir gesagt – ich bin ein sehr verständnisvoller Bursche.»

«Sie sind so verständnisvoll und wollen wissen, was wir machen. Warum?»

«Vielleicht, weil ich's auch machen will.»

Crunch starrte Webster an, dann sagte er mit bebender Stimme: «Sie wissen nicht, was wir machen, aber Sie wollen's auch machen.»

«Warum nicht? Oder ... ich kann euch jederzeit zwingen, die Zimmer zu tauschen.»

Crunch blieb stehen. Er und Webster sahen einander an. Crunch warf den Kopf zurück und lachte. Bedächtig fingerte er am Schulterriemen seiner Gitarre.

«Nichts werden Sie tauschen, Sie schleimiger Arschficker», sagte er fröhlich. «Ich schlage Ihnen den Schädel ein, wenn Sie es versuchen. Und ich werde *allen* erzählen, was *Sie* machen – Sie ahnen nicht, was *ich* mache. Wir sind sowieso bald zu Hause, Sie alte Tunte, und brauchen Sie nicht mehr.» Er sprach mit leiser, fröhlicher Stimme, und um der Leute willen mit einem leichten Lächeln im Gesicht. «Ich will Ihnen noch was sagen – wenn Sie *ein* Wort zu einer Menschenseele sagen oder wenn Sie versuchen, Arthur anzufassen, dann haben Sie keine Zunge, keine Hände und kein Arschloch mehr – da werden Sie sich in einem mächtigen traurigen Zustand wiederfinden! Wir bringen das hier unten zu Ende, zwanglos und freundlich, und dann fahren wir nach Hause und brauchen Sie nicht mehr, nie wieder. Sie werden uns auszahlen, und wir fahren nach Hause. Und ich *weiß* – das wissen *Sie* – *ich* weiß, daß Sie uns auszahlen werden.»

Arthur kam angehopst, und Crunch lachte und schlang einen Arm um ihn, die Gitarre klang leise im frostigen Wind.

«Jedenfalls können Sie nicht, was wir machen, Brother. Sie können nicht singen.»

Webster hätte sich bestimmt nicht vorstellen können, was Arthur und Crunch da machten, eine Stunde bevor sie unter die Dusche springen und sich anziehen und vors Publikum treten mußten – sie sprangen raufend und lachend im Zimmer umher, sie wußten, daß die Uhr tickte, aber sie waren so glücklich, daß sie auch wußten, irgendwie würden sie schon angezogen und bereit sein und rausgehen und ihren Auftritt hinter sich bringen, damit sie wieder nach Hause kommen, glücklich sein, sich lieben konnten. Sie begannen, einander zu erkennen – das biblische Wort erschloß sich ihnen und hielt sie beisammen in einer Freude, so wach wie Erschrecken. Crunch legte sich für Arthur auf den Bauch und zog Arthur in sich hinein, und Arthur lag für Crunch auf dem Bauch, und Crunch kam in Arthur hinein – es war unglaublich, daß es so schmerzte und doch so wenig schmerzte, daß ein so tiefer, so hart drängender, so unergründlicher Schmerz eine solche Verwandlung bewirken konnte, *ich sah auf meine Hände, und sie waren neu, ich sah auf meine Füße, und sie waren neu!* Aber so sangen sie wirklich, vielleicht schon fünfzehn Minuten später, voller Freude an ihrer Hingabe und ihrer Erlösung, erfüllt von dem geheimen Wissen, daß einer den anderen in sich hatte.

Webster zahlte die Jungen in Washington aus, mit einer ironischen Korrektheit und mit einer Feindseligkeit, die nicht wirksamer – wenn auch ebenso auffällig verdeckt war, wie Adam und Eva sich durch armselige Feigenblätter bedeckt glaubten, als Gott durch den Garten geschritten kam. Er hatte nichts, was auch nur entfernt einem Flammenschwert gleichgekommen wäre, und er bedauerte es sichtlich; und zudem konnte er, im Gegensatz zu Gott, nicht wissen, was die Jungen untereinander über seinen Auftritt als Schlange flüsterten. Ihm fehlte nicht nur das Flammenschwert, sondern noch schlimmer: er hatte keinen Apfel!

Peanut und Red waren verdutzt. Sie dachten, vielleicht sei Websters komische Art durch die Tatsache – die Neuigkeit – bedingt, daß Crunch und Arthur nicht mit ihnen nach New York kamen. Crunch hatte in Washington ‹Geschäfte› zu erledigen, Leute, die er sehen mußte: er und Arthur wollten ein paar Tage in Washington bleiben und dann mit dem Zug nach Hause fahren.

Webster wandte ein, er müsse sich erst mit den Eltern des Kindes besprechen. Aber Crunch sagte, daß er und Arthur bereits die Erlaubnis unserer Eltern hatten, was richtig war. Es war Crunchs Idee gewesen, und er riskierte eine Menge: denn immerhin war er über drei Jahre älter als Arthur, und er konnte ja nicht wissen, was Webster, erst einmal in New York, alles erzählen mochte. Aber er wußte, daß Paul und Florence ihm vertrauten – er setzte alles auf seine Liebe. Er fühlte, daß niemand, der Arthur liebte, daran zweifeln konnte, wie sehr er, Crunch, Arthur liebte. Und er hatte recht, ich sollte es erfahren.

Der Schatten ihrer Trennung, so bald schon, der Schatten der Army, Koreas, legte sich jeden Tag schwerer auf ihn und Arthur. Sie hätten fast jedes Risiko auf sich genommen, um für ein paar Stunden allein miteinander zu sein.

In New York würden sie nicht allein sein, nicht auf diese Art. Arthur würde bei Mutter und Vater sein. Crunch hatte ein möbliertes Zimmer in der Stadt, an der Fourteenth Street, Ecke Third Avenue, aber meistens würde er bei seiner Familie sein, und er hatte noch ein anderes Problem: er mußte seiner Mutter Geld geben.

Aber er mußte auch mit Arthur zusammen sein, und Arthur seiner Mutter kein Geld geben. Von Arthur wurde nur erwartet, daß er ein wenig Geld für *sich selbst* verdient hatte. Das lief in gewisser Weise auf dasselbe hinaus, aber Arthurs Marge war weiter, sie war wie eine Brücke, die er überqueren konnte, wenn er dort ankam.

Der Schatten der Army lag schwer auch auf Peanut und Red, aber irgendwie freuten sie sich sogar darauf. Peanut tat es nicht leid, seine Großmutter zu verlassen, und Red würde es nicht leid tun, das Straßenpflaster hinter sich zu lassen. Und auch Crunch hätte sich vielleicht darauf gefreut, wäre da nicht so vieles gewesen, das ihn festhielt – seine Mutter, seine Brüder und Schwestern. Und auch damit hätte er sich rasch abgefunden, denn seine Mutter würde eine Unterstützung bekommen, und die Kinder würden nicht verhungern – aber: da war Arthur. Er war verliebt, zum erstenmal bewußt verliebt und so, wie vielleicht nur sehr junge Menschen verliebt sein können. Er verliebte sich jede Stunde tiefer, er liebte Arthur jeden Tag mehr. Er hatte eine gewisse Panik, Verwirrung empfunden, als er sich klarmachte, daß er sich in einen Mann verliebt hatte, und diese Panik war nichts im Vergleich zu seiner inneren Gewißheit, daß er Arthur mehr liebte als Arthur ihn. Arthur war jünger, flammend vor fragendem Staunen, flüchtig und unberechenbar wie ein Kätzchen. Er würde eine ausgewachsene Katze sein, wenn Crunch zurückkehrte – und was sie gemeinsam durchzumachen ersehnten, würde jeder für sich allein durchgemacht haben müssen. Sie würden sich verändert haben. Red und Peanut fürchteten und ersehnten das Ende ihrer Jugend, unter unvorstellbaren Bedingungen, fern von zu Hause; Crunchs Jugend aber endete jetzt und hier, wo er stand.

Im Erdgeschoß des Hotels war ein Drugstore, der rund um die Uhr offen zu haben schien, niemals leer, niemals ruhig. Anscheinend fungierte es als Kommunikationszentrum der schwarzen Nachbarschaft. Später einmal würde Arthur es entdecken, um fünf Uhr morgens und immer noch offen, eine einsame schwarze Lady mit Hut an der Theke sitzend, in ihre Kaffeetasse stierend, den getrunkenen Wein aufstoßend, oder ein schwarzer Boy, total bekifft, an einem der Tische sitzend.

Webster beschloß, nachdem er die Jungen ausbezahlt hatte, sich noch einmal bei Paul und Florence zu vergewissern, und ging in eine Telefonzelle. Arthur machte die Tür der Telefonzelle auf und stand dabei, während Webster sprach. Er bat nicht darum, mit seinen Eltern zu sprechen. Webster sagte Good-bye und hängte ein.

«Wetten, sie haben gesagt, daß es okay ist?» sagte Arthur.

«Yeah», sagte Webster gereizt. «Sie sagten, es ist okay. Ich mußte mich nur noch einmal vergewissern, das ist alles.»

«Verstehe, Sir», sagte Arthur. «Ich wollte mich auch nur noch einmal vergewissern.»

Webster sah Arthur scharf an, aber Arthur schaute Webster nicht an, und sie gingen durch den Drugstore hinaus auf den

Gehsteig, wo Peanut, Crunch und Red neben dem Stationwaggon standen und redeten.

«Na, alles klar, Sir», fragte Crunch fröhlich zu Webster gewandt, aber die Frage war an Arthur gerichtet.

Beide, Arthur und Webster, verstanden, aber nur Webster war gezwungen zu antworten.

«Alles klar», sagte Webster und stieg ein. Er beugte sich aus dem Fenster. «Kommt, steigt schon ein, wir fahren los.»

Die Jungen schüttelten sich die Hände und hielten einander bei den Schultern, alle vier jetzt tödlich erschrocken. Crunch war der erste, der eine Bewegung machte – er beugte sich ins Fenster hinein und sagte zu Webster: «Fahren Sie vorsichtig, Mann, Sie haben 'ne kostbare Fracht, hören Sie?»

Red und Peanut stiegen in den Wagen, Red auf den Vordersitz, Peanut hinten.

«Wir sehen uns in ein paar Tagen!» schrie Arthur.

Der Stationwaggon rollte hinaus in den Verkehr, die Hände der Jungen winkten aus den Fenstern. Peanut hatte sich ganz umgedreht, preßte sein Gesicht ans Rückfenster, und seine schmale Hand flatterte in der Luft.

Crunch und Arthur blieben auf dem Gehsteig stehen, bis der Stationwaggon vor der ersten roten Ampel hielt. Die Ampel schaltete um, und der Wagen entschwand.

Crunch drehte sich um und sah Arthur an. Die Hände hatte er in den Taschen vergraben.

«He. Kleiner Kerl.»

«He, du.»

Sie hatten ein Zimmer am obersten Stock, gleich unter dem Dach, in diesen unbekannten und wirklich ein wenig beängstigenden Hotel; es war gegen Ende des Sommers.

«Komm, gehn wir rauf und ziehen uns um», sagte Crunch, «und sehen uns vielleicht mal die Stadt an?»

Mit den Händen in den Taschen und dieser hochgezogenen Augenbraue und zu dem Kleinen hinübergeneigt wie ein schiefer Turm.

«Okay.»

Sie gingen in den Drugstore zurück. Am hinteren Ende des Ladens öffneten sich die Türen zur Hotelhalle und zu den Aufzügen. Eine Jukebox spielte. An der Theke gab es Eiskrem-Soda, wie Arthur bemerkte, Sandwiches, Tee, Milch, Hot dogs ... an der Theke war zuviel Betrieb, und Crunch und Arthur gingen zu schnell, als daß Arthur alles hätte registrieren können.

«He!» sagte er zu Crunch. «Hier können wir essen!»

Crunch schritt auf die Tür zu, die in die Halle führte. Er verlangsamte seinen Schritt.

«Bist du hungrig?»

«Nein. Noch nicht. Ich frage mich nur, wie lange die hier offen haben.»

Sie gingen durch die Tür in die Hotelhalle. Crunch hatte den Zimmerschlüssel in der Tasche behalten, und so gingen sie direkt zu den Fahrstühlen. Crunch war schon ein paarmal allein in einem Hotel gewesen, aber Arthur noch nie. Er war von allem fasziniert und erschreckt – fasziniert von der, wie ihm schien, Weite und Pracht, erschreckt von dem Lärm. Alle Gesichter, an denen sie vorbeikamen, waren schwarz. Der Sound war schwarz. Vielleicht tauchte hier und da verschwommen, rasch und weit entfernt, ein weißes Gesicht im Licht auf und verschwand. Das weiße Gesicht schimmerte etwa in einem fernen Korridor auf, beim Öffnen oder Schließen einer Tür, oder es wurde kurz hinter den Drahtmaschen eines der Aufzugschächte sichtbar. Sonst waren alle Gesichter schwarz.

Der Fahrstuhlführer, der sich reichlich Zeit ließ, war schwarz.

«Wie geht's, Jungs», fragte er mit einer angenehmen, freundlichen Gleichgültigkeit, und Crunch sagte, «Gut, Sir», und nannte ihm die Nummer des Stockwerks.

«Ah», sagte der alte Schwarze, «ihr fahrt ins Penthaus. Da *weiß* ich, wie's euch geht.»

Der Fahrstuhl keuchte hinauf, und schließlich brachte der Mann ihn zum Halten und öffnete die Türen. «Vorsicht, passen Sie auf», sagte er. «Guten Abend.»

«Danke, Sir», sagte Crunch. Er schob Arthur hinaus. «Könnten Sie mir sagen, Sir, wie lange der Drugstore da unten offen hat?»

«Er schließt eigentlich nie. Aber, falls ihr etwas essen wollt, geht besser vor zwei Uhr morgens hin. Später ist es riskant ... und nicht nur wegen dem Essen ...»

«Danke, Sir», sagte Crunch – nach einer Pause: «Guten Abend.»

«Guten Abend», sagte der Alte. «Laßt euch von dem Krach hier oben nicht stören.» Er schloß die Fahrstuhltüren, und der Fahrstuhl ächzte hinunter.

Aber jetzt war noch heller Nachmittag, und man hörte keinen Laut. Sie gingen durch die Stille zu ihrem Zimmer, und Crunch schloß die Tür auf. Sie traten ins Zimmer, das niedrige, stickige Zimmer lag gleich unter dem Dach, ein Zimmer mit zwei kurzen, schmalen Betten, einem Fenster, einem kleinen Waschbecken mit einer nackten Glühbirne darüber, dem einzigen Licht im Raum.

Crunch schloß die Tür hinter ihnen und lehnte sich dagegen. Er betrachtete das Zimmer.

«Schätze, wir werden am Boden schlafen», sagte er.

Dann sah er Arthur an. Dann lachte er – lehnte den Kopf gegen die Tür, breitete die Arme aus und lachte laut heraus. Dann hörte er auf zu lachen, zog Arthur in seine Arme, streichelte dieses Gesicht und küßte es, sah Arthur in die Augen.

«Sag nichts», sagte er. «Ich weiß. Ich weiß, ich bin verrückt, ich bin verrückt nach dir, ich bin da, wo ich sein wollte – okay?»

Arthur murmelte: «Du stellst vielleicht verrückte Fragen, Mann. Mir macht's nichts aus, auf dem Boden zu schlafen.»

Wer in New York geboren ist, der ist schlecht darauf vorbereitet, sich in einer anderen Stadt zurechtzufinden: alle anderen Städte scheinen bestenfalls ein Irrtum zu sein, schlimmstenfalls ein Betrug. Keine andere Stadt ist so grausam widersprüchlich. Während andere Städte mit ihrer Geschichte – mit ihrem angeblichen Ruhm – protzen, mit auffällig placierten Monumenten, Plätzen, Parks, Gedenktafeln und Boulevards, findet sich dergleichen Geschichte in New York, sofern die Stadt sie nicht völlig austilgen konnte, hauptsächlich in den Seitengassen der Wall Street, an den Schleichwegen des Old und West Broadway, am und um den Washington Square, und – für den unerbittlichen Sucher – in den kraß abweisenden Gegenden der Bronx. Es gibt ein paar äußerst auffällige Monumente entlang dem Riverside Drive, aber der Riverside Drive, wie traurig für die Geschichte, liegt am Westrand von Harlem. Keine Gedenktafel verkündet, daß Harlem einst eine holländische Provinz war, mit zwei ‹a› im Namen, oder daß das Kino an der 42nd Street, das New Amsterdam, jenen Namen trägt, den die Stadt, wiederum durch die Holländer, erhielt, als sie in die geschriebene oder offizielle Geschichte einging. Die Holländer verloren die Stadt an die Engländer, die, weil sie eine so leidenschaftliche Liebe zu einer Stadt auf ihrer Insel namens York hegten, einfach befanden, dies sei *Neu* York. Der Name der Insel, Manhattan, ein indianischer Name, wurde niemals geändert. Die Eroberer hatten etwas übersehen. Ich stelle mir immer gern vor, daß der Geist des vergewaltigten Landes damals geflüstert hatte: *Bis hierher und nicht weiter. Manhattan,* die Insel, auf der die Stadt ruht, ist stärker als New York. Wie die Zeit zu zeigen begonnen hat; wie wir sehen werden.

Andererseits ist die grausame Widersprüchlichkeit New Yorks im Grunde leichter zu ertragen als die grotesken Pietäten etwa in Philadelphia oder Boston oder Washington. Niemand in Philadelphia gibt einen Scheißdreck auf Benjamin Franklin. Niemand in Boston gibt einen Scheißdreck auf Crispus Attucks oder auf diese so berühmte und überschätzte Tea Party – ein Ereignis, das, vor dem geschichtlichen Hintergrund dieser Stadt, eindeutig rein merkantiler Natur war, ein wüster Tumult, bei dem es um nichts anderes ging, als um das edle Eigeninteresse.

Aber das Herz konnte einem brechen bei dem Gedanken, daß das Eigeninteresse bei allem menschlichen Streben unerläßlich ist, daß es der universelle Motor des Menschen ist und – ob edel oder schmählich – mit seinem Selbstverständnis zusammenhängt. So habe ich zum Beispiel gesagt, daß ich wußte, ich könnte nicht ohne meinen Bruder leben: kann es überhaupt jemand? Letzten Endes wäre *mein* Selbst ohne ihn ein sehr viel anderes Selbst gewesen, falls dieses Selbst überhaupt fähig gewesen wäre zu leben. Ich muß mich auf die Hand schlagen – ich greife vor, aber egal. *Geliebter, Geliebter. Ja, wir sind Söhne Gottes* – es war der erste Song, den Arthur sang, nachdem sie in New York angekommen waren und als er erfahren hatte, daß Crunch mit Julia zusammen war und versuchte, sie durch Handauflegen zu heilen. Ich scherze nicht, Kinder, Mitleid kann eine ebenso vielfältige und verheerende Sünde sein wie der Stolz.

Mein Bruder, damals gerade sechzehn, war allein, und in Bedrängnis, und verliebt. Er sang, er mußte singen, als könnte die Musik wirklich das Wunder vollbringen, die Mauern einstürzen lassen. Er sang – als Julia ihre geistliches Amt aufgab, begann Arthur das seine zu entdecken. Aber das Lied, das andere verwandelte, konnte ihn nicht verwandeln.

Sein hauptsächlicher Eindruck von Washington war damals, daß es insgesamt das hochfahrendste und häßlichste aller Monumente war, entworfen – so brüstete man sich allgemein – von einem Franzosen. Wer immer es entworfen haben mochte, er hatte jedenfalls nicht die Zukunft im Auge.

Sehr viel später kam Arthur wieder nach Washington, mit mir, zu einer Kundgebung der Bürgerrechtler. Nachdem wir das Lincoln Memorial verlassen hatten, chauffierte Arthur uns durch die Stadt, und wir hielten kurz vor dem trostlosen Hotel, in dem er und Crunch unterm Dach gewohnt hatten – wo sie, schweißtriefend, ihre Matratzen unter das offene Fenster auf den Boden gelegt und, in der stickigen, schalen Luft, sich geliebt hatten.

Als Crunch Julia begegnete, waren Crunch und Arthur schon etwa fünf oder sechs Tage in New York. Es war an einem Sonnabend, bei Einbruch der Dämmerung, in der 125th Street. Er hatte gerade die Seventh Avenue überquert und war unterwegs zur Lenox, zur Subway. Wie immer an Samstagabenden, war die Straße voller Menschen, voll von harmlos fröhlichem Lärm; jedenfalls klang es harmlos fröhlich, solange du keinen Grund hattest, genauer hinzuhören. Da waren die Läden auf beiden Seiten und die Bars, und die Musik kam von überall. Auf dieser Straße liefen anscheinend zu jeder Tageszeit Kinder herum – liefen vor einer Tracht Prügel davon oder, so konntest du hoffen, einer entgegen. Matronen schritten mit unerschütterlicher Würde einher, warfen selten einen Blick in die Schaufenster, strebten direkt dahin, wo sie einkaufen wollten; ihre Haltung zeigte, daß sie *hier* nie etwas kaufen würden, wenn es sich eben vermeiden ließ. Jungen und Mädchen gingen miteinander langsamer, blieben hier und da stehen, um die Schaufenster anzusehen, stießen sich an, deuteten auf etwas, lachten, gingen weiter – wie auch die jungen Mädchen, die sich meist lärmender benahmen und zu zweien und dreien gingen. Es war warm, und die Kleider, die die Leute trugen, ließen sie bunt und freundlich erscheinen.

Ein sehr gutaussehendes, sehr dunkles Mädchen, das einen gelben Sweater und eine knallrote Hose trug, kam, eine Schachtel in der Hand, aus einem der Läden; Crunch verlangsamte seinen Schritt, drehte den Kopf und schenkte ihr einen bewundernden Blick. So kam es, daß er mit jemandem zusammenstieß, einem Mädchen – er gewahrte nur die riesigen Augen in einem hageren Gesicht; und: «Entschuldigen Sie», sagte er und ging weiter – dann blieb er stehen und drehte sich um. Auch das Mädchen war stehengeblieben und starrte ihn an.

Es war Julia. Und doch schien es nicht Julia zu sein. In dieser Dämmerung, die von Straßenlaternen und Schaufenstern erhellt war und in der die Menschen rastlos und rücksichtslos an ihm vorbeiliefen, kam Crunch sich beinah vor, als befinde er sich in einem Traum. Julia stand hoch aufgerichtet und ruhig – ihr Gesicht öffnete sich zu dem Lächeln, an das er sich erinnerte. Und doch schien es nicht Julia zu sein.

Er machte ein paar Schritte und legte ihr beide Hände auf die Schultern.

«Sister Julia! Wie geht's dir, Kind?»

«Ich kann nicht klagen, Crunch. Ich bin noch am Leben.»

Noch vor kurzem hätte sie gesagt: *Gepriesen sei der Herr für seine erhaltende Kraft*, und es wäre Crunch nicht eingefallen, seine Hände auf ihre Schultern zu legen.

Er wurde verlegen. Er nahm seine Hände weg, steckte sie in die Taschen.

«Ich war mächtig traurig», sagte er, «als ich das von deiner Mutter hörte.»

«Ja», sagte Julia, «sie ist gestorben, und sie fehlt mir.»

Aber das ist doch nicht Julia! Julia hätte gesagt: *Ja. Der Herr hat sie heimgeholt, auf daß sie in seinem Glanz weile. Gelobt sei der Name des Herrn.* Crunch begann sich immer mehr zu fürchten, er wußte nicht warum.

«Und wie geht's Klein-Jimmy? Und ... und deinem Vater?»

Sie war ganz in Schwarz; aber irgendwie schien sie anders gekleidet zu sein als sonst. Sie trug hohe Absätze. Er fragte sich, ob sie nicht sogar ein bißchen Make-up aufgelegt hatte – er traute seinen Augen nicht. Ihr dichtes schwarzes Haar war anders gelegt, er hätte nicht sagen können wie, aber es bewirkte, daß ihm ihre Stirn auffiel. Ihr Haar schien einen seltsamen trockenen, säuerlichen Geruch auszuströmen, einen Geruch, den er mit Alter und Tod assoziierte.

Sie aber war auf einmal ohne Alter. Irgend etwas geschah hinter ihren Augen, während er sie ansah, etwas Unbegreifliches, und sie sagte: «Ach, Klein-Jimmy ist in Sicherheit, er ist unten in New Orleans, bei seiner Großmutter. Und mein Vater», sie lächelte kurz, dann zuckte sie mit den Schultern und sagte, «ihm geht's wie immer.»

«Ihr seid noch in der gleichen Wohnung?»

«Ja», sagte Julia. «Nur er und ich.» Sie sah Crunch an, und ihre Augen waren größer und dunkler denn je. «Wäre nett, wenn ihr mal vorbeikommen und uns besuchen würdet – du und Arthur und Red und Peanut. Wie geht's ihnen?»

Crunch wollte Arthur an der Fourteenth Street treffen. Er sagte: «Allen geht es gut.»

«Und wie war der Sommer?»

«Gut ... es ging ... ganz *gut*, würde ich sagen. Aber jetzt –» Er unterbrach sich. Er sprach wirklich ungern darüber.

«Was jetzt?»

Sie hatten sich an den Rand des Gehsteigs gestellt, um den Leuten nicht im Weg zu sein. Je länger sie dort standen, desto mehr sah Crunch. Sie war erschreckend dünn. Sie *hatte* ein bißchen Make-up aufgelegt. Ihre Lippen zitterten, wenn sie sprach, auch ihre Stimme zitterte, und an ihrem Hals pochte eine Ader. Sie war unglaublich unglücklich. Ihr Unglück war so gegenwärtig wie ein Geruch.

Er sagte: «Na ja, Uncle Sam hat uns alle auf 'ne Party nach Korea eingeladen, und ich vermute, wir werden bald fahren – alle außer Arthur. Er ist zu jung. Gott sei Dank.»

Sie hörte die Intensität seines «Gott sei Dank» und blickte ihn mit aufflackerndem Mitgefühl an. Er war dankbar dafür, ein wenig erleichtert, beinah als hätte er ein Geständnis gemacht.

Aber Gott erwähnte sie mit keinem Wort. Sie sagte: «Arthur würde ich gern wiedersehen. Es war so nett von ihm, daß er bei Sister Bessies Begräbnis gesungen hat.» Dann, stockend, als müsse sie Atem holen und ihre Panik zurückhalten: «Falls ihr alle mal Zeit habt ... ich weiß, ihr habt sicher viel zu tun, aber –» sie lachte – «du weißt ja, mein Vater ist immer froh, wenn er Leuten ein Glas Wein anbieten kann!»

Als sie lachte, geschah etwas Seltsames zwischen ihnen, beinah als ob *sie* ein Geständnis gemacht hätte.

Crunch grinste, er fühlte sich ganz seltsam berührt. «Also, ich will versuchen, einmal vorbeizukommen, Sister Julia. Und grüße deinen Vater von mir.»

«Danke, Crunch», sagte sie. «Wir sehen uns.»

Er hatte darauf gewartet, sie *Gepriesen sei der Herr!* sagen zu hören, aber sie lächelte und winkte mit der Hand und wandte sich ab. Er schaute ihr nach, wie sie sich seltsam zögernd durch die Menge bewegte. Die Leute drehten sich nach ihr um – nach diesem großen, dünnen, flammenden Mädchen, ganz in Schwarz gekleidet, frisch aus dem Irrenhaus oder auf dem Weg dorthin.

Crunch sah ihr nach, und er sah die Leute, die ihr nachsahen, und beinah wollte er sie schon zurückrufen. Sie zurückrufen – wozu? Er drehte sich um, bog um die Ecke und lief die Treppe zur Subway hinunter.

Er war sich nicht schlüssig, was er davon halten sollte, daß er sie wiedergesehen hatte – *wen* wiedergesehen? Denn das Mädchen, das er eben verlassen hatte, war eine Fremde für ihn; und es gab eigentlich keinen Grund für ihn, daß er sich wünschte, sie kennenzulernen. Tatsächlich hatte er noch nie den Wunsch gehabt, sie kennenzulernen. Es war etwas in ihrem Leben passiert, aber er wollte eigentlich nicht wissen, was da passiert war. Es hatte nichts mit ihm zu tun; er war glücklich, so wie es war. Er wußte, eines Tages würde er wieder ein Mädchen haben, aber es würde ganz gewiß nicht *dieses* Mädchen sein. Er und Arthur waren jetzt glücklich, so wie es war, und wenn für

Crunch die Zeit kam, wieder ein Mädchen zu haben, nun, bis dahin war noch genug Zeit.

Arthur gegenüber erwähnte er, er habe Julia getroffen, und sie sehe merkwürdig aus. Arthur meinte, es komme wahrscheinlich daher, daß sie aufgehört habe zu predigen – das wußte er von seiner Mutter – und kein Mensch wisse, was sie eigentlich mache.

Florence ahnte die Wahrheit, aber es war nur eine Ahnung, eine höchst widerwillige zudem, und sie sprach zu niemandem davon, nicht einmal zu Paul.

Zu Arthur aber sagte sie, das Mädchen müsse mit Gleichaltrigen zusammenkommen – es sei zwar sehr gut von ihr, daß sie sich ihrem verwitweten Vater widmete (so drückte Florence es aus), aber es sei nicht fair: darum hoffe sie, daß Crunch und Arthur ‹ein Auge auf sie› haben würden.

«Geht doch mal hin, du und Crunch, und seht euch um und laßt mich wissen ... verstehst du ... wie die Stimmung dort ist.»

Arthur war ein wenig im Zwiespalt wegen der ihm zugemuteten Rolle des Spions, auch wenn es seine Mutter war, die ihm diese Rolle zuwies.

«Kann Daddy nicht hingehen?»

«Dein Daddy hat Joel seit dem Begräbnis nicht einmal allein gesprochen. Er sieht Joel nur, wenn der betrunken ist – und dann kann er niemandem in die Augen sehen.»

Also stiegen Crunch und Arthur eines Sonntags am späten Nachmittag die Sandsteinstufen hinauf und drückten auf Millers Klingel.

Brother Miller kam an die Tür. Crunch hatte Julia kaum wiedererkannt vor zwei Wochen, weil sie sich so verändert hatte. Aber Brother Miller war ein noch weit größerer Schock, weil er sich nicht verändert hatte. Er war absolut wiederzuerkennen, als ob nichts geschehen sein, als ob keine Zeit vergangen sei. Sein Haar glänzte frisch gekämmt; er roch nach After-Shave-Lotion. Er war gerade dabei gewesen, sich ein weißes Hemd in seine navy-blaue Hose zu stopfen. Seine schwarzen Schuhe glänzten. Er hatte sich noch nicht die Manschettenknöpfe in die Ärmel geknöpft. Seine Hemdsärmel waren ein Stück hochgekrempelt, nur bis zum Ellbogen. Die Fingernägel waren noch nicht auf Hochglanz poliert.

Er starrte sie ausdruckslos an, mit nichtssagender Feindseligkeit.

Arthur sagte: «Guten Abend, Brother Miller. Ist Julia zu Hause?»

Er erkannte Arthurs Stimme, bevor er Arthur selbst wiedererkannte. Als er Arthur erkannte, erkannte er auch Crunch. Aber er blieb in der Tür stehen wie jemand, der mit dem Rücken an der Wand steht.

Dann machte er eine Bewegung, um sie einzulassen, wobei sich sein Gesicht mit einem Lächeln überzog.

«Guten Abend, die jungen Gentlemen», sagte er. «Ja, ich glaube, sie ist zu Hause. Kommt herein.»

Sie traten in den dunklen, stillen Flur und folgten Brother Miller ins Wohnzimmer.

«Vielleicht schläft sie», sagte Brother Miller. «Ich geh mal und wecke sie auf. Entschuldigen Sie mich», und er verließ das Zimmer. Sie hörten ihn die Treppe hinaufgehen. Sie schauten sich an, und Crunch sagte: «Verdammt! Er hat uns nicht mal Wein angeboten.»

Arthur aber dachte daran, wie seltsam es war, daß Julia an einem Sonntagnachmittag zu Hause war und schlief, während all die vielen Seelen draußen darauf warteten, gerettet zu werden. Er erinnerte sich daran, wie er sie das letzte Mal gesehen hatte; er fragte sich, was ihr widerfahren sein mochte, das sie so verändert hatte; er fragte sich, was er sehen würde, wenn sie gleich ins Zimmer kam. Er wurde sich klar darüber, daß er nicht den Wunsch hatte, sie zu sehen.

Sie hörten Stimmen über sich und Schritte. Beide saßen sie ganz still, sie fühlten sich zutiefst unbehaglich und waren dankbar dafür, daß die Stimmen zu leise waren, um etwas zu verstehen. Die leisen Stimmen enthielten eine beunruhigende, feindselige Schärfe, waren nicht dazu bestimmt, von anderen verstanden zu werden.

«Wir bleiben nicht lange», sagte Arthur. «Es ist nur, weil ich's meiner Mutter versprochen habe.»

«Na, ich habe es ja auch versprochen, kleiner Kerl», sagte Crunch.

«Bist du mir böse?»

«Dir böse? Weshalb?»

«Weil ich dir deinen Sonntag ruiniert habe.»

Crunch knurrte ihn an, leckte sich die Lippen und grinste. «Aber mein Sonntag ist nicht verpfuscht. Noch nicht.»

Die Stimmen verstummten, sie hörten Brother Miller die Treppe herunterkommen, er trat ins Zimmer.

«Sie kommt in ein paar Minuten», sagte er. Er sagte es, wie er es immer gesagt hatte: als ob ein privilegiertes Wesen eine Gunst gewährte.

Doch dann, als ob ein paar erklärende Worte weder die Würde seiner Tochter noch seine eigene kompromittieren würden, setzte er hinzu: «Julia hat das Ableben ihrer Mutter sehr schwer genommen. Sie möchte aufstehen und sich wieder ihren Pflichten widmen, aber ich muß sie zurückhalten und zwingen, daß sie sich ausruht. Ich habe bereits eine Ehefrau verloren, ich will nicht auch noch eine Tochter verlieren – sie ist jetzt das einzige, was ich habe.» Er ging zur Küchentür. «Eine kleine Erfrischung, Jungs, während ihr wartet? Ich hab aber nur ein bißchen Wein.» Er grinste Arthur an. «Deine Mama erlaubt dir doch schon, Wein zu trinken?»

«Manchmal, ein wenig», sagte Arthur – was sogar stimmte.

«Schätze, du bist groß genug», sagte Joel und verschwand in der Küche. Sie hörten in der Küche Wasser fließen, und dann tauchte Joel mit drei Gläsern und einer halben Flasche Weißwein wieder auf. Er füllte die Gläser und ließ die Flasche auf dem Tisch vor dem Sofa stehen. «Auf euer Wohl», sagte er, und sie schlürften den Wein, der dick und süß war. «Natürlich ist Julia nicht die Hausfrau, die ihre Mutter war», sagte er. «Aber sie ist im Grunde ja noch ein Mädchen, das vergessen wir immer zu leicht, weil sie immer so erwachsen war.» Er setzte sich in den Sessel gegenüber dem Sofa. «Julia erzählt mir, ihr wart diesen Sommer unterwegs, habt im Süden unten gesungen. Wie ist es euch allen ergangen?»

«Recht gut», sagte Crunch. Er schaute Arthur an. «Gut, würde ich sagen.»

«Yeah», sagte Arthur. «Es ging sehr gut.»

«Welche Städte waren die besten?»

«Nashville, Atlanta ...» sagte Crunch.

«Auch Birmingham», sagte Arthur.

«Wie war's in New Orleans?»

«New Orleans war gut», sagte Arthur.

«Warum ich frage ... Klein-Jimmy ist dort unten bei seiner Großmutter, und Julia möchte ihn so gern besuchen. Das wäre vielleicht 'ne gute Sache für sie, wieder neu anzufangen – eine Tour durch die Kirchen des Südens, angefangen in New Orleans.» Er trank von seinem Wein, schürzte die Lippen und überlegte. «Wir könnten es zusammen machen – ihr, Jungs, singt, Julia predigt – was meint ihr? Ich glaube, wir könnten abkassieren.»

Crunch seufzte. «Ist vielleicht eine gute Idee – aber wir werden es nicht machen können.»

«Warum nicht?»

«Ich werde demnächst eingezogen – ich warte nur noch auf den Termin ... und dann muß ich, wissen Sie, allen Good-bye sagen.»

Joel saugte die Luft durch die Zähne. «Yeah. Die anderen auch ... natürlich.»

«Alle. Außer Arthur.»

Joel wandte sich an Arthur. «Ah, ja, richtig. Na, und wie wär's mit dir und Julia –» Aber in diesem Moment trat Julia ins Zimmer.

Ihr Kopf war mit einem grünen Kopftuch bedeckt, und sie trug ein schokoladenfarbenes, eng anliegendes Kleid. Sie trug eine kleine grüne Handtasche in der Hand und hatte beige Schuhe mit hohen Absätzen an. Für Arthur wie für Crunch – wenn auch aus unterschiedlichen Gründen – hatte eine völlig Fremde das Zimmer betreten. Julia war so dünn, daß das eng anliegende Kleid nichts anderes zu unterstreichen vermochte als eine gewisse perverse, unbekümmerte Galanterie – die aber war auffällig und attraktiv genug. Fast hätte man sie für ein kleines Mädchen halten können, das die Sachen der älteren Schwester trug. Dem entging sie dadurch, daß sie kein Make-up aufgelegt hatte: ihr Gesicht war erbarmungslos, herausfordernd frisch geschrubbt. Sie wendete es zuerst ihrem Vater zu.

«Mein bester Sonntagsstaat», sagte sie spöttisch, dann richtete sie ihre riesigen Augen auf Crunch, dann auf Arthur. Sie ging zu Arthur und umarmte ihn: unwillkürlich versteifte er sich. «Ich bin so froh, dich zu sehen», sagte sie – aber er fühlte, daß sie zu Crunch sprach.

«Wie geht's dir?» fragte Arthur und brachte schließlich ein Lächeln zustande. «Ich freu mich auch, dich zu sehen.»

«Mir geht's gut», sagte sie. «Ich bemühe mich.» Sie setzte sich auf die Sofakante. «Aber ich darf noch nichts trinken.»

Auch Crunch und Arthur setzten sich, Arthur etwas plötzlicher als Crunch, und Joel sagte, in einem Ton, der ihn Arthur beinah sympathisch machte, so viel echte Sorge war darin enthalten: «Mädchen sind eben manchmal so, nehmt es ihr nicht übel. Sie versucht nur, ihren Daddy verrückt zu machen.»

«Tu ich nicht», sagte Julia lachend. «Ich versuche nur, mich nicht selbst verrückt zu machen.» Wieder sah sie Arthur an. «Wie ist es dir ergangen? Erzähl mir ein bißchen –» und immer noch hatte er das Gefühl, daß sie zu Crunch sprach.

Sie erinnerte ihn auf einmal an Sister Dorothy Green, und er konnte kaum Atem holen, um zu antworten. *Sister*, wollte er schon sagen, aber das Wort lastete nur auf seiner Zungenspitze wie eine schwere Kugel, *Sister Julia*. Aber er sagte leichthin: «Erzähl *du* mir etwas, ich hab nichts zu erzählen. Crunch hat's dir ja schon erzählt – wir haben den ganzen Sommer gearbeitet. Es war gut für uns.» Er fühlte Brother Millers Augen auf sich gerichtet. «Jetzt aber werden wir in alle Winde zerstreut ... also ...» Er senkte den Blick. Der Schmerz traf ihn mit einem furchtbaren Schlag. Er wagte es, mit der Hand Crunchs Knie zu berühren, und von der Berührung wurde ihm ganz schwindlig. «Ich werde allein sein», sagte er. «Ich glaube, das ist das einzige, das ich dir zu erzählen habe.»

«Aber du und Julia», sagte Joel. «Ihr gebt ein mächtig gutes Gespann ab. Du solltest darüber nachdenken, du brauchst nicht allein zu sein.»

Julia und Arthur sahen sich an – zum allerersten Mal. Keiner von beiden wußte etwas vom anderen, und zum allerersten Mal machten sie sich Gedanken; und Arthur wurde es klar, daß, wenn Julia sich verändert hatte, er sich ebenfalls verändert hatte. Er fragte sich, ob seine Veränderung sichtbar sei. Und dann fragte er sich, *was* Julia verändert hatte. Er war verliebt, verliebt in den

Mann, der neben ihm saß. Er wußte, daß man dies nicht sagen konnte: aber das war es, was ihn verändert hatte. Was hatte Julia verändert? Der Tod ihrer Mutter? Aber er wußte, daß es nicht nur der Tod ihrer Mutter gewesen sein konnte, es war etwas noch Schwereres als das: und er spürte, daß Crunch neben ihm auf der gleichen Spur war.

Dann kam der Schreck über ihn, wie eine Wolke, wie ein Donner, wie Wasser, das einem über dem Kopf zusammenschlägt, und er hielt den Atem an, er war gelähmt und starrte das Mädchen an – und starrte, irgendwie, in sein eigenes Spiegelbild.

Julia wandte sich ihrem Vater zu und sagte: «Falls Arthur mit mir *singen* will, können wir das tun.» Sie grinste und wandte sich Arthur zu: «Falls dein Daddy uns erlaubt, sein Klavier zu benutzen.» Sie sagte zu Crunch und zu Arthur, und zu ihrem Vater: «Ich werde nicht mehr predigen.»

Schweigen breitete sich im Zimmer aus, ein Schweigen, so schwarz wie ihres Vaters Augen.

«Wieso?» fragte Crunch. Er beugte sich mit unbewußt ausgestreckten Händen zu Julia vor.

«Weil», sagte sie, «ich unwissend bin. Ich weiß nicht, wie ich eine Seele retten kann. Ich weiß nicht einmal, wie ich *meine* Seele retten kann!»

«Aber, das sagen ja auch die Prediger», sagte Crunch.

«Die Prediger mögen es *wissen*», sagte Julia, «aber sie sagen es nicht. Nicht auf der Kanzel, das tun sie nicht – das *können* sie nicht! Wie kannst du so etwas all den Seelen sagen, die zu dir aufblicken und auf Erlösung hoffen?»

«Sie wird zur Vernunft kommen», sagte Joel. «Sie ist jetzt mächtig durcheinander – sie wird zur Vernunft kommen.»

Julia legte die Hand an ihr grünes Kopftuch. Im kaum beherrschten Beben dieser Kinderhand sah Arthur, ohne es zu wollen, die angstvolle Kompromißlosigkeit, die der Schlüssel zur Schönheit ist. Es machte sie zu einer Fremden. Es machte, daß er sich wünschte, ihr Freund zu sein. Ihr Schmerz machte sie real. Er enthüllte ihre Jugend. Er offenbarte ihr Alter.

Sie ließ die Hand sinken und lächelte Crunch und Arthur zu. «Daddy hat recht. Er hat immer recht – wenn es um seine Tochter geht. Und ich liebe meinen Daddy – ich werde es immer tun. Aber ich habe auch recht – wenn es um seine Tochter geht.» Dann schaute sie ihren Vater an, stand auf. «Die Gentlemen werden mit mir um den Block spazieren und mir ein Eis kaufen. Halt dich nicht zu lange auf.» Sie küßte seine feuchte Stirn.

Als Julia aufstand, waren auch Crunch und Arthur aufgestanden, und Crunch warf Arthur einen besorgten Blick zu – sein Sonntag würde vielleicht doch noch verpfuscht.

«Wir werden sie nicht lange entführen», sagte Arthur rasch. «Ich und Crunch haben in der Stadt zu tun – aber wir besuchen Sie bestimmt bald wieder!»

«Ganz sicher, bevor ich fahre», sagte Crunch.

Julia war auf den Flur, zur Wohnungstür gegangen, und Crunch und Arthur folgten ihr. Joel erhob sich und kam hinter ihnen her. «Dann warte ich also», sagte er zu Julia, «bis du wiederkommst.»

«Ist recht, Daddy», sagte Julia. «Tu, was du willst.» Sie machte die Tür auf. Crunch und Julia gingen voraus, die Treppe hinunter. Arthur, der sich umdrehte, um die Tür zu schließen, sah Brother Miller, die Hemdsärmel noch immer aufgerollt, sein Glas Wein in der Hand.

Arthur sagte: «Guten Abend, Brother Miller», aber Joel antwortete nicht.

Arthur schloß die Tür und lief die Treppe hinunter. Crunch und Julia standen auf dem Gehsteig und schauten zu ihm auf, und dies war – wie Arthur mir später erzählte – einer der seltsamsten Augenblicke seines Lebens, ein Bruchteil von einer Sekunde nur, aber nie wieder zu vergessen, ein Augenblick außerhalb der Zeit.

Er wurde sich jäh bewußt, daß er erhöht stand, und später erzählte er mir: «Sie schauten zu mir herauf, als ob ich etwas gesehen hätte. Ich hatte noch nicht angefangen, die Stufen hinabzusteigen. Julia war so mager, wie es überhaupt nur ging, und sie schaute zu mir herauf, und Crunch schaute ebenfalls zu mir herauf. Crunch war schlank, aber er war nicht mager – weißt du, Bruder, ich hatte ihn in den Armen gehalten, und ich wußte es. Und – wie ich ihn liebte! Vielleicht ist es das, was passierte, als ich die Stufen hinunterging. Seine Augen, und ihre Augen. Oh. Ich wußte, wie es mit Crunch und mir stand – so glaubte ich. Ich wußte es nicht. Ich weiß jetzt, daß ich nicht wußte, warum sie mich so anschauten, als ich diese Stufen heruntergestolpert kam. Sie schauten mich an, als wäre ich ein Bote – des Heils.»

Seine Stimme senkt sich in meiner Erinnerung, hebt sich dann, und auch ich sehe die Kinder Crunch und Julia auf dem Gehsteig stehen, wie sie zu diesem Kind hinaufblicken – in diesem hitzigen Gewimmel der Spätsommerstraßen.

Und ich bin mir sicher, daß er *wirklich* aussah wie ‹ein Bote – des Heils›. Bestimmt war er das für Crunch. Julias Augen folgten einfach nur Crunchs Augen, und ihre Not war so groß, daß sie sah, was Crunch sah – ohne zu wissen, daß sie es sah, und noch ohne, daß zwischen ihr und Crunch etwas geschehen war. Ihre Augen folgten Crunchs Augen, weil sie sonst auf den Wahnsinn, auf die Verzweiflung, auf den Tod fixiert waren. Sie wollte leben. Sie wußte nicht, wie sie es könnte, oder ob sie es konnte. Ihr war, als habe sie ihrer Mutter versprochen, sich um ihren Bruder zu kümmern: das war der einzige Grund, warum sie leben mußte. Aber es war nicht genug. Sie sah nicht, wie sie an ihrem Vater vorbei ihren Bruder erreichen sollte – sie brauchte eine menschliche Hand, die ihr über den Abgrund hinweghalf. Und da war Crunch, mit ausgestreckter Hand, auch wenn er es nicht wußte. Und da war auch Arthur mit seiner ausgestreckten Hand, ohne es zu wissen – wegen seiner Liebe zu Crunch.

Und überdies sah Arthur in diesem Augenblick seines Lebens aus wie uralte Bildnisse edler junger Männer oder Prinzen, Bildnisse von Griechen, Türken, Äthiopiern oder wie manche Gesichter bei Van Dyke: mit all diesem sorgfältig hochgetürmten, welligen Haar, mit dieser Stirn, diesen Augen und Nasenflügeln, diesen festen, hungrigen Lippen, dem großen, breiten, fröhlichen Mund. Er fing alles Licht der Straße auf in diesem Augenblick, während er die Stufen herabkam, während seine Augen in Crunchs Augen blickten und seine Liebe und sein Glück und sein Leid, all dies miteinander verwoben und zusammengefügt, wie eine prächtige königliche Robe um ihn schwebte. Und was er in diesem Moment, während er diese Stufen hinabstieg, in ihren Augen erblickte, das war eine künftige, höhere Höhe – und ein längerer, langsamerer Abstieg.

Dann stand er neben ihnen auf dem Gehsteig. Es fiel ihm schwer, Julia anzusehen, weil es ihm schwerfiel, sie wiederzuerkennen: sie grinste, und er grinste zurück. Julia nahm mit einer Hand Crunchs Arm und mit der anderen Arthurs, und sie wandten sich um und gingen die Straße hinab.

«Ihr braucht mir wirklich kein Eis zu spendieren», sagte Julia. «Ich wollte nur für einen Moment aus dem Haus.»

«Aber wir sind bereit», sagte Crunch, «und willens – und *in der Lage*, glaube ich», und er lächelte über Julias Schulter hinweg Arthur zu.

«Der Zug», sagte Arthur, «ist im Bahnhof angekommen», er fühlte sich sehr stolz.

Sie erreichten die Straßenecke an der Avenue gegenüber von *Jordan's Cat*. Sidney war nicht da, er war bei Tante Josephine, mit Martha.

Crunch, Julia und Arthur überquerten die Straße und schlenderten die Avenue entlang.

«Ihr beide habt doch in der Stadt zu tun», sagte Julia. «Ich begleite euch bis zur Subway.»

«Und *dann*», fragte Crunch, «was machst du dann?»

«Wieso», sagte Julia, «dann geh ich wieder nach Hause.»

«Was machst du so zur Zeit?» fragte Crunch.

«Ich glaube wohl, ich könnte sagen, ich passe auf meinen Vater auf.» Julia lachte, dann mußte sie husten. «Er hat sich den Tod meiner Mutter sehr zu Herzen genommen.»

«Das ist ganz natürlich», sagte Arthur – und dann wünschte er, aus irgendeinem Grund, er hätte nichts gesagt.

«Yeah», sagte Crunch. «Aber du kannst nicht ewig auf deinen Vater aufpassen.»

«*Du* paßt doch auch auf deine Mutter auf», sagte Arthur, und wieder wünschte er sich heftig, er hätte nichts gesagt.

«Wir tun, was wir zu tun haben», sagte Julia.

«Aber was ist mit *deinem* Leben?» fragte Crunch.

Es klang wütend und verstört zugleich, und Arthur sehnte sich danach, den Arm auszustrecken und ihn zu berühren.

«Dies *ist* mein Leben», sagte Julia. «Eben jetzt.»

Eine Weile gingen sie schweigend die breite, verwunderliche, vertraute Avenue hinunter.

Julias Hand zitterte leicht an Arthurs Ellbogen, aber es war eine feste Hand, und sie stolperte nicht. Sie schien ihre Richtung besser zu kennen als er oder Crunch: sie war es, die den Schritt angab.

Sie wandte sich an Crunch. «Also», sagte sie, «du wirst uns verlassen. Freust du dich?»

«Ich bin kein Soldat», sagte Crunch – und dann, nachdem er eine Weile die Luft angehalten hatte: «Nein, Julia, ich kann nicht sagen, daß ich mich freue.»

Julias Absätze, so schien es, knallten wie Donner aufs Straßenpflaster, aber Crunchs Kreppsohlen ebenfalls. Arthur spürte ein Brausen hinter seinen Augenbrauen, in seinem Schädel. Das *Klick-Klack* der dünnen, hohen Absätze und das *Swisch-Swisch* der Kreppsohlen ließ die Avenue unter ihm beben. Alle Lichter an der Avenue schwankten, er konnte kaum noch die Menschen sehen, er hielt sich an Julias Hand, die an seinem Ellbogen lag, aufrecht.

«Ich wäre froh», sagte Julia, «von hier fortzukommen.»

«Fort», sagte Crunch, starr geradeaus blickend, «von allen, die du liebst?»

«Hier gibt es niemanden, den ich liebe», sagte Julia, «seit Mama tot ist. Wäre ich alt genug, ich schwöre, ich würde hinfahren und meinen Bruder holen und ihn hierher zurückbringen und versuchen, ihn großzuziehen … Ich weiß nicht, ich will nicht, daß er da unten im Süden ist, so ganz allein!»

«Aber er ist nicht ganz allein», sagte Arthur. «Er ist bei seiner Großmutter.»

Aber als er dies sagte, erinnerte er sich, daß er selbst gerade erst aus dem Süden zurück war; er erinnerte sich an Peanuts Verwandte in Charlotte; und er wußte, daß auch er keinen Menschen, den er liebte, dort unten im Süden lassen wollte.

Crunch hätte er nicht im Süden zurücklassen können: er hätte nicht mehr schlafen können. Schlafen? Er hätte nicht mehr aufrecht gehen können.

Als hätte sein Erschrecken sich durch seinen Ellbogen Julias Hand mitgeteilt, wurde ihr Griff fester.

«Er kennt seine Großmutter nicht», sagte Julia.

Irgend etwas bohrte in Arthur, und jetzt sprach er es aus: «Was ist mit deinem Vater? Erzähl uns nur nicht, daß du deinen Vater nicht liebst!»

Kaum waren die Worte über seine Lippen gekommen, wünschte Arthur sich wieder, er hätte den Mund gehalten. Julia sagte nichts. Sie gingen weiter.

«Sieh mal», sagte Julia schließlich, «mein Vater interessiert sich nicht dafür, wie sehr ich ihn liebe. Ich kann nicht so viel für ihn tun. Aber Klein-Jimmy ... das ist etwas anderes.»

Arthur hatte den Eindruck, daß sie gegen Tränen ankämpfte, und er wagte nicht, sie anzusehen. Sie hob den Kopf und sagte: «Na, da wären wir an der Subway!» und sie deutete auf den Pavillon, als ob sie ihn selbst erfunden hätte.

Sie blieben stehen, und dann herrschte geladenes, ungemütliches Schweigen. Zuviel war gesagt worden, zuwenig offenbart worden – oder: zuviel war offenbart worden durch das wenige, das gesagt worden war. Sie wußten nicht mehr, wo sie waren. Sie waren an der Subway-Station, standen in einem von unten kommenden Lichtschein. Julia führte sie zur Treppe.

«Nun, Gentlemen», sagte Julia, «hab mich mächtig gefreut, euch zu sehen! Wann werden wir uns wiedersehen?»

«Bevor ich von hier verschwinde», sagte Crunch. «Ich versprech's dir.»

Arthur war, allerdings auf ganz seltsame Weise, erleichtert, daß er und Crunch sich durch diesen ganzen Sonntag hindurchmanövriert hatten – zu *ihrem* Sonntag; Crunchs Sonntag war nun doch nicht verpfuscht. Der letzte Sonntag, den sie vielleicht jemals haben würden. Aber er spürte, wie Julia zerrte und zerrte – gegen ihren Abschied, gegen ihr Hinabsteigen, die Stufen hinunter. Er wußte, daß sie nicht wußte, wohin sie gehen sollte, daß sie mit ihnen kommen würde, wohin immer sie gingen. Wäre es nicht mehr oder weniger ihr letzter Tag miteinander gewesen, hätten sie ein bißchen mehr Zeit gehabt, vielleicht hätten er und Crunch ein kurzes geheimes Zeichen ausgetauscht und das Kind ins Kino eingeladen. Aber – sie hatten keine Zeit; zuviel war gesagt worden, zuwenig offenbart. Oder, was offenbart worden war, ob viel oder wenig, verlangte eine Fortsetzung, den Anfang einer Reise, die in diesem Augenblick nicht angetreten werden konnte. Und doch hatte etwas begonnen, etwas hatte sich gründlich geändert, und Arthur sah es in Crunchs besorgten, in Julias fiebrigen Augen. «Das ist ein Versprechen, das er halten wird», sagte Arthur. «Das versprech *ich* dir.»

«*Kannst* du das? Steht ihr euch so nah, ihr zwei?»

«Mein Herz», sagten Crunch und Arthur gleichzeitig – jeder hörte den anderen, schaute den anderen verwundert an, und sie fingen an zu lachen. Julia legte die Hände auf ihre Hüften und lachte mit ihnen. «Zieht schon ab, ihr beide», sagte sie. «Geht, dort ist die Treppe. Ihr beide ... wißt ihr was? Ihr erinnert mich an meinen Bruder.» Sie wurde wieder ernst, ohne aber bedrückt zu sein. Sie wirkte gelöst und belustigt, und Arthur war froh, daß er und Crunch diesen Besuch gemacht hatten. In ihrer Freiheit, wie sie in diesem Augenblick dort oben auf der Treppe stand, spürte er undeutlich den Anfang einer Reise, die Julia für immer mit einschließen würde. Sie waren keine kleinen Kinder mehr: sie waren dabei, in den Zug einzusteigen.

Und den hörten sie jetzt, unter sich, in den Bahnhof brausen. Arthur und Crunch winkten, und Julia winkte; Arthur und Crunch rannten die Treppe hinunter.

Julia schaute ihnen einen Moment nach, dann machte sie sich auf den Weg nach Hause. Zu Hause, das war nicht der Ort, wohin sie gehen wollte oder wo sie sein wollte: aber sie hatte keinen anderen Ort, wohin sie hätte gehen können. Sie ging langsam, weil sie sich fürchtete, dort anzukommen. Sie ging langsam, weil sie durch die Aufmerksamkeit der Männer und der Jungen auf der Avenue gehemmt war. Sie ging mit einem langsamen, langbeinigen Schreiten, schlenkerte leicht mit ihrer Handtasche; sie war eine ungeheure Versuchung – und ein Geheimnis. Sie ging, als ob sie die Leute, an denen sie vorüberging, nicht sähe, und sie sah sie nicht – sie loderte, loderte, und das war es, weshalb die Männer und die Jungen gezwungen waren, ihr nachzustarren. Unmöglich zu sagen, ob sie ein aufgedonnertes Kind oder eine sehnsüchtige, lodernde Frau war. Sie hatte Brüste – winzig, spitz, eng; sie hatte einen kaum wahrnehmbaren, aufreizenden Hintern. Der Schlüssel, das Geheimnis lag in diesem langsamen Gang, diesen langen Beinen. Julia spürte in sich eine Macht, die aber, und noch bevor sie angefangen hatte zu leben, vielleicht schon begonnen hatte, sie zu zerstören. Sie suchte, sie suchte – und man könnte sagen, daß sie verloren war, so verloren, wie nur jene es sein können, die schon gerettet waren. Sie war vierzehn, und allein in Hesekiels Tal: *Du Menschenkind, meinst du auch, daß diese Beine wieder lebendig werden?* So ging sie, obwohl sie es nicht wußte, und deshalb quälte sie aller Augen. Ihr Lodern erzeugte Lodern – deshalb ging sie so langsam. Es war die einzige menschliche Aufmerksamkeit, die ihr je zuteil geworden war.

Und jetzt – ging sie die lange, breite, vertraute, erstaunliche Avenue entlang und kam nach Hause.

Joel saß in Hemdsärmeln auf dem Sofa.

«Du bist noch nicht fort?»

«Hab dir doch gesagt, ich will auf dich warten, Tochter.» Dann: «Scheint so, daß das alles ist, was ich neuerdings tu.»

Sie warf ihre Handtasche hin – aufs Sofa neben ihn – und wartete. Sie verschränkte die Arme vor der Brust, wie sie es so oft bei ihrer Mutter gesehen hatte. Sie begann auf und ab zu schreiten, wie sie es so oft bei ihrer Mutter gesehen hatte – geradeaus blikkend, nichts sehend, genau wie ihre Mutter.

Ich bin erst vierzehn, dachte sie. *Es gibt afrikanische Mädchen, die heiraten mit vierzehn.* Sie sah ihren Vater an.

Sie dachte an ihren Bruder.

«Ich habe dich nicht gebeten, auf mich zu warten. Ich *will* nicht, daß du auf mich wartest. Wozu wartest du auf mich?»

«Du bist das einzige, was ich habe.»

Es war Sonntagabend. Er würde ausgehen – sie hoffte, er würde ausgehen. Sie hoffte, er würde ausgehen und irgendeine Frau aufgabeln und nie wiederkommen. Er würde ausgehen. Er würde wiederkommen, betrunken. Er würde in ihr Bett fallen, sie mit seinem Atem ersticken; seine Tränen würden ihr Gesicht verbrennen. Sie würde die Berührung, die sie fürchtete, und auf die sie süchtig geworden war, erdulden und sich dabei irgendwie fühlen, als kämpfe sie am Grund des Meeres. Ihre Tage und ihre Nächte waren vergiftet. Aus ganzem Herzen wünschte sie sich zu fliehen – sie konnte sich nicht bewegen.

«Wenn ich alles bin, was du hast», sagte sie, «dann bist du in einer sehr traurigen Lage. Ich habe nichts.»

«Aber du hast die Aussicht, etwas zu *kriegen*. Und das weißt du. Willst du denn einfach hier rumsitzen und zusehen, wie wir untergehen?»

Sie hatte einen Job nach der Schule, Fußböden schrubben, und sie gab ihm fast das ganze Geld, das sie verdiente, was nicht viel war. Er hatte seine Lieblingsmanschettenknöpfe versetzen müssen. Sie saß reglos da und schaute zu, wie alles sich auflöste und verschwand; und doch wußte sie, sie mußte etwas unternehmen.

«Nein», sagte sie.

Es war ihm schwergefallen, die Manschettenknöpfe zu versetzen, die ein Geschenk von ihr waren, und Julia hatte ihn bedauert. Sie hatte nichts gegen ihn, nichts – sei es, daß sie nichts mehr von ihm erwartete, sei es, daß sie zu erschöpft war. Sie mußte etwas unternehmen, und doch wartete sie. Obwohl sie nichts gegen ihn hatte, wartete sie doch manchmal auf Rache. Manchmal hoffte sie, seine Berührung würde den Schrecken seiner Berühung ungeschehen machen.

«Was wirst du also tun?»

«Gib mir Zeit, Daddy.»

«Zeit? Die Sorte Zeit gibt's nicht auf der Welt.»

Sie wäre gern nach New Orleans gefahren, aber nicht als Bettlerin. Sie mußte mit etwas in der Hand ankommen, mit etwas, das nur für Jimmy bestimmt war, etwas, das ihn dazu brächte, ihr zu vertrauen. Aber sie wollte nicht ihren Vater mit leeren Händen zurücklassen.

Er hatte ihre Tränen getrocknet und sie gestreichelt und das Blut abgewischt – sie hatte geschrien, als sie das Blut sah. Sie hatte aus dem Haus rennen wollen, aber sie zitterte, bebte, schrie, die Wunde zwischen ihren Beinen erlaubte ihr nicht, sich zu bewegen, ihre Beine wollten sie nicht tragen. Sie hatte sich gezwungen, nicht mehr zu schreien, weil sie sonst gekommen wären und ihren Vater fortgeholt hätten: sie waren Komplicen geworden.

«Ich war jetzt lang genug geduldig mit dir», sagte er. «Mach nicht, daß ich die Geduld verliere.»

«Was wirst du tun, wenn du die Geduld verlierst?» fragte sie – und wünschte sofort, sie hätte nichts gesagt, denn die Atmosphäre im Zimmer schlug um, er stand auf, und sie hatte panische Angst.

«Mach lieber nicht, daß ich sie verliere, das ist alles», sagte er. «Es würde dir nicht gefallen, das garantier ich dir.»

Sie starrten sich an.

«Warum redest du so zu mir?»

«Weil ich es satt habe, wie du hier im Haus rumhängst und aussiehst wie das Buch Hiob und mich anschaust, als wäre ich ein Reptil!»

Sie setzte sich in den Lehnstuhl, und er kam und beugte sich über sie und stützte sich auf die Armlehnen des Sessels.

«Was zwischen dir und mir passiert ist, das passiert alle Tage ... dies ist nicht das letzte Mal oder das erste Mal oder das einzige Mal. Nur bin ich deswegen kein Heuchler – das ist alles. Und du hast nicht die Polizei auf deinen Daddy gehetzt, oder? Und du wirst es auch nicht tun. *Alle* kleinen Mädchen wollen ihren Daddy – das weiß jeder. Ich hab verdammt nichts anderes getan, als dir zu geben, was du wolltest. Darum bist du auch noch hier ... *ich* hör doch, wie du mich Daddy nennst!»

So war es, sie fürchtete sich mehr denn je – und sagte nichts. Sie murmelte *Daddy*, wenn er in sie hineinstieß, wenn sie seinen Samen in sich hineinschießen fühlte: es gefiel ihr, ihm Lust zu bereiten. Seine Lust war überwältigend und beängstigend, sie konnte sie kaum ertragen, seine Lust ließ sie irgendwo an einem furchtbaren Ort allein, und doch war da etwas in ihr, dem es gefiel, ihm Lust zu bereiten. Aus ganzen Herzen wünschte sie sich zu fliehen – sie konnte sich nicht bewegen. Sie konnte sich nicht bewegen, und doch wußte sie, sie mußte es. Bald würde es zu spät sein, würde sie anfangen zu sterben.

«Sprech ich die Wahrheit, oder nicht?»

Sie starrte ihn an.

«Sieh mich nicht so an! Sprech ich die Wahrheit, oder nicht?»

«Ich glaube, ja», sagte sie nach einer Weile.

«Du glaubst es. Du *weißt* es!»

Er richtete sich auf und ging in den Flur hinaus, und wieder veränderte sich sein Gesicht, es wurde sanft und wehmütig.

«Komm, reiß dich zusammen ... Julia ... für mich! Tust du das für mich? Wir könnten doch gute Freunde sein, wir könnten eine wundervolle Zeit miteinander haben.»

Er trat wieder an den Sessel und beugte sich über sie.

«Wir lieben uns doch, oh, wir wollen uns einfach lieben. Wir schaden damit doch niemand?»

Nein, nur, du tötest mich, das ist alles. Aber sie sagte: «Nein, Daddy.»

«Ich liebe dich», sagte er. «Du bist das einzige, was ich habe.» Er küßte sie auf die Stirn – sie war betäubt durch den Schauder, den sie ihn nicht spüren lassen wollte. «Gut?»

«Gut», sagte sie.

Endlich richtete er sich wieder auf und ging weg. «Denk mal darüber nach, was ich gesagt habe. Wir sehen uns später.»

Und sie lauschte, wie er die Treppe hinaufstieg, sie lauschte auf seine Schritte über ihrem Kopf.

Crunch hielt Wort und kam drei oder vier Tage später, nachmittags, sie besuchen.

Es war ein heller und zugleich düsterer Tag, der graue Himmel verschleierte eine gleißende Sonne – wie sie sich Jahre und Jahre später erinnern sollte, wie sie sich noch heute erinnert.

Joel war zur Arbeit, bei seinem ‹kleinen Job›, wie er sich ausdrückte, und sie war gerade von ihrem Job in der Bronx zurück, war erst seit fünf Minuten zu Hause: so knapp war die Grenze, um die sie beinah verpaßt hätte, was ihr damals als die Rettung erschien.

Der helle und düstere Tag deutete auf den kommenden Herbst hin, auf den kommenden Winter, und Crunch trug einen grauen Rollkragenpullover und eine grüne Cordhose.

Ihr Herz schlug höher, als sie die Tür öffnete und ihn auf der Treppe stehen sah, und sie lachte.

«Ach, hallo, da bist du! Du ganz allein?»

«Sicher bin ich's, Sister Julia. Wie geht's dir?»

«Mir geht's gut. Komm rein. Es ist ja beinah ein Schock, dich ohne deinen Schatten zu sehen ... man muß sich erst daran gewöhnen.»

Sie schlossen die Tür hinter sich und gingen ins Wohnzimmer.

«Man wird sich wohl dran gewöhnen müssen – ich und Arthur werden uns auch dran gewöhnen müssen. Er hat eine Probe irgendwo, und ich mußte eine Besorgung für meine Mama machen, gleich um die Ecke ... und ... so ... bin ich da.»

«Ich freu mich, dich zu sehen. Kann ich dir etwas bringen? Möchtest du ein Glas Wein?» Beide lachten. «Oder möchtest du lieber ein Bier? Das ist alles, was wir haben, glaub ich.»

«Bier, bitte», sagte Crunch und setzte sich, während Julia in die Küche ging.

«Was machst du so?» rief sie.

«Arbeiten. Warten. Ich wünschte wirklich, ich müßte nicht fort.»

Sie kam mit dem Bier zurück, schenkte vorsichtig ein und reichte es ihm.

In dem Augenblick, als sie sich hinsetzte, begann ein elektrischer Strom, heftig und unerwartet, zwischen ihnen zu fließen, und Crunch schlug bedachtsam die Beine übereinander und schlürfte sein Bier.

«Also? Und was tust du so?» fragte er verwirrt, verlegen und plötzlich erregt, ohne ihr in die Augen zu sehen.

«Nichts. Hier bei meinem Daddy sitzen und verrückt werden.»

Sie sah ihm in die Augen, immer intensiver – sie konnte nicht anders – und immer offener, in Bewegung, jetzt, wo sie sich bewegte: sehr schnell und zu Tode erschrocken. Ihr Herz hämmerte, ihre Brüste hoben und senkten sich. Sie wußte, daß er den Blick nicht von ihren Brüsten abwenden konnte. Sie trug eine enge weiße Bluse und einen schwarzen Rock.

«Wo ist dein Daddy?»

«Er ist bei der Arbeit. Bevor es dunkel wird, kommt er nicht wieder – *vielleicht* auch dann nicht», und sie lachte, ein Lachen, das plötzlich erstarb, und eine ganze Weile wußte keiner von beiden etwas zu sagen. Sie starrte Crunch an, er starrte sie an.

«Was macht dein Vater so?»

«Er hat einen Job in einer Fabrik – in der Stadt, nicht weit von der Fourteenth Street.»

«Ach? Ich hab ein kleines möbliertes Zimmer unten bei der Fourteenth und Third.»

«Ja, wirklich? Oh, Crunch, das wäre schön, wenn du mich da mal mitnehmen würdest!»

Er grinste, ein linkisches Grinsen. «Du willst mein Zimmer sehen?»

«Ja. Ja. Das will ich.»

«Da ist nicht viel zu sehen. Einfach ein Zimmer.»

«Aber es ist *dein* Zimmer. Ich wollte, ich hätte ein Zimmer. Ich *muß* irgendwo ein Zimmer finden. Mein Vater treibt mich in den Wahnsinn, wenn ich hier nicht rauskomme!»

«Sister Julia!»

«Das tut er! Das tut er! Ich weiß nicht, was ich machen soll!» Sie schauderte und fing an zu weinen, und Crunch in seiner Not stellte sein Bier auf den Tisch und faltete die Hände, er wagte es nicht, sie zu berühren.

«Ich kann dir nicht sagen», murmelte Julia, «ich kann dir nicht sagen, oh, aber ich muß es jemand sagen.» Sie schlug sich auf die Schenkel und stand auf. «Ich brauch jemand, der mir hilft.»

«Julia ... falls es etwas gibt, was ich tun kann ...»

«Nimm mich mit! Nimm mich mit! Nimm mich mit in dein Zimmer, bevor es zu spät ist!»

Er wußte nicht, wie er sie trösten konnte, er wußte nicht, was er sagen sollte. Er wußte nicht, wovon sie sprach, aber ein großer, furchtbarer Verdacht stieg in ihm auf.

«Ich kann nicht – ich kann nicht», sagte er töricht, «wie schade.» Er stand auf und ging zu ihr. Er wollte sie nicht berühren, er wagte es nicht. Er empfand ein schreckliches, schreckliches Mitleid für sie, und gleichzeitig wollte er davonlaufen. «Komm», sagte er. «Setz dich», und er berührte sie leicht, schob sie zum Sofa. Jetzt war sie ruhig, aber ihre Tränen flossen noch immer. Sie setzte sich. Crunch zitterte; er blieb stehen.

Sie sah zu ihm auf. «Ich bin so froh, daß du gekommen bist», sagte sie. «Du weißt nicht, wie sehr ich einen Freund brauche.»

«Na also», sagte er lächend, «du hast einen Freund.»

«Du weißt nicht», sagte sie, «wie sehr ich mir gewünscht hab, dich zu sehen, wie oft ich an dich gedacht hab.»

«An mich? Wieso an mich?»

«Wenn ich neben meinem Daddy lag, ihn schnarchen hörte», sagte sie. «Da dachte ich an dich, oh, wie sehr hab ich mir gewünscht, daß du es wärst!»

Wieder fingen ihre Tränen an zu fließen. Er starrte sie töricht an und sagte nichts.

«Schau mich nicht so an», sagte sie. «Es war nicht meine Schuld, ich schwör's, es war nicht meine Schuld, bitte sei mein Freund.»

«Dein Vater ... ?»

«Sag's nicht, hörst du, sag's nicht! Es war auch nicht seine Schuld, er kann nichts dafür!»

«Dein Vater ... ?» Er spürte, daß er sich gleich übergeben mußte.

«Ja. Mein Vater. Er sagt, so etwas passiert alle Tage.» Sie sah zu ihm auf. «Ist das wahr?»

«Ich weiß nicht recht», sagte er – und es wurde ihm kälter und kälter.

Sie blickte ihm ins Gesicht, als ob sie es nie wieder sehen würde, dann stand sie auf und ging ans Fenster. Er war drauf und dran, Good-bye zu sagen und aus dem Haus zu rennen. Er betrachtete ihre zerbrechlichen Schultern, ihren zerbrechlichen Hals.

«Ach. Ich glaube, für mich ist jetzt alles zu spät», sagte sie.

Und es drückte ihm das Herz ab. Er lief hin und packte sie an den Schultern und zwang sie, ihn anzusehen.

«Das sollst du nicht denken», sagte er. «Das sollst du nicht denken. Nichts ist zu spät. Es fängt gerade erst an – dein Leben fängt an.» Er spürte, wie sie bei seinen Worten, bei seiner Berührung, zitterte, und er spürte, wie er selbst vor Mitleid und Verlangen zu zittern anfing, und vor Angst. Er rang nach Luft.

Sie machte eine Bewegung und barg ihr Gesicht an seiner Brust. Er legte seine Arme um sie, und jetzt bewegte sie sich noch einmal und hielt ihn fest.

«Oh, Crunch», flüsterte sie. «Bitte, mach mich gesund. Bitte, faß mich an – nimm mich –, mach mich gesund.»

Er versuchte sich loszumachen – mit einem kleinen Lächeln. Er sagte: «Du bist noch ein kleines Mädchen, Julia.»

Sie sah an ihm auf. «Nein, bin ich nicht», sagte sie. «O nein, bin ich nicht.»

Sie berührte mit ihren Lippen seine Lippen. Langsam, langsam drückte er sie fester an sich, er überließ ihr seine Lippen, seine Zunge, unfreiwillig, versuchsweise: aber Mitleid und Verlangen wuchsen, drängten, er konnte sich nicht mehr losmachen.

«Bist du sicher?»

«O ja, ich bin sicher, bitte, ich bin sicher.»

Sie nahm seine Hand und legte sie an ihre Brust, und ihre Hände strichen, als wäre sie blind, über sein Gesicht, erforschten es, seinen Rücken, seinen Hintern, ihre Hände glitten an seinen Schenkeln hinauf und hinunter. Sie hakte ihren Rock auf und stieg heraus; sie schob ihre Hände unter seinen Pullover, unter sein T-Shirt, sie streichelte seine Haut.

«Dein Vater», flüsterte er. «Dein Vater ...»

«Er kommt nicht. Er kommt nie vor Abend nach Hause.»

Er streifte seinen Pullover ab, sorgenvoll, aber, *zu spät jetzt, um sich zu sorgen*, und sie zog sich nackt aus und kam, hilflos vertrauend, in seine Arme zurück. Er fühlte sich hilflos und zugleich hilflos mächtig: er konnte sie nicht zurückweisen. Sie schnallte seinen Gürtel los, er ließ seine Hosen auf den Boden fallen. Ihr Körper drängte sich an seinen, wieder, als wäre sie blind, drängte sich an seinen Körper und erforschte ihn. Er ließ sie gewähren, ungeheuer erregt, aber auch beängstigt. Er fragte sich, ob sie wirklich wußte, was sie wollte, er fürchtete, er könne ihr weh tun; aber sie legte ihre Hand auf ihn und sah zu ihm auf, mit Augen, aus denen keine Furcht, auch nicht die Furcht vor dem Schmerz sprach. Sie zog ihn zu sich auf den Boden, und langsam, ganz langsam kam er in sie hinein – sie hielt ihn ganz fest, sie schwitzte, sie drängte sich ihm entgegen, um alles zu nehmen, während er immer größer wurde und, obwohl er noch immer versuchte, zart zu sein, immer heftiger stieß. Sie stieß ihm entgegen, mit erstaunlicher Kraft, sie lächelte und rief immer und immer wieder seinen Namen. Das düstere Tageslicht fiel auf seinen Rücken, irgend etwas in dem Körper unter ihm bewegte sich wie anschwellende, sich brechende

Wogen, sie schien seinen Namen zu singen. Er wollte ihr eine Warnung, sie könnten ein Baby machen, zuflüstern und dachte daran, sich zurückzuziehen, aber sie hielt ihn mit all ihrer Kraft fest, und auf einmal schien er noch tiefer in sie hineinzufallen, und gleich würde es zu spät sein, zu spät, er versuchte, eine Warnung zu flüstern, aber es kamen keine Worte, nur *Julia. Oh, Julia.* Wieder murmelte sie seinen Namen, mit unglaublichem Triumph, er zog sich hoch und stieß hinunter, immer wieder, immer härter und immer tiefer, sie lachte und weinte und rief seinen Namen und zog ihn immer noch tiefer in sich hinein – beinah als könne sein herabstürzender Körper ihre Seele erreichen und öffnen und tränken und heilen. Es war, als bete er mit ihr, er sehnte sich, ihr alles zu geben, was sie verlangte und hielt es doch zurück, das unglaubliche Entzücken und die quälende Pein, bis endlich die äußerste Spitze seines übervoll gestauten Geschlechts dort innen kochte, eine Ewigkeit kochte und kochte und er sein Gesicht an ihrem Hals barg, und dann endlich ein, wie es schien, einziger Guß sich ihm entrang, er völlig hilflos in ihren Armen lag und zuletzt die Woge sich brach und ihn mit voller Gewalt in sie hineinschleuderte, und sie murmelte seinen Namen wie einen Gesang.

Er öffnete die Augen. Allmählich fühlte er sich in ihr weich werden. Er blickte in ihre Augen, die jetzt friedlicher waren, als er sie je gesehen hatte, feucht und voller Erstaunen.

«Wie fühlst du dich?» fragte er sie.

«Gerettet», sagte sie und lächelte. «Wie fühlst *du* dich?»

«Wunderbar», sagte er und grinste – aber er hatte gerade an Arthur gedacht. Er stemmte sich hoch, zog sich aus ihr heraus. «Komm, wir wollen uns anziehen und fortgehen von hier. Ich fürchte noch immer, dein Vater könnte nach Hause kommen.»

Sie küßte ihn, dann stand sie auf und sammelte ihre Kleider auf. «Ich brauch nur einen Moment», sagte sie. Sie lief zur Treppe. «Gleich hier ist das Bad, Crunch», und sie zeigte auf eine Tür. «Ich bin gleich wieder da.»

Sie lief leichtfüßig die Treppe hinauf.

Crunch zog sich die Hose hoch, hob seinen Pullover auf und ging ins Bad, schnaufend, als hätte er ein Rennen gelaufen, mit zitternden Knien. Er blickte in den Badezimmerspiegel, als könnte das Gesicht im Spiegel ihm sagen, was geschehen war. Körperlich war das, was geschehen war, ihm vertrauter als seine Sache mit Arthur – aber nur körperlich. Er empfand jetzt nicht, wie sonst so oft, die Demütigung und innere Auflehnung, benutzt worden zu sein. Er war erschöpft und verwirrt – er würde mit Julia weitermachen müssen. Dann dachte er an ihren Vater und empfand ein furchtbares Mitleid für Julia; ein Mitleid, das durch sein Wissen geschärft wurde, daß dieses Mitleid nicht seine Liebe war. Dann überlegte er, ob er es Arthur erzählen sollte. Er beugte den Kopf und wusch sich das Gesicht.

Julia stand nackt im oberen Badezimmer und schaute ihren Körper an und schaute ihren Körper an und schaute ihren Körper an und berührte ihn voll Staunen und, zum erstenmal, ohne Scham oder Furcht. Was ihr Vater ihr geraubt hatte, hatte Crunch ihr wiedergegeben. Sie war vierzehn: auf einmal war sie erst vierzehn.

Als sie herunterkam, hatte Crunch sich noch ein Bier genommen und saß auf dem Sofa, die langen Beine von sich gestreckt, die Arme locker verschränkt, das Bier in der rechten Hand, den Kopf leicht geneigt, die Augen weit offen – und schaute gerade vor sich hin. Er schien sie zuerst nicht zu hören; dann wandte er sich um und sah sie an und grinste, und stieß einen langen, leisen Pfiff aus.

Sie trug ein grünes Mieder und grüne Hosen und unbeschreibliche Latschen und hatte ihre Haare zu einem Pferdeschwanz frisiert, der von einem grünen Tuch gebändigt wurde. Ihre Hose hatte Taschen; sie hatte keine Handtasche dabei.

«Seh ich gut aus?»

«Ja, man sieht, daß du keine Predigerin bist.»

Sie lachten beide, und er stand auf und stellte sein Bier auf den Tisch.

«Trink dein Bier aus», sagte sie.

Er leerte das Bier auf einen Zug und stellte das Glas auf den Tisch zurück. Sie hob es auf, trug es in die Küche und spülte es, trocknete es ab und stellte es wieder in den Schrank. Er beobachtete sie von der Küchentür aus, seine Augenbraue hochgezogen und sein kleines Lächeln lächelnd.

«Fertig?»

«Ja. Wohin gehen wir? Wirst du mich mitnehmen und mir dein Zimmer zeigen?»

«Heute nicht, Julia. Ich muß bei Arthur vorbeigehen. Willst du mitkommen?»

«Oh – Arthur, sicher.» Dann: «Ist es auch in Ordnung, wenn ich mitkomme?»

Er lachte. «Du kennst Arthur doch beinah dein ganzes Leben lang. Was ist das für eine Frage?»

«Ach ...» sie lachte und sah ihn verwirrt an; aber dies dämpfte nicht ihr Strahlen. «Ich dachte nur, falls ihr reden wollt ...»

«Seine Mama wird da sein, sein Papa glaub ich auch. Wir werden reden. Komm.»

«Crunch ...» sie lief zu ihm hin und küßte ihn. «Ich bin so glücklich.»

Er legte ihr die Hände auf die Schultern und küßte sie auf die Stirn, dann trat er zurück. «Komm. Machen wir uns davon.»

Sie gingen durch den Flur zur Tür. «Hast du deine Schlüssel?»

«Ja. In meiner Tasche.»

Sie lächelte zu ihm hinauf, er öffnete die Tür, dabei beobachtete er ihr ganz und gar verändertes Gesicht. Sie traten in den paradoxen Tag hinaus und fingen an, die Treppen hinabzusteigen. Sie hakte sich bei ihm unter, vertrauensvoll wie ein kleines Kind. Es wurde ihm bewußt, daß sie noch nie auf diese Weise mit jemand durch die Straßen gegangen war, ihr ganzes Leben nicht: er war der erste. Und sie war glücklich, er aber war besorgt. Er war besorgt auf verschiedenen Ebenen, unaussprechlich, unzugänglich: auf der einfachsten Ebene begann er sich zu fragen, was für ein Freak er eigentlich war, was für ein Monstrum, daß er es gleich mit zwei Kindern hatte, einem Jungen und einem Mädchen? Denn Arthur war noch kein Mann, und Julia gewiß noch keine Frau. Und was war er? Er schüttelte den Kopf, zwang sich, wieder auf die Straße zu achten. Er blickte schräg zu Julia hinüber, die sich jetzt mit beiden Armen bei ihm eingehakt hatte und die auf die Straße und auf all die Leute in der Straße schaute, als hätte sie dergleichen noch nie gesehen.

Sie warteten an einer Ampel, dann überquerten sie eine Straße. Er war sich nur der einen Tatsache bewußt, daß Arthurs Haus immer näher kam.

«Weißt du, Julia», sagte er, «ich werde nicht mehr lange hier sein.»

Sie sah zu ihm auf, so ernst, wie sie es als Predigerin gewesen war.

«Pscht», sagte sie. «Das weiß ich.»

«Na ja. Aber weißt du, was das bedeutet?»

«Ich weiß, daß ich glücklich bin ... zum erstenmal in meinem Leben ...»

«Julia! Vielleicht muß ich schon morgen von hier fort!»

«Aber für mich wird immer», sagte sie und blickte zum bedeckten Himmel auf, «heute sein!» Dann war es, als ob sie von ihrer strahlenden Höhe herabschwebte und wieder neben ihm ging, sie paßte sich seinem Schritt an; oder vielmehr versuchte er, dankbar für ihre plötzliche Rückkehr auf die Erde, seinen Schritt an ihren anzupassen.

«Ich weiß», sagte sie. «Ich weiß. Wir haben – nein, wir haben keine Zeit. Ich muß dir so viele Dinge erzählen – zum Teil über meinen Vater – aber über so viele Dinge – über meine Mutter und Jimmy – und so viele Dinge. Über mich, als ich Predigerin war, und wie ich dich immer bemerkt habe – oh», und sie lachte, «Arthurs älterer Bruder, wie heißt er doch? – Hall ... Mister *Ha!* hab ich ihn immer genannt.»

Sie kehrte ihm ihr Gesicht zu. «Aber jetzt will ich einfach nicht über all das sprechen – jetzt nicht. Verstehst du?»

«Ja», sagte er schließlich – und dann: «Aber was, wenn ich morgen früh fort muß?»

«Ich werde dir schreiben», sagte sie. «Aber jedenfalls ... wie lange werden wir bei Arthur bleiben? Kannst du mich in dein Zimmer mitnehmen?»

«Julia –» er fing an zu schwitzen – «nein. Nicht heute abend.»

«Hast du ein anderes Mädchen?» Sie lachte. «Ich weiß, ich sollte dich das nicht fragen – es geht mich nichts an.»

«Könnte sein», sagte er, und plötzlich lachte er. Eine Last fiel ihm von den Schultern, und doch schwebte ein dunkles Staunen über seinem Kopf. «Vielleicht muß auch ich dir Dinge erzählen», sagte er. «Aber gut. Nicht heute.»

Arthur erkannte sie vom offenen Fenster her – denn Crunch war spät dran –, und er erkannte nicht das Mädchen, das da neben Crunch ging, ganz in Grün gekleidet, in Hosen, mit nackter Taille und geschminkten Lippen – er erkannte Julia überhaupt nicht.

«Da kommt Crunch», sagte er zu Florence, «und er hat ein Mädchen bei sich.»

Florence kam zum Fenster und beugte sich hinaus. «Was», schrie sie, «du bist wohl nicht richtig, Junge? Das ist niemand anders als Julia!» Sie winkte und rief: «He, ihr beiden in Grün da unten! Wolltet ihr euch an meinem Haus vorbeischleichen?»

«Nichts dergleichen», grinste Crunch und schaute herauf. «Nichts dergleichen, Ma'am. Wir haben nur eben nach dem Weg gefragt.»

«Es scheint so, daß man euch den richtigen Weg gezeigt hat. Julia, wie geht es dir, Kind? Komm erst mal rauf und laß mich dir deinen dürren Hintern versohlen! Ich sag's ja, wie du mich vernachlässigt hast, es ist eine *Schande* ... kommt schon endlich rauf!»

«Wie ist deine Probe gelaufen, Mann?» schrie Crunch.

«Nicht schlecht, Mann. Komm erst mal rauf. Ich erzähle dir.»

«Na», sagte Florence und trat vom Fenster zurück, «da ist er ja, dein Herz. Und Julia auch. Ist ja wunderbar.»

Ich habe immer wieder gefunden, daß junge Menschen niemanden hinters Licht führen können, außer denen, die hinters Licht geführt werden wollen. Junge Menschen sagen dir, was du hören willst, und auf diese Weise lernen sie dich verachten – und sich selbst auch; und auf diese Weise wird ihre Jugend bald für sie selbst wertlos: Arthur jedenfalls ist es sein Leben lang nicht gelungen, jemanden hinters Licht zu führen. Und jetzt, da sein Gesicht vor doppelter Erleichterung leuchtete – daß Crunch endlich kam und daß das Mädchen, immerhin, nur Julia war – und er seine Mutter ansah, hätte unsere Mutter eine Närrin sein müssen, um nicht zu wissen, was Crunch und Arthur einander bedeuteten. Wahrscheinlich wußte sie es sogar schon, bevor sie selbst es wußten. Doch es beunruhigte sie. Es beunruhigte sie in der Art, wie die Identität, das Schicksal, die Zukunft des Kindes immer eine Mutter beunruhigt. Hätte ich zum Beispiel beschlossen, ein weißes Mädchen zu heiraten, so wäre meine Mutter beunruhigt gewesen, aber nie hätte sie etwas dagegen unternommen. Ihre Sorge war nur, daß ich eine Frau heirate, die ich liebte, die mich liebte – falls ich überhaupt heiratete, was ganz meine Sache war. Unglücklich war sie über Arthur erst, als man ihm einen Namen angehängt hatte und alle möglichen Leute versuchten, ihn reihenweise, auf unbeschreibliche Art, zu vergewaltigen – o ja, es ist kalt dort draußen –, und als Arthur unter dem doppelten Gewicht des äußeren Urteils und des inneren Urteils unterzugehen begann. Und doch ist es wahr, und Arthur hatte recht, wenn er beharrte: *Ich muß das Leben leben, von dem ich in meinem Song singe.* Er meinte, daß er es sich nicht leisten konnte, eine Lüge zu leben.

Ach. Aber damit hattest du dich unausweichlich auf etwas festgelegt, und dieser Art war Pauls Kummer, daß er nämlich den Tag kommen sah – auch wenn er starb, bevor dieser Tag kam –, da Arthur bittere Tränen weinen und aufschreien würde: *Seht, was sie aus meinem Lied gemacht haben!*

Im übrigen ist ein Sohn oder ein Bruder einfach dies – ein Sohn oder ein Bruder –, du liebst ihn, ob er in der Scheiße steckt oder nicht, du wäschst ihn, wenn es sein muß, und du weißt, er muß es so machen, wie sein Blut pocht, denn es ist auch *dein* Blut, das in diesen Adern pocht.

«Will nur hoffen, daß dein Vater nicht zu lange ausbleibt», sagte Florence. «Geh und mach ihnen die Tür auf, Arthur, warum stehst du so rum?»

Florence ging in die Küche, und Arthur ging hin und machte die Tür auf.

Schon kamen Julia und Crunch lachend und keuchend und prustend, als stiegen sie die Steilflanke eines Berges hinauf, und dabei aussehend, als kämen sie eben von einem Picknick im Central Park, die Treppe herauf zur offenen Tür, wo Arthur stand.

«Mädchen», sagte Arthur grinsend, «ich hab dich gar nicht wiedererkannt. Schätze, du hast wirklich mit dem Predigen aufgehört.»

Sie küßten sich, und Julia sagte: «Pssst, sei still. *Könnte* ja sein, daß ich nur einen ganz neuen Text einstudiere.»

«Steht dir aber gut, Mädchen», sagte Arthur, und sie lachten, und Florence, die Hände in die Hüften gestemmt, tauchte hinter Arthur auf.

«Mädchen! Willst du, daß ich dir gleich hier im Treppenhaus den Arsch versohle, oder willst du dir deine Tracht Prügel lieber drinnen abholen?»

«Mama Montana, hauen Sie mich nicht *zu* fest, ich *habe* schwere Zeiten hinter mir –» aber Florence zog Julia an Arthur vorbei und nahm sie in die Arme.

Arthur und Crunch waren eine Sekunde allein, vor der Tür im Treppenhaus. Crunch zog plötzlich die Tür hinter Arthur zu und nahm ihn in die Arme und küßte ihn heftig. Sie hielten einander einen Moment fest, dann machten sie sich los. Crunch öffnete die Tür.

«Ich liebe dich», flüsterte er. «Laß uns nachher spazierengehen. Ich muß dir etwas sagen.»

«Klar.» Er sah Crunch leicht beunruhigt an. «Ist alles in Ordnung?»

Florence und Julia waren ins Wohnzimmer gegangen; sie waren allein im Treppenhaus. Crunch legte die Hand auf Arthurs Schulter und sagte feierlich: «Nein.»

«Was ist los?»

«Als ich sagte, ich liebe dich – da hörte ich nichts von dir.»

Arthur lachte. «Du bist verrückt, Mann.» Er nahm Crunchs Gesicht in seine Hände und küßte ihn. «Ja. Ich liebe dich. Mit ganzem Herzen.»

«Warum stehst du dann so in der Tür? Sieht ja so aus, als wolltest du mich nicht reinlassen.»

«Komm schon rein, Mann. Ich schwöre dir, du bist der verrückteste Hurensohn, den ich kenne.»

«Ich sage deiner Mama, was du gesagt hast!» schrie Crunch aus voller Lunge, und Arthur bog sich vor Lachen und warf die Tür hinter ihnen ins Schloß.

«Wollt ihr zwei gleich aufhören, verrückt zu spielen», schrie Florence, «und hereinkommen? Ich weiß nicht», sagte sie zu Julia, «wer von beiden der Schlimmere ist.»

Crunch und Arthur kamen, immer noch lachend, ins Wohnzimmer. Florence und Julia saßen nebeneinander auf dem Sofa.

«Was wolltest du mir gerade sagen?»

«Nein, Mama Montana, ich sag's Ihnen lieber nicht. Soll es zwischen Arthur und seinem Gott bleiben.»

Er setzte sich in einen Sessel beim Fenster, und Arthur setzte sich auf den Klavierhocker, immer noch lachend, weil es schien, als könnte Crunch nicht aufhören zu lachen. Er konnte ja nicht wissen, daß Crunchs Lachen aus seiner Panik und zugleich aus seiner Erleichterung kam. Hier war Arthur, er hatte ihn angefaßt, nichts hatte sich zwischen ihnen geändert; *er*, Crunch, hatte sich nicht verändert. Er wußte, wenigstens für den Augenblick, wo er war. Und er hatte das Gefühl, mit allem fertig zu werden, was da kommen mochte. Er konnte Arthur die Wahrheit sagen: und jetzt wurde ihm klar, daß er Julia die Wahrheit sagen konnte. Wieder lachte er kurz, dann wurde er ernst.

«Tut mir leid», sagte er, «aber es ist Arthurs Schuld. Er sollte im Fernsehen auftreten.»

Florence sah die beiden kurz an und wandte sich dann wieder Julia zu. «Also? Was macht dein Vater?»

«Oh. Er geht zu Arbeit, und er kommt nach Hause. Er spricht nicht viel.» Sie spielte mit dem Tuch, das sie um ihren Pferdeschwanz gewunden hatte, und sah zuerst Crunch, dann Florence an. «Es ist irgendwie schwer, mit jemand zu leben, der nicht viel spricht.»

«Und was – machst du immer?»

«Oh. Ich versuche, auf meinen Vater aufzupassen.» Crunch und Florence starrten Julia an, Arthur schaute Crunch an. Julia senkte den Blick. «Ich geh in die Schule. Und ich hab einen Job bei Grand Concourse, als Putzfrau, wie ihr sagen würdet.» Und sie lachte und blickte auf. Florence brummte. «Am liebsten würde ich nach New Orleans fahren und Jimmy holen und ihn zu mir nehmen ... aber ...»

«Jimmy hat's doch besser, wo er jetzt ist», sagte Florence. «Ich sage es nicht gern, aber du weißt so gut wie ich, daß Jimmy und sein Vater nie miteinander auskommen würden.»

«Ich weiß», sagte Julia. «Ich wollte ihn auch nicht *dorthin* bringen. Ich möchte eine andere Wohnung finden und selbst für ihn sorgen.»

«Aber, Julia», sagte Florence, «du bist gerade vierzehn, du kannst noch nicht mal für dich *selbst* sorgen, wie, glaubst du, wirst du für Jimmy sorgen können?»

«Ich habe es meiner Mutter versprochen», sagte Julia. «Ich hab meiner Mutter versprochen, daß ich es tun werde. Sie wollte nicht, daß er in den Süden kommt, und sie wollte ihn auch nicht bei seinem Daddy lassen.» Plötzlich den Tränen nahe, schaute sie zu Florence auf, und Florence nickte, ohne Julia anzusehen, nickte wie aus weiter Ferne. «Ich weiß nicht, wie ich's machen werde, aber ich *muß* es machen, ich habe es meiner Mutter versprochen!»

«Na», sagte Florence, «wir sprechen noch darüber.» Sie legte ihre Hand auf Julias Hand. «Ich glaube, ich weiß, wie du dich fühlst. Bleib doch die Nacht über bei mir! Die Abwechslung wird dir guttun, und wir gewinnen Zeit, die Köpfe zusammenzustecken.»

«Ich ... ich kann nicht.» Sie schaute Florence an, schaute rasch zu Crunch hinüber: Crunch nickte, sehr, sehr ernst. Julia sah wieder Florence an. «Mein Vater ... mein Vater ...»

«Deinem Vater wird schon nichts passieren.»

«Er weiß nicht, wo ich bin.»

«Er wird wissen, wo du bist, ich brauche nur den Telefonhörer abnehmen und es ihm sagen.»

«Was wollen Sie ihm sagen?»

«Daß wir etwas zu besprechen haben und daß du müde geworden bist und daß ich dich ins Bett gesteckt habe.»

«Er wird sich wundern, was wir groß zu besprechen haben ...»

«Die Männer fragen sich seit Jahrhunderten, was die Frauen wohl zu besprechen haben, mein Schatz, das ist nichts Neues ... jedenfalls, wir werden ja nur über dich und Klein-Jimmy sprechen.»

Aber sie beobachtete die Angst und die Qual in Julias Gesicht, eine Angst und Qual, die gerade durch ihren Versuch, sie zu verbergen, sichtbar wurde.

«Ja ... eigentlich gibt's ja sonst nichts zu besprechen ... über ihn will ich mich nicht beklagen.»

«Nun, also», sagte Florence. «Dann ist ja alles klar.»

«Nein», sagte Julia. «Er wird unruhig sein.» Aber als sie dies sagte, sah sie Crunch an und schlug die Augen nieder. Und doch: «Er kommt spät nach Hause, zu spät zum Anrufen, Sie werden längst schlafen.»

«Jetzt oder nie», sagte Crunch. «Mama Montana hat recht, und das weißt du.»

«Und er wird nicht unruhig sein», sagte Florence. «Zumindest wird er nicht unruhiger sein als sonst, denn wenn ich ihn nicht anrufen kann, schicke ich Arthur mit einer Nachricht hin.»

«Mama Montana ist eine mächtig gute Kinderfrau, wirklich», sagte Crunch mit einem kryptischen Lächeln und einem Augenzwinkern. «Und ich komme dann gleich nach der Arbeit und hole dich ab. Wir könnten im Park herumlaufen, oder so. Ich könnte dir sogar einen Hot-dog spendieren.»

«Aber ich *kann* nicht hierbleiben», sagte Julia.

«Du bist die Enkeltochter meiner ältesten Freundin», sagte Florence. «Was heißt das, du kannst nicht hierbleiben?»

«Dort kannst du auch nicht bleiben», sagte Crunch tonlos, «das hast du mir selbst gesagt, heute nachmittag.» Er sah sie an, die eine Augenbraue hochgezogen. «Hast du es schon vergessen?»

Ein Schweigen lastete plötzlich über dem Zimmer, ein Schweigen wie die Ewigkeit: sie hörten die Geräusche der Straße. Julia stand unvermittelt auf und ging, die Hände in den Hosentaschen, ans Fenster. Der Wind blähte kurz das Tuch an ihrem Hinterkopf auf, dann ließ er es auf ihren Nacken fallen.

Sie drehte sich zu Crunch um. «Nein», sagte sie. «Ich habe es nicht vergessen. Ich werde es nie vergessen.»

«Du kannst mein Bett haben», sagte Arthur.

«Ich wollte doch die Couch herrichten», sagte Florence. «Wo willst *du* denn bleiben?»

«Ich bleibe bei Crunch», sagte Arthur.

«Gut», sagte Crunch, «wenn es Ihnen recht ist, Mama Montana.»

«Schon recht – lauf und laß eine Nachricht bei Brother Miller.»

«Okay. Soll ich den Zettel schreiben?»

«Nein. Ich schreibe ihn selbst. Und ihr beide, bleibt nicht die ganze Nacht aus.» Die Nachricht lautete:

Lieber Joel,
Deine Tochter Julia bleibt die Nacht über bei mir, mach Dir also wegen ihr keine Sorgen. Wir rufen Dich morgen früh an. Wo steckst Du die ganze Zeit? Paul und ich, wir würden uns beide FREUEN, DICH ZU SEHEN. *Gott segne und schütze Dich.*
Florence Montana

Auf das Klingeln bei Miller rührte sich nichts. Arthur steckte den Zettel so in den Kasten, daß eine Ecke hervorlugte, und lief wieder die Sandsteinstufen hinunter, zu Crunch zurück. Schweigend machten sie sich auf den Weg zur Avenue, zur Subway. Die Straßen waren lebendig, voll von Leuten, Kindern, Geräuschen – es war, als bewegten sie sich durch ein Element, das sie aufrechthielt, sie stützte und beschützte.

Crunch ging mit gesenktem Kopf, die Hände in den Taschen, schweigend. Dieses Schweigen war nicht gerade unbehaglich, aber es war – *neu*. Arthur wußte nicht, wie er dieses Schweigen verstehen sollte, oder wie er es brechen konnte.

Schließlich sagte er, und blickte zu Crunch auf: «Du sagtest, du hast mir etwas zu sagen.»

«Hab ich.»

«Über Julia?»

«Zum Teil.»

Er sah Arthur an und lächelte. Auch dieses Lächeln war neu. Es kam von einem neuen Ort, aus einer neuen Distanz, und es barg einen neuen Schmerz.

«Wann willst du es mir sagen?»

«Gleich. Laß mich nachdenken.»

«Oh», sagte Arthur, verwirrt und verletzt. «Ich will dich nicht hetzen, Mann.»

Und er betrachtete die Ritzen im Gehsteigpflaster. Schweigend gingen sie die Stufen zur Subway hinunter, schoben sich durch die Drehtür, warteten auf den Zug.

Arthur fühlte sich auf einmal sehr jung. Er wollte fragen: *Möchtest du allein sein, Crunch? Willst du, daß ich nach Hause gehe?* Aber er fürchtete die Antwort. Er fühlte sich – ein Gefühl, das er manchmal auch seinem Vater oder mir gegenüber hatte – wie ein rotznäsiger kleiner Kerl, der allen im Weg war und am besten den Mund halten sollte.

Also hielt er den Mund, als er und Crunch jetzt in den überfüllten Zug einstiegen. Crunch lehnte sich an die Tür; Arthur stand neben Crunch und überlegte immer noch, ob er nicht lieber gehen sollte. Crunch schien ihn nicht zu sehen, nicht einmal zu bemerken, daß er da war. Aber er wußte, wenn er versuchte zu gehen, würde Crunch ihn zurückrufen. Crunch würde verletzt sein – es war ein Spiel, das er nicht spielen durfte, ein Risiko, das er nicht eingehen konnte. Er starrte sein Spiegelbild im Fenster der Subway an, während der Zug durch den Tunnel donnerte. Die Leute waren still wie Menschen in einem Traum, dumpf unterwarfen sie sich dem Dröhnen und Schaukeln, ein jeder absolut und verdrießlich allein. Bald würde er allein sein, nächste Woche, nächsten Monat, morgen, übermorgen – selbst Crunchs Schweigen würde dann fort sein. Er wußte, daß er Crunch unmöglich jetzt verlassen konnte, nicht solange Crunch ihn nicht schlug und fortstieß. Aber an der 42nd Street, als sie in den Pendelzug zur East Side umstiegen, legte Crunch seinen Arm um ihn – als wollte er ihm sagen: *Ich weiß doch, daß du da bist, und ich bin froh, daß du da bist.* Sie verließen die Subway an der 14th Street und gingen in östlicher Richtung weiter, nach Crunchs Zimmer.

Damals standen dort noch die Hochbahnstelzen, und so sehe ich die beiden an der Straßenecke, vor einer Ampel wartend, unter diesem monströsen Baldachin stehen. Im Schatten all des vielen Metalls, unter der unsäglichen Feindseligkeit der unausweichlichen Züge – Arthur stellt sich vor, wie ein Mann die Treppe zur Plattform hinaufklettern und sich unter einen Zug werfen könnte, nur um von dem ewigen Dröhnen erlöst zu sein und Schlaf zu finden – erscheinen Crunchs Tür und all die Türen an dieser Avenue wie die verstohlene, verfluchte, dreckige, stickige Bezahlung für stickige Sünden. Wäre er nicht mit Crunch zusammen, dann hätte er Angst vor den Leuten auf diesen Straßen. Er fragt sich, was ihnen zugestoßen ist, wie sie so geworden sind – sie, die doch auch einmal eine Mutter und einen Vater, Bruder und Schwester, Onkel, Tanten, Cousinen, Freunde, Frauen und sogar Kinder hatten, die auch einmal so jung und so sauber gewesen sein müssen, wie er und Crunch heute sind. Jetzt aber gehören sie schon der Ewigkeit – so muß die Verdammnis aussehen.

Er fragt sich, ob er und Crunch verdammt sind. Vielleicht *ist* Liebe eine Sünde. Aber er schüttelt den Kopf, um diesen Gedanken abzuwehren, und die Ampel schaltet um. Sie überqueren die Straße.

An der Ecke ist eine Bar, niemals ruhig, niemals leer. Die Männer in der Bar sehen aus wie Soldaten, die gerade noch, erst vor ein paar Stunden, das Gemetzel überstanden haben; die gesehen haben, wie ihren Kameraden die Glieder abgehackt wurden, gesehen haben, wie sie geblendet, ausgeweidet, kastriert wurden; sie sehen aus wie Männer, die blutige Souvenirs in den Taschen tragen: ein Ohr, ein Auge, eine Nase, einen Penis, den Fußknöchel eines Kameraden. Ihre gräßlichen Schreie scheinen ihr einziger Beweis, daß sie überlebt haben. Dieses grausige Wunder lebt in ihren fiebrigen und doch lichtlosen Augen, und sie haben kein Alter. Sie alle sind von der Farbe des Kanonenstahls, und ihr Schweiß läßt sie auch so glänzen, und sie alle sind – soweit Arthur erkennen kann – weiße Männer. Arthur ist noch jung genug, um sich zu fragen, wie mit Weißen so etwas geschehen kann; er kennt noch keine Weißen. Er hat keinerlei Rache- oder Triumphgefühle; er empfindet nur eine Art bestürzten Staunens. Am Morgen werden sie auf dem Gehsteig liegen, in ihrer eigenen Pisse.

Neben der Bar gibt es einen Bonbonladen, der noch immer geöffnet hat – Bonbons, Kaugummi, Zeitungen, Zigaretten –, und der fette Besitzer, der immer eine graue Baseballmütze und eine Brille trägt, sitzt am offenen Fenster, einen Zahnstocher zwischen den Zähnen.

Neben dem Bonbonladen, unter drei Schildern, jedes mit der Aufschrift ZIMMER, sind drei enge Türen, die sich, eingesenkt in die häßlichen Hauswände, anscheinend zu verstecken suchen, und in die letzte von ihnen treten Crunch und Arthur ein. Jetzt waren sie in einem engen Flur, der zu einer steilen Treppenflucht führte.

Sie fingen an hinaufzusteigen, und sofort öffnete sich eine Tür oben an der Treppe und ein schwarzes junges Mädchen im Bademantel stand wartend.

Ihr krauses Haar war ungekämmt, und ihr halb offener Bademantel enthüllte ein schmutziges Nachthemd und den Ansatz ihrer Brüste – Brüste, die überraschend schwer waren für ein so dünnes Mädchen. Und sie wirkte sehr jung, war kaum mehr als ein Kind. Arthur hatte sie noch nie gesehen.

«Ach, Sie sind's, Mr. Hogan», sagte sie.

Aber sie hatte Arthur noch nie gesehen, und sie starrte ihn verblüfft und feindselig an, dann blickte sie wieder zu Crunch.

«Er gehört zu mir», sagte Crunch.

Jetzt tauchte hinter ihr eine andere Gestalt auf, ein untersetzter Weißer mit stahlgrauem gewelltem Haar, einer langen, dicken Nase und brutal selbstgefälligen Lippen. Er schob die Hand in den Bademantel des Mädchens, drehte sie zu sich herum und schob sie durch die offene Tür hinter ihnen.

«Alles in Ordnung», sagte er. «Ist sein kleiner Bruder. 'n Abend, Mr. Hogan.» Sie traten ins Zimmer zurück und schlossen die Tür hinter sich.

Schweigend stiegen Crunch und Arthur zu Crunchs Zimmer hinauf, das im dritten Stock lag.

In der Sekunde, in der das Mädchen und der Mann Arthur angesehen hatten, hatte er sich vergewaltigt, nackt ausgezogen, angespuckt gefühlt. Es hatte nichts damit zu tun, was gesagt worden war. Es war die Verachtung und das Komplicenhafte in den Augen. Er hatte es nie vorher so empfunden, obwohl er den Mann schon einmal gesehen hatte. Diesmal aber, als das schwarze Mädchen ihn ansah, hatte er sich sofort gefragt, was sie hier machte: und es war ihm sofort klargewesen, daß *sie* sich nicht fragte, was *er* hier machte. Und was der weiße Mann mit seinem lüsternhaften Grunzen, in Wirklichkeit sagte, war: *Er behauptet, es wäre sein kleiner Bruder*. Und natürlich wußten sie, was los war, durch die Geräusche, durch die Bettlaken – obwohl diese nicht sehr oft gewechselt wurden. Aber wenn Crunch und Arthur andere hören konnten, und sie hörten sie jede Nacht, die sie hier verbrachten, dann konnten andere auch sie hören. Er wollte fort, nicht von

Crunch, sondern aus dieser Ewigkeit. Wenn Crunch zurückkäme, würden sie sich ein anderes Zimmer, etwas eigenes, suchen.

Aber an Crunchs Rückkehr denken, hieß an Crunchs Abreise denken, und er schlang beide Arme um Crunchs Taille und rieb seine Stirn an Crunchs Rücken, während Crunch die Tür aufschloß.

Das Zimmer war noch häßlicher als das Zimmer in Washington, und kleiner, mit einem altmodischen, geräuschvollen Messingbett. Es gab einen Tisch, einen Stuhl, eine Deckenlampe und ein Waschbecken, außerdem einen trüben Spiegel über dem Bekken. Das Zimmer lag zur Straße hinaus, oder genauer, man sah auf die Bahngleise. Die Gewalt der rollenden Züge begleitete ihre Ekstase, und die verkniffenen, grellen Gesichter der Menschen, die durch diese Ewigkeit vorbeiflogen, bevölkerten ihre Träume.

Bis jetzt hatte er nie etwas gegen das Zimmer gehabt, hatte es noch nie wirklich angesehen. Manche Nacht hatten er und Crunch wach gelegen, geraucht, und die Glut ihrer Asche war das einzige Licht gewesen; sie hatten den vorbeifahrenden Zügen zugeschaut, glücklich, beieinander zu sein und sich um nichts anderes kümmernd. Jetzt verblaßte das Glück, mehr wußte er nicht; es rollte sich zusammen wie eine Schriftrolle.

Crunch schloß die Tür hinter ihnen ab und setzte sich auf das Bett, und jetzt war es auf einmal Arthur, der schwieg.

Crunch zündete sich eine Zigarette an und schaute zu Arthur hinüber, der an der Tür stand.

«Böse auf mich?»

Arthur lächelte und schüttelte verneinend den Kopf.

Crunch beobachtete ihn.

«Willst du rein oder raus?»

«Hängt ganz von dir ab, Mann.»

Aber Arthur entfernte sich von der Tür und trat ans Fenster und sah hinaus. Jetzt war alles ruhig, bis auf das Dröhnen eines sich nähernden Zugs.

«Siehst du da draußen etwas, das dir besser gefällt als ich?»

Arthur wandte sich vom Fenster ab und setzte sich auf den Boden, vor Crunchs Knie.

«Was ist los, Crunch? Hab ich etwas getan?»

Crunch seufzte und sagte. «Nein, Baby.» Er lehnte sich zurück und gähnte und nahm einen Zug von seiner Zigarette. Der Zug stadteinwärts auf dem jenseitigen Gleis fuhr quietschend in die Station ein.

«Nein, Baby. *Ich* hab etwas getan.»

Arthur lauschte auf die sich öffnenden Abteiltüren, auf das ferne Getrappel hastender Füße. Es entstand eine Pause, als hätte die Stille ein Loch in den Lärm gestanzt. Die Abteiltüren schlossen sich krachend.

Arthur lehnte den Kopf an Crunchs Knie. Eisen quietschte gegen Eisen, der Zug rollte aus der Station. Er hörte den stadtauswärts fahrenden Zug auf dem diesseitigen Gleis heranrollen.

Er wußte jetzt dunkel, daß er es eigentlich nicht wissen wollte. Gleichzeitig wurde ihm klar, daß er keine Wahl hatte – er fragte: «Was hast du getan?»

«Ich möchte zuerst dich etwas fragen, Arthur –» und Crunch setzte sich auf und sprach jetzt gegen Arthurs Hinterkopf – «was wirst du machen, wenn ich von hier fortgehe?»

«Ich weiß nicht, Crunch. Ich will nicht dran denken.»

«Du mußt dran denken!»

Er streckte die Arme aus und drehte Arthurs Gesicht zu sich, und seine Hände waren plötzlich naß von Arthurs Tränen. Arthur hatte keinen Laut von sich gegeben, und sein Körper zitterte nicht. Er wandte sein Gesicht ab und lehnte den Kopf gegen Crunchs Knie.

«Ich weiß nicht, Crunch. Ich werde natürlich weiter in die Schule gehen, und ich werde weiter Musik machen ... und ... ich werde warten, bis du wiederkommst.»

Und angenommen, ich komme nicht wieder? wollte Crunch sagen. Aber er sagte: «Arthur, was ist mit ... ?» Der Zug stadtauswärts hielt an der Station, schien mitten ins Zimmer gerollt zu sein.

«Was soll mit was sein?»

«Mit anderen Menschen.»

«Mit was für anderen Menschen?»

«Arthur ... hast du schon mal ein Mädchen gehabt? Nein. Schätze, du hast nicht.»

«Was redest du da?»

«Es wäre gut für dich – ein Mädchen zu haben.»

«Oh ... ich bin sicher, das werd ich, Crunch ... irgendwann.»

Er fuhr sich mit dem Handrücken übers Gesicht, drehte sich um und sah Crunch an.

«Warum sprichst du von so etwas?»

Crunch machte ein verlegenes Gesicht, und der Zug stadtauswärts sauste an ihrem Fenster vorbei, daß das ganze Haus bebte.

«Vielleicht hoffe ich nur, du schläfst mit einem Mädchen, während ich weg bin, statt ...»

«Einem Mann? Einem anderen Mann?» Arthur blickte auf den Boden. «Ich habe nicht darüber nachgedacht, Crunch. Ich hab über all das gar nicht nachgedacht. Ich liebe nur dich.»

«Aber du kannst mich doch nicht immer lieben, Mann, du mußt erwachsen werden, um Christi willen!» Und Crunch stand vom Bett auf und schritt zum Fenster, schaute hinaus. Arthur musterte seinen Rücken.

«War es das, worüber du mit mir reden wolltest?»

«Ja. Nein. Nein.»

«Warum kann ich dich nicht immer lieben? Auf jeden Fall will ich es.»

«Arthur, du bist noch ein Kind, und manchmal, ich schwöre dir ...!»

«Tut's dir leid? Tut es dir leid, die Sache mit uns?»

«Nein. Nein, Arthur, sieh es doch nicht so an. Nur ... ich will nur, daß es dir gutgeht. Ich will, daß du glücklich bist. Ich will nicht –» er zögerte, die Straße schien seltsam still – «ich will nicht, daß es *dir* leid tut.»

«Die Sache mit uns? Das mit uns, das wird mir *nie* leid tun, ich schwör's dir, ganz gleich, was passiert.»

«Ich hab heute nachmittag mit Julia geschlafen.»

Crunch setzte sich unvermittelt, als hätte ihn jemand gestoßen, aufs Bett und sah Arthur an. Sein Gesicht drückte Furcht und Schmerz aus.

Arthur blickte auf den Boden. Er fragte: «Und du wolltest sie heute nacht hierher mitnehmen?» Dann, aufblickend: «Darum warst du so still?»

«Nein. Ich wollte sie heute abend nicht mitnehmen.»

«Du kannst gehen und sie holen, verstehst du. Ich will nicht, daß du etwas tust, was du nicht willst, nicht wegen *mir*, Mann – du willst, daß ich jetzt ein Mädchen finde, weil *du* ein Mädchen gefunden hast!»

«Arthur, Julia ist doch noch ein Kind ...»

«Und wie kommt es, daß du dann mit ihr schläfst? Klar, ich weiß, du denkst, auch ich bin nur ein Kind!»

«Arthur? Willst du mir zuhören? Bitte? *Bitte?*»

Arthur stand auf und ging, die Hände in den Taschen vergraben, wieder ans Fenster. Crunch konnte sein Gesicht nicht sehen.

«Arthur?»

«Ich höre.»

«Komm her zu mir.»

Arthur rührte sich nicht.

«Komm her zu mir!»

Arthur bewegte sich, und Crunch packte ihn, zog ihn aufs Bett herunter. Crunch drehte sich so, daß er sich an das Kopfende lehnen konnte, mit Arthur in seinen Armen und Arthurs Kopf an seiner Brust.

«Arthur, bitte, hör mir zu und sei nicht böse auf mich und tu nicht so stolz und unnahbar. Ich weiß, ich kann mit einem Mädchen hierher gehen, wenn ich es will, und du kannst es auch, wenn *du* willst, und ich hab nicht gesagt, du solltest ein Mädchen haben, weil *ich* ein Mädchen habe. Ich *habe* kein Mädchen.» Er machte eine Pause und schluckte. Er sagte: «Ich habe nur dich.»

Aus Arthurs reglosem Schweigen war unmöglich zu erraten, was in seinem Kopf vorging: und Crunch hatte Angst, sich ihm zuzuwenden und in sein Gesicht zu sehen.

«Du bist ein wunderschöner Junge, Arthur, du ahnst es nicht, und es gibt 'ne Menge schleimige Arschficker, und ein paar von denen könnten leicht, so wie ich, Lust kriegen, was mit dir anzufangen, und du kannst mir keinen Vorwurf machen, wenn ich mir deswegen Sorgen mache.»

«Was hat das mit Julia ... und mit heute nachmittag zu tun?»

«Arthur ... manche Menschen sind in Schwierigkeiten, und sie brauchen Hilfe ... und manchmal ... kannst du nicht nein sagen.»

Aber, dachte Crunch, *wenigstens hört er mir zu:* und er zog Arthur fester an sich. Trotzdem wußte er nicht, was er sagen sollte, genauer gesagt, er wußte nicht, wie er es sagen sollte. Er erinnerte sich an Julias Gesicht, ihren Körper und an ihr überwältigendes Verlangen. Er sagte: «Manchmal braucht ein Mensch einfach, daß ein anderer ihn in die Arme nimmt, und dann kann alles mögliche passieren ... eines führt zum anderen – verstehst du mich, Arthur?»

«Ich glaube, ja.»

«Ich könnte dir nicht weh tun, Mann, um nichts in der Welt, ja? Weißt du das?»

Arthur sagte nichts.

«Weißt du es?»

«Ja. Aber ... ich verstehe nicht ...»

«Hör zu, ich kann dir nicht alles erzählen. Es steht mir nicht zu, es dir zu sagen. Aber Julia ist in Schwierigkeiten. Sie muß von ihrem Daddy loskommen.» Er machte eine Pause. «Darum war ich auch so froh, als deine Mama sie aufforderte, bei euch zu bleiben.»

«Crunch – hast du vorgehabt, sie hierherzubringen ... falls ...»

«Nein. Wenigstens nicht heute abend. Ich mußte zuerst mit *dir* reden. Ich hatte nicht die Absicht, mir von dir den Schädel einschlagen zu lassen.»

Er zündete sich eine Zigarette an. «Arthur?»

«Yeah?»

«Hörst du mich?»

«Sicher.»

«Ich möchte, daß du etwas für mich tust – mir einen Gefallen tust. Okay?»

«Okay.»

«Ich möchte, daß du dich um Julia kümmerst. Sei ihr Freund. Vergiß das, heute nachmittag. Das ist einfach so passiert. Das ist das Leben. Du wirst es ... besser ... verstehen, mit der Zeit», und Crunch lächelte.

«Was meinst du, soll ich tun?»

«Einfach ihr Freund sein. Sie muß von ihrem Daddy loskommen.»

Arthur drehte sich um und sah Crunch ins Gesicht.

«Ist es so schlimm?»

«Noch schlimmer.»

«Was hat Julia vor?»

«Sie hat es doch heute abend gesagt. Sie will für ihren kleinen Bruder sorgen.»

«Aber das kann sie nicht – sie ist nicht alt genug!»

Crunch drückte seine Zigarette aus. Sein Gesicht war traurig, als er den Blick senkte und sagte: «Wer weiß? Sie hat schon genug erlebt, um älter als alt zu sein.»

Arthur schwieg. Dann, ganz schüchtern: «Crunch, liebst du Julia? Wenn du's tust, ist alles klar. Ich werde nicht eifersüchtig ...»

Crunch grinste. «Wollen wir wetten? War's das, warum du dich vor ein paar Minuten so komisch benommen hast?»

«Ach, ich war nur überrascht ...»

«Wenn du dich *so* benimmst, wenn du überrascht bist, dann werd ich mich aber hüten, dir zum Geburtstag 'ne Überraschung zu machen.»

«Ach, komm, Crunch ...»

«Ich muß schon den ganzen Tag drüber nachdenken ... da sind wir: sie ist vierzehn. Du bist sechzehn. Ich bin beinah zwanzig. Ich bin mir vorgekommen wie ein alter Mann, wie ein *schmutziger* alter Mann. Aber ich weiß nicht, was ich sonst hätte tun sollen, außer verschwinden oder sterben. Dieses Mädchen hat geschrien, Arthur, *geschrien.*» Er schüttelte sich, als er an diesen düsteren Tag dachte. Er blickte auf Arthur hinunter. «Sie bedeutet mir nicht das, was *du* mir bedeutest, und ich hoffe, du hast das jetzt in deinem Schädel kapiert, aber sie ist in Schwierigkeiten, und ich will nicht, daß ihr etwas passiert. Sei du ihr Freund. Wenn sie weiß, daß sie dich und deine Familie hat – das könnte sehr viel für sie bedeuten.»

Er beobachtete Arthur, und es wurde ihm klar, daß wieder Frieden zwischen ihnen war; und er hatte die Wahrheit gesagt, ohne Julia zu verraten. Er lehnte sich aufs Bett zurück und zog Arthur näher an sich.

«Aber glaube nur nicht, ich will sie als Freundin haben», sagte Arthur.

Crunch lachte. «Immer eins nach dem anderen, Junge. Immer eins nach dem anderen.»

Eine Woche später war Crunch fort – einfach so, ein großes Loch tat sich auf, und er fiel hindurch, war verschwunden.

Der Sommer ging zu Ende. Tag um Tag und sich Zeit lassend, ging der Sommer zu Ende. Die Geräusche der Straße begannen sich zu verändern, schwächer zu werden, die Stimmen wurden rarer, die Musik spärlicher. Tag um Tag und Block um Block wurden die Kinder von der Straße verscheucht. Die Erwachsenen zogen sich in die Häuser zurück. Die Jugendlichen rückten vom Rinnstein auf die Vorplätze, in die Hauseingänge, in die Treppenhäuser – und die Dachterrassen lagen verlassen. Die Bäume, soweit es ihnen erlaubt war, ihre Blätter fallen zu lassen – sie fielen unbemerkt –, schienen ohne Bitternis zu versprechen, noch ein weiteres Jahr auszuharren. In der Nacht, aus der Ferne, schienen die Parks und Spielplätze von Glühwürmchen bevölkert, und die Nacht kam früher, kroch näher heran, legte sich mit größerem Gewicht über die Stadt. Das Schrillen der Wecker verdrängte das Klirren der Tamburins, die Häuser setzten ihre Wintergesichter auf. Die Häuser starrten in eine rauhe Landschaft und schienen ohne Bitternis beschlossen zu haben, noch ein Jahr auszuharren.

So gehe hoffend ich von Jahr zu Jahr! Crunch konnte tot sein, Crunch konnte zurück sein: dies Lied klang und klingelte in Arthurs Schädel, während er tat, was er zu tun hatte und doch nie recht wußte, was er tat, obgleich er es immer schaffte. Er lief durch die lärmenden, hallenden Straßen, Straßen, die für ihn unglaublich still und leer waren, lauschte auf Crunchs Schritte neben ihm, sah Crunch in der Ferne und eilte, ihn einzuholen, obwohl er doch wußte, daß es nicht Crunch war, sah Crunch ihm entgegenkommen, ging zur Schule, probte eine Zeitlang mit Leuten, die er nicht mochte (tatsächlich sollte er nie wieder in einem Quartett singen), arbeitete in seinem Teilzeitjob als Botenjunge bei der Western Union, sang an den Wochenenden in Kirchen.

Fest am Glauben halte ich
Nimmermehr beklag ich mich
So gehe hoffend ich von Jahr zu Jahr
Mein Leben mag verlassen mich
Dem Tode übergeben mich –
Bin ich nur bei dir
Nimmst die Furcht du mir.

Er spürte, daß Paul und Florence sich Sorgen um ihn machten. Er war sich der Tatsache bewußt, daß er, zum erstenmal in seinem Leben, etwas zu verheimlichen hatte – er hatte geträumt, daß Crunch vors Kriegsgericht gestellt und gefoltert worden war, weil er, Arthur, ‹geredet› hatte: und so gelang es ihm, eine oberflächliche Unbefangenheit zu bewahren. In seinem Zimmer blieb er nur, um zu lernen oder Briefe zu schreiben – bei offener Tür –, und sonst blieb er sichtbar am Klavier, seinem vertrauten Platz. Sein zweitvertrautester Platz war das Kino, aber als dieser Sommer endete und der Herbst, dann der Winter kam, konnte er sich an keinen einzigen Film erinnern, den er gesehen hatte.

Meinen Weg mach leichter
Meine Bürde leichter
Hilf du mir Gutes tun, wo ich nur kann.
Laß deine Nähe spüren mich
Dein Heilger Geist erfülle mich
Und halte mich geborgen
In deiner starken Hand.

«Dieses Lied scheint dir aber ’ne Menge zu bedeuten», sagte Paul eines Samstagabends behutsam. Er hatte Arthur seit ein paar Minuten spielen hören. Arthur hatte nicht gemerkt, daß sein Vater im Zimmer war.

«Oh – hallo, Daddy.» Er ließ die Finger von den Tasten gleiten. «Ich muß es morgen abend singen, in Brooklyn.»

«Begleitest du dich selbst, wenn du singst?»

«Manchmal. Nicht immer. Meistens begleite ich den Pianisten der Kirche.»

«Können sie denn *dich* begleiten?» fragte Paul und lachte, und einen Moment später lachte auch Arthur.

«Manchmal.» Er schaute seinen Vater an. «Mir kommt es nicht

so vor, als wäre ich schwer zu begleiten ... und die meisten von ihnen, wirklich, sie spielen besser Klavier als ich.»

«Oh», sagte Paul, «du kannst dich eben nicht selber hören. Aber das ist ganz gut so – für den Augenblick jedenfalls ist es ganz gut.»

Sie waren allein in der Wohnung. Florence war ausgegangen, Einkaufen oder auf einen Drink mit Martha.

«Hast du mal was von der alten Bande gehört?»

Arthur hatte einen Brief von Crunch in der Tasche, aber er brauchte eine Weile, bis er damit herausrückte – er versuchte so zu tun, als sei es ihm entfallen: «Ach. Ja, ich habe einen Brief von Crunch.»

«Wie geht's ihm?»

«Es geht ihm gut. Er läßt herzlich grüßen.»

«Er ist ein netter Junge», sagte Paul und zündete seine Pfeife an. Er ging ans Fenster. «Er fehlt dir wohl sehr, nicht wahr?»

«Yeah», sagte Arthur mürrisch, mehr zu sich selbst redend. Dann: «Ich meine, ja, Sir, gewiß fehlt er mir. Wir ... wir alle ... hatten eine prima Zeit miteinander.»

«Wie geht's seiner Familie?»

«Ich glaube, es geht ihnen gut, Sir.»

«Yeah», sagte Paul. «Du hast an ihm gehangen, als ob es Hall wäre – als ob *er* dein großer Bruder wäre.»

Arthur kam sich einen Moment untreu vor. «Wieso, nein, Sir», sagte er. «Eigentlich nicht.» Paul sah ihn an, und Arthur errötete. «Hall ist mein *Bruder*», sagte Arthur stockend. «Crunch ... Crunch ... ist mein *Freund*.»

«Wie auch immer, er ist älter als du, und du bist immer der *jüngere* Bruder gewesen, also brauchtest du einen *älteren* Bruder. Jemand, dem du vertrauen konntest», wieder sah Paul Arthur aufmerksam an. «Ist ja nichts Schlechtes dabei – der Jüngere braucht immer den Älteren. Bis», fügte er nach einer verheerenden Pause an, während der er seine Pfeife neu ansteckte, «der Jüngere alt genug wird, um zu erkennen, daß er selbst ein Mann ist und nicht mehr dem älteren Bruder nachlaufen darf.» Wieder machte er eine Pause und sah Arthur an. «Besonders wenn er nicht wirklich der ältere Bruder ist, sondern nur der ältere *Freund*.»

«Aber kann nicht ein Freund», wagte Arthur einzuwenden, «genauso wichtig sein wie ein Bruder?»

«Er kann *noch* wichtiger sein. Ich will nur sagen, es ist nicht dasselbe.»

Er setzte sich in den Sessel beim Fenster.

«Wenn du, zum Beispiel, mal heiratest –» und wieder machte er eine Pause, um seine Pfeife zu inspizieren – «*falls* du's tust, und ich hoffe, du tust es, dann wird die Frau, die du heiratest, für dich wichtiger sein müssen als deine Mama oder dein Daddy. Du wirst nicht immer bei *uns* leben können. Du wirst mit *ihr* leben, und mit *ihr* eure Kinder aufziehen. Wir können dich nicht festhalten – *wir* gehen fort. Wir haben *getan*, was *wir* konnten. Und du kannst dich nicht an uns festhalten – niemand kann rückwärts gehen, jedenfalls nicht weit. Das führt in Schwierigkeiten.» Er lächelte, aber irgend etwas an diesem Lächeln machte Arthur Angst. «Und ich will nicht, daß du in Schwierigkeiten kommst.»

Arthur spürte eine Warnung: er wollte sie nicht hören. Sie zu hören, hätte geheißen: bekennen. Etwas in ihm sehnte sich danach, das Schweigen zu brechen, zu fragen: *Was geschieht mit mir?* Er sehnte sich danach, seine Bürde abzuwerfen, seine gequälten Fragen zu beenden. Aber er konnte Crunch – sein ‹Herz› – nicht beschuldigen, ihn nicht in Gefahr bringen: schweigend saß er da und blickte auf die Tasten.

«An was denkst du, Junge?»

«Ich hab darüber nachgedacht, was du sagtest. Aber», er sah auf und lächelte, «ich weiß nicht, was ich dazu sagen soll.»

«Hm, dann denk mal weiter darüber nach. Ich hab's nicht bös gemeint.»

Berge mich an deinem Busen
Bis des Lebens Sturm vorüber.
Wiege mich in deiner sanften Liebe!
Nähre mich, Herr Jesus
Bis mich nicht mehr hungert
Und führ mich von hienieden
In dein gesegnet Haus.

Er sang für Crunch – um Crunch in Sicherheit zu wissen und um ihn zurückzuholen, und er sang für mich, um *mich* in Sicherheit zu wissen und um mich zurückzuholen: er sang, um die Welt zu erhalten. So kam in seine Stimme eine mächtig bewegende, einsame Lieblichkeit, und die Menschen, die ihn hörten, waren verklärt und erstarrt: er sang für ihre Liebe und für ihren Kummer; er sang für ihre Hoffnung. Mit seinem Gesang, und wie er vor den Menschen stand, legte er ein Bekenntnis vor Gottes Gnadenthron ab, und wie seine Stimme von ihm ausging, wußte er sich erlöst, in den Händen einer größeren Macht als einer irdischen. Seine Liebe war sein Bekenntnis, sein Zeugnis war sein Gesang.

So schleppte er sich tapfer durch die zermürbenden Tage und Nächte, die Wildheit seiner Träume, den Schmerz seines zuckenden Körpers, den Kummer, der sich wie ein Teppich über den Grund seiner Seele breitete. Er hatte keine Freunde mehr, und er konnte es sich auch nicht vorstellen, mit Freunden zusammen zu sein. Jeden, den er sah, sah er aus weiter Ferne, wie durch ein umgekehrtes Fernrohr. Ihre Worte – Geräusche – wirbelten nur in der Luft, völlig sinnlos; ihre Worte erreichten ihn nie. Er liebte seinen Job als Botenjunge, weil er dann stundenlang allein durch die Straßen laufen konnte, und weil er ihm außer körperlicher Energie nichts abverlangte.

Wenn sein Job zu Ende war, ging er ins Kino und saß im Dunkel und ließ Bilder und Geräusche über sich hinwegrollen. Immer wieder erlebte er jeden einzelnen Augenblick seiner Zeit mit Crunch – jeden Song, jede Gebärde, jede Umarmung –, bis er spürte, daß er verrückt wurde, bis er wirklich zu fürchten begann, er würde im nächsten Moment losbrüllen und nach Bellevue gebracht werden. Manchmal wünschte er sich beinah, daß dies geschähe. Aber nein – weder ich noch Crunch wollten ihn in Bellevue wiederfinden. Immerhin hatten auch wir zu leiden, und wir hatten ein Recht darauf, von ihm zu erwarten, daß er den Glauben behielt. Und in solchen Momenten spürte er auch, daß er, falls er gegenüber seinem Geliebten, gegenüber seinem Bruder versagte, irgendwie den Faden durchschneiden würde, der uns ans Leben band: wenn er einen Augenblick schwankte, würde jemand irgendwo am anderen Ende der Welt im gleichen Augenblick wissen, daß die Liebe versagt und uns im Stich gelassen hatte. In solchen Momenten schauderte ihn – es ist nicht leicht, eine so kosmische Last zu tragen – und er achtete wieder eine Weile auf den Film, oder er stand auf und lief hinaus, durch die Straßen oder nach Hause ans Klavier.

Manchmal aber saß er nur im Kino und ließ die Tränen über sein Gesicht rollen und sah nichts.

Und es war schwer für ihn zu Hause, auch wenn er sich dies nicht gern eingestand. Wirklich, er wollte von zu Hause fort, auch wenn er wußte, daß dies im Augenblick weder möglich noch richtig war. Es war, als fände er sich zu Hause in einem Spiel gefangen und müßte eine Rolle spielen, die er schon zu lange gespielt hatte.

Paul und Florence *waren* besorgt um ihn, natürlich waren sie es. Sie konnten nicht anders und konnten es nicht verheimlichen. Und die Mittel, die sie benutzten, um ihre Sorge zu verbergen, machten ihn nur noch trotziger. Ihre Besorgnis war lange nicht so spezifisch, wie Arthur sich vorstellte – sie waren keine Panikmacher. Sie waren nicht beunruhigt wegen seiner Verbindung mit Crunch, die sie als unvermeidlich hinnahmen. Nur die Zeit würde zeigen, wie weit sie ‹normal› war, aber normal ist ein Wort, das wenig Sinn hat während einer Krise. Er hatte, soweit sie sahen, keine anderen Freunde – Peanut war fort, Red würde bald fortgehen –, aber dazu hätten sie wenig Sinnvolles sagen oder tun können; besonders da eine gewisse Zurückhaltung ein Merkmal unserer Familie war.

Arthur war in dieser Hinsicht nicht schlimmer, als ich es in seinem Alter gewesen war, und gewiß nicht schlimmer als sein Vater. Und doch *waren* sie besorgt über die Art, die Bedeutung seiner Zurückgezogenheit. Sie wollten sie nicht verletzen: zugleich wollten sie ihn wissen lassen, daß sie – und das Leben, die Liebe und die Welt – ihm gehörten. Sie konnten nicht einbrechen; er konnte nicht ausbrechen. Sie wünschten – natürlich und aus vielen Gründen –, daß ich nach Hause käme, obgleich sie sich auch fragen mußten, wie ich wohl sein würde, wenn ich erst wieder daheim wäre. Auch war ihnen klar, daß Arthur, da er – selbst wenn er es nicht wußte – aus allem und jedem herauswuchs, auch über seine Beziehung zu *mir* hinausgewachsen sein würde: wir würden einen Weg finden müssen, wieder zueinander zu finden.

Dies machte aus den gemeinsamen Mahlzeiten eine Pflichtübung in Takt und Spannung, gestützt aber durch eine gewisse Fröhlichkeit, die wirklich aus Liebe kam. Aber der rastlose und einsame Arthur brauchte etwas, was seine Eltern ihm nicht geben konnten, was jetzt sogar niemand ihm geben konnte, nicht einmal Crunch – obwohl Arthur auch dies nicht wußte. Arthur verbarg ein Geheimnis, und er haßte es, etwas verbergen zu müssen; er hatte bis dahin noch nie ein Geheimnis gehabt.

All dies ließ er in seinen Gesang einfließen, und Paul beobachtete ihn und hörte ihm zu und war bemüht, sich versöhnen zu lassen.

Julia war der einzige Mensch, den Arthur besuchte. Dies zum Teil, weil er es Crunch fest versprochen hatte. Sie war, außer ihm, am engsten verbunden mit Crunch, und sie war jetzt auch der einzige Mensch auf der Welt, der seine Sprache sprach. Sie wußten die gleichen Dinge. Und seine Eifersucht hatte sich verflüchtigt. Sie hatte buchstäblich keine Zeit gehabt, sich zu entwikkeln.

Er hatte ihr den Schlüssel zu Crunchs Zimmer gegeben, und manchmal traf er sie dort. Dann, wenn er das Zimmer betrat, hatte er mehr denn je ein Geheimnis; aber dies war ein Geheimnis, das er mit Schmerz und mit Freude für sich behalten konnte. Julia wußte nicht; niemand auf der Welt wußte; nur er und Crunch wußten, welche Wunder in diesem Zimmer stattgefunden hatten, in diesem heruntergekommenen, dreckigen, wunderbaren Zimmer! Manchmal ging er, während Julia redete, im Zimmer auf und ab und erinnerte sich: lehnte sich aus dem Fenster, sah in den Spiegel, berührte das Bett, erinnerte sich, erinnerte sich – stolz und fast glücklich. Crunchs Geruch war noch in dem Bett, im Sessel, in der Luft, und alles, was Arthur berührte, hatte Crunch berührt, seine Fingerabdrücke waren noch da, Crunch war in diesem Zimmer gegenwärtig! Manchmal erschrak er sogar, diese Gegenwart mit solcher Macht zu spüren, aber er war auch unglaublich glücklich und Julia dankbar. Ohne ihre Not und ohne Crunchs Versprechen hätte er dies Zimmer nie wieder betreten können. Vielleicht konnte er Julia und niemanden sonst besuchen, weil sie sein Geheimnis mit ihm teilte, ohne daß sie es wußte.

An einem Samstagabend, gegen Ende des Sommers, stieg er die vertraute Treppe hinauf und klopfte an die Tür, die ihm ungewohnt erschien.

«Arthur?»

«Yeah.»

«Komm doch rein. Die Tür ist offen.»

Julia trug einen formlosen Kittel, sie hatte die Haare hochgesteckt, und der Abfalleimer war voll. Sie war dabei, das Zimmer zu putzen.

«Du solltest die Tür nicht unverschlossen lassen, wenn du allein hier oben bist.»

«Mach keine Witze! Diese Schlösser können niemanden abhalten – diese *Türen* können niemanden abhalten. Und ich weiß nicht, *warum* ich versuche, dieses Zimmer zu putzen. Es ist sowieso unmöglich, ich muß verrückt sein.» Sie ließ Wasser ins Becken laufen und seifte sich die Hände und grinste ihn an. «Wie geht's?»

«Ganz gut. Und dir?»

«Okay. Alles in allem. Wie war der Tag heute?»

«Beschissen.»

Sie lachte. «Es weiß ja niemand. Gehn wir ins Kino?»

«Wenn du willst.»

«Was willst du dir ansehen?»

«Weiß nicht. Ich hab eine Zeitung gekauft, dachte mir, du sollst etwas aussuchen.»

Er sagt es nicht, aber die Wahrheit ist, daß er schon alle Filme, die laufen, gesehen hat.

«Ich verstehe. Du willst alle Arbeit mir überlassen.»

Sie trocknete sich die Hände mit Papiertüchern, die sie anscheinend mitgebracht hatte, und warf die Tücher in den Abfalleimer. Er setzte sich aufs Bett, strich mit der Hand darüber und sah sich im Zimmer um. Julia hatte eine Pflanze aus der Stadt mitgebracht und sie ins Fenster gestellt, sie hatte die Fenster geputzt und ein hellrotes Tuch über den Sessel gebreitet. Zwei Wassergläser standen überm Waschbecken, und sie hatte auch den häßlichen wakkeligen Nachttisch mit einem leuchtend bunten Tuch bedeckt.

Das war so ziemlich alles, was man für dieses Zimmer tun konnte – die einzig wirkliche Hoffnung für dies Zimmer war Feuer –, aber es machte schon einen Unterschied, und Arthur war sehr dankbar.

«Machen die Leute hier dir Schwierigkeiten?»

«Oh, das schwarze Mädchen, ich glaube, sie ist ein Fall für den Psychiater –» Arthur lachte – «lach nicht. Ich *glaube wirklich*, sie wollte mir frech kommen, und ich habe ihr noch einmal gesagt, was du ihr gesagt hast und was Crunch ihr gesagt hat, daß dies das Zimmer unseres Bruders ist und daß ich jetzt dafür verantwortlich bin und es sauberhalten muß, bis mein Bruder – *unser* Bruder – zurückkommt. Sie wollte wissen, ob ich das Zimmer *benutzen* würde. Ich sagte, sicher würde ich das Zimmer benutzen, solange ich die Miete dafür zahle.» Sie unterbrach sich und schaute auf den Abfalleimer. «Na, und was mach ich damit? Sie wird ihn niemals ausleeren.»

«Ich leer ihn aus», sagte Arthur. «Laß nur.»

«Warum gehst du nicht jetzt gleich und leerst ihn aus? Ich ziehe inzwischen diesen Kittel aus, und dann können wir gehen.»

«Okay», sagte Arthur, griff sich den Abfalleimer und ging hinaus. Er mußte lange nach einer nicht bereits überfließenden Mülltonne suchen, aber endlich gelang es ihm doch, den Abfalleimer auszukippen. Die Straßen waren voller Menschen, die Leute stolperten oder schlenderten vorbei – niemand beachtete ihn überhaupt. Pfeifend stieg er wieder die Treppe hinauf.

Julia kämmte sich gerade die Haare, sie trug ihre grüne Hose und einen alten grauen Pullover.

«Danke, Arthur.» Arthur stellte den Abfalleimer hin. «Gehn wir um die Ecke, einen Hot dog essen, okay? Ich bin hungrig.»

Sie schloß hinter ihnen die Tür ab und steckte den Schlüssel in die Tasche. Als sie die Treppe hinuntergingen, hörten sie jemanden heraufkommen. «O Gott, ich wette, das ist Blanche», sagte Julia.

Es war das schwarze Mädchen, und sie begegneten ihr auf dem Treppenabsatz der zweiten Etage. Sie war relativ ordentlich angezogen, in einem formlosen, mit einer Sicherheitsnadel zusammengehaltenen Rock und einer Bluse, die sich über ihren großen Brüsten spannte. Ihre dunklen, schmalen Augen bedachten sie mit jener ziellosen und unbenennbaren Feindseligkeit, mit der sie alles und jeden zu betrachten schien.

«Guten Abend, Blanche», sagte Julia.

«Kommen Sie heut abend wieder?»

«Könnte sein. Ich weiß nicht.»

Blanche sah Arthur an. Dies war ein anderer Blick – unbenennbar, aber nicht ziellos: verächtlich, triumphierend. Sie wußte, daß Arthur sie haßte, sie von Herzen haßte; daß er sie haßte und fürchtete, weil sie wußte, was Crunch und er einander bedeuteten. Sie hatte erraten, daß Julia es nicht wußte und daß er nicht wollte, daß sie es wußte. Sie wußte, daß er nicht Crunchs Bruder und Julia nicht seine Schwester war.

«Kommen *Sie* wieder?»

«Was soll denn das? Die Miete ist doch bezahlt.»

Blanche betrachtete sie aus ihrer einschüchternden Distanz.

«Ja», sagte sie. «Die Miete ist bezahlt.»

Sie ging an ihnen vorbei und stieg die Treppe hinauf.

«Könnte ja sein, daß mal jemand kommt, um nachzusehen, *wie* die Miete bezahlt wird. Ihr seid ziemlich jung, wie mir scheint, für das, was ihr da tut.»

«Ich weiß nicht, was Sie denken, was ich tu», sagte Julia, «aber Sie kommen *mir* auch mächtig jung vor.»

Blanche stieg weiter die Treppe hinauf, sie gingen weiter runter. Sie kamen auf die Straße hinaus.

«Ich könnte sonst was anstellen», sagte Julia. «Diese Leute machen sich Sorgen wegen dem Gesetz. Pah. Das Gesetz kümmert sich nicht drum. Das sollten sie wissen. Hier unten ist *alles* möglich.»

Yeah, dachte Arthur, *aber wir kennen die Spielregeln nicht, Baby*, doch er sagte nichts. Zu viele Dinge beunruhigten ihn. Es beunruhigte ihn, was Blanche zu Julia sagen mochte, denn er wußte, daß Crunch, trotz seiner Absicht, am Ende doch nichts gesagt hatte. Crunch hätte vielleicht den Mut dazu gehabt, aber sicher nicht die Zeit; Arthur wußte, daß er selbst nicht den Mut dazu hatte, wenigstens noch nicht. Und es beunruhigte ihn, daß Julia nachts allein hier war, und auch Crunch hatte sich deswegen Sorgen gemacht. Immerhin war das Zimmer auf seinen Namen gemietet, und Julia war minderjährig. *Aber, hatte er geseufzt, es bleibt uns nichts anderes übrig, Mann. Sie muß von ihrem Daddy loskommen.* Arthur war der Meinung, daß Joel Miller schwer trank und im Suff unberechenbar gefährlich wurde und daß Julia zu solchen Zeiten das Zimmer als Zuflucht brauchte. Diese Erklärung hatte ihn irgendwie nicht befriedigt, aber erst jetzt fing er an, darüber nachzudenken.

«Bist du eigentlich oft in der Nacht hier?»

«Nein.» Kurz vor Crunchs Abreise hatte sie eine Nacht und einen Nachmittag mit ihm hier verbracht. Arthur wußte dies nicht. Sie hatte Angst hier oben, wenn sie allein war; aber sie hatte auch Angst vor ihrem Vater. Manchmal hatte sie dieses Zimmer als Asyl benutzt und sich in diesem Zimmer versteckt, bis sie sicher war, daß ihr Vater in einen betrunkenen Schlaf gesunken war.

Aber nie hatte sie es fertiggebracht, allein in diesem Zimmer zu schlafen, es war unmöglich, obwohl sie versucht hatte, sich dafür abzuhärten, ähnlich wie ein Athlet für eine große Herausforderung trainiert. Sie hatte die ganze Nacht ohne Licht dagesessen, ans Kopfende oder Fußende des Betts gekauert, auf die vorbeidonnernden Züge lauschend, die durchs Zimmer huschenden Lichter beobachtend, auf die Geräusche der Straße, auf die Schritte auf der Treppe, die wackelnden, knarrenden Betten, die gemurmelten, erstickten Seufzer und Flüche, die Bitten, die Befehle, das Plätschern fließenden Wassers horchend. Jedesmal wenn sie Schritte auf der Treppe hörte, beugte sie den Kopf zwischen die Knie und betete: *Mach, daß sie nicht diese Tür aufschließen.* Dann sehnte sie sich danach, zu ihrem Vater zurückzulaufen – wenigstens war seine Berührung ihr vertraut, und wenn sie vorbei war, würde sie schlafen. Aber eigentlich kam es ihr so vor, als habe sie nicht geschlafen, seit ihre Mutter gestorben war, und würde nicht schlafen, bis sie ihren Bruder gefunden hatte.

Eines Nachts hatte sie auf die Toilette gehen müssen, und so schlich sie hinaus und sperrte die Tür hinter sich ab. Die Toilette war unglaublich dreckig, aber es war ihr nichts anderes übriggeblieben, als ihren Schmutz dem übrigen hinzuzufügen – und dort zu lassen, weil die Wasserspülung nicht ging. Als der Morgen graute, nahm sie die Subway nach Hause. Ihr Vater schlief, voll angekleidet, auf dem Sofa.

Sie hatte sich verändern wollen. Gut, sie hatte sich verändert – sie war in einen unbekannten Teil der Hölle geraten. Sie erinnerte sich, daß jemand einst zu ihr gesagt hatte: *Die Hölle, ja, Kind, vergiß es nicht – die Hölle hat keine Grenzen.* Und: *Du mußt aber hinein, um es selbst herauszufinden.*

Jetzt überquerten sie und Arthur eine Straße und gingen einen halben Block weiter zur Hot dog-Bude und kauften sich zwei Hot dog.

«Welchen Film wollen wir uns ansehen?»

«Mir egal.»

«Oh – willst du hinterher rausfahren, oder willst du hier bleiben?»

«Ich glaube, ich fahre raus. Hat mir nicht gefallen, die Art, wie Blanche mich anschaute.»

«Gut – dann sehn wir uns draußen einen Film an», sagte Arthur, und sie machten sich auf den Weg zur Subway.

Und dennoch, irgendwie hatte sie sich verändert: sie hatte diese Nächte durchgestanden. Etwas war geschehen; ihr Vater wußte es, und es machte ihm Angst. Seine Angst war genauso unbeständig wie alles andere an ihm, sie konnte nicht darauf zählen; aber sie hatte gesehen, daß er Angst hatte – damals, an dem Morgen, als sie, nachdem sie die Nacht bei uns verbracht hatte, nach Hause kam.

Er war im Begriff gewesen zu gehen – sie hatte es zeitlich so eingerichtet – und er schrieb ihr gerade einen Zettel. Mit gekünstelter Mißbilligung betrachtete er ihr Mieder und ihre enge Hose.

«Du bist also gekidnappt worden?» Mit seinem leisen Lächeln.

«Warum sagst du so was? Ich dachte, du hättest nichts dagegen. Sie sind alte Freunde von dir.»

«Sie sind eigentlich alte Freunde von deiner Mutter», sagte er. «Habt ihr einen netten Abend gehabt? Wer war alles da?»

Als er ‹Freunde von deiner Mutter› sagte, krampfte sie sich zusammen, als hätte er sie in den Bauch geschlagen oder sie bei einer

Lüge ertappt. Florence hatte zu ihr von ihrer Mutter erzählt. Sie hatte das Gefühl gehabt, daß Florence viel mehr wußte, als sie sagen wollte. Sie hatte sich danach gesehnt, sich gehenzulassen und Florence die Wahrheit zu sagen und sie um ihre Hilfe zu bitten.

Aber sie hatte auch das Gefühl gehabt, daß nur sie, Julia, sich in diese Lage gebracht hatte und daß nur sie selbst wieder herausfinden konnte.

«Nur wir. Wir haben gegessen und geredet. Mr. Montana kam später dazu.» Sie zögerte. «Crunch und Arthur waren da –» sie beobachtete sein Gesicht, aber sie sah, daß er sich durch diese Jungen nicht bedroht fühlte – «aber sie mußten irgendwohin, und so waren Mama Montana und ich die meiste Zeit allein. Es war ein guter Besuch, sie ist eine nette Frau.» Wieder unterbrach sie sich und beobachtete sein Gesicht. «Sie wundern sich, wieso du sie nie besuchst.»

«Ich hab sie auch früher kaum einmal besucht, Tochter. Es war deine Mutter.»

Es wurde ihr klar, daß er sich vor allen ‹Freunden ihrer Mutter› fürchtete, die sie draußen treffen könnte, die sie, wie er gesagt hatte, gegen ihn aufhetzen konnten.

«Deswegen wundern sie sich trotzdem, Daddy.»

Sie sah, wie er kalkulierte, wie er die Gefahr kalkulierte.

«Gut, wir könnten ja mal abends hingehen und sie besuchen. Ich tu ja alles, damit du zufrieden bist, Tochter.»

Er sagte dies mit dem flotten, spöttischen, galanten Grinsen, das sie immer so rührend gefunden hatte und das sie jetzt, auf einmal, sehr unangenehm berührte.

«Geh mal lieber zur Arbeit», sagte sie. «Paß auf, du kommst noch zu spät.»

«Gib uns 'n Kuß.» Dies war das Morgenritual.

Sie bemerkte, daß er an der gleichen Stelle stand, wo sie und Crunch tags zuvor gelegen hatten. Plötzlich tat ihr Vater ihr sehr leid. Sie fragte sich, was mit ihm passiert war. Sie fragte sich, was er wollte.

Er kam auf sie zu, die Lippen geöffnet, und er bedeckte ihre Brüste mit seinen Händen. Er flüsterte: «Du hast mir gefehlt, heute nacht.»

Sie schob seine Hände weg und küßte ihn leicht auf die Stirn.

«Geh schon», sagte sie. «Du kommst zu spät.»

«Na – das wirst du wiedergutmachen müssen, wenn ich nach Hause komme.» Er tat noch immer flott, aber er wirkte verloren; er kam nicht an sie heran. Er näherte sich der Tür. «Habt ihr auch nicht zu viel über mich geredet, gestern abend?»

«Wie ich dir sagte, Daddy, sie wundern sich nur, warum du sie nie besuchst.»

«Und was hast du ihnen gesagt?»

«Ich sagte, daß du sehr durcheinandergewesen bist.»

«Yeah, du hast mich durcheinandergebracht, allerdings. Die meiste Zeit weiß ich gar nicht, was ich tu.» Er machte die Tür auf. «Du wirst *da* sein, wenn ich wiederkomme?»

Er stand in der Tür, hinter ihm das Tageslicht – rund um seinen Schädel, sein krauses schwarzes Haar. Sein Gesicht war im Schatten, aber sie sah die funkelnden Augen, die Zähne, das bängliche, jungenhafte Grinsen.

Einerlei, bald würde sie frei sein.

«Geh schon», sagte sie. «Ich glaube, ich werde da sein.»

Er zögerte noch einen Moment, dann zog er die Tür hinter sich zu.

Und falls ich nicht da bin, dachte sie, hinterlaß ich dir einen Zettel.

Nach dem Kino setzten sie sich in ein Café in der Gegend der 135th Street und Seventh Avenue und tranken Kaffee und lauschten der Jukebox. Sie hatten *Sunset Boulevard* mit William Holden und Gloria Swanson gesehen.

«Warum hat sie ihn erschossen?» fragte Julia. «Wenn er gehen wollte, warum ließ sie ihn nicht einfach gehen? Das versteh ich nicht.»

«Na», sagte Arthur, «ich nehme an, sie war verrückt nach dem Typ ... ich nehme an, er hat sie verrückt gemacht.»

«Sie war verrückt, na gut. Ich glaube nicht an diese Art Liebe. Der Mensch hat ein Recht auf sein eigenes Leben.»

«Es muß aber wunderbar sein», sagte Arthur, «wenn jemand dich so sehr liebt.»

«Jetzt bist *du* verrückt. Was willst du machen, wenn jemand dich so liebt, daß du nicht mal aufs Klo gehen kannst, ohne daß er einen Anfall kriegt?»

Sie schlürfte ihren Kaffee und schaute zur Jukebox hinüber, wo ein paar Jungen und Mädchen herumstanden. Einige von den Jungen und Mädchen tanzten auf der Straße. Jetzt sah sie wieder Arthur an und lächelte. «Du meinst, es wäre wunderbar. Schön, es wäre wunderbar ... *du* wärest wunderbar ... binnen einer Woche wärest du so wunderbar, daß sie dich brüllend fortschleppen würden.» Sie lachte. «Wir Schwarzen sind für solchen Blödsinn nicht geschaffen.»

«Die Schwarzen tun es die ganze Zeit, gleich hier auf dieser Avenue, Mädchen. Jeden Samstagabend dreht eine Frau durch und holt das Rasiermesser und macht ihren Kerl zu Hackfleisch.» Er grinste. «Du hast auf der Kanzel gestanden, du bist nicht hier draußen gewesen. Aber ... bleib mal erst einige Zeit hier draußen.»

Sie sagte nach einer Weile: «Es ist seltsam hier draußen, das geb ich zu.»

«Es ist gefährlich hier draußen, Baby.»

«Ach, komm. Wieso versuchst du, bei mir so erwachsen zu sein? Wie lang bist *du* schon hier draußen?»

«Vergiß es, Sister. Länger als du.»

«Sicher. Natürlich würde ich nicht wollen, daß jemand mich so sehr liebt, daß er mir mit dem Revolver oder mit dem Rasiermesser nachrennt.»

Arthur grinste. «Ich weiß nicht, Mädchen. Nun hast du das Heil verloren und bist von der Kanzel runtergestiegen, und du siehst mächtig gut aus, wenn du so durch die Straßen gehst. Ich an deiner Stelle wäre vorsichtig.»

«Sei still. So was liegt jedenfalls in der Zukunft.» Aber als sie dies sagte, dachte sie an Crunch – ihr Gesicht veränderte sich, und Arthur lachte.

«Das ist gar nicht mehr *so* weit in der Zukunft. Ich glaube, du bist beinah bereit.»

«Ich habe noch eine Menge zu tun – vorher.» Sie rührte in ihrem Kaffee und sah dabei jung und alt zugleich aus. Sie schaute auf die

Uhr an der Wand hinter der Theke. «Ich muß Geld verdienen und hier rauskommen.» Wieder schaute sie wehmütig zu den Jungen und Mädchen bei der Jukebox hinüber. «Ich bin nie jung gewesen wie die da», sagte sie.

«Du meinst … wegen der Kanzel?»

Sie zuckte die Achseln. «Ich glaube, ja. Zum Teil. Aber … ich war einfach nie *jung*.»

«Und … fühlst du dich jetzt nicht jünger?»

Sie schaute ihn an, und Arthur beeilte sich zu sagen: «Ach, nein, ich glaube, das tust du nicht.» Die Realität ihres Problems wurde ihr wieder bewußt; und es wurde ihr klar, daß er es gar nicht verstehen wollte.

Und plötzlich spürte er ganz deutlich, daß *sie* auch nicht wollte, daß er es verstand. Ihre flinke, mädchenhafte oder sogar jungenhafte Art und alles, was sie sagte, waren taktische Züge, dazu bestimmt, Distanz zu wahren.

Und doch hatte sie sich Crunch anvertraut. Und sie war keine Jungfrau mehr; Crunch hatte sie in seinen Armen gehalten. Sie sprachen nie darüber, er dachte fast nie daran – seine Phantasie weigerte sich einfach, es zu akzeptieren – und doch schmiedete die unausgesprochene Liebe, das Gewicht der unausgesprochenen Probleme, sie zusammen und machte, daß sie Freunde waren.

«Aber, ich geh besser nach Hause», sagte sie, und etwas in der Art, wie sie dies sagte, machte ihn hellhörig. Es war halb elf.

«Wird dein Vater zu Hause sein?»

«Ich hoffe nicht. Aber es kann sein.»

Jetzt sah sie alt aus; sie schaute zu den jungen Leuten hinaus, die auf der Straße tanzten.

«Du kannst bei uns zu Hause bleiben», sagte er.

«Danke, Arthur», und sie lächelte. «Aber ich kann nicht immer bei euch bleiben.»

«Doch, das kannst du, wenn du willst. Das weißt du doch. Wieso denn nicht?»

«Mein Daddy würde mich totschießen», sagte sie und lachte.

«Trinkt er viel, dein Vater?»

«Ja», sagte sie. «Seit meine Mutter tot ist. Er hat schon immer ein wenig getrunken, aber jetzt trinkt er Mengen.»

«Und darum willst du nach Hause?»

«Ja. Man weiß nicht, was man tun soll, wenn jemand so viel trinkt ... und man kann nicht mit ihm reden. Aber ich kann auch nicht dauernd *fortbleiben*. Ich muß *fortgehen.*»

«Willst du nicht in die Stadt hinunter? Ich fahre mit dir.»

«Ich kriege allmählich Angst vor Blanche. Das Mädchen ist böse. Die ist imstande und zündet noch das Haus an, wenn sie weiß, daß ich da oben bin.»

Er seufzte. «Ich weiß noch immer nicht, warum du nicht mit zu uns kommen kannst. Du könntest bleiben, bis du herausgefunden hast, was du tun willst ... du willst doch nach New Orleans – Mama könnte dir helfen, einen Weg zu finden.»

«Arthur, ich kann doch nicht einfach so nach New Orleans fahren. Meine Großmutter kann nicht noch ein hungriges Maul füttern. Ich will nicht, daß Jimmy mich so sieht.»

«Wieso nicht? Was ist schlecht daran, wie du jetzt bist?»

Sie senkte den Blick. Hartnäckig sagte sie: «Ich muß einen Weg finden.»

Er sagte nichts – es gab nichts, was er auf ihre störrische Verschlossenheit hätte erwidern können. Irgend etwas in ihr hatte sich weit von ihm fortbewegt. Aber sie war schon immer weit fort von ihm gewesen, schon als winzige Predigerin mit diesen Augen, alt wie Ägyptenland und dieser Stimme, die nichts zu tun hatte mit der Zeit, die sie auf Erden wandelte. Es war seltsam, auf einmal hier vor ihr zu sitzen und zu spüren, daß Julia trotz allem – trotz ihrer Art, ihrer Stimme, ihrer Schwierigkeiten – sich nicht verändert hatte. Es war regelrecht beunruhigend, ein Geheimnis, und kein angenehmes, und obwohl er seine Gedanken nicht von diesem Geheimnis ablenken konnte, konnten seine Gedanken es auch nicht erfassen. Aber als sie sagte: *Ich muß einen Weg finden*, da hatte er in ihrer Stimme die gleiche unwiderrufliche Hinnahme des Unsagbaren vernommen, die er in ihrer Stimme von der Kanzel gehört hatte.

«Teufel», sagte er, geheimnisvoll irritiert, «du brauchst den Weg ja nicht *heute abend* zu finden.»

«Woher weißt du das? Es *wird* ein Abend kommen, nach dem es kein Morgen gibt.»

«O Gott», sagte er und suchte seine Anspannung hinter einem Lachen zu verbergen. «Du redest, als stündest du noch auf der Kanzel.»

Sie sagte eine ganze Weile nichts, und er lauschte den Klängen aus der Jukebox. Er beobachtete die Jungen und Mädchen, sie waren etwa in ihrem Alter oder älter, sie lachten, redeten, schienen sich zu streiten, bewegten sich miteinander und gegeneinander, als wären sie alle durch unsichtbare Fäden miteinander verbunden – Fäden, die sie erprobten und gleichzeitig zu zerreißen sich sehnten. Obwohl sie jung waren, waren sie alt, älter als er, älter als Julia – sie schienen ihre Entdeckungen bereits gemacht zu haben. Gerade dies war es paradoxerweise, was sie unschuldig und verletzlich machte: daß sie zu glauben schienen, es gäbe nichts mehr zu entdecken. Sie hielten sich aneinander und an der Jukebox fest, als ob die Zeit ihnen dies jedenfalls nicht wegnehmen könnte – oder als hätten sie schon gesehen, was die Zeit alles wegnehmen konnte, und als bewegten sie sich nun redend und tanzend mit kampflustigem, zum Scheitern verurteiltem Trotz.

Er sah Julia an, die diese Szene wie aus weiter Ferne beobachtete oder die möglicherweise diese Szene überhaupt nicht sah. Ihre Augen jedenfalls sagten ihm nichts.

«Wir sollten vielleicht gehen», sagte sie.

Sie stand auf, und er stand gleichzeitig auf. Er zahlte bei dem Mann an der Theke, und sie gingen an der Jukebox und an den jungen Leuten bei der Jukebox vorbei, auf die Straße hinaus.

«Wohin willst du gehen?» fragte er.

«Ich glaube, ich geh lieber nach Hause», sagte sie. «Vielleicht komme ich morgen zu euch und bleibe.»

«Ich begleite dich», sagte er.

Sie gingen eine Weile schweigend. Dann sagte Julia: «Manchmal, jetzt wo ich nicht mehr auf der Kanzel stehe, fühle ich mich mehr auf der Kanzel als damals, als ich predigte.»

«Wieso?» fragte er.

Die Straßen waren dunkel und sehr still, Menschen standen in Lichtpfützen an Straßenecken und vor den Hauseingängen.

«Ich weiß nicht», sagte sie. «Vielleicht sehe ich die Leute jetzt besser als früher. Vielleicht sehe ich mich selbst. Als ich predigte, da wußte ich wohl nicht, was ich sagte. Ich wußte nicht, was es bedeutete.»

Schweigend gingen sie weiter. Er wußte nicht, was er sagen sollte.

«Aber jetzt fällt es auf mich zurück. Ich höre mich wieder ... aber wirklich, wie zum erstenmal.» Sie ging dahin, die Hände in den Taschen vergraben. Sie sagte: «Ich wußte nicht, daß es wahr war.»

«Wie konntest du es predigen – wenn du nicht wußtest, daß es wahr war?»

«Oh, ich *glaubte* es – aber ich *wußte* es nicht. Und jetzt, vielleicht, glaube ich's nicht, aber ich fange an, es zu *wissen.*» Sie sah ihn an und lächelte. «Ich weiß, das klingt verrückt.»

«Vielleicht», sagte er nach einer Weile. «Vielleicht auch nicht.»

«Als ich darüber predigte, wie der Herr machen kann, daß deine Seele zittert», sagte sie, «da wußte ich nicht, daß es wahr war.»

«Julia. Wie bist du –?» Er wußte nicht, wie er die Frage formulieren sollte. Er hatte fragen wollen: *Was hat dich verändert?* – aber er glaubt jetzt nicht mehr, wie noch vor kurzem, daß sie sich verändert hatte. Dieses Staunen fesselte seine Zunge. Es machte ihm Angst. Und er konnte nicht fragen: *Was ist mit dir passiert?* Er war sich nicht sicher, ob er die Antwort ertragen könnte, selbst wenn sie es ertragen konnte, sie auszusprechen.

Die Frage hing zwischen ihnen in der weichen, dunklen Stille.

«Vielleicht war es das Begräbnis, bei dem du für mich gesungen hast», sagte sie. «Was mußten wir alles durchstehen, bis wir diese arme Frau unter die Erde brachten – oder ins Himmelreich, ich weiß es nicht. Es wurde mir klar, daß *sie* wahrhaft war, auch wenn wir anderen Lügner waren. Ich weiß es nicht.»

Sie schwieg lange Zeit. Sie überquerten eine Straße, näherten sich ihrem Haus. Sie zog eine Hand mit ihren Schlüsseln aus der Tasche.

«Und dann», sagte sie, «meine Mutter ...» sie unterbrach sich. Er sagte nichts. Das Haus kam näher. «Mama Monta ... deine Mama ... sagt, daß meine Mutter ein wirklich liebes, hübsches, lachendes junges Ding war – ich habe sie nie so gekannt. Sie war eben meine Mutter.»

Sie standen schweigend vor den Stufen zu ihrem Haus.

«Ich habe dich so lange aufgehalten», sagte sie. «Willst du schnell mit reinkommen, auf eine kleine Erfrischung für den langen Heimweg? Ich will nicht, daß du mir unterwegs zusammenbrichst.»

Er wollte eigentlich nicht mitgehen, und er merkte, daß auch sie sich nicht schlüssig war, welche Wirkung dies womöglich auf ihren Vater haben konnte. Aber er erinnerte sich an das Versprechen, das er Crunch gegeben hatte; vielleicht konnte seine Anwesenheit helfen – wenn auch nur für einen Moment.

«Nur auf eine Minute», sagte er. «Ich würde gern die Toilette benutzen, bitte.»

«Kein Problem.» Sie stiegen die Treppe hinauf, sie schloß die Haustür auf, sie gingen durch den dunklen Flur zur Millerschen Wohnung.

Sie schloß ganz leise die Wohnungstür auf, knipste das Licht an, und sie traten ein.

Aus dem Wohnzimmer tönte die Stimme ihres Vaters. «He, Julia? Wo bist du gewesen?»

Arthur spürte, wie Julia tief Luft holte, und bevor sie antworten konnte, bevor sie das Wohnzimmer erreicht hatten, tauchte Joel auf. Er war im Pyjama, das nachlässig, ja abstoßend offen stand, er war betrunken, und er kam auf Julia zugestürzt.

«Ich bin früh nach Hause gekommen, extra wegen dir! Ich sehe dich überhaupt *nie* mehr, *wo bist du gewesen*?»

«Daddy», sagte Julia, «nur im Kino. Mit Arthur. Arthur hat mich nach Hause gebracht.»

Er hatte nur Julia gesehen. Arthur hatte er nicht bemerkt. Julias Worte hielten ihn im Zaum.

Er blieb stehen und sah Arthur an. Arthur wollte ins Bad und pinkeln: Joels Blick ließ die Pisse in ihm gefrieren, ließ alles in ihm gefrieren. Er hätte nicht pinkeln können, hätte sich nicht bewegen können, selbst wenn sein Leben davon abgehangen hätte. Joels Gesicht war naß, sein gepflegtes Haar stand ihm wirr um den Kopf. Als er Arthur ansah, schienen seine Haare sich zu sträuben, ein Muskel an seiner Wange zuckte, sein Mund klappte auf und es war, als ob in seinen Augen alles Staunen, aller Schmerz und aller Haß eines ganzen Lebens zusammenströmte: Joels hängende, feuchte Lippen, seine leuchtenden Zähne, das Staunen, der Schmerz und der Haß in seinen Augen – ein Haß, so mächtig, daß er davon zitterte und gleichzeitig aufrecht gehalten wurde. Seine Hände bebten vor Gier, Arthurs Kehle zu zerreißen.

«Wer bist du? Was machst du da mit meiner Tochter?» Er wandte sich Julia zu. «Du schleppst sie jetzt wohl schon von der Straße herein?»

«Daddy», sagte Julia, «es ist Arthur. Du kennst ihn, du kennst ihn doch schon von klein auf.»

«Was zum Teufel redest du! *Jetzt* ist er, verdammt, nicht mehr klein. Was fällt dir ein, kommst hier mitten in der Nacht daher, mit meiner Tochter? Ich will nicht, daß sie sich mit schwarzem Abschaum wie dir herumtreibt! Sie hat ihren *Daddy*, der auf sie aufpaßt!»

Arthur sagte: «Sie kennen mich, Brother Miller. Sie kennen meine ganze Familie – meinen Vater und meine Mutter und meinen Bruder Hall. Ich bin Paul Montanas Sohn.»

Diese Reverenzen schienen, während Joel am Türrahmen lehnte, langsam in sein Gehirn vorzudringen. Er sagte: «Paul Montana? Der Klavierspieler?»

«Richtig. Ich bin sein jüngster Sohn. Julia und ich, wir waren eben im Kino, und ich habe sie nach Hause gebracht. Das ist alles.»

Joels Lippen schlossen sich langsam. Seine Augen veränderten sich, wurden klar, wurden scharf – und er sah Arthur. Als er Arthur sah, sah er noch etwas anderes – seine Nacktheit. Er richtete sich auf, versuchte seinen Pyjama zuzuknöpfen. Er sagte zu Julia: «Du hättest etwas sagen sollen, Tochter.»

«Du hast mir keine Zeit gelassen, Daddy.»

Sie sah ihn mitleidig an – aus sehr weiter Ferne.

Joel schaute jetzt wieder Arthur an, und was Arthur nun in seinen Augen sah, war schwerer zu ertragen als der Haß kurz zuvor. Kurz zuvor – vor zwei Sekunden – waren die Augen lebendig gewesen vor Haß, funkelnd und schwarz wie Kohlen; jetzt waren sie leblos und tot vor Entsetzen. Vor ein paar Sekunden hatte seine Stimme die Wände wackeln lassen und die Nachbarn aus dem

Schlaf geschreckt; jetzt war seine Stimme ein gebrochenes, trockenes Flüstern.

«Wie geht's deinem Vater?» preßte er hervor. «Hab ihn lange nicht mehr gesehen ... schätze, darum hab ich dich nicht erkannt.» Er versuchte zu lächeln. «Du mußt mir verzeihen, mein Sohn. Es war eine harte Zeit, seit meine Frau von uns gegangen ist. Bin noch immer nicht drüber hinweg.» Er sah Julia an, und jetzt, wie seltsam, flackerte wieder Leben in diesen Augen, und Arthur war, wie unglaublich, in diesem Moment tief gerührt von dem Mann. Jetzt sah er Arthur wieder an. «Ich bin beinah verrückt vor Sorgen um meine Tochter, jetzt wo sie keine Mutter mehr hat.» Er versuchte zu lächeln, versuchte die ganze Sache zu überspielen. «Kannst einem Mann doch keinen Vorwurf machen, weil er versucht, seine einzige Tochter zu beschützen. Sie ist das einzige, was ich habe.» Er wandte sich Julia zu. «Führe Arthur ins Wohnzimmer, Tochter, gib ihm etwas zu trinken. Ich war grade im Begriff, ins Bett zu gehen.» Er lächelte Arthur an. «Ist ja sinnlos, mit euch jungen Leuten mithalten zu wollen.» Erstaunlicherweise plötzlich nüchtern, streckte er Arthur die Hand hin. «Verzeih mir, mein Sohn. Ich wollte nur meine Tochter beschützen. Du bist mir doch nicht böse?»

Arthur schüttelte ihm die Hand. «Nein, Sir, bin ich nicht.»

Joel ging auf die Treppe zu. «Gute Nacht, Tochter. Wir sehen uns morgen früh.»

«Gute Nacht, Daddy. Schlaf gut.»

«Gute Nacht, Arthur. Sag deiner Familie einen Gruß von mir. Ich und Julia kommen bald mal zu Besuch.»

«Gute Nacht, Brother Miller.»

Joel verschwand die Treppe hinauf. Sie blieben stehen, wo er sie verlassen hatte, zwei verschreckte Kinder – und Arthur kämpfte gegen ein schreckliches Bedürfnis an, vor Lachen herauszuplatzen.

«Kann ich jetzt pinkeln gehen?» fragte er Julia.

Sie blickten sich kurz an, und dann lachte Julia. Sie lachten miteinander, ein leises, verstörtes, ängstliches Lachen – wie Kinder, die nicht wollen, daß man sie lachen hört. Sie hörten Joel in der oberen Etage. Julia sagte: «Ja, lauf, ehe du einen wirklichen Skandal verursachst», und wieder lachten sie, bis Arthur fürchtete, sich tatsächlich in die Hose zu pinkeln. «Mach schnell», sagte Julia. «Geh. Ich will sehen, was wir zu trinken haben.»

Als er zurückkam, hatte Julia ihm ein Bier eingegossen, und jetzt war ihm nicht mehr nach Lachen zumute.

«Mädchen», sagte er, als er neben ihr auf dem Sofa saß und nach seinem Bier griff, «was wirst du tun?»

Sie sagte, ohne ihn anzusehen: «Kann ich nicht sagen. Ich meine, ich kann's *wirklich* nicht sagen.» Dann, noch immer ohne ihn anzusehen, mit verschränkten Armen: «Sprich zu niemand über meinen Daddy, über das, was du heute abend gesehen und gehört hast ... ich weiß, du wirst nicht ... ich muß einen Weg finden, um zu tun, was ich tun muß.» Dann sah sie ihn an, mit einem so freimütigen Blick, daß er sich fragte, was sie wissen mochte. «Du wirst dasselbe tun müssen, auf die eine oder andere Weise, verstehst du? Wir alle müssen es. Manchmal denke ich, vielleicht hat mein Daddy das nie herausgefunden ... Aber eines kann ich dir sagen ...» Und sie wandte sich von ihm ab und beugte sich vor, die Hände auf den Knien, und er sah wieder den großen Unterschied, die Distanz zwischen ihren Augen und denen ihres Vaters ... «Julia ist nicht tot. Julia ist noch lange nicht tot.»

Viertes Buch
Stiefkind

Du wolltest mich führen
Auf einen hohen Felsen

Ich kam nach Hause im Herbst des Jahres, in dem Arthur achtzehn wurde. Ich glaube, ich kam an einem Sonntag nach Hause. Arthur holte mich von der Pier ab. Ich erinnere mich an diesen langen, langen Schuppen, Tausende von schreienden, weinenden und lachenden Menschen um mich her – und die häßlichen, verkniffenen weißen Gesichter der Beamten an der Pier, die gar nicht glücklich schienen, so viele uniformierte schwarze Typen wieder im Lande zu sehen – und dann tat sich irgendwie eine Art Schneise auf, und ganz in der Ferne sah ich Arthur in meine Richtung gesprungen kommen. Ich merkte, daß er mich noch nicht gesehen, noch nicht in dem khakifarbenen Durcheinander ausgemacht hatte. Er war größer geworden und mir schien auch, daß er dünner geworden war. Die Sonne stand hinter ihm, darum war sein Gesicht im Schatten. Ich konnte seinen Gesichtsausdruck nicht erkennen, aber ich spürte seine Besorgnis und seine Erwartung. Ich beobachtete ihn, während ich mich in seinen Weg manövrierte. Irgend etwas, was ich machte, vielleicht eine typische Geste von mir, blieb in seinem Augenwinkel hängen, ließ ihn sich umdrehen und direkt zu mir hersehen. Sein ganzes Gesicht öffnete sich, er sah plötzlich aus wie damals mit zwei Jahren, und er rannte auf mich zu. Ich ließ meine Koffer fallen und packte ihn, hob ihn in die Luft und stemmte ihn über meinen Kopf.

«He, junger Löwe! Wie geht's dir?»

Ich stellte ihn auf die Füße, und wir umarmten einander. Ich machte mich los, hielt ihn an den Schultern und sah ihm ins Gesicht. Er sah aus, als könnte er gar nicht mehr aufhören zu grinsen – ich vermute, ich sah genauso aus.

«Hall. Gottverflucht, ist das gut, dich zu sehen.»

«Ja, ist auch gut, dich zu sehen, Baby. Geht's dir gut? Du bist mager geworden.»

«Ach, komm, du erinnerst dich nur nicht mehr, wie ich aussah. *Du* siehst wirklich mager aus – du bist dünn geworden, Mann.»

«Ein bißchen. Ich werd's bald wieder draufhaben.»

«Klar, das wirst du, sobald Mama dich sieht.»

«Wie geht's Mama? Und Daddy?»

«Denen geht's gut. Mama kocht schon seit vierundzwanzig Stunden, und sie ist noch immer nicht zufrieden mit allem.»

Wir lachten, wir hoben meine Koffer auf und strebten auf die Straße hinaus.

«Wie war es drüben?»

«Nur eine kleine Polizeiaktion, Junge. Mußten diesen Schlitzaugen mal zeigen, wo sie hingehören. Sind schlimmer als die Nigger, glauben, sie hätten ein Recht auf ein ganzes Land. Was sag ich, selbst die schlimmsten Nigger hier wollen nur ein kleines Stückchen von dem Land. Aber denen haben wir's gezeigt. Haben ihnen gezeigt, wo sie hingehören – sechs Fuß unter die Erde.»

Er hatte mein Gesicht beobachtet. «War es schlimm?»

«O ja, Baby, es war dreckig. Dachte, ich werd verrückt, weiß nicht, wie ich das jemals abwaschen soll.»

Wir kamen in die Sonne hinaus, auf die Straße. Ich hatte diese Straßen so lange nicht gesehen, und ich hatte so viele andere Dinge gesehen, daß es mich jetzt traf wie ein Hammer. Der Mensch paßt sich an den Maßstab der Dinge um ihn her an – Hütten, Bäche, Brücken, Brunnen, enge, gewundene Straßen –, und jetzt fand ich mich in einer tosenden Wildnis, wo alles maßlos riesig war. Einen Moment fragte ich mich, wie ich hier jemals hatte leben können, wie überhaupt jemand hier leben konnte. So lange hatte ich diesen Lärm nicht gehört – unaufhörlich, sinnlos, jeden Menschen auf einen bloßen Reflex reduzierend, wie auch die aufragenden Mauern der Hochhäuser jeden zwangen, runter auf die Hundescheiße vor seinen Füßen zu schauen. Niemand schaute jemals hinauf, das stand fest, außer um zu sehen, wie irgendein Verrückter von den Mauern hinuntersprang oder um den eigenen Sprung zu kalkulieren – und doch lebten Menschen hier, und auch ich hatte hier gelebt und würde wieder hier leben: welch ein Wunder, welch ein Phänomen.

Ich war abgestoßen, aber fasziniert, erbittert, aber zu Hause.

Ich beobachtete das Gewühl der Autos und Polizisten um die Pier. Ich fragte Arthur: «Wie kommen wir aus dem Gewimmel hier je raus?»

«Ich hab ein Auto, Mann, mach dir keine Sorgen. Bleib du einfach hier stehen.»

Er spähte nach links und nach rechts, suchte anscheinend jemand, wollte über die Straße laufen, kehrte um und stand wieder vor mir.

«Du ahnst gar nicht, wie froh ich bin, dich zu sehen, Hall. Du hast mir gefehlt. Du ahnst es nicht.» Dann lief er wieder über die Straße. «Bleib hier. Ich bin gleich zurück.»

Und er verschwand.

Dort stehenzubleiben, das war nicht gerade das einfachste von der Welt. Die Leute drängten an mir vorbei, als wäre ich gar nicht da, und die Polizisten schrien immer wieder: «Weitergehen, bitte, weitergehen!» Ich trat ein Stück vom Rinnstein zurück, aber ich konnte mich nicht weit fortbewegen, ohne wieder zurück ins Gebäude gedrängt zu werden. Frauen, junge und nicht mehr so junge, kamen strahlend mit ihren Liebsten vorbei, die glücklich den Kämpfen entronnen waren. Frauen waren da mit kleinen Kindern, sogar mit Babies im Arm. Ja, Papas und Mamas und Söhne waren da, und Schwestern und Onkel und Tanten und Cousinen, alle feierten sie dieses Wunder der Heimkehr. *Aus den Fängen des Todes* – und in diesem Moment war es egal, daß sie die eine Gefahr überstanden hatten, nur um in die nächste hineinzugeraten. *Weitergehen. Weitergehen.* – Ich sah den Polizisten an, er sah mich an: irgend etwas in meinem Blick machte, daß er sich umschaute, dann wegschaute. Autos und Taxis drängten sich, parkten drei Reihen tief, sammelten die Helden und ihre Liebsten ein und krochen dann quälend langsam in die tobende Stadt. Plötzlich tauchte Arthur wieder auf und griff nach meinen zwei Koffern.

«Komm mit.» Ich hob meinen Seesack auf und folgte ihm in das Chaos von Autos und Menschen. Arthur öffnete den Kofferraum eines ziemlich alten blauen Pontiac, stellte die zwei Koffer hinein, nahm mir den Seesack ab und warf ihn hinterher und schloß den Kofferraum. Er machte die Türen auf.

«Du fährst vorn, damit du in die Stadt sehen kannst. Ich bin sicher, du möchtest unsere reizende Stadt sehen. Sieh mal, wen ich als Chauffeur angestellt habe.»

Er stieg hinten ein, ich vorn. Ich schlug die Tür zu, und eine ganze Weile erkannte ich unseren Fahrer nicht, der mich mit einem breiten Lächeln anstarrte.

«Gottverdammt», sagte ich endlich, «Peanut!»

«Richtig, Mann. Hab ich mich so verändert?»

Wir lachten und umarmten uns, so gut es ging mit dem Lenkrad zwischen uns.

Ich sagte: «Ja – nein, ich weiß nicht, Mann – yeah, du hast dich ein wenig verändert. Du bist dicker geworden.»

«Ein bißchen. Du aber nicht. Scheint so, als wärst du dünner geworden.»

«Ja. Scheint so. Aber ich werd's bald wieder draufhaben.»

Wir fuhren los. «Gott», sagte Peanut, «laß uns bloß aus dem Chaos hier rauskommen und zu dir fahren, damit du gleich anfangen kannst mit dem Zunehmen.» Er grinste mich an. «Und damit du aus dieser scharfen Uniform rauskommst. Und Arthur kann uns was Gutes eingießen, und dann machen wir uns ran an den Speck.»

«Wie geht's dir, Peanut? Und wo steckst du immer? Ich freu mich echt, dich zu sehen.»

«Ich, ich zermartere mir den Schädel in Washington, D. C., der schönen Hauptstadt unseres großen Landes, zusammen mit einer Bande versnobter, swingender halbweißer Nigger, und gab mir Mühe, den ganzen Kram nicht hinzuschmeißen. Und am Wochenende bin ich hier, sooft es geht. Ich habe Arthur ganz zufällig wiedergetroffen, Mann, und er hat mich gleich zwangsverpflichtet.» Wir bogen nach Osten ab, fort vom Wasser und den Schiffen und dem hinter mir liegenden Krieg, aber wir steckten noch immer im Verkehrsgewühl. «Geduld», sagte Peanut, der den Verkehr beobachtete und sich langsam auf die Avenue hinausschob. Hinter uns drückte jemand auf die Hupe. «Pfurz nur weiter, du Arschloch. Bis dir die Scheiße um die Ohren fliegt.»

«Gefällt es dir nicht in Washington?»

«Ach, nehmen wir's, wie es ist. Ich bin froh, daß die Army beschlossen hat, daß ich halb blind bin und daß sie mich nicht dahin schicken können, wo *du* warst. Halleluja, preise den Herrn», und er lachte und überquerte die Avenue. Wir bahnten uns unseren Weg durch die Seitenstraße. «Aber nein, mir gefällt's nicht in Washington. Mir gefallen ein paar Leute, die ich dort kennengelernt habe, aber – es ist wirklich eine häßliche rassistische Kleinstadt, Mann, du weißt es ja», sagte er zu Arthur, «du und Crunch, ihr habt es ja auch festgestellt.»

«Ja, das haben wir festgestellt, stimmt.»

«Ich erinnere mich», sagte ich. «Arthur hat mir geschrieben, daß ihr alle da unten wart.»

«Crunch hatte ein paar Verabredungen dort, darum sind er und Arthur noch ein paar Tage geblieben. Wir anderen, wir konnten es nicht erwarten, dort wegzukommen.» Wir mußten halten und hofften nur, die Ampel beim nächsten Grün zu schaffen. «Aber die Szene dort ist frisch *desegregiert*. Jetzt heißt es, ein Nigger kann überall hingehen, wo es ihm gefällt. Ist das nicht etwas? Freust du dich nicht? Jetzt kannst du im selben Raum mit den scharfen weißen Fotzen und ihren eierlosen Männern Mittag essen. Was mich betrifft, ich kann's kaum erwarten, aber ich glaube nicht, daß ich's allein ausprobieren werde. Lieber komme ich her und suche mir ein paar handfeste Typen aus Harlem, die das Gelände mit mir erkunden.» Wieder lachte er, und wir schafften die Ampel.

«Du hast dich verändert», sagte ich.

«Natürlich. Du auch. Du warst da drüben, ich war in Washington. Was du siehst, was du durchmachst, was du andere durchmachen siehst – das verändert dich, klar. He, Arthur, zündest du mir bitte eine Zigarette an?»

Ich weiß, es klingt verrückt, aber dies – Peanuts Bitte, Arthur möge ihm eine Zigarette anzünden – traf mich wie ein Schock: ein gelinder Schock, aber ein wirklicher. Daran erkannte ich, wie lange ich fortgewesen war, wieviel inzwischen geschehen war. Ich drehte mich um und schaute zu, wie Arthur die Zigarette anzündete und sie Peanut reichte.

«Zündest du mir auch eine an, bitte?»

Arthur schenkte mir einen raschen, strahlenden Blick, ein Blinzeln, und zündete die Zigarette an und reichte sie mir.

«Du rauchst nicht?»

«Manchmal.» Er zündete sich eine Zigarette an und steckte die Packung in die Tasche. «Ich rauche nicht viel. Es ist nicht gut für die Stimme.»

Endlich kamen wir aus dem Verkehrsgewühl heraus und schlugen den Weg zu unserem Haus ein.

Es war ein Tag voller Sonnenschein, viel Verkehr, viele Menschen, und alle bewegten sich, wie es schien, mit einer gewissen Zielstrebigkeit vorwärts. Alle wirkten für meine staunenden, erst langsam sich eingewöhnenden Augen ungemein gut gekleidet. Gewiß, keiner von ihnen blickte auf, aber sie rechneten ja auch nicht damit, daß es Bomben vom Himmel auf sie herabregnete. Ich selbst war nach Übersee geschickt worden, um mitzuhelfen, diese Gleichgültigkeit zu garantieren und zu verewigen. Niemand hier wußte, was anderswo passierte. Vielleicht weiß das niemand, einerlei wo: wo immer *hier* sein mag, es muß immer erst *hier* geschehen, bevor wahrgenommen wird, daß es geschehen ist. Und dann wird es auch nicht wirklich wahrgenommen, sondern nur hingenommen. Und aus diesem Hinnehmen entstehen, ach ja, die meisten Monumente, Legenden und Lügen. Die Menschen halten an ihnen fest, um zu leugnen, daß das, was geschehen ist, immer geschieht: was geschehen ist, ist nicht ein vereinzeltes und zeitlich fixiertes Ereignis, sondern ein fortdauernder, zeitloser Spiegel unserer selbst. Was hier zum Beispiel passierte, hatte nicht bei Shiloh und erst recht nicht bei Harper's Ferry aufgehört: es geschieht noch heute, in den Leben unserer Kinder. Und ich erwähne die nationalen Monumente nicht, weil ich ein Chauvinist wäre, sondern in meiner Rolle als Sambo, das Teerbaby.

Es muß ein Sonntag gewesen sein – der Columbus Circle war voll von Fahnen, Luftballons und Pferdekutschen; schwarze Frauen schoben Kinderwagen, junge Leute lungerten um den Sockel einer der Statuen am Eingang zum Park, und der Park selbst schien voller Menschen zu sein, obwohl die Luft frisch war, und dann die Trauergestalten auf den Bänken, starre, stille Frauen, weiß, manchmal mit einem Buch auf dem Schoß, und Männer, reglos wie Katzen, und katzengewandte Jungen – wir schoben uns langsam um den Circle und beschleunigten unsere Fahrt. Die Häuser sahen hier anders aus.

«Die Gegend hier wird allmählich richtig spanisch», sagte ich.

«Klar», sagte Peanut. «Die Gegend hier, das war die Idee einer spanischen Königin.»

«Paß auf, was du redest», sagte Arthur, und wir lachten, und plötzlich war ich froh, trotz allem und abgesehen von allem, froh, wieder zu Hause zu sein.

Wir bogen in unsere Straße ein und rollten unserem Haus entgegen. Arthur beugte sich vor und legte mir beide Arme um den Hals. Ich legte eine Hand auf seinen Unterarm und hielt ihn fest. Die Straße war voller Leute, die ich nicht wiedererkannte. Bald aber würde ich Gesichter sehen, an die ich mich erinnerte, später, heute abend, morgen. Ich fragte mich, was ich vorfinden würde.

Peanut bremste den Wagen vor unserem Haus. «Arthur», sagte er, «du bringst Hall und das Gepäck hinauf, und ich parke den Wagen irgendwo und bin gleich wieder bei euch.»

«Okay.» Wir stiegen aus und nahmen meine Koffer. Wir schlugen den Kofferraum zu, und Peanut fuhr weiter. Ein paar von den Kindern auf der Straße schauten mich neugierig an, oder schauten vielmehr die Uniform neugierig an. Eine schwarze Dame, die ich nicht kannte, ging vorbei und sagte ganz leise: «Willkommen zu Hause.» Wir stiegen die Treppe hinauf. Paul und Florence standen in der offenen Tür, und da war ich wieder ihr kleiner Junge, jung, jünger noch als Arthur an diesem Tag, weil ich verschont geblieben war.

Ich wollte nichts essen oder sonst etwas tun, bevor ich meine Uniform ausgezogen und ein Bad genommen und den Gestank von Schlachten und Kasernen, von Millionen Männern abgewaschen hatte. Arthur kam später herein, um mir den Rücken zu schrubben und die Haare zu spülen.

«Was wirst du später machen?» fragte er mich.

«Ich weiß nicht. Vielleicht tu ich erst mal gar nichts. Ich würde dir einen Drink spendieren, wenn du alt genug wärst, aber das bist du nicht.»

«Kommt darauf an», sagte Arthur und ließ vorsichtig Wasser über meinen Kopf fließen.

«Kommt auf was an?»

«Kommt darauf an, wo du mir einen Drink spendieren willst.»

«Du brichst also schon die Gesetze?»

«Nur ein klein bißchen Gesetzesbrecherei. Nichts Besonderes.»

«Na – vielleicht seh ich mich mal in *Jordan's Cat* um.»

Arthur schien, ohne es wirklich zu tun, ironisch zu schniefen, als wollte er sagen: *Du weißt verdammt genau, daß du dich in Jordan's Cat umsehen wirst.* Er sagte: «Dort werden sie mich nicht nach meinem Wehrpaß fragen. Und im übrigen kann ich Ginger Ale trinken. Bist du froh, daß du zu Hause bist?»

«Yeah. Nur weiß ich nicht, was ich *tun* werde ...»

«Ah, das wirst du schon rausfinden, mach dir jetzt keine Sorgen. Ich bin wirklich froh, daß du wieder da bist. Du hast mir gefehlt, Bruder.»

«Du hast mir auch gefehlt, Mann. Gibst du mir mal ein Handtuch?»

Er gab mir ein Handtuch, und ich trocknete mein triefendes Gesicht und meine Haare und stand auf.

«Wir sehen uns gleich, Mann», sagte Arthur und ließ mich allein.

Ich zog den Stöpsel aus der Wanne, und das Wasser gurgelte durch die Rohre. Ich trocknete mich ab und starrte in den Spiegel.

Martha hatte mir geschrieben und mitgeteilt, daß sie mir etwas zu sagen habe, über das sie sich nicht in einem Brief auslassen wolle. Ich fragte mich, was sein mochte. Ich glaubte, es erraten zu können und fragte mich, ob es mir etwas ausmachte. Jedenfalls hatte es mir so wenig ausgemacht, daß ich es nicht verhindert hatte, was es auch sein mochte: wir waren stillschweigend übereingekommen, daß wir keine Ansprüche aneinander hätten. Das war gut so, bevor ich fort mußte: Es war nicht mehr so gut, seit ich weit weg von zu Hause war und meine Phantasie große Dschungelblüten im Garten dessen, was hätte sein können, zu treiben begann. Aus der Nähe siehst du die Falten, Warzen und Pickel eines

Menschen. Ist er dir nah, dann kann dieser Mensch dich auf zahllose Arten die Wand hinauftreiben. Ist er aber weit fort von dir, dann werden gerade diese Unvollkommenheiten unersetzlich und schön, denn immerhin bezeugen sie, wieviel ihr einander bedeutet habt. Aus der Nähe betrachtet, zählen die Unvollkommenheiten des anderen, aber aus der Ferne siehst du deine eigenen. Die Frage heißt also nicht: *Wie konnte ich es mit ihr aushalten?* Sondern: *Wie konnte sie es mit mir aushalten?*

Schön. Ich schlang mir das Handtuch um die Hüfte und ging in mein eigenes Zimmer, diesen unglaublichen Luxus. Es erschien mir kleiner als früher, aber es schien auch mehr *meines* zu sein als früher. Es war auf Hochglanz geputzt, es hatte einige Veränderungen durchgemacht, um für den heutigen Tag bereit zu sein. Alle meine Sachen waren da, wie ich sie zurückgelassen hatte. Ich hatte das Gefühl, daß niemand in meinem Zimmer hatte schlafen dürfen, solange ich fort war, nicht einmal Arthur.

Und doch, als ich meine eigenen Kleider anzog, meine eigene Unterwäsche, meine eigenen Socken, da wußte ich, daß für mich die Zeit gekommen war, dieses Zimmer, dieses Haus, zu verlassen, daß es für mich Zeit war, meines Vaters Haus zu verlassen. Es wurde mir klar, daß ich, wäre nicht die Unterbrechung des Krieges dazwischengekommen, es vielleicht schon verlassen hätte. Ich war wie eine eigenwillige Katze. Ich brauchte meinen eigenen Platz, mein eigenes Lager, *meine* Frau, *meine* Jungen: ich hatte mich jetzt lange genug herumgetrieben, um dies zu erkennen. Es gab natürlich keine Garantie dafür, daß ich bekommen würde, was ich brauchte: aber *das* war's, was ich brauchte. Ich war ganz anders als Arthur. Noch nie hatte ich diese Tatsache so klar ins Auge gefaßt. Ich wußte nicht, was Arthur brauchte, aber ich wußte, daß er, wenn er es schaffen wollte, was immer es sein mochte, *mich* brauchte. Und wäre ich nicht durch den Krieg, durch meine unfreiwillige, furchtbare Abwesenheit, auf Eis gelegt gewesen, dann wäre es mir vielleicht inzwischen schon gelungen, in einem anderen Sinn ‹ein Auge auf ihn zu haben›. Vielleicht hätte er dann bereits zwei Häuser statt des einen, statt des einen Bruders andere Blutsbande, die diesen als ‹Onkel› brauchten.

Ich brannte darauf, meine Reise anzutreten. Und jetzt, wo ich wieder daheim, wo ich frei war, stand mein Bruder mir auch nicht mehr im Weg. Ich hatte das Gefühl, daß ich damit fertig werden konnte – vorsichtig bin ich, aber auch hartnäckig.

Gelächter und Musik klang aus dem Wohnzimmer. Peanut und Arthur spielten Schallplatten von anderen Quartetts. Paul gab seine Kommentare dazu, und von Zeit zu Zeit hörte ich meine Mutter lachen, und sie klang, wie sie geklungen haben mochte, als sie ein junges Mädchen war.

Ich hatte für alle Geschenke mitgebracht, das heißt, für alle, außer Peanut, und jetzt, noch nicht vollständig angezogen, kramte ich in meinem Gepäck herum, ob ich etwas fände, das ihm gefallen könnte. Ich hatte Ohrringe aus Jade für meine Mutter gekauft, eine rätselhaft und gigantisch geschnitzte Pfeife für Paul und einen schwarz-goldenen, dreiviertellangen Morgenrock für Arthur. Ich hatte auch für Martha und Sidney und Tante Josephine etwas mitgebracht, aber das einzige, was ich für Peanut finden konnte, war ein großes Poster, ein orientalisches Schlachtenbild, das mir wegen der kräftigen Farben und der zarten Linien gefallen hatte.

Ich packte jedenfalls all diese Sachen aus, legte sie aufs Bett, zog mir mein Hemd und die Schuhe an und betrachtete mich im Spiegel, während ich mir die Haare kämmte und bürstete.

Es gefällt einem ja nicht immer, was man im Spiegel sieht, mir aber gefiel es an diesem Tag, denn ich war zu Hause, und wieder einmal lag alles offen vor mir. Dies beweist, glaube ich, daß das einzige, was du wirklich im Spiegel siehst, deine eigene Gemütsverfassung ist. Aber abgesehen davon, hatte ich das Gefühl, daß ich, Hall, in Ordnung war und daß niemand sich meiner zu schämen brauchte. Gleichzeitig fürchtete ich mich ein wenig, mein Zimmer zu verlassen, ins Wohnzimmer und schließlich auf die Straße hinauszugehen und mein Leben wiederaufzunehmen. Hinter meinem Gesicht war Musik, die Musik aus dem Wohnzimmer. Es war ein Quartett. Ich hörte:

Nikodemus
Ging zum Herrn
Er ging zum Herrn
Bei Nacht.
Rabbi, sagte er

Das heißt Meister
Führst du bitte
Mich zum Licht?
Nikodemus, sprach er
Laß dir sagen
Guter Freund
Dazu mußt du
Neu geboren werden,
Und niemals sprach
Ein Mann
Wie dieser Mann!

Dieser Sound, dieser treibende Sound, läßt mich immer das Bild eines schwarzen Burschen sehen, mit strahlendem Gesicht und schwitzend im Sonnenlicht, das auf sein Gesicht niederströmt, und er schreitet, er trabt einen langen, hohen Berg hinauf. Wenn er stolpert, fällt er nicht nach vorn; er wirft sich zurück, er nutzt den Fehltritt, um wieder in den Rhythmus hineinzufallen. Er ist umringt von Leuten, die ihn auf seinem Weg den Berg hinauf anfeuern, und sie sind überall um ihn her und hinter ihm, aber du siehst sie nicht. Du weißt nur, genau wie er, daß sie da sind. Wenn diese Musik mich immer an so einen schwarzen Burschen denken läßt, dann deswegen, weil der Sound schwarz ist. Er ist schwarz, weil die Menschen, die sich vorgelogen haben, weiß zu sein, nicht zu glauben wagen, daß ein so rauher und schrecklicher, ein so majestätischer und universeller Sound aus ihnen selbst kommen kann – obwohl er aus ihnen gekommen ist und kommt; und das ist der Grund, warum sie ihn wiedererkennen und warum sie davor fliehen. Und sie werden ihn wieder in sich aufnehmen, wenn die jetzige Wahntäuschung von der Erde gefegt sein wird.

Und unter diesem Sound: Pauls leises Kichern, Florences Lachen, Peanuts und Arthurs undurchdringliche Verschwörerstimmen, mein Gesicht – ich nehme meine Geschenke und gehe ins Wohnzimmer.

«Na, na, na», sagte Peanut nachsichtig. «Sieht nicht so aus, als hättest du Schwierigkeiten, dich wieder ans zivile Leben anzupassen.»

«Ach, hör bloß auf. Ihr wißt ja nicht, wie sehr ich mich danach gesehnt habe, diese Uniform loszuwerden.»

«Hast recht. Diese Uniform hat dir nichts gebracht – sie hat dir nicht die Farbe deiner Augen nehmen können. Siehst du, was ich meine? Aber jetzt – so in Schale!»

«Peanut, warum so eifersüchtig?» fragte Florence. «Wo du doch weißt, daß der Herr das nicht liebt. *Meine* Jungen ... sie sind eben von Natur aus schön und elegant! Und besonders mein Ältester heute. Akzeptiere es doch und finde dich damit ab!»

«Ich akzeptier's ja, Mama Montana. Ich war nur ein bißchen ... geblendet ...»

«Geblendet, was ein Quatsch, finde dich damit ab und akzeptier's.» Sie lachte, sie war beschwipst, weniger vom Wein als vor Glück – vor Erleichterung: als hätte sie während der ganzen Zeit, als ich fort war, die Luft angehalten und könne jetzt erst ausatmen.

Bei Paul war es anders. Er würde wahrscheinlich nie wieder tief Luft holen. Aber heute war er ein glücklicher Mann.

«Ich hab euch allen Geschenke mitgebracht», sagte ich. «Aber wenn ihr mich dauernd neckt, macht ihr mich so nervös, daß ich nicht mehr weiß, was ich machen soll.»

«Willst du sie jetzt verteilen?» fragte Florence. «Oder wartest du lieber bis nach dem Essen. Ich möchte, daß du etwas in den Magen kriegst.»

«Dauert ja keine Minute.» Ich war nervös wie ein Kind. Ich konzentrierte mich auf die Päckchen. «Hier», sagte ich zu meiner Mutter, «das ist für dich.» Und ich gab ihr das Päckchen, das heißt, ich überreichte ihr das Päckchen, dann ging ich zum Sofa hinüber, wo sie saß, und gab ihr einen Kuß, und «hier», sagte ich zu Paul, «das ist für dich», und ich küßte ihn leicht auf die Stirn, und «hier, Skeezix, das ist für dich», und ich warf Arthur das große Paket auf den Schoß, und «Peanut», sagte ich, «ich konnte ja nicht wissen, daß ich dich heute sehe, aber ich hoffe, es wird dir gefallen. Ich kann nur sagen, daß es *mir* gefallen hat, darum hab ich es gekauft.» Und ich schenkte ihm das zusammengerollte Poster und setzte mich in den Sessel neben der Tür.

«Jedenfalls», sagte mein Vater, «bevor wir die Geschenke auspacken, brauchen wir, glaube ich, einen Drink.»

Der Tisch vor dem Sofa war mit Flaschen und Schalen beladen – mit Erdnüssen, Crackers, Schinken, Käse –, ich hatte es noch gar nicht bemerkt.

«Sieht aus, als würden wir 'ne Party feiern», sagte ich.

«Ganz recht», sagte Paul. «Und ob wir eine Party feiern. Wir sind froh, daß du endlich wieder zu Hause bist, Sohn, wir wissen gar nicht, wie wir uns verhalten sollen. Mach dir nichts draus, wenn du dich ein bißchen betrinkst, mach dir nichts draus, wenn ich mich ein bißchen betrinke – und du weißt ja, früher hätte ich nie so etwas zu dir gesagt. Wie wär's mit einem kleinen Jack Daniels? Oder einem Cutty Sark? Haben wir nämlich alles für dich aufgespart. Du siehst, deine Mama trinkt nicht –» Florence lachte – «und ich trinke kaum einen Schluck, und wenn dein Bruder allein im Haus ist, schließen wir die Flaschen weg.»

«Ich nehme einen kleinen Cutty», sagte ich, «mit Eis.»

Mein Vater schenkte ein und gab mir das Glas. Wir blickten uns einen Moment in die Augen – einen sehr langen Moment: unsere Vergangenheit, unsere Gegenwart und unsere Zukunft rollten im Zeitraum dieses Augenzwinkerns vor uns ab, und wir alle hoben die Gläser und tranken.

Ich weiß nicht, warum ich eine so heftige Empfindung hatte, daß diese erste richtige Heimkehr zugleich auch mein erstes Lebewohl war.

Schweigen breitete sich aus. Die Geräusche der Straße drangen herein. Der Plattenspieler war still. Paul packte seine Pfeife aus, untersuchte sie einen Moment ganz andächtig, steckte sie zwischen die Zähne und winkte mir mit der Hand. In meiner Erinnerung geschah all dies schweigend. Arthur packte sein orientalisches Gewand aus und zog es an, er schritt wie Yul Brynner im Zimmer auf und ab und besah sich im Spiegel. Aber der einzige hohe Spiegel befand sich im Eßzimmer, darum verschwand er für einen Augenblick. Mama legte ihre Ohrringe an, und Peanut rollte sein martialisches Poster auf.

«Laßt mich mal das Essen auf den Tisch bringen», sagte Mama und befühlte ihre Ohrringe, und sie lächelte mir zu und verschwand lautlos in der Küche.

«Es ist wahr», sagte Paul – er sprach mit Peanut, «ich werde mich doch auf meine alten Tage nicht mehr mit Weißen an einen Tisch setzen ... aber das ist nicht der springende Punkt.»

«Und überhaupt», fragte Peanut, «wie viele Nigger in Washington haben schon das Geld, um in die Stadt zu gehen und sich desegregiert zu benehmen?»

«Ach, schon einige wohl», sagte Paul. «Ich würde mich nicht wundern, wenn es eine ganze Anzahl wären – aber mit denen will ich auch nichts zu tun haben.»

«Wollen oder Nichtwollen», sagte Florence, «das hat nichts damit zu tun. Ich erinnere mich noch an die Zeit, als wir in Washington umsteigen und in den Jim Crow-Waggon einsteigen mußten – als wir nicht in den Speisewagen durften, bis alle Weißen fertig waren. Ach, natürlich wollten wir sowieso nicht mit diesen Idioten zusammen essen ... aber all das hat sich geändert seither. Nicht daß ich Lust hätte, mit Weißen zusammen zu essen. Nur, es macht das Leben leichter – es könnte das Leben meiner Kinder ein wenig leichtermachen. Mehr will ich ja gar nicht.»

«Ich finde bloß, das kann man gar nicht so leicht schlucken», sagte Peanut. «Diese Leute haben jetzt die Frechheit und wollen uns etwas schenken, was sie uns von Rechts wegen nie hätten wegnehmen dürfen.»

Er trank einen großen Schluck – wir saßen am Tisch und ließen uns das Essen schmecken – und sagte: «Deswegen steigen sie bei mir noch lange nicht in meiner Achtung. Das sage ich euch hier und jetzt!»

«Das ist nicht der springende Punkt, mein Junge», sagte Paul. «Lohnt sich nicht, darüber zu reden. Du kannst niemanden lieben, den du nicht respektieren kannst.»

Ich mußte an manche der asiatischen Gesichter denken, die ich gesehen hatte, und an die trockene, bittere Verachtung in ihren Augen. Manche waren Huren gewesen, und manche waren Großväter oder Großmütter, und manche waren Kinder. Bei den Alten war die Verachtung vielleicht durch Mitleid gemildert und bei den Kindern hinter Verwunderung und Schmerz getarnt. Aber die Verachtung war immer da, tief am Boden und bodenlos. Kein einziger von meinen weißen Kameraden hatte dies gesehen – aber sie hatten ja auch *mich* nicht gesehen.

«Na, jedenfalls», sagte Arthur, «könnte es die Zustände in den Schulen verbessern.»

Peanut brummte. Paul sagte: «Hört mal zu. Ihr seid noch jung. Ob es euch gefällt oder nicht, wir sind nun einmal hier, und woanders können wir nicht hingehen. Ich war mal so was wie 'n halbherziger Garveyist, als ich jung war – wäret ihr auch gewesen, wenn ihr damals, zu meiner Zeit, groß geworden wärt. Aber ihr wißt ja nicht, wer das war, und kein Weißer wird's euch sagen. Ich sage euch nur, ihr werdet es machen müssen, wie wir's immer gemacht haben: das ist nichts Neues – nimm, was du hast, und mach, was du willst.»

Er sah sich am Tisch um, schaute aber vor allem mich an. «Wir haben nicht darauf gewartet, daß die Weißen ihr Herz änderten oder ihre Gesetze oder sonst was änderten, um uns füreinander verantwortlich zu fühlen, um unsere Frauen zu lieben und unsere Kinder aufzuziehen. Ihr solltet auch nicht darauf warten. Sie werden ihre Gesetze für uns nicht ändern … es steckt einfach nicht in ihnen. Sie ändern ihre Gesetze, wenn ihre Gesetze *ihnen* unbequem werden oder wenn sie 'nen Vorteil für *sich* zu sehen glauben … wir haben damit wirklich nichts zu tun.»

«Hätten wir uns *jemals*», sagte Florence, «wegen *irgend* etwas auf die Weißen verlassen, dann würde heute kein einziger Schwarzer mehr am Leben sein.»

«Mama», fragte Arthur, «glaubst du nicht, daß sie sich ändern können?»

Sie senkte den Blick; dann sah sie Arthur an. «Ich will nur sagen, ihr könnt euch nicht darauf verlassen. Ihr müßt euch auf euch selbst verlassen.» Sie berührte ihren einen Ohrring. «Aber was rede ich hier über die Weißen. Ich hab Weiße gekannt, die waren wunderbar, und Schwarze, die Ratten waren.» Sie machte eine Pause, schaute wieder Arthur an. «Hör mal. Wann haben wir zum letztenmal an diesem Tisch gesessen und über die Weißen geredet? Der einzige Grund, warum wir heute über sie reden, ist, weil es danach aussieht, als hätten sie beschlossen, dies zu desegrieren und jenes zu desegrieren. Und ich hoffe, sie tun es. Es könnte das Leben für euch ein wenig einfacher machen, und ein wenig besser für sie. Aber eigentlich reden wir nicht über *sie*, wir reden über *uns.* Was sie auch immer tun mögen, mein Schatz, du mußt dein eigenes Leben leben. Ich bin froh, daß du heute nicht mehr im Jim-Crow-Waggon fahren mußt, wie ich und dein Daddy damals. Aber ob Jim-Crow oder nicht Jim-Crow, wir haben euch großziehen müssen – es war eine gute Sache, daß sie das Gesetz geändert haben, aber wir konnten nicht darauf warten.» Dann wandte sie sich mit einem Lächeln an Peanut. «Fahr du also runter und erkunde das Gelände – das Verwirrende ist, daß du fürchtest, sie *könnten* es ernst meinen, nicht weißt, wie du sie dann sehen und wie du dich selbst sehen wirst. Aber vergiß nicht, es kommt nicht so sehr darauf an, was *sie* tun wollen: es kommt darauf an, was *wir* tun wollen.»

Ich sagte – es war teils eine Frage, teils eine Entdeckung: «Du meinst es wirklich so, nicht wahr?»

«Natürlich meine ich es so. Warum sitzen wir hier am Tisch zusammen? Meinst du vielleicht, ich oder dein Daddy hätten auf die Erlaubnis von irgendeinem Weißen gewartet?» Sie lachte. «Ach, mein Schatz, sie erlauben sich *selbst* wenig genug.» Sie sah jetzt sehr jung und glücklich aus, ihre grünen Ohrringe funkelten im Licht. «Reich mir mal den Teller deines Bruders rüber, Arthur. Ich will ihn ja nicht fürs Schlachthaus mästen, aber verdammt will ich sein, wenn ich ihn nicht für die Schlacht stärke.»

Nach dem Essen setzten wir uns wieder ins Wohnzimmer. Es war noch früh, die Sonne war eben erst untergegangen. Das Licht in den Straßen war grau und purpurrot, die Straßenlaternen wurden gerade eingeschaltet: man sah sie bis in die Stadt hinunter, jenseits des Parks, wo sie sich in den Außenbezirken verloren. Es war sehr still, als ob alle zur gleichen Zeit beschlossen hätten, die Luft anzuhalten und zu tun, was auch wir taten, einfach herumsitzen.

Ich setzte mich an das eine Fenster, in die Nähe meines Vaters; meine Mutter saß am anderen Fenster. Peanut saß am Klavier. Arthur saß auf einem Schemel, den Kopf ans Sofa gelehnt. Peanut summte ein Lied, *Führe mich an deiner Hand, ich will dir folgen.* Florence summte mit.

«Wir haben dir noch gar nicht erzählt, was mit Julia passiert ist», sagte Arthur. Er sagte es auf eine seltsam trockene, distanzierte Weise und blickte an die Zimmerdecke. Er sagte es, als ob es ihm weh täte.

Florence hörte auf zu summen.

«Wie ich höre, hat sie mit dem Predigen aufgehört», sagte Peanut, «und ist dann aus unserem Gesichtskreis verschwunden.»

«Sie ist aus unserem Gesichtskreis verschwunden, allerdings», sagte Florence, «sie wurde hinausgejagt.»

Paul rückte in seinem Sessel, er wollte etwas sagen, hielt den Mund.

«Du hast mir etwas darüber geschrieben», sagte ich zu Arthur, «vor einiger Zeit.»

«Das war vor langer Zeit. Ich hab dir nicht alles geschrieben. Damals war auch noch nicht alles passiert ... vielmehr, ich wußte noch nicht alles.» Er zündete sich eine Zigarette an.

«Ich hatte sie ein paar Abende vorher getroffen, drunten bei der Fourteenth Street.» Er hielt inne. «Sie war damals viel in dieser Gegend gewesen.» Er streckte sich, seine Hände umklammerten seine Knie. «Tut mir leid, Mama, ich wollte dich nicht unterbrechen.»

«Ist schon gut.» Dann: «Ich bekam also diesen Anruf, Hall, frühmorgens, und ich erkannte die Stimme gar nicht, sie klang so *aufgewühlt* und verängstigt. Die Stimme weinte und schrie immer wieder, Mama Montana! Mama Montana! und ich erkannte sie nicht. Die Stimme sagte: Kommen Sie, bitte, kommen Sie, bitte, bitte, ich glaube, ich sterbe. Ich sagte: Wer ist da? Wer ist da? und in dem gleichen Moment, als ich es fragte, wußte ich, wer es war, ich weiß nicht *wie*. Sie sagte: Hier ist Julia, *Julia*, bitte kommen Sie, bitte kommen Sie, und sie fing an zu weinen, wie ... ich hoffe, daß du noch nie jemand so weinen gehört hast. Ich zog mich also an und raste hin. Ich nahm ein Taxi.

Als ich ankam, waren schon ein paar Nachbarn in die Wohnung gelaufen, weil sie so schrie, und die Tür war offen. Und, Hall, so was hab ich noch nie gesehen, in meinem ganzen Leben noch nicht. Du erinnerst dich doch, wie mager sie war, also, und dies magere kleine Ding war zusammengeschlagen, daß kaum noch etwas von ihr übrig war. Ihr Gesicht, das war kein Gesicht mehr, das war nur noch ein Haufen Blut und aufgequollenes

Fleisch. Hatte keine Lippen mehr, hatte keine Augen mehr – nur kleine dunkle Schlitze, wo die Augen sein sollten. Ich sagte: ‹Wer hat das getan?› ich dachte, irgend jemand sei eingebrochen und hätte versucht, sie auszurauben. Und sie gab mir keine Antwort, sie sagte nur immer wieder: ‹Ich hab mein Baby verloren, ich weiß, ich hab mein Baby verloren.› Und ich war so durchgedreht, Hall, ich begriff überhaupt nicht, was sie sagte. Irgend jemand wollte die Polizei holen, aber ich sagte: ‹Nein, laßt mich den Krankenwagen rufen, wir müssen dies Mädchen ins Krankenhaus bringen.› Ich rief also im Krankenhaus an und, welch ein Glück, ich bekam Martha ans Telefon. Ich wickelte die Kleine, so gut es ging, in Decken ein, und das Blut sickerte durch diese Decken, und mir war klar, daß sie am Verbluten war – und dann begriff ich überhaupt erst, was sie da gesagt hatte, von wegen ihr Baby verloren, sie blutete heftig zwischen den Beinen heraus. Ich sagte noch einmal: ‹Wer hat das getan?› und irgend jemand sagte: ‹Ihr Vater. Ihr Vater hat sie verprügelt, und er hat ihr auch das Kind gemacht.›

Ich sag euch, ich hatte keine Zeit nachzudenken – ich *konnte* damals über all das gar nicht nachdenken. Der Krankenwagen kam, und sie trugen sie hinaus in den Krankenwagen, und ich ging mit ihr und fuhr mit ins Krankenhaus. Und Gott sei Dank war Martha da, sonst würden wir noch *heute* in dieser Halle sitzen und dumme Fragen beantworten und Formulare ausfüllen. Martha schickte die ganzen Leute weg und brachte Julia hinein, und ich setzte mich auf eine Bank. Das alles war so schnell gegangen, in meinem Kopf war nichts mehr klar.

Aber da saß ich nun eine ganze Weile auf dieser Bank. Und mir war so –» sie wandte sich von uns ab, schaute aus dem Fenster – «als käme mir ein ganzes Stück meines Lebens wieder, während ich da auf der Bank saß. Auch ich habe ein Kind verloren, einmal, und niemand wußte es, außer mir und Paul. Aber ich war kein Kind mehr wie Julia, ich war verheiratet, und es war Pauls Kind, und ich hatte auch schon drei Kinder.» Sie hielt die Luft an und sah wieder weg. «Und als ich ein junges Mädchen war, das war vor langer Zeit, irgendwo anders. Es war ganz anders als für die jungen Dinger, die an diesem Morgen mit mir auf der Bank saßen.

Martha kam zurück und sagte, daß Julia furchtbar verprügelt

worden war, aber das war noch nicht das Schlimmste ... die Prügel hatten eine Fehlgeburt ausgelöst, und Julia war schon im dritten Monat. Sie taten für sie, was sie konnten. Vielleicht würde sie durchkommen, vielleicht auch nicht; sie war doch ein so zartes Mädchen, und sie hatte eine Menge Blut verloren.

Dann bat sie mich, ihren Vater herbeizuschaffen, weil er doch ihr nächster Angehöriger war.

Sie sah mir tief in die Augen, als sie dies sagte, als ob sie wüßte, was ich dachte – sie erinnerte sich, und auch ich erinnerte mich an damals, als wir zusammen dort gewesen waren, bevor Amy starb – und als sie das sagte, da stockte mein Blut einfach und gefror. Ich schaute sie an, aber ich konnte nicht antworten: ich konnte seinen Namen nicht aussprechen, ich schwör's euch, ich konnte nicht. Irgendwie wußte ich, als Martha mich darum bat – ich *wußte*, zum erstenmal, daß alles, was ich nicht einmal zu denken gewagt hatte – wahr gewesen war –, daß diese Frau die Wahrheit gesprochen hatte, als sie sagte: Ihr Vater, er hat sie verprügelt, und er hat ihr auch das Kind gemacht.»

Im Zimmer war es dunkel geworden. Ich konnte kaum noch das Gesicht meiner Mutter erkennen, auch die Gesichter der anderen nicht. Die Straßenlaternen brannten. Ein verschwommenes, dumpfes, weiches Summen von Musik und Stimmen hallte von der Straße herein.

Paul wandte sich an mich. «Deine Mama wollte, daß ich Joel suche», sagte er, «also ging ich ihn suchen. Ich brauchte den ganzen Tag. Ich brauchte auch noch einen Teil der Nacht. Er war nicht bei seinem Job. Ich konnte kaum glauben, daß er zu Hause war, wie ich ihn kannte, aber ich ging trotzdem hin und wurde beinah verhaftet. Die Polizei war noch da, und sie dachten, ich wäre er. Also, die Wohnung war ein Chaos, ich sage euch, es war ein Schlachthaus, zum Teil kam das daher, was dort am Morgen vor sich gegangen war, und zum Teil kam es von den Polizisten – sie hatten die ganze Bude auf den Kopf gestellt, sie suchten irgendwas, vor allem Drogen. Hall, da war noch Blut an den Fensterscheiben, Blut im Waschbecken, Blut auf dem Sofa. Und ich sah, niemand wollte glauben, daß ein Mann seinem *Kind* so etwas antun konnte. Es sah eher danach aus, was ja mal passieren kann, daß ein Kerl durchdreht und nach Hause kommt und alles, was ihm unter die Hände gerät, seiner *Frau* um die Ohren schlägt. Einer von den Polizisten, ein schwarzer Kerl, sagte: ‹Wenn das Mädchen noch atmet, hat sie Glück gehabt – wahrscheinlich hatten sie im Himmel keinen Platz für sie.›

Aber alle Nachbarn schworen, daß er es gewesen war, daß es niemand anders gewesen sein konnte *als er*. Sie hatten ja den ganzen Krach mit angehört, bevor er aus dem Haus lief, und sie hatten ihn fortgehen hören. Und dann hatten sie Julia schreien und weinen hören – sie waren da, als deine Mama kam – sie schworen, daß er es war.

Ich wollte es nicht glauben. Mag sein, ich habe nie eine gute Meinung von Joel gehabt, aber *das* hätte ich ihm nicht zugetraut ... ist doch ganz natürlich, daß man *keinem* Menschen so was zutraut. Besonders wenn du ihn kennst oder ihn zu kennen glaubst, und wenn du schon einmal paar Drinks mit ihm getrunken hast und so, und er kennt deine Frau und deine Kinder. Ich bin ja auch Vater ... nein, ich konnte es nicht glauben. Aber ich wußte, Florence ist nicht so leichtgläubig. Komisch –» er hielt inne, sah mich an, schaute weg, senkte den Blick – «ich konnte es nicht glauben, und doch wollte ich diese Hyäne finden und ihn grausam zusammenschlagen, wie er Julia zusammengeschlagen hatte, und das, was dann von ihm übrig wäre, in ein Polizeirevier schleppen.»

«Du hast es nicht glauben wollen», sagte Florence, «aber du hast es *gewußt*. Genau wie ich.»

«Gut. Ich suchte also den Broadway ab. Er hing da ganz gern in irgendwelchen Musikerkneipen rum. Keine Spur. Ich lief ins Village. Kein Joel. Kam wieder zurück, rannte hierhin, rannte dorthin, und wieder den gleichen Weg zurück. Ging in *Jordan's Cat*, obwohl ich mir ziemlich sicher war, daß er dort nicht sein würde. Ich ging wieder zu seiner Wohnung.

Ich setzte mich auf die oberste Stufe. Ich glaube, in meinem Kopf drehte sich alles. Ich blieb einfach sitzen. Ich dachte mir, früher oder später müßte er doch kommen. Ich klingelte sogar an der Tür. Die Polizei war nicht mehr da, und keine Streifenwagen, aber ich dachte mir, daß einer von den Nachbarn vielleicht mit den Polizisten ausgemacht hatte, gleich anzurufen, sobald er auftauchte.

Und ich weiß nicht warum, aber ich dachte mir, Joel ist einfach zu dumm, um sich so was vorzustellen, wie er ja auch zu dumm war, um zu wissen, wie die Leute eigentlich über ihn dachten, als er die kleine Sister Julia durch die Gegend karrte und ihr aus der Hand fraß. Jedenfalls, da saß ich, und ich war müde.

Aber inzwischen war ich auch zu spät dran für die Arbeit, also lief ich rauf zu der Bar, wo ich damals spielte, ein paar Blocks weiter als *Jordan's Cat*, eine Kneipe, die *The Window Shades* hieß, und ob ihr's glaubt oder nicht, da war er und hockte an der Bar.

Und ich werd nicht dahinterkommen, so lange ich lebe, ob er eigentlich wußte, daß ich in dieser Bar Klavier spielte, und auf mich wartete, oder ob er sich einfach dort reingeschleppt hatte, weil es nicht weit von seiner Wohnung war und weil er sich fürchtete, nach Hause zu gehen, und sich fürchtete, zu weit von zu Hause fortzugehen. Ich werd nie dahinterkommen. Mein Name stand ja am Fenster, aber in dem Zustand, in dem er war, bezweifle ich, daß er das bemerkt hatte.

Und er *war* in einem schlimmen Zustand, wirklich, aber man sah es nicht, außer, du sahst ihn genau an. Er hatte ein paar Kratzer und blaue Flecken, und seine Oberlippe war geschwollen … aber wenn du's nicht wußtest, sah er eigentlich nur aus, als hätte er ein bißchen zu viel, ein bißchen zu lange gesoffen.

Er sah mich an, und ich ging zu ihm hin. ‹Paul›, sagte er, ‹ich bin so froh, daß du gekommen bist. Ich muß dir etwas sagen.› Ich schaute ihn bloß an. Er sagte: ‹Heute morgen ist bei uns eingebrochen worden, sie haben versucht, uns auszurauben, und ich glaube, sie haben Julia verletzt.› Noch immer schaute ich ihn bloß an. Er sagte: ‹Paul, ich erzähl es dir nicht gerne, aber meine Tochter – Julia –› und dann fing er an zu weinen – ‹ich glaube, sie war mit den Nerven fertig, seit dem Tod ihrer Mama, sie war einfach nicht mehr dieselbe.› Er sagte: ‹Paul, es fällt mir schwer, dir so was von meiner einzigen Tochter zu erzählen, aber sie ist eine Prostituierte geworden, sie hat sich auf der Straße verkauft, Mann, und einer von ihren Zuhältern ist heute morgen eingebrochen und hat sie zusammengeschlagen. Meine einzige Tochter, Mann. Kannst du es glauben? Und sie verlangen, daß ich gegen sie aussage. Nein, weißt du, das kann ich doch nicht. Du kannst nicht gegen dein eigen Fleisch und Blut aussagen. Die Bibel sagt uns, daß das eine Sünde wider den Heiligen Geist ist, die dir niemals vergeben werden kann.› Und wirklich, er weinte echte Tränen, sie tropften ihm durch die Finger, und seine Schultern zitterten.

Also, ich wußte nicht, ob Joel es wußte, aber ich wußte, daß ein paar von den Leuten da in der Bar in seinem Haus wohnten – die Polizei würde ihn also bald am Kragen haben. Meine ganze Wut war verraucht. Er glaubte seine Story wirklich. Ich ließ ihn einfach stehen und ging zu meinem Klavier. Die Polizei erwischte ihn an diesem Abend oder bald danach – jedenfalls erwischten sie ihn nicht in der Bar ... aber sie konnten ihm nichts nachweisen.» Er sah Florence an. «Es gab keine Augenzeugen. Julia konnte nicht sprechen, und als sie sprechen *konnte*, da war sie in New Orleans – ihre Großmama hat sie auf schnellstem Weg von hier fortgeholt.»

Lange sprach niemand ein Wort. Ich fragte mich, was Florence wohl dachte – über ihre alte Freundin, und über die Tochter und die Enkeltochter ihrer Freundin: ich fühlte, daß sie versuchte, einen Schlüssel zu alldem in einer Vergangenheit zu finden, an die nur sie sich erinnerte. Und sie war sich nicht sicher, ob *sie* sich jetzt noch erinnern konnte. Sie durchstöberte die Vergangenheit nach Details, die sie vielleicht übersehen hatte.

«Ja», sagte Florence schließlich, «sie hat nie etwas gegen ihren Vater sagen wollen – vielleicht weil er nicht nur *ihr* Vater war. Jedenfalls», fügte sie nach einer Weile hinzu, «sie hat's nie getan. Und ich finde, das müssen wir respektieren.»

«Es war Crunchs Baby», sagte Arthur. «Als Julia sprechen konnte und ich sie im Krankenhaus besuchte, hat sie es mir gesagt.»

Ich fragte: «Und die Großmutter, hat sie Klein-Jimmy mitgebracht?»

«Natürlich nicht», sagte Florence, «wozu auch? Sie ließ ihn bei Verwandten dort unten.»

«Armer Jimmy», sagte Arthur.

«Eines ist sicher», sagte ich, «sie muß verdammt sehr gewollt haben, daß es Crunchs Baby wäre.»

Arthur nickte mir nachdrücklich zu, seine Augen waren sehr groß und leuchtend – und älter, als ich sie jemals gesehen hatte.

Peanut sagte: «Du meinst, daß Brother Miller mit seiner eigenen Tochter geschlafen hat? *Das* hab ich nicht gehört!»

«Was hast *du* denn gehört?» fragte Arthur. «Da unten in Washington?»

«Die Welt ist klein.» Peanut warf Florence und Paul einen Blick zu. «Ich habe gehört ... sie hat so Dinger gemacht ... wie Brother Miller sagt, wißt ihr ... mit weißen Männern, unten an der Bowery und im Village, und Brother Miller hat davon erfahren, und darum hat er sie verprügelt, darum hat er sie zusammengeschlagen.»

«Nun», sagte Paul, «wie es scheint, hat *seine* Story sich am besten verkauft. Jedenfalls hängt er noch immer hier rum. Wenn ihr heute abend ausgeht, könntet ihr ihm übern Weg laufen. Den Frauen gefällt er noch immer.»

«Und was weiß Crunch von alldem?» fragte ich Arthur.

«Oh – ich *glaube*, er weiß, daß Julia ein Kind von ihm erwartete und daß sie es verloren hat.» Er zögerte. «Er hat mir von ... ihrer *Affäre* ... erzählt, bevor er fort mußte.» Er steckte sich eine neue Zigarette an der Glut der alten an und drückte die alte im Aschenbecher auf dem Wohnzimmertisch aus.

Er sah zu mir auf. «Crunch erzählt nicht viel in seinen Briefen ... ich war eigentlich der einzige, der ihm geschrieben hat, und ich weiß nicht, was Julia ihm erzählt hat. Ich glaub auch nicht, daß es *meine* Sache war, es ihm zu sagen.»

Ich sagte: «Du hast recht.» Dann: «Er wird ja bald zu Hause sein.»

Peanut sah Arthur an. «Dein Herz», sagte Peanut und lächelte. Dann: «Ich wollte wirklich, ich hätte Nachricht von Red. Aber ich hab so meine Zweifel, Mann, ob er jemals schreiben gelernt hat.»

Peanut und Arthur lachten gleichzeitig los.

«Sie werden beide bald zu Hause sein», sagte Arthur. «Macht euch keine Sorgen. Wir sehen sie bald wieder.»

Paul schaute zu Arthur hinüber. «Komm, spiel uns etwas vor. Dein Bruder hat lange nicht deine Simme gehört ... und ich weiß, wenn er erst mal einen Fuß auf die Straßen da draußen gesetzt hat, wird er 'ne ganze Weile fortbleiben ... lüfte deinen Arsch, Peanut! Ich glaub nicht, daß Hall seinen Bruder schon mal singen und spielen gehört hat.»

Peanut wechselte den Platz, und Arthur erhob sich. «Okay, ich will mein Bestes tun.» Er grinste mich an. «Aber vergiß nicht, dies ist 'ne Vorstellung auf *Befehl* – vielleicht mußt du nur die Zähne zusammenbeißen und es ertragen.» Er setzte sich ans Piano. «Für dich, Bruder.»

Ich saß auf der Fensterbank und beobachtete ihn – mit dem Rücken nach draußen, die Arme verschränkt, so beobachtete ich ihn. Er schaute auf die Tasten hinunter, klimperte ein paar Töne. Es war ein anderes Gesicht, als ich es gekannt hatte, und es war ein anderer Sound. Er drehte eine Sekunde lang den Kopf und sah mich an, dann wandte er sich wieder den Tasten zu. Wieder veränderte sich sein Gesicht.

Leuchte

Er blickte für eine Sekunde zu mir, und in den leeren Raum hinter mir, dann wieder auf die Tasten.

vor mir.

Ich beobachtete seine Finger auf der Tastatur. Er hatte die Augen geschlossen.

Leuchte
vor mir.

Ich beobachtete sein Gesicht und seine Hände, als ob ich sie noch nie gesehen hätte, und ich spürte, wie ich anfing, sein Lied aus mir selbst hervorzuziehen.

Laß das Licht
des Leuchtturms
leuchten vor mir.

Es war mehr als seltsam, wie die beiden Stimmen sich zusammenfügten, die eine, die durch seine Finger hervorgebracht wurde, die andere, die aus seiner Kehle kam, und beide aus dem gleichen Mittelpunkt; und er war der Mittelpunkt nur deshalb, weil er, aus dieser weiten, unerforschten Landschaft seiner selbst, für uns sang

– unser Lied. Ich beobachtete sein Gesicht, und ich fragte mich wirklich, wie ein Mensch das ertragen konnte.

Laß es
leuchten
vor mir!
Oh,
laß es leuchten
vor mir.
Ich flehe

Das Piano strömte dahin wie ein Fluß.

laß das Licht vom Leuchtturm

Die Stimme erhob sich aus dem Wirbelsturm, der Wirbelsturm verwandelte Arthurs Gesicht.

leuchten vor mir.

Er schlug kurz die Augen auf, wie um die Entfernung zwischen einem Ort und dem anderen abzuschätzen, blickte hinunter, begann von neuem.

Ich hörte Jesus Stimme sagen

Und aus dem leeren Raum unter, hinter mir hörte ich die fröhliche Stimme einer schwarzen Lady, leicht beschwipst, die einer anderen schwarzen Lady etwas zurief, und ich hörte ihr Gelächter.

Kommet her zu mir,
ich will euch erquicken.

Ich beobachtete Pauls dunkles Gesicht, wie er das dunkle Gesicht seines Sohns beobachtete. Ich wagte nicht, meine Mutter anzusehen, warum, weiß ich nicht. Ich hatte das Gefühl, daß ein paar Leute auf der Straße stehengeblieben waren und lauschten, aber ich wagte nicht, hinter mich zu schauen, wagte nicht hinunterzuschauen.

Raste
du müder Pilger
raste
an meiner Brust.

Der Verkehrslärm von der Straße schallte herauf. Ich konnte die Ampeln an der Ecke sehen, die grün blitzten, rot blitzten, und ich sah die Automobile, mit Panzerrücken wie Käfer, wie Dinosaurier, zusammengedrängt, wartend oder unvermittelt loslassend, hineinbrausend in das, was die Zukunft bereithielt.

Leuchte vor mir
leuchte vor mir
oh,

Das donnernde, rasende, rufende Piano war jetzt die einzige Stimme, und dann,

laß das Licht

das Piano leiser, langsamer, und Arthurs Stimme anschwellend,

des Leuchtturms
leuchten
vor mir.

und er hielt inne, sah zu mir her, und im nächsten Moment lächelte er.

Ich mußte meinen Kopf schütteln, um ihn klar zu sehen: ich hatte nicht bemerkt, daß meine Augen feucht wurden. Ich wußte, er wollte, daß ich etwas sagte, aber ich wußte nichts zu sagen. Im Versuch, die Distanz zu überbrücken, kam ich aus der Fensternische und flüsterte, über die Entfernung hin: *«Ich glaube, ich werde dir einen Drink spendieren. Meinetwegen breche ich das Gesetz für so einen echten, gottergebenen Gesetzesbrecher.»*

Ich sah Paul an, und Paul grinste, ein Grinsen, das mir in einem Sekundenbruchteil vieles sagte: «Ja. Ich glaube, draußen auf der Straße erwarten sie dich.»

«Wer weiß überhaupt, daß ich zu Hause bin?»

Arthur stand vom Klavier auf, er und Peanut sahen sich an und schlugen die Handflächen gegeneinander, und Paul lachte mit ihnen. «Oh», sagten sie beinah einstimmig, «es sind schon etliche, da mach dir keine Sorgen, sie werden dich *erkennen*, und ich glaube, sie wissen, daß du zu Hause bist!»

Ich sah meine Mutter an.

«O ja, mein Junge», sagte Florence. «Ich glaube, die Nachricht hat sich schnell verbreitet.»

Wir rollten also sofort los zu *Jordan's Cat*, Peanut saß wieder am Steuer.

Und jetzt merkte ich, daß ich wirklich Angst hatte – um die Wahrheit zu sagen, ich kam mir wie ein Feigling vor. Ich hatte

Martha nicht geschrieben, sie wußte nicht, daß ich heimgekommen war (aber natürlich wußte sie, daß ich heimgekommen war!), und ich hatte sie nicht angerufen, obwohl ich's hätte tun können. Ich hatte es damit gerechtfertigt, daß ich mir sagte, ich hätte es nicht nötig oder hätte kein Recht dazu. Dieser ganz fadenscheinige Vorwand erklärte aber nicht, warum ich nicht Sidney geschrieben oder ihn angerufen hatte. Meine wahre Absicht war vielleicht gewesen, sie bei der Tat (welcher Tat?) zu überraschen und mich selbst damit vom Haken zu lösen. (Aber ich hatte doch, bevor ich fort ging, klar zu verstehen gegeben, daß ich mich nicht an der Angel fühlte.) Ich konnte kaum glauben, daß ich so gemein sein konnte: daß ich so viel erkennen und doch so wenig anerkennen konnte. Da saß ich also nun, in diesem alten blauen Pontiac und rollte *Jordan's Cat* entgegen, ganz wie Enoch Arden, bereit, meinen Freund und meine Geliebte mit der unsäglichen Wahrheit ihres Betrugs an meiner – immerhin – so unersetzlichen Person zu konfrontieren. Ich hoffte, daß ich dafür wenigstens einen meiner Paranoia gemäßen Stil finden würde: daß das eine das andere aufwiegen würde.

In einem anderen Teil meiner Seele war ich erschüttert darüber, was Julia zugestoßen war, und doch – auch wenn das wieder verrückt klingt – weniger erschüttert über das, was Julia zugestoßen war, als über das, was Arthur zugestoßen sein mochte. Ja, ihm, Arthur – als Folge davon. Mir gegenüber war Arthur ungemein lakonisch, solange er lebte. Manche Dinge sah ich – später. Als wir dann zusammenarbeiteten, sah ich vieles genauer. Aber wenn ich am Tag des Gerichts werde Zeugnis ablegen müssen, dann werde ich nicht wissen, ob ich über das Leben eines anderen, auch Arthurs Leben, überhaupt etwas *gewußt* habe. Ich weiß nicht einmal, was ich über mein eigenes Leben *weiß*. Ich setze mir – über die Zeit hin – ein bestimmtes Bild zusammen, aus den Bruchstükken, die Arthur mich sehen ließ oder nicht verbergen konnte, oder die ich erriet. Wenn ich sagen darf, ich glaube, daß ich ihn kannte, dann nur, weil ich weiß, daß ich ihn liebte. Aber ich steckte nicht in seiner Haut, auch nicht in seinen Betten oder in seiner Stimme. Crunch zum Beispiel sah ich durch seine Augen, viel später, zu spät: ich weiß nicht, ob ich jemals den Crunch gesehen habe, den er sah, aber ich glaube, daß ich sah, was Crunch ihm bedeutete. (Ich sah, was Arthur für Crunch bedeutete: Arthur sah es nicht.) Und wenn ich Jimmy klarer sah, dann eigentlich nur deshalb, weil ich endlich erwachsen geworden war, und was noch wichtiger ist, weil Julia und ich uns geliebt hatten, lange bevor Jimmy und Arthur zusammenkamen.

Ja, und da sind wir wieder, vor *Jordan's Cat*.

Ich hatte mein Geschenk für Sidney mitgebracht – einen schweren Messingring, wie eine Schlange geformt, mit einem funkelroten Auge – aber Marthas Geschenk hatte ich nicht mitgenommen, denn ich sagte mir, es sei zu groß, um es zu tragen, was es aber nicht war. (Es war ein schwerer, reich verzierter, grünseidener Kimono; ich hatte ihn auf meinem Bett liegenlassen.) Aber ich wollte allein sein, wenn ich es ihr gab. Es erschien mir nicht richtig, es ihr in aller Öffentlichkeit zu überreichen.

Als wir ausstiegen, wurde mir bewußt, daß ich furchtbare Angst hatte. Ich wußte nicht, was mir bevorstand.

Arthur hatte ein dunkelblaues Wildlederjackett an, mit Gürtel. Es stand ihm sehr gut, es ließ ihn größer und erwachsener erscheinen. Er stieß die Tür auf, und wir gingen hinein.

Ich glaube, alle Menschen stellen sich vor, daß die Szene, die sie beim Fortgehen verlassen, sich verändern wird, daß ihr Fortgehen ein Loch in ihrer früheren Umwelt hinterläßt. Das Fortgehen mag ein Loch im Leben einiger Menschen hinterlassen, eine Wunde, die unsichtbar bleibt. Aber die Umwelt nimmt so wenig Notiz vom Fortgehen eines Menschen wie das Meer von den Toten. Die Szene läuft weiter, die Musik spielt weiter, niemand läßt einen Takt aus. Weiterhin werden erbarmungslos Kinder gezeugt; werden weiterhin mitleidlos auf die Welt gebracht; und sie sind da, wenn du zurückkehrst, sie starren dich an mit ihren allsehenden Augen – du bist gar nicht zurückgekehrt: obwohl *sie* eben erst hier sind, bist *du* es, der neu angekommen ist.

Paradoxerweise bedeutet dies also, daß jede Szene neu ist. Das ist die einzige Möglichkeit, das Spiel zu spielen, obwohl es mir so vorkam, als ob alles und alle in *Jordan's Cat* noch genauso waren, wie sie's gewesen waren, als ich fortging. Die Jukebox hatte nicht ihren Platz gewechselt, die Tische im Hintergrund standen noch immer da, es war nicht die gleiche Kellnerin, aber sie sah genauso aus. George war nirgends zu sehen, aber wahrscheinlich hatte er seinen freien Abend. Die Fotos an der Wand hinter der Theke hingen noch dort, die gleiche Anzahl, und die Uhr ging immer noch zehn Minuten vor. Die Jukebox spielte natürlich nicht die gleiche Melodie, aber der Rhythmus war derselbe. Die Kneipe war überfüllt, elektrisierend, voll von Stimmen und Gelächter – was einst nach Eleganz ausgesehen hatte, war jetzt ein wenig abgewetzt.

Arthur bahnte sich mit freundlichem Lächeln und breiten Schultern einen Weg an die Bar – ein sehr eindrucksvolles Schauspiel von Charme und Autorität – und schrie zu Sidney hinüber: «Sieh mal, wen ich dir mitgebracht habe!»

Sidney antwortete nicht gleich – er stand an der Registrierkasse. Er tippte den Bon, drehte sich um und legte ihn vor dem Gast auf die Theke, und dann schaute er mir direkt in die Augen.

Mir war klar, daß er mich gleich gesehen hatte, als ich hereinkam.

Er lächelte und tätschelte Arthur die Wange: «Ich sah euch hereinschleichen!» – und streckte die Hand nach mir aus und faßte mich am Genick. So hielt er mich eine Weile und sah mir mit einem Lächeln in die Augen.

«Willkommen zu Hause, Brother», sagte er. «Bist du eben angekommen?»

«Yeah. Erst heute.»

«Wie geht's deinen Leuten? Ich meine nicht das kleine Gemüse hier ... diesen jungen, dummen, aufgeblasenen Laffen, sondern wie geht's Papa und Mama Montana?»

«Denen geht's gut. Und wie geht es *dir*?»

Er hielt mich noch einen Augenblick fest. «Ich weiß, daß sie sich mächtig freuen, *dich* zu sehen.» Dann ließ er mich los. «Mir geht's gut. Alles in Ordnung. Auch ich freu mich mächtig, dich zu sehen, Mann.»

Ich merkte, daß mit Sidney etwas geschehen sein mußte – etwas Wunderbares: es war so eine Ruhe in seinen Augen, so eine Liebe in seinem Lächeln. Er trug die Haare noch immer glatt, aber ich hatte – ich weiß nicht wie – das Gefühl, daß es für ihn nur noch eine halbe Sache war und daß die Glätte bald verschwinden würde.

«Ich hab dir etwas mitgebracht», sagte ich.

«Warte. Warte, bis ich dir einen Drink nach hinten bringe. Was trinkst du inzwischen?» Er sah Arthur an. «Was ein Glück für dich, daß du mit deinem Bruder hier bist, mein Sohn.»

Arthur lachte. «Dies hier ist ein Freund von mir, Peanut. Peanut, das ist Sidney.»

Sidney und Peanut schüttelten sich die Hand, und wieder spürte ich bei Sidney einen Frieden, den ich nie vorher bei ihm gespürt hatte. «Ich hoffe», sagte er, «du weißt, in was für einer Gesellschaft du dich befindest.» Er fing an, unsere Gläser zu füllen. «Dies sind die schrecklichen *Montana*-Brothers, vor denen von Küste zu Küste keine Frau auf den Beinen geblieben ist.» Er schnitt Arthur eine gräßlich drohende Grimasse und goß ihm ein Glas Weißwein ein. «Dies ist nur, weil dein Bruder heimgekehrt ist. Geh jetzt und stell dich in die Ecke, mit dem Gesicht zur Wand.» Dann sah er wieder mich an, noch immer mit dieser gespielten finsteren Miene. «Ich bin gleich bei dir, so schnell ich kann. He, übrigens. Hast du Martha angerufen?»

Ich sagte, und kam mir dabei blöde vor: «Noch nicht ...» Er betrachtete mich lächelnd. Ich wußte nicht mehr, was ich sagen sollte.

«Wir lieben dich», sagte er. «Bitte, rufe sie an, sie wartet auf deinen Anruf – brauchst du einen Nickel? Da», sagte er, bevor ich anfangen konnte meine Taschen zu durchsuchen, «geh und ruf sie an. Wir sehen uns gleich. Du», sagte er zu Arthur, «mach dich inzwischen nützlich und bring den Drink für deinen Bruder an den Tisch.»

Ich ließ die Theke hinter mir und ging zur Telefonzelle, die sich weit hinten, bei den Toiletten und der Küche, befand.

Ich war außer Atem. Ich kam mir kindisch vor, sogar gemein – *Eitelkeit* war das Wort, das sinnlos in meinem Kopf klingelte. Ich steckte die Münze in den Schlitz und wählte die Nummer und sah währenddessen, wie Arthur und Peanut, geführt von der Kellnerin, einen Tisch nahe der Jukebox einnahmen. Peanut und Arthur und die Kellnerin schienen sich auf Anhieb zu verstehen, die drei bogen sich vor Lachen.

Das Telefon klingelte zwei-, dreimal … dann: «Hallo?»

Ich hatte das erwartungsvolle Beben am Grund dieser Kleinmädchenstimme vergessen, diese Stimme eines kleinen Mädchens, das vielleicht ein bißchen zuviel geraucht, ein bißchen zuviel getrunken – und auch ein bißchen zuviel geweint – hatte, und die doch, ganz am Grund ihrer Stimme glaubte, daß etwas ganz Wundervolles passieren könnte, jedesmal wenn sie den Hörer abnahm.

«Hallo, und du? Hier ist Johnny-ich-kannte-dich-kaum.»

Sie lachte. «Hall. Wo bist du? Bist du heimgekommen?»

«Heute nachmittag.»

«In New York … ? Wo *bist* du?»

«In New York.» Ich räusperte mich. «Ich bin in *Jordan's Cat.*»

«Oh. Da bist du also mit Sidney zusammen …»

«*Und* mit meinem Bruder Arthur, und einem alten Freund von uns …»

«Warum hast du mich nicht früher angerufen?»

«Ich weiß nicht.» Dann, Gott sei Dank, sagte ich die Wahrheit. «Ich hatte Angst.»

«Angst? Wieso?» Dann: «Ach, vergiß es. Es war eine dumme Frage. Aber, hab keine Angst. Es gibt nichts, wovor du Angst haben mußt, glaub mir. Ich möchte dich gern sehen. Kann ich rüberkommen?»

Ich sagte: «Ja, bitte komm. Ich möchte dich auch so gern sehen.» Dann sagte ich: «Ich hab dir ein Geschenk mitgebracht, aber ich hab's zu Hause gelassen.»

«Mach dir nichts draus. Ich bin gleich da.»

«Okay. Martha?»

«Ja?»

«Verzeih mir, daß ich so albern bin.» Dann wußte ich nicht mehr, was ich sagen sollte – ich hielt die Luft an, damit ich nicht losheulen mußte.

«Du bist nicht albern. Du bist *du*. Hall?»

«Ja?»

«Ich bin gleich da. Bestell mir – ach, einen doppelten Daiquiri oder so was.» Sie lachte. «Ah, und Hall?»

«Ja?»

«Die Liebe macht viele Veränderungen durch, aber die Liebe stirbt nie. Du wirst sehen.»

«Ich glaub's dir, Martha», sagte ich. «Gott segne dich. Also, dann bis gleich.» Und ich hängte ein.

Ich hängte ein und machte mich bereit, mal wieder richtig in den Kneipen rumzuhängen. Die Liebe, über die ich eigentlich noch nichts wußte, hatte mich schon ein paar Veränderungen durchmachen lassen und doch begann sie mich freizugeben. Welch ein Wunder, welch ein Phänomen! Aber es war seltsam, sich so frei zu fühlen und sich andererseits fragen zu müssen, was in aller Welt ich mit meiner Freiheit anfangen sollte.

Ich ging an Arthur und Peanut vorbei und griff im Vorbeigehen meinen Drink und ging an die Bar. Ich gab Sidney ein Zeichen.

«Und was kann ich für Sie tun, Sir?» – grinsend.

«Sie möchte einen doppelten Daiquiri oder so was – on the Rocks vielleicht, ich erinnere mich nicht mehr genau.»

Sidney lachte. «Verstanden», sagte er und drehte mir den Rükken zu.

Es kam mir zum erstenmal – bewußt – in den Sinn, daß die Welt nicht gerade überbevölkert ist mit Leuten, denen du lachend und voller Vertrauen den Rücken zuwenden kannst.

Ich wollte mich nicht gleich wieder zu Arthur und Peanut setzen. Ich wollte, wie man so sagt, nachdenken; aber eigentlich meint das Wort wohl das Bedürfnis, so etwas wie eine private Bilanz zu ziehen. Ich hatte gewiß nicht viel Zeit dafür, wo Arthur und Peanut am Tisch saßen, Sidney an der Bar stand und Martha unterwegs war. Nein, aber manchmal stellst du fest, daß du, um hineinsehen zu können, hinausschauen mußt, und um Zeit zu gewinnen, schlenderte ich zur Jukebox hinüber. So konnte nicht der Eindruck entstehen, als ob ich jemandem ausweichen wollte. Ich stand im schrägen Winkel zur Box, in einer Hand meinen Drink, in der anderen die Münzen. Ich studierte die Titel in der Box, und ich beobachtete die Menge. Ich wußte, wenn ich nur wollte, konnte ich was losmachen. *Was* konnte ich losmachen?

Denn ich war nicht mehr derselbe, der einst hiergewesen war.

Zum Beispiel beobachtete ich die Kellnerin: ein hübsches Mädchen, hellhäutig – eine Hautfarbe, etwas dunkler als Bananen –

mit dunkelbraunen Augen und rötlichen Haaren, Haaren, die gebleicht und geglättet und zu einem Gebilde wie Zuckerwatte hochgequält waren, kurz geschnitten oder aufgekämmt; es war sehr schwer zu erraten, was mit diesem Kunstwerk im Regen passieren würde. Sie hatte einen flach gewölbten Hintern, nicht groß, aber voll da, und stämmige O-Beine, und sie war eine gute Kellnerin. Sie wußte sich zu benehmen und mit dem Tablett, mit dem Lokal und den Leuten umzugehen. Sie hatte wohl einen Preis bezahlen müssen, um auch nur diesen brutal beschränkten Anflug von Autorität zu gewinnen. Gewiß war sie irgend jemandes Tochter, vielleicht irgend jemandes Schwester, vielleicht irgend jemandes Frau, Opfer, Hoffnung oder Vorbild, vielleicht sogar jemandes Mutter. Wahrscheinlich war sie nicht in New York geboren. War sie den ganzen Weg hierher zu Fuß gekommen? Warum?

Doch in dem Zustand, in dem ich mich, wie ich wußte, bald befinden würde, wäre sie für mich nichts anderes als eine Gelegenheit, ein Mittel zur Selbstbestätigung oder eigentlich nicht einmal das – ein Mittel zur physischen Entspannung, eine Möglichkeit, meine Ladung loszuwerden. War das erst einmal geschehen, dann würde meine Neugier auf sie, mein Interesse für sie unvermeidlich schwinden wie mein abschlaffender Schwanz. Wie konnte sie es ertragen, so benutzt zu werden? Denn eigentlich dachte ich an Martha. Die Wahrheit war dies: Ich hatte mir, aus Eitelkeit, nicht geradezu die *Hoffnung* erlaubt, mich diese Nacht mit ihr im Bett wiederzufinden, aber ich hatte es mir natürlich gewünscht. Und nicht, weil es Martha war. Ich begann einzusehen, daß ich mich nie so furchtbar dafür interessiert hatte zu erfahren, *wer* Martha war; ganz im Gegenteil, einer solchen Einmischung hatte ich mich widersetzt, denn dann hätte *ich* ja bekennen müssen, was *ich* war. Nein, ich wünschte mir einfach, mit ihr die Nacht zu verbringen, weil es so einfach gewesen wäre, es wäre unheimlich befriedigend gewesen, nach so langer Zeit immer noch begehrt zu werden – weil ich schon einmal dagewesen war und nicht mehr um die Eroberung kämpfen mußte, weil wir, manchmal, bei der Liebe so gut miteinander gewesen waren. Diese Erinnerung schlich auf Zehenspitzen mein Rückgrat hinauf, während ich an der Jukebox stand und die Menge beobachtete.

Die Menge. Es ging mir auf, daß ich womöglich mein Leben damit verbringen konnte zu tun, was ich eben tat. Die Welt war voll von solchen Mengen, Kellnerinnen, Betten, Mädchen, Frauen, Jungen, Männern – vielleicht sogar voll von Marthas. Wie sollte ich es jemals wissen, solange ich entschlossen war, es nicht zu wissen? Ich stopfte viel Kleingeld in die Jukebox und drückte wahllos, auf gut Glück, wobei ich den Eindruck zu wecken versuchte, daß ich die Titel bewußt wählte. Aber die Wahrheit ist, daß ich absolut nichts sah, daß ich einfach, wie ich hoffte, mich versteckte. Und würde ich mein ganzes Leben in so unmännlichen Haltungen verbringen, mein Gesicht im schiefen Winkel zur Musik und im schiefen Winkel zur Menge?

Und ich hatte alles gefickt, was mir in Übersee unter die Hände kam, einschließlich zwei von meinen Saufkumpanen. Es hatte mich angewidert – aber erst hinterher, nicht vor dem Akt. Vor dem Akt, als ich an ihren Augen erkannte, was los war, hatte es mir gefallen, der bewunderte Mann zu sein, ich hatte es ausgekostet, nichts als jungenhafte Muskeln und ein zuckender Schwanz, und hatte mir gesagt: *Was, zum Teufel, immer noch besser als sich einen runterholen.* Und es hatte mir gefallen, die Bewunderung, der warme Mund, der enge Arsch, die Tatsache, daß nichts anderes von mir erwartet wurde, außer daß ich meine Ladung abschoß, was ich sehr, sehr gern machte. Und wenn es vorbei war, war ich angewidert, nicht nur, weil es eigentlich nichts für mich war, sondern weil ich jemanden lediglich als Gefäß benutzt hatte und mich als bloßes Ding hatte benutzen lassen. Ich war angewidert, daß mein Verlangen, wie ich es sah, mich so weit hinuntergetrieben hatte. Dennoch: mein Verlangen hatte mich getrieben und konnte mich immer wieder dorthin treiben. Und was mochte eine Frau empfinden? Diese Frage hatte ich mir noch nie gestellt. *Die Frauen mögen es genauso wie die Männer*, okay, *und ein steifer Schwanz hat kein Gewissen*, auch okay, aber dies rechtfertigt nur eine grausame Gleichgültigkeit. Ich konnte womöglich mein ganzes Leben in dieser Haltung verbringen und, wenn Gabriels Posaune erschallte, erwischt werden, im schiefen Winkel zur Musik und im schiefen Winkel zu meinem Leben.

Zum erstenmal fragte ich mich also, was die Liebe war, und ich fragte mich, ob ich in mir die Kraft finden würde, um Liebe zu geben und zu empfangen: meine Nacktheit als heilig zu akzeptieren und die Nacktheit eines anderen heilig zu halten. Denn ohne Liebe verwelkt die Lust rasch, wird zum faulen Nachgeschmack auf dem Gaumen, und die Erfindungen der Lust erschöpfen sich schnell. Es muß eine Seele in dem Körper sein, den du in den Armen hältst, eine Seele, der du begegnen möchtest, eine Seele, die deiner Seele begegnen möchte.

Jetzt ahnte ich, warum der Tod so furchtbar und die Liebe so gefürchtet ist – ich spähte in einen Abgrund und schloß die Augen und schauderte: aber ich hatte es gesehen.

Dann, nachdem ich mein ganzes Kleingeld ausgegeben hatte (ich mußte einen Job finden!), kehrte ich an den Tisch zurück und rief die schöne und geheimnisvolle Kellnerin und bestellte noch eine Runde.

Als sie die Runde brachte, fragte ich sie: «Woher kommst du, Mädchen?»

Sie stemmte die Hände in die Hüften und grinste mich an. Sie hatte eine Lücke zwischen den oberen Schneidezähnen. Das machte ihr Gesicht lustig, nicht nur hübsch, die Lücke war wie eine Zugabe.

«Waycross, Georgia», sagte sie. «Das ist doch etwas, wie?»

Wir lachten alle. Peanut fragte: «Wie bist du da rausgekommen?»

«Ihr hier oben», sagte sie, «wundert euch immer, wie wir *raus*gekommen sind. Aber habt ihr euch nie gefragt, wie wir *rein*kommen sollen? Ich hab es *satt, draußen* zu sein.»

«*Darauf* ein Amen», sagte Arthur. «Und die ganze Gemeinde sage: Amen!»

«Aber manchmal frag ich mich», sagte ich scherzhaft, «wie wir *hinüber*kommen sollen.»

«Ah, wir sind schon *drüben*», sagte sie. «Wir sind schon *lange* drüben. Ist dir schon mal aufgefallen, daß die Weißen dies Wort nie in dem Sinn gebrauchen wie wir? Sie haben Angst davor, drüben zu *sein*. Und sie haben recht. Auf die Weise sind wir, das weiß ich, *rübergekommen*.» Sie lachte, wieder mit ihrem ganzen boshaften Negerjungengesicht, und all diesen Zuckerwattehaaren. «Aber irgendwann, bald, möcht ich trotzdem gern mal *rein.*»

«Ins Königreich?» fragte Arthur mit einem Lächeln.

«Das da oben? Nein, kaum. Ich kann Milch und Honig nicht *ausstehen*, und, Junge, weißt du, die da oben *können* nicht singen.» Sie und Arthur und Peanut lachten. «Und sie könnten sich nicht mal ein Kotelett oder ein Schweineschnitzel besorgen, wenn ihre liebe Seele davon abhängen würde –» wieder lachten wir alle – «und sie haben keine Ahnung von Kutteln mit Reis.»

«Du bist verrückt», sagte ich.

«Wieso, nein, bin ich nicht», sagte sie und sah mich direkt an, mit einem wunderschönen, forschenden, offenen Blick. «Ich seh nur keinen Grund, zu denen da oben zu gehen, die mich hier unten schon halb verrückt gemacht haben und die sich selber schon komplett verrückt gemacht haben.» Sie nahm ihr Tablett und wollte gehen. Jemand hatte sie gerufen: ihr Name, soviel ich verstand, war *Thomasina.* «Ich hab aber auch kein besonderes Interesse für das Königreich hier unten – komme schon», rief sie. «Aber meine Großmama unten in Waycross, die sagte immer zu mir, wir *haben* ein Königreich. Wir brauchen nur noch *hinein*gehen. Bin gleich wieder bei euch, Leute», sagte sie und ging, um an einem anderen Tisch zu bedienen.

«Na, *die* ist aber nicht sehr scharf drauf, sich desegregieren zu lassen», sagte Peanut. «Was fehlt der bloß?»

«Wie ich sehe», sagte Sidney, der plötzlich vor dem Tisch stand und sich dann hinsetzte, «versucht ihr schon, euch an meine Kellnerin ranzumachen. Aber da kann ich euch sagen, daß sie mit keinem von euch was im Sinn hat.»

«Hände weg», sagte Peanut, «verstehe ich recht?»

Sidney grinste, sah mich rasch an und dann wieder Peanut. «O nein», sagte er. «Sie gehört nicht mir. Ich weiß nur zufällig, daß sie schon in *festen Händen* ist. Jedenfalls», fügte er hinzu, wobei er Arthur mitleidig ansah und dann Peanut angrinste, «sie meint, von *Kindern* hat sie genug. Hast du kapiert, Junior?»

Arthur betrachtete ihn mit einem eigensinnigen kleinen Lächeln. «Wart's nur ab, Sidney, ich werd dich noch überraschen, daß dir der Arsch offensteht.»

«Mann, du nimmst Arthur aber auch in die Zange», sagte Peanut.

«Ich hab die ganze Zeit nichts anderes gemacht», sagte Sidney, «als mich zu bemühen, diesen dummen Esel vor Schwierigkeiten zu bewahren, während sein großer Bruder fort war.» Und auf einmal lachte er und packte Arthur und küßte ihn auf die Stirn. «Na, ist's nicht wahr, komm, sag die Wahrheit, daß auch der Teufel es hört.»

Arthur grinste, aber ziemlich widerwillig, und wehrte sich schwach gegen Sidneys Griff. «Mein Bruder spricht jedenfalls nicht so mit mir.»

«Ach», sagte Sidney. «Das ist's ja, was dir fehlt. *Er* ist höflich zu dir. Aber *ich* werd dich 'nen Schleimscheißer nennen und *dich in den Arsch treten.*» Er ließ Arthur los und drehte sich zu mir um. «Und das nur, weil ich euch beide liebe.»

Ich sagte: «Mir scheint, es ist 'ne Menge passiert, seit ich fort war.»

«Ja», sagte Sidney, «aber andererseits auch nicht. Kommt ganz darauf an.»

«Kommt darauf an?»

«Nun ja. Es kommt zum Teil darauf an, was du *möchtest*, was passiert, und zum Teil darauf, was du *fürchtest*, was passiert – und vor allem auf das, was du nicht kommen siehst.»

Ich beobachtete ihn lächelnd und holte die Schachtel mit seinem Ring aus der Tasche und legte sie auf den Tisch. «Das ist für dich, Mann. Ich hoffe, es gefällt dir.»

Arthur und Peanut sahen lächelnd zu, wie Sidney die Schachtel aufhob und sie einen Moment zwischen seinen beiden großen Händen hielt.

«Wenn's mir nicht gefällt – darf ich es verkaufen?»

«Mach schon, Mann», sagte Arthur, «mach die Schachtel auf.»

Sidney lächelte mich an, undurchdringlich, während er die Verpackung löste und die Schachtel öffnete. Er nahm den Ring heraus und hielt ihn eine ganze Weile in der offenen Hand. «Der ist *schön*!» sagte Arthur – und ihn schließlich an seinen vierten Finger steckte: das feuerrote Schlangenauge leuchtete auf seiner dunklen Haut.

Er streckte den Arm aus, um seine Hand zu bewundern, dann sah er mich wieder an. «Er *ist* schön», sagte er. «Danke, Brother.» Eine Sekunde lang schien etwas wie Donner zwischen uns in der Luft zu hängen, etwas, das beunruhigend und zugleich friedvoll war, und beide lächelten wir. «Ich schicke Thomasina mit Drinks für euch rüber, Leute», sagte er. «Ich trinke nicht mehr während der Arbeit.»

Ich hatte das Gefühl – irgendwie war es die Intensität seiner Augen –, daß er noch mehr sagen wollte, aber er unterbrach sich und stand auf. «Ich muß wieder an die Arbeit. Hör mal. Wollt ihr, du und Martha, hier bei dem jungen Gemüse bleiben, oder wollt ihr lieber gehen und euch einen ruhigen Platz suchen?»

«Ich glaube», sagte ich, «wir suchen uns einen ruhigen Platz.»

«Gut. Wir werden sehen, wenn sie hier ist», und er strich mir mit seiner beringten Hand über die Wange und ging zurück an die Bar.

Arthur sah mich an, ohne mich direkt anzusehen, und seine gerunzelte Stirn wirkte leicht komisch – in seinem Bemühen, seine Besorgnis zu verbergen. Ich wollte ihn beruhigen, aber ich konnte nicht – das hätte bedeutet, vorzeitig die Kanone abzufeuern. Ich fragte mich, was er wohl dachte, was er gesehen hatte, was er wußte; und wieder wurde mir klar, daß niemand mit mir über Martha gesprochen hatte, daß niemand Sidney erwähnt hatte. Sie konnten nicht: und wenn sie nicht konnten, dann wußten sie wohl, daß ich selbst bald sehen würde warum. Jetzt hatte ich das Gefühl, daß mir ziemlich harte fünf Minuten bevorstanden. Ich wußte, daß ich nicht wußte, wie ich sie überstehen würde, aber schlimmer oder langwieriger würde es nicht sein, das fühlte ich. Dann schien auf einmal hinter meinem Rücken etwas in der Luft zu liegen, und es passierte etwas in Arthurs Augen, und ich wußte, daß Martha gekommen war.

Ohne den Kopf umzudrehen, konnte ich sehen, wie sie sich auf Zehenspitzen über die Theke reckte und Sidney auf die Nase küßte – wie an jenem Weihnachtsabend, als wir zum erstenmal hier waren. Mir schien, als könnte ich das Lachen der beiden hören, es war dasselbe und doch nicht dasselbe, und ihre Gesichter sehen: Marthas Gesicht strahlend vom frischen Wind, und Sidneys ein wenig teilnahmslos vor Müdigkeit, und doch wunderbar stark vor Hoffnung. Und da wurde es für mich wahr, daß Zeit vergangen war und daß, ja, etwas verloren war.

Oder: vielleicht hatte *ich* etwas verloren, aber es war auch etwas gewonnen. Denn jetzt sah Arthur mich an mit einem Blick, den er früher niemals an sich hatte – einem Blick, warnend, ahnungsvoll, amüsiert und resigniert –, und er sagte: «Martha ist da, Bruder.» Es war, als wollte er einfach nicht, daß ich unversehens überrascht wurde. Alles andere war meine Sache. Und mit diesem Blick sagte er mir nicht nur, daß er über meine unmittelbare Situation Bescheid wußte, sondern daß er auch viele andere Dinge zu entdecken begonnen hatte in der Zeit, als ich fort war.

Und so drehte ich mich auf dem Stuhl um, machte mich bereit, wagte noch nicht aufzustehen – unsicher, ob ich das *Recht* hatte aufzustehen, so viel Aufhebens zu machen von ihrer Ankunft: als ich dies Recht gehabt hatte, da hatte ich es nicht nutzen wollen – und ich wandte mein Gesicht zur Bar, lächelnd, während sie sich von der Bar abwandte und auf uns zukam. *Sie* lächelte, das glücklichste Lächeln, das ich je bei ihr gesehen hatte, sie trug ein marineblaues Kleid und einen braunen Regenmantel, ihre Haut glänzte, und ihr Haar war ein wenig zerzaust vom Wind. Sie war etwas älter geworden, sie sah außerordentlich gut aus, und ich freute mich sehr, sie zu sehen. Ich stand auf, und sie legte die Arme um mich, und ich nahm sie in die Arme. Es war nicht dasselbe, aber es war gut, es war besser als gut.

«Mein Gott», sagte sie, «da bist du endlich! Wir haben dich vermißt, und wir haben von dir gesprochen, ich hab sogar angefangen zu beten!» Sie lehnte sich, die Hände auf meinen Schultern, zurück und sah mich an. «Na, man sieht's, dir hat Mutters gute Küche gefehlt, Junge – *und* meine und Tante Josephines –, aber *sonst* ...!»

«Keine sichtbaren Wunden», sagte ich.

«Ach, aber die unsichtbaren! – da sprechen wir später drüber.» Sie wandte sich zu Arthur und Peanut um, die aufgestanden waren. «Weiß nicht so recht», sagte sie zu Arthur, «ob ich mit dir überhaupt noch sprechen soll, aber komm, laß dich umarmen, nur im Andenken an die alten Zeiten. Nur weil ich weiß, es wär nicht richtig, dich vor deinem Bruder auszuschimpfen, wo er den ersten Tag zu Hause ist.» Sie und Arthur lachten und umarmten sich. Arthur sagte: «Ich weiß nicht, kennst du schon meinen Freund Peanut, wir haben früher zusammen gesungen ...»

«Oh –» mit einem raschen Seitenblick zu mir – «aber ich hab von Peanut gehört, glaube mir.» Sie schüttelten sich die Hände. «Setzt euch doch bitte.»

Ich half ihr aus dem Mantel und schob ihr den Stuhl hin, und eine Weile schauten wir uns nur an. Peanut nahm mir ihren Mantel ab und hängte ihn auf. Thomasina kam mit ihrem Tablett und stellte unsere Drinks auf den Tisch. Sidney hatte mir einen doppelten Scotch geschickt, und Marthas Daiquiri erwies sich, wie ich feststellte, als einer von der alten Sorte. Arthur war wieder zu Ginger Ale degradiert worden und Peanut trank Bier.

«Wir trinken schnell aus», sagte Arthur, «und dann lassen wir euch beide allein. Oder – wir können auch gleich an die Theke gehen.»

Martha sah ihn schief an. «Arthur, mach mir nichts vor, du kannst es nur nicht erwarten, raus auf die Straße zu kommen. Früher warst du nie so rücksichtsvoll, uns allein zu lassen.» Sie hob ihr Glas, erst zu Peanut, dann zu Arthur, dann zu mir: «Auf den Heimgekehrten.»

Ihr Gesicht verwandelte sich jetzt in ein Gesicht, das ich noch nicht kannte, das ich aber kennen, kennenlernen würde in den Jahren, die vor uns lagen. Es war das Gesicht einer Frau, die zu einer Entscheidung gefunden und ihre Jungmädchenzeit resolut hinter sich gelassen hatte, wenigstens soweit sie dies damals wissen konnte. Hier sah ich zum erstenmal das Gesicht der schwarzen Frau, des schwarzen Mädchens, dem wir immer wieder begegnen würden in den kommenden Jahren, all die kommenden Jahre, auf den staubigen Highways der Marschkolonnen. Dies Gesicht war so unnachgiebig wie verletzlich, die reine Definition von Adel: Nimm alles, was du hast, und gib es den Armen, aber verschone *mich* mit all dem Zeug.

I once was lost, but now I'm found.

Ich hob mein Glas: «Darauf, daß ich wieder zu Hause bin bei denen, die ich liebe.»

Wir tranken, und Martha und ich starrten uns unverwandt an – einen, wie mir schien, sehr kurzen Moment, aber er war lang genug, daß Arthur und Peanut ihre Gläser leerten und sich erhoben. Und sie ließen Martha und mich zurück, allein.

«Also», sagte ich. «Wo sollen wir anfangen?»

«Ach», sagte Martha nach kurzem Zögern, «vor allem laß uns all die Geschichten um Alice im Wunderland vergessen – das Ende ist noch nicht in Sicht, und der Anfang liegt weit zurück.»

Wir lachten zusammen, aber ich wollte ihre ritterliche Qual nicht verlängern. Ich betrachtete ihr Gesicht. Sie war älter geworden, ja, aber es war eigentlich nicht die Zeit, die in ihrem Gesicht geschrieben stand – immerhin war nicht so viel Zeit verstrichen. Was da geschrieben stand, das sprach von einsamen, traurigen Entscheidungen. Der Preis war am Kinn und an den Wangen eingezeichnet, war an der nicht ganz falschen Direktheit und Ruhe ihres Blicks abzulesen. Nicht ganz falsch, weil zu schwer errungen: der Kampf war deutlicher sichtbar als der Sieg.

Aber der Kampf selbst war eine Art Sieg, und nur jene unwillkürlich tiefe Liebe, die ich, wie ich wußte, nicht für sie empfand, durfte es wagen, zwischen Wille und Tat zu unterscheiden.

Ich bot ihr eine Zigarette an, aber sie winkte ab und lächelte nein, und eine Weile nippten wir an unseren Drinks.

Alles um uns her war auf einmal ganz still, als ob unsichtbare Heerscharen den Ausgang unseres Turniers in dieser Arena erwarteten.

«Dieser Brief, den du mir nicht geschrieben hast – er handelte von dir und Sidney?»

«Ja. Nicht eigentlich. Es ging um mehr als das – aber, ja, ich wollte dir auch davon erzählen, von mir und Sidney.»

Marthas Augen waren in diesem Moment so schön, so strahlend vor Schmerz, daß ich kaum meinen Augen trauen konnte. Nie zuvor hatte ich solche Nacktheit in den Augen eines Menschen, den ich liebte, oder überhaupt in jemandes Augen gesehen. Es machte mich sehr glücklich, daß jemand so schauen konnte, so lieben konnte, und gleichzeitig machte es mir auch angst.

«Ach, Martha – warum konntest du mir nicht schreiben? Ich meine, von dir und Sidney? Ich hab doch keinerlei Anspruch an dich. Darauf hatten wir uns doch geeinigt, als ich fortging.»

«Ja. Du hast es gesagt, und ich war einverstanden. Nur – du hast es nicht *wirklich* gesagt, nicht mit Worten, und so konnte ich nicht wirklich einverstanden sein.»

Ich sah sie an und dachte darüber nach.

«Immerhin ... ich *mußte* annehmen, einer der Gründe, warum du nicht wolltest, daß wir irgendwelche Ansprüche aneinander hätten, war der, daß du dachtest, du würdest vielleicht nicht wiederkommen. Oder würdest wiederkommen mit nur einem Bein oder ohne Augen – wer weiß, was du dachtest? Aber das war's, was *ich* dachte. Und ich wußte nicht einmal, daß ich das dachte, bis ...» Und sie stockte.

«Ich finde, wir sollten raus hier», sagte ich. «Ich bringe dich nach Hause. Oder wir sagen Sidney, wo er uns finden kann.»

«Das ist eine gute Idee», sagte sie, und so standen wir auf und bahnten uns einen Weg nach draußen. Wir waren uns noch nicht recht einig, wohin wir gehen wollten, aber wir sagten Sidney, daß wir ihn anrufen würden.

Wir gingen in ein sehr ruhiges Lokal, eine Art Cocktail-Lounge an der Seventh Avenue, bei der 125th Street, und setzten uns ganz hinten in eine Nische, allein, weit weg von den anderen. Die anderen waren Paare, etwas über unserem Alter – und Stand.

Die Bedienung kam, und wir bestellten unsere Drinks. Wir saßen in gespanntem freundlichem Schweigen und horchten auf Ella Fitzgerald aus der Jukebox.

«Habt ihr beide vor zu heiraten?» fragte ich.

«Ich glaube ja. Ich hoffe – ja.» Sie grinste. «Wir sind viel altmodischer als du.»

Ich brummte vor mich hin. «Glaubst du! Ich bin nur ein Spätstarter, das ist alles.»

«Wie auch immer. Nachdem du fort warst, habe ich Sidney kaum noch gesehen. Vielleicht gingen wir uns ganz instinktiv aus dem Weg. Ich ging nie in *Jordan's Cat*, und wir trafen uns auch nie zufällig auf der Straße, obwohl wir im selben Viertel wohnen.»

Ich wollte sie ein bißchen aufziehen. «Was meinst du damit, daß ihr euch ‹instinktiv› aus dem Weg gegangen seid?»

«Ach, komm. Du weißt ganz genau, was ich meine.» Wir lachten. Die Kellnerin kam mit unseren Drinks und brachte auch Erdnüsse und Kartoffelchips. Die Stimme Ella Fitzgeralds wurde von Pearl Baileys Stimme abgelöst.

«Es war gar nicht lustig, damals», sagte sie vorsichtig. «Ich wußte ja nicht, *woran* ich bei dir war, aber – du hattest es geschafft, daß ich mich selbst nicht mehr leiden konnte.»

Ich sagte nichts. Da gab es nichts, was ich hätte sagen können.

«Ich wollte nicht dir die Schuld geben, und ich wollte nicht anfangen, *den Männern* die Schuld zu geben. Also arbeitete ich hart und verbrachte die meisten Abende zu Hause.» Sie lachte. «Tante Josephine war *höchst* beunruhigt.»

Ich empfand eine seltsame, einsame Anwandlung von Bedauern angesichts ihrer Weigerung, jemand die Schuld zu geben, und gleichzeitig war ich gezwungen, sie zu respektieren. Aber ganz irrational empfand ich auch, daß diese Weigerung, mir die Schuld zu geben, als eine Art, meine Männlichkeit zu untergraben, verstanden werden konnte. Natürlich ist ein Mann verunsichert durch eine Frau, die sich weigert, ihm die Schuld zu geben!

«Tatsächlich sah ich Sidney erst wieder, nachdem Julias Vater sie so arg zusammengeschlagen und sie ihr Baby verloren hatte –» sie nahm ihr Glas und schaute hinein, dann blickte sie mich wieder an – «sie haben dir das alles doch erzählt?»

«O ja, sie haben es mir erzählt.»

«Als dieser erste Tag vorüber war – denn diese schreckliche Angelegenheit zog sich tagelang hin, wir wußten nicht, ob Julia am Leben bleiben oder sterben würde, und ihr Vater war eine *Offenbarung*, Baby, so was hab ich noch nie gesehen ... aber das erzähl ich dir ein andermal ... da gingen deine Mama und ich die Straße entlang, zu *Jordan's Cat,* und setzten uns hin. Keine von uns sprach ein Wort, keine sagte: Laß uns was trinken. Wir gingen einfach in die nächste Bar und setzten uns hin.

Und weißt du, ich dachte wirklich gar nicht an Sidney. Ich

dachte an dieses Mädchen und an ihren Vater. Und mir war übel. Deiner Mama und mir, uns beiden war übel. Und wir wußten genau, daß ihm nichts passieren würde. Sie konnten ihn nicht festhalten, sie mußten ihn laufenlassen.»

Etwas in Marthas Gesicht ließ mich verstummen. Meine Mutter, ihre Mutter, Julia – mindestens drei Frauen waren da plötzlich in Marthas Gesicht, sie alle entsetzt über Julias blutige Einweihung in ihr Leben als Frau. Ihrer aller Augen waren auf etwas fixiert, was vielleicht kein Mann sehen konnte. Joel zum Beispiel war tatsächlich, wie Martha sagte, eine Offenbarung – ich wäre nie auf dieses Wort gekommen, ich wußte nicht, welches der sieben Siegel für sie gebrochen worden war. Joel stieß den Mann in mir ab, er beschämte mich, daß mir übel wurde. Aber ich hatte so rasch eine so weite Distanz zwischen seine Männlichkeit und meine gelegt, daß er mich nicht gefährden konnte. Er hatte keine Macht über mich – aber dies konnte für eine Frau nicht gelten. Ich konnte mich von Joel lossagen. Sie konnten sich nicht von Julia lossagen. Genauer gesagt, vielleicht fiel es mir nicht so schwer, mich gegen den potentiellen Joel in mir zu schützen, seine Gegenwart völlig auszulöschen. Aber für Martha war es, wie ich jetzt erkannte, nicht so leicht, aus ihren Tagen oder ihren Nächten das Band auszulöschen, das sie mit der so brutal zerbrochenen Jungfrau verband.

Wir saßen eine Weile und schwiegen. Es war spät geworden, schon nach ein Uhr. Aus weiter Ferne hörten wir Frank Sinatras Stimme. Ich signalisierte der Kellnerin: eine neue Runde. Sie kam zu uns, die wir noch immer in diesem hallenden Schweigen saßen, und trug unsere leeren Gläser weg; und endlich zündete Martha sich eine Zigarette an.

«Ich glaube, Mama Montana und ich sprachen kaum mehr als zwei Worte miteinander. Wir bestellten unsere Drinks und saßen da, fühllos wie Zombies. Dann kam Sidney herein, und –» Martha lachte – «es war, als ob er uns aufweckte. Erst jetzt wurde uns klar, wo wir uns befanden, und wir sahen uns an, als wollten wir sagen, wie sind wir eigentlich hierhergekommen? Wie im Märchen, weißt du, wenn der Prinz daherkommt und seinen Zauberstab schwingt und, *schwubdiwub!* – bist du verwandelt!»

Und sie lachte wieder, und die Kellnerin kam und stellte unsere Drinks vor uns hin, auch neue Kartoffelchips, und sie lächelte nachsichtig auf uns herab, als hielte sie uns für ein neuvermähltes oder verliebtes Paar.

«Sidney war die ganze Zeit sehr nett zu uns, und deine Mama mochte ihn sehr gern. Und das hat mir etwas bedeutet, muß ich sagen –» sie beugte sich vor und gestikulierte mit ihrer frisch angezündeten Zigarette – «weil ich deiner Mama vertraue.»

Ich sagte, ich mußte es sagen: «Klar. Sie behandelte Sidney wie einen Sohn.» Dann sagte ich: «Entschuldige bitte, sprich weiter.»

«Hast auch allen Grund, dich zu entschuldigen», sagte sie, verstimmt über die Unterbrechung. «Immerhin behandelst du ihn auch wie einen Bruder.» Sie hielt inne und kniff die Augen zusammen, widerspenstig und spöttisch zugleich. «Oder nicht?»

Sie erinnerte mich an mein Schuldbekenntnis. «Ja», sagte ich. «Das tu ich.»

Sie schwieg und suchte irgend etwas in meinen Augen. Und: «Von da an gingen wir hin und wieder zusammen aus – mal ein Kino, ein Konzert, manchmal kam ich auf einen Drink zu ihm und saß am Ende der Bar. Irgendwie machte es mich sehr glücklich, abends dort an der Bar zu sitzen, weil ich wußte, daß es ihn glücklich machte, mich da sitzen, einfach dasitzen zu sehen, auch wenn er immer zu tun hatte und wir nicht viel reden konnten.»

«Es war das Sitzen am Ende der Bar», sagte ich, «das hat's gebracht.» Und ich meinte es nicht spöttisch. Ich *sah* es.

«Ja», sagte sie. Sie senkte den Blick. «Er brauchte mich. Ich machte ihn froh. Ich bedeutete etwas in seinem Leben.» Sie blickte auf, in meine Augen. «Und das bedeutete etwas in *meinem* Leben, und – wir hatten uns noch keinmal berührt, Hall.»

Sie schaute sich im Lokal um, und wieder sah sie etwas, das ich nicht sehen konnte.

«Und er gab mir den Mut, anzufangen nachzudenken – über dich, über dich und mich. Ich sah, daß ich geträumt hatte. Korea war nicht der Grund, warum du mich nicht heiraten wolltest ...»

«Das hab ich nie gesagt, Martha, sei nicht ungerecht.»

Sie lächelte. «Sei nicht ungerecht!» Dann: «Nein. Aber das stand immer unausgesprochen im Hintergrund. Jedenfalls», sagte sie, «vergiß nicht, daß ich dir nicht die Schuld gebe. Für nichts.»

Es war wahr. Es war nicht wahr. Ich sah ihr aufmerksam in die Augen. Ich hielt meinen Mund.

Sie sah auf die Uhr und nippte an ihrem Drink.

«Ich begann jedenfalls einzusehen, daß du mich nie heiraten würdest, daß immer irgend etwas im Weg sein würde. Gut. Ich begann einzusehen, daß ich geträumt hatte – geträumt, daß du, wenn du nach Hause kämest, alle Schlachten hinter dir und die Gefahr überstanden, endlich das Gefühl haben würdest, daß du das *Recht* hättest, mich zu bitten, dich zu heiraten.» Sie warf den Kopf zurück und lachte. «Aber immerhin war es ein schöner Traum. Er half mir über ein paar harte Tage hinweg, das sag ich dir. Aber ...»

«Die Träumerin erwachte», sagte ich.

«Ja», sagte sie ernüchtert, nach einer Weile, «die Träumerin erwachte.»

Ich beobachtete sie. Ich wußte wirklich nicht, was ich empfand, und ich beschloß, jetzt nicht zu versuchen, es herauszufinden. Ich würde mir später darüber klarwerden. Ich hatte das Gefühl, daß etwas, etwas sehr Klares, mir bisher entgangen war.

«Wird Sidney weiter in der Bar arbeiten», fragte ich, «wenn ihr verheiratet seid?»

«Nein.» Wieder veränderte sich ihr Gesicht, zu einem warmen, erstaunten, intimen Lächeln. Sie berührte ihr Glas. «Vielleicht werde ich nie wieder etwas trinken.» Sie legte die Zigarette in den Aschenbecher. «Vielleicht werd ich nie wieder eine Zigarette rauchen oder –» sie sah sich im Lokal um – «noch mal in so einem Lokal sitzen.»

Ich lachte, obwohl ich wußte, ich hätte nicht lachen sollen; ich lachte, weil ich Angst bekam. «Willst du eine Adventistin der letzten Tage oder so was werden, oder –» ich hörte auf zu lachen – «oder was?»

Mein Gelächter ließ sie ganz ungerührt. Sie strahlte. «Sidney studiert schon für uns, um unser Leben zu verändern – um das Leben aller Schwarzen in diesem Land zu ändern. Besonders der schwarzen *Männer*, das ist der Schlüssel.» Sie schenkte mir ein spöttisches, liebevolles Lächeln. «Vielleicht wird er auch *dich* ändern.»

Jetzt war ich völlig nüchtern, gespannt sah ich sie an.

«Ich weiß, Sidney hat dir nie davon erzählt, aber ich weiß, es ist in Ordnung, wenn ich es dir jetzt sage ... er verheimlicht es nicht mehr.» Sie machte eine Pause. «Sidney hat einen jüngeren Bruder, im Gefängnis – wußtest du das?»

«Nein», sagte ich, «das wußte ich nicht.» Dann: «*Mein* Bruder Sidney hat mir nie erzählt, daß er noch einen Bruder hat.»

«Ja. Hat er. Und seit einem Jahr oder so, immer wenn sein Bruder ihm schreibt, immer wenn Sidney seinen Bruder besucht, erzählt er nur noch vom Boten Allahs, vom Islam, und wie seine *Wahrheit* nach all diesen Jahrhunderten der Lüge ihm geholfen hat, sein Leben in Ordnung zu bringen. Und Sidney sagt, das ist wahr. Sein Bruder, der wegen *Mord* ins Gefängnis ging, ist ein veränderter Mensch. Aber Sidney wird es dir selbst erzählen, er brennt drauf, es dir zu erzählen. Und ich habe Briefe von seinem Bruder gelesen, und die brachten mich dazu, in einer völlig neuen Richtung zu denken.» Sie beobachtete mein Gesicht und lachte, dann wurde sie wieder ernst. «Nein, ich bin nicht verrückt. Aber ich will es lieber Sidney überlassen, es dir zu erklären – er studiert, er verbringt jede freie Minute mit seinen Muslim-Brüdern, und es hat auch aus ihm einen neuen Menschen gemacht.» Sie machte eine Pause, und dann sagte sie stolz: «Und wenn ich seine Frau, seine Gehilfin sein werde, ja, dann werde auch ich anfangen müssen zu studieren.»

Ich sah sie nur an. Ich konnte das alles gar nicht fassen. «Das alles ist völlig neu für mich, ich hab nie etwas darüber gehört.»

«Aber es ist nicht neu. Es ist alt. Es ist Jahrtausende alt. Es ist uns nur vorenthalten worden.» Zweifellos schaute ich noch immer verdutzt drein. «Sieh mal, die Wahrheit über die Schwarzen ist uns *immer* vorenthalten worden, das ist der Grund für unser Elend. Aber der Bote Allahs weiß die Wahrheit.»

«Und *der* ist ein Mensch – ein lebender Mensch?»

«Ein lebender *schwarzer* Mensch – hier in den Vereinigten Staaten.»

«Ich glaube, ich muß noch einen trinken», sagte ich, «schnell, und du solltest auch noch einen nehmen. Hört sich so an, als wär's für *dich* bald vorbei mit den Drinks.»

Sie lachte. «Warum macht dir das solche Angst? Du siehst ja ganz erschrocken aus.»

«Ich bin erschrocken. Die *Wahrheit soll* doch erschrecken.»

Ich bat die Kellnerin, uns noch eine Runde zu bringen, und ich bat sie, mir einen Doppelten zu bringen. Martha betrachtete mich aus ihrer unangreifbaren Distanz, mit ihrer unerschütterlichen Liebe. Dann sah sie wieder auf die Uhr.

«Ich sollte mal lieber Sidney anrufen. Was wollen wir machen?»

«Ich bring dich in die Bar zurück, und Sidney und ich können uns ja verabreden, um diesen ganzen Muslim-Kram mal gründlicher zu diskutieren.»

«Sehr gut», sagte sie. Sie holte einen Nickel aus ihrer Geldbörse und ging Sidney anzurufen.

Ich begleitete sie schweigend zu *Jordan's Cat*. Ich wollte eigentlich nicht schweigen, aber ich wußte nichts zu sagen. Und ich wollte nicht, daß sie etwas sagte. Ich mußte dauernd über all das nachdenken, was sie gesagt hatte, und noch mehr über die Art, wie sie es gesagt hatte; es drehte und drehte sich in meinem Kopf, wie ein schwerer, in den Wellen hin und her geworfener Gegenstand. Es ging nicht unter, es hörte nicht auf sich zu drehen.

Als wir dann in der Bar anlangten, sagte ich zu Sidney: «Ich höre, du hast mir etwas anzuvertrauen, Brother.»

Sidney schenkte mir das wunderbarste Lächeln, das ich je im Gesicht eines Mannes gesehen hatte, und sagte: «Ich glaube, ja.»

«Wollen wir nachher darüber reden?»

«Du brauchst jetzt erst mal deinen Schlaf. Ich hole dich morgen gegen sechs bei dir zu Hause ab. Okay?»

«Okay.»

Und so verließ ich sie und machte mich auf den Heimweg. Ich kam nicht auf direktem Weg dorthin, ich soff mir unterwegs einen an, aber ich landete in keinem Bett – ich hätte es nicht gekonnt, ich beobachtete alles und jeden aus allzu weiter Ferne, ich hörte noch immer Marthas Stimme und sah noch immer ihr Gesicht – und das war das Ende meines ersten Tages zu Hause.

Sidney rief mich an und sagte, wir wollten uns in einer Kneipe an der 110th Street, Ecke Lenox Avenue treffen, gleich bei der Subway-Station.

Ich war allein in der Wohnung. Florence, Paul und Arthur waren ausgegangen. Ich hatte das Gefühl, daß sie mich allein lassen wollten, bis ich meine Richtung gefunden hatte.

Es war ein strahlender Tag, einer von jenen Tagen, an denen New York sich, abgesehen von manchen Wintertagen, von seiner besten Seite zeigt, und darum beschloß ich zu laufen – durch meine vertrauten und doch wieder unbekannten Straßen zu laufen.

Ich wollte nicht über den letzten Abend und über Martha nachdenken, weil ich wußte, daß ich es noch nicht verstand: und ich wußte eigentlich auch nicht mehr, was ich von Sidney halten sollte. Ich wollte nicht ungerecht sein, darum versuchte ich, nichts zu denken.

Sidney stand an der Subway-Station, er trug einen alten roten Sweater und eine alte schwarze Hose und eine Mütze: und die Glätte *ging* schon aus seinem Haar heraus.

Wir lächelten uns argwöhnisch an. Immerhin wußten wir, wo wir gestanden hatten. Wir wußten nicht, wo wir jetzt standen.

Er machte einen westindischen Akzent nach: «Ich dir spendier 'ne Tasse Kaffee, Rastaman?»

Ich lachte. «Ein Bier wär mir lieber.»

«Du zeigst ganz eindeutige Anzeichen von unverbesserlicher Sucht – aber – weil du's bist – komm.»

Wir ließen die Subway und den Park hinter uns und gingen einen Block weiter in eine laute, schäbige Bar, in der ich kaum einmal gewesen war. Es war eine Bar hauptsächlich für Huren und ihre Kerle, und das machte mir zwar nichts weiter aus – obwohl es bedeutete, daß ich hier wirklich nichts zu suchen hatte –, aber mit der Polizei oder den anderen weißen Männern, die hier verkehrten, hatte ich nichts im Sinn.

Jetzt, am späten Nachmittag, war sie halb leer – vielleicht ein halbes Dutzend junge Männer, manche noch fast Kinder, saßen oder standen an der Bar. Ein paar ältere Männer hockten an den Tischen und diskutierten die Lotteriezahlen.

Sidney und ich setzten uns an die Bar. Der Barmann, ein Weißer, begrüßte Sidney, als ob er ihn kannte. Dieses Gesicht gefiel mir nicht. Er war jung, wahrscheinlich der Sohn des Besitzers, einer von diesen hippen weißen Brüdern, die wissen, daß sie die Nigger kennen, sie so gut kennen, daß sie die Niggersprache imitieren können und sich daher berechtigt fühlen, die Nigger wie Dreck zu behandeln.

Er brachte Sidney eine Coke, er brachte mir ein Bier.

Ich steckte mir eine Zigarette an und bot auch Sidney eine an, vielleicht vor allem aus Neugier. Sidney lehnte ab.

«Du rauchst nicht mehr?»

«Im Augenblick, nein. Die Zeit wird's weisen.»

Ich nahm einen Schluck von meinem Bier und machte keine langen Umschweife.

«Meinen Glückwunsch, dir und Martha», sagte ich und streckte ihm die Hand hin.

Er grinste, und wir schüttelten einander die Hand, und ich fühlte mich besser. «Ich – wir – verdanken alles dir», sagte er.

«Nett von dir, daß du das sagst, und ich danke dir. Aber eigentlich hab ich ja gar nichts damit zu tun. Immerhin –» ich lachte, ich hoffte nichts Falsches zu sagen – «war ich nicht hier.»

«Wie war's da drüben?»

«Mann, du weißt ja, wie's da drüben war. Es war Scheiße, hochgetürmt, zusammengepreßt und am Überlaufen.» Ich schlürfte mein Bier. «Jede Menge Blut und Eingeweide und Hirn spritzte durch die Gegend, und Huren, die wir wie Dreck behandelten, und Tripper und Dünnschiß und Drogen.» Ich lachte. «Amerika, du Schöne.»

«Na ja. Sieh dich hier um, jetzt wo du wieder da bist, und sag mir, ob es hier anders ist.»

Ich schwieg. Ich schaute mich um. Schaute am Profil des Jungen am anderen Ende der Bar vorbei, durch die offene Tür auf die Straße hinaus. Die Sonne rollte nach Westen, das heißt, die Erde drehte sich andersherum; die Sonne streifte die Dächer der Hochhäuser mit einem traurigen Abschiedsglanz und schien die obersten Fenster zittern zu lassen. Von dort, wo ich stand, sah ich die brutale eiserne Feuerleiter an der Flanke eines der Gebäude herablaufen, und den Eingang des Gebäudes, von der Straße zurückgesetzt. Ein paar Kinder spielten im Hinterhof und auf dem Gehsteig ein undurchschaubares Spiel, bei dem die Feuerleiter und ein Ball irgendeine Rolle spielten. Ein Bus, voll von Schwarzen, fuhr langsam vorbei und versperrte mir die Sicht: jetzt sah ich nur die Silhouetten der Schwarzen hinter den Busfenstern – vorbei am Profil des Jungen am Ende der Bar, der sich nicht vom Fleck gerührt hatte, der wie erstarrt und stumm erschien. Der Bus fuhr weiter. Ein sehr eleganter Pusher mit einem sehr eleganten weißen Hut stand am Kantstein, zusammen mit zwei anderen, weniger eleganten Typen. Drei Mädchen gingen vorbei, sie waren anscheinend Schulmädchen, und die Männer am Kantstein schauten ihnen nach. Eine schwarze Frau mit einer Einkaufstasche ging langsam vorbei, und ein Streifenwagen hielt vor dem Lokal. Der mit dem weißen Hut trat an den Streifenwagen heran und blieb, aufmerksam lauschend, einen Moment stehen. Dann fuhr der Streifenwagen davon. Der Junge am Ende der Bar hatte sich noch immer nicht bewegt. Seine Stirn verlor sich in einem Gewirr schwarzer Haare, die seit Tagen nicht mehr gekämmt waren, seine Nase war lang, adlerartig, seine Lippen leicht geöffnet, seine Augen waren schwarz, voller Staunen. Seine schmalen Hände auf der Bar waren völlig reglos.

Ich schaute wieder Sidney an, wußte aber nichts zu sagen.

«Sie halten uns hier gefangen», sagte Sidney, «wie Ratten, weil das Land ihnen gehört. Alles gehört ihnen.» Er machte eine Bewegung zum Barkeeper hin und sagte mit leiser Stimme, aus dem Mundwinkel – etwas, das ich früher bei ihm nicht gekannt hatte: «Dieser Teufel da und sein Papa, sie besitzen ich weiß nicht wie viele Blocks, wieviel Immobilien hier in der Gegend, und zwischen denen und den Bullen, Mann, ist alles klar, und falls du 'ne Hure bist oder so 'n Dummkopf, der eine Lizenz braucht, da brauchst du's erst gar nicht versuchen, hörst du, wenn du dich nicht vornüber bückst und die Backen spreizt. Und sieh zu, daß du dabei lächelst und *Danke!* brüllst.» Er trank seine Coke aus. «Die haben unseren Kopf im Schraubstock, Mann, und uns bleibt nichts anderes, als brüllen.»

Ich konnte nichts sagen. Ich lauschte auf seine Stimme und beobachtete sein Gesicht, oder eigentlich konnte ich fast sagen, daß ich auf sein Gesicht lauschte und seine Stimme beobachtete. Ich begann auf eine andere, neue, sehr beunruhigende Art zu hören oder zu sehen – wahrzunehmen. Es war, als ob einer meiner Sinne, eine meiner Möglichkeiten – zum Beispiel das Sehen oder die Körperbewegung – mir eben genommen worden wäre, einfach ausgefallen wäre, und nun müßten die übrigen das Doppelte oder Dreifache leisten.

«Magst du noch eine Coke?» fragte ich.

«Nein, bestell mir ein Bier. Ist doch alles das gleiche Gift.»

«Wahrere Worte wurden nie gesprochen», sagte der freundliche Barmann, dieser hippe weiße Schleimscheißer, einer dieser Barmänner, die immer in Hörweite stehen. Du kannst nur hoffen, daß irgendwer ihn eines Tages erwürgt, und hoffen, daß nicht du es bist.

Ich achtete auf Sidneys Stimme, weil da ein Fluß in ihr strömte, ein tiefer Fluß, lange eingedämmt, bereit, alles zu überfluten, was sich diesem Fluß in den Weg stellte, einschließlich des Barmanns, der jetzt mit einem brüderlich verschwörerischen Augenzwinkern unser Bier vor uns hinstellte. Ich hörte Sidneys Augen am Barmann vorbei, über die ganze Länge der Bar donnern, wie aus weiter Ferne.

Dann lachte Sidney, Gott sei Dank, und ich verfügte wieder über meine normalen Sinne, aber es war doch nicht ganz so wie vorher.

Und: «Martha hat dir», fragte Sidney, «von meinem Bruder erzählt?»

Ich nickte ja.

«Er hat einen Mann getötet. Ich mach ihm keinen Vorwurf. Ich hätte es auch getan.»

Er schlürfte sein Bier und sagte nichts mehr, und ich sagte nichts.

«Ich hab mich lange gefragt, wie das passieren konnte, was meinem Bruder passiert ist. Und jetzt, glaub ich, weiß ich es.»

Er sah an mir vorbei, auf die Straße.

«Ich dachte immer, er ist im Gefängnis, und ich muß ihn rausholen. Jetzt weiß ich, wir alle sind im Gefängnis, und wir müssen selber sehen, daß wir rauskommen.»

Ich sah ihn an und hörte zu.

«Sie haben uns erzählt, Gott ist weiß, und sie haben uns die Eier abgeschnitten, unsere Frauen vergewaltigt, unsere Kinder abgeschlachtet und uns hier zusammengepfercht wie Schweine. Und sie sagen uns, das sei der Wille Gottes. Es *ist* der Wille Gottes – *ihres* Gottes.»

Er nahm einen tiefen Schluck aus seinem Bierglas, auf einmal ganz ruhig.

«Es ist Gottes Wille, weil sie alles besitzen – und alles, was sie besitzen, haben sie gestohlen. Ihre ganze Geschichte ist eine Lüge, es läuft kein einziger weißer Teufel herum, der die Wahrheit sagt, kein einziger. Sie haben sogar Gott gestohlen.»

Ich dachte bei mir: *Gut, sollen sie ihn haben.* Aber ich sagte nichts. Irgend etwas ging in mir vor, tief innen, irgend etwas bewegte sich – zu tief, zu langsam, zu schnell, als daß ich es hätte erfassen können. Irgend etwas quälte mich, wie einsetzende Musik, wie die Leere, in die man fällt, um Worte zu finden.

Sidney versuchte mir etwas zu geben, etwas mitzuteilen. Was es auch sein mochte, dies konnte ich unmöglich Arthur geben. Das mag seltsam klingen – und sogar heute noch klingt es für mich seltsam –, aber das war's, was ich dachte, falls ich überhaupt etwas dachte. Götter, die gestohlen und wieder zurück gestohlen werden konnten, interessierten mich nicht. Ich war nicht dazu erzogen, mit gestohlener Ware zu handeln. Was mich betraf, so waren das alles Lügen, von oben bis unten: und da wir sie aufgebaut hatten, konnten nur wir sie niederreißen. Diese Energie, die wir die göttliche nennen, ist in Wirklichkeit verwandelte menschliche Not, und wenn dieser Gott, den wir geschaffen haben, Geduld mit uns braucht, um wieviel mehr Geduld brauchen wir mit Gott!

Sidney und ich liefen zusammen durch die Straßen, bis er zur Arbeit mußte, und ich verließ ihn vor der Tür von *Jordan's Cat.* Und ich wußte, ich würde ihn nie wiedersehen, nicht so, wie ich ihn gekannt hatte.

Der einzige Mensch in meinem Leben war also wirklich mein

Bruder Arthur – und ich akzeptierte dies ohne Klage, sogar ohne Verwunderung – und die Zeit flog dahin, und ich mußte mit dem Bau beginnen. Ich wollte nicht eines Tages Arthur, mit dem Profil zu mir, am Ende der Bar stehen sehen.

Ja. Ich fing an mit dem Bau, Arthur fuhr über Land, und die Zeit fing an, ihre Chips zu setzen.

Ich erwachte eines Morgens in San Francisco, und ich wußte, daß irgend etwas an diesem Tag merkwürdig war, aber ich kam nicht darauf, was es war.

Dann sagte ich zu mir selbst, mit zögerndem Staunen: *Ich bin dreißig. Ich bin heute dreißig Jahre alt.*

Ich war allein in meinem Hotelzimmer. Seit ein paar Monaten war ich hier an der Küste, arbeitete in der California-Filiale der Werbeagentur, für die ich in New York arbeitete. Es war, überflüssig zu sagen, eine weiße Firma, aber in den sechziger Jahren eroberten wir Schwarzen, wie meine Landsleute stolz betonten, mit großen Schritten Gebiete, die uns vorher verschlossen waren.

Dreißig. Nun ja. Trotzdem mußte ich aus dem Bett und dem Tag ins Auge sehen und dieses alternde Gerippe waschen. Welches sich übrigens nicht allzu klapprig fühlte. Tatsächlich fühlte ich mich recht gut, und ich war sogar ganz froh, daß dieser Tag mich allein antraf. Und ich empfand keineswegs die Tragweite des Augenblicks, kein Bedürfnis, über mein Leben Bilanz zu ziehen oder dergleichen Blödsinn. Nein, ich war einfach froh und ein bißchen erstaunt, noch unter den Lebenden zu weilen, es so lange ausgehalten zu haben. Und es war ein schöner Tag, und ich liebe San Francisco.

Ich fragte mich, ob ich wohl jemanden fände, der mit mir essen gehen würde. Es war ein Samstag, im Büro war also niemand, aber ich hatte ein paar Telefonnummern in meinem Buch.

Ich also unter die Dusche und wieder hinaus, ich zog mich an und bestellte beim Service den Kaffee aufs Zimmer. Ich sah aus dem Fenster, sah hauptsächlich die Dächer der Hochhäuser, aber ich wußte, daß da unten, zwischen ihnen, meine schwindelnd steilen, geliebten Straßen waren.

Das Mädchen kam mit dem Kaffee, und im gleichen Moment klingelte das Telefon.

Das Mädchen war eine Asiatin, und sie ging hinaus. Am Telefon war, wie sich herausstellte, Faulkner.

Faulkner war ein Blutsverwandter von meinem Boss, welchen Grades genau, hab ich nie herausgefunden: Blutsverwandter eines Piraten, und ein gerissener, kaltschnäuziger Blonder. Ich verabscheute ihn, aber ich muß gestehen, daß er mir auch Angst machte – er war erst an die Zwanzig und hatte das moralische Bewußtsein eines Krokodils.

«Hall?» Diese Stimme, knapp und hastig, sie erinnerte an Hollywood-Filme mit britischem Flair, im Milieu der Elite-Privatschulen.

«Ja? Am Apparat.»

«Wir haben da ein Problem, wir brauchen Sie hier.»

«Warum rufen *Sie* mich an?»

«Was meinen Sie damit, warum *ich* Sie anrufe? Hören Sie mal, ich bin Faulkner Grey, ich bin Partner dieser Firma ...»

«Ich weiß, wer Sie sind und daß Sie zur Firma gehören, aber Sie sind nicht mein Boss. Von Ihnen laß ich mir nicht befehlen.»

«Hören Sie, dies ist nur ein freundlicher Anruf, um Sie wissen zu lassen, daß wir Sie hier an Deck brauchen werden, wieso fahren Sie mir gleich an die Kehle?»

«Weil mir scheint, Sie haben irgendwas geschluckt. Weil Sie und ich im Geschäft nichts miteinander zu tun haben. Weil heute Samstag nachmittag ist ...»

«Und weil Sie mich nicht ausstehen können, hab ich recht?»

«Über Sie mache ich mir keine Gedanken, Faulkner. Ich hab nur keine Lust, nach Ihrer Pfeife zu tanzen.»

Aber gleichzeitig tat es mir leid, diesen Ton angeschlagen zu haben. Es war nicht klug.

«Glauben Sie, ich rufe Sie an, weil mir Ihre großen braunen Augen gefallen? Glauben Sie, ich hab *Sehnsucht* nach Ihnen, Gott im Himmel?»

Könnte sein, dachte ich, könnte sein. Der Gedanke war mir schon mehr als einmal gekommen. Der Junge stand auf mich, das war verdammt sicher.

Und ich wußte, es war nicht klug von mir, aber ich konnte nicht anders: «Aber ich hab Sehnsucht nach Ihnen, mein Süßer. Worum geht's denn?»

«Wissen Sie, für einen intelligenten schwarzen Typ und so können Sie ganz schön ekelhaft sein.»

«Pssst, Kindchen. Eifersuchtsanfälle führen zu nichts. *Ist* meine Anwesenheit dringend erforderlich?»

«Wenn Sie klug sind, setzen Sie sich noch *heute* in ein Flugzeug und lassen sich Montag früh frischgewaschen und gekämmt hier blicken.»

«Im Ernst? Sie verscheißern mich nicht?»

«Nein, ich verscheißer Sie nicht, Sie Clown», und er legte auf.

Na, Kleiner. Du bist Gottes Meisterstück, der unerreichte Wurm aller Würmer, und ich werd's nie wissen, was ich in meinem früheren Leben verbrochen habe, um dich zu verdienen.

Immerhin war er kein amtlich registrierter Irrer; wenn ich ein bißchen Angst vor ihm hatte, dann hatte er immerhin auch ein bißchen Angst vor mir – und alles in allem bedeutete es, daß meine Anwesenheit drüben in New York tatsächlich erforderlich war. Wenn sie ausgerechnet Faulkner beauftragt hatten, mich anzurufen, dann war das nur wieder eine ihrer Sticheleien, mit denen sie mir zu verstehen gaben, daß ich ein ganz intelligenter schwarzer Typ sein mochte, daß mein Volk mit großen Schritten das Königreich eroberte ... daß ich aber noch immer ein Nigger war.

Und verflucht, *ja, das bin ich*, und ich wollte mir von diesen Leuten nicht meinen Geburtstag verderben lassen. Ich wollte mich weder kränken noch irgendwie einschränken lassen. Die Weißen stehlen dir deine Zeit, sie stehlen dir dein ganzes Leben, wenn du sie läßt.

Ich wollte den Tag in San Francisco verbringen und gegen Abend ein Flugzeug nehmen. Die Zeit arbeitet für einen, wenn man nach Osten fliegt, also konnte ich vielleicht noch meine Eltern besuchen, bevor mein Geburtstag ganz vorbei war.

Ich beschloß, sie anzurufen, um ihnen die Nachricht durchzugeben. Ich wußte nicht, wo Arthur steckte, hatte ihn seit drei Monaten nicht gesehen. Keiner von uns beiden wohnte mehr zu Hause, und Arthur arbeitete ununterbrochen. Er hatte, wie man so sagt, den ‹großen Wurf› noch vor sich, aber er wurde immer besser; er hatte ein wachsendes, treues Publikum, hauptsächlich Schwarze, aber nicht nur; nicht daß er eine Menge Geld machte, aber er verhungerte auch nicht, und immerhin war er erst dreiundzwanzig. Ich war stolz auf ihn. Und wir kamen gut miteinander aus. Wir liebten uns, ja, aber das kann auch eine Qual sein. Wir hatten uns gern, und das war schön.

Meine Mutter war am Telefon.

«Schatz, wir haben gerade an dich gedacht. Wie geht's dir da drüben, bei den Cowboys und den Indianern? Laß dich mal nicht skalpieren, ja», und sie lachte. «Ach, und Happy Birthday.»

«Ich bin heute dreißig Jahre alt.»

«*Ich* weiß, du hast die Dreißig geschafft, Junge, ich war *dabei*. Gott, es kommt mir wie ein Traum vor.»

«Bist du stolz auf mich, Mama?» *Bin ich ein guter Sohn?* Aber das fragte ich nicht.

«Ich bin immer stolz auf dich gewesen. Pscht. Dein Daddy will dir etwas sagen.»

Mein Vater kam ans Telefon.

«Happy Birthday, mein Sohn. Hall, ich dachte mir, jetzt, wo du langsam erwachsen wirst und so, da ist's meine Pflicht als *Vater*, dich beiseite zu nehmen und dir eine kleine Aufklärung zu geben –» hm, er hustete gekünstelt – «über die Vögel und die Bienen und solche Sachen ... ich glaube, das ist die Pflicht eines Vaters ...»

«Die Vögel und die Bienen? Ach was, Daddy, die Vögel fliegen und die Bienen stechen – ist das alles, was du mir sagen wolltest?»

«Sieh mal an, da ist jemand mir anscheinend schon weit voraus», sagte er, und wir lachten zusammen. «Du kannst nicht behaupten, ich hätte es nicht versucht. Wann läßt du dich wieder mal sehen?»

«Ja, deshalb rufe ich an. Ich komme irgendwann heute abend.» Ich hustete. «Die Vorstände der Firma wünschen meine Anwesenheit.»

«An einem *Samstag*? Du mußt ja einen tollen Stand haben bei deinen Vorständen.»

«Daddy, mag sein, ich versteh nichts von Vögeln und Bienen – aber was redest du da von Ständern? Ist vielleicht die Leitung gestört?»

«Du hast eine dreckige Phantasie. Ich werd dafür sorgen, daß Mama sie mal mit Kernseife auswäscht. *Stände*, habe ich gesagt, Hall, nicht Ständer, nun reiß dich mal zusammen.»

«Tut mir leid ... Nein, ich muß Montag früh in der Firma sein, aber ich dachte, ich komm heute abend schon nach Hause.»

«Das wäre sehr schön. Um welche Zeit?»

«Weiß ich noch nicht: Neun oder zehn Uhr. Ich rufe euch an und laß es euch wissen, sobald ich einen Flug gebucht habe.»

«Gut. Wir sind zu Hause. Du weißt ja, deine Mama wird dir einen Kuchen backen. Hast du einen besonderen Wunsch, wen du einladen möchtest?»

«Nein. Du hättest mir das von den Vögeln und von den Bienen früher erzählen sollen.»

«Ich wußte ja, du hast immer etwas an mir auszusetzen. Wer hat dir befohlen, dich da draußen im Indianerland rumzutreiben? Du bist einfach noch nicht *reif* genug, jemanden zu sehen.»

«Ich würde gern meinen Bruder sehen, falls er in der Gegend ist.»

«Mann, Arthur ist in *Kanada*. Ich höre, er läßt die Puppen tanzen dort oben.»

«In Kanada? *Wo* in Kanada?»

«In *ganz* Kanada – was?» Ich hörte die Stimme meiner Mutter im Hintergrund. «Deine Mutter sagt, er ist jetzt in Toronto, aber er war schon in Quebec ... und überall.»

«Aha, dann werde ich ihn wohl nicht sehen.»

«Du wirst ihn sehen, er kommt ja bald. Du bleibst doch eine Weile, ja?»

«Yeah. Das stimmt. Also – ich ruf euch später an, Daddy. Laß mich jetzt gehen und mich um die Geschäfte kümmern.»

«Geh mit Gott. Wir haben dich lieb.»

«Ich hab euch auch lieb. Good-bye.»

«Wir sehen uns, Junge.»

Und wir legten auf. Ich trank meinen Kaffee aus und ging in die Stadt hinunter.

Es war spät im Frühling, man roch beinah schon den Dunst des Sommers. Die Straßen wimmelten von Menschen, die dem Sommer entgegenzulaufen schienen – ich dachte an Irwin Shaws *The Girls in Their Summer Dresses.*

Ich ging an die Ecke meiner wimmelnden Straße – ich stand auf den Hügeln von San Francisco – und schaute in beide Richtungen, hinauf und hinunter. Eine Cable Car fuhr durch die Straße, an der ich stand, und ein Teil von mir wollte fahren, nur so zum Spaß, aber ein anderer Teil von mir wollte zu Fuß gehen. Die Straße vor mir fiel ab, fiel so steil ab wie eine Bergflanke, und sie endete, wie ich wußte, unten am Kai. Ich wanderte also die Straße hinab, glücklich wie ein Kind in den Ferien. Für den Augenblick hatte ich nichts zu tun und mußte nirgendwo sein.

Ich hatte auch keinen, der mit mir essen ging, aber das machte mir nicht viel aus: und ich konnte auch nichts daran ändern, weil ich mein Buch mit den Telefonnummern im Hotel liegengelassen hatte; und ich wollte nicht umkehren.

Dreißig.

Ich genehmigte mir einen Hummer, für mich ganz allein, ich blickte über das weite, graue, brandende Wasser, betrachtete die Sonne über dem Wasser, beobachtete die Möwen.

Dreißig.

Und ich war allein, war es schon eine ganze Zeitlang, und würde es vielleicht noch einige Zeit sein, aber das ängstigte mich jetzt nicht mehr so wie früher. Ich war dabei, etwas erschreckend Einfaches zu entdecken: es gab absolut nichts, was ich daran hätte ändern können. Ich entdeckte dies, scheint mir, nicht anders als jeder es einmal entdecken muß, aber erst nachdem ich endlos versucht hatte, etwas dagegen zu tun. Du bindest dich an jemanden, du läßt zu, daß jemand sich an dich bindet. Dieser Mensch ist nicht für dich bestimmt, und du eigentlich auch nicht für diesen Menschen – und mehr ist nicht dran, Junge. Aber du bemühst dich, ihr bemüht euch beide. Das einzige Ergebnis all eurer Mühen ist, daß die unüberwindliche Distanz zwischen euch erst wirklich wird: auf tausendfache Weise wird die unabänderliche Wahrheit dieser Distanz für euch sichtbar. Seite an Seite und Hand in Hand – und doch ereignen sich die Sonnenuntergänge, die ihr bewundert, nicht im gleichen Universum. Nicht nur, daß der Regen auf unterschiedliche Weise auf euch herabtropft, denn diese Erfahrung kann auch ein Wunder, eine Freude sein. Aber was für den einen Regen ist, braucht deswegen für den anderen noch kein Regen zu sein ... Eure Elemente wollen sich nicht vermischen, es sei denn, wir ließen es darauf ankommen, die Elemente zu pulverisieren – das Ergebnis wäre noch schlimmer als das Alleinsein. Das Ergebnis wäre, daß wir als lebendige Tote herumlaufen. Die schrecklichsten Menschen, die ich je kennengelernt habe, sind die Geretteten ... von Christus, wie sie behaupten. Schlimmer könnten sie sich nicht täuschen! Jene, bei denen das himmlische Telefon pausenlos klingelt – stets mit Katastrophenbotschaften für die anderen, nie für sie selbst. Oder jene, die von ihrem Psychiater geheilt wurden – eine Heilung, nach der sie kaum aufregender als Haferbrei sind. Mir sind die Sünder und die Verrückten lieber, die noch lernen können, die sich noch verändern können, die etwas lehren können. Oder Leute wie ich, wenn ich so sagen darf, die keine Angst haben, allein einen Hummer zu verspeisen, während sie sich das gigantische Gewicht von dreißig Lebensjahren auf die Schultern laden.

Dann ging ich – durch meine Lieblingsstraßen – ins Büro der Fluggesellschaft und kaufte mir ein Ticket.

Ich war dreißig. Also sagte ich: «Und erster Klasse, bitte.»

Niemand hat, soviel ich weiß, jemals versucht, Flughäfen und das Reisen im Flugzeug zu beschreiben.

Zunächst bin ich gewiß nicht der einzige Mensch auf der Welt, der tief in seinem Innern gelähmt ist vor Angst beim bloßen Gedanken des Fliegens. Ich bin nicht dankbar für die Ankündigung des Piloten, daß wir uns jetzt in einer Flughöhe von 33000 Fuß befinden. Ich will das gar nicht wissen; es ist eine völlig nutzlose Information. Ich weiß ja, daß es weit ist bis unten, daß dieser Sturz ein tödlicher Sturz sein wird. Ich denke nicht daran, und ich glaube nicht, daß ich so aussehe, als hätte ich Angst, und bewußt habe ich keine Angst. Ich kann es mir nicht leisten, bewußt Angst zu haben. Natürlich weiß ich, daß das Automobil noch lebensgefährlicher ist, daß nicht jeder, der den Gehsteig verläßt, die andere Straßenseite erreicht, daß die Badewanne oder die Dusche töten können, und ich weiß, daß ich zuviel rauche und trinke. Was mich einmal umbringen wird, was es auch sei, ist bereits unterwegs zu mir, ist bereits im Anmarsch, und ich weiß so wenig wie jeder andere, wie ich diese letzte Intensität ertragen werde, wenn alles zum letztenmal auflodert und die Flamme dann flackert und erlischt. Ich wünsche mir nur, daß es schnell geht: aber ich weiß, daß dieser Augenblick außerhalb der Zeit existiert.

Tausende und aber Tausende Menschen am Flughafen, Heerscharen, Heerscharen unterwegs – wohin? Überallhin: und dieses Überall ist numeriert: Flug 123 nach Dayton, Flug 246 nach Tucson, Flug 890 nach Dallas, Flug 333 nach Birmingham, Flug 679 nach Denver, Flug 321 nach Washington, three-four nach Baltimore, fünf-sechs, den letzten holt die Hex, drei-vier-fünf-sechs-sieben, wo sind die Negerlein geblieben?

Es war die Zeit vor der elektronischen Flugüberwachung, die Zeit vor den Hijackers und den Terroristen. Für das Auftreten dieser Leute können die Leute an den Schalthebeln der Macht nur sich selbst zur Rechenschaft ziehen. Wer zum Beispiel hat tatsächlich mehr Piratenzüge unternommen als England? Und wer versteht geschickter die Waffen des Terrors einzusetzen als mein unglückliches eigenes Land? Ja, ich weiß, und trotzdem, Kinder, was kommen muß, das kommt, und wie man in den Wald ruft, so schallt's zurück. Terrorist wird nur derjenige genannt, hinter dem nicht die Staatsmacht steht – ja, er hat keinen Staat, dem er sich zugehörig fühlt, und darum ist er ein Terrorist. Der Staat regiert im Grunde, wenn's darauf ankommt, mit Hilfe eines legalisierten Terrors – auf diese Weise konnte Franco so lange regieren, und dies ist die unstreitbare Wahrheit über Südafrika. Niemand nannte den verstorbenen Edgar J. Hoover einen Terroristen – und genau das war er. Und wenn heute jemand in diesem Zusammenhang von den Werten der ‹Zivilisation› oder ‹Demokratie› oder ‹Moral› sprechen will, dann werdet ihr einem armen Nigger verzeihen, wenn er hinter der vorgehaltenen Hand kichert – wenn er euch auslacht. Ich habe eure Moral sehr lange erduldet, ich versuche noch immer, mich von diesem Plunder freizustrampeln: ein Sklave kann von seinem Herrn nichts anderes lernen, als ein Sklave zu sein; und das hat nichts mit Moral zu tun.

Lassen wir das. Ich gab also mein Gepäck auf, nahm meinen Diplomatenkoffer – großer Gott, ein Nigger mit Diplomatenkoffer! –, bekam mein gechecktes Ticket zurück und kaufte mir ein Magazin. Ich hatte noch ein wenig Zeit totzuschlagen, also setzte ich mich an die Flughafenbar, eine düstere Bar, und bestellte mir einen Drink.

Ich schaute mich um. Ein Schwarzer schaut sich nicht auf die gleiche Art um wie ein Weißer: es gibt da einen Unterschied. So wie ich – mehr oder weniger – gelernt hatte, mit meiner Angst vor dem Fliegen zu leben, so habe ich auch gelernt, in einer weißen Welt zu leben. Es mag banal oder sogar unfreundlich klingen, aber es muß gesagt werden: wenn ein Schwarzer sich umschaut, dann sieht er doch nur Leute, die seine soziale Lage, wenn nicht sein ganzes Leben kontrollieren. Leute, denen seine Kinder einmal auf Gedeih und Verderb ausgeliefert sein werden. Leute, die alles, was er liebt und jeden, den er liebt, bedrohen. Und obwohl diese Tatsache sich in jedem einzelnen Aspekt ihres Lebens ankert, wissen diese Leute, die er sieht, wenn er sich umschaut, es entweder nicht, oder sie wissen nicht, daß sie es wissen, oder sie wollen es nicht wissen, oder tun so, als wüßten sie es nicht. Und doch benutzen sie diese Macht und werden durch sie, jede Stunde, jeden Tag, beschützt. Beim nächstbesten demütigenden, gefährlichen, verhängnisvollen oder blutigen Anlaß, der unvermeidlich ist, kommt es nicht darauf an, was sie wissen oder nicht wissen. Es wird nur darauf ankommen, was sie tun. Und er weiß, was sie tun werden: sie werden ihn töten oder ihn verrecken lassen. Wenn einer von ihnen dagegen protestiert, wenn er ihn zu schützen versucht, steht dieser Weiße plötzlich nicht nur schlechter da als ein Nigger, sondern er gilt als Verräter – welch eine Schande! –, und beide, der Schwarze und der Weiße, werden zusammen ins Jenseits befördert.

In unserem Land kann man als Schwarzer nicht leben, ohne dauernd auf eine von seinen Landsleuten angezettelte Katastrophe gefaßt zu sein. Die Folge ist, daß er sich ständig von Leuten umgeben sieht, die nicht wissen oder nicht zu wissen wagen, was er denkt. Leuten, die nicht mehr fähig sind, ihn zu sehen. Ich höre auf das, was die Weißen sagen, und noch mehr auf das, was sie nicht sagen. Ich muß es: mein Leben hängt davon ab, was ich höre. Ich kann es mir nicht leisten, mich überraschen zu lassen.

Dies bedeutet im allgemeinen, daß alles, was ein Weißer zu einem Schwarzen sagt, ein Geständnis ist, obwohl der Weiße es nie weiß. Manchmal singe ich, weil ich glücklich bin, und manchmal singe ich, weil ich frei bin: manchmal aber singe ich, weil es dich fertigmacht, dir dein Lebenlang die Geständnisse anderer Leute anzuhören.

Mein Flug wurde aufgerufen, und ich zahlte beim Barmann und machte mich zum Gate auf, das, wie sich zeigte, etliche Meilen entfernt war. Aber ich kam doch noch dort an und stellte mich in die Schlange zu den anderen. Wir waren jetzt alle in der Vorhölle, hatten unsere Autonomie zusammen mit unserem Gepäck abgegeben.

Die Schlange bewegte sich wenigstens, Gott sei Dank, und ich ging an Bord und suchte meinen Fensterplatz. Ich schlug mein Magazin auf, legte es beiseite, schnallte mich an, beobachtete die Leute, wie sie in dieses, möglicherweise unser letztes, Gefährt einstiegen. Man denkt nie an so etwas, wenn man sich in den Wagen setzt oder auch in den Zug steigt, nicht einmal wenn man an Bord eines Schiffes geht – obwohl das Wasser genauso beängstigend ist wie die Luft. Und doch hofft man, im Wasser noch nach etwas greifen zu können, nach irgend etwas Schwimmendem, das es einem erlaubt, sich noch eine Weile ans Leben zu klammern – lange genug möglicherweise, um gerettet zu werden. Aber in der Luft gibt es nichts dergleichen.

Mir war klar, daß dies vielleicht nicht die allerglücklichsten Gedanken waren, die man beim Warten auf den Take off haben konnte. Die Leute saßen jetzt alle auf ihren Plätzen. Getuschel an der Kabinentür. Dann zog das Mädchen die Tür zu und verriegelte sie. Das Flugzeug entfernte sich langsam vom Gate.

Langsam, dann schneller und immer schneller, und dann zu schnell für diese Erde. Ich bin immer wieder fasziniert von diesem Punkt, wo es kein Zurück mehr gibt, wenn die Geschwindigkeit der Maschine Feuer oder Luft bedeutet. Wir erhoben uns in die Luft. Das Fahrwerk rastete mit einem dumpfen Stoß ein. San Francisco hing schräg unter uns, Bauten mit flachen Dächern, Bauten mit Türmen, Häuser, Schnellstraßen, Masten und Drähte, Brücken und das Wasser – alles sah zerbrechlich wie Kinderspielzeug aus. Dann wisperten die Wolken am Flugzeug vorbei, blieben unter uns zurück. San Francisco verschwand. Wir waren über den Wolken, in einer blauen und goldenen Luft, auf den großen weißen Ebenen des Himmels. Es schien, als seien wir allein hier oben.

Das NO SMOKING-Zeichen erlosch, ich zündete mir eine Zigarette an. Ich hatte keine Lust, in meinem Magazin zu lesen. Ich schaute aus dem Fenster und stellte mir vor, ein einsamer Forscher in diesem furchtbaren, stillen und völlig grenzenlosen Raum zu sein. Dann dachte ich an das unvorstellbare Heer von Männern und Frauen, die diese Städte und Dörfer unter mir erbaut hatten, die zu Fuß diesen Kontinent durchquert hatten, in der Hoffnung auf Regen zu den Wolken aufblickend, den Himmel nach Geiern absuchend. Ein unvorstellbarer Augenblick in der Geschichte unserer Rasse – aber den Preis hatten sie sich nicht eingestanden: und den Wilden hatten sie eine unvorstellbare Wildheit gebracht. Die rothäutigen Stämme hatten recht: Land darf nicht gekauft oder verkauft werden. Die Schwarzen hatten recht: Menschen darf man nicht als Dinge benutzen. Das Tamtam und das Rauchsignal und die Sprechtrommel haben recht, und der Götter sind viele.

Damals sah man überall plötzlich schwarze Fotomodelle, und während ich mein Magazin durchblätterte, sah ich hier ein schwarzes Gesicht und dort ein schwarzes Gesicht, stets den gleichen Plunder anpreisend, für den auch ich Reklame machen mußte. (Ich dachte nicht allzu viel über die Konsequenzen meines Jobs nach. Ich wagte es nicht. Ich faßte ihn als ein Spiel auf, das ich spielte, ein notwendiges Spiel. Hätte ich ihn anders aufgefaßt, dann hätte er mich vielleicht in den Wahnsinn getrieben.)

Jedenfalls, die guten Leute verdienten sich ein paar Cents, und das mochte den Holocaust noch eine Weile aufhalten. Sie lächelten, wirkten sexy und lausbubenhaft, rauchten dies und tranken jenes – als ob sie es ihr ganzes Leben lang getan hätten. (Und sie hatten es ihr ganzes Leben lang getan.)

Ich stieß auf eine ganzseitige Anzeige – eine Frau, die ein Weinglas in der Hand hielt. Ihr dichtes schwarzes Haar war kurz geschnitten, eine Ponyfrisur, sie trug Reifen-Ohrringe, große Reifen, die wie Gold glänzten, und ein sehr enges, tief ausgeschnittenes schwarzes Kleid. Ihre länglichen großen ägyptischen Augen schienen eine dringende Botschaft zu verkünden: nicht die Botschaft der Anzeige, die lautete (das Weinglas in der ausgestreckten Hand): *Probieren Sie den. Und gleich geht's Ihnen besser.*

Mit einem Schock wurde mir klar, daß ich ein Foto von Julia betrachtete. Es mußte Julia sein, oder ihre Zwillingsschwester – und Julia hatte keine Zwillingsschwester. Es mußte Julia sein, oder ich war am Verrücktwerden.

Lange betrachtete ich die Anzeige, ich studierte sie. Das Mädchen war dünn, fast konnte man sagen mager, aber sie war nicht flachbrüstig, und ihre Beine waren lang – ein Bein war durch den Seitenschlitz des Kleids zu sehen –, und, ja, Julia mußte heute so aussehen. Die Pose war sexy, verführerisch – sie pries einen Aperitif an –, aber um die Lippen, ja, da war ein gewisser Anflug von Julias alten Gassenjungengrinsen. Und die Augen – sie waren übermäßig geschminkt, aber was sprach nicht alles aus diesen Augen: ja, so mochte Julia heute aussehen.

Wo zum Teufel steckte sie? Wir hatten lange nicht voneinander gehört. Florences Freundin unten im Süden war immer einsilbiger geworden. Wir wußten, daß Julia sich erholt hatte, sogar erstaunlich schnell, aber das war bei ihr kein Wunder. Wir wußten, daß Jimmy sich anscheinend gut gemacht hatte, er ging zur Schule und arbeitete. Als Crunch heimkehrte, hatte er sie einmal besucht, war aber nicht lange geblieben. Offiziell wußte ich auch jetzt, zu diesem Zeitpunkt, noch nichts über Crunch und Arthur, aber sie hatten sich – vielleicht unvermeidlich – getrennt: Arthurs Leben führte ihn weit über Crunchs Welt hinaus. Ich glaube, daß der Bruch für Arthur verhängnisvoll war, aber er sprach nie darüber, und so konnte auch ich nicht darüber sprechen.

Ich glaube, Crunch wurde einfach nicht mehr mit Arthur fertig, oder er wurde nicht mit den Konsequenzen fertig, die es für sein

Leben als Mann hatte, einen Mann zu lieben. Es wäre einfacher für ihn gewesen, wenn er hätte aufhören können, ihn zu lieben: aber auch wenn Billie recht hat und die Liebe wie ein Wasserhahn ist, der manchmal zugedreht ist, wenn du glaubst, er sei an, so kann es doch auch geschehen, daß er sich gar nicht wieder zudrehen läßt.

Crunch war damals noch in New York, er arbeitete an einer Schule für straffällig gewordene Jungen und hatte eine Freundin nach der anderen. Red hing an der Nadel. Peanut marschierte mit den Bürgerrechtlern.

Ich war noch nicht im Süden gewesen. Ich sagte mir, daß ich nicht an Gewaltlosigkeit glaube, aber dieser Einwand war schon lange hinfällig geworden. Arthur war dort gewesen, mehrmals sogar, oft mit Peanut. Es gefiel mir nicht, daß er hinfuhr, aber ich konnte ihn nicht davon abhalten. Ich begann einzusehen, daß es letzten Endes für mich einfacher sein würde, mit ihm zu fahren, statt in New York zu sitzen, meine Fingernägel zu kauen und mich vor jeder Fernsehmeldung und jedem Telefonanruf zu fürchten. Aber ich konnte mich schwer von meinen Verpflichtungen lösen. Obwohl ich es vermied, über die Konsequenzen meines Jobs nachzudenken, wußte ich doch, daß mir schmerzhafte Auseinandersetzungen bevorstanden und daß ich einiges würde ändern müssen.

Aber jetzt wanderten meine Gedanken zu Julia zurück. Sie, die sich so gewünscht hatte, stark gewappnet nach New Orleans zu gehen, um ihren Bruder zu beschützen und zu retten, war statt dessen hingeschleppt worden, hilflos, als Opfer des Vaters, den sie so angebetet hatte, als Opfer des Vaters der beiden: ich fragte mich, wieviel Jimmy von alldem wußte.

Joel jedenfalls war für uns verschwunden. Ich fragte mich, ob er noch Verbindung mit seinen Kindern hatte.

Ich klappte das Magazin zu und steckte es in meine Mappe.

Ihre Telefonnummer bekam ich von der Agentur – sie suchten sie ebenfalls. Sie lebte in einem Loft an der East 18th Street im obersten Stock. Ich meine mich an drei Sandsteinstufen zu erinnern, die von der Straße hinaufführten, schwere Geländer aus einem grauen, kunstvoll geschmiedeten Metall, doppelte Türen zur

Vorhalle, Briefkästen und Klingelschilder auf beiden Seiten, keine Sprechanlage.

Ich drückte ihre Klingel – JULIA MILLER / JAMES MILLER – der Summer öffnete die innere Tür, und ich fing an, die Treppe hinaufzusteigen.

Von hoch oben: «Hall?»

«Ich bin's, Kind, ich komme gesprungen und gelaufen.»

Dieses Lachen, hoch über mir: «Nicht daß du noch auf meiner Treppe einen Herzinfarkt kriegst, ja? Laß dir Zeit, soviel du brauchst, alter Mann!»

«Dafür wirst du mir bezahlen, Julia, sobald ich oben bin.»

«Ich an deiner Stelle würde nicht soviel reden. Du verbrauchst noch deinen letzten Rest Sauerstoff. Immer schön langsam. Ich hab ein Beruhigungsmittel für dich bereit, wenn du erst mal hier oben angekommen bist, du kannst dich auf der Couch ausruhen.»

Sie lachte. Ich stieg weiter hinauf. Es war halb sieben, an einem Freitagabend; ich erinnere mich, daß in einem der Stockwerke ein Plattenspieler Miles Davis trompetete, und ein schwacher Hauch von Marihuana hing in der Luft. Die letzten Treppenstufen nahm ich immer zwei auf einmal.

Die Tür stand offen. Sie stand in der Mitte des Raums – ein hoher langer Raum mit zwei großen Fenstern hinter ihr. Sie trug ihr Haar, wie sie es auf der Anzeige getragen hatte, nur daß sie die Ponyfransen zurückgekämmt oder gebürstet hatte und man ihre wunderbare Stirn sah. Sie trug keine Ohrringe. Sie trug ein graues Kleid mit rotem Gürtel und stand in der Mitte des Raums, auf Schuhen mit hohen Absätzen, auf ihren langen Beinen.

«Du keuchst wie ein Bergsteiger.»

Und sie lachte. Ohne sich zu bewegen, die Augen auf mein Gesicht gerichtet, lachte sie.

Niemand kann so etwas beschreiben. Als sie lachte, lachte auch ich, noch immer in der Tür stehend. Ich vergaß zu sagen, ich hatte Blumen – hatte ganz plötzlich Blumen gekauft, nur weil ich sie sah und weil ich nervös war und dachte, sie könnten ihr gefallen. Ich streckte sie ihr entgegen. Ich erinnere mich nur, daß es gelbe Blumen waren.

Ich sehe sie noch heute vor mir.

Und sie kam auf mich zu, mit diesem Gassenjungengrinsen, schritt sie auf diesen langen Beinen einher.

Ich war so glücklich, sie zu sehen – und genau das ist es, was ich nicht beschreiben kann. Vielleicht hatte ich gedacht, ich würde sie nie wiedersehen, nie mehr im Leben.

«Julia, ich bin so glücklich, dich zu sehen.»

Sie nahm die Blumen und umarmte mich, und wir küßten uns – ja, wir küßten uns und es wurde uns beiden mit einem Schock klar, als wir uns voneinander lösten: wir küßten uns zum erstenmal in unserem Leben.

«Auch ich bin glücklich, dich zu sehen. Wie geht's dir?»

Unser Schock lag in ihrer Stimme, und sicherlich stand er in meinen Augen.

«Mir geht's gut – aber was ist passiert? Du hast dich über Nacht in eine Schönheit verwandelt. Wann gehst du nach Hollywood?»

«So, findest du?» Sie lachte und legte die Blumen auf den Tisch. «Na, irgendwas mußte ich machen. Setz dich doch. Ich will schnell die Blumen irgendwo reinstellen, und dann mach ich dir einen Drink.»

Ich setzte mich aufs Sofa. Sie verschwand. Ich sah mich um. Es war ein großer, hoher Raum, sehr einfach, spärlich möbliert, aber sehr gemütlich. Ich war in dem Teil des Raums, der als Wohn- und Eßzimmer diente – da war ein großer, praktischer Tisch, das Sofa, ein paar Sessel. Ein großes Piano stand neben einer kleinen Bar, ein Fernseher, ein Plattenspieler, Schallplatten, hoch auf einem Hocker nebem dem Plattenspieler aufgestapelt. Die beiden Fenster gingen aufs Dach hinaus, wo Tische und Stühle standen. Die Kochecke – ein Herd, ein Ausguß, ein kleiner Kühlschrank, ein Regal, ein Küchentisch, zwei Stühle – befand sich gleich neben diesen Fenstern. Es gab zwei Schlafzimmer, die von diesem großen Raum abgingen, und das Bad war in einer Ecke, neben der Eingangstür.

Julia stellte die Blumen ins Wasser und brachte den Strauß zum Tisch.

«Das ist ja eine großartige Wohnung», sagte ich. «Und du siehst zauberhaft aus.»

«Ich weiß nicht wieso», sagte sie, «aber ich freu mich, daß du das sagst ... ich muß dich immer wieder ansehen! Es ist so lange her!»

«Ja, es ist eine ganze Weile her. Wie lange bist du schon wieder in der Stadt?»

«Noch gar nicht lange – ungefähr zehn Tage. Wir sind erst vor ein paar Tagen hier eingezogen. Ich konnte es über eine Freundin von mir mieten –» sie lachte – «eine Freundin aus dem *Business*. Hall, was kann ich dir zu trinken holen? Ich kann's nicht fassen, wenn ich dich ansehe – der junge Herr Erfolgreich! Du siehst so glatt aus, Brother, man sieht, du bist auf dem Weg nach oben!»

«Ach, ich muß so aussehen, meine Liebe, wenn ich nicht unten bleiben will, und ich habe keine Lust, unten zu bleiben.»

«Ich verstehe. Was magst du trinken?»

«Einen kleinen Scotch und Eis, wenn's geht.»

«Ich glaube, das läßt sich machen.»

«Kann ich dir helfen, komm, laß mich helfen.»

Ich holte für sie das Eis aus dem Kühlschrank, und wir taten es in eine Schüssel. Sie goß mir einen Scotch ein und mixte für sich einen Gin-Tonic, und wir setzten uns auf das Sofa.

«Ich weiß gar nicht», sagte sie, «wo ich anfangen soll.» Ich bot ihr eine Zigarette an und gab ihr Feuer. «Ich hab deine Mutter und deinen Vater und deinen Bruder ... und ... einfach beinah alle gesehen, seit wir uns zum letztenmal sahen. Klar –» und sie lachte, diesmal etwas nervöser – «haben wir uns früher auch nicht oft gesehen. Ich war nur ein kleines Mädchen, und du konntest mich nicht besonders leiden.»

Es stimmt, was sie sagt, aber das soll uns jetzt nicht mehr kränken.

«Na», wage ich zu sagen, «du warst ein ziemlich arrogantes kleines Mädchen. Ich glaube nicht, daß es nur deine Schuld war. Aber jetzt kann ich dich leiden. Jedenfalls ... ich weiß nicht – ich mußte dich einfach besuchen.»

Sie sagt, daß wir uns eigentlich gar nicht kennen, und das stimmt. Aber sie gehört auch schon fast mein halbes Leben lang zu meinem Leben, und sie gehört zu Arthurs Leben. Ich fange an, mich unbehaglich zu fühlen. Ich weiß nicht, *ob* sie weiß, wie weit ich weiß, was ihr geschehen ist: ich kann zum Beispiel nicht über ihren Vater sprechen oder über Crunchs Baby, solange sie nicht die Sprache darauf bringt.

Und obwohl ich mich unbehaglich fühle, bin ich gleichzeitig sehr glücklich, sie zu sehen.

So kann ich im Augenblick nur, wie es in dem Lied heißt, auf die Verheißung bauen.

«Auch ich freue mich, dich zu sehen», sagte sie, «und vielleicht bin ich noch immer so arrogant, aber ich bin ein bißchen erwachsener geworden.»

«Julia ... wie lang ist es jetzt her, daß du mit dem Predigen aufgehört hast?»

«Oh, sieben Jahre. Etwas über sieben Jahre.» Sie nippte an ihrem Drink und sah mich an. «Kannst du das glauben?»

«Kaum zu glauben. Was hast du in New Orleans gemacht?»

«Hall – wenn ich ehrlich bin, kann ich nur sagen, ich hab's überlebt – wie, das weiß ich nicht.» Sie drückte ihre Zigarette aus. «Ich hatte Jimmy. Zuletzt wurden wir doch noch Freunde. Und dann war er eine große Hilfe. Er war wunderbar – er *ist* wunderbar ...»

«Wohnt er auch hier oben? Bei dir? Ich sah seinen Namen am Briefkasten.»

«O ja, er ist hier. Er kann jeden Augenblick durch die Tür kommen, in seiner höchst eigenen Person.»

Sie erhob sich vom Sofa und ging zum Plattenspieler. Sie sah mich an. «Ich vermute, du weißt, wie ich dort unten ankam?»

«Ich hab so was gehört. Arthur schrieb mir.»

«Deine Mama hat es dir nicht erzählt?»

«Als ich nach Hause kam. Aber geschrieben hat sie mir nichts von alldem.»

«Wahrscheinlich wußte sie es nicht.» Sie kam zum Sofa zurück und setzte sich, griff nach ihrem Glas und starrte hinein. «Ich weiß es auch nicht. Ich dachte, ich würde nie wieder –» sie hielt inne, noch immer in ihr Glas starrend – «auf die Beine kommen. Es zog sich so lange hin! All das Elend. Und jedesmal, wenn du glaubst, du kommst hoch ... wirft es dich wieder zurück.» Sie sah mich lächelnd an. «Aber da bin ich nun.»

«Wie kam es, daß du Fotomodell wurdest?»

«Ich arbeitete als Bedienung in New Orleans, und mir scheint, ich war nicht schlecht, weißt du?» Sie lachte. «Vielleicht half meine Zeit auf der Kanzel mir dabei, so daß ich die Leute zu nehmen wußte ... mich wenigstens nicht von ihnen überraschen ließ ... und dann machten Jimmy und seine Freunde mir ein Kostüm für den Mardi Gras, und das *war* etwas. Ich meine, es war *wirklich* etwas. Da sind Leute aus New York gekommen und haben mich fotografiert ... in diesem Kostüm ...» sie grinste ihr Gassenjungengrinsen, warf den Kopf zurück und lachte. Ich betrachtete ihren pulsierenden, langen, dünnen Hals. «Und dann auf einmal war ich auf dem Weg. Ran an den Kuchen! Ich hatte keinen blassen Dunst. Hab ich immer noch nicht. Aber ich war auf dem Weg hierher zurück. Mit Jimmy. Und darum hatte ich gekämpft, seit damals, als sie mich von hier fortschleppten.» Ich beobachtete einen Augenblick ihre schmalen Hände an diesem Hals, sie schüttelte den Kopf, als ob sie versuchte aufzuwachen. «Ah! Möchtest du noch einen Drink?»

«Wenn du einen nimmst. Aber vergiß nicht, ich führe dich zum Essen aus.»

«Oh, wie schön. Ich mach also zwei *ganz* kurze Drinks. Ich hatte wirklich gehofft, Jimmy würde zurück sein, bevor wir gehen müssen.»

Sie nahm unsere Gläser und schritt zur Bar.

«Was macht Jimmy eigentlich?»

«Jimmy geht nirgendwohin, wo's kein Klavier gibt. Er würde sein Piano sogar mit in die Badewanne nehmen, wenn er könnte. Beinah hätte er unsere arme Großmama um den Verstand gebracht.» Sie lachte. «Die arme! Sie weiß immer noch nicht, womit sie all das verdient hat.» Sie brachte unsere Drinks und setzte sich wieder aufs Sofa. «Aber sie wurde damit fertig, das muß ich ihr lassen. Hoffe nur, sie findet jetzt endlich ein wenig Schlaf, seit wir aus dem Haus sind.» Sie schwieg eine Weile – dann: «Jimmy will Musiker werden, aber es ist hart. Klar. Er ist viel unterwegs, im Süden, spielt bei Benefizkonzerten der Bürgerrechtler und –» sie trank einen Schluck – «deswegen hat er auch schon einige Zeit im Knast verbracht. Das ist jetzt ein Tollhaus da drunten, und hier oben wird's wohl noch schlimmer kommen.»

«Aber Jimmy bleibt jetzt vorläufig in New York?»

«Er hat vor, eine Weile hierzubleiben. Aber es könnte jeden Tag passieren, daß ich zu Hause einen Zettel vorfinde mit der Nachricht, daß er nach Birmingham unterwegs ist.»

Ich sagte nach kurzer Pause: «Klingt ganz nach Arthur.»

«Wo *ist* Arthur?»

«Irgendwo in Kanada, er singt dort. Ich weiß nicht, wann er wiederkommt!»

«Ich würde ihn gern sehen. Dein Bruder ... war sehr nett zu mir.»

«Das glaube ich. Er ist ein sehr guter Mann, mein Bruder.»

Julia kicherte. «Er ist so *ernst* manchmal – er versucht so zu sein wie du.»

Ich lachte. «Wieso? Bin ich ernst? Oder komisch?»

«Ich weiß nicht. Aber manchmal läuft Arthur herum, genau wie du, das ist so komisch.»

Daran hatte ich noch nie gedacht, und natürlich hatte ich es noch nie gesehen.

«Also, gehen wir was essen? Ich komme um vor Hunger.»

«Sehr gut. Laß mir nur einen Moment Zeit.»

Und sie stellte ihr Glas hin und verschwand im Bad.

Ich blieb sitzen und dachte an alles mögliche, auch daran, was sie über Arthur gesagt hatte, der herumlief und versuchte, so zu sein wie ich. Ich fand das sehr komisch, und ich lachte vor mich hin – warum wollte jemand so sein wie ich? Wo nicht mal *ich* so sein wollte wie ich. Aber es ließ mich leise frösteln, wie Julia so leichthin einen Vergleich ziehen konnte, den ich überhaupt nicht sah.

Ich hörte einen Schlüssel im Schloß, und Jimmy kam zur Tür hereinspaziert. Ich erkannte ihn natürlich sofort – das verschlossene Gesicht, die kühlen Augen. Aber jetzt erkannte ich ihn zum erstenmal, sozusagen als Julias Bruder, ich sah, wie sehr sie einander ähnelten – die Backenknochen, die Augen, die frechen Lippen. Vielleicht weil Jimmy ein Mann war, suchte ich nach einer Ähnlichkeit mit seinem Vater – aber tatsächlich war Julia ihrem Vater ähnlicher als er. Jimmys Augen waren kühl – weil sie nicht wagten, dich scharf anzusehen? –, aber wenn sie es taten, dann sah man in dem Gesicht des Jungen die verwunderten und verwundbaren Augen seiner Mutter.

Ich war gleich aufgestanden, als er eintrat, weil ich fürchtete, er würde mich nicht erkennen. Aber er erkannte mich sofort, mit einem Lächeln.

«He! Du mußt Hall sein – richtig?»

«Richtig. Und du mußt Jimmy sein.»

«Schätze also, ich hab mich nicht sehr verändert. Julia sagte mir, daß du angerufen hast. Ich freu mich, dich zu sehen. Wo ist dein Bruder ... Arthur?»

«Er ist in Kanada.»

«Arbeit?»

«Yeah. Er singt dort oben.»

«Mann, der hat Glück!»

Er war in Jeans und einem Sweater und Turnschuhen, und er trug eine abgewetzte Airlinetasche in der Hand. Er war ziemlich ausgemergelt, aber es war doch eher der gesamte Eindruck von Handgelenken und Knöcheln und spitzen Knien; sein Haar war widerborstiger und krauser als Julias. Er warf die Airlinetasche neben den Plattenspieler und schlenderte in die Küche.

«Alles okay? Soll ich dir was mitbringen?»

«Alles okay, vielen Dank!»

Er stöberte im Kühlschrank herum, und kam dann mit einem Bier zurück ins Wohnzimmer. Er setzte sich in einen Sessel, und ich setzte mich wieder aufs Sofa.

«So! Du hast nicht zufällig mal meinen dreckigen Alten gesehen, oder?»

«Ich bin gar nicht hiergewesen. Ich komme gerade aus Kalifornien.»

«Ich glaube nicht, daß er es wagt, so weit fortzugehen», sagte Jimmy. Er nahm einen Schluck aus der Flasche. Dann: «Ich will dich nicht damit belästigen. Ich wollte ihm nur etwas sagen, und da dachte ich, du bist ihm vielleicht über den Weg gelaufen ... auf deinen Reisen.»

Und er lächelte. Das Erschreckende an diesem Lächeln war, daß es ein wirkliches Lächeln war, und jetzt begann ich etwas zu ahnen, was Julia bestimmt nicht vorausgesehen hatte, als sie sich in

New Orleans zu erholen begann. Ganz gleich, was Jimmy wußte oder nicht wußte, er *wußte* – wußte, daß zwei Frauen von seinem Vater vergewaltigt worden waren: und das machte *seine* Männlichkeit zu einer gefährdeten, blutbefleckten Sache.

Es muß seltsam gewesen sein für Julia, die sich so sehr danach sehnte, von ihrem Bruder Vergebung zu erlangen, nun erkennen zu müssen, daß ihm gegenüber nicht *sie* es war, die der Vergebung bedurfte. Und daß dem, der der Vergebung bedurfte, nicht vergeben werden *konnte* – das lag nicht mehr im Bereich des Menschenmöglichen, was denn auch die göttliche Vergebung zweifelhaft, wenn nicht gar schändlich gemacht hätte: soviel als Lektion für den Priester.

Julia kam aus dem Bad, sie hatte, sehr subtil, etwas mehr Firnis aufgelegt als vorher, und blickte, eine Hand in die Hüfte gestemmt, auf ihren Bruder hinab.

«Da bist du ja, wie ich sehe. Hast du Hallo gesagt zu Hall?»

Jimmy nahm umständlich einen Schluck aus seiner Bierflasche, machte mit den Lippen ein rüdes Pfurzgeräusch, sie lachte, und er lachte, und er sagte, wobei er mit den strahlendsten, spöttischsten und liebevollsten Augen, die ich bis zu diesem Tag in meinem Leben gesehen hatte, zu seiner Schwester aufblickte: «Wieso, ja, Schwesterchen. Ich hab Hallo zu Hall gesagt.» Er wandte sich mir zu. «Hab ich nicht Hallo gesagt, Wieheißtdudochgleich?»

Wir lachten. Jimmy blinzelte mir zu, ganz Herr der Lage, und Julia kam und setzte sich neben mich.

«Wir wollen essen gehen. Kommst du mit?»

«Ich will nicht stören, und –» er besah sich seine Turnschuhe – «ich bin auch nicht richtig angezogen. Nein, lieber nicht.» Und er sah mich an. «Geht nur, ihr beide, wir sehen uns noch. Sieh zu, daß du meine Schwester ein klein bißchen aufpäppelst.» Er wandte sich in verändertem Ton an Julia. «Ich werde ein bißchen arbeiten, ein paar Platten ablaufen lassen vielleicht, dann werde ich den Eisschrank plündern und mich auf den Sack hauen. Ich muß morgen ganz früh ein paar Leute treffen.»

Er stand auf und zwang auch mich aufzustehen. Er streckte mir die Hand hin. «Ich hab mich gefreut, dich wiederzusehen. Ich kann mich gut an dich erinnern. Du warst immer wirklich sehr nett zu mir.» Wir schüttelten uns die Hände. Er zog Julia vom Sofa hoch und küßte sie auf die Stirn. «Wir sehen uns später, Schwester. Paß auf, daß du nicht stolperst, wenn du reinkommst, du weißt ja, das macht mich rasend!» Er begleitete uns zur Tür. «Hast du deine Schlüssel, Kind?»

Julia schaute in ihrer Handtasche nach. «Ja, ich hab die Schlüssel.»

«Dann also, einen schönen Abend!»

Er schloß hinter uns die Tür, und wir stiegen die lange, steile Treppe hinunter.

«Er ist ein netter Junge», sagte ich.

«O ja», sagte Julia. «Wenigstens ist nicht alles verloren.»

Wir traten auf die Straße hinaus. Ich winkte ein Taxi heran. Wie durch ein Wunder hielt es sogar. «Ich kenne ein nettes Lokal im Village», sagte ich. «Hast du Lust, es auszuprobieren?»

«Sehr gern, Sir», sagte sie, und wir stiegen ins Taxi.

Ich gab dem Fahrer die Adresse, und es ging los – unsere erste Verabredung.

Obwohl diese erste Verabredung sich für uns als eine sehr wichtige Verabredung erweisen sollte, widersteht sie meiner Erinnerung. Sie verschwimmt und vermischt sich mit anderen Tagen, an denen wir zusammen waren, schleicht sich in meine Erinnerung ein und wieder hinaus, mischt sich mit anderen Ereignissen. Ich sehe Julias Gesicht vor mir, dieses sich verändernde Gesicht; ich konnte die Augen nicht abwenden von ihrem Gesicht. Ich sah das Gesicht des Kindes und das Gesicht der kleinen Predigerin, die Gesichter, die ich immer gesehen oder niemals gesehen hatte, und ein neues Gesicht oder neue Gesichter, denen ich mich nie gegenübergesehen hatte. Alles was sie an diesem Abend sagte und tat, stand für mich im Zeichen des Wunderbaren – es war, als wäre sie von den Toten zurückgekehrt.

Wir gingen in eine Kneipe mit schummeriger Beleuchtung an der Bleecker Street, nicht weit von der Tenth Avenue, und nahmen vor dem Essen noch ein paar Drinks zu uns. Obwohl das, was Julia mir zu sagen hatte, düster und ihre Lage prekär war,

war sie doch zu stolz – oder hatte schon zuviel durchgemacht – um in Panik zu geraten.

Sie hatten New Orleans mit wenig Geld verlassen, und Julia hatte nur ein paar ungewisse Zusagen für Vorstellungsgespräche. Aber das mußte genügen. Julia war in New Orleans nie glücklich gewesen, sie war dort mit einem allzu sichtbaren, allzu geheimnisvollen Schmerz angekommen. Sie habe in New York einen ‹Unfall› gehabt, sagte ihre Großmutter, so als handelte es sich um einen Verkehrsunfall. Andererseits war Jimmy schon eine ganze Weile dort, er war seinem Vater weggenommen worden, der ihn nie besuchte. Und Julia hatte bei diesem Vater gelebt. Jetzt war auch sie, nach ihrem Unfall, von ihm weggenommen worden. Die Ankunft des Jungen hatte nicht viel Aufsehen erregt. Julias Ankunft aber war wieder etwas ganz anderes. Ohne zu wissen warum, glaubte niemand so recht an ihren ‹Unfall›: und warum hatte man sie, die doch fast noch ein Kind war, bei einem Vater gelassen, der so wenig in der Lage war, auf sie aufzupassen? Dies war die brütende, mißtrauische Neugier, der Julia begegnete, als sie sich zu erholen begann, und dieses Mißtrauen ließ nie nach. Im Gegenteil, es begleitete sie, eilte ihr voraus, folgte ihr nach – wie ein Schatten.

Sie war völlig fehl am Platz in der Schule, die sie allerdings nicht sehr lange besuchte: viel zu alt für die Gleichaltrigen, zu wissend, zu weit entfernt. Und andererseits – auf unheimliche Art – zu alt und zu verschlossen für die älteren. Sie brachte sie gegen sich auf, sie machte ihnen offenbar Angst, weil sie keine Möglichkeit fanden, ihr am Zeug zu flicken. Und der Umstand, daß sie eine Kindpredigerin gewesen war und nun nicht mehr war, daß sie eine Magd für die niedrigsten Dienste, dann Imbißköchin, dann Kellnerin gewesen war und anscheinend an der Gesellschaft, in der sie sich bewegen mußte, nichts auszusetzen hatte – wirkte wie ein letztes gegen sie sprechendes schwarzes Zeichen: es war, als sei sie vom Teufel gebrandmarkt.

Julia lächelt in meiner Erinnerung, während sie mir all dies oder doch einiges davon erzählt; mitunter lachend, während jene unbarmherzigen Schatten über ihr Gesicht huschen.

Aber: «Ich weiß heute nicht mehr, was ich von Jimmy erwartete, wie er sich verhalten sollte. Ich war einfach fertig, als ich dort ankam, ich kann mich kaum noch erinnern, wie ich dort ankam. Mir scheint, ich wollte nichts anderes als schlafen.» Und Julia schloß einen Moment die Augen. «Aber jedesmal wenn ich einschlief, fing ich an zu träumen, und der Traum war so furchtbar, daß ich aufzuwachen versuchte – und nicht konnte. Aber wenn ich dann erwachte, wollte ich nichts anderes als wieder einschlafen. Ich wollte nichts sehen ... niemand. Aber vor allem nicht Jimmy.»

Sie hielt inne, ohne mich anzusehen, die Arme verschränkt, eine Zigarette zwischen ihren langen, schlanken Fingern. Sie saß mir gegenüber und doch weit entfernt. Das Kerzenlicht schien das graue Kleid in Silber zu verwandeln.

Ich wollte sie etwas fragen – vieles fragen –, aber ich hielt mich zurück. Einst hatte ich geglaubt, die Antwort zu wissen, aber damals hatte ich nicht in einem Lokal im Village einer unbekannten Frau gegenübergesessen. Die Klarheit der Antwort schwindet in dem Maß, wie die Intensität der Frage zunimmt: wie die Frage sich in viele scharfe Bruchstücke auflöst.

Und doch: «Warum nicht?» fragte ich.

«Er war zu jung. Ich wollte nicht, daß er etwas über seinen Vater erfuhr. Ich wollte nicht –» sie lächelte – «daß er etwas über mich erfuhr.»

«Aber, Julia ... wie hättest du verhindern können, daß er es erfuhr?»

«Hätte ich es geschafft, dort unten anzukommen, wie ich es wollte», sagte sie hartnäckig, «mit etwas Geld und in der Lage, etwas für ihn zu *tun* – und ich war sogar bereit, *dafür* auf den Strich zu gehen, und das ist jetzt keine Lüge – also, er hätte es nicht erfahren müssen, es wäre ihm gar nicht in den Sinn gekommen, wir hätten einfach fortziehen können von dort ... Mama und Daddy vergessen, ja, und auch die fromme Sister Julia weit hinter uns lassen können.» Sie nippte an ihrem Glas, mit einem traurigen Lächeln. «Aber es sollte nicht sein. Ich kam hilflos dort an, und hilflos blieb ich noch eine ganze Weile.»

Der Kellner kam, um unsere Bestellung aufzunehmen. Julia blickte rasch zu ihm auf, wobei sie sich im Bruchteil einer Sekunde völlig veränderte, und in diesem Sekundenbruchteil wurde mir klar, daß Julia sich ihrer Wirkung in der Öffentlichkeit voll bewußt war. Aber es war ein ungekünsteltes und direktes Bewußtsein, vielleicht ein wenig gebrochen, aber unschuldiger Gassenjunge und Lady blinzelten sich vertraulich zu.

Sie studierte ausgiebig die Speisekarte, wobei ihre Augen – die weit sparsamer geschminkt waren als in jener Anzeige – gut zur Wirkung kamen, und entschied sich schließlich für Hühnchen *cacciatore* – «ist auch nichts anderes als Hühnerfrikassée» – und ich sagte, ich nähme das gleiche, und bestellte uns noch zwei Drinks.

«Du wirst mich noch betrunken machen», sagte Julia.

«Macht nichts. Ich bringe dich nach Hause. Und wir werden sehen, ob *du* dann die Treppe schaffst.»

Sie lachte. «Diese Wohnung ist nicht gut, wenn man betrunken nach Hause kommt.»

«Oder betrunken weggeht. Ich werd's mir zweimal überlegen, bevor ich zu einer Party von dir komme.»

«Vielleicht haben wir bald eine Party. Jimmy hat etwas in Aussicht, und es sieht ganz danach aus, als würde ich bald arbeiten – wenigstens habe ich lauter Verabredungen, die ganze Woche.»

Der Kellner kam mit unseren Drinks, und Julia hielt ihm ihr leeres Glas hin, lächelnd wie ein kleines Mädchen. Der Kellner stellte die Gläser vor uns hin, seine Hand zitterte, und in einem Anfall von sprachloser Verwirrung und Entzücken erwiderte er das Lächeln.

Ich hob lächelnd mein Glas. «Auf dein Wohl. Irgend etwas sagt mir, daß du bald regelmäßig arbeiten wirst.»

«Gott, wäre das nicht wunderbar? Verdammt, ich hoffe sehr darauf.»

Sie stellte ihr Glas auf den Tisch. Wir schwiegen. In diesem Schweigen braute sich etwas zusammen. Julia sah mich fragend an: «Hast du meinen Vater gesehen? Hat irgend jemand etwas über ihn gehört?»

«Du etwa nicht? Hat er nicht geschrieben oder so?»

Sie schüttelte den Kopf, und ihre großen Augen sahen mich an, als könnte sie mit ihren Augen etwas sagen, was sie mit Worten nie sagen konnte.

Dann: «Nein. All die Jahre nicht. Es ist, als wäre er vom Erdboden verschwunden.»

Endlich sagte ich: «Nein, von uns hat ihn auch niemand gesehen, weder meine Mama noch mein Daddy – niemand hat ihn getroffen. Wir nehmen an, daß er die Stadt verlassen hat.»

Diese Stadt oder dieses Leben: *uns* war es eigentlich egal.

Ihre Augen hielten noch einen Moment meinen Blick fest, dann schlug sie die Augen nieder und griff nach ihrem Drink.

«Es klingt vielleicht komisch», sagte sie, «und niemand außer mir weiß alles, was geschehen ist, aber ich habe nichts gegen ihn. Gar nichts.»

«Möchtest du ihn sehen?»

«Ich glaube nicht. Ich würde nur gern wissen, daß es ihm gutgeht. Irgendwo.»

Ich sagte: «Julia. Du hast recht. Ich weiß nicht alles, was geschehen ist. Aber nach allem, was ich weiß, könnte ich mir vorstellen, daß er einfach nur Angst hat.»

Sie warf den Kopf zurück. «Ich weiß, daß er Angst hat. Er hat immer Angst gehabt. Das war's ja, was ihm fehlte.» Sie klopfte ihre Zigarette auf den Tisch und steckte sie sich zwischen die Lippen. Ich gab ihr Feuer. «Ich hasse die Vorstellung, er könnte sterben ... allein, verängstigt, irgendwo.» Sie inhalierte den Rauch, stieß ihn aus, blies ihn über meinen Kopf hinweg. Sie sagte mit schwacher, gedämpfter Leidenschaft: «Er ist nicht allein schuld.»

Ich trank einen Schluck und sah sie an. Ich nahm innerlich Anlauf, um sie noch einmal anzusehen und etwas zu sagen, das, wie ich glaubte, gesagt werden mußte. «Sieh mal. Du aber auch nicht. Und *du* warst ein Kind.» Sie schaute mich an. «Tut mir leid, aber so ist es.»

«Kinder», sagte sie und wandte den Blick ab, «Kinder wissen eine Menge.»

«Müssen sie auch. Aber sie sind *trotzdem* Kinder.»

Ich griff über den Tisch und nahm ihre reglose Hand in meine.

«Hör zu. Kinder wissen eine Menge ... okay. Aber Kinder *wissen* nicht, was sie wissen. Weißt du: sie provozieren, provozieren einfach, und dann warten sie, ob da draußen jemand ist.» Ich spürte ihren Widerstand in ihrer geduldig reglosen und doch nicht ganz schlaffen Hand. «Eines mußt du begreifen, Baby ... ein Kind, wenn es ein Streichholz an die Gardine hält und denkt, Feuer ist lustig und macht Spaß, dann *weiß* es nicht, daß es das Haus und sich selbst verbrennen kann. Man löscht das Feuer, und dann knöpfst du dir das Kind vor und verdrischst ihm den Arsch, bis es *wirklich* das Gefühl hat, bei lebendigem Leib zu verbrennen. Dann wird es das Feuer nicht mehr so lustig finden – und es wird die Finger davon lassen und, hoffe ich, am Leben bleiben.»

Ich lockerte meinen Griff und streichelte ihre Hand.

«Nein, ich mochte dich wohl nicht besonders, als du noch ein Kind warst, und habe dir ja gesagt, das war nicht deine Schuld. Aber dein Vater, Julia, ist kein Kind mehr. Er *ist* der Schuldige. Darum hast du auch nichts mehr von ihm gehört. Du kannst ihm seine Verantwortung nicht abnehmen. Wie willst du etwas auf dich nehmen, wenn es keine Möglichkeit für dich gab, es zu *verstehen* oder auch nur zu wissen, was Verantwortung bedeutet? Und all das willst du immer noch auf dich nehmen?»

Ich ließ ihre Hand los und zog meine Hand zurück – der verwirrte Kellner näherte sich mit unserem Essen. Er stellte es schweigend auf den Tisch. Julia blickte nicht auf. «Danke», sagte sie, wie aus weiter Ferne. Sie nahm ihre Serviette, ich nahm meine.

«Ich verstehe dich. Ich will einfach nicht das unschuldige Opfer spielen, dem Unrecht geschehen ist ...»

«Aber du *bist* das unschuldige Opfer, dem Unrecht geschehen ist. *Das* ist die Wahrheit. Ja. Betrachte es einmal so.» Ich beobachtete sie. «Hast du kapiert?»

Sie hatte schon angefangen, ihr Hühnchen zu essen. Jetzt lachte sie.

«Hall ...»

«*Laß* den Hall. Ich *kannte* dich als Kind.»

Irgend etwas, das in meinem Ton mitschwang, warnte sie, ließ sie direkt in meine Augen blicken.

«Ich hätte dir dermaßen den Arsch versohlt, Baby, daß du nicht mehr aufs *Töpfchen* hättest gehen können. Und mit dem Predigen hättest du gar nicht erst angefangen. Dein Hintern wäre eine Predigt gewesen, die du tagelang vernommen hättest.» Ich gab dem Kellner ein Zeichen. «Es ist unser erstes Rendezvous, Baby. Möchtest du Wein zum Essen?»

Sie senkte zögernd die Augen. «Ich dachte, du würdest niemals fragen.»

«Komm, laß das. Vielleicht versohle ich dir noch den Hintern, eh wir hier rauskommen. Also roten oder weißen?»

Der Kellner, offensichtlich verdutzter denn je und zugleich auch unbefangener, stand vor uns.

«Ah, roten», sagte Julia und lachte. «Aus allen *möglichen* Gründen!»

Ich lachte hilflos und bestellte den Wein, und dann aßen wir ein Weilchen schweigend. Irgendwann während dieses Schweigens mußte ich daran denken, daß ich hier saß und zu streiten anfing mit meiner neuen Freundin. Denn sie war absolut neu für mich, obwohl ich sie lange kannte. Nun ja. Ich kannte sie nicht. Ich war von ihr fasziniert. Ich wollte sie kennenlernen.

«Also, wie habt ihr, du und Jimmy, doch noch zusammengefunden?» fragte ich. «Anscheinend vertragt ihr euch jetzt wunderbar.»

«Ach ja», sagte sie, mit ihrer verblüffenden Offenheit, «ich war hilflos. Ich konnte es nicht verbergen.» Sie fuchtelte mit ihrer Gabel herum, legte sie dann auf den Teller und sah mich an. «Ich konnte nicht die große Schwester spielen. Ich konnte keine dieser Rollen spielen, die ich –» und sie schnitt eine Grimasse wie ein Kind, wie eine Frau – «*gespielt* hatte. Ich sagte dir doch, ich wollte nicht, daß Jimmy etwas über mich erfuhr.» Sie nahm ihre Gabel wieder auf und betrachtete ihren Teller. «Aber er wußte ... Das gehört zu dem, was ich meinte, als ich sagte, daß Kinder wissen ... ich will dir nicht unbedingt widersprechen, aber mir war klar, daß Jimmy eine Menge mehr wußte, als ich oder sonst jemand ihm erzählt hatte ... *ich* jedenfalls hatte ihm nichts erzählt!»

Während sie dies sagte, waren ihre Augen, wie durch eine gewaltige Willensanstrengung, trocken – trockener vielleicht als die meinen. Unser Wein kam, und unser Kellner schenkte ihn ein, und Julia hob ihr Glas.

Ich beobachtete sie und fühlte mich mit jedem Atemzug, den ich tat, mehr zu ihr hingezogen.

«Ich wollte nicht, daß Jimmy etwas über mich erfuhr. Aber ich begann einzusehen, daß ich falsch lag wie zwei linke Schuhe ... und ich schwöre dir, Hall, damals fing ich an, mich zu erholen, ich versuchte nicht mehr, dauernd zu schlafen, kämpfte nicht mehr gegen meine Träume an ... und weißt du, was die einzige Frage war, die Jimmy mir je gestellt hat?»

Sie trank einen Schluck Rotwein und hielt einen Moment das Glas mit beiden Händen, die Ellbogen auf den Tisch gestützt.

«Er kam in das Hinterzimmer, wo ich im Bett lag, und er setzte sich an mein Bett und wir redeten eine Weile über dies und das ... über die Schule, seine Musik, die Weißen und die Schwarzen, lauter so 'n Mist ... ich beobachtete sein Gesicht, und ich war ein bißchen belustigt, weil er so jung und so ungestüm war ... und ich war glücklich, weil er mit mir redete, und dabei hatte ich gefürchtet, er würde nie mehr mit mir reden ... du verstehst, was ich meine?»

«Sprich weiter, Sister», sagte ich und trank von meinem Wein. «Ich glaube, ich versteh dich wirklich.»

«Ganz plötzlich fragte er: ‹Hat er dich jemals geschlagen? Hat er jemals die Hand gegen dich erhoben?›»

Sie stellte ihr Weinglas vor sich hin.

«Ich wußte nicht, was ich sagen sollte. Ich wußte nur, ich konnte nicht lügen. Ich konnte nichts anderes sagen als ja.»

Sie schaute auf ihren Teller, nahm ihre Gabel und strich mit der Hand darüber hin.

«Ich beobachtete sein Gesicht. Er sah mich nur an, es kam mir wie eine Ewigkeit vor. Dann lachte er. Er sagte: ‹Dann sind wir ja Leidensgenossen, oder?› Er sagte: ‹He, ich muß dir was sagen. Ich bin froh, dich als Schwester zu haben. Bist du froh, mich als Bruder zu haben?› Und er zog ein langes Gesicht, als ob er ahnte, ich würde nein sagen. Und ich fing an zu lachen und zu weinen, und ich umarmte ihn – umarmte ihn zum erstenmal im Leben. Auch er lachte und weinte. Er sagte: ‹Ja, dann sieh zu, daß du bald aus diesem Bett aufstehst, ich *brauche* dich da draußen.› Und da fing ich an, gesund zu werden. Ich *mußte* gesund werden. Mag sein, ich wollte nicht, daß Jimmy etwas über mich erfuhr ... und das *ist* wirklich Blödsinn ... aber Jimmy gab mir irgendwie zu verstehen, daß man in Wirklichkeit nichts verbergen kann, und wie auch immer, es war verdammt klar, daß *er* jemand brauchte, der etwas über *ihn* wußte.»

Sie lächelte und machte endlich einmal nützlichen Gebrauch von ihrer Gabel; sie schob sich etwas Hühnerfleisch in den Mund.

Ich sah sie an und war – auch wenn es seltsam klingt – sehr stolz auf sie.

«Und ... *weißt* du etwas über ihn? Tut mir leid. Ich weiß nicht, warum ich das frage. Ich nehme auch an, ich frage gar nicht *dich*.»

Sie sagte spöttisch: «Ich glaube, ich verstehe dich, Brother. Ich weiß nicht genug, um ihn ändern oder retten zu können.» Aber ich weiß genug, um einfach da zu sein. Ich muß da sein.»

«Aber angenommen, du heiratest ... du wirst wahrscheinlich eines Tages heiraten, verstehst du ... und wenn du dann nach Timbuktu ziehst?»

«Ich *bin* verheiratet, du Idiot», sagte sie. «Und erzähle mir nichts von Timbuktu. Was macht *das* für einen Unterschied?»

Ich lachte laut heraus. «Kind, ich glaube, du hast nie die Kanzel verlassen.»

Sie fiel in mein Lachen ein. «Und weißt du, was die Leute sagen, Hall ...?»

Ich mochte die Art, wie sie meinen Namen sagte.

«Nein. Was sagen sie denn?»

Sie hob ihr Weinglas. «Man kann das Kind aus der Kirche tragen ...»

Ich hob mein Glas. Wir lachten nicht direkt, wir lächelten, sahen einander an und gewahrten etwas, das keiner von uns zu benennen vermochte.

«Gut, okay», sagte ich, und wir stießen an, und ich wollte, daß sie es sagte, «wie geht der Spruch weiter?»

Wir lachten gemeinsam, der Rotwein zwischen uns schaukelte.

«Hall, du wirst alt, dein Gedächtnis läßt nach. Bald wirst du dir um deine Zähne Sorgen machen müssen.»

«Ach, komm, du alte verheiratete Lady aus Timbuktu ...»

Wieder fingen wir an zu lachen.

«Komm, wie geht er weiter?»

«Und dabei bist du alt genug, daß du ihn mir hättest beibringen können.»

«Sieh dich vor. Ich spiele da nicht mit ... wie geht er?»

«Also ... aber nicht die Kirche aus dem Kind ... oder so ähnlich jedenfalls. Bist du nun zufrieden?» und wir lachten so sehr, daß wir Wein über den Tisch und unser Essen verschütteten.

Danach gingen wir in eine Bar in der Nähe des Sheridan Square. Mir wurde bewußt, daß ich Julia an Orten herumführte, die ich zu einer Zeit frequentiert hatte, als sie noch auf der Kanzel stand, als sie noch ein Kind war: ich konnte mir nicht vorstellen, was sie sah. Aber das kannst du dir nie vorstellen, wenn du mit den Augen eines anderen zu sehen versuchst, was *du* einmal gesehen hast. Und auch dieser andere, für den das alles neu ist – der also nicht für diese Szene bezahlen mußte, sieht nicht, was du undeutlich zu sehen glaubtest. Was du sahst, steckt in dem Preis, den du bezahlt hast – tiefer als die Erinnerung.

Irgendwo zwischen Sheridan Square und East 18th Street verliebten wir uns.

Wir gingen zu Fuß, weil damals in New York nicht viele Taxifahrer für Nigger hielten. Nachts konntest du die Hand ausstrekken, und das Taxi schwenkte auf dich zu. Dann *sah* der Fahrer dich und schwenkte aus, wie Lot auf der Flucht aus Sodom. Nachdem dies zum drittenmal passiert war, mußte ich erkennen, daß Julia immer ungeduldiger wurde; nicht wegen der Taxifahrer, sondern wegen mir. Sie kam auf die Mitte der Straße, wo ich stand und den Rücklichtern eines fliehenden Taxis nachfluchte, und nahm meine Hand und sagte, wir sollten zu Fuß gehen.

Sie hatte recht. Und doch erbitterte es mich, daß ich nicht völlig unrecht hatte. Julia aber stammte von einer langen Reihe von Frauen ab, die singen mußten, *He had a long chain on. Another man done gone.* Ich steckte also meinen Stolz in die Tasche und behielt meine Munition in Reserve, und wir marschierten los.

Es war spät, noch nicht sehr spät, etwa Mitternacht. Es ist keine sehr große Entfernung vom Sheridan Square zur East 18th Street, wenn man zu zweit geht und miteinander redet. Und Julia und ich konnten miteinander gehen und reden, weil wir – auf verschiedene Weise und weit voneinander entfernt – die gleichen Dinge durchgemacht hatten. Bis zu diesem Punkt wäre es uns nicht eingefallen, unsere Lebenswege so zu sehen – als wären sie immer irgendwie unausweichlich miteinander verbunden gewesen. Wir dachten es auch jetzt eigentlich nicht, auf diesem Spaziergang, während wir miteinander gingen und redeten: und wenn ich sagen würde, daß wir es jetzt erst *entdeckten*, so würde das, wovon ich spreche, in allzu weite Ferne rücken. Während wir gingen, verschmolzen ihr Klima und mein Klima zu einem. Dieses war warm und zugleich beängstigend. Immerhin war Julia für mich ein kleines Mädchen gewesen, ein äußerst irritierendes kleines Predigermädchen. Ich erinnere mich an beide Eltern von ihr, die nun auf so verschiedene Art dahingegangen sind, und an die Art und Weise, wie sie damals ihren kleinen Bruder behandelt hatte. Und da war sie nun, ging und redete neben mir, und ich wußte zuviel über sie, um noch irgend etwas über sie zu wissen. Ich wußte nur, wie ich mich neben ihr fühlte, daß sie tief in mir ein Beben auslöste, mir zum erstenmal seit langer Zeit den Mut gab, mich nach Glück, nach Freude zu sehnen, ja zu hoffen. Ich wollte nicht hoffen. Ich wußte nicht mehr, wie ich aufhören sollte.

Wir gingen Hand in Hand und schwenkten unsere Hände zusammen sanft hin und her, wie zwei Kinder – zwei Kinder, an die wir, jeder auf seine Weise, uns erinnerten. Wir bogen von der 18th Street nach Osten ab, die langen, langen, jetzt dunklen Straßenzüge hinunter, die zu ihrer Wohnung führten. Wir hatten aufgehört zu sprechen. Dann sagte sie, während wir die Fourth Avenue überquerten und in die Straße einbogen, in der sie wohnte: «Immer wenn ich hier vorbeigehe, muß ich an Crunch denken und an dies Zimmer, das er in der Fourtheenth Street hatte. Einmal machten wir hier in der Gegend einen Spaziergang – kurz bevor er fortging. Später ging ich manchmal allein hier spazieren.»

Irgend etwas, es war ganz flüchtig und zart, kein Zittern, kein Zögern, spielte sich in ihr ab, als sie dies sagte, es war wie ein Taktwechsel: ich spürte es durch ihre Hand und hörte es in ihrer Stimme.

Ich fragte: «Wann hast du Crunch zum letztenmal gesehen?»

«Er hat mich in New Orleans besucht. Aber er wußte nicht, was geschehen war. Und ich konnte es ihm nicht sagen.» Dann: «Oh, er wußte ... einiges. Aber er wußte nicht, was mit *mir* passiert war ... als ich das Baby verlor. Ich wollte nicht, daß er mit dem Gedanken durchs Leben lief, daß es *sein* Baby gewesen war. Daß *mein* Vater *sein* Baby aus mir herausgeprügelt hatte. Es wäre nicht fair gewesen, Crunch hatte nichts damit zu tun. Und», nach einem Schweigen, währenddessen ich nur ihre hohen Absätze auf dem Gehsteig klappern hörte, «ich wollte das nicht benutzen, um ihn dazu zu bringen, daß er mich liebte.»

Ich wollte das nicht benutzen, um ihn dazu zu bringen, daß er mich liebte.

Manchmal hörst du Menschen die Wahrheit sprechen und du weißt, daß sie die Wahrheit sprechen, aber du weißt auch, daß sie selbst sich nicht hören, daß sie nicht wissen, was sie gesagt haben: nicht wissen, daß sie viel mehr offenbart haben, als sie gesagt haben. Vielleicht ist dies der Grund, warum die Wahrheit allgemein so selten ist. Julia hatte mir eben gesagt, daß sie wußte, sie könnte Crunch vielleicht mehr lieben als Crunch sie jemals lieben würde, und sie hatte mir auch gesagt, wie sehr sie ihren Vater liebte oder geliebt hatte. Sie hatte das alles auf sich genommen; sie hatte zuviel auf sich genommen.

Etwas Ähnliches hatte ich ihr vorhin im Restaurant zu sagen versucht. Mit einigem Erschrecken begann ich zu ahnen, daß ich vielleicht noch einmal versuchen müßte, ihr dies zu vermitteln, und dabei auf nichts zurückgreifen konnte, als auf mich selbst. Ihre strategische Waffe war ihr Vater, er war ihr Schwert und ihr Schild – wie konnte ich, oder ein anderer Mann, ihre eiserne Entschlossenheit überwinden, ihn nicht zu verurteilen? Denn ihre einzige andere Liebe war ihr Bruder Jimmy, und der war ironischerweise ein absolut unverzichtbares Element dieser Entschlossenheit. Außerdem erkannte ich, daß Jimmy zweifellos mit mir übereinstimmte, eindeutig auf meiner Seite stand. Aber nur Jimmys Tod oder Vernichtung konnte ihren Vater vor das Gericht bringen: und selbst dann, und mehr denn je, würde das Verbrechen ihres Vaters ihr eigenes sein.

Beinah sagte ich mir, *Füße, tut eure Pflicht*, aber ich sagte es nicht. Ich hielt ihre Hand noch fester und schaute gerade vor mich hin, die lange, leere Straße hinab. Meine Hoffnung oder mein Traum von Freude und Glück schwankte und flackerte. Er erlosch nicht.

Ich sagte, so zart ich konnte: «Vielleicht hättest du das oder irgend etwas anderes, gar nicht zu benutzen brauchen.»

Sie ging ein wenig langsamer. Ich hielt ihre Hand fest und ließ nicht zu, daß sie stehenblieb oder zurückblieb. Ich wußte, daß sie lauschte, aber ich konnte nicht erraten, was sie hörte.

Sie sagte – sie klang jung, sehr jung –, sie klang verängstigt: «Was meinst du damit?»

«Vielleicht», sagte ich, «hättest du nichts zu benutzen brauchen, um ihn dazu zu bringen, daß er dich liebte. Vielleicht hast du nicht zugehört.»

«Oh, Hall. Du warst nicht dabei, du weißt nicht, was passiert ist!»

«Willst du wetten?»

«Gewisse Dinge ... weiß *niemand* ... der nicht wirklich dabei war.»

«Und manchmal weiß derjenige, der wirklich dabei war, es auch nicht! Hast du daran schon einmal gedacht?»

Wir gingen schweigend zu ihrer Haustür weiter. Sie stand auf der ersten Treppenstufe. Ich ließ ihre Hand nicht los. Ich lehnte mich an das graue kunstgeschmiedete Gitter. Sie sah auf mich herunter mit diesem uralten, so verletzlichen Gesicht, mit Augen, alt wie Ägyptenland und unberührt wie der neue Tag.

Ein gelbliches Licht umgab sie, das Licht von den Straßenlaternen und ein schwächerer Schimmer aus dem Treppenhaus hinter ihr. Hoffnung und Bestürzung blickten aus ihren Augen.

«Was meinst du damit?»

«Ich meine es, wie ich es sage, kleine Schwester.»

Sie sagte: «Hör zu. Du kannst es spüren, wenn jemand dich liebt.»

«Kannst du es?»

Da ich ihre Hand nicht losließ, konnte sie sich nicht von mir abwenden, aber sie wandte ihr Gesicht ab.

«Kannst du es, Julia? Kannst du es?»

Sie sagte nichts, schaute nur weg. Sie schaute die dunkle Straße hinunter. – Ich sah sie an. Ich sagte: «Hör mal. Nimm mich zum Beispiel ...»

Die Worte *nimm mich* hallten und hallten nach, erstaunlicherweise. Sie drehte den Kopf und sah mich an.

Ich stieg die eine Stufe hinauf, noch immer ihre Hand festhaltend, und stand neben ihr. Die Straßen waren menschenleer, bis auf uns.

Ich sagte: «Zum Beispiel. In meinem Fall ...»

Sie versuchte zu lächeln. «Ja? In deinem Fall?»

«Was würdest du tun, in meinem Fall ... um zu verhindern, daß ich glaube, ich liebte dich?»

«Oh, Hall ...»

«Laß den *Hall* beiseite. Was würdest du *tun*?»

«Es ist das erste Mal, daß du mich gesehen hast ... seit ...» Sie versuchte sich loszumachen, ich hielt sie fest. «Hall. Bitte.»

«Es ist auch das erste Mal, daß du *mich* gesehen hast», sagte ich. Sie blickte weg. «Es ist nicht das erste Mal ... *seit* ... was immer damals geschehen ist. Vielleicht macht es mir nichts aus, was geschehen ist. Vielleicht denke ich, was immer es war – du und ich können damit fertig werden. Vielleicht glaube ich, was geschehen *kann*, ist wichtiger als das, was geschehen *ist*. Ich weiß nur eines: es ist das allererste Mal heute, daß wir, du und ich, uns wirklich gesehen haben.»

Sie wollte mich nicht ansehen. Sie schaute auf den Boden. Ich legte ganz vorsichtig die Faust unter ihr Kinn, schob ihr Gesicht hoch, damit sie mich ansah. Jetzt sah ich in ihren Augen Hoffnung, Bestürzung und Furcht.

«Das stimmt», sagte sie. «Aber das heißt auch, daß du mich nicht kennst.»

«Ich *will* dich kennenlernen. Willst du nicht *mich* kennenlernen?»

Sie entzog mir ihre Hand und öffnete ihre Handtasche. «Es ist spät. Ich muß früh aufstehen.»

«Okay. Ich werde mit dir auf den Berg steigen.»

Sie schloß die Haustür auf, und wir fingen an, dieses steile Treppenhaus hinaufzusteigen. Wir gingen Seite an Seite.

«Du bist verrückt», sagte sie. «Du weißt nicht, wo ich gewesen bin, was ich getan habe ... du weißt nicht, *was* ich gewesen bin.»

«Rede nur weiter, Mama. Du wirst mir einen Drink servieren müssen, wenn wir je oben ankommen!»

Sie kicherte. «Wir werden Jimmy aufwecken.»

«Du verbrauchst deinen letzten Sauerstoff, alte verheiratete Lady aus Timbuktu.»

Wir lachten miteinander und erreichten den ersten Treppenabsatz. Ich sagte: «Jimmy wird nichts dagegen haben, wenn wir ihn aufwecken.»

Ich wollte sie in die Arme nehmen, aber ich fürchtete – fürchtete, daß sie sich fürchten könnte. Wir stiegen weiter hinauf. Ich sagte: «Glaube bitte nicht, daß ich die Absicht habe, mich am Morgen von Jimmy überraschen zu lassen, wenn er aufwacht. *Heute* morgen. Aber du mußt darüber nachdenken, was ich gesagt habe, weil ich es wirklich so gemeint habe. Wenn ich dich glücklich machen kann, und ich würde dich so gern glücklich machen, dann wäre ich ein glücklicher Mann, Baby, und Jimmy wäre auch glücklich.» Sie sagte nichts. Wir kamen vor ihrer Tür an. Ich küßte sie leicht auf die Stirn, auf die Lippen. Sie sah mich an mit ihren vertrauensvollen Augen. «Denk drüber nach.»

Sie wandte sich ab und steckte den Schlüssel ins Schloß. Ich legte ihr die Hand auf den Arm.

«Wirst du darüber nachdenken?»

Sie sagte so leise, daß ich sie kaum hörte: «Ja. Ja, ich werde darüber nachdenken.»

«Versprichst du es?»

Sie wandte sich mir lächelnd zu und küßte mich leicht auf die Lippen. «Ja. Ich verspreche es.»

«Dann schließ die Tür auf, Baby, und laß uns versuchen, deinen Bruder nicht aufzuwecken. Jedenfalls nicht gleich jetzt.»

Sie öffnete ganz leise die Tür und knipste das Licht an. In dem weiten, langen Loft war es ganz still; aber Julia lauschte einen Moment, bevor sie ihre Handtasche aufs Sofa warf.

«Ah, Jimmy ist zu Hause.» Sie grinste. «Setz dich. Laß uns etwas trinken.»

Ich setzte mich. Ich fragte mich, aber dann fragte ich mich nicht mehr, wieso sie wußte, daß Jimmy zu Hause war. Die erste Schlafzimmertür war geschlossen: vielleicht hätte sie offen gestanden, wenn er nicht zu Hause gewesen wäre. Aber andererseits war es keine Sache von verabredeten Zeichen, kein Code, der sich dechiffrieren oder knacken ließ – sie wußte einfach, daß er zu Hause war, weil sie es bestimmt auch gewußt hätte, wenn er nicht zu Hause gewesen wäre. Sie stand hinter mir an der Bar. Ich spürte an ihrer seltsamen Ruhe, die durch meine Anwesenheit, wie ich fürchtete, bedroht oder, wie ich hoffte, bekräftigt wurde, daß sie wußte, Jimmy war zu Hause, weil andernfalls sie nicht zu Hause gewesen wäre, nicht friedlich zwei Drinks bereitet hätte. Tatsächlich hörte ich ein leises Schnarchen hinter der geschlossenen Tür des einen Schlafzimmers: aber ich hätte es unmöglich hören können, hätte sie nicht gewußt, daß ich es vielleicht hören würde.

Es war jetzt Viertel vor zwei in der Frühe. Sie kam zurück und reichte mir meinen Drink, nahm ihren und setzte sich mir gegenüber aufs Sofa.

Ich sah sie an und hob mein Glas, und sie hob ihres.

«Willkommen daheim», sagte sie, und wir stießen an und sahen einander in die Augen.

Und hier geriet ich plötzlich in eine peinliche Lage. Ohne Vorwarnung streckte sich mein Schwanz, drängte heftig gegen meine Unterhose, reckte sich nach meinem Nabel: reckte sich nach ihr. Dies war ganz und gar nicht das vertraute Anschwellen, hervorgerufen durch die Vorahnung einer mehr oder minder kalkulierten Eroberung, ganz und gar nicht. Ich konnte mich nicht erinnern, daß es mich jemals so stark gepackt hatte – vielleicht war mir das noch nie passiert. Die Vergangenheit ging in diesem Moment unter, es war, als hätte ich keine Vergangenheit. Es war ein Erschrekken, was ich empfand, ein Erschrecken, heiß und eisig zugleich. Es war nicht nur so, daß ich auf Gnade und Barmherzigkeit meinem Penis ausgeliefert war, sondern ich war der Gnade einer namenlosen Kraft ausgeliefert – und was sag ich: Gnade? Diese Macht hatte keine Gnade. Ich rückte auf dem Sofa hin und her, unglücklicher als ein Junge, der sich bemüht, sich nicht in die Hose zu machen, und bevor ich mich versah, hatte ich gesagt: «Julia. Julia, bitte laß mich heimkommen. Bitte.»

Es ist selten, daß ein Schrei erhört wird, und ich glaube, wir werden den, der den Schrei erhört, immer lieben. Julia sah mich an. Noch heute, und bis zu dem Tag, an dem ich sterbe, erinnere ich mich – auf eine Weise, die nichts mit Ruth zu tun hat, der ich damals noch nicht begegnet war (und doch bereitete dieser Augenblick mich auf sie vor!), nichts mit meinen Kindern, von denen ich noch nicht einmal träumte, nichts mit Birmingham und Peanut und all den anderen Toten und Arthur, mein Gott, mein Gott, mein Gott, mein Gott – noch heute erinnere ich mich, wie Julia mich anschaute, ihr Glas auf den Tisch stellte und aufstand.

«Schreib mir deine Telefonnummer auf ... ich weiß doch, du hast eine Telefonnummer, junger Mister Erfolgreich! Steht sie im Telefonbuch? Damit Jimmy weiß, wo er mich finden kann. Ich suche inzwischen eine Zahnbürste.» Sie lachte, dann setzte sie sich noch einmal und nahm meine Hände in ihre. «Ich bin schwierig», sagte sie, «aber ich bin nicht schlecht. Du und ich, wir können jede Nacht hier zusammen sein, aber heute, verstehst du – ich möchte nicht, daß Jimmy es *merkt*.»

Sie legte ihre Hände auf meine Schultern. Gott. Gott. Gott. Ich bewegte mich nicht, aber ich zitterte. Gott. Sie vertraute mir.

«Ich will es ihm einfach selbst sagen. Ich glaube, das ist fair ... okay?»

Ich sagte: «Okay.»

Sie wollte aufstehen. Ich wußte nicht, daß ich es tat, aber ich umfaßte ihr Handgelenk und zog sie zu mir. Ihr Geruch überflutete mich. Sie drang in mich ein: Liebe ist eine Zweibahnstraße. Ich legte meine Arme um sie, sie legte ihre Arme um mich. Ich war nie, nie so festgehalten worden, nie. Ich küßte sie oder vielmehr, ich seufzte mich in sie hinein. Sie hielt mich fest, jetzt sah ich ihr in die Augen.

Ich sagte: «Wenn du mir ein Stück Papier holst, Mama, ich hab 'nen Bleistift.»

«Ich dachte», sagte sie, «du hast inzwischen einen Füllfederhalter», und wir lachten; ich ließ sie los, und sie stand auf.

Ich hatte tatsächlich einen Füllfederhalter. Sie brachte mir ein Stück Papier, und ich kritzelte meinen Namen und die Adresse darauf. Sie kritzelte darüber: «Bin bei Hall. Liebe Grüße, Julia», und legte das Papier mitten auf den Tisch, beschwerte es mit dem Wecker.

Sie sah mich wieder an, verschwand und kam mit einer kleinen Tasche zurück. Ich nahm sie ihr ab. Sie öffnete die Tür und löschte die Lichter und verschloß die Tür hinter sich, und wir stiegen die Treppe hinunter.

Wie durch ein Wunder erwischten wir sofort ein Taxi, und wir fuhren zu meiner Wohnung in der West End Avenue, in den siebziger Nummern.

Und jetzt – jetzt stehe ich vor manchen Dingen, denen ich nicht ins Gesicht sehen möchte. Ich fühle tief in mir einen furchtbaren Widerstand, und ich würde meine Geschichte hier enden lassen, wenn ich könnte. Aber – was kommen soll, ist immer schon unterwegs, und man kann es nicht vermeiden.

Ein paar Tage nachdem Julia und ich angefangen hatten, ‹es miteinander zu machen›, wie wir heute sagen, und mehrere Jahre bevor wir erkannten, was wir einander bedeuteten, kam Arthur in eigener, wuschelköpfiger Person aus Kanada zurück. Er hatte großen Erfolg gehabt oben in Kanada und war sehr glücklich gewesen – einer der Gründe, warum sein Haar so wuschelig war: er hatte gerade nur die Zeit gehabt, sich zu waschen und die Haare zu kämmen. Er war jetzt wirklich groß, und das nicht nur aus der paranoiden Sicht des älteren Bruders. Er war groß und feingliedrig und sollte für den Rest seiner Tage zu dünn bleiben.

Jedenfalls hatte er eine Bude in der Stadt an der Dey Street, wo sein Üben niemanden störte, weil er keine Nachbarn hatte. Als er seine Koffer zu Hause abgestellt hatte und sich mit dem Kamm durch das Haar fuhr, rief er unseren Vater und unsere Mutter an, die ihm sagte, daß ich wieder in der Stadt sei und ihn wahrscheinlich gern sehen würde. Und so legte er den Kamm nieder, mit dem er sich noch immer gekämmt hatte, und rief mich an.

«He! Wie geht's dir?»

«Wenn dies ein R-Gespräch aus Kanada ist, Operator, übernehme ich nicht die Gebühren.»

«Stell dich nicht so an. Ich erstatte sie dir, wenn ich dich sehe.»

«Und wann rechnest du damit, mich zu sehen, Bruder?»

«Sei mal so nett und schau in deinen Terminkalender, solange ich meinen Terminkalender durchsehe. Ich weiß nicht, wie's bei dir steht, Brother, aber ich bin *ausgebucht*.»

«Warte, gleich. Was hast du denn, ach, in den nächsten fünf Minuten vor? Ich glaube, ich kann mir fünf Minuten stehlen, weil ich sowieso schon festsitze. Ich werde mir also fünf Minuten für dich stehlen, verstehst du, aber du wirst deinen Arsch in Bewegung setzen müssen.»

«Ich setze ihn sofort in Bewegung, Bruder. Bin schon da.» Dann: «Ich liebe dich.»

«Ich liebe dich auch.»

«In einer Minute.»

«Okay. In einer Minute.»

Ich legte auf und sah mich in meiner Bude um. Mir war nie ganz klar, was ich eigentlich hier an der West End Avenue verloren hatte, aber das ist eine andere Geschichte. Es war ein Samstag. Julia und ich lebten damals noch nicht zusammen – das sollte noch kommen, so vieles sollte noch kommen –, aber wir waren viel zusammen. Jimmy hatte Schlüssel zu unseren beiden Wohnungen und spazierte ein und aus – hauptsächlich, wie es mir damals schien, um unsere Kühlschränke zu plündern. Wenn ich mich an Jimmy erinnere, wie er damals war, sehe ich nur Turnschuhe, Bierdosen und Eiskrem. Er aß ununterbrochen; seine Beine schienen stündlich länger zu werden. Damals hatte ich nicht erkannt, daß diese Schwelgerei seine Art war, glücklich zu sein. Die Schlüssel zu unseren Wohnungen, die er manchmal in die Luft warf und mit einer Hand auffing, waren für ihn die Schlüssel zum Königreich. Er sah seine Schwester glücklich und sich selbst gut beschützt. Er hatte sie und er hatte mich, und was das betrifft, hatte er völlig recht, sage ich euch. Aber ich wußte nicht, ob Julia und ich einander wirklich hatten. Jimmy mochte glauben, daß ich seine Schwester glücklich machte, und auch was dies betraf, lag er vielleicht näher an der Wahrheit als ich: ich konnte es damals nicht wissen. Wir beide hatten zuviel zu tun.

Und ich liebte sie. Sie machte mich glücklich: aber ich wurde allmählich zu alt, um der Unbefangenheit zu trauen, die hinter diesem Wort: Glück, schlummerte. Ich war gezwungen einzusehen, daß wirkliche Liebe ein wirkliches Wahrnehmen bedingt und daß Wahrnehmen Freude oder Schrecken oder Tod bringen kann, aber nie wird es dich in den Traum vom Glück entlassen. Lieben ist Wahrnehmen und Wahrnehmung ist Schmerz.

So erfuhr ich, um nur ein ungeheuerliches Beispiel zu nennen, und lange bevor Julia es mir sagte, wie sie das Geld verdient hatte, um ihren Bruder und sich selbst aus New Orleans herauszuholen. *Ich starrte an irgendwelche Zimmerdecken*, erzählte sie mir viel später – während Männer sich in sie hineindrängten, immerhin weniger brutal als ihr Vater es getan hatte, und sie nahm das Geld und brachte es nach Hause und legte es auf die Seite. Sie hatte es auf sich genommen: sie hatte zuviel auf sich genommen. So sagte ich, und so sollte ich sagen, bis mein Herz brach: aber inzwischen war da Jimmy, der mit seinen Turnschuhen auf dem Sofa lag.

Und da war auch Arthur, der jetzt Sturm läutete. Ich drückte den Summer und ließ ihn ein. Ich wohnte im fünften Stock. Ich ging zur Tür und machte auf und stand in der Tür, ich wartete darauf, Arthur aus dem Aufzug am anderen Ende des Flurs springen zu sehen.

Und da kam er schon angehopst wie ein Heidenkind, strahlend und flott in einem beigen Gabardine-Anzug. Wuschelhaarig, grinsend, mit diesen Augen und allen diesen Zähnen. Ihn zu sehen war immer etwas Neues für mich: ich fragte mich immer, ob er mich noch gern hatte. Eine kindische Frage, gewiß, aber nicht ungewöhnlich. Seine Eleganz wurde keineswegs durch sein jungenhaftes Hüpfen beeinträchtigt, auch nicht durch die Tatsache, daß er eine große Einkaufstüte in der Hand trug.

Er kam an die Tür und drückte mir die Tüte in die Hand, und küßte mich auf die Wange.

«Konterbande aus Kanada», sagte er. «Brandheiß. Mach schnell die Tür zu, ich glaube, ich werde verfolgt.»

Lachend schloß ich die Tür. «Du *bist* ein Idiot. Weißt du das?»

«Aha. Jedenfalls kann ich mich nicht herausreden, daß niemand es mir *gesagt* hat.»

Ich stellte die Einkaufstüte aufs Sofa. Er ging im Wohnzimmer auf und ab, dann blieb er stehen und sah mich an.

«Du siehst prima aus. Ich freue mich, dich zu sehen. Was gibt's Neues?»

«Nicht viel Neues. Gut, ein paar Dinge, die ich dir gleich erzählen werde. Wie war's in Kanada? Willst du einen Drink?»

«Yeah, ich hätt ganz gern einen Schluck ... hier», und er griff nach der Einkaufstüte, und wir gingen in die Küche. Er fing an, die Tüte auszupacken. Er hatte Zigarren mitgebracht, eine Stange Zigaretten, eine Dose Schinken und Flaschen voll Whisky, Wodka und Gin. All dies stellte er auf meinen Küchentisch, und er benahm sich wirklich wie ein kleines Kind, dem es gelungen war, diese heiße Ware zu stibitzen und sicher nach Hause zu bringen.

«Kanada war wunderbar», sagte er. Er sah mich an, mit diesem Lächeln. «Gieß uns was ein», und er reichte mir den Wodka, «solang ich aufs Klo gehe. Ich werde dir erzählen. Und dann mußt du mir etwas erzählen. Du weißt – wir haben uns lange nicht gesehen.»

Er ging ins Bad. Ich goß uns beiden Drinks ein. Ich hörte ihn im Bad vor sich hin singen.

Er kam zurück, und wir setzten uns in die beiden Sessel vor dem Fenster. Dieses große Fenster war das beste an der Wohnung, in der ich damals lebte. Es war nicht viel zu sehen aus diesem Fenster, nur die Häuser auf der anderen Straßenseite und die Straße selbst, wenn man sich etwas hinausbeugte und hinunterschaute. Trotzdem spürte man den nahen Fluß, und man nahm den Himmel wahr, und das Licht veränderte sich die ganze Zeit.

«Also ...? Erzähl mir von Kanada.»

«Ich hatte das Gefühl, daß sie jemanden wie mich da oben noch nie gehört hatten. Stimmt natürlich nicht, sie müssen so ziemlich *jeden* gehört haben. Aber, mir scheint, sie hatten noch nie einen *gesehen* wie mich. Verdammt, sie wollten mich gar nicht mehr fort lassen.» Er lächelte. «Es war gut.»

Ich betrachtete sein Gesicht. «Wo hast du überall gesungen?»

Er grinste. «Vielleicht täusche ich mich, Bruder, aber ich hatte das Gefühl, daß die Nigger oben in Kanada nicht Wurzeln geschlagen haben, wie es hier der Fall ist.» Er nippte an seinem Wodka, es war ein Klarer auf Eis. «Vielleicht täusche ich mich. Du mußt bedenken, da gab's natürlich eine Menge Dreck, den ich nicht gesehen habe, weil ich unterwegs war, auf Tournee. Aber es war anders. Es war gut, wie gesagt, aber es war anders.» Er trank wieder einen Schluck und runzelte die Stirn. «Ich habe einfach nicht so viele von *uns* gesehen. Ich habe nicht so viele Kirchen gesehen ... ihre Kirchen sind anders. Ich habe in Stadthallen gesungen, weißt du, und in *weißen* Kirchen und –» er lachte – «in einem Footballstadion. Und, weißt du was –» seine stolzen, staunenden Augen suchen die meinen – «es war voll, dies Stadion war, verdammt noch mal, beinah voll. Es waren zigtausend Menschen da, Baby, und es war wunderbar, und als ich ging, da rockten und tanzten sie zum Gospel, sie hätten die ganze Nacht weitergemacht, glaube ich.» Er lachte. «Ich mußte in mein Hotel und paar Stunden schlafen, weil ich am nächsten Morgen schon wieder fahren mußte.»

Wieder unterbrach er sich, er kniff die Augen zusammen und schaute durch mein Fenster auf die Gebäude auf der anderen Straßenseite. «Vielleicht meine ich das, wenn ich sage, ich hatte das Gefühl, daß sie so einen wie mich noch nicht gesehen hatten. Sie schienen so ... *überrascht* ... verstehst du, was ich meine? Jedenfalls», und er stellte das Glas auf den Tisch, «hatte *ich* so etwas wie *sie* auch noch nicht gesehen, und das war schon etwas, ich glaube, es hat mir gutgetan, vor so einem fremden Publikum zu singen. Sie reagieren –» er faltet die Hände und sieht mich an – «an so unvermuteten Stellen, es wirft dich um, du weißt nicht mehr, wo du bist. Dann ... ja ... dann gehst du mit ... du *mußt* einfach mitgehen – und du merkst etwas.» Er nickte mit dem Kopf und schaute auf den Boden, wie ein alter Mann, der Selbstgespräche führt. «Es war gut. Ich habe nicht viele Nigger gesehen. Aber ich habe ein paar Indianer gesehen.»

«Wie seid ihr miteinander ausgekommen?»

«Wir haben uns gut vertragen. Ich hatte das Gefühl ... weißt du? ... daß wir etwas lernen können voneinander. Und manche von den Typen, Mann ... Die wissen besser, was in den Staaten los ist ... mit Martin Luther King und Malcolm ... Mann, die wußten mehr als *ich*. Ich habe immer nur zugehört, und ich war richtig froh, daß ich da oben war.»

«Das Evangelium verbreiten», sagte ich und lächelte.

Er sah mich an, als hätte er Angst, daß ich ihn verspottete, aber dann sah er, daß ich es ernst meinte. «Ja», sagte er schließlich. «Vielleicht. Aber, um dir die Wahrheit zu sagen, so habe ich es vorher eigentlich nie gesehen.» Er runzelte die Stirn und grinste. «Ich habe noch nie Leuten zuhören müssen, die wirklich darauf hörten. Und da fing auch ich an, etwas zu hören, weil ich zuhörte, wie sie zuhörten – gibt das einen Sinn?» Wieder grinste er und runzelte die Stirn und sah mir in die Augen.

«Für *mich* ergibt's einen klaren Sinn», sagte ich. «Aber eigentlich hast du das – das Zuhören, meine ich – immer schon gemacht. Seit du anfingst zu singen. Du fängst nur eben an, es zu erkennen.»

Er beugte sich vor, die gefalteten Hände zwischen den Knien. Er sagte: «Das hat Daddy auch immer gesagt.» Dann: «Und ich habe selbst Klavier gespielt ... mich selbst begleitet ... viel öfter als früher, genau wie Daddy vorausgesagt hat. Ich mußte es», und er sah mich an, mit einer ganz persönlichen und zugleich fernen Verwunderung, «weil ... weißt du ... sie haben einen anderen Rhythmus dort oben. Und wirklich, ich find keine Worte für das, was ich sagen will ... es ist wie ein anderer ... *Puls* ... der Rhythmus innerhalb des Rhythmus.»

Er stand auf und pirschte sich wie ein Jäger durch das Zimmer, als ob das, was er mit Worten nicht fassen konnte, sich dort zitternd vor ihm versteckte.

«Ich stand da oben, weißt du, und hab gesungen, und die Typen hinter mir haben die *Zeit* gehalten – aber sie konnten nicht *vorausahnen*, verstehst du, wenn du ... einen *Sprung* machst von einer Stelle zur anderen ... Sie konnten nicht bei mir sein, ich war allein ... oh, Bruder, du hast es dein Leben lang gehört, genau wie ich, ich weiß nicht, wie ich es sagen soll, aber die Zwischentöne, die manche von den alten Kirchenchören bei *The Old Rugged Cross* durchklingen lassen konnten ... du hältst den Atem an, ob du willst oder nicht, du hältst den Atem an, bis sie dich wissen lassen, daß du wieder ausatmen kannst –» und er wandte sich mir grinsend zu, die Hände weit ausgebreitet – «verstehst du, wie Billie Holiday und Bessie Smith, die lassen einfach einen Ton irgendwo hängen und gehen inzwischen in die Stadt und machen Besorgungen und kommen gerade rechtzeitig zurück und fangen den Ton auf und swingen damit los, irgendwohin, du hattest keine *Ahnung*, wohin sie damit gehen würden ... und reißen dich mit, ja, und da sagst du *Amen!* Und Mahalia kann das auch, und Cleveland, und noch ein paar von den Leuten, die ich unten im Süden gehört hab, und –» er grinste und trat, die Hände in die Hüften gestemmt, ans Fenster – «wenn's auch keiner laut sagt, Miles und Dizzy und Yardbird, *und* –» mit triumphierendem Finger auf mich zeigend – «Miss Marian Anderson, Baby, da sagen die Leute, sie kann keine Spirituals singen, aber verdammt, sie kann Brahms so singen, daß es klingt, als hätte er nichts anderes geschrieben.» Er wandte sich vom Fenster ab. «Ich trinke lieber noch etwas.» Und er grinste. «Du mußt glauben, ich bin dabei, verrückt zu werden.»

Ich nahm sein Glas. Ich mußte lachen, weil er so intensiv war, und weil ich ihn liebte, aber dann sagte ich, wieder ernst werdend: «Nein, Brother. Das glaub ich gar nicht. Du hörst dich an, als ob du gearbeitet hättest. Als ob du *am* Arbeiten wärst.»

Ich stand auf und wollte, unsere beiden Gläser in den Händen, in die Küche gehen, aber ich blieb stehen, etwas in seinem Gesicht hielt mich zurück.

«Ein komisches Gefühl», sagte er, «da kommst du von irgendwoher, aus einer Sache, die du nicht benennen kannst, du weißt nicht, was es ist ... etwas, das noch nie, nirgendwo vorher auf der Welt passiert ist.» Er grinste und klatschte in die Hände. «Ich weiß keinen anderen, der das kann, Honky-tonk spielen, Hurenhauspiano in der Kirche!» Er ließ sich lachend auf das Sofa fallen, und ich hätte fast die Gläser fallen lassen. «Und beides durchhalten, Baby, und die ganze Zeit Mister Charlie ins Gesicht grinsen.» Er wischte sich die Augen. «Wow. Und ein Klagelied singen, so traurig, Baby, daß Kummer bleibt, wo Kummer ist, und dich dahin bringen, wo du bist.» Er sank zurück und schaute zum Fenster hin. «Und *das* ist der Beat!»

Ich ging mit den Gläsern in die Küche und machte ihm einen Wodka on the Rocks und mir einen Scotch on the Rocks. Draußen hörte ich, wie sich ein Schlüssel im Schloß drehte.

Es war entweder Julia oder Jimmy, und ich blieb abwartend in der Küche stehen.

Es war Jimmy. Aber – ich schaute auf die Uhr – Julia mußte auch bald kommen.

Ich hörte: «He! Arthur! Kannst du dich an mich erinnern?»

Ein Beat: «Gottverdammich. Jimmy ... wohnst du hier?»

«Ich hänge hier nur manchmal rum – freut mich, dich zu sehen, Mann!»

Als ich aus der Küche kam, sah ich Jimmy an Arthur hochspringen – fröhlich und ungebärdig wie eine junge Dänische Dogge.

Arthur war erstaunt und entzückt – und irgendwie erleichtert, als es ihm endlich gelang, sich von Jimmys Armen und Beinen zu befreien. Er hielt ihn an den Schultern fest und sah ihm ins Gesicht.

«He! Freut mich auch, dich zu sehen. Seit wann bist du wieder hier?»

«Nicht lange ... einen Monat vielleicht ...»

«Wo ist Julia?»

«Julia ... ich dachte, sie ist schon hier.»

Arthur drehte sich um und schaute mich an, schwankte zwischen Staunen und Gelächter.

Ich sagte zu Jimmy: «Ich hab noch keine Zeit gehabt, ihm alles zu erzählen, Junge. *Er* ist auch eben erst gekommen. Hol dir doch aus der Küche, was du willst, und setz dich zu uns, ja?»

Jimmy machte ein Gesicht, als ob er glaubte, er hätte etwas falsch gemacht. Ich gab Arthur einen Wodka, ich lachte und packte Jimmy an der Schulter.

«Keine Sorge ... warum machst du so ein Gesicht? Julia muß jeden Moment hier sein, und wenn du dir was Anständiges anziehst, lade ich euch alle irgendwo zum Dinner ein, mit meinen Kreditkarten.»

«Zu *mir* hat er so etwas noch nie gesagt», sagte Arthur. «Ich wußte nicht mal, daß er Kreditkarten hat.» Jimmy lachte. «Komm, setz dich schon, Mann. Ich bin gerade aus Kanada zurück und hab die ganze Zeit geredet. Aber ich glaube, ich habe schon alles ganz gut durchschaut.» Er zwinkerte mit den Augen. «Ich bin begeistert, daß du zur Familie gehörst. Ich meine es ehrlich.»

Jimmy sagte: «Mann, ich auch», und ging in die Küche.

Arthur und ich setzten uns wieder in unsere Sessel.

«Ich werde dich gleich up to date bringen», sagte ich – aber ich spürte ein seltsames Unbehagen.

Arthur hob das Kinn und sog Luft durch die Zähne. «Baby. Nimm's nicht so tragisch. Wow.» Dann lachte er. «Das Leben ist die beschissenste Achterbahn, die's gibt.»

Jimmy kam herein, mit einem Wodka on the Rocks. Er sah auf einmal sehr verletzlich aus, und ich sah, daß Arthur ihn beobachtete.

«Ich muß nach Hause fahren und mich umziehen», sagte er.

«Warte, bis Julia hier ist», sagte ich, «und laß mich überlegen, wo wir essen gehen, du kannst uns dann dort treffen.»

Ich merkte, daß auch Arthur ein starkes Unbehagen spürte, und ich sah, daß Jimmy ihn beobachtete.

Nach meiner Erfahrung – und dies ist eine sehr ungeschickte Art, es auszudrücken, weil ich eigentlich nicht weiß, was das Wort *Erfahrung* bedeutet – sind die fremdartigsten Leute in unserem Leben gerade diejenigen, die wir gekannt haben und liebten, die wir noch immer kennen und immer lieben werden. Da sind wir beide, der Wortschatz und ich, in Verlegenheit, denn fremdartig bedeutet nicht fremd. Ein Fremder ist ein Fremder ist ein Fremder, ganz einfach, und du beobachtest den Fremden, wie er sich seinen nächsten Schritt überlegt. Aber die Menschen, die in dir jene tiefe Aufmerksamkeit und Verwunderung hervorrufen, die wir hilflos Liebe nennen, unternehmen andauernd Schritte, die sich unmöglich vorausahnen lassen. Schließlich wird dir klar, daß es dir nie in den Sinn gekommen ist, ihren nächsten Schritt vorauszuahnen, nicht nur weil du es gar nicht konntest, sondern weil du es nicht nötig hattest, es ging gar nicht darum, auf den nächsten Schritt zu reagieren, sondern darum, einfach da zu sein. Gefahr, ja sicher, die versuchst du vorauszuahnen, und du bereitest dich, ohne daß du's weißt, auch darauf vor, dem Tod in den Weg zu treten. Denn die fremdartigsten Leute auf der Welt sind diejenigen, die wir, jenseits unserer Sinne, mit unserer Seele wiedererkannten – jene Menschen, die für unsere Reise unentbehrlich sind.

Und während ich nun vor dem großen Fenster meines West End Avenue-Apartments saß und das Unbehagen spürte, das mit Jimmy hereingekommen war und das auch Arthur lähmte, wußte ich zwar nicht, was passieren würde, aber ich wußte, *daß* etwas passiert war. Ich sage nicht, daß ich es voraussah; eindeutig jedenfalls habe ich die ganze Zeit über unter Qualen zurückgeblickt. Aber ich war froh, daß Jimmy und Arthur sich in meiner Wohnung getroffen hatten, und ich war froh, daß Julia bald ihren Schlüssel im Schloß umdrehen würde. Ich war, vielleicht auf eine defensive Art, eher amüsiert als erstaunt. Unsere beiden kleinen Brüder würden gezwungen sein, sich miteinander abzugeben und die zwei müden Alten allein zu lassen.

Jimmy hatte Mut. Er sagte: «Vielleicht können wir da oben zusammenarbeiten ... irgendwann einmal ... ich spiele Klavier ...»

«Ich spiele auch Klavier», sagte Arthur, in einem kühleren Ton, als ich ihn je bei ihm gehört hatte. «Und ich fahre auch in nächster Zeit nicht wieder hinauf. Ich hab vor, in den Süden zu gehen.»

«Von da komme ich gerade zurück», sagte Jimmy prompt. «Da würde ich gern mit dir hinfahren!»

Arthur warf Jimmy einen Blick zu, der zwar ehrlich erbittert, aber auch ehrlich erstaunt war. Er sah Jimmy zum erstenmal. Er sah einen Fremden, der ein Teil seines Lebens werden konnte, und zwar auf eine ganz andere Weise, als er es bisher gewesen war. Seine Nasenflügel und seine Oberlippe bebten leise. Er konnte nicht recht glauben, daß Jimmy so frech heraus sagte, was er da sagte. Auch meine Anwesenheit im Zimmer machte Arthur verlegen, das sah ich ihm an, während sie Jimmy überhaupt nicht störte. Arthur starrte Jimmy hilflos an, aber er sah nicht mehr Julias kleinen Bruder. Seine Augen wurden dunkel oder vielmehr, ein Licht ging an, tief am Grund seiner Augen, und ein ganz unwillkürliches Lächeln spielte um seine Lippen.

Jimmy gab sich ruhig, selbstgefällig, triumphierend: er hatte Arthur dazu gebracht, ihn anzusehen – *ihn*: so ruhig, triumphierend und selbstgefällig er wirkte, war er jetzt doch auch ein wenig erschrocken über die Prüfung, die er so leichtfertig herausgefordert hatte.

«Na», sagte Arthur nach einer Weile. «Wir reden noch mal darüber.» Dann: «Bist du sicher, daß du dich mit einem alten Mann wie mir herumtreiben willst?»

Jimmy lachte, und ich lachte mit – jetzt lachte auch Arthur.

«Mir kommst du gar nicht so alt vor», sagte Jimmy, und jetzt hatte er Arthurs volle Aufmerksamkeit. Obwohl ich, wie gesagt, zu diesem Zeitpunkt offiziell nichts wußte über Arthurs Leben, wußte ich doch mehr, als er glaubte: oder, genauer gesagt, weit mehr, als er mir erzählt hatte. Ich sah, wie für Jimmy alles vollendet und idyllisch aufging: er würde wieder eine Familie haben oder würde vielleicht zum erstenmal eine Familie haben. Er würde Julia und mich *und* Arthur haben, und wir alle würden einander gehören. Ich sah auch, was Arthur nicht sah, daß Jimmy wahrscheinlich schon sein Leben lang in Arthur verknallt war.

Dann klingelte es, kurz dreimal, Julias Zeichen manchmal, und sie kam in die Wohnung.

Julia klingelte manchmal, weil sie, wie sie sagte, nicht den Anschein erwecken wollte, als spionierte sie mir nach – und weil sie mich nicht bei meinen Sünden ertappen wollte: und ich akzeptierte diesen Unsinn, wie ich in jener Zeit beinah alles von Julia akzeptierte, mit qualvollem Entzücken.

Sie hatte irgendwelche Päckchen in der Hand, sie trug ein braun-gelbes Kleid, war ohne Kopfbedeckung und glühte vom frischen Wind draußen, und sie hatte kein bißchen zugenommen. Ich beobachtete ihre Figur in jenen Tagen sehr genau, weil ich darauf hoffte, daß sie schwanger würde und daß ich sie dann überzeugen könnte, mich zu heiraten.

«Mein Gott», sagte sie und legte ihre Päckchen auf den Tisch, «da haben wir heute die ganze Familie beisammen!» Sie küßte mich flüchtig, zog ihren Bruder an den Haaren und lief auf Arthur zu. Sie hielten sich einen Moment umfangen, schweigend: es war ein schöner Anblick. «Wann bist *du* denn wiedergekommen?»

«Grad heute. Wie schön, dich zu sehen. Wie geht's dir? Du siehst wunderbar aus.»

«Mir geht's gut – weißt du schon, daß dein Bruder ein gefallenes Mädchen aus mir gemacht hat?» und sie ließ Arthur stehen und kam zu mir.

Arthur grinste. «Er hatte noch keine Gelegenheit, mir viel zu erzählen, ich hab die ganze Zeit selbst geredet ... Aber ich hab's mir schon gedacht – wie schön für euch beide.»

«Er hat sich gar nichts gedacht», sagte Jimmy stolz, «bis er *mich* hereintanzen sah.»

«Yeah», sagte Arthur. «Dein Bruder ist ziemlich *vorlaut* geworden, seit ich ihn das letzte Mal sah – was hast du mit ihm vor?»

«Wir setzen schon dauernd Anzeigen in die Zeitung», sagte Julia, «aber wir finden keinen, der ihm ...»

«*Das* kann ich verstehen», sagte Arthur. «*Ich* würde es mir zweimal überlegen. Könnte keine Nacht mehr schlafen.» Er sah Jimmy grimmig an, und Jimmy grinste und zündete sich in einer Art unverschämter, vergnügter Panik eine Zigarette an.

«Ich habe einmal gehört», sagte er, «daß die meisten Menschen viel zuviel schlafen.»

«Nicht wenn *du* in der Nähe bist, dann nicht», sagte Arthur. Er sah zu Julia hinüber: «Du könntest viel Geld sparen, wenn du mir erlaubst, ihn auf der Stelle zu erwürgen.»

«Laß mich erst was trinken und darüber nachdenken.»

«Setz dich», sagte ich. «Ich spiele den Barkeeper. Was möchtest du?»

«Das fragt er mich jedesmal», sagte Julia. «Und er weiß genau, daß ich Gin trinke – haben wir keinen Gin im Haus?»

«Aus Kanada mitgebracht», sagte Arthur stolz, und sie setzten sich hin.

Ich ging in die Küche. Ich wußte, was Arthur beunruhigte, und ich wünschte, ich hätte mit ihm darüber sprechen können. Ich hätte gern gesagt, *Kapier's doch, Mann, wie dein Leben auch sein mag, mir ist's vollkommen recht. Ich will nur, daß du glücklich bist. Kapierst du das denn nicht?* Aber so etwas läßt sich schwer sagen, wenn dein Bruder noch keinen Anfang gemacht hat. Ich dachte mir, dann würde ich eben versuchen, den Anfang zu machen. Aber der kleine Jimmy, dachte ich, war durchaus imstande, alles zu verpatzen.

Ihm war es egal, wer was wußte – er vertraute seiner Schwester mehr, als Arthur mir vertraute. Aber eine ältere Schwester ist auch etwas ganz anderes im Leben eines Mannes als ein älterer Bruder. Arthur sorgte sich um das Urteil eines anderen Mannes – um meines in diesem Fall. Er sorgte sich um Jimmys Jugend. Er war auch bereits erschrocken – obwohl er das, glaube ich, selbst nicht wußte und nie hätte aussprechen können – über Jimmys Tempo und Entschlossenheit: denn Jimmy hatte sich seine unverschämte Zigarette auf Arthurs *könnte keine Nacht mehr ruhig schlafen* hin angezündet, als wollte er sagen, *laß es uns mit mir probieren, wir werden ja sehen* ... Ich lachte leise vor mich hin, während ich in der Küche Julias Drink zubereitete: falls ich nicht falsch geraten hatte, hatte Jimmy Arthur klar im Visier und dachte nicht daran, es sich anders zu überlegen. Und falls es schwierig würde, würde Jimmy sich an mich wenden – auch das sah ich kommen: immerhin hatte er uns beide, Julia und mich. Ich würde ihm die Wahrheit sagen müssen, und die war, daß ich tatsächlich meinte, es würde eine gute Sache für sie beide sein – und es würde mir eine schwere Last von meiner Seele nehmen. Es würde auch Julia von einer schweren Last befreien, und dann durften vielleicht die beiden langweiligen alten Leute allein bleiben. Denn das Schicksal und der Weg ihres kleinen Bruders standen im Mittelpunkt von Julias Denken, und es war ganz unmöglich für mich, das nicht zu respektieren, denn auch bei mir standen Schicksal und Weg meines jüngeren Bruders ganz im Mittelpunkt meines Denkens.

Also gut. Ich brachte Julia ihren Drink, und endlich beschlossen wir, wo wir hingehen würden – ins *Harlem's Red Rooster*, obwohl ich mir nicht sicher war, ob sie dort Kreditkarten akzeptierten – und Jimmy tanzte aus dem Haus, um in die Stadt zu fahren und sich umzuziehen und uns dort zu treffen.

So blieben wir drei auf einen ruhigen Drink allein zurück – vor dem Fenster meines West End Avenue-Apartments.

«Mein Gott», sagte Arthur. «Die Zeit fliegt so schnell, ich weiß, wir werden sie nie mehr einholen.»

«Ja», sagte Julia, «ich habe dich angesehen und mußte an das letzte Mal denken, als wir uns gesehen haben ... und an das Zimmer damals in der Fourteenth Street, weißt du noch?» Und sie lachte, und dann lachten sie beide. Dann: «Wann hast du Crunch zum letztenmal gesehen?»

«Crunch? Oh, den hab ich lange nicht gesehen – seit Weihnachten nicht mehr.»

«Und was machte er?»

Sie sahen sich an. Ein seltsamer, tiefer, unbewußter Kummer überflutete beider Gesichter.

«Weiß ich eigentlich nicht», sagte Arthur. «Er machte so dies und das.»

«Er hat eine Zeitlang in einem Stadtteilzentrum gearbeitet», sagte ich. «Und dann war er, glaube ich, in Philadelphia, und dann ... ich weiß nicht.»

«Er hat mich in New Orleans besucht», sagte Julia. «Wußtest du das?»

Arthur nickte, seine Augen vor Schmerz geweitet.

«Ich hatte das Gefühl», sagte Julia, «daß ihm in Korea etwas zugestoßen ist, daß in ihm irgend etwas zerbrochen ist ... irgendwie ...»

«Na ja», sagte Arthur, «ich weiß, er hat sich Sorgen um dich gemacht ... und um das Baby –» Er trank einen Schluck und senkte den Blick. «Ich kam nicht an ihn heran.»

«Ja. Aber es war nicht nur das. Crunch machte sich immer wegen *irgend etwas* Sorgen. Ich hatte das Gefühl, ich muß es immer wieder sagen, es ist die einzige Art, wie ich es ausdrükken kann – daß in ihm etwas zerbrochen war.»

Arthur starrte aus dem Fenster. «Jedenfalls ließ er bestimmt niemanden dran rühren ... was es auch war.» Und er wagte zu sagen: «Ich hab es versucht.»

Er hielt sich in allem sehr vorsichtig zurück, aber ich wußte, daß er den Tränen nahe war – so nahe wie seinerzeit mit Crunch. Aber weder Julia noch ich sollten etwas darüber wissen. «Er war verbittert», sagte Arthur. «Ich hatte ihn noch nie so verbittert erlebt.»

«Viele von uns sind verbittert von dort drüben zurückgekommen», sagte ich. «Es war eine bittere Sache, da drinzustecken.»

Ich sah Arthur an, der sich zu mir umwandte und mich ansah. «Es war bitter zu erkennen, daß du Angehöriger eines Landes warst, das sich einen Scheißdreck um dich oder um sonst jemanden kümmerte.»

«Das stimmt», sagte Arthur. «Das sehe ich ein.» Dann: «Aber du bist nicht verbittert.»

«Ich lasse mich nicht umbringen davon», sagte ich. «Aber ich bin verbittert.»

Julia sah mich an, und sie verzog den Mund mit einer leidenden, gequälten Miene. «Du bist irgendwie – wie ein geladenes Gewehr», sagte sie. «Manchmal – verstehst du», sagte sie zu Arthur, «hast du Angst, es zu berühren, es könnte losgehen.»

Arthur nickte und sah sie an. «Wie Jimmy, jedesmal wenn er aus dem Süden nach Hause kommt.»

«Er hat mir erzählt, daß er gerade zurück ist ... Hat er da unten gearbeitet?»

«Ja», sagte Julia. «Ich weiß nicht, wie ich ihn davon abhalten soll. Aber – ich würde es auch nicht tun, selbst wenn ich es könnte, glaube ich.»

Wir schwiegen und beobachteten, wie der Abend sich vor meinem Fenster niedersenkte. Ich dachte an Jimmy, der jetzt in der Subway saß und nach Hause eilte, um in seinen guten Anzug zu springen und rasch wiederzukommen. Ich wußte, wie Julia, jedesmal wenn er in den Süden fuhr, um ihn zitterte, wie sie die Zeitungen, das Radio, den Fernseher fürchtete; wie sie jedesmal zusammenzuckte, wenn das Telefon klingelte und noch mehr zitterte, wenn es nicht klingelte. Und sogar jetzt, wo Jimmy bloß in der Subway durch New York fuhr, fühlte sie sich nicht ganz frei; immerhin war er von einem einsamen, rachsüchtigen und unberechenbaren Volk umgeben. Keiner von uns allen war je gänzlich unbekümmert. Es war ein hartes Leben, das unsere Landsleute uns gewährten, und es war schwer, sie nicht für die Brutalität ihrer Unschuld zu hassen.

«Ich muß bald einmal hin», sagte Arthur. «Ich wollte schon immer hinfahren, aber mein Manager hat dauernd andere Pläne.»

«Yeah», sagte ich. «Zum Beispiel, dich am Leben zu erhalten, damit du ihm seine Provision zahlen kannst.»

Wir lachten, und Arthur sagte: «Das ist nicht das bitterste Wort, das ich je von dir gehört hab, Brother.»

«Ich wollte mich ja nie in deine Geschäfte einmischen, aber mit Managern kenne ich mich aus.»

«Ich habe immer gehofft, daß du vielleicht eines Tages mein Manager sein würdest.»

«Ich? Bist du verrückt?»

«Nein, gar nicht. Daddy hofft es auch.»

Arthur sagte das mit dieser achtlosen, großäugigen Verschmitztheit, für die ich ihn, als er noch klein war, am liebsten erwürgt hätte.

Er schlürfte seinen Wodka und schaute aus dem Fenster, schaute mich an. Ich hatte eine Zigarette zwischen den Lippen, und er gab mir Feuer. Er sagte, wobei er mir in die Augen sah: «Nicht jetzt gleich ... aber ... später. Bald. Ich weiß, du hast jetzt andere Dinge zu tun. Kann ich noch einen Drink haben? Bevor du uns zum Essen ausführst? Großer Bruder?»

Julia lachte, nahm sein Glas und ging in die Küche.

«Wirst du darüber nachdenken?»

«Du weißt verdammt gut, daß ich drüber nachdenken *muß* – schon *jetzt*!»

«Sei nicht bitter», sagte Arthur.

«Richtig», sagte Julia, die zurückgekommen war und Arthur seinen Drink gab. Sie küßte mich auf die Wange. «Gott. Du weißt gar nicht, wie gut wir es haben ... einfach hier, in diesem Zimmer, zusammen zu sein.»

Ich legte den Arm um sie und sah meinen Bruder an. «Das stimmt. Aber ihr habt euch anscheinend gegen mich verschworen.»

Julia und Arthur lachten. Julia nahm mein Glas. «Ganz richtig. Du wirst *verfolgt*. Du brauchst noch einen Drink, bevor du ganz durchdrehst.» Ich lachte mit und sah die beiden an: ich hatte nichts dagegen, daß sie sich gegen mich verschworen. Julia sagte zu Arthur: «Paß gut auf deinen Bruder auf, solange ich mir mein Gesicht zurechtmache – wenn er uns schon groß ausführen will, müssen wir auch *korrekt* aussehen.» Sie ging in die Küche hinaus und rief über die Schulter zurück: «Er ist nicht bitter, Arthur, er ist nur verdammt nah am Verfolgungswahn – demnächst wird er noch anfangen, Stimmen zu hören.»

Ich saß Arthur gegenüber. Es war jetzt dunkel geworden, nur aus der Küche fiel Licht herein. Aber kurz darauf kehrte Julia zurück und drückte mir mein Glas in die Hand und schaltete eine Lampe ein. Sie küßte mich auf die Stirn: *how sweet it is: to be loved by you*, während Arthur lächelnd zuschaute. Dann verschwand sie im Flur, der ins Bad und ins Schlafzimmer führte. «Nur eine Minute noch.»

Ich wäre am liebsten nachgelaufen. Arthur sah es meinem Gesicht an. Wir lachten leise, stießen an und tranken. Arthur sagte: «Ich bin froh, dich glücklich zu sehen. Und *sie* ist glücklich. Ich glaube, das ist ein Wunder.» Er grinste. «Das stärkt meinen Glauben.»

Ich wagte zu sagen: «Ich würde dich auch gern glücklich sehen, Arthur.» Er verzog den Mund zu einem selbstverächtlichen Lächeln und blickte in sein Glas, das er zwischen beiden Händen hielt. Dann, zu mir aufblickend: Wollt ihr beide heiraten?»

«Ich würde gern. Aber sie ist sich nicht sicher.»

Er nickte, ohne mich anzusehen, er schaute nach innen. «Na, ich sehe. Sie hat schlimme Zeiten durchgemacht.» Dann sah er mich an und lächelte. «Geduld, Bruder!»

«Selber Geduld!» sagte ich, und ich hätte gern weitergesprochen, aber ich tat es nicht – irgend etwas sagte mir, daß dies nicht der rechte Augenblick war.

Endlich rafften wir uns auf und fuhren in die Stadt, und ich glaube, es war das *Red Rooster*, eine Kneipe, die mir damals gefiel, und die ich mit Julia assoziiere. Andererseits ist das *Rooster* nicht sehr weit von der Ecke entfernt, wo *Jordan's Cat* einmal war, und nicht weit von dort, wo Martha wohnte, und ich weiß, ich habe dieses Viertel sehr lange gemieden – alles dort schmerzte zu sehr. Vielleicht spielt mein Gedächtnis mir also einen Streich, und ich bringe das *Rooster* mit Julia in Verbindung, weil wir eine Weile so glücklich waren. Unsere Liebe war der Anfang meiner Versöhnung mit meinem Schmerz, und nach Julia hatte ich nie wieder Angst, irgendwohin zu gehen. Vielleicht bringe ich Julia mit dieser Gegend in Verbindung, weil ich dort einmal glücklich gewesen war und dann ausgeschlossen wurde und mich verloren fühlte, und Julia hatte mir die Schlüssel wiedergegeben. Wer weiß? Egal. Wir gingen jedenfalls in ein sehr schickes Restaurant in Harlem, und wir hatten ein kleines Fest für uns allein. Ich erinnere mich noch heute an Julias Gesicht, und an Arthurs und Jimmys Gesichter.

Eins muß ich allerdings sagen, und heute kann ich es, heute, wo ich ruhiger geworden bin: als mir klarwurde, daß es Julia und mir nicht bestimmt war zusammenzubleiben, aus Gründen, die mir ein unerforschliches Rätsel blieben, stürzte ich in eine Leere, und in dieser Leere entdeckte ich, daß Julia mir etwas gegeben hatte. Sie hatte mir sich selbst gegeben, oder hatte mir gegeben, was sie von sich geben konnte. Aber sie hatte mir viel mehr gegeben als dies. Durch sie habe ich gelernt, daß der Schmerz notwendig ist, daß er, wie verheerend er auch sein mag, genutzt werden kann. Daß er dazu da ist, um genutzt zu werden. Manchmal meinte ich, Julias Ansichten seien so verkehrt wie zwei linke Schuhe, und in mancher Hinsicht meine ich das immer noch: aber was sie sah, das sah sie, und sie tat niemals so, als hätte sie es nicht gesehen – was auch immer sie sah, dieses uralte Kind aus Ägypten! Manchmal wollte ich sie umbringen, und oft hatte ich Angst um sie. Aber wenn es hart auf hart geht, ist es besser, du bist wütend auf jemanden, den du liebst, oder hast Angst um jemanden, den du liebst, statt den erbarmungslosen Horror mitzumachen, dich schämen zu müssen, für jemanden, den du liebst.

An diesem Abend jedenfalls war Jimmy kaum wiederzuerkennen, vor allem weil er sich nicht für seine Schwester oder für mich oder für das Lokal angezogen und keinen Gedanken an meine Kreditkarte verschwendet hatte. Ich hatte ihn noch nie so ‹angezogen› gesehen, und ich bezweifle, daß Julia ihn schon einmal so gesehen hatte: keiner von uns hatte sehen dürfen, was Jimmy nun Arthur sehen lassen wollte. Gott weiß, was Arthur sah, aber auch ihm muß der Gedanke gekommen sein, daß Jimmy sich für ihn angezogen hatte. Da war er also, in seinem dunkelgrauen Anzug, mit beigem Hemd, scharlachroter Krawatte, glänzenden braunen Halbschuhen. Seine Kopfhaut muß noch geglüht haben vom Rubbeln, Bürsten und Einölen der Haare, und seine Fingernägel blendeten einen geradezu. Und tatsächlich erkannte ich, so wie Jimmy hoffte, daß Arthur erkennen würde, erkannte ich zum erstenmal (so wie Jimmy hoffte, daß Arthur erkennen würde), daß er ein sehr hübscher, ungemein einnehmender Junge war, der mit etwas Glück und mit Liebe zu einem ungewöhnlichen und wertvollen Mann heranwachsen konnte. Mir ging das Herz auf – immerhin hatte auch er schwere Zeiten durchgemacht –, und ich hoffte von ganzem Herzen, daß er die Liebe finden würde, die zu verschenken es ihn so drängte.

Er gehörte zu jenen Menschen, die auf die Angst aufspringen wie auf ein wildes Pferd und darauf reiten – nicht wissend wohin, aber entschlossen, sich nicht abwerfen zu lassen.

Arthur hatte ihn etwas über den Süden gefragt, und Jimmy – reitend – informierte Arthur und uns alle über die interessanten Sitten und Bräuche dieser Region:

«Anfangs dachte ich mir, Scheiße, ich und meine Schwester haben da unten *gelebt*. Und dann mußte ich erkennen, daß ich *nicht* dort unten gelebt hatte. Ich hatte in Grandmas Haus gelebt, weil es keinen anderen Platz gab, wo man mich hinstecken konnte. Und als zweites mußte ich erkennen, daß ich hier, wo ich lebte, nicht geboren war, wie die anderen Jungs in meinem Alter, die in den Warteräumen und Imbißhallen herumlungerten. Ich war nicht darin aufgewachsen. Ich habe diese Zeichen, die WEISS und FARBIG besagen ... und sie sind so beschissen heuchlerisch und feige, diese Arschlöcher, warum sagen sie nicht einfach weiß und schwarz? ... ich habe sie nie gesehen, bis ich zwölf war.»

Er redete so schnell und ereiferte sich so sehr, daß er nach Luft schnappen mußte. Julia sagte milde: «Nimm's leichter, Baby. Iß!»

Arthur grinste und strich mit der Hand über Jimmys Wange. «Versuche nicht, alles auf einmal zu erzählen. Du mußt dich vergewissern, daß ich auch verstehe, was du mir sagen willst.»

Arthurs Lächeln und seine flüchtige Berührung beruhigten Jimmy denn auch, und er senkte den Blick und widmete sich wieder seinen Spareribs. Arthur beobachtete ihn einen Moment, dann befaßte auch er sich wieder mit seinen Spareribs. Julia und ich, wir waren sehr nah beisammen, sahen uns eine Sekunde an, und dann aßen wir eine Zeitlang schweigend – abgesehen von der Jukebox.

Großer Bruder, kleiner Bruder, dieser Gedanke war mir in den Sinn gekommen, als ich beobachtete, wie Arthur Jimmy ansah. Es gilt als selbstverständlich, daß der kleine Bruder den großen Bruder braucht: dieses Bedürfnis definiert die Rolle des großen Bruders, und große Brüder bleiben ihr Leben lang große Brüder – der Beweis dafür ist, daß sie sich dauernd hilflos kleine Brüder suchen. Sie sind absolut unfähig, sich selbst einen großen Bruder zu suchen, ganz gleich, wie verzweifelt sie sich nach einem sehnen. Ein großer Bruder liegt außerhalb ihrer Möglichkeiten. Aber auch kleine Brüder bleiben ihr Leben lang kleine Brüder und suchen sich entweder große Brüder, oder sie fliehen vor ihnen. So wie es sich mit der Einsamkeit nun einmal verhält – und wie es sich mit der Bosheit nun einmal verhält –, ist die Rolle des großen Bruders leichter zu spielen: es ist leichter, jemanden zurechtzuweisen, als sich zurechtweisen zu lassen. Das Bedürfnis des großen Bruders, was immer es sein mag, läßt sich stets durch das rechtfertigen, was er dem kleinen Bruder als sein Bedürfnis vorschreiben kann.

Was aber, so fragte ich mich auf einmal, als ich beobachtete, wie Arthur Jimmy ansah, passiert mit dem kleinen Bruder, der einen kleinen Bruder braucht, um ihn zu lieben, und der dieses Bedürfnis für verboten hält?

Jimmy war mit einem Sparerib fertig und wollte gerade mit dem zweiten anfangen, als er tief Luft holte.

«Es ist so, verstehst du», sagte er zu Arthur, «daß du nicht glauben kannst, was du siehst. Das macht dich fertig. Du glaubst einfach nicht, daß es diese Leute wirklich gibt.» Er lachte. «Wirklich. Du glaubst, sie müssen zu irgendeinem beschissenen Zirkus gehören, oder es sind entlaufene Irre ... und jeden Moment kann jemand kommen und sie einfangen, oder, verstehst du, sie schalten rings ums Haus die Scheinwerfer an oder irgend so etwas.»

Wieder lachte er. Ich beobachtete, wie Julia ihn ansah: ihr Herz.

«Und dann –» er gestikulierte mit seinen großen Händen – «fragst du dich, was mache ich eigentlich hier? Aber ich *wollte* dort sein. Ich bin meilenweit, und ich bin tagelang gelaufen, um dort zu sein. Und ich habe keine Lust auf ihren schleimigen Kaffee und ich mag ihre fettigen Scheiß-Hamburger nicht – nicht einmal kochen können sie, mir scheint, die haben nicht mehr Geschmack als die Schweine, Mann ... und dann sagt einer von denen – beispielsweise: *Was hast du hier zu suchen, du weißt doch, wir bedienen euch hier nicht.*» – Und er warf den Kopf zurück und lachte: «Sagt doch eines von diesen Arschlöchern zu mir: *Dies ist ein freies Land! Wenn's dir nicht paßt, kannst ja zurück nach Afrika gehen!*»

Er lachte, und wir lachten mit. Tränen flossen über Jimmys Gesicht.

«Dann –» wieder ernst – «kriegst du es mit der Angst. Sie kommt nicht plötzlich über dich. Es geht langsam. Sie schleicht dich an, von der Ferse, von der großen Zehe her, sie kriecht dir hinten an den Schenkeln hoch, bis sie deinen Hintern erreicht hat und deine Eier naß werden. Und komisch, du hast unterwegs schon Angst gehabt, aber wenn du reingehst, ihr seid vielleicht fünf oder sechs oder sieben Typen, dann habt ihr keine Angst. Dann, genauer gesagt, *kriegst* du nicht Angst, du hast auf einmal Angst. Das ist keine Komödie, das ist kein Zirkus, da kommt niemand, um diese Leute mitzunehmen. Diese Leute kommen und nehmen dich mit, irgendwohin. Und –» er beugte sich zu Arthur hinüber – «zwei Dinge, Mann. Du willst nicht sterben, aber du erwartest es. Diese Leute wollen dich wirklich umbringen. Das ist kaum zu glauben. Du weißt es, oder irgendwer hat es dir einmal gesagt, oder du *dachtest*, du wüßtest es ... aber da sind sie nun, und sie sind jetzt die einzigen Leute auf der Welt. Und niemand ist da, den du zu Hilfe rufen kannst.»

Er lehnte sich zurück, die Lippen vorgeschoben, die Stirn gerunzelt. Er klopfte mit der Gabel auf den Tisch.

«Aber das andere ist schlimmer.»

Er sah auf, sah uns jetzt alle an. «Vielleicht hat irgendwer dir einmal gesagt, daß diese Leute dich umbringen wollen. Vielleicht weißt du sogar, wie viele von uns sie schon umgebracht haben. Und deswegen bist du schließlich da – und du versuchst, immer daran zu denken –, irgendwie eine Kraftprobe zu erzwingen, damit endlich Schluß ist mit dem Gemetzel.» Er schüttelte sich wie ein junger Hund und seufzte. «Aber keiner hat dir gesagt ... oder du hast es nicht gehört ... daß *du* töten willst. Oh –» mit einem Blick zu Julia – «wie oft wollte ich unseren Vater umbringen. Ich wollte sogar meine Schwester umbringen, dachte ich einmal», und er grinste. «Aber, das stimmte eigentlich nicht, weißt du? Das war nur – der *Schmerz.* Aber da unten – du schaust in dieses weiße Gesicht, und du schaust in die weißen Gesichter um dich her, und du willst jemanden umbringen. Du willst anfangen mit dem Töten und nie mehr aufhören, bis du im Blut schwimmst. Und dann kriegst du es wieder mit der Angst, aber auf eine ganz andere Art. Du kriegst Angst vor dir selbst. Du hast Angst, was mit deinen Freunden passiert, die neben dir sitzen, wenn du dich jetzt nicht zurückhältst. Und dann siehst du, daß das kein Zirkus ist; diese Leute sind real, genau wie du, denn *jetzt* bist du verdammt nah daran, dich so zu verhalten wie *sie.* Und nun wird dir wirklich kalt. Wenn du jemals gebetet hast oder noch nie gebetet hast – dann betest du jetzt. Die Hölle ist ansteckend.»

Er senkte die Augen, blickte auf – zu Arthur. «Willst du immer noch hin?»

Arthur sah ihn kurz an, undurchdringlich. Er wußte in diesem Moment nicht, was er sagen sollte, auch Julia und ich wußten nichts zu sagen. Arthur und Jimmy saßen sich gegenüber, Julia und ich saßen uns gegenüber: Arthur konnte es nicht vermeiden, in Jimmys unglaublich vertrauende Augen zu blicken. Ich beobachtete dies von der Seite her. Julia schaute auf ihren Teller hinunter.

«Vielleicht», sagte Arthur vorsichtig, «könnte ich mir's überlegen, ob ich dich als Führer mitnehme. Wenn du nur nicht so verdammt unterernährt wärst.» Er klopfte an Jimmys Teller. «Iß.»

«Aber, Mann, es gibt doch noch eine ganze Menge mehr als das, was ich gerade gesagt habe. Es gibt da ganz wunderbare, wirklich wunderbare Leute. Die wunderbarsten Leute, die ich je getroffen habe ...»

Arthur sah ihn noch immer an. Dann brummte er zu Julia hinüber: «Dieses Kind hat keinen Respekt vor den Erwachsenen. Kann mein Bruder sich das leisten, Geld für Kinder zu verschwenden, die in ihrem Essen herumstochern?» Und dann, zu Jimmy: «Iß, Baby, wir haben noch Zeit genug zum Reden.»

Jimmy senkte den Blick und fing gehorsam an zu essen.

«Wir bestellen uns noch etwas zu trinken, und wenn du aufgegessen hast, hebst du die Hand.»

Jimmy lächelte, so gut es ging, den Mund voll Spareribs und die Augen voller Arthur – und nickte. Arthur grinste und strich ihm wieder mit der Hand über die Wange und blinzelte Julia zu. Julia blinzelte zurück, und in diesem Bruchteil einer Sekunde sah ich, daß sie Arthur sehr dankbar war, denn Jimmy hatte Arthur an einem Abend mehr erzählt, als er ihr oder irgend jemandem bisher erzählt hatte. Kleine Brüder, kleine Brüder.

Die kleinen Brüder schoben uns in ein Taxi, nachdem sie beschlossen hatten, ihrerseits mit der Subway zu fahren. Da sie zu zweit waren, war es für Julia und mich beinahe das erste Mal, daß wir dem kleinen Bruder gute Nacht sagen konnten – ohne eine kleine, heimliche, unterdrückte Angst. Gewohnheit, so nannten wir es im stillen. Aber Gewohnheit entsteht durch Erfahrung.

Unser Taxi sauste an ihnen vorbei, als sie langsam die bevölkerte Avenue hinunterschlenderten, Arthur ein bißchen größer als Jimmy. Sie winkten, und wir winkten, und Julia legte ihren Kopf an meine Schulter. Ich zog sie in meine Arme, drückte ihren Kopf einen Moment lang an meine Brust, und dann, in dem immer schnelleren Wechsel von Licht und Dunkel, küßten wir uns, küßten uns, bis ich sagte: «Gott sei Dank, Julia, brauchen wir heute abend keine Treppe zu erklimmen. Ich würde es nie schaffen.»

Sie legte mir die Hand auf den Arm und lächelte. Sie sagte: «Wenn du's nur schaffst, aus dem Taxi zu steigen, kannst du dich im Aufzug auf mich stützen. Ich mag es, wenn du dich auf mich stützt.»

Ja. Aber sie schien immer überrascht, überrascht, daß sie mich so ausfüllte, daß sie gar nichts zu tun brauchte, um mir zu gefallen. Ich wußte, daß sie niemals, sei es bewußt oder vorsätzlich, etwas tun würde, um mich oder irgend jemand zu verletzen: ihre Furcht, Schmerz zuzufügen, war so tief, daß man es beinah eine Krankheit nennen konnte. Beinah, aber nicht ganz. Ich erlebte nie, daß sie einem anderen weh tat – aber sie tat sich selbst weh, und damit brach sie mir das Herz. Doch sie wurde damit fertig und überwand es, und sie gab mir die Kraft, es ebenfalls zu überwinden: und mehr kann man von der Liebe wahrhaftig nicht verlangen.

Ah, aber das ist eine Geschichte, die ich ein andermal erzählen will. Ich weiß, ich kann sie jetzt noch nicht erzählen. Selbst heute, wo ich Ruth und die Kinder habe, wo all die Zeit vergangen ist wie ein Gewitter, das sich hinter uns und vor uns zusammenbraut, braucht Julia nur eine Handbewegung zu machen oder den Kopf zurückzuwerfen und zu kichern oder sich mit einem seufzenden Lachen vorzubeugen, und ich spüre ein Kitzeln in meinen Schenkeln, als wäre da eine unbegreifliche Wunde, und ich sehe Julia wie damals, als wir zusammen waren, vor so langer Zeit: Julia, wie sie nackt aus der Duschkabine tritt, oder Julias Kopf eingeschäumt mit Schampoo; Julia nicht ganz überzeugt, ob ihr die Tatsache gefällt, daß sie sich die Achselhöhlen rasiert hat. «Aber», meint sie trocken, «es *ist* ein Geschäft mit harter Konkurrenz»; Julia, wie ich sie in meinen Bademantel hüllte, der an ihr sofort ein Zelt wurde; und ich kroch zu ihr unter das Zelt, wie der *Scheich von Arabien!* und wir lachten. Sie preßte meinen Kopf an sich, während ich an ihren Brüsten knabberte, ihre Brustwarzen schmeckte (irgend jemand hat gesagt, daß alle Liebe Inzest sei), ihren Hals leckte, an ihren Lippen trank, ihren Mund fand, und es war, als ob ein Schwimmer tief drinnen in mir die Luft anhielt, sie herausstieß, unterging, wieder auftauchte ... und ich wurde mir ihrer erstaunten, erstaunlichen Hingabe bewußt, wurde mir bewußt, daß ich sie schon gekannt hatte, als sie noch keine Brüste hatte, und versuchte das Geheimnis aus ihrer Möse zu lecken, meine Zunge zwischen ihren Schenkeln, und diese langen Beine hinunter und wieder hinauf, hinauf, bis ich sie vollkommen zudeckte, und ihre langen Finger auf meinem Rücken, die mich streichelten vom Nacken bis zum Hintern, mein Mund in ihrem, mein Mund in ihrem, ihr Atem wird mein Atem, meiner wird ihrer, ihre Hände auf mir, ihre Hände auf mir, ihr Mund an meiner Brust, an meinen Brustwarzen, alle Haare meines Körpers jucken, kitzeln jedes einzelne, ihr Mund an meinem Nabel, an den Haaren darunter, an der Spitze meines Schwanzes, an meinen Eiern, ihr Mund wieder an meinem Schwanz, mein Schwanz in ihrem Mund, meine Zunge in ihrer Möse und dann hinauf, hinauf, bis ich sie wieder zudeckte, mein Mund in ihrem, ihr Mund in meinem, stöhnend, stöhnend, und die langen Beine, die sich spreizten, die Schenkel, die mich hielten, der Bauch, der sich an meinen drängte, die Finger auf meinem Rücken, die langsame, langsame, langsame Entdekkung der feuchten, suchenden Wärme in ihr, dieses Hineingehen, so langsam, und sie wurde immer mehr, ich wurde immer mehr, ich streckte und streckte und streckte mich und wurde immer dikker, immer erstaunt, daß da so viel sein konnte, und sie öffnete sich und umschloß mich, öffnete und schloß sich, öffnete und schloß sich, noch nie hatte jemand mich so festgehalten, noch nie war ich mit solchem Frohlocken willkommen geheißen worden, noch nie hatte ich, fast erstickend, ein solches Lachen aus mir emporsteigen hören, stoßend und hämmernd, stoßend und hämmernd, und ich hörte sie schreien, hörte sie meinen Namen schreien, bis dieser Schrei der einzige Klang im Universum war, fühlte, wie sie gab und gab und gab, keuchend und klammernd und dann, von den Sohlen meiner Füße her, die Schenkel herauf, als ob dunkle Glocken zu jubeln begännen, durch meine Arschspalte und mein Rückgrat herauf, meine Schulterblätter und meinen Nacken, und meine Schädeldecke elektrisierend und meine Kehle zuschnürend, mein Atem in ihrem, mein Atem in ihrem, und über meine Brust hinunter, meine Brustwarzen folternd, meinen Bauch, und meine Eier schwellen lassend, alles, jetzt, alles strömte jetzt in dieses große Organ, und in diesem Augenblick, den ich nicht enden lassen wollte, hielt ich inne, und dann sagte sie, *bitte, oh, bitte*, aber auch sie lag still und wußte, daß wir nicht lange still liegen konnten, und wir küßten uns, als glaubten wir, wir würden uns nie wieder küssen, und dann, ohne es selbst zu wissen, bewegten wir uns wieder und bewegten und bewegten uns, und in dem Moment, wenn ich zu kommen begann, war es immer so, als wäre da plötzlich noch mehr von Julia und noch mehr von mir, und mehr, hart, hart, hart, und manchmal war ich fast erschrocken, weil es schien, als würde der Erguß nie enden.

Dann lagen wir einfach einer in den Armen des anderen, einer im Element des anderen, einer in Zeit und Raum des anderen, lange Zeit: und nie im Leben hatte ich eine so gewaltige Sicherheit empfunden und eine solche Macht zu beschützen. Nie zuvor hatte ich einem anderen Menschen gegenüber empfunden: *du bist mein Leben, mein Herz, meine Seele.* Manchmal liebten wir uns auf dem Fußboden im Wohnzimmer und erwachten in unserem Zelt, und das Licht schien durch mein großes West End Avenue-Fenster auf uns herab.

Aber dieser Abend im *Rooster* war das letzte Mal für einige Zeit, daß wir vier zusammensaßen. Arthur ging damals nicht in den Süden, sein Manager hatte ihn schon für eine Tournee in den Westen gebucht – nach Seattle, San Francisco, Los Angeles –, um Arthur, wie er glaubte, aus der Schußlinie herauszuhalten. Dies führte zu dem Bruch zwischen Arthur und seinem Manager und dazu, daß ich selbst schließlich diese Rolle übernahm – das ist eine andere Geschichte.

Jimmy ging nach Birmingham. Es war kurz bevor unsere Landsleute zum erstenmal von Birmingham erfuhren, und achtzehn Monate bevor Peanut und Arthur und ich hinunterfuhren: und all dies, was immer es taugen mochte, war vor dem Marsch nach Washington.

Kurz vor dieser Reise in den Süden hatte Julia mich verlassen und war nach Afrika gegangen, wo sie lange Zeit – ausgerechnet – in Abidjan bleiben sollte, und mir ging es nicht gut. Die Agentur hatte mich ohne Gehalt in Krankenurlaub geschickt – aber ich hatte selbst darum gebeten. Und wie sehr ich mich auch um Arthur sorgte, ich wäre vielleicht nicht mit ihm in den Süden gefahren, wenigstens damals nicht, wenn Julia mich nicht verlassen hätte. Vielleicht sah er mich, wie ich mit dem Kopf gegen die Wand rannte, in den Spiegel fluchte, mich in Alkohol ertränkte, mitternachts mich vom Fußboden hochzog, um mich in den Schlaf zu weinen, ja zu weinen, wie ein Baby, und ich weiß nicht, ob du so etwas Schlaf nennen kannst. Ich weiß nicht, wie du es nennen kannst. Ich wollte nichts und niemand, und es gab nichts, was ich tun wollte. Ich nahm wahr, ungefähr in der Art, wie du Stimmen aus weiter Ferne wahrnimmst, daß meine Mutter, mein Vater, mein Bruder sich Sorgen um mich machten: es war hart, erkennen zu müssen, daß ich eine Menge Leute kannte, aber keine wirklichen Freunde hatte, nicht einen, und ich war erst zweiunddreißig! Und wenn ich keine Freunde hatte, dann, weil ich es so *gewählt* hatte – wegen etwas, das ich getan hatte, und niemand trug die Verantwortung dafür: und du rennst immer im Kreis herum, in die Runde, in dem Gefängnis, das du selbst bist, tagein, tagaus, Dunkelwerden, Sonnenaufgang und wieder Tag. Diese Stimmen, die ich aus weiter Ferne hörte, mein Vater, meine Mutter, mein Bruder – ich konnte nicht wirklich sprechen, aber ich wollte nicht, daß sie sich allzusehr für mich schämen mußten: diese Stimmen zwangen mich, über meinen Flur zu torkeln, manchmal zu kriechen und aufs Klo zu gehen und zu pissen und mich hinzusetzen und mich zum Scheißen zu zwingen und aufzustehen und dem Spiegel auszuweichen, aber doch irgendwie mich zu rasieren und mir dann die Zähne zu putzen und mit angehaltenem Atem unter die Dusche zu gehen, und immer sah ich dort Julia vor mir! Und manchmal, unter Aufbietung all meiner Kräfte, seifte ich sogar meine Haare ein und stand unter all dem Wasser und weinte und weinte und weinte.

Dann zog ich mich an – zog mich an: sie war überall, sie half mir beim Anziehen. Dieser Schlips, nein, diesen Schlips mochte sie nicht, dieses Hemd paßt besser zu deiner Haut, sagte sie, mein Gott, Hall, wo hast du diese Socken her? O Herr, und dann wieder durch die Wohnung wandern, allein, durch die Zimmer, hinein in die verfluchte Küche und wieder heraus, Jesus, und das Geschirr, scheiß auf das Geschirr, einen Schuh in der Hand, einen Schuh an meinem Fuß, und ich sah hinunter, um mich zu überzeugen, daß sie wenigstens von der gleichen Farbe waren, holte Eiswürfel heraus und goß mir einen Drink ein, rieb mir mit einem Eiswürfel übers Gesicht, um die fließenden Tränen zurückzudrängen, zwang mich, den Drink auszutrinken, statt das Glas gegen die Wand zu schmettern, hörte mich lachen, als ich den anderen Schuh anzog, schaute in den Spiegel, angezogen, schon gut, du siehst gut aus, wo ist Hall geblieben? Dann goß ich mir noch einen Drink ein und stellte den Plattenspieler an und saß vor meinem Fenster.

Den ganzen Tag, manchmal die ganze Nacht. Das Telefon klingelte, es war meist meine Mutter oder mein Vater, sie riefen nur an, um Hallo zu sagen, und: wir würden dich gern sehen, sobald du Zeit hast. Oder es war Arthur, ein Ferngespräch, Arthur, über sein Leben als Gospelsänger witzelnd, taktvoll andeutend, daß er mich da drüben brauchen konnte, falls ich Zeit hätte.

Und ich mußte irgendwie, wenn auch nur für den verzweifelten Bruchteil einer Sekunde lang, auf das Unausgesprochene reagieren – auf ihre Achtung vor meinem Leben und meinem Schmerz. Ich wußte, sie hörten im Moment gar nicht auf das, was ich sagte – und das bedeutete, daß ich nicht viel zu sagen hatte. Sie horchten auf den Ton meiner Stimme, maßen mein Fieber. Ich wollte nicht, daß sie sich sorgten und an Krankenwagen und Bluttransfusionen dachten, denn ich liebte sie ja auch, und so hörte ich mich wohl alles in allem vernünftig an.

Ja, wir retten oder verdammen oder verlieren einander: dafür ist meine Seele ein Zeuge. Ich lag am Boden und war beinah hilflos, aber ich war noch nicht tot – so behaupteten diese fernen Stimmen, also war ich noch unter den Lebenden.

Jedenfalls kamen eines Abends Paul und Florence vorbei. Paul wollte mich in die Stadt mitnehmen – einen neuen Klavierspieler anzuhören. Florence wollte sich nur ein wenig hinlegen, sagte sie, und warten, bis wir wiederkämen. Paul sagte, er habe unten ein Taxi warten, ich sollte mich beeilen, und ich tat es. Ich war froh, die beiden zu sehen, und froh, aus dem Haus zu kommen. Paul und ich fuhren ins Village, und der Klavierspieler war nicht schlecht, war sogar sehr gut. Mein Vater und ich sprachen nicht viel, aber wir hatten eine gute Zeit miteinander, und ich lachte laut, zum erstenmal, wie mir schien, seit weiß Gott wann. Es war ein komisches Lachen, weil es schmerzte, so wie ein ungeübter Muskel schmerzt. Aber Paul sah mich gern lachen – warum hatte ich das bisher noch nicht bemerkt? –, und ich war immer gern mit ihm ausgegangen. Ich erinnerte mich wieder daran, wie stolz ich gewesen war, als ich zum erstenmal merkte, daß er stolz auf mich war. Er machte mich ein bißchen betrunken, und ich merkte, er machte es absichtlich; er war so etwas wie ein Ehrengast des Lokals, und dauernd kamen Leute an unseren Tisch, und er gab ein bißchen an – für mich; der junge Pianist kündigte seine Anwesenheit an und spielte ein Stück für ihn. Paul bestellte immer wieder doppelte Drinks für mich, und zum Schluß noch einen für unterwegs – worauf der freundliche Klavierspieler *For the Road* spielte.

Vielleicht ist es kein großartiges Lied. Ich werde es nie wissen. Ich saß vorgebeugt da, lachte, erzählte Paul irgendwelchen Mist und hörte dabei:

We're drinking, my friend,
to the end
of a brief episode ...

Und ich sah meinen Vater an und machte den Mund auf und kriegte keine Luft, ich spürte, wie mein Vater meine Hand in seine nahm, und das war es, ich schwör's, das war alles, was mich in dieser Welt, in diesem Leben hielt, die Lampen schaukelten wie Zirkuslampen in meinem Kopf, um meinen Kopf herum, ich saß auf einem verrückt gewordenen Karussell, und ich kriegte noch immer keine Luft oder konnte den Mund zumachen, ich hielt meines Vaters Hand.

So,
make it one for my baby,
and one more,
for the road.

Und ich machte den Mund zu, oder mein Mund schloß sich von selbst, es schmerzte direkt in den Zähnen, und als mein Mund sich geschlossen hatte und mein Atem wiederkam, schmerzte mir auch die Brust, und die Tränen fingen an zu fließen. Ich saß nur da, bebend von Kopf bis Fuß, und ich weiß, ich gab keinen Laut von mir, während das Wasser über das Gesicht strömte.

That long, long road!

Mein Vater streichelte meine Hand nicht, er hielt sie nur fest – hielt sie ganz fest. Dann schob er ein Taschentuch über den Tisch, zu meiner anderen Hand. Ich weiß nicht, ob jemand bemerkte, was geschah. Ich glaube nicht, ich weiß nicht. Ich hatte keinen Laut von mir gegeben. Paul hatte sich nicht umgesehen.

Ich nahm das Taschentuch mit meiner freien Hand, dann zog ich die andere Hand aus Pauls Hand und vergrub mein Gesicht im Taschentuch und wischte mir das Gesicht ab und putzte mir die Nase.

Ich blickte auf. Paul lächelte – ein seltsames, trauriges, stolzes Lächeln, und seine Augen waren naß. Er nahm die Sache sehr, sehr cool, aber seine Augen waren feucht.

Er sagte: «Ich kann dir ja nicht mehr die Nase putzen, Junge.» Dann: «Aber du hast den Trick anscheinend raus.»

Da lachten wir beide – lachten, bis wir beinah weinten. Ich sagte, ich wollte mich rächen – jetzt würde ich *ihm* einen für unterwegs spendieren, und das tat ich, und irgendwann kamen wir dort raus, lange nachdem die Kneipe geschlossen hatte, und mein Vater brachte mich nach Hause, wo meine Mutter saß und sich die *späte späte späte späte* Spätschau anschaute. Dann verabschiedeten sie sich ganz ruhig, und ich brach zusammen.

Am Morgen wurde mir klar, daß meine Mutter mit Zahnbürste und Lausekamm über die ganze Wohnung gegangen war und sie geschrubbt, gestaubsaugt, gelüftet und das Ungeziefer ausgerottet hatte, daß sie meine Kleider an die Luft gehängt und das ganze Geschirr gewaschen hatte – und das bedeutete: alles andere war jetzt meine Sache.

Und so: Peanut und Arthur und ich fahren in den Süden.

In jener Zeit hatte Arthur keine eigenen Musiker, er sang zu allem, was die jeweilige Szene zu bieten hatte, oder er begleitete sich selbst. Peanut war Reservespieler und getreuer Freitag, der das Praktische erledigte und den Mob fernhielt: denn seltsamerweise – und obwohl ich das damals nicht erkannte – war Peanut der erste, der die Dimensionen und das Potential – um nicht zu sagen, die potentielle Gefahr – von Arthurs Popularität erkannte. Nur er wußte zum Beispiel, wie viele Kirchengemeinden, Diakone, Pastoren überall im Süden schon von Arthur gehört hatten und ihn sehen wollten; nur er wußte, wie leidenschaftlich die Studenten Arthurs Stimme verlangten. Und das beruhte fast ausschließlich auf Mundpropaganda, denn Arthur hatte bisher noch keine Schallplatte gemacht. Gut, er war auf einigen vertreten, vier oder fünf, zusammen mit verschiedenen Chören; aber alle diese Platten waren ‹Live›-Aufnahmen, also nicht im Studio aufgenommen, und er hatte an diesem Tag oder jenem Abend sowieso mit diesem Chor oder jenem Chor zusammen gesungen und hatte nichts dafür bezahlt bekommen oder nur eine minimale Summe, und er sah diese Platten nicht als *seine* Platten an, und es war ihm gar nicht in den Sinn gekommen, daß seine Stimme weiter trug, weit über den jeweiligen Raum hinaus, in dem er jeweils zufällig sang. Und auch das ist nicht ganz richtig, denn es kamen uns Gerüchte zu Ohren – aber diese Gerüchte waren nichts Reales. Allerdings waren sie real für Paul, der ein Gewitter kommen hörte – *darum* wollte er auch, daß ich Arthur managte –, und sie waren auch sehr real für Peanut, der Arthurs Auftreten versprochen hatte und auf dieser Jungfernfahrt de facto Manager war.

Ich sage immer Birmingham, weil Birmingham, Alabama, die bösartigste und abscheulichste Stadt ist, die ich je in meinem Leben gesehen hatte. Ich bin nicht der einzige Nigger, der, wenn er von Birmingham träumt, in kaltem Schweiß gebadet aufwacht und einen Schrei unterdrückt. Aber tatsächlich war unsere erste Station Richmond, Virginia. Dann fuhren wir nach Atlanta, Birmingham und Tallahassee. Diese Städte sind auch nicht gerade das Paradies, damals nicht und heute auch nicht. Aber auf dieser Reise, wie auch später auf vielen anderen, fand ich heraus, daß wir keine Anstrengung scheuten, um eine zusätzliche Übernachtung in Birmingham zu vermeiden. Es mag verrückt klingen, aber in jenen Jahren war es so, daß man, wenn man Washington oder New York nicht mehr erreichen konnte, einen großen Seufzer der Erleichterung ausstieß, wenn man es bis Atlanta schaffte. Nicht weil Atlanta das Licht gesehen hätte, sondern weil die Stadt sich öffentliche Skandale einfach nicht mehr leisten konnte. Der Verzicht auf öffentliche Lynchjustiz – die erst spät als öffentlicher Skandal begriffen wurde – war ein geringer Preis für stetige Investitionen und galoppierenden Wohlstand. Und im übrigen ging das Leben weiter wie üblich – genau wie vorher –, gleich draußen vor Atlanta in den Kiefernwäldern Georgias.

Wir fuhren mit dem Auto – lehrreich: wir taten es nie wieder. Ich glaube, Arthur mußte irgend etwas herausfinden, er wollte selbst sehen, was sich an diesen Straßen verändert hatte, seit er das letzte Mal hier gefahren war. Peanut war bereit, es ihm zu zeigen; Peanut war endlos bereit zu sehen. Und beide, aus verschiedenen Gründen und jeder auf seine Art, wollten sie sehen, was ich sah, wollten es durch meine Augen sehen. Ich glaube, daß sie das undeutliche Gefühl hatten – und ich glaube, ich versteh es –, daß das, was ich sah, weil ich es ja zum erstenmal sah, uns alle drei sehen lassen würde, was ein einzelner von uns allein nicht hätte sehen können.

Und während du über diese Straße rollst, nachdem du die Brükke überquert oder den Tunnel durchfahren hast, ins pesthauchende New Jersey hinein und wieder heraus, nachdem du Newark verlassen hast und an Trenton vorbei Richtung Süden fährst, nach Delaware, Virginia, Maryland und in die unvorstellbaren Gegenden weiter südlich, reist du mitten durch die Geschichte – fast mit dem gleichen Tempo, mit dem diese Geschichte entstand. Alles ist ganz ‹neu›. Alles ist bereits älter als der Staub. Was du auch siehst – es zu erbauen, dauerte nicht länger, und es abzureißen, wird auch nicht länger dauern als der Moment, in dem dein Auge es flüchtig und zurückzuckend streift. Andererseits ist da die Straße, endlos wie die Geschichte, und muß ertragen werden.

Und an dieser Straße mußt du von Zeit zu Zeit anhalten: wenn die Geschichte Anforderungen an das Fleisch stellt, so stellt auch das Fleisch Anforderungen an die Geschichte. Die Anforderungen, die das Fleisch an die Geschichte stellt, sind nicht immer leicht zu erfüllen: je weiter nach Süden du kommst, desto deutlicher zeigt sich diese Wahrheit.

Aber niemand sagt etwas – was wäre da zu sagen? Und wir sind alle sehr fröhlich miteinander und mit dem strahlend blauen Tag. Wir halten, um zu tanken – ich glaube in Delaware.

Gleichwohl beginne ich, ohne darüber nachzudenken, auf Hautfarben zu achten, Einstellungen zu wittern. Es ist ein weißer Tankwart, der uns den Tank füllt, ein teiggesichtiger blonder Junge, dessen Gesicht keinen Ausdruck zeigt, der anscheinend keinerlei Einstellung hat. Ich steige aus, ich möchte pinkeln. Arthur steigt aus, um sich die Beine zu vertreten.

Arthur zeigt mir, wo das Klo ist. Peanut sitzt noch im Wagen. Arthur geht auf und ab. Ich gehe zum Klo, ich pinkle und komme zurück.

«Bin gleich wieder da», sagt Arthur und rennt zum Klo hinüber.

Peanut bezahlt den Tankwart, blinzelt mir zu und fährt den Wagen auf den Parkplatz. Er stellt den Motor ab, steigt aus und schließt den Wagen zu. Arthur kommt zurück.

«Jetzt bin ich an der Reihe», sagt Peanut und läuft zum Klo.

«Willst du hier etwas essen, Bruder?» fragt Arthur. «Oder willst du warten?» Er grinst. «Nur – es kann ein langes Warten werden.»

Ich weiß, daß im Prinzip die öffentlichen Einrichtungen an den Fernstraßen desegregiert sind. Aber ich sage nichts.

«Ich überlasse es dir», sage ich.

«Wenn du *hungrig* bist, sollten wir lieber hier essen, sonst kriegen wir vielleicht nichts zu essen, bis wir am Ziel sind – und das dauert noch ein paar Stunden.»

«Gut», sage ich, «Peanut soll entscheiden.»

Peanut kommt zurückgeschlendert und wir fragen ihn – oder vielmehr, ich frage ihn.

«Mann», sagt Peanut nach einem Moment, «laß uns nur schnell eine Tasse Kaffee oder eine Coke oder so was holen und weiterfahren.» Er sieht den Wagen scharf an, und wir gehen zur Kaffeetheke. «Hier servieren sie Hundescheiße, gehn wir lieber dahin, wo man *essen* kann.»

Wir holen uns also unseren Kaffee und nehmen ihn mit zum Wagen. Neben dem Wagen stehend, trinken wir unseren Kaffee und rauchen. Wir sprechen sehr wenig. Unsere Aufmerksamkeit konzentriert sich immer mehr auf etwas anderes, etwas, über das es absolut nichts zu sagen gibt. Peanut nimmt unsere Kaffeebecher und wirft sie, sehr sorgfältig, in die Mülltonne.

Er sieht Arthur an und grinst. «So machen sie es in Kanada: Alles ist *sauber*!»

«Du kriegst einen Strafzettel, wenn du Dreck zurückläßt», sagt Arthur, und sie lachen. Wir steigen wieder ein und rollen davon.

«Willst du, daß ich fahre?» sagt Arthur.

«Scheiße, nein. Du mußt heute abend singen.»

«Ach. Du mußt Klavier spielen.»

«Dazu brauche ich nicht meine Stimme. Aber ich will nicht, daß du auf dieser Straße hier deinen New Yorker Tonfall vergeudest. Könnte sein, daß du sonst nie wieder singen wirst.» Beide lachen. Dann: «Nein, laß mal», sagt Peanut.

Es wird Abend, es ist noch nicht ganz dunkel. Arthur lehnt sich zurück, summend. Wir sind jetzt in Virginia und nähern uns unserem Ziel, aber wir sind noch auf dem Highway, und ich sage zu Peanut: «Mann, tut mir leid, aber meine Backenzähne stehen schon unter Wasser. Können wir einen Moment anhalten, damit ich pissen kann?»

Peanut blickte sofort in den Rückspiegel. Die Straße hinter uns war fast leer – fast, aber nicht ganz; der dichte Verkehr war auf der anderen Seite, Richtung Norden.

«Halt's noch eine Minute aus», sagte Peanut. «Verdammt, ich kann hier nicht halten.»

Das stimmte. Es war kein Haltestreifen an diesem Highway, kein Bankett, nichts. Es gab Bäume, aber sie standen auf der anderen Seite des Grabens.

«Keine Sorge», sagte ich. «Halt nur an, wenn du kannst, wo du kannst.»

Ich lehnte mich zurück und sah aus dem Fenster, wütend auf mich selbst, weil ich wußte, daß mein dringendes Bedürfnis zum Teil durch meine Panik verursacht wurde. Die Panik, die ich unterdrückte, war mir auf die Blase geschlagen, aus welchem Behältnis sie sich im Prinzip, *oh happy day*, entladen konnte. Der Himmel, die Bäume, die Landschaft flogen vorbei. Das Land war flach: keine Deckung. Jetzt hörte ich Hunde durch die Landschaft hecheln, heulen, bellen, nach meinen Vorfahren suchend, nach meinem Großvater, meiner Großmutter suchend, nach mir suchend. Ich hörte die Männer keuchen, hörte ihre Stiefel, hörte das Knacken der Pistole, der Flinte: nach mir suchend. Und keine Deckung. Die Bäume boten keine Deckung. Der Graben war eine Falle. Der Horizont war zehntausend Meilen entfernt. Unmöglich, ihn zu erreichen, sich hinter ihm fallen zu lassen, die feindlichen Elemente zu durchwaten bis nach ... Kanada? Im Kreis, im Kreis um den Baum: keine Deckung. Ins hohe Gras: keine Deckung. Der Hügel da drüben: zu hoch, nicht hoch genug, keine Deckung. Im Kreis zurück, keine Deckung; im Laufen pissen, keine Deckung; der Atem und das Fell und der Geruch und die Zähne der Hunde, keine Deckung; die Augen und die Pistole und die Peitsche des Master, nein, keine Deckung; und das Blut fließt an dir herunter und die Tränen und der Rotz und die Pisse und die Scheiße fließen aus dir heraus, und du wirst von Hunden aus den Fängen von Hunden gerissen, immer und immer und immer, keine Gnade, keine Deckung!

Wir kamen zu einem Rastplatz, einem breiten Streifen neben der Fahrbahn – frei. Peanut hielt an, und ich sprang hinaus, rannte zum entferntesten Baum und pißte. Es dauerte eine Ewigkeit, es brodelte mir vom Boden entgegen, vom Stamm des Baumes, aber tatsächlich kam auf eine spaßige Weise ein Teil meiner Panik zusammen mit der Pisse heraus. Ich mußte einen Weg finden, mit beidem fertig zu werden.

Ich stieg wieder ein, und Peanut, als wüßte er genau, was mit mir passiert war, lachte und sagte: «Glaubst du, jetzt bist du bereit für den Kampf, Big Brother?»

Und ich lachte und sagte: «Ja, ich bin bereit.»

Wir kamen zum Haus unserer Gastgeberin in Richmond: ein einfaches Holzhaus mit Hoftor an einer von Bäumen gesäumten Straße. Eine Mrs. Isabel Reed, eine dunkelhäutige, mollige Dame in den Vierzigern, High School-Lehrerin, die ihren Job wohl nicht mehr lange behalten würde. Sie vertraute ihren Schülern, und ihre Schüler vertrauten ihr. Das machte sie, wie sie sagte, zu einer zweifelhaften Person. Sie lachte, als sie das sagte, und da konnte man, wie sie kläglich meinte, ‹überhaupt nichts machen›. Ihr Mann war Rechtsanwalt, ein großer, starkknochiger Mann mit beginnender Glatze, der sagte, er könne es nicht erwarten, daß sie aus der Stadt vertrieben würden; dann könnte er zurück nach Zürich und am See spazierengehen, an den er sich aus seinen Tagen als G.I. erinnerte.

Es war ein schönes Abendessen, obwohl Arthur nicht viel zu sich nahm – er konnte vor einem Auftritt nie viel essen –, und dann fuhren wir zur Kirche.

Das Klima dieser Jahre ist heute fast vergessen – nun, das stimmt eigentlich nicht. Wer dabei war, wer Zeuge war, wird sich an diese Zeit ewig erinnern; aber niemand will heute hören, was man sich damals nicht klarzumachen wagte. Trotzdem, manche unserer Kinder werden immer wissen: einige von unseren Kindern werden immer wissen. Raus aus dem schlichten Holzhaus an der von Bäumen gesäumten Straße, das ein gezeichnetes Haus ist, und wir alle wissen es, steigen wir in drei Autos, alle gezeichnet, und wir alle wissen es, und fahren zu einem gezeichneten Ziel, von wo wir, und wir alle wissen es, vielleicht nicht zurückkehren werden.

Es ist eine übliche Negerkirche, Mount Olive oder Ebenezer oder Shiloh, ein stolzer Steinbau mit einem Hof und einer Treppe, und sie ist brechend voll. Wir sind in Wirklichkeit Teilnehmer einer Protestversammlung, einer Sammelaktion, und stehen folglich in Verbindung mit Montgomery und Tuskegee und Boykottaktionen und Geschäftspleiten und all den anderen Plagen, die den Süden unbegreiflicherweise befallen haben. Die Kirche ist von Polizisten in Autos und auf Motorrädern umzingelt.

Peanut und die anderen im Auto sind dies längst gewöhnt. Unser Passagier ist eine der Stützen, einer der Stars dieses Abends. Seine Rolle ist klar, wenn auch nicht unbedingt einfach. Auch unsere Rollen sind nicht unbedingt einfach, aber ebenso klar. Wir müssen ihn hineinbringen und wieder herausbringen. Peanut steuert den Wagen so nah wie möglich an die Stufen der Kirche, und Arthur und ich und Mrs. Isabel Reed steigen aus. Peanut fährt den Wagen weg, um ihn zu parken, und Mr. Reed bleibt bei Peanut.

Mrs. Reed führt uns hinein, vorbei an zwei schwarzen Männern, die auf den Stufen zur Kirche stehen, stellt rasch meinen Bruder und mich vor. Sie lächeln und schütteln uns hastig die Hand, wechseln ein paar freundliche, nachbarschaftliche Scherze mit Mrs. Reed, und wir treten in die Kirche ein. Und erst jetzt bemerke ich die Musik, die vom Chor kommt, aber von den Wänden widerhallt. Arthur, selbstbewußt, holt tief Luft und streckt sich. Leute drängen sich in den Gängen. Mrs. Reed nimmt Arthurs Hand, Arthur nimmt meine, und wir gehen im Gänsemarsch den linken Seitengang der Kirche hinunter. Sie führt uns zur ersten Reihe, beugt sich vor und sagt etwas zu einem der Männer in der ersten Reihe, der sofort aufsteht und mir seinen Platz überläßt. Er geht und stellt sich an die Wand. Mrs. Reed, die immer noch Arthur an der Hand hält, steigt mit ihm die Stufen zur Kanzel hinauf. Sie führt ihn zu einem Platz, setzt sich hinter ihn.

Der Chor beendet gerade ein Lied:

Wenn du richtig betest,
gehört dir

der Himmel,
wenn du richtig liebst,
gehört dir
der Himmel,
wenn du richtig lebst,
gehört dir
der Himmel,
oh,
der Himmel
gehört dann dir!

Orgel, Piano, Tamburins und eine Trommel. Ich drehe mich nach Peanut um, was lächerlich ist. Ich könnte ihn vielleicht sehen, wenn ich genau wüßte, wo er sitzt oder wenn er neben mir säße. Ich kann Arthur sehen, aber nur, weil er auf der Kanzel sitzt. Jedenfalls ist Peanut mit Mr. Reed zusammen, und Mr. Reed weiß, wo er uns findet.

Schweigen breitete sich aus wie ein Sturm, als der Chor sich setzte, und Mrs. Reed stand auf und trat vor. Sie war zu klein, um sich hinter das Kanzelpult zu stellen – sie stellte sich daneben und legte die eine Hand darauf.

«Es ist nicht nötig», sagte sie mit einem Lächeln, «Ihnen zu sagen, warum wir heute abend hier sind. *Wir* wissen, warum wir hier sind, und auch die Motorradfahrer da draußen wissen es alle. Sie sind noch nie so *leise* gewesen, wenn sie herkamen, um herauszufinden, was wir hier tun.»

Sie lachte, und die Gemeinde lachte mit, ein gutwilliges, brummendes Gemurmel.

«Wir haben draußen vor der Kirche Mikrofone aufgestellt, und ich denke, sie haben hier *drinnen*, in der Kirche, ein paar Mikrofone aufgestellt – und so möchte ich sie alle nur wissen lassen –» und sie hob ihre Stimme – «daß sie *willkommen* sind. Sie sind *willkommen*, die Wahrheit zu hören. Die Wahrheit kann sogar den Gouverneur befreien. Die Wahrheit macht *jeden* gesund. Sie könnte sogar euch da draußen dazu bringen –» sie machte eine Pause, zuckte die Schultern, und es war eine delikate, geladene Pause – «von euren *Motorrädern* abzusteigen und zu Fuß zu gehen!»

Wieder lachte sie, und wieder antwortete die Gemeinde mit diesem tiefen, gutmütigen Brummen.

«Aber ich bin nicht hier, um euch lange aufzuhalten. Wie gesagt, wir wissen, warum wir hier sind. Wir sind hier, um Geld zu sammeln, um unsere aneinandergeketteten Kinder zu befreien, aus dem Gefängnis zu holen. Wir sind hier, um *jeden* wissen zu lassen, daß jedes menschliche Wesen geboren ist, um frei zu sein!»

Die Gemeinde brüllte, Mrs. Reed trat einen Schritt zurück und hob die Hand.

«Ich habe nicht vor, mich heute abend hinreißen zu lassen. Ich bitte also Reverend Williams, den Gottesdienst für uns zu eröffnen, und dann werden wir ein paar Bekenntnisse hören.» Sie hielt inne und lächelte. «Für diejenigen unter Ihnen, die ihn noch nicht kennen, Reverend Williams ist ein Friedenskämpfer, von drüben, aus Tennessee.»

Und sie drehte sich mit ausgestreckter Hand um, und ein junger Weißer mit dunkelblauen Augen und struppigem, widerspenstigem schwarzem Haar und einem Gesicht, das mehr als sein Teil an Strafe eingesteckt zu haben schien, kam nach vorn. Ich hatte ihn noch nicht gesehen. Er hatte direkt hinter der Kanzel gesessen, und die Kanzel hatte mir die Sicht verdeckt. Ich war schockiert, die Gemeinde nicht. Sie schienen ihn zu kennen. Für mich sah er aus wie einer von den Polizisten da draußen. Aber dann, als er zu sprechen anfing, fragte ich mich, ob dies überhaupt ein Weißer war. Plötzlich erinnerte ich mich, daß Tausende von Schwarzen jedes Jahr die Grenze der Hautfarbe überschreiten; weiße Christen werden, ohne daß sie sich deswegen die Nase abschneiden oder ihren Namen wechseln müssen; sie wechseln einfach die Nachbarschaft. Kein Zweifel, sie bezahlen einen Preis dafür, einen verborgenen Preis: aber der Preis, den das Land von ihnen fürs Weißsein fordert, ist genau der Preis, den das Land dafür bezahlt – fürs Weißsein. Und der Preis ist Widersprüchlichkeit.

Reverend Williams war nicht widersprüchlich. Vielleicht deshalb fragte ich mich, ob er überhaupt weiß war. «Ich wurde auf einer kleinen Farm in Tennessee geboren», sagte er, wobei er zeigte, daß er noch fast alle seine Zähne hatte, «und alles, woran ich mich aus der Anfangszeit meines Lebens erinnere, ist Elend und

Plackerei. Ich kenne viele Leute in diesem Land, die sagen, daß man sich an den eigenen Schuhriemen aus dem Dreck ziehen kann. Das hört sich an nach einer kleinen Marie Antoinette, die den Leuten sagte, sie sollten Kuchen essen. Das war's, was *sie* sagte, als es im Palast kein Brot gab. Man kann nicht über Schuhriemen reden, wenn man keine Schuhe hat, und Gott weiß, wir hatten keine Schuhe. Ich kriegte Schwielen an den Fußsohlen, aber ich kriegte keine Hühneraugen auf den Zehen. Ich und Schuhe, wir waren *Fremde* – und ich hab immer noch ein komisches Gefühl, wenn ich meine Schuhe ausziehe.»

Die Gemeinde schwieg, so daß ich mich fragte, ob sie schwarz oder weiß sei. Mir wurde klar, daß diese Frage mir noch niemals so deutlich bewußt geworden war.

«Wir sind hier», sagte er, «um etwas so Einfaches zu fordern, daß niemand es glauben kann. Um Respekt für unsere Arbeit, Respekt für das Leben des Mitmenschen und eine Zukunft für unsere Kinder zu fordern. Das ist alles. Gott segne uns alle. Ich gehe jetzt zurück nach Tennessee, und wir sehen uns bald wieder.»

Er lächelte und winkte und ging zurück an seinen Platz.

Ich sah, wie Mr. Reed Peanut zur Seite der Kanzel geleitete. Jemand fand einen Stuhl für ihn. Mr. Reed lehnte sich mit verschränkten Armen an die Wand. Irgend etwas in seiner sorglosen Wachsamkeit verriet mir, daß er und die anderen wie zufällig dastehenden Männer alle Eingänge und Ausgänge dieser Kirche und die Kanzel unter Kontrolle hatten. Sie arbeiteten.

Ich staunte über Reverend Williams. Ich sollte noch viele Jahre über ihn staunen: Ich meine nicht diesen speziellen Reverend Williams, obwohl ein bisher unveröffentlichter FBI-Report an den Tag bringen könnte, daß ich auch ihn meine.

In jenen Jahren sprachst du mit so vielen Leuten, und so viele Leute sprachen mit dir, du bewegtest dich durch Menschenmengen; und du konntest unmöglich wissen, mit wem du sprachst, wer dich angehalten hatte, um dir die Hand zu schütteln oder dich um dein Erscheinen bei einer anderen Versammlung zu bitten. Und hier spielte die Hautfarbe gar keine Rolle. Da gab es Leute, die nicht ohne eine gute Sache leben konnten, die ausschließlich von Hungersnöten, Flutkatastrophen und Erdbeben zu leben schienen; es waren meist, aber keineswegs immer Weiße. Für mich waren es die Lahmen, die Hinkenden, die Blinden, die Unberührbaren, die Armen, denen man nichts geben konnte, weil sie nichts annehmen konnten – Geschöpfe, die nicht einmal einen Stein hatten, auf den sie ihr Haupt betten konnten. Da gab es weiße Mädchen, Groupies, wie wir heute sagen würden, die sich den Freiheitsmärschen anschlossen, weil sie sauer auf Daddy oder eifersüchtig auf Mamas neuen Liebhaber waren oder gerade eine Abtreibung hinter sich hatten oder einen großen schwarzen Pimmel reingeschoben kriegen wollten – und, okay, warum nicht? Alle Motive sind komplex, aber es ist gefährlich, wenn man das nicht weiß. Oder weiße Jungen mit noch undurchschaubareren Motiven, die versuchten, ihre Angst vor dem schwarzen Mann zu exorzieren, indem sie ihn gleichzeitig zu belehren und zu imitieren suchten, und, o Gott, die alten Marxisten, deren historische Parallelen einfach irrelevant waren, und die wohlhabenden Liberalen, die Schecks unterschrieben und auf Versammlungen sprachen, die aber in Deckung rannten, wenn es einmal etwas heißer herging, und die den Kampf ‹langweilig› fanden, wenn der Kampf sich nach Norden verlagerte, und damit etwas näher an ihre Scheckbücher.

Aber diese Leute waren doch alles in allem im Preis eingeschlossen, sie gehörten dazu, man verstand sie und durfte sie nicht verprellen, und sie hatten immerhin einen gewissen begrenzten Wert. Sie waren nicht bösartig oder doch nicht bösartiger als ihre Schwäche es ihnen befahl, und manche von ihnen wuchsen großartig, wunderbar über sich selbst hinaus und hielten ein Versprechen, das sie nicht immer bewußt gegeben hatten. Und sie waren immerhin, bei Licht besehen, nicht so ganz anders als ich selbst – auch ich träumte von Sicherheit: mein Glück und nicht mein eigenes Verlangen machte den Traum zunichte. Die wirklich bösartigen, gefährlichen Leute waren die Informanten, die Spitzel des FBI, Schwarze wie Weiße, die aussahen und sich anhörten genau wie Reverend Williams. Wir wußten nicht, wer diese Leute waren, und wir konnten es unmöglich wissen, bis lange, lange nachdem der Schaden geschehen war.

Nun ja. Nach Reverend Williams kamen andere. Mrs. Reed stellte sie vor, unermüdlich wie ihr Mann, nur sehr viel sichtbarer.

Es wurde nichts Neues gesagt, in gewisser Weise; und doch war es neu für mich, weil der heimliche Widerstand eine Kraft ist, die man nicht unterschätzen sollte. Aber der offene Widerstand ist noch eine andere Kraft, und diese Kraft hatte ich zwar bei einzelnen erlebt, aber noch niemals im Kollektiv. Wir waren immerhin in einer Kleinstadt im Süden, nicht weit von John Browns Leiche: und John Brown hatte wegen seiner Ansichten über die Sklaverei als anmaßend gegolten und war von der Regierung der Vereinigten Staaten gehenkt worden. Die Motorradfahrer draußen hatten Schußwaffen und Knüppel bei sich und waren an diesem Abend nicht hergeschickt worden, um unser Leben zu schützen. Sie waren hier, um ihren gestohlenen Besitz zu schützen – jeder Zoll dieses Landes war gestohlen: die Regierung der Vereinigten Staaten hatte einst Gesetze erlassen, die meine Besitzer vor Diebstahl schützten. Unser Leben hatte damals nichts gegolten; unser Leben galt auch jetzt nichts. Der Antrieb und Auftrag der Motorradfahrer war es, eine Gelegenheit zu finden, um uns zu hängen – um John Brown zu hängen. Sie konnten es an diesem Abend nicht, oder sie konnten es *noch* nicht: dies Wissen war ihnen von John Browns Henkern vermittelt worden, den Leuten, für die sie arbeiteten. Aber in dem Augenblick, da sie es tun konnten, würden sie es tun; in dem Augenblick, wo sie konnten, taten sie es. Ich werde euch das jetzt gleich erzählen, denn ich habe es gesehen: John Browns Leiche …

Im Mittelpunkt meines Denkens und Trachtens, aber auf eine ganz neue Art, war nun die Gefahr, in der mein Bruder schwebte – oder genauer gesagt, in der er in diesem Moment saß. Es schien mir unvorstellbar, daß dieser einfache, lächelnde, kraushaarige Junge vielleicht John Brown nachfolgen könnte. (*O John! Don't you write no more!*)

Ich beobachtete Peanut, der jetzt zum Klavier geleitet wurde. Mir war nie vorher aufgefallen, wie groß und stark er war – vielleicht war er früher nicht so groß und so stark gewesen. Ich sah ihn, wie er dem Pianisten der Kirche die Hand schüttelte. Mir war früher nie seine Höflichkeit aufgefallen, eine wirkliche, tief verwurzelte Höflichkeit – nach der Art: Dies bin ich. Wer bist du?

Mir wurde bewußt, daß jetzt Arthur an der Reihe war. Mrs. Reed stand auf.

«Wir haben heute abend», sagte sie, «einen Sänger aus New York bei uns. Wir haben schon lange versucht, ihn zu uns hierher zu holen, und –» sie holte Atem und lächelte «– ich will Ihnen nicht genau verraten, wie wir es geschafft haben, aber da ist er nun. Uns, die wir ihn hörten, schien es, daß er von uns sang. Er *ist* wir. Er wird begleitet von –» sie blickte auf einen Zettel, den sie in der Hand hielt – «Mr. Alexander T. Brown. Und jetzt, Ladies und Gentlemen: Mr. Arthur Montana.»

Sie setzte sich, und Arthur stand auf, stieg die paar Stufen von der Kanzel herab und stellte sich zu Peanut ans Klavier.

Eine kurze Pause, ein kleines Geraschel in der Kirche, Hüsteln. Peanut und Arthur sahen einander an, Arthur nickte, und Peanut griff in die Tasten.

Es war ein altes Lied: in diesem Moment und an diesem Ort klang es älter als die ältesten Bäume.

Auf schattig grünen Weiden,
So lieblich und so reich

Da war ein unglaubliches Summen des Wiedererkennens und des Entzückens: denn in diesem Moment, und an diesem Ort, entstand das alte Lied neu, wurde neu erschaffen.

Führt Gott, der Herr, uns Kinder.

Ich beobachtete meinen Bruder mit neuem Erstaunen, ich spürte die Kraft der Menschen hinter mir und um mich herum. *Uns, die wir ihn hörten, schien es, daß er von uns sang.* Und so war es, als ob ein lange verborgener Plan jetzt enthüllt wurde. *Er* ist – *wir.*

Wo frische Wasser kühlen
Des müden Pilgers Fuß

Ich hörte die Gemeinde lautlos mit ihm singen, sie erahnten immer schon den nächsten Vers, waren ihm immer einen Takt voraus.

Führt Gott, der Herr, uns Kinder

Er blickte gerade auf die Menschen hin, hob seine Stimme, damit die Motorradfahrer und der Gouverneur es hören konnten:

Manche
Durch das Wasser

Ich beobachtete Mrs. Reeds bekennendes Gesicht, und die Gesichter der Männer an der Wand. Jetzt fiel die Orgel ein, und die Trommel begann mit langsamen, feierlichen Schlägen zu bezeugen.

Manche
durch die Flut

Noch immer hatte die Gemeinde keinen Laut von sich gegeben: es war, als strömte all ihre Leidenschaft durch diese eine Stimme. Und jetzt war es nicht mehr nur dieser Zeitpunkt und dieser Ort. Die Unermeßlichkeit der hinter uns liegenden Meilen wurde so real wie die Steine der Straße, auf die wir unsere Füße gesetzt hatten.

Manche
durch das Feuer,
doch alle
durch sein Blut.

Mrs. Reed nickte mit dem Kopf und klopfte mit einem Fuß auf den Boden, sie blickte hinunter, blickte weit hinunter.

Manche
durch viel Kummer!

Und sie hob den Kopf, schaute in die Ferne. Die Gemeinde hatte noch immer keinen Laut von sich gegeben, und doch war sie von Donnerhall erfüllt.

Er schenkte uns ein Lied

Wäre ich einer von den Motorradfahrern gewesen oder der Gouverneur, ich glaube, ich hätte mich zutiefst erschrocken. Ich wäre vielleicht sogar auf die Knie gefallen. Ich war mitgerissen, im tiefsten Innern meiner Seele war ich mitgerissen: und noch immer hatten die Leute keinen Laut von sich gegeben.

Zu nächtlich finstrer Stunde
und auch
am lichten hellen Tag.

Ich spürte ein gewaltiges Wogen, ein kollektives Ausatmen, als ob kein einziger zu atmen gewagt hätte, bis Arthur den Anfang vom Schluß des Lieds erreicht hatte. Und nun hörte ich tatsächlich die Stimme einer alten Frau, die, wie aus der Unendlichkeit aus der Feuerwolke der Vergangenheit sprach: *Ja, Kind, sing es,* und Arthur trat vor, streckte beide Arme aus, lud die Gemeinde ein, sein Bekenntnis zu begleiten:

Hast du bestanden das Wasser?
Hast du bestanden die Flut?

Und die Antwort flutete zurück, nicht laut, ganz leise kam sie aus der Tiefe. *Ja, Herr!*

Hast du bestanden das Feuer?

Die Orgel und die Trommel und die Menschen antworteten, und jetzt fiel der Chor ein, um Arthur zu begleiten:

Bist du gewaschen in seinem Blut?

Und wieder breitete dieses mächtige Schweigen sich aus, als Arthur innehielt, seinen Kopf zurückwarf, seine Stimme herausschleuderte, hinaus, über die Motorradfahrer und den Gouverneur und die blutbefleckten Bäume hinweg, die ewig blutbefleckten Bäume:

Hast du bestanden
viel Kummer?

Die Orgel und die Trommel, der Chor und die Menschen, Mrs. Reeds Gesicht, die Gesichter der Männer an der Wand, es war ein gewaltiges Ausatmen, als jetzt das Lied sein Ende erreichte:

Er schenkte uns ein Lied,
in nächtlich finstrer Stunde,
und auch
am lichten hellen Tag.

Menschen, die in der Kirche aufgewachsen sind, applaudieren in der Regel nicht, sie sind nicht dazu erzogen. Zuschauer applaudieren, aber in der Kirche gibt es keine Zuschauer: sie lassen es dich mit dem Klang ihrer Stimmen wissen, mit ihrem *Halleluja* und *Amen* und *Preis* den Herrn, und mit dem Licht in ihren Gesichtern. Peanut und Arthur begannen mit ihrem nächsten Lied:

Ich wachte auf am Morgen
und all mein Sinnen war
gerichtet auf
Freiheit

Begleitet von den Tamburins, der Orgel und der Trommel – und ich sah mich um. Aber ich brauchte mich nicht umzusehen, wie es in dem Lied heißt, es war überall um mich her, es war tief in mir drinnen, es war eine gewaltige, pulsierende Freude und Kraft.

Hallelu
Hallelu
Halleluja!

Und doch waren dort draußen noch immer die Motorradfahrer, wir würden an ihnen vorbeigehen müssen, um nach Hause zu gelangen. Einer von uns, einige von uns würden vielleicht den Abend nicht überleben: einige von uns würden ganz gewiß nicht das Jahr überleben. Und das war nicht eine Sache des unvermeidlichen Todes, der einen jeden von uns bei seinem Namen aufruft. Es ist ein Unterschied, ob du weißt, daß du sterben wirst, oder ob du weißt, daß du vielleicht ermordet wirst. Wir wußten, daß wir weder Hilfe noch auf Gnade zu erwarten hatten von den Menschen, in deren Händen wir uns befanden, von unseren Mitbürgern, von denen manche buchstäblich Blutsverwandte, Fleisch von unserem Fleisch, waren. Und doch war die Freude und die Kraft, die ich in mir und überall um mich her fühlte, nicht weniger wirklich als unsere Gefahr, sie hatte uns viele schwere Prüfungen überstehen lassen: sie würde uns über viele andere hinweghelfen müssen, denn viele andere standen bevor. Und so etwas empfand ich, als wir dann in Mrs. Reeds Haus, in ihrer von Bäumen gesäumten Straße ankamen: ich freute mich, ich war erleichtert, dort zu sein, wo ich hingehörte. Das klingt natürlich verrückt, denn ich kannte den Süden gar nicht, war nie dort gewesen, kannte Mrs. Reed nicht und wußte nichts über sie, hatte den ganzen Weg hierher Angst gehabt, um meinen Bruder, um mich, um Peanut – und doch, einmal hier angekommen, freute ich mich. Es war, als ob etwas hier auf mich gewartet hätte, etwas, das ich brauchte. Und genau das hatte Mrs. Reed gemeint, als sie sagte, es klinge, als ob Arthur ‹von uns› singe. Arthur war entschlossen gewesen, hierher zu kommen, und er, ich weiß nicht, ich war mir ganz sicher, daß er jetzt genau wie ich – ohne es aussprechen zu können oder zu müssen – wußte warum.

Jedenfalls, da waren wir nun, die Versammlung war zu Ende, und wir mußten an den Motorradfahrern vorbei und nach Hause fahren. Peanut und Arthur waren von Leuten umringt, die sie zu überreden versuchten, hier oder dort aufzutreten. Peanut hatte sein Notizbuch hervorgeholt, ein grünes, ledernes Notizbuch mit einer Klammer; er kümmerte sich um die Geschäfte, er synchronisierte Uhren. Arthur war charmant, aber ich wußte, er war erschöpft, und ich wollte ihn nach Hause bringen, zu Mrs. Reed. Ich dachte daran, Peanuts Rolle zu übernehmen, aber Peanut machte seine Sache offensichtlich gut. Noch aber war es nicht meine Aufgabe, und um die Wahrheit zu sagen, ich schreckte davor zurück, in einer solchen Beziehung zu Arthur zu stehen, ich fürchtete, was er in mir sehen könnte. Und mir war gerade ein besserer Job – nun, ja, ein besser bezahlter Job – in der Anzeigenabteilung einer schwarzen Zeitschrift angeboten worden, und ich dachte daran, ihn eventuell anzunehmen. Wenigstens würde ich dadurch von Faulkner loskommen, der mir keine Ruhe gab, bis ich ihm seine beschissene Seele aus dem Leib prügelte. Also gut. All dies schob ich jetzt beiseite. Im Augenblick mußte ich Arthur irgendwo unter ein Dach, in die Nähe eines Bettes befördern.

Die meisten Auto- und Motorradfahrer waren fort, als wir aus der Kirche traten. Die übriggebliebenen warfen uns verächtliche Blicke zu, dann bemühten sie sich, uns zu ignorieren.

Peanut und Arthur und Mr. Reed gingen nebeneinander, ein Stück von Mrs. Reed und mir.

«Ich weiß nicht», flüsterte Mrs. Reed, «was schlimmer ist ... wenn man sie sieht oder wenn man sie nicht sieht.»

Auf der anderen Straßenseite lehnte einer der Motorradfahrer, ein junger Bursche, mit verschränkten Armen an seiner Maschine. Als wir vorbeigingen, wandte er sein Gesicht ab und spuckte vor sich auf die Erde.

Ich wußte bereits genug und vermied es, in seine Richtung zu sehen. Wir stiegen ein und fuhren davon.

Aber das ist zu einfach gesagt. Wir hatten uns alle darauf eingestellt, die Kirche zu verlassen und auf die Straße hinauszugehen. Auf der Straße trödelten wir nicht. Die Leute sagten sich rasch ein letztes Good-bye und gingen auseinander. Fühlbar lagen Demütigung, Frustration, Haß und Furcht in der Luft. Die Nerven der Männer auf den Motorrädern und der Männer in den Autos waren zum Zerreißen angespannt. Immerhin hatten sie eine harte Prüfung hinter sich: sie hatten draußen gestanden, während die Nigger drinnen sangen und schwatzten und sich – offenbar – gegen sie verschworen und manchmal sogar gegen sie stichelten. Es war das beste, ihnen so rasch wie möglich aus den Augen zu gehen – sie konnten es buchstäblich nicht mehr ertragen, dich anzusehen. Alles konnte den Anlaß für Gewalttaten, wenn nicht Mord, abgeben; oder einer von ihnen konnte überschnappen und seinen aufgestauten Orgasmus entfesseln – denn denen schmerzten natürlich schon die Eier. Man konnte es, verdammt, beinah riechen. Darum ging man weder langsam noch schnell und hielt die Augen fest auf irgendeinen unsichtbaren Punkt hinter ihnen gerichtet. Dann erreichte man den Wagen, schloß auf, machte die Tür auf, stieg ein und verriegelte alle Türen. Keiner schaute zurück. Man betete darum, der Motor möge auf Anhieb anspringen, und wenn er es tat, steuerte man ganz vorsichtig an ihnen vorbei und – fort. Erst dann wagte man auszuatmen, und selbst dann noch schaute keiner zurück. Falls wir verfolgt wurden, würden wir es früh genug merken.

Etwas an alldem war so irrwitzig, so vergeblich. Eine wunderschöne Nacht, ein wunderschönes Land: Ich hatte es gesehen, als wir hierherfuhren, sah es jetzt, als wir hindurchfuhren. All die Jahre, die wir immer wieder in den Süden reisten, wollte ich diesen armen Weißen, die so unablässig sich selbst und ihre Kinder zu Monstern heranzüchteten, zurufen: Seht. Nicht *wir* sind es, die nicht vergessen können. Ihr könnt nicht vergessen. Wir *lassen* uns nicht all unsere Stunden, im Wachen oder im Schlaf, durch eure Anwesenheit peinigen. *Wir* haben andere Dinge zu tun: habt *ihr* denn nicht auch etwas anderes zu tun? Nein, vielleicht nicht. Vielleicht wirklich nicht. Vielleicht liegt der Unterschied zwischen uns darin, daß ich niemals deine Mutter oder deine Schwester vergewaltigt habe, oder falls ich es tat, war es im Zorn, es war nicht meine Lebensart. Manchmal liebte ich sogar deine Mutter oder deine Schwester, und manchmal liebten sie mich: aber ich kann es dir sagen. Du kannst es mir nicht sagen, du weißt nicht wie. Du kannst dich nicht daran erinnern, und du kannst es nicht vergessen. Du kannst diese schwarzen Brüste nicht vergessen, die dir

Milch gaben, aber du wagst auch nicht, dich daran zu erinnern. Vielleicht liegt der Unterschied zwischen uns darin, daß es die Brüste meiner Mutter oder meiner Großmutter waren, an denen du saugtest, und sie haben mich nie gelehrt, dich zu hassen: wer könnte ein Baby hassen? Aber du kannst es: darum sagst du auch Teerbaby zu mir. Vielleicht liegt der Unterschied zwischen uns darin, daß ich nie Angst hatte vor dem Schwanz, den du, wie alle Männer, zwischen den Beinen hängen hast, und ich habe nie Picknicks veranstaltet, bei denen ich ihn dir vor einer jubelnden Menge abschnitt. Außerdem, was hast du eigentlich mit meinem Schwanz gemacht, nachdem du das schwarze Ding abgeschnitten und in der Hand hochgehalten hattest? Du konntest es ja nicht bleichen, oder? Du konntest dir doch nicht deinen abschneiden und meinen annähen. Steht er jetzt auf deinem Kaminsims, in einem Einmachglas, oder hast du ihn dir an die Wand genagelt? Oder hast du ihn aufgegessen? Wie hat er geschmeckt? War er nahrhaft? Ach. Anscheinend sind Sie eine Schleckerzunge, Sir. Sag mir nur eines: Dieser Gott, den ihr erfunden habt, ist doch ein ganz kranker Kerl. Ich an deiner Stelle würd's mir noch einmal überlegen mit ihm. Ich glaube, er lacht dich aus – das sage ich dir als Freund. Er hat gemacht, daß du weder das Gras noch die Bäume, noch den Himmel, noch deine Frau, noch deinen Bruder, noch dein Kind, noch mich sehen kannst. Weil du mich nicht *siehst.* Dein Gott hat mich wie eine schwarze Wolke vor deine Augen gehängt. Du irrst dich, wenn du glaubst, ich wollte dir irgendwie schaden. Das will ich nicht. Das will ich wirklich nicht. Aber selbst wenn ich wollte, brauchte ich es gar nicht: du und dein Gott, ihr versteht es viel besser, dir zu schaden, als ich es mir im Traum einfallen lassen könnte. Und das heißt, daß alles, was du zu besitzen glaubst und festhältst, dir gar nicht gehört. Da muß ich immer an den geduldigen Indianer denken. Sein Land wurde ihm gestohlen, aber das bedeutet nicht, daß es euch gehört: er weiß das, und ihr wißt das. Und der Indianer ist nie aus dem Land geflohen, das ihm gehört: du kannst nicht vor etwas fliehen, das dir gehört – aber euer Gott hat kein Zeitgefühl. Und ich weiß, daß diejenigen, die ihr Leben unerträglich finden, versuchen müssen, alles Lebende zu zerstören. Aber wie sehr ihr auch versucht, es wird euch nicht gelingen, das Meer auszutrocknen und das Leben auf Erden zu zerstören. Hier, in der nordamerikanischen Wildnis, haben schon andere Götter euch Widerstand geleistet; jetzt werden andere Götter euch Einhalt gebieten. Reib dir deine Augen, mein Bruder, und mache einen neuen Anfang. Friede sei mit dir.

Ja, etwas in dieser Art hatte ich immer sagen wollen: denn menschliches Leiden ist menschliches Leiden. Ich sage nur dies: ich sah einige – nicht viele, aber einige – weiße Jungen und Mädchen und Männer und Frauen auf dieser Straße zur Freiheit wandern, und es war, als könnten sie es selbst nicht glauben, daß sie wirklich sein, einfach *sein* durften, daß sie aus der Lüge und aus der Falle ihrer Geschichte heraustreten konnten. Was ich ihnen immer sagen wollte, ist beinah genau das, was sie mir sagten, und ihre Wiedererweckung zum Leben war wunderbar mitanzusehen.

Schau dir die Landkarte an, und du erschrickst halb zu Tode. Am nördlichen Rand von Virginia, an der Grenze zu Washington, diagonal zu Maryland, liegt Richmond, Virginia. Zwei Drittel weiter über die Landkarte liegt Birmingham, Alabama, umgeben von Mississippi, Tennessee und Georgia. Peanut rechnete, wir könnten von Richmond nach Durham in etwa drei Stunden fahren und noch mal in drei Stunden von Durham nach Charlotte. Wenn wir um sechs Uhr früh losfuhren, wie wir es vorhatten, konnten wir gegen Mittag in Charlotte sein, und wir konnten dort Mittag essen. Dann würden wir von Charlotte nach Atlanta fahren, und nach Sonnenuntergang in Atlanta eintreffen. Wir würden in Atlanta übernachten, und am nächsten Tag würden wir nach Birmingham fahren und dort rechtzeitig zu Arthurs Auftritt ankommen. Arthurs letzter Auftritt sollte am folgenden Abend in Atlanta stattfinden. Wir würden eine Nacht in Birmingham bleiben müssen: daran führte kein Weg vorbei. Von Atlanta würden wir nach New York zurückfahren und vielleicht einen Tag in Washington unterbrechen.

Aber all dies auszuführen, kann beängstigender sein als die beängstigende Landkarte.

Vor allem sagte Mrs. Reed mit Bestimmtheit: «*Versucht* nur ja nicht, in Charlotte die Desegregation auszuprobieren. Versucht es ja nicht. Gott, die Weißen in Charlotte *wußten* immer, daß sie die besten Nigger im ganzen Süden hatten. Sie *wußten* es einfach. Und jetzt schämen sie sich so sehr, daß sie kaum noch den Kopf heben können – wahrscheinlich mußten sie die *wenigen* Restaurants schließen, in denen sie *unter sich* waren.»

«Oder, falls sie euch reinlassen», sagte Mr. Reed, «und euch von einem dieser aristokratischen Farbigen bedienen lassen, *könnte* es euer letztes Mahl sein.»

Wir lachten. Wir waren heil von der Kirche heimgekommen und saßen jetzt im Wohnzimmer der Reeds – zu aufgekratzt, um schon schlafen zu gehen oder etwas zu essen, und so genehmigten wir uns ein paar Drinks.

Peanut sagte: «Aber ich habe Verwandte in Charlotte, und sie erwarten uns zum Mittagessen.»

Arthur verschluckte sich an seinem Drink. Peanut schaute ihn an, halb grinsend, halb drohend. «Sei doch nicht so, Mann. Sie haben sich schwer gebessert, seit wir letztes Mal dort waren.»

«Siehst du sie oft?»

«Ich kann nicht sagen, daß ich sie *oft* sehe.» Peanut errötete. «Nur von Zeit zu Zeit. Sie würden sich freuen, uns zu Mittag einzuladen. Außerdem – sie wissen, daß du jetzt eine Berühmtheit bist.»

«Yeah. Vor allem wissen sie, daß wir nicht bis zum Abendbrot bleiben werden.»

Peanut erklärte uns: «Arthur mochte meine Vettern nicht ...»

«Sie mochten *uns* nicht! Für sie waren wir eine Bande schmutziger Nigger.»

«Ach», sagte Mr. Reed, «darüber würde ich mich nicht aufregen. Davon würde ich mir nicht den Appetit verderben lassen ... wie ein schmutziger Nigger, das ist die einzige Art, wie man mit *denen* umgehen kann.» Wir lachten. «Schön», fuhr er fort, «nehmen wir an, die Vettern geben euch etwas zu essen. Bis ihr die Grenze von Georgia erreicht habt, ist die Sonne längst untergegangen. Kennen Sie jemanden in Atlanta?»

«Nur die Leute, die uns eingeladen haben. Aber sie erwarten uns erst übermorgen ... nicht morgen abend.»

Mr. Reed seufzte und sah seine Frau an. «*Wir* haben Freunde in Atlanta», sagte Mrs. Reed.

«Glaubst du», fragte Mr. Reed, «daß sie vielleicht ein Zimmer frei haben?»

«Es ist spät», sagte sie, «aber ich glaube, ich probier's einfach mal und rufe sie an. Ich bin sicher, sie werden es nicht übelnehmen.» Sie stand auf. «Entschuldigen Sie mich eine Minute», sagte sie und verließ das Zimmer.

«Hören Sie», sagte Mr. Reed, «es ist trotzdem keine gute Idee, hier im Süden nach Sonnenuntergang irgendwo anzukommen. Sicher, sie mußten ein paar von den Schildern abmontieren ... sieht ja nicht gut aus ... wo wir die Führer der Freien Welt sind und all das –» er machte ein verächtliches Geräusch mit den Lippen – «aber sie verwahren sie jetzt im Hinterzimmer, jederzeit bereit.» Er blickte uns dreien fest in die Augen. Wir hingen an seinen Lippen. «Aber wenn ihr schon nach Sonnenuntergang ankommen *müßt*, sorgt dafür, daß ihr ein Ziel habt. Drei Nigger aus dem Norden, mit New Yorker Nummernschild am Wagen, die von Tür zu Tür gehen und einen Platz zum Schlafen suchen –» er schüttelte den Kopf und stieß einen leisen Pfiff aus – «dort unten, *jetzt*? Sie haben alle möglichen Vorwände, um euch aufzugreifen. Und wenn sie euch aufgegriffen haben, werden sie euch kein Telefon in die Hand drücken und sagen: ‹Rufen Sie Ihren Anwalt an.› Teufel, oben im Norden tun sie das auch nicht, aber wenigstens haben sie da oben schon mal etwas von Anwälten gehört, und sie wissen, daß ein Nigger einen Anwalt *haben* könnte. Hier unten haben sie von so was keine Ahnung. *Sie* haben ja nicht mal Anwälte, wie sollt *ihr* denn welche haben? Ihr seid nur ein Symptom für die Einmischung des Nordens, ihr kommt her, um die guten Schwarzen aufzuwiegeln ... in Wirklichkeit tut ihr ja viel mehr als das, aber so fassen sie es eben auf.» Er lächelte. «Ihr seht müde aus, Jungs. Ruby wird euch noch einen Mitternachts-Snack machen und euch dann ins Bett schicken.»

«Ich fand es hier unten ja schon schlimm genug», sagte Arthur, «als wir früher einmal hier waren.»

Peanut schaute ganz ernst drein.

«Und wie», fragte er, «ist es, wenn man unterwegs anhalten

muß ... aber ich vermute, es wird eben schlimmer, je weiter man nach Süden kommt ... wissen Sie ... zum Tanken und um zur Toilette zu gehen? Bisher hatte ich eigentlich noch nie nennenswerte Schwierigkeiten, aber –» er lachte – «ich war auch noch nicht in Alabama.»

Mr. Reed seufzte. «Ach. Sie haben so ihre Tricks. Sie verkaufen Ihnen Benzin, aber die Toilette ist vielleicht verboten – sie haben mehr Tricks, als ich aufzählen kann, Mann.» Wieder seufzte er. «Wenn Sie allein sind ist es leichter. Manchmal grinsen sie nur und nehmen es hin, und manchmal sind sie sogar ganz nett, reden mit Ihnen über die Baseball-Tabellen und all so 'n Zeug. Außerdem sind die Leute ... die meisten Leute sind ja nicht wirklich so gemein, daß sie glauben, 'nem einzelnen Nigger den Schädel einschlagen zu müssen ... außer wenn sie im Stress sind, allerdings.» Und er grinste. «Aber wenn ihr mehr als einer seid – ich weiß nicht ... anscheinend glauben sie, ihr seid gekommen, um ihnen etwas zu tun – als wärt ihr die Vorhut einer feindlichen Armee.» Er schüttelte den Kopf. «Ich weiß nicht. Das beste ist, man erwartet kein Wohlwollen, und man erwartet keine Bosheit. Aber das ist aufreibend.»

Ich beobachtete ihn, wie er aufstand und zur Bar ging. Ich hatte auf einmal große Achtung vor ihm.

«Ich habe euch, Gentlemen, den ersten Drink eingeschenkt», sagte er, «aber jetzt müssen Sie für sich selbst sorgen. Bedienen Sie sich einfach.» Er machte sich einen Bourbon mit Ginger Ale.

«Dann nehme ich Sie beim Wort», sagte Arthur und gesellte sich zu Mr. Reed an der Bar. «Hall, möchtest du etwas? Peanut?»

«Ich hol's mir selbst», sagte Peanut, und ich gab zu verstehen, daß ich nichts wollte.

«Wo kommen Sie her?» fragte Arthur.

«Nicht allzu weit von dort, wohin Sie fahren. Aus einer Stadt namens Tuscaloosa.» Er nippte an seinem Glas und lächelte. Es lag eine gewisse Furchtsamkeit in diesem Lächeln. «Was immer Sie tun mögen, fahren Sie niemals dorthin, weder nach Sonnenuntergang noch um zwölf Uhr mittags.» Er gab Arthur Feuer. «Sie sagen, es war schlimm, als Sie früher mal hier waren. Wann waren Sie hier?»

«Oh. Vor sechs oder sieben Jahren.»

Mr. Reed lachte. «Oh, als es gerade losging mit den Schwierigkeiten.» Er machte eine Pause. «Nun ja, heute ist es noch schlimmer. Damals, sehen Sie, paßten ihnen diese Gesetze nicht ... über die Desegregation in den Schulen und so, aber sie glaubten, sie könnten die neuen Gesetze in den Gerichten verschleppen bis ins Jahr zweitausend. Zum Teufel, sie wußten, sie könnten es, sie hatten Freunde in Washington, die ihnen zeigten, *wie* man es macht.»

Mrs. Reed kam wieder ins Zimmer. Mr. Reed unterbrach sich und sah sie an. Seine tiefliegenden Augen waren größer, als sie auf den ersten Blick schienen; und sobald man dies erkannt hatte, veränderte sich sein ganzes Gesicht, wurde verletzlicher und zugleich entschlossener.

«Was haben sie gesagt?» fragte er seine Frau.

Mrs. Reed sah erst Arthur und dann uns alle lächelnd an. «Nun, ich erklärte ihnen ... unseren Freunden ... die Situation, und ich erklärte, daß es eine Berühmtheit sei. Ein Sänger, der mit seinem Begleiter und mit seinem Bruder reist –» die Berühmtheit lachte, und sein Gefolge ebenfalls – «und sie sagten, sie wären *entzückt.*» Sie ging zu dem Beistelltischchen neben dem Lehnstuhl, wo sie vorhin gesessen hatte, und nahm ihr Glas. «Ich bin wirklich froh. Oh ... da ist nur ein Problem. Sie haben gerade ein Zimmer frisch gestrichen, und falls die Farbe morgen abend noch nicht trocken ist, wird einer von den Jungen auf dem Sofa schlafen müssen ... der kleinste von ihnen», und sie lachte.

«Oh», sagte Peanut, «schätze, da wird die Berühmtheit wohl auf dem Sofa schlafen müssen.»

«Er *ist* der kleinste», sagte Mr. Reed. «Ist scheint's nicht ganz fair, was, Junge?»

«Es ist ein bequemes Sofa», sagte Mrs. Reed. «Ich habe selbst schon einmal darauf geschlafen.»

«Wir sind sehr dankbar», sagte ich, «für all Ihre Mühe.»

«Was für Mühe? Ich bin nur froh, daß es geklappt hat. Jetzt ist mir etwas leichter ums Herz.» Sie leerte ihr Glas und stellte es weg. «Ihr entschuldigt mich noch einmal, ich mache euch jetzt einen kleinen Snack, und dann mach ich euch die Betten ... ihr werdet nicht mehr viel Schlaf kriegen.»

«Ach ... wenn wir genau wissen, wo wir morgen abend unterkommen», sagte Peanut, «macht das die Zeitfrage schon ein bißchen einfacher.» Er stand auf. «Ich glaube, ich werde noch mal nachtanken.» Er ging zur Bar. «Mr. Reed, Sie haben mir solche Angst gemacht, daß ich kaum schlucken konnte. Ich hatte schon Angst, als wir früher einmal hier waren, aber damals waren wir kleine Jungs und reisten –» er und Arthur schauten sich an, lachten und schlugen ihre Hände ineinander – «mit einem Wächter.»

«Was ist überhaupt aus diesem Wächter geworden?» fragte ich.

«Ich glaube, Crunch hat gedroht, ihn umzubringen», sagte Arthur grinsend. «Und Old Webster verkroch sich dann wohl im Unterholz.»

«Da steckt er wahrscheinlich heute noch», sagte Peanut. «Ich weiß, niemand hat ihn seither gesehen.»

«Dann will ich euch mal nicht allein lassen», sagte ich und ging auch an die Bar.

«Ich gebe euch Jungen die Namen, Adressen und Telefonnummern von ein paar Freunden von uns», sagte Mr. Reed. «Und eine Karte – ich zeichne euch eine Karte, damit ihr sie findet. Und ihr ruft gleich hier an, wenn ihr von Charlotte losfahrt – ich werde nicht hier sein, aber Ruby ist hier, und sie wird sie anrufen und ihnen eine Beschreibung von eurem Auto und eure Autonummer durchgeben und ihnen sagen, wann sie euch ungefähr erwarten sollen.»

Ich sagte: «Wow!»

«Oh», sagte Mr. Reed. «Die Spießer sind ganz schön sauer. Sie sind die Angeschmierten. Sie haben sich selbst angeschmiert. Als sie den ganzen Quatsch mit der freiwilligen Geschwindigkeitsbeschränkung durchzogen, sind die Leute auf die Straßen gegangen. Und jetzt sehen sie, wohin sie sich wenden, aufsässige Gesichter. Und sie haben niemanden zum Verhandeln. Ihre Freunde oben im Norden können ihnen auch nicht helfen; und sie haben Angst. Sie wissen, der Sturm zieht in ihre Richtung. Da fällt den Spießern nichts anderes ein als draufschlagen.»

«Oder hoffen, daß es vorbeigeht», sagte ich und goß mir einen Wodka ein, weil es keinen Scotch gab.

Mr. Reed sah mich an. «Yeah. Wann hatten Sie zum letztenmal die Hoffnung, daß etwas von selbst vorbeigeht?»

Er sah mich an. Er war nicht so viel älter als ich, auch wenn sein Benehmen und seine hohe Stirn ihn auf den ersten Blick älter erscheinen ließen. Jetzt aber wurde mir klar, daß er etwas jünger als seine Frau war, etwa achtunddreißig oder neununddreißig, stark auf vierzig zugehend.

Ich mochte ihn. Ich hätte gern Gelegenheit gehabt, ihn besser kennenzulernen. Er hatte eine lange Geschichte zu erzählen. *Tuscaloosa*. Und das war auch so eine Sache in jenen Jahren: dauernd traf man Leute mit besonderer Lebensgeschichte und Würde, mit Charme und echtem Humor, Leute, denen man bestimmt unter anderen Umständen nicht begegnet wäre, und man hoffte, sie besser kennenzulernen. Aber das war ganz unmöglich. Was einen zusammenführte, das trennte einen auch: jeder war ungeheuer überarbeitet. Man traf sich während, vor oder nach einer Versammlung oder in der Planungsphase einer Versammlung, man traf sich in Strategiesitzungen, in Anwaltskanzleien, in den Büros der Senatoren, in den Wohnungen wohlwollender Kongreßmänner und in den Häusern von Filmstars, in Gefängnissen, an entlegenen Orten, von deren Existenz man kaum wußte (und deren Existenz man, selbst wenn man dagewesen war, nicht *glauben* konnte), zwischen Zügen, Bussen, Flugzeugen, rein ins Auto und raus, auf Flughäfen, der eine auf dem Weg zu einer Sammelaktion in Cleveland, der andere unterwegs zu einer abgelegenen Kirche in Savannah. Immer dann und wann traf man sich auf einer Party, gegen eine Ohnmacht ankämpfend und bestrebt, früh nach Hause zu kommen. Vielleicht saß man ein oder zwei Stunden im Flugzeug beisammen. Aber keiner konnte sich wirklich auf den anderen konzentrieren. Die Konzentration galt der Tatsache, daß das Flugzeug sich zur Landung anschickte und man wieder einen harten Strauß auszufechten hatte.

Und als der Traum hingeschlachtet und all die Mühe und Liebe umsonst gewesen war, verstreuten wir uns; es war nicht die Zeit, Notizen zu vergleichen. Wir hatten keine Notizen zum Vergleichen. Wir wußten, wo wir gewesen waren und was wir zu tun versucht hatten, wer in unserem Kreis zusammengebrochen, verrückt geworden, gestorben oder ermordet worden war. Wir verstreuten uns, ein jeder in sein Schweigen. Erst an den erstaunten Augen der Kinder erkannten wir, mußten wir uns klarmachen, wie sehr wir verängstigt, verachtet und betrogen worden waren. Jeder mußte schleunigst, so gut er konnte, wieder auf die Beine kommen und neu beginnen. Alles war dahin, bis auf die Kinder: Kinder erlauben einem nicht die Zeit für Tränen. Viele von uns waren damals unterwegs, sind jetzt vielleicht auf immer verloren, gewiß, aber nicht alles ist verloren: Verantwortung kann man nicht verlieren, man kann höchstens auf sie verzichten. Wer den Verzicht verweigert, beginnt neu. Der Traum wurde aufgegeben: sei's drum.

Mein Vater sagte mir vor langer Zeit: «Sohn, was einmal wirklich angefangen wurde, das hört nie auf. Das Problem ist», fügte er nach einer Weile nachdenklich hinzu, «daß so wenig wirklich angefangen wird.»

Damals war ich weit eher ein pragmatischer Amerikaner, als ich es heute bin. Wenn ich heute meine Kinder heranwachsen sehe – sie sind alt genug, um einen Begriff davon zu haben, wo ich gewesen bin, sie haben genug gesehen, um nicht vor dem Leid zu erschrecken, und sie wissen auch etwas von der Freude –, so weiß ich, daß ich versuchen muß, verantwortlich zu sein für das, was wir wissen. Und diese Tat führt uns ohne Furcht zu dem, was wir nicht wissen, und was wir nicht wissen, ist grenzenlos.

Aber am nächsten Tag hatten wir unterwegs keinerlei Schwierigkeiten, und es war ein sehr schöner, strahlender Tag. Die Blätter an den Bäumen verfärbten sich wie das Farbenspiel am Himmel, und je mehr Meilen hinter uns lagen, desto geringer wurden unsere bösen Ahnungen, und wir fühlten uns sehr gut miteinander. Unter anderem fühlten wir uns deshalb so gut miteinander, weil wir, was immer jetzt kommen mochte, zusammen waren, und weil wir nicht umkehren konnten: dies Gefühl, den Fluß überschritten zu haben, bringt einem einen gewissen Frieden.

Ich saß am Steuer. Arthur saß neben mir. Peanut hatte sich auf dem Rücksitz ausgestreckt.

Er hatte über Red gesprochen und wie er zuerst entdeckt hatte, daß Red ein Junkie war. Aus seiner Stimme – und auch aus Arthurs Gesicht – wurde mir klar, daß er noch nie darüber gesprochen hatte – es gab ja kaum einen anderen Menschen, mit dem er hätte sprechen *können*.

An Arthurs Gesicht erkannte ich aber auch, daß er jetzt an Crunch dachte – Gott, so lang war es her! – und sich wünschte, er hätte über Crunch in der Art sprechen können, wie Peanut über Red sprach.

«Ihr wißt, wie nah wir uns standen. Er war mein Herz, mein ganzes Herz. Es war, als hätten wir uns immer gekannt, aber in Wirklichkeit lernten wir uns erst kennen, als ich ungefähr zehn war, als Grandma mich in die Stadt brachte. Ihr wißt doch, ich hatte keine Mama, keinen Daddy. Bis dahin war ich nur bei meiner Grandma aufgewachsen, und ich weiß, sie hat alles getan, was sie konnte, aber sie war einfach schon zu alt, um ein kleines Kind aufzuziehen. Sie wußte nichts anderes, als mich zu verhauen und mich anzuschreien, und sie wollte nicht, daß ich mit den anderen Kindern spielte, weil die nicht gut genug für uns waren und weil ich nur meine Sachen schmutzig machte, und, oh, Mann –» leise in sich hineinlachend, während ich meine Augen auf die Straße, auf die vorbeifliegenden Bäume gerichtet hielt – «es war fürchterlich.

So kam es, daß ich, als wir in die Stadt zogen, zum erstenmal im Leben einen Freund hatte. Und wir waren entfernte Vettern oder so ähnlich, und darum hatte Grandma auch nichts dagegen, wie sonst immer. Ich glaube, eigentlich war sie sogar erleichtert, daß es da noch Leute gab, die ihr auf mich aufpassen halfen, und sie war ja keine gefühllose Frau, sie war nur so streng, weil sie Angst hatte, und ich glaube, sie freute sich, daß ich glücklich war. Jedenfalls erlaubte sie mir öfter, über Nacht bei Red zu bleiben, und seine Mama kam sehr gut aus mit meiner Grandma, sie *konnte* gar nichts falsch machen bei meiner Grandma, und Reds Mama wurde für mich so etwas wie meine Mama. Und sie alle waren so gut zu mir, ich war einer von ihnen, und Red war ein bißchen älter als ich, er konnte mir allerhand beibringen. Im Sommer zum Beispiel fuhren wir mit der Subway, manchmal nach Coney Island, und lagen im Sand und redeten darüber, was wir machen wollten, wenn wir groß wären, und Red brachte mir das Schwimmen bei. Ich hatte noch nie das Meer gesehen. Ich hatte Angst, aber ich durfte es Red nicht zeigen, versteht ihr, und so wurde ich ein ziemlich guter Schwimmer. Und wir liefen oft im Central Park herum, beim Brunnen und beim See, und wir schauten gern den Reitern zu. Sie sahen so elegant aus, besonders die Mädchen, versteht ihr, mit ihren Käppchen und ihren Stiefeln und all dem Zeugs und mit dieser Peitsche, und das Pferd trabte so stolz dahin. Aber auch die Männer waren sehr vornehm, und ich wollte erwachsen werden und auch einer von diesen Männern auf einem Pferd sein. Schwarze Reiter sahen wir nie, aber Red sagte, drüben im Westen gäbe es jede Menge davon, und wenn wir groß genug wären, wollten wir in den Westen gehen und uns eine Ranch kaufen und Pferde züchten. Dann würden wir reich sein, und wir könnten meine Grandma und seine Mama holen, und sie würden nie mehr arbeiten müssen.»

Ich konnte sein Gesicht nicht im Rückspiegel sehen, weil er sich zu weit zurücklehnte. Ich schielte zu Arthur hinüber, der kryptisch lächelte.

Peanut ließ wieder das gleiche leise Lachen hören.

«Und dann machten wir uns ... vielleicht war's schon ein erster Schritt in die richtige Richtung ... ein paar Schuhputzkästen und fingen nach der Schule und im Sommer an, Schuhe zu putzen. Und oft gingen wir gar nicht in die Schule, und ich kriegte viel öfter den Arsch versohlt als Red. Wißt ihr, er konnte auf dem Entschuldigungszettel für den Lehrer die Unterschrift seiner Mama fälschen, aber mit der Unterschrift von meiner Grandma konnte er nichts anfangen, meine Grandma konnte nämlich kaum schreiben. So kriegte ich die Prügel ab, und Red schaute immer mitleidig und tugendhaft drein, als könnte er nicht verstehen, warum ich nicht so war wie er. Mann, manchmal hätte ich ihn umbringen können.»

«Aber du hast ihn nie verpetzt», sagte Arthur.

Peanut lachte. «Nein, darauf kannst du dich *verlassen*! Das war eine Sache zwischen uns.»

Er schwieg eine Weile. Ich achtete auf die Straße und auf die vorbeiziehenden Straßenschilder: jedenfalls fuhren wir in die richtige Richtung. Es war nicht unbedingt ein neuer Peanut, dem wir zuhörten, aber *so* hatten wir – oder zumindest ich – ihn noch nie erzählen hören. Er war immer sehr zurückhaltend gewesen – nicht distanziert, aber auch nicht vertraulich. Jetzt sprach er, als ob er zum allererstenmal etwas ins Auge faßte, oder auch zum allerletztenmal: als ob er Red Good-bye sagte.

Jetzt richtete er sich auf, und ich sah einen Moment sein Gesicht, als er sich eine Zigarette anzündete. Dann lehnte er sich zurück.

«Und alles, was wir entdeckten, teilten wir miteinander. Aber ich glaube, richtiger wäre es zu sagen, *er* machte die meisten Entdeckungen, und alles was er entdeckte, benutzte er, um mich irgendwie zu tyrannisieren. Damals kam es mir allerdings nicht so vor und ich glaube, es machte nichts aus. Zum Beispiel wollte Red eine Zeitlang Boxer werden, und ich war sein Sparringpartner. Dann wollte er Steptänzer werden, und ich mußte losziehen und Schallplatten für ihn stehlen, nach denen er tanzen konnte. Ich sehe noch, wie er durchs Zimmer tanzte, grinsend, mit seinen schimmernden Zähnen und mit den Händen wedelnd, wie sie's im Film machen, und er lächelte dauernd, damals, und ließ sich durch nichts unterkriegen. Aber du erinnerst dich ja, Arthur, so war er immer.»

«Ich erinnere mich», sagte Arthur. Aber keiner von uns beiden drehte sich um, um Peanut anzusehen. Das mag seltsam klingen, oder vielleicht auch nicht. Aber wir spürten, daß er, obwohl er sich sozusagen entblößte, doch nicht gesehen werden wollte. Er saß mit uns im Auto, aber gleichzeitig war er woanders.

Er setzte sich auf und zündete sich eine neue Zigarette an. Diesmal blieb er aufrecht sitzen, die Hände zwischen den Beinen, und schaute zu Boden. Arthur und ich wagten jetzt, ihn von Zeit zu Zeit flüchtig im Rückspiegel anzusehen. Keiner von uns beiden sollte je sein Gesicht an diesem Tag vergessen. Ich kann nur sagen, es war durch Schmerz geadelt. Er saß mit uns im Auto, aber er war auch weit weg, er rang mit einer Angst, die er zum erstenmal artikulierte.

«Red war mager, als er wiederkam, aber das waren alle anderen auch. Und er war ein bißchen komisch, aber das waren alle anderen auch.»

Ich wagte einzuwerfen: «*Das* kann man wohl sagen.»

Arthur sagte mit gequälter Stimme: «Amen.»

«Es kam mir so vor, als ob Red sich gar nicht freute, mich wiederzusehen – nicht so, wie ich mich freute. Aber dafür, dachte ich mir, konnte es alle möglichen Gründe geben ... vielleicht hatte er drüben ein Mädchen oder ein Baby verlassen müssen, ich meine, es konnte eine Menge Dinge geben, über die er nicht gleich sprechen wollte, es brauchte nicht unbedingt etwas mit mir zu tun haben. Und im übrigen merkte ich auch, daß er zu allen so war, zu seiner Mama, zu meiner Grandma, zu Arthur ... zu uns allen ... er war gereizt, als ob er fort wollte, als ob er etwas zu verbergen hätte. Und das war so gar nicht typisch für Red, er hatte nie irgend etwas zu verbergen versucht.

Und mir schien, als ob er überhaupt nichts tun wollte, und ich hatte immer mehr das Gefühl, daß er mich eigentlich nicht sehen wollte. Wenn ich ihn besuchen ging, lag er meist auf der Couch und starrte in den Fernseher und sagte nichts ... tat so, als ob er sich belästigt fühlte, als ob man ihn störte ... Oder er mußte plötzlich irgendwohin und sagte, er sei sowieso schon spät dran, und wir würden uns später sehen. Und ich wußte nicht, was ich ihm getan hatte, daß er sich mir gegenüber so verhielt. Andererseits hatte ich, ganz tief innen, das Gefühl, daß er sich eigentlich gar nicht so benehmen *wollte* ... in seinen Augen war manchmal ein entsetzlicher Schmerz, es zerriß mich, wenn ich das sah ... aber ich kam nicht an ihn heran. Und so versuchte ich mir zu sagen: *Ach, scheiß drauf*, aber das konnte ich nicht: ich machte mir immer mehr Sorgen um ihn. Da stimmte doch irgend etwas nicht, das fühlte ich ganz deutlich, und er wollte nicht, daß jemand dahinterkam, was es war. Und ich konnte mir auch nicht vorstellen, wohin zum Teufel er immer verschwand, wenn er loszog, denn keiner von uns sah ihn, keiner von unseren Freunden, keiner von denen, mit denen wir sonst zusammen waren. Ich merkte, daß seine Mama sich immer mehr Sorgen machte, aber sie sagte nichts, sie wußte nicht, was sie sagen sollte, wußte es so wenig wie ich. Und das war auch noch ein Grund, warum ich nicht sagen konnte, *Scheiß drauf*, denn sie *war* wie eine Mama zu mir gewesen, ich konnte mich nicht einfach umdrehen und gehen.

Und Red erzählte, daß er Arbeit suchte, aber du siehst es einem doch an, wenn er Arbeit sucht. Die sehen besorgt aus, und unruhig, die sehen aus wie betäubt, aber sie kommen nicht so daher wie Red. Red kam, das erzählte mir seine Mama, immer erst gegen fünf oder sechs Uhr morgens nach Hause und lag dann bis zum Abend im Bett, manchmal kam ich ihn abends besuchen, da lag er noch tief im Schlaf, furzend und sabbernd, und das war doch nicht typisch für Red ... um sechs Uhr abends? Scheiße.

Und er sah immer schlechter aus. Die meisten von den Kerlen, versteht ihr, kamen ja mehr oder minder weniger auf die Beine, so hart es auch war, aber mit Red ging es anscheinend immer mehr bergab. Und er lachte nicht mehr, er war gehässig. Da gab es *niemanden*, über den er ein gutes Wort sagte.

Eines Abends, als ich dort war, fragte seine Mutter ihn, wie es mit seinen Aussichten auf einen Job stünde ... eine ganz einfache, normale Frage, ich meine, sie nörgelte nicht an ihm herum oder so. Und er sprang auf ... ich schrak direkt zusammen ... und er brüllte: ‹Willst du etwa, daß ich den jüdischen Spießern den Arsch hinhalte? Das ist's, warum die Schwarzen heute da sind, wo sie sind! Dauernd den Scheißjuden einen abkauen! Die Schweine haben einmal meinen Arsch im Schraubstock gehabt, und sie werden ihn nicht wieder kriegen! Hast du gehört? Ich werde mir schon Geld *besorgen*!› Und er knallte die Tür hinter sich zu, und seine Mama saß nur da und weinte, und wenn ich Red an diesem Abend in die Finger gekriegt hätte, ich hätte ihm den Schädel eingeschlagen.

Ich bin einige Tage nicht mehr hingegangen, denn was hätte ich tun sollen? Ich hatte eine schwere Last auf der Seele. Wir alle wissen, wie es da draußen ist, aber so hatte Red noch nie geredet, all diesen Blödsinn über die Schwarzen und die Juden. Red wußte es doch besser. Scheiße, ich wünschte, es wäre tatsächlich so einfach. Und ich lebte damals ziemlich so, wie ich heute lebe, pendelte zwischen Washington und New York hin und her, und es ging mir gut, ich hatte eine nette Wohnung und ein wirklich nettes Mädchen, wir dachten sogar daran, vielleicht irgendwann das bewußte Band zu knüpfen, aber jetzt fing dieser ganze Mist an, mir auf die Seele zu schlagen.

Aber wie gesagt, da war dieser Blick in Reds Augen, der mir weh tat, immer mehr weh tat. Er war wie ein kranker, verwundeter Hund. Oh, es tat mir weh. Darum war ich so blind. Wäre es nicht Red gewesen, wäre es irgendein anderer Kerl gewesen, der sich so aufführte, dann wäre mir sofort klargewesen, was los war. Aber es war Red. Er hatte einen besonderen Platz in meinem Herzen, in meinen Gedanken, und was ich bei so vielen anderen um mich her passieren sah, das konnte doch Red nicht passieren. Später fragten mich die Leute immer wieder: ‹*Wußtest* du es nicht?› Und ich mußte sagen: ‹Nein, ich wußte es nicht.› Und dann sagten sie: ‹Dann wolltest du's eben nicht wissen.› Ja, natürlich *wollte* ich es nicht wissen. Aber ich lüge nicht, wenn ich sage, ich *wußte* es nicht.

Aber dann erzählte mir seine Mama, sie fürchtete, daß Red das Geld für die Miete gestohlen hatte. Und dann fragte sie mich, ob ich glaubte, er könnte süchtig sein. *Da* wußte ich es. In dem Augenblick, als sie mich fragte, wußte ich es. Ein Licht ging in meinem Kopf an, so gewaltig, daß ich Kopfschmerzen bekam und mich hinsetzen mußte.

Also fragte ich Red ... einfach so. Als ich ihn fragte, sah er mich an, als ob er mich umbringen wollte und drehte mir den Rücken zu. Das machte mich wütend, und ich ging zu ihm hin und drehte ihn herum, damit er mich anschaute. Und dann – ich werde es nie vergessen – stürzte er in meine Arme, weinend wie ein Baby, und er zeigte mir seine Arme. Seine Spuren. Ich hielt ihn fest, wie ich ihn schon früher manchmal gehalten hatte, und ich sagte: ‹Baby, laß mich dir helfen. Ich tue alles, alles, *alles*, um dir zu helfen!› Ich hielt ihn und hielt ihn, ich half ihm, sich hinzusetzen und hielt ihn fest, bis er aufhörte zu weinen.

Er erzählte mir, daß er in Korea an der Nadel hängengeblieben war, und ich sagte ihm, daß ich es verstehen könnte. Ich glaubte, es zu verstehen. Er sagte mir, wie sehr er die Weißen und die Juden und alle haßte, und ich sagte ihm, ich könnte das verstehen, aber darum gehe es nicht. Es gab ihm nicht das Recht zu stehlen. Es gab ihm nicht das Recht, Menschen, die ihn liebten, zu verletzen. Es gab ihm nicht das Recht, sich zu zerstören. Wir redeten bis in den frühen Morgen. Ich sagte zu ihm, ich würde ihn irgendwo hinbringen und mich mit ihm einschließen, bis er sauber wäre. Er sagte, er wolle mich da nicht mit hineinziehen, er werde sich um eine Behandlung bemühen. Und er bat mich, ihm zu vertrauen, und ich sagte, ja, ich würde ihm vertrauen, und er hielt tatsächlich Wort … er ging weg, und als er wiederkam, ging es ihm gut – eine Zeitlang.»

Peanut schwieg lange, während die Bäume vorbeiflogen. Nichts unterbrach dieses Schweigen. Da war nur das Geräusch der Reifen auf der Straße, das Geräusch des Fahrtwinds. Arthurs Gesicht war ganz feierlich, seine Augen leuchteten: er saß mit uns im Auto, aber auch er war irgendwoanders.

«Aber … dann: Der Fernseher seiner Mama verschwand. Eine alte Uhr von meiner Grandma verschwand. Er besuchte mich in Washington, und meine Stereoanlage und meine ganze Kleidung verschwand.»

Seine Stimme war von Tränen erstickt, aber er weinte nicht. Er zündete sich eine Zigarette an und lehnte sich zurück, so daß wir ihn nicht mehr sehen konnten.

«Diese Nacht, als ich mit ihm redete, als er mich bat, ihm zu vertrauen, da wanderten meine Gedanken zurück zu einer Nacht vor langer Zeit, als er noch Steptänzer und Boxer werden wollte und so, als er noch all diese Entdeckungen machte und sie mir immer gleich zeigte.»

Er machte einen tiefen Zug an seiner Zigarette.

«Da saß ich eines Abends auf dem Hausdach, denn das war unser Treffpunkt. Wenn einer den anderen nirgends finden konnte, ging er und suchte ihn auf dem Dach. Und so kam er herauf und fand mich. Ich lag da, auf dem Rücken, die Hände hinter dem Kopf verschränkt, und schaute in den Himmel hinauf. Und er kam herauf, und er piekste mich in den Bauchnabel, wie wir's immer machten. Ich erinnere mich, es war eine Sommernacht, und ich fühlte mich so seltsam und einsam – traurig, wie man es in diesem Alter sein kann, ohne genau zu wissen warum. Ich piekste ihn also zurück. Normalerweise fingen wir dann an zu ringen, aber ich wollte auf dem Dach nicht ringen, ich hatte Angst, wir würden herunterfallen. Aber er rührte sich nicht. Er kniete neben mir, ich weiß noch, er hatte ein schwarzes T-Shirt und eine schmutzige weiße Hose an. Er grinste. Ich seh noch seine Zähne vor mir. Er sagte: ‹He, ich bin so nervös. Willst du mir helfen, mich zu entspannen? Ich weiß da ein tolles Mittel, um sich zu entspannen.› Ich sagte: ‹Klar.› Er sagte: ‹Ich zeige dir zuerst, wie man's macht.› Er grinste immer noch . ‹Ich tu's zuerst für dich, okay? Und dann tust du's für mich!› Ich wußte nicht, wovon er redete, aber bei Red sagte ich immer okay.

Er legte sich neben mich auf die Seite und holte meinen Pimmel raus. Zuerst kriegte ich Angst, weil ich gerade erst angefangen hatte, so etwas für mich allein zu machen, und er grinste wieder und sagte: ‹Entspanne dich, laß es dir einfach guttun, du weißt, ich tu dir nicht weh. Und dann tust du es für mich, ich brauch es, ich brauch es so sehr.› Dann ... stellte ich mir vor, wie ich es für ihn tun würde, und ganz plötzlich wurde mir klar, daß ich es wollte. Ich hatte noch nie daran gedacht. Und die ganze Zeit, während er mich rieb, dachte ich daran, wie ich ihn reiben würde, und dadurch wurde das, was er mir tat, noch erregender, als es gewesen war, wenn ich's allein für mich tat. Er fragte mich, wie es sich anfühlte, und ich sagte es ihm, und ich glaube, ich habe gestöhnt, jedenfalls machte er jetzt schneller, ich sah den Himmel über mir, und dann schloß ich die Augen. Es war seltsam, sich so hilflos zu fühlen, als gäbe es nichts anderes auf der Welt, als seine Hand auf mir, und dann schoß ich gewaltiger los als je zuvor, es ging direkt in den Himmel hinauf und über mein Hemd und über seine Hand.

‹Jetzt bin ich an der Reihe›, sagte er.

Ich legte den Arm um seine Schulter und hielt ihn fest, und ich holte mit der anderen Hand seinen Pimmel raus und fing an, ihn zu reiben. Er bat mich, es ganz langsam zu machen, weil er sowieso schon so scharf war. Ich hatte ihn so lieb in dieser Nacht, weil er mir etwas Neues gezeigt hatte, was ich für ihn tun konnte, was wir füreinander tun konnten. Ich fing an, ihn ganz langsam zu reiben, wie er mich gebeten hatte, und ich sah seinen Pimmel anschwellen, aber am meisten erinnere ich mich an seinen Atem neben meinem Ohr und seine Schulter an meiner, an sein Atmen. Und an seinen Geruch, und den Geruch von diesem Hemd. Er war vertrauensvoll wie ein Baby, und ich sah, wie seine Beine sich bewegten, es war, als wäre in dieser Nacht alles an ihm neu, und dieses Ding wurde immer dicker in meiner Hand, bis ich dachte, ich konnte es bald nicht mehr halten, ich hatte vorher noch nie bemerkt, wie es sprang, wie ein Tier, und dann merkte ich an seinem Atem, daß es Zeit war, schneller und fester zu pumpen, so fest ich konnte, und das tat ich, und dabei hielt ich noch fester seine Schulter. Er gab Töne von sich wie ein Ertrinkender, und er fing an zu zittern, vom Kopf bis zu den Zehenspitzen, er drängte sein ganzes Gesicht in meine Schulter, und ich hielt ihn noch fester, so fest ich konnte, und sah seinen Pimmel spritzen und spritzen, in die Dunkelheit, in den Himmel hinauf, und ich war sehr glücklich.»

Er setzte sich auf, und ich konnte sein Gesicht im Rückspiegel sehen. Sein Gesicht war naß: er zündete sich eine Zigarette an der Glut der alten an.

«Man kann sich neue Sachen zum Anziehen kaufen, so nach und nach, und auch eine neue Stereoanlage. Das ist in Ordnung. Das ist nicht das Schlimmste. Das Schlimmste ist, daß du allmählich anfängst, diesen Menschen zu hassen, zu verachten, diesen Menschen, den du geliebt hast. Du haßt ihn, weil er sich selber haßt. Und das ist schrecklich, ich schwöre euch, du spürst, wie die Liebe in dir verrinnt, Tropfen um Tropfen, bis du ganz leer bist und nur noch ein großes, schmerzendes Loch übrigbleibt, wo vorher die Liebe war. Und ich weiß nicht, ob irgend etwas dieses Loch jemals wirklich füllen kann. Es ist furchtbar, aber du wünschst es dir, dein Freund wäre gestorben. Dann hättest du ihn beweinen und ihn vergessen können, und nach und nach wäre alles wieder gut, wieder sauber geworden. Du hättest nicht diesen schmutzigen Geschmack von Verachtung und Haß auf der Zunge, und du hättest nicht dies schmerzende leere Loch. Dieses Loch, das ich jetzt in mir habe, dieses Loch, das mir kochendes Wasser und eiskaltes Wasser übers Rückgrat rauf- und runterjagt, sobald ich nur an Red denke.» Er drückte seine Zigarette aus. «Mein Herz.»

Er lehnte sich wieder in den Sitz zurück, wir konnten ihn nicht mehr sehen, und wir fuhren weiter und schwiegen lange.

Das Mittagessen in Charlotte war ein wenig kompliziert, denn Peanuts Vettern nahmen Arthurs Status als ‹Berühmtheit› ernster, als Peanut sich vorgestellt hatte. Sie hatten sogar noch ein anderes

Ehepaar eingeladen, das uns Gesellschaft leistete, mit uns aß und Arthur angaffte. Das erleichterte Peanut, der ein bißchen bedrückt wirkte, zumindest die Bürde der Verantwortung ein wenig, und Arthur spielte die Rolle des großen Jungen, die Berühmtheit, bis hin zu einem schmetternden Lebewohl. Was mich betrifft, so hielt ich mich standhaft im Hintergrund: der etwas beschränkte, aber aufmerksame und liebevolle ältere Bruder. «Nein, Ma'am», sagte ich zu einer der Matronen. «Ich singe nur zu Weihnachten und nur in einer großen Menschenmenge. Dann fühlt mein Bruder sich nicht bedroht.»

Die Matrone lachte, vielleicht hielt sie mich doch nicht für ganz so beschränkt. Und tatsächlich waren sie alle sehr nett. Sie wollten nett sein: sie waren sogar so nett, daß wir später nach Atlanta aufbrachen, als wir vorgehabt hatten. Peanut saß am Steuer.

Wir tankten in Charlotte, und wir beteten, als wir losfuhren. Jetzt ging es in den tiefen Süden: bisher war alles nur eine Generalprobe gewesen.

«Ich danke euch, Leute, daß ihr mir heute morgen zugehört habt», sagte Peanut. «Manchmal braucht man eine Möglichkeit, um es rauszulassen; sonst explodiert man.»

«Verstehe ich», sagte Arthur.

Arthur saß neben Peanut. Ich saß hinten. Ich beugte mich vor, streichelte Peanuts Wange und lehnte mich wieder zurück.

«Wo ist Red jetzt?» fragte Arthur.

«Wir wissen es eigentlich nicht. Er besucht seine Mama von Zeit zu Zeit, aber ... das ist alles.»

Er schaltete das Radio ein. Es war die Zeit, als das Land aufgewühlt war wegen Kuba, das, wie man entdeckt hatte, nur neunzig Meilen von Florida entfernt war und anscheinend unheimlich plante, noch ein wenig näher zu rücken. Es war entweder vor oder nach der Raketenkrise, ich erinnere mich nicht recht, aber ich weiß noch, daß ich damals das Gefühl hatte, nach Kuba zu gehen, sei eine viel attraktivere Vorstellung, als in den tiefen Süden zu fahren. Man bevorzugt nicht immer die mörderische Monotonie des Teufels, den man kennt. Jetzt aber waren wir auf dem Weg nach Atlanta, und wir reisten, wie komisch, unter Mr. Reeds Protektion: wir wußten, wir wurden erwartet, und unser ‹Steckbrief› war bestimmten Leuten in Atlanta bereits telefonisch durchgegeben worden. Falls etwas schiefging und wir nicht um Hilfe rufen konnten, wußten wir, daß irgend jemand etwas unternehmen würde. Dies hatte eine seltsame Wirkung: es beruhigte uns, und die Beruhigung machte gleichzeitig die Gefahr für uns real.

Wir kamen spät nach Atlanta, lange nachdem die Sonne untergegangen war, aber Mr. Reeds Skizze war eindeutig, und wir fanden ohne Schwierigkeiten zu seinen Freunden – die sofort bei den Reeds anriefen. Wir lachten viel und aßen und tranken und schliefen dann. Niemand mußte auf dem Sofa schlafen, denn die frische Farbe im frisch gestrichenen Zimmer war schon getrocknet.

Und wir brachten auch den Auftritt in Brimingham ohne die geringsten Schwierigkeiten hinter uns und trafen müde und unbeschwert am Nachmittag wieder in Atlanta ein, so daß uns noch ein paar freie Stunden blieben, ehe Arthur seinen letzten Auftritt auf dieser Tournee hatte.

Die Stadt wünschte keine ‹Zwischenfälle›: das war absolut richtig. Es war auch richtig, daß die Bürger der Stadt ziemlich verbittert waren, weil gewisse, ein wenig aufsehenerregende Folgen ihrer Sitten und Bräuche als ‹Zwischenfälle› betrachtet worden waren. Sie glaubten, daß sie ungerechterweise herausgestellt worden waren, daß sie nicht schlimmer waren als andere, nicht schlimmer als der sich einmischende Norden oder die übrige herablassende Welt: und was sie betrifft, so kann man zwar nicht sagen, daß sie recht hatten, aber man kann gewiß auch nicht sagen, daß sie unrecht hatten. Sie täuschten sich einfach über den Sachverhalt, und der war, daß man ihnen beigebracht hatte, Unbehagen zu empfinden wegen etwas, was für sie Realität war. Dieses Unbehagen hätte ihnen im Prinzip die ungeheure Chance bieten können, einmal zu überprüfen, was sie für die Realität hielten, und es hätte dazu beitragen können, sie von ihren Würg- und Kastrationsängsten zu befreien. Aber daran hinderte sie nicht nur jene Lethargie, die von panischer Angst herrührt, sondern auch die objektive Wahrheit, daß weder die Gesinnung noch das Verständnis der Republik sich geändert hatten. Es waren lediglich die widrigen Umstände, die sie in den Vordergrund der neuesten Version unserer nationalen Travestie gestellt hatten. Die Spielregeln waren während der Nachkriegszeit aufgestellt worden: die Schwarzen sollten gewisse scheinbare Vorteile erringen, aber dann würden Süden und Norden sich vereinigen, um sie ihnen wieder wegzunehmen – oder zumindest wertlos zu machen. Die Weißen würden scheinbar größere Zugeständnisse machen – die Desegregation der Schulen zum Beispiel konnte als so ein größeres Zugeständnis aufgefaßt werden. Dann aber würde es sich als unmöglich erweisen, diese Zugeständnisse zu verwirklichen. Und das Wort ward *nicht* und wohnte *nicht* unter uns. Oder die Zugeständnisse würden umgangen werden, uns sich dadurch als nichtig zu erweisen. Das *ausgewogene Tempo*, mit dem solche Dinge eingeführt werden sollten – so erkennen wir heute, nach vierundzwanzig Jahren –, war wohl abgestimmt auf die Zeit, die man brauchte, um die Nigger zu übertölpeln, in Zaum zu halten und zu demoralisieren.

Peanut und Arthur führten mich herum, durch einige der Straßen, durch die sie damals vor Jahren gegangen waren, manchmal lachend, manchmal jäh verstummend, weit weg von mir und voneinander. Sie zeigten mir das Hotel, wo sie gewohnt hatten, die Grillbude gleich daneben und den Billardsalon an der Ecke – alles war noch da, wie früher, hatte sich anscheinend, wie sie sagten, überhaupt nicht verändert. Aber die Art, wie sie das sagten, verriet ihre erstaunte und sogar etwas erschrockene Befürchtung, daß *sie* sich verändert hatten; und vielleicht war diese Veränderung, die Veränderung in ihnen selbst, die einzige Veränderung, deren sie ganz sicher sein konnten. Wir liefen, alle drei nebeneinander, durch die Straßen, die bleigrau von weißen Gesichtern waren, vorbei an Geschäften, von denen wir nicht wußten, ob wir sie hätten betreten dürfen, an Restaurants, die uns noch nicht offenstanden – liefen durch die Vorhölle unserer Landsleute.

Wir gingen in eine Bar, nicht weit von unserer Unterkunft, eine freundliche schwarze Bar, warm wie ein Ofen, eine Zuflucht vor den bleigrauen Straßen. Wir hatten noch eine gute Stunde Zeit, bevor wir uns anziehen und zur Kirche fahren mußten. Unsere Gastgeber hatten ein paar Leute eingeladen, die vor der Versammlung einen Drink mit uns nehmen wollten, und obwohl dies ganz angenehm und hoffentlich auch informativ zu werden versprach, würde es uns auch eine gewisse Schauspielerei abverlangen. Wir beschlossen also, uns ein paar heimliche Drinks zu genehmigen, bevor wir den kommenden Dingen ins Auge blickten.

Das Lokal war nicht sehr voll. Wir setzten uns an die Bar. Peanut schlenderte davon, um die Jukebox in Gang zu setzen.

«Wie fühlst du dich, Bruder?» fragte Arthur. «Froh, daß du hergekommen bist?»

«Langweilig ist es mir nicht, das kann ich dir sagen. Yeah. Ich bin froh, daß ich hergekommen bin. Und du?»

Er blickte zum Barkeeper hinüber, der sich am anderen Ende der Bar zu schaffen machte, blickte zu Peanut an der Jukebox hinüber. «Yeah. Es ist anstrengend, und es ist sogar ... *geheimnisvoll* ... aber ich bin froh, daß wir gekommen sind.» Dann: «Es war gut für Peanut ... eine Art ... läuternde Krise.» Der Barkeeper kam zu uns herüber, und wir bestellten. «Ich bin froh, daß wir hergekommen sind, denn ... wäre ich nicht noch einmal hierhergekommen, dann wäre mir vielleicht nie ... tief innen, verstehst du ... klargeworden, wie wichtig diese erste Reise damals für uns war.» Er schwieg eine Weile. Der Barkeeper brachte uns unsere Drinks, und ich bezahlte. «Ich dachte, ich hätte einen Grund gehabt zu kommen, und das ist wahr, aber ... ich hatte beinah vergessen, daß ich schon einmal hier war. Jetzt, wo ich wieder hier bin, weiß ich, warum ich es beinah vergessen zu haben glaubte.» Er hob sein Glas. «Cheers.»

«Cheers.»

Ein kräftiger dunkelhäutiger Bursche mit roter Wollmütze verstellte Peanut bei der Jukebox den Weg. Ich konnte natürlich nicht hören, was er sagte, aber aus Peanuts Reglosigkeit und aus der leeren, vorsichtigen Verschlossenheit seines Gesichts schloß ich, daß er sehnlichst von dort weg wollte.

Im nächsten Moment konnte er sich befreien und kam zu uns zurück – mit einem seltsamen halben Lächeln im Gesicht. Er setzte sich auf den Barhocker und griff nach seinem Drink, hob kurz das Glas und trank.

Dann sagte er: «Seht jetzt nicht hin, aber der Kerl bei der Jukebox erzählte mir eben, daß der Clan gestern abend draußen vor der Stadt eine Riesenversammlung abgehalten und die Leute aufgehetzt hat, etwas gegen die Nigger zu unternehmen, bevor es zu spät ist.»

«Das ist nichts Neues», sagte Arthur. «Wozu erzählt er dir das?»

«Ich hatte schon das Gefühl, daß der den Clan nachts unter seinem Bett sieht, aber –» er lachte – «er sagt, daß sie wahrscheinlich *heute abend* anfangen werden, in den Straßen von Atlanta.» Er sah auf die Straße hinaus. «Könnten jeden Augenblick um die Ekke kommen.»

«Wer hat ihm das alles erzählt?» fragte ich.

«Irgendwelche Nigger, die sie gehört und gesehen haben, nehme ich an. Er erzählte mir, die Nigger wissen alles, was da vorgeht, Mann.»

«Na», sagte Arthur, «falls das stimmt, werden sie uns wahrscheinlich in der Kirche suchen.» Wir lachten. «Also brauchen wir uns eigentlich keine Sorgen zu machen.»

Es war bedrückend, sich vorzustellen, wie viele Clanversammlungen es hier in der Gegend gegeben hatte; bedrückend, sich die beabsichtigten Folgen dieser Treffen zu denken. Ich hatte noch nie darüber nachgedacht, aber jetzt fragte ich mich: Wie hatten die *Weißen* das ausgehalten? Wie hielten sie es aus. Denn einerlei, ob am Abend zuvor eine Clanversammlung draußen vor der Stadt stattgefunden hatte oder nicht, stand doch fest, daß der Clan sich jetzt überall im Süden wieder versammelte, um Furcht und Schrekken in die Herzen der Nigger zu senken und diejenigen, die sich nicht erschrecken ließen, zu ermorden. Und nicht nur der Clan, auch die White Citizens Councils und die John Birch Society und Volksvertreter, die so mächtig waren, daß sie nicht belangt werden konnten, wie zum Beispiel Senator Eastland. Die Weißen hatten dieses Gemetzel seit Generationen begrüßt und hingenommen, und sie schienen mehr als gewillt, es noch Generationen lang fortzusetzen. Es war, wenn man darüber nachdachte, so unheimlich und furchtbar wie die Bilder von Büßern, die heulend durch die Straßen oder durch die Wildnis zogen und sich mit Peitschen geißelten oder mit Dornen zerkratzten – wie tief, wie erbarmungslos mußten sie sich verachten!

Peanuts neuer Freund blickte ab und zu in unsere Richtung, aber er kam nicht zu uns herüber. Es stimmt wohl, daß Peanut ihn nicht gerade ermutigte, aber vielleicht hatte er auch das Gefühl, seine Pflicht getan zu haben.

Ich erinnere mich, daß die Jukebox an diesem Nachmittag immer wieder *Don't Let the Sun Catch You Crying* spielte, und Ray Charles' Stimme schallte uns aus anderen Jukeboxen an der Straße entgegen, als wir zu unserer Unterkunft zurückgingen. Nicht weit vom Haus entfernt sahen wir drei weiße Männer, zwei auf der anderen Straßenseite, einer auf unserer Seite, die uns entgegenkamen. Sie waren salopp gekleidet, sahen nicht irgendwie amtlich aus, waren auch noch nicht alt – Männer so um die Vierzig. Der Mann auf unserer Straßenseite hatte schmutzigblonde Haare, kräftige Lippen und engstehende blaue Augen. Er trug eine braune Lederjacke, Khakihose und ausgetretene braune Halbschuhe. Die anderen beiden registrierte ich nicht so deutlich, da ich nicht in ihre Richtung blickte. Ich hatte das ganz komische Gefühl, daß wir sie überrascht hatten, ihnen irgendeinen Strich durch die Rechnung gemacht hatten, daß sie nicht damit gerechnet hatten, uns zu dieser Stunde hier zu sehen. Unser Wagen stand auf der anderen Straßenseite, und die beiden Männer entfernten sich von dort. Der eine war groß und kräftig, nicht fett, aber massig wie ein Stier, mit schwarzem, leicht angegrautem Haar. Er trug einen marineblauen Nadelstreifenanzug, der ihm ein bißchen zu eng war, hatte einen breiten, dünnlippigen Mund und Augen, die an die Augen eines Nagetiers erinnerten. Der Mann neben ihm war magerer, etwas jünger, mit schwarzem Lockenhaar und braunen Augen, er trug einen dicken grauen Pullover und eine schwarze Cordhose. Er blickte rasch die Straße hinauf und hinunter, bevor er, ein paar Schritte hinter dem kräftigen Mann, auf uns zukam.

Mir blieb nichts anderes übrig, als weiterzugehen, ihnen entgegen. Ich wagte nicht, mich umzusehen, aber Braunauge und ich waren uns augenscheinlich einig darin, daß die Straße tatsächlich menschenleer war.

«Scheiße», murmelte Peanut. «Ich schätze, der Junge hat die Wahrheit gesagt.»

Ich sagte nichts. Arthur sagte nichts.

Der Mann auf unserer Straßenseite blieb stehen, und als wir bei ihm ankamen, sagte er mit einer leisen, rauhen, musikalischen Stimme: «Ihr Burschen wart doch schon mal vor ein paar Tagen hier bei uns, oder?»

Ich sagte nichts; wir sagten nichts. Ich wußte nicht recht, was ich mit dem Wort *Bursche* anfangen sollte; auch Arthur nicht; auch Peanut nicht. Es war lächerlich von mir, gewiß, aber mir wurde plötzlich klar, daß ich der Älteste war. Ich war der Älteste, und ich hatte zudem bei der Versammlung heute abend keine Aufgabe. Wohl aber Arthur und Peanut, und darum kam es jetzt mehr denn je darauf an, daß ihnen nichts passierte.

Weiß Gott, ich wollte auch nicht, daß mir etwas passierte, aber wie es in solchen Augenblicken oft geht, blieb mir gar nicht genügend Zeit, mir um mich selbst Sorgen zu machen.

Ich sagte also: «Ja. Wir haben hier Freunde besucht. Wieso?»

Ich hatte den falschen Ton angeschlagen – nicht daß es möglich gewesen wäre, hier einen richtigen Ton zu treffen. Mein New Yorker Akzent brachte ihn in Wut, und jetzt kamen seine Freunde über die Straße.

«Seht mal. Warum bleibt ihr Nigger aus dem Norden nicht bei euch im Norden?»

«Yeah. Warum nicht?» Es war der kräftig gebaute Mann, der jetzt neben mir stand. Sein Freund stand neben Peanut.

Da waren wir nun. Die Straße war noch immer menschenleer. Jetzt trat eine Frau vor ihre Haustür und fing an zu schreien: *«Hört sofort auf, sie zu belästigen! Hört sofort auf, sie zu belästigen! Kommt her, Leute! Hilfe! Hilfe!»* Und im gleichen Moment sah ich, wie Peanut ausholte, und sah den Mann neben Peanut zu Boden gehen. Ich duckte mich unter der Faust des Mannes neben mir, ich merkte, daß Arthur am Boden lag, dann traf mich der nächste Schlag des Mannes seitlich am Kopf, und alles um mich kippte weg und wurde blutrot. Ich schlug ihn in die Magengrube – ebensogut hätte ich gegen ein Faß schlagen können, aber dann – *ich mußte Arthur vom Boden hochbringen* – sprang ich auf, vereinigte meine Fäuste zu einem Hammer und drosch, so fest ich nur konnte, auf seinen Schädel ein. Wir gingen beide zu Boden, er und ich, aber jetzt merkte ich, daß die Straße voller Füße und voller Stimmen war, und ich sah ein ängstliches Flackern in den Nagetieraugen, und Blut sickerte ihm aus der Nase. Jetzt hatte ich nur den einen Wunsch auf dieser Welt, nämlich ganze Arbeit zu tun und ihn umzubringen, und meine Hände legten sich wie von selbst um seinen Hals, und meine Daumen gruben sich in seinen Adamsapfel. Ich war entzückt über den Ausdruck seines sich verfärbenden Gesichts. Irgend jemand riß mich fort und zog mich hoch. Ich sah Arthur aufrecht stehen, er stützte sich auf Peanut, und aus seiner Lippe kam Blut. Und die Straße war voll von Schwarzen. Der Blonde war von einem Mädchen attackiert worden, die ein Einkaufsnetz voller Konserven dabei hatte, und jetzt lagen die Dosen überall am Boden verstreut, und sein Gesicht war blutverschmiert. Sechs oder sieben schwarze Männer beobachteten die drei weißen Männer, die vor allem gedemütigt aussahen. Einer der Schwarzen zog Nagetier-Auge auf die Füße, und ein anderer Schwarzer richtete eine Pistole auf ihn.

«Was macht ihr hier?» fragte er mit freundlicher, beherrschter Stimme. «Hat jemand euch hergeschickt? Habt ihr hier etwas verloren?»

Nagetier-Auge starrte ihn nur an. Entsetzt bemerkte ich, daß der Mann, der die Pistole in der Hand hielt, unser Gastgeber war.

«Antworte mir», sagte er.

Nagetier-Auge sagte noch immer nichts.

«Laßt sie laufen», sagte einer der Männer, «bevor die Geschichte sich über die ganze Stadt verbreitet.»

Denn die Straße füllte sich mit Menschen, und die Stimmung wurde immer gereizter.

«Yeah», sagte unser Gastgeber und klopfte Nagetier-Auge nicht allzu sanft mit dem Pistolenlauf gegen die Stirn. «Falls ich euch noch einmal hier in der Gegend sehe, werdet ihr etwas verlieren – euer Leben. Haut ab, verschwindet jetzt von hier», und er stieß die drei vorwärts. Nagetier-Auges Freund konnte den Blick nicht von Peanut abwenden, Peanut starrte ihn an. Dann – ohne eine andere Vorwarnung als das jähe Aufflackern von Angst in den braunen Augen: nie werde ich diesen Moment vergessen – schlug Peanut plötzlich unbeherrscht den Mann mit der flachen Hand ins Gesicht, vier-, fünf-, sechsmal, bevor er zurückgerissen wurde. Der Mann taumelte, stürzte aber nicht, und ich sah seine Augen, als er sie langsam öffnete, uns alle anstarrte, dann Peanut anstarrte. Der Schweiß auf meinem Rücken wurde langsam eiskalt. Das war kein Mensch mehr, der uns und dann Peanut anstarrte, das war auch kein Tier. Kein Tier konnte so bodenlos gedemütigt sein – und nie, niemals habe ich solchen Haß gesehen. Er stolperte zwischen seinen Freunden davon, und wir sahen ihnen nach, wie sie die Straße überquerten, in einen alten blauen Buick einstiegen und davonfuhren. Die Menge schwieg, alle wußten, daß dies nicht das Ende war.

«Gehen wir hinein», sagte unser Gastgeber, «bevor die Polizei kommt. Sie werden in einer Minute da sein, ist ein Wunder, daß sie noch nicht aufgetaucht sind.» Er sah mich an, dann Arthur, dann Peanut. «Kommt», sagte er, und jetzt klang seine Stimme sehr müde, als wäre er den Tränen nahe. Wir machten uns auf den Weg zum Haus. «Ich glaube, ich hätte sie festhalten und Anzeige gegen sie erstatten sollen. Aber das hätte mehr Wirbel verursacht, als die Sache wert ist.»

Er hatte im Grunde, auch wenn dies schwer zu schlucken ist, vollkommen recht; trotzdem wünschten wir uns später, wir hätten wenigstens ihre Namen festgestellt. Aber auch das hätte, wenn man der Wahrheit ins Gesicht sehen will, keinen Unterschied gemacht.

Wir gingen ins Haus, als eben die ersten Gäste eintrafen, und müssen wohl einen recht sonderbaren Anblick geboten haben. Peanut war soweit in Ordnung, außer daß seine Kleider ramponiert waren – ein Ärmel seiner Jacke war beinah abgerissen, und sein Hemd war zerfetzt. Mir fehlte nichts, außer daß auch meine Kleider ruiniert waren. Arthurs Lippe blutete und würde vermutlich anschwellen; er würde, dachte ich, am Abend nicht singen können. Seine Hose war durch den Sturz hinten aufgerissen, und sein Jackett taugte nur noch zum Wegwerfen.

Es gab in dem Haus zwei Badezimmer. Peanut ging in das eine, und ich ging mit Arthur in das andere.

Er drehte das kalte Wasser auf und hielt seinen Kopf unter den Hahn und wusch und wusch sein Gesicht. Ich hatte das Gefühl, daß er auch weinte, aber ich war mir nicht sicher, und ich sagte nichts. Dann trocknete er sich das Gesicht und die Haare, und ich setzte ihn auf den Toilettensitz, um seine Lippe zu untersuchen.

Der Schlag hatte seine Oberlippe gespalten. Es war nichts Ernstes, aber sicherlich schmerzhaft.

«Du wirst heute abend nicht singen können», sagte ich.

«Und ob ich heute abend singen werde, Bruder», sagte Arthur. «Darauf kannst du dich verlassen.» Er versuchte zu grinsen. Die Lippe schwoll rasch an. «Geh und hol mir etwas Eis. Ich lege mich eine halbe Stunde hin und drücke Eis darauf, dann wird's schon wieder werden.»

«Arthur, paß auf, deine Lippe kann weiter aufreißen ...»

«Gehst du jetzt und holst mir Eis? Bitte? Jetzt gleich?»

Er ging in das Schlafzimmer, das wir teilten, und ich ging in die Küche, wo unsere Gastgeberin mit ein paar von ihren Freunden herumstand – hilflos und verärgert.

«Könnte ich etwas Eis haben, bitte? Für die Lippe meines Bruders? Er will heute abend singen.»

Sie sah mich an, als ob sie mich kaum sähe, aber sie bewegte sich mechanisch zum Kühlschrank. «Ich weiß nicht, ob er heute abend singen kann. *Vielleicht* können wir heute abend das Haus gar nicht verlassen.»

Sie holte das Eis heraus und schüttelte den Kopf, wie um klarer zu sehen. Dann schaute sie mich an. Sie versuchte zu lächeln.

«Sie müssen mir verzeihen, mein Sohn, daß ich so bin. Aber wir haben hier unten eine ziemlich anstrengende Zeit durchgemacht.» Sie tat das Eis in eine Schüssel und griff nach einem sauberen Geschirrtuch. «Lassen Sie mich Ihren Bruder mal ansehen.»

Ich folgte ihr durch den Flur ins Schlafzimmer. Arthur lag ausgestreckt auf dem Bett, die Hände über den Augen.

Unsere Gastgeberin – Mrs. Elkins – setzte sich auf das Bett.

«Moment, junger Mann», sagte sie, «lassen Sie mich mal sehen.»

«Es ist nichts Ernstes», sagte Arthur. «Wenn ich eine Weile ruhig liege und Eis drauf drücke, ist bald alles in Ordnung.»

Mrs. Elkins besah sich die Lippe aufmerksam und berührte sie leicht. «Gut. Bleiben Sie liegen und drücken Sie Eis drauf, dann werden wir weitersehen.» Sie packte das Eis in ein Geschirrtuch, wickelte es fest ein und gab es Arthur, der es sich an seinen Mund hielt.

Mrs. Elkins stand auf. «Es fängt an zu tröpfeln», sagte sie. «Warten Sie, ich hole Ihnen ein Badetuch, damit das Eiswasser Ihnen nicht über Bauch und über Rücken läuft.» Und sie ging aus dem Zimmer.

«Ich glaube nicht, daß du heute abend singen kannst», sagte ich. «Mrs. Elkins meint, wir können das Haus gar nicht verlassen.»

Er sah mich mit großen Augen an. «Ist es so schlimm?»

«Schon. Ich weiß nicht. Aber sie leben hier unten – sie müssen es wissen. Und sie wirken nicht so, als ob sie sich leicht aufregen.»

Mrs. Elkins kam mit einem riesigen Handtuch zurück, das sie Arthur um Hals und Schultern legte. «So. Sie bleiben ruhig liegen. Wenn Sie etwas brauchen, rufen Sie. Wir hören Sie.»

«Danke, Mrs. Elkins. Sagen Sie mir bitte, wenn es soweit ist.»

«Sie bleiben ruhig liegen.»

Wir gesellten uns zu den anderen im Wohnzimmer.

«Nehmen Sie sich einen Drink», sagte Mr. Elkins. «Ich weiß, Sie brauchen jetzt einen.» Er wandte sich wieder Peanut zu, der am Kaminsims lehnte – grau und bebend, seine Augen sehr dunkel. «Was hat er euch gefragt?»

Peanut schaute mich an. «Ich erzähle Mr. Elkins gerade, was dieser Kerl uns fragte ... ob wir vorgestern abend in Atlanta gewesen sind.»

«Und ... sind Sie hiergewesen?» fragte Mrs. Elkins.

«Nun ... ja», sagte Peanut. «Das war's ja, warum die Frage uns so seltsam vorkam.»

Ich sagte: «Ich dachte, vielleicht haben sie uns nur zufällig gesehen – wissen Sie, Schwarze aus dem Norden sind hier unten anscheinend ziemlich auffällig, die Leute sehen einen an, als dächten sie, man hätte eine Bombe in der Tasche ... und der Wagen hat ein New Yorker Nummernschild, und überhaupt ...»

«Aber wir waren doch gar nicht hier in der Gegend», sagte Peanut, «und wir sind nicht in der Stadt herumgelaufen, wir haben niemanden besucht. Wir sind spät abends angekommen und am nächsten Tag weitergefahren.»

«Wo haben Sie übernachtet?» fragte Mr. Elkins.

Wir sagten es ihm, und Mrs. Elkins schüttelte den Kopf, und sie und ihr Mann wechselten einen raschen Blick.

«Nein», sagte Mr. Elkins. «Das ist nicht hier in der Nähe.»

«Na ja», sagte einer der Gäste, ein grauhaariger Mann mit Pfeife, «die Leute von der Bürgerwehr, die kommen weit herum.»

Das Zimmer hallte wider von einem hohlen Gelächter, das, wie ich spürte, vor allem darauf abzielte, Peanut und mich zu beruhigen.

Und gerade das war ein bißchen beängstigend.

Mr. Elkins fragte: «Die Leute, bei denen Sie waren – haben die Sie erwartet?»

«Doch.» Peanut und ich sahen uns an. Ich sagte: «Doch. Es ist so, diese Leute, bei denen wir in Richmond waren, haben Freunde hier in Atlanta, und sie machten sich Sorgen, wo wir unterkommen würden, da sie wußten, daß wir erst nach Einbruch der Dunkelheit hier eintreffen würden, deshalb riefen sie ihre Freunde in Atlanta an und vereinbarten mit ihnen, daß wir bei ihnen übernachteten!»

«Sie riefen an und gaben ihren Freunden die Nummer unseres Wagens durch und eine Beschreibung und sagten ihnen, wann ungefähr sie uns erwarten könnten», sagte Peanut. Und jetzt breitete sich Schweigen in dem Zimmer aus, und einen Augenblick lang sahen Mr. und Mrs. Elkins einander nicht an. Es waren drei Frauen und zwei Männer im Zimmer, und alle hatten sie den gleichen Gesichtsausdruck: eine matte, erbitterte Furcht und Sorge.

«Aha!» sagte Mr. Elkins am Ende fröhlich. «Das war's dann wohl.»

Peanut und ich warteten. Die anderen wußten offenbar, wovon er sprach.

«Wir können es nicht beweisen», sagte Mrs. Elkins vorsichtig, «und ich weiß, es klingt vielleicht so, als ob wir alle verrückt wären, aber viele von unseren Telefonen hier unten werden abgehört.»

«Wir stehen ganz oben auf der Liste des FBI», sagte der Mann mit der Pfeife. Er sagte es mit einem stolzen, bitteren Lächeln.

«Diese Arschlöcher», sagte Mr. Elkins. «Aber ich wette, daß es so gewesen ist.»

Ich fragte: «Was hat es für einen Sinn, Ihre Telefone abzuhören?»

«Sie wollen uns angst machen», sagte eine der Frauen. «Uns in den Wahnsinn treiben.»

«Und so konnte dieser Dreckskerl Sie belästigen», sagte Mr. Elkins. «Und er könnte euch umbringen, und jetzt, wo er unsere Adresse hat, könnte er unser Haus bombardieren!»

Das ist kaum zu glauben, wollte ich sagen, aber ich sagte nichts: *War* es denn kaum zu glauben? Ich erinnerte mich an meinen kurzen, bestimmten Eindruck, daß die Männer bei irgend etwas gestört worden waren – bei *was* gestört? Daß sie nicht damit gerechnet, nicht gewünscht hatten, uns zu sehen. Sie hatten den Zusammenstoß nicht geplant. Erst als sie uns sahen, hatten sie ihre Reflexe nicht mehr beherrschen können. So wenig wie wir hatten sie voraussehen können, daß die Frau aus der Haustür kommen und schreien würde, daß die Straße sich so schnell füllen würde. Sie konnten nicht ahnen, so wenig wie wir es ahnen konnten, daß Mr. Elkins, eine der Säulen der Kirchengemeinde und ein Apostel der Gewaltlosigkeit, trotzdem eine Pistole zur Hand hatte.

Mr. Elkins ging ans Fenster und stand dort, mit dem Rücken zu uns und schaute hinaus.

«Wenn sie überhaupt wiederkommen», sagte Mrs. Elkins, «dann kommen sie erst nach Einbruch der Dunkelheit.» Sie hatte mühsam ihre Fassung wiedergefunden, sie war sehr ruhig.

«Das ist es eben, was mich beunruhigt», sagte Mr. Elkins. Er wandte sich doch vom Fenster ab.

«Also», sagte er, «was ist mit dieser Versammlung?»

«Also», alberte Mrs. Elkins plötzlich, «was ist mit unseren *Gästen?*» Sie wandte sich an Peanut und mich. «Bei all der Aufregung habe ich, glaube ich, nicht die Geistesgegenwart gehabt, Sie mit irgend jemandem bekannt zu machen ...»

«Oh, wir haben uns schon selbst mehr oder minder bekanntgemacht», sagte eine der Frauen, die jüngste der Anwesenden. Sie hatte kupferfarbene Haut, sah wie eine Indianerin aus, hatte dunkle, schrägstehende Augen und seidiges Haar, das oben auf ihrem Kopf zu einem anmutigen Knoten geschlungen war. Sie unterstrich ihre orientalischen Züge noch durch lange Jade-Ohrringe und einen schweren, barbarisch wirkenden Bronze-Armreifen, und sie trug mehrere Ringe an ihren langen, sehr schönen Bronze-Armreifen, und sie trug mehrere Ringe an ihren langen, sehr schönen Fingern. Sie trug ein lockeres grünes Kleid und einen breiten braunen Gürtel mit einer wilden glänzenden Schnalle an ihrer schmalen Taille. «Ich bin Luana King», sagte sie, «*Miss* Luana King», und lachte. «Ich betone das immer gegenüber Feuerwehrmännern, die zu Besuch kommen in der Hoffnung, daß einer von ihnen mich hier rausträgt.»

«Ach, Sie wüßten ja gar nichts mit sich anzufangen, wenn sie nicht mehr hier wären», sagte Mr. Elkins.

«Oh», sagte Miss King und nippte an ihrem Cocktail. «Ich würde mir schon etwas einfallen lassen.»

Die beiden anderen Frauen waren Mrs. Rice und Mrs. Graves. Mrs. Rice war ziemlich dunkel und, wie man so sagt, kräftig gebaut, mit einem angenehmen, irgendwie eingedrückten Gesicht und sehr leuchtenden, intelligenten dunklen Augen. Sie war dunkelblau gekleidet, trug einen Ehering und eine silberne Brosche und winkte Peanut und mir freundlich mit der Hand. Mrs. Graves war dünn und dunkelhäutig, sie wirkte irgendwie enttäuscht und ‹kam›, wie sie sich ausdrückte, als wären sie zwei Pakete, ‹mit Mr. Graves›, dem grauhaarigen Mann mit der Pfeife. «Tut mir leid, was Ihrem Bruder passiert ist», sagte sie. «Wird er heute abend singen können?»

«Er sagt ja», sagte ich. «Aber ich sage nein.»

Sie lächelte. «Ach. Manche von uns können so eigensinnig sein.»

«Ja», sagte Mr. Elkins. «Na, was ist nun mit der Versammlung?»

«Herb», sagte Mrs. Elkins, «einer von uns *muß* hingehen.»

«Ja, ja. Und was ist mit dem Haus?»

«Herb, ich halte es für sinnlos, wenn du die ganze Nacht allein mit dem Gewehr in diesem dunklen Haus sitzt. Und *ein* Gewehr genügt nicht, vergiß das nicht, sie kommen niemals einzeln.»

«Also, was wollen wir machen?»

«Ich glaube, wir sollten alles so machen, wie wir es vorhatten. Sister Beulah von gegenüber ... die Frau, die so laut geschrien hat», erklärte sie Peanut und mir, «kann ja das Haus im Auge behalten und die Polizei anrufen, falls sie irgend etwas Ungewöhnliches bemerkt.»

Mr. Elkins lutschte an seinen Zähnen. «Die Polizei anrufen!»

«Ja. Und *wir* sollten die Polizei anrufen, trotz allem, und Meldung erstatten, was heute nachmittag passiert ist, nur damit es in den Akten steht.»

«Ja. Das werde ich mal gleich machen, wissen Sie», sagte er zu Mr. Graves, «wir werden, wie wir es besprochen haben, Vorkehrungen treffen und gegenseitig unsere Häuser bewachen. Jemand anders tut es nicht für uns, das können Sie mir glauben.» Er schickte sich an, aus dem Zimmer zu gehen. «Bin in einer Minute zurück», rief er über die Schulter, und wir hörten ihn die Treppe hinaufgehen.

Schweigen breitete sich im Zimmer aus, ein erschöpftes Schweigen. Es war auch das Schweigen von Menschen, die mehr auf der Seele haben, als sie aussprechen können oder als sie auszusprechen wünschen oder wagen.

Peanut hatte sich nicht vom Kamin fortbewegt. Schließlich ging ich doch noch zu den Flaschen hinüber und goß mir einen Drink ein. Dann ging ich zu Peanut.

«Was werden wir tun?» fragte er.

«Ich weiß nicht. Ich weiß wirklich nicht, ob Arthur singen kann.»

«Nun, wenn er nicht singen kann ... haben wir eigentlich keinen Grund, länger hierzubleiben.»

«Möchtest du heute abend fahren?»

Wir sahen uns an.

«Ja – verdammt, ich weiß es nicht. Ich glaube, ich werde verrückt.» Er kippte seinen Drink hinunter, und wir sahen uns an. «Ich wollte heute nachmittag einen Mord begehen. Ich meine, ich wollte wirklich *töten*. Das bin nicht mehr *ich*.»

«Ja», sagte Peanut endlich und holte tief Luft, «vielleicht sollten wir gehen und nach Arthur sehen. Dann können wir ja entscheiden, was wir tun.»

«Ich bin mir nicht sicher», sagte ich, «ob unsere Gastgeber uns erlauben werden, in der Nacht aufzubrechen und durch Georgia zu fahren. Und sie könnten recht haben.»

«Daran hab ich auch schon gedacht», sagte Peanut. «Komm. Laß uns nach Arthur sehen.»

«Entschuldigen Sie uns», sagte ich zu den anderen – sie saßen um Mrs. Elkins herum und sprachen mit leisen Stimmen –, «wir wollen mal nach meinem Bruder sehen.»

Wir gingen durch den langen Flur zum Schlafzimmer. Arthur lag auf dem Rücken, die Augen geschlossen, den Eisbeutel auf den Mund gepreßt. Wir blickten zu ihm hinunter und wußten nicht, ob er schlief oder nicht. Gerade als ich mich über ihn beugte und den Eisbeutel nehmen wollte, damit ich seine Lippe sehen konnte, schlug er die Augen auf.

«He. Ist es soweit?»

«Ich weiß nicht. Wie fühlst du dich?»

Er hatte mir den Eisbeutel in die Hand gedrückt. Jetzt befühlte er seine Oberlippe behutsam mit der Zunge.

«Wie sieht es aus?»

«Ein bißchen besser. Ist aber immer noch geschwollen.»

«Mach Licht an.»

Peanut machte Licht, und Arthur taumelte zum Spiegel über dem Frisiertisch. Er betrachtete sich. Die Schwellung war erheblich zurückgegangen, aber noch immer sichtbar, und Arthur sah damit aus wie ein frühreifer, dekadenter jugendlicher Delinquent. Er lächelte, zuckte zurück, zwang sich noch einmal zu lächeln.

«Ich finde, du solltest es nicht erzwingen, Mann», sagte Peanut.

«Vielleicht komme ich summend über die Runden», sagte Arthur. «Also wirklich, wenn einer von euch mir einen Drink bringt, werde ich mich so gut wie neu fühlen.»

«Okay», sagte ich. Ich stellte mein Glas auf den Nachttisch und ging ins Wohnzimmer.

«Wie fühlt er sich?» fragte Mrs. Elkins.

Ich grinste. «Er sagt, er braucht einen Drink.»

«Ich will mal gehen und mir den Jungen ansehen.» Sie erhob sich. «Entschuldigen Sie mich eine Minute», sagte sie zu den anderen Gästen. Ich schenkte Arthur einen kräftigen Wodka on the Rocks ein, und Mrs. Elkins und ich gingen ins Schlafzimmer.

Arthur lachte gerade, wenn auch mit einiger Mühe, über irgend etwas, was Peanut gesagt hatte, und Mrs. Elkins ging zu ihm hin, packte ihn entschlossen am Kinn und untersuchte seine Oberlippe.

«Schon bißchen besser», sagte sie. «Aber wenn Sie mit einer solchen Lippe singen wollen, wird sie wahrscheinlich weit aufplatzen.»

«Nein, wird sie nicht. Ich werde ruhige Lieder singen.»

«Da haben Sie noch einen weiten Weg», sagte sie, «bis *Sie* anfangen, ruhige Lieder zu singen ... machen Sie den Mund auf ... weiter ... tut das weh?»

«Ein bißchen. Aber ich glaube, es wird schon gehen.»

«Morgen wird es wahrscheinlich schlimmer werden, fürchte ich. Aber ... meinetwegen. Ich werde den Leuten erklären, daß Sie nur ein paar *ruhige* Lieder singen können. Und dann kommen Sie wieder hierher und legen noch etwas Eis auf die Lippe, und dann gehen Sie sofort ins Bett, hören Sie?»

«Ja, Ma'am», sagte Arthur. «Kann ich jetzt meinen Drink haben?»

Mrs. Elkins nahm mir das Glas ab und gab es Arthur. «Hier. Und jetzt machen Sie sich mal hübsch und kommen Sie und sagen Sie den Leuten guten Tag, und dann machen wir uns auf den Weg.»

«Okay», sagte Arthur. «Danke, Mrs. Elkins.»

«Nichts zu danken. Machen Sie sich nur fertig», und sie eilte auf den Flur hinaus.

Wir hatten mehr oder minder damit gerechnet, daß die Polizei ins Haus käme, aber sie war noch nicht da, als wir aufbrechen wollten. Wir wußten nicht, ob wir dies als gutes oder als schlechtes Zeichen deuten sollten: als gutes Zeichen, falls es bedeutete, daß sie von der Sache gar nichts wußte; als schlechtes Zeichen, falls es bedeutete, daß sie bereits alles wußte und andere Pläne ausheckte. Wir waren spät dran – von der Kirche waren bereits zwei besorgte Anrufe gekommen – und so wurde beschlossen, daß Mr. Elkins, Peanut, Arthur und ich am nächsten Morgen aufs Polizeirevier gehen sollten, um den bemerkenswerten Besuch der drei weißen Männer aktenkundig zu machen. Es würde keinerlei Folgen haben, das wußten wir, aber es war doch das beste, diesen Überfall den Hütern des öffentlichen Friedens amtlich zur Kenntnis zu bringen.

Wir fuhren zur Kirche. Diese Kirche hat mich so sehr in meinen Träumen verfolgt, so oft und so lange, daß ich schon seit Jahren, wenn ich sie zu beschreiben versuche, nicht mehr weiß, ob ich die Realität oder den Traum beschreibe. Ich kannte Atlanta damals nicht, und eigentlich kenne ich es auch heute nicht, und ich habe nie den Wunsch verspürt oder den Versuch gemacht, an den Ort zurückzukehren, wo wir uns an diesem Abend befanden. Mir scheint, die Kirche muß am Stadtrand von Atlanta gelegen haben, denn ich erinnere mich an eine sehr ländliche Umgebung, keine Spur von Bürgersteigen, Asphalt, Verkehrsampeln, vom Lärm und der Hast der City. Aber dies ist vielleicht nur die optische Täuschung eines geborenen New Yorkers, eines Geschöpfes, dem alle anderen Städte zwangsläufig ein wenig ländlich erscheinen. Ich glaube, daß es in der Nähe eine Brücke gab, eine Eisenbahnbrükke, aber ich bin mir nicht sicher. Die Kirche war grell beleuchtet: Die Lichter badeten die breiten Stufen vor der Kirche und schwappten über den Rasen, sie trafen die geparkten Autos, und die Leute, die die Treppe hinaufgingen oder auf dem Kirchenvorplatz herumstanden, sie weißten die Gesichter der weißen Polizisten, die auf ihren Motorrädern hockten oder an ihren Wagen lehnten, sie verliehen ihren Koppelriemen und den Griffen ihrer Pistolen einen dumpfen Schimmer. Wir näherten uns langsam und vorsichtig der Kirche, rollten langsam an den Motorradfahrern und den Streifenwagen vorbei, wichen den Menschen aus, die auf der Straße gingen. Lichter huschten über unsere Gesichter: die Scheinwerfer eines anderen Autos, ein Blitzlicht, die Lichter der Kirche. Wir krochen die Straße entlang: unmöglich, in der Nähe der Kirche zu parken. Wir krochen am Friedhof vorbei, überquerten die zur Kirche führende Straße und parkten, zusammen mit vielen anderen Autos, auf einem offenen Feld.

Wir fuhren in zwei Wagen. Mr. Elkins und seine Frau, Peanut,

Arthur und ich waren im ersten Wagen, und Mr. und Mrs. Graves, Mrs. Rice und Miss King folgten dicht hinter uns.

Mr. Elkins stoppte den Wagen, schaltete die Scheinwerfer und den Motor aus und fuhr sich mit einem riesigen roten Taschentuch über das Gesicht. Mr. Graves parkte neben uns, und wir stiegen alle aus, in eine überraschend milde südliche Luft. Der Himmel war von einem elektrischen Blauschwarz, die Sterne hingen niedrig. Die Bäume waren große, massige Silhouetten am Rand des Feldes neben der Straße, sie schienen die Finsternis zurückzudämmen, wirkten wie ein Bollwerk gegen sie.

Wir gingen, immer zwei nebeneinander, die Straße hinunter zur Kirche. Peanut ging mit Miss King vor mir, Mr. und Mrs. Elkins gingen unmittelbar hinter mir, und ich konnte undeutlich Arthur hören, der mit der kräftig gebauten Mrs. Rice sprach. Ich konnte ihn nicht sehen, denn er war hinter mir, aber ich konnte auch Peanut kaum sehen, der nur ein paar Schritte vor mir ging – die südliche Dunkelheit ist überraschend schnell und tief.

Ich blickte geradeaus, aber ich nahm die weißen Gesichter wahr, die uns beobachteten, das leise Gemurmel, das wir auslösten, dann und wann ein aufsässiges Lachen. Die Luft wurde, als wir uns der Kirche näherten, fast zu dick zum Atmen. Meine Brust schmerzte ein wenig; meine Achselhöhlen, meine Handflächen, meine Stirn und die Innenseite meiner Schenkel waren feucht vor Schweiß. Die Gesichter vom Nachmittag kehrten wieder, und ich sah Arthur am Boden vor uns, und Nagetier-Auge und mich und meine Hände um seinen Hals. Ich dachte an Peanuts Gesicht, wie er sagte, *ich wollte töten. Das bin nicht ich*. Ich dachte: *Das bin ich auch nicht*. Aber tief innen zitterte ich. Musik wogte, Welle um Welle, aus der Kirche, und ich versuchte, mich taufend, in sie einzutauchen. Ich kannte das Lied nicht, das sie sangen, konnte die Worte nicht verstehen, doch die Gewalt des Rhythmus begann die Gewalt in meinem Herzen zu besänftigen.

Wir überquerten den Rasen und stiegen die Stufen zur Kirche hinauf. Die Leute auf den Stufen begrüßten uns mit einem Lächeln, mit scherzenden Ermahnungen wegen unserer Verspätung; sie lauschten ernst, mit aufmerksamem Staunen Mr. Elkins' lakonischem Bericht über die Gründe unserer Verspätung; sie kamen überein, sich am anderen Morgen zusammenzusetzen und die Angelegenheit gründlich zu besprechen. Wir betraten die Kirche, Mr. und Mrs. Elkins gingen voran. Und genau wie Mr. Reed in Richmond stellte Mr. Elkins sich zu den anderen Männern an die Wand. Mrs. Elkins fand einen Platz für mich in der ersten Reihe und nahm Arthur und Peanut mit, um sie auf Klappstühlen neben der Kanzel unterzubringen. Dann verschwand sie hinter der Kanzel aus meinem Blickfeld.

Meine Erinnerung an diesen Abend ist chaotisch, kaleidoskopisch, verschwommen und klar zugleich. Ich erinnere mich, wie ich Peanut und Arthur anschaute, die hintereinander saßen, mir gegenüber, direkt in meiner Blickrichtung. Peanut saß hinter Arthur, er beugte sich von Zeit zu Zeit vor, um ihm etwas ins Ohr zu flüstern, oder Arthur lehnte sich zurück – sie lächelten ständig, waren aber sehr aufmerksam. Arthurs noch leicht geschwollene Lippe betonte den boshaft verschmitzten Ausdruck seines Gesichts – von Zeit zu Zeit schnitt ich ihnen Grimassen, versuchte sie in Verlegenheit zu bringen, indem ich sie zum Lachen brachte, aber sie blieben ungerührt und würdig.

Mehrere Redner sprachen, kurz, in gedämpftem Ton, eindringlich befaßten sie sich mit den verschiedenen Aspekten der Probleme und der Möglichkeiten dieser schwarzen Gemeinde: Es war nicht ihre Schuld, wenn die Genauigkeit verlangte, die ersteren in den Vordergrund zu stellen. Aber sie stellten auch die letzteren dar, wenn auch nur, indem sie betonten, daß Gegenwart und Zukunft der Schwarzen in schwarze Hände genommen werden müßten. Wenn dahinter auch erbarmungslos die Frage *Wie?* erschallte, so war es doch nicht verkehrt, wenn sie uns daran erinnerten, daß auch die längste Reise mit einem einzigen Schritt beginnt. Und jeder schwarze Mensch hier konnte dies beweisen, konnte es an sich selbst beweisen, wenn er einen weiten Blick zurück tat. Der Mut ist eine seltsame, vielfältige Kraft, und wirklicher Mut ist immer mit dem unerschütterlichen Glauben verbündet, der einen zwingt, hinter den äußeren Anschein der Dinge zum Wesen vorzustoßen, zur treibenden Kraft, zum Schlüssel, zur Nabe in der Mitte des Rads.

Mrs. Elkins hielt Wort und verkündete, daß ‹unserem Gastsänger› ein kleiner Unfall zugestoßen sei und daß sie ihm verboten habe, mehr als ein oder zwei ‹ruhige› Lieder zu singen. «Aber wir werden ihn wieder zu uns holen», versprach sie, «sobald seine Wunden geheilt sind!» Die Gemeinde bekundetee lautstark ihre Zustimmung, und dann stellte Mrs. Elkins «Mr. Arthur Montana» vor, «am Klavier begleitet von Mr. Alexander T. Brown». Und Arthur und Peanut nahmen ihre Plätze ein.

Arthur trat vor, entfernte sich einen Schritt vom Klavier und sagte: «Es tut mir wirklich leid, mit dem Unfall. Wenn Sie mich besser kennen würden, dann wüßten Sie, daß ich nicht immer ganz so aussehe wie jetzt. Ich habe eine leichte Verletzung an der Oberlippe, sie ist ein wenig geschwollen.» Er lächelte und schnitt eine Grimasse, und die Gemeinde bekundete murmelnd ihr Mitgefühl. «Darum, wenn ich zum Refrain komme, möchte ich, daß ihr guten Leute mir helft und mitsingt, mir helft, das Lied zu singen.» Er machte eine Pause und lächelte. «Ich weiß, ihr alle kennt es ... es ist ein sehr altes, ruhiges Lied.»

Er trat zurück, Peanut griff in die Tasten, und Arthur sang:

Geht und verbreitet die Nachricht ...

Ein gedämpftes, begeistertes Tosen erhob sich aus der Gemeinde, und einige begannen zu summen. Es war ein Lied, das ich seit Jahren nicht mehr gehört hatte.

Geht hin an jeden Ort,
Verkündiget sein Wort,
Auf daß die Herzen allezeit
Dich preisen, Herr, in Freud und Leid!
Daß jede Zunge dir
Voll Freude jubilier:
Der Tröster ist allhier!

Er hielt inne und hob die Hände, eine einladende Gebärde, und die Stimmen der Gemeinde schwollen an –

Der Tröster ist allhier,
Der Tröster ist allhier!
Vom Heil'gen Geist ernannt,
Vom Vater uns gesandt.
Verkündiget sein Wort,
Geht hin

An jeden Ort:
Der Tröster
ist allhier!

Er trat zurück und verbeugte sich, und uralte Segenswünsche, älter noch als das Lied, ergossen sich über ihn. Ich beobachtete ihn, und ich lauschte den Leuten, besonders den Alten, und ich beobachtete die Gesichter der Alten, und ich beobachtete die Gesichter der Jungen. Wer wagte da zu behaupten, daß es keinen Tröster gab? Es gab ihn, auch heute abend, in Georgia, trotz allem, was in den nächsten fünf Minuten geschah.

In den nächsten fünf Minuten verloren wir Peanut.

Dichtes Gedränge herrschte, ein freundliches Durcheinander, als wir auf die Kirchentür zuschritten. Ich wurde Leuten vorgestellt, schüttelte Hände, ich spürte Arthurs Nähe. Dann standen wir auf den Stufen vor der Kirche, Leute brachen auf, eilten rasch zu ihren Autos. Die Autofahrer und die Motorradfahrer beobachteten uns schweigend und böse – sie waren alle noch da, als wir aus der Kirche kamen, nicht einer war abgefahren: jedenfalls soviel wir sehen konnten. Wir standen auf den Stufen – wir: Wir waren in diesem Augenblick Mr. und Mrs. Elkins, Arthur, Mrs. Graves, die gerade Mrs. Elkins ein letztes Good-bye zurief und eine Verabredung später in der Woche traf, und ich sagte etwas künstlich gute Nacht zu Miss King und dachte an morgen und an den Gang zum Polizeirevier und wie wir dann von hier aufbrechen würden. Miss King und Mrs. Graves wandten sich ab und gingen die Stufen hinunter in die Dunkelheit, und dann sagte Mrs. Elkins: «Wo ist eigentlich Mr. Brown?»

Es waren noch immer viele Menschen in der Kirche, und wir nahmen an, daß er irgendwo hinter uns war. Arthur sagte: «Er hat sich vor ein paar Minuten von mir getrennt, um auf die Toilette zu gehen.» Wir dachten uns noch nichts dabei. Ich ging zurück in die Kirche und sah mich um, aber da drinnen war kein Peanut. Ich kam wieder heraus und fragte: «Wo ist die Toilette? Ich würde gern selbst einmal nachsehen.»

«Es ist nur ein Plumpsklo», sagte Mr. Elkins. «Gleich dort herum.» Er deutete in die Dunkelheit links von der Kirche. Und da stieg zum erstenmal und ohne Vorwarnung eine von Angst herrührende Übelkeit in mir auf, denn ich sah nur ganz schwach die Umrisse eines Gebäudes in der Finsternis. Und dann, blitzartig, als hätte ich ihm meine Ahnung vermittelt, starrte Mr. Elkins in die Dunkelheit zu dem Häuschen hinüber, als hätte er es noch nie vorher gesehen. Und ohne ein Wort rannten er und Arthur und ich los. Ich betete, die Tür möge von innen verschlossen sein.

Aber sie war es nicht. Arthur kam als erster an und riß die Tür auf und schrie: *«Peanut! Hey, Peanut!»*

Keine Antwort. Das Häuschen war leer. Auf einem Brett über der Latrine stand eine schwach brennende Petroleumlampe, und ich griff sinnloserweise nach ihr und suchte das Häuschen ab. Ja, es war leer. Ich hielt die Lampe sogar über das tiefe, stinkende Loch.

«Sieh», sagte Arthur. Sein Gesicht war völlig blutleer, seine Augen waren schwarz, seine Lippen schienen ausgedörrt, seine Stimme war rauh wie Sand.

Er zeigte auf den Boden. Ich bückte mich und hob das grüne Notizbuch mit der gelben Metallklammer auf. Ich wußte sofort, daß es Peanuts war, aber ich öffnete es trotzdem und schaute auf seinen Namen, geschrieben in seiner etwas verschnörkelten Handschrift, einer Handschrift, die gekünstelter und beherrschter war, als man es von Peanut angenommen hätte: *Alexander Theophilus Brown*. Und seine Washingtoner Adresse und die Adresse von Reds Mutter in New York.

Ich blickte zu Arthur und Mr. Elkins auf.

«Er war hier», sagte ich. Ich weiß nicht, warum ich es sagte.

«Ja», sagte Mr. Elkins. «Er war hier.»

Sein Gesicht war – unbeschreiblich: So mag ein Mann aussehen, der eingeklemmt unter einem schweren Felsbrocken liegt.

Ich weiß noch, niemand sagte etwas. Von weit her hörten wir menschliche Stimmen.

Mr. Elkins ging zur Tür des Aborts und lehnte sich einen Augenblick dagegen. Arthur rannte an ihm vorbei in die Dunkelheit hinaus und schrie aus vollen Lungen: *Peanut! Peanut!* Ich verließ den Abort, die Petroleumlampe noch immer in der Hand, und blickte in die Richtung, in die Arthur gelaufen war – ich sah ihn nicht mehr. Im nächsten Moment brüllte ich: «Arthur! Komm zurück! Komm zurück!»

Der Klang unserer Stimmen fing an, den Klang der anderen Stimmen zu verändern: Sie reagierten auf den alarmierten, erschrockenen Ton, und einige kamen auf uns zu. Ich war mir plötzlich sicher, daß auch Arthur von der Nacht verschlungen war, und ich schrie seinen Namen immer wieder und wieder, bis ich sah, wie er auf mich zugesprungen kam. Er sah mir ins Gesicht und legte seine Hand auf meinen Arm. Wir zitterten beide.

Von der Klotür her fragte Mr. Elkins: «Wie lange war er schon fort, als ihr sein Fehlen bemerkt habt?»

«Ich weiß nicht», sagte Arthur. «Nicht lange – fünf Minuten vielleicht, nicht mehr als zehn.»

«Sagte er nur, daß er auf die Toilette wollte?»

«Ja, Sir.» Dann, nach einer Weile: «Natürlich wußte er nicht, *wo* die Toilette war.»

Mr. Elkins seufzte einen mächtigen Seufzer und entfernte sich von der Tür. «Es scheint, andere wußten es.» Er sagte nichts. Ich spürte, wie er gegen sich selbst ankämpfte, gegen sein Entsetzen, seine Überraschung, seinen Schmerz, wie er kämpfte, um einen Halt zu finden, damit er anfangen konnte zu handeln. «Sie können unmöglich hier auf ihn gewartet haben – sie müssen also gesehen haben, wie er hier reinging.» Er spähte hilflos in der Finsternis umher, die uns umgab. «Und wir hatten gerade das Geld für eine Toilette innerhalb der Kirche beisammen.»

Ich blickte auf. Wir waren von Menschen umringt – von schwarzen Menschen. Sie starrten uns an, mit einem ernsten, erschrockenen, feierlichen Mitgefühl, nicht bereit, die Frage zu stellen – die Antwort würde sie im Schlaf verfolgen, sie würde viele Tage und Nächte lang den Schlaf unmöglich machen.

Mrs. Elkins fragte: «Was ist passiert, Herb? Wo ist Mr. Brown?»

«Wir wissen es nicht», sagte Mr. Elkins.

Ich sagte: «Wir haben sein Notizbuch im Klo gefunden.» Und ich hielt es hoch, wie um etwas zu beweisen – ich weiß nicht warum.

«Sehen wir noch einmal in der Kirche nach», sagte sie.

Ich sagte: «Das habe ich schon getan.»

Die Stimme eines Mannes sagte: «Es ist niemand mehr in der Kirche, Schwester. Die Kirche ist leer. Ich glaube, sie ist schon abgeschlossen.»

Wie um dies zu beweisen, gingen jetzt die Lichter in der Kirche aus. Ein grelles, triumphierendes, aufsässiges Lachen schallte von den Autofahrern und Motorradfahrern herüber. Sie waren im Begriff aufzubrechen.

Mrs. Elkins blickte zu ihnen hinüber, und ihr Gesicht drückte tiefe Bitterkeit aus.

«Es wird nichts nützen, aber wir wollen sie trotzdem fragen», sagte sie, und wir überquerten die Straße. Mr. Elkins ging voran.

Wir blieben vor dem ersten Gardisten stehen, den wir sahen. Er stand mit verschränkten Armen da, lächelnd, Kaugummi kauend.

Seine Kameraden, die in einiger Entfernung standen, unterbrachen irgend etwas, womit sie gerade beschäftigt waren, und horchten – immer wieder klang gedämpftes Lachen auf, und zwischendurch jenes schrille, aufsässige wiehernde Gelächter.

«Officer», sagte Mr. Elkins, «wir vermissen einen von unseren Freunden, und wir wollten fragen, ob Sie ihn vielleicht gesehen haben.» Und er gab eine, unter diesen abscheulichen Umständen, sehr genaue Beschreibung von Peanut, während der Gardist die ganze Zeit Kaugummi kauend lächelte.

«Nein. Kann nicht sagen, daß ich jemanden gesehen hätte, auf den diese Beschreibung zutrifft.»

Gelächter, Geflüster im Hintergrund, eine Art Lüsternheit hing in der Luft.

Der Gardist sah ihn grinsend an und leckte sich die Lippen.

«Ich kann Ihnen nur sagen, vielleicht hat er attraktivere Gesellschaft gefunden ... passiert alle Tage mit diesen jungen Negerböcken. Gehen Sie nach Hause, morgen früh wird er wieder aufkreuzen, mehr tot als lebendig, und wahrscheinlich wird er sich zwei, drei Tage nicht recht bewegen können.»

Er lachte, und seine Kameraden lachten mit.

Ich stand neben Mr. Elkins, und ich spürte sein Zittern, wie ich mein eigenes Zittern spürte. Es war nicht Furcht, und wenn es Furcht war, war es die Furcht vor dem Wahnsinn – die Furcht, sich plötzlich in etwas zu verwandeln, das so vernichtend war wie ein Erdbeben, so verheerend wie eine Pestilenz. Was hätte ich alles darum gegeben, wenn es mir in diesem Moment möglich gewesen wäre, diese leuchtend blauen Augen mit rotglühenden Nadeln zu durchbohren, diese Nasenlöcher mit kochendem Teer zu verstopfen, Beton in sein Arschloch zu gießen, ihm den Schwanz an der Spitze abzuschneiden, ihm einen – nur einen – Fuß abzuhacken und eine – nur eine – Hand und ihn dann umzubringen, nein: ihn laufenzulassen, damit er durch diese weite Welt irrte, bis er lernte, was Schmerz war! Oder aber es war Furcht, ja, es war Furcht, die Furcht, daß ein Wort, eine Geste, eine geflüsterte Andeutung von mir ihn so enthemmen könnte, daß er meinen Bruder tötete und all die anderen, die dort standen. Ich schwitzte, ich zitterte, ich hätte es nicht ertragen, wenn Mr. Elkins noch ein einziges Wort zu ihm gesagt hätte, ich beherrschte mich, aber konnte mich nicht davon abhalten, ihm mit dem widerlichsten Grinsen, dessen ich fähig war und dessen Rachgier eigentlich sogar in diesen dicken Schädel hätte eindringen müssen, zu sagen: «Jedenfalls danken wir Ihnen für Ihre Freundlichkeit, Capt'n, glauben Sie mir, wir werden Ihnen das nie vergessen. Werden es *niemals* vergessen, das dürfen Sie glauben. Und ich hoffe, lange genug zu leben, um Zeuge zu werden, wie Gott der Herr seinen Segen über Ihrem Haupt ausschüttet.» Ich faßte Mr. Elkins am Arm, und wir gingen davon. «Guten Abend, Capt'n. Guten Abend, allerseits.» Einen Moment lang wenigstens hatte er, mit offenem Mund, vergessen, seinen Kaugummi zu kauen.

Wir stiegen in das Auto. «Was machen wir nun?» fragte ich Mr. Elkins.

«Wir fahren zur Polizei», sagte er. «Gott, warum hab ich nicht die Namen dieser weißen Schweine festgestellt?»

«Still», sagte Mrs. Elkins. «Fang jetzt nicht damit an, es hat doch keinen Zweck. Welche Namen sie dir auch genannt hätten, es hätte nichts genützt. Sie haben so viele Namen wie der Satan.»

Und wir fuhren zum Polizeirevier. Wir verbrachten Tage im Polizeirevier. Der Captain war etwas weltgewandter als seine Männer, aber das machte die Sache um so schlimmer, und es machte ihn schlimmer als seine Männer. Wir setzten Annoncen in die Zeitung, wir durchkämmten Georgia, aber wir sahen Peanut nie wieder.

Dieser Schlag, der Verlust Peanuts, zerstückelte uns gleichsam, einen jeden von uns, wo wir auch standen und zerstückelt, wie wir waren, verstreuten wir uns in alle Richtungen. Seine Großmutter nahm die Nachricht schweigend auf, aber sie verließ von da an ihre Wohnung nicht mehr. Nach drei Monaten, vom Warten auf seine Rückkehr zermürbt, machte sie sich auf, ihn zu suchen. Reds Mutter fand sie in der Küche auf dem Fußboden liegend, vollständig angezogen, den gepackten Koffer neben sich und die Hausschlüssel in der Hand.

Red war nicht zu finden. Nach der Beerdigung packte auch Reds Mutter ihre Sachen und ging fort, um bei ihren restlichen Verwandten in Tennessee zu leben. Sie war noch nicht alt, nur wenig über fünfzig, aber nach Peanuts Verschwinden wurden ihre leicht ergrauten Haare weiß und ihre Haut vertrocknete. «Ich möchte gern wieder lachen, eines Tages», sagte sie mir, als ich sie das letzte Mal sah. «Peanut konnte mich immer zum Lachen bringen.» Red erwähnte sie nicht mehr. Sie hinterließ auch keine Adresse für ihn.

Arthur ging in den Westen und dann, von Seattle, wieder nach Kanada, und von dort zum erstenmal nach London, er besuchte zum erstenmal Paris, Genf und Rom. Seine Postkarten waren lakonisch, und ich spürte in ihnen einen neuen Ton – trocken, argwöhnisch, verbittert. *Hier draußen bist du einsam wie 'ne alte Mutter*, schrieb er, *aber vielleicht ist es im Moment am besten so. Niemand kann dir weh tun, wenn niemand dir nahekommt.* Aber diese Formel war nicht ganz befriedigend: *Liebe ist das seltenste, kostbarste Ding auf Erden, Bruder. Wo versteckt sie sich?* Ich wußte, daß er damals schon bedrängt wurde, dem Gospel ‹untreu zu werden›, und daß er dies sorgsam erwog.

In jenen Tagen hatte ich keine bestimmte Meinung über die Art von Musik, die Arthur sang. Ich fand, daß dies ausschließlich Arthurs Angelegenheit war, und bestimmte Verbindungen wurden mir erst deutlich, als ich diese Verbindungen bedroht sah: Nichts ist vielleicht so schwer zu fassen wie das Offenkundige. Dann machte ich mir Sorgen um Arthurs private Buchführung, wie er mit dem fertig wurde, was die Zeit aus seinen Freunden gemacht hatte. Red war aus dem Spiel, Crunch sah er nicht mehr, Peanut war verschwunden – war sehr wahrscheinlich tot: Zusammen hatten sie das Lied des Herrn gesungen. Julia gehörte wahrscheinlich mehr zu mir als zu ihm, aber dennoch war sie, auf unsagbare Weise, auch die Seine: Ich erhielt von Zeit zu Zeit kryptische Mitteilungen von ihr aus Abidjan, wo sie, wie es mir schien, unmöglich glücklich sein konnte. Aber ich wagte nicht, allzuviel über sie nachzudenken, ich hielt sie draußen. Jimmy sah ich nie. Ich nahm an, daß er noch an der 18th Street wohnte, und ab und zu dachte ich daran, ihn anzurufen, aber ich tat es nie.

Ich verließ die Agentur und nahm den Job in der Anzeigenabteilung der schwarzen Zeitschrift an: Und obwohl meine Arbeitsbedingungen weitaus angenehmer waren und ich mich nicht mehr mit dem schleimigen Kriecher Faulkner herumschlagen mußte, war es im wesentlichen der gleiche Job, und ich wußte, daß ich nicht glücklich war. Aber ich wußte nicht, ob mein Unglücklichsein durch meinen Job bedingt war oder durch den Verlust Julias, oder ob es ganz einfach an mir selbst lag. Ich fühlte mich – nicht gebraucht und daher nutzlos, und ich fühlte mich unerwünscht, ich fühlte mich, wie es in dem Lied heißt, *so unnötig*.

Aber wie die Masse der anderen stand ich morgens auf und fuhr mit der Subway zur Arbeit, rackerte mich durch meinen Arbeitstag, fand sogar kleine, ganz oberflächliche Befriedigungen in der Arbeit und in einer gewissen unverbindlichen Kameradschaft. Ich wußte, der wahre Grund, warum ich mit meinen Arbeitskollegen gut auskam, lag darin, daß ich fähig, aber nicht ehrgeizig war, mich nicht genug um irgendwelche Aufstiegschancen kümmerte, niemandes Job bedrohte. Ich ließ die Zeit verstreichen, aber die Zeit ließ nicht die Zeit verstreichen, die Zeit bewegte sich. Und in ein paar Jahren, wenn es mir nicht gelang aufzusteigen, würde ich unvermeidlich absteigen, und die Kameradschaft meiner Arbeitskollegen – und meiner Vorgesetzten – würde durch Verachtung und Mitleid befleckt sein. Ich wußte, daß ich dies niemals ertragen könnte, und außerdem würde es dann sowieso aus sein mit mir.

Im Grunde konnte ich die Werbung nie ernst nehmen. Ich empfand sie als erniedrigend. Sie kam mir eigentlich wie ein Spiel mit leeren Muscheln vor, beruhend auf dem Prinzip der Dummheit. Man konnte doch schwerlich Respekt vor den Leuten haben, die auf diesen ganzen Klimbim hereinfielen, sogar süchtig darauf waren. Das Lebensgefühl, das die Werbung ihnen vermittelte – oder vice versa –, machte die Realität oder die Wahrheit des Lebens unerträglich, bedrohlich und, letzten Endes vor allem, unwirklich: sie bevorzugten das Phantasiebild, das sie, wie sie meinten, unter Kontrolle hatten. So gingen sie an die Wahlurne mit der gleichen fröhlichen Blindheit und widersprüchlichen Einstellung, mit der sie in den Supermarkt gingen, gierig nach dem ‹Marken›-Namen greifend, das heißt dem Namen, der ihnen am rücksichtslosesten und erfolgreichsten verkauft wurde. Sie wußten nicht, und sie wagten es nicht zu wissen, was in der Verpackung steckte: Es war ‹garantiert›, und alle anderen kauften es auch. Gewiß, es gab manchmal Skandale, Situationen, die den Verdacht begründen mochten, daß das Vertrauen der Öffentlichkeit mißbraucht worden war: Aber der Lärm des Skandals wurde rasch durch die muntere Musik der nächsten Reklamesendung übertönt. Die Musik dieser Funk- und Fernsehreklame beschwört einfach die unglaublichen Herrlichkeiten dieses großen Landes, und man lernt durch die Werbung, daß es daher dem amerikanischen Volk absolut verboten ist, depressiv, zurückhaltend, nervös, besessen zu sein, oder zu stinken, nicht ein bißchen, niemals, oder graue Haare und Falten zu kriegen, nicht sexy zu sein oder Kinder zu haben, die nicht lächeln, oder glanzlose Augen, Haare oder Zähne zu haben oder einen hängenden Busen, Bauch oder Arsch zu haben oder Depressionen zu haben, die Verzweiflung zu kennen oder sich auf irgendein Abenteuer ohne den Beifall der freundlichen Masse einzulassen. Die Liebe verlangt hier keine Vorleistung, aber sie muß das Gütesiegel der amerikanischen Hausfrau haben; und mag die Liebe auch aus dem Garten Eden vertrieben sein, ‹gedeiht› sie doch unter freundlichen Nachbarn. Diese verblüffende Ode an die Reinheit hat pornographische Untertöne: Denkt nur an die klassische Haar-Reklame, die das Porträt einer Dame im Vordergrund und ein nacktes Baby im Hintergrund zeigt. Der Text dazu lautet:

Haarfarbe, so natürlich, daß nur ihr Coiffeur es sicher weiß! Diese Bildunterschrift ist ein schmutziger Straßenwitz, eine Anspielung auf das Schamhaar der Lady: Doch die Anwesenheit des Babys wäscht den Text rein. Das Vorhandensein des Kindes informiert uns, daß es sich wirklich um eine Dame handelt, und zwar um eine verheiratete, und eine Mutter, und ihr Ehemann hat von ihrem Coiffeur nichts zu befürchten – der zudem wahrscheinlich, wie alle Coiffeure, eine Tunte ist. Tunten erscheinen natürlich nie in diesem technikolorierten Basar, außer als Clowns, oder als dem Untergang geweihte Opfer ihrer finsteren Lüste, und es versteht sich von selbst, daß der Tod in dieser Welt keinen Zutritt hat.

Viel später sollte mir klarwerden, daß mein Unbehagen dadurch bedingt war, daß ich weit, viel zu weit unter meinem Niveau arbeitete; mit anderen Worten, ich hatte mehr zu geben, als mir abverlangt wurde, und dieses Zuviel drückte mich nieder. Mir wurde auch klar, daß man die Menschen, obwohl sie sich dauernd selbst täuschen, nicht wirklich täuschen kann: Was du wirklich fühlst, merkt man dir an. So spürten meine Arbeitskollegen und meine Vorgesetzten, trotz ihrer Kameradschaft, meine wirkliche Einstellung zur Werbung und mithin zu ihnen, und sie mißtrauten mir. Bald würden sie mich – unvermeidlich – ablehnen. Ich konnte ihnen keinen Vorwurf machen, denn wenn meine Einstellung zur Werbung, soweit es um die gesichtslose große weiße Masse ging, bestenfalls ironisch war, so war meine Einstellung zur Werbung, soweit es die Schwarzen betraf, auf eine sehr schmerzliche Weise ambivalent. Ich empfand, daß die Schwarzen ein Realitätsgefühl hatten, das solider und verbindlicher war als der kaugummiweiche Kontext, in dem wir operierten – obgleich es weiß Gott auch Tage gab, an denen ich sogar dies bezweifelte.

Aber wer war ich denn, daß ich überhaupt eine Einstellung hatte? Ich machte genau das gleiche wie alle anderen, im gleichen Büro und aus dem gleichen Grund: wir mußten essen. Und es wurde auch von uns erwartet, uns bewußt zu machen, daß die Präsenz von Schwarzen in der Werbebranche ein großer soziologischer Durchbruch war. War sie das? Denn unsere Durchbrüche schienen sich nur in jenen Bereichen abzuspielen, wo wir am schnellsten entbehrlich und am leichtesten zu manipulieren waren. Und ein ‹Durchbruch› – wozu? Ich wurde allmählich mißtrauisch gegen solche Durchbrüche, war mir nicht mehr so sicher, ob ich ein Visum auf Lebenszeit für Disneyland haben wollte. Aber da waren wir nun, und du kannst bekanntlich den Kuchen nicht aufessen und zugleich behalten: Wir würden einen Weg finden müssen, um diesen neuen Durchbruch zu nutzen, zu überleben und zu überwinden, wie wir schon so viele andere überlebt hatten.

Aber dies ist nicht eben die beste Einstellung für einen Händler – gegenüber den Leuten, die das Zeugs kaufen, das er verkauft.

Arthur rief mich aus Paris an, um zu sagen, daß er in ein paar Tagen nach Hause komme, und er hoffe, ich würde mir freinehmen können, um mit ihm in den Süden zu fahren. Es hatte ihn auf seiner ganzen Reise verfolgt, überall wo er gewesen war – ich hörte es in seiner Stimme, und auch mich hatte es verfolgt.

«Es ist nicht nur Peanut», sagte er, «sondern alles, diese ganze furchtbare Situation. Und ich hab einfach das Gefühl, wenn ich nicht jetzt sofort hinfahre, dann *werde* ich nie wieder hinfahren ... ich glaube nicht, daß ich es auf sich beruhen lassen kann.»

Ich fand das richtig, und ich sagte es ihm. Ich war mir nicht sicher, ob ich Urlaub nehmen könnte, aber ich wollte die Frage sofort zur Sprache bringen. Ich fragte ihn, ob ich ihn am Flughafen abholen solle.

«Nein, mach dir keine Umstände. Ich nehme ein Taxi und fahre nach Hause und stelle meine Sachen ab. Dann ruf ich dich an, und dann sehen wir weiter.»

Ich wußte, er hatte in einem Club in London gesungen und saß gerade mit ein paar Musikern in einem Club in Paris. «Wie ist es gegangen?»

Er lachte. «Wirklich, ich weiß nicht. Ich glaube, es ging ganz gut, aber es war seltsam.» Dann: «Aber mir hat's gefallen, ich glaube, ich lerne dazu. Und ich glaube, den Leuten hat's auch gefallen, obwohl –» und er lachte wieder «– ich nicht recht weiß, *was* ihnen da gefallen hat. Aber sie waren nett.»

«Gut, also. Wir sehen uns bald.»

«Genau, Bruder. Ich liebe dich.»

«Ich liebe dich auch. Mach weiter so.»

«*Ciao.*»

«Ciao, bambino.»

Arthur legt, nachdem er mit mir gesprochen hat, den Hörer auf und geht ans Fenster seines Hotelzimmers. Es ist eine hohe Glastür, und sie öffnet sich auf einen kleinen Steinbalkon. Er ist in einem kleinen Hotel am Quai Saint-Michel, und sein Zimmer geht auf den Fluß. Er hat mich im Büro angerufen, um drei Uhr nachmittags, nach meiner Zeit: Für ihn ist es neun Uhr abends. Er hat noch nicht zu Abend gegessen, und er hat niemanden, der mit ihm essen geht, und er ist den ganzen Tag allein gewesen, aber er ist nicht deprimiert, wie man meinen könnte. Es hat ihm gefallen, allein in Paris herumzulaufen. Er ist zum erstenmal in Frankreich, und er spricht kein Französisch, und doch fühlt er sich, seltsamerweise, in Paris unbefangener, als er sich in London fühlte.

Er betrachtet die Lichter im dunklen, schimmernden Wasser, die geordnete Prozession der Lichter am gegenüberliegenden Ufer. Es ist ein kühler Abend, und doch gehen die Leute in einem müßigeren Tempo, als es in New York üblich ist. In Paris fühlt er sich frei als Außenseiter, er kann beobachten: In Paris erinnert ihn eigentlich nichts an zu Hause, trotz der verehrenden Bemühungen der Franzosen, amerikanische Gewohnheiten zu imitieren. Diese Imitationen sind jedoch so kraß, daß sie nicht im entferntesten so was wie Heimweh wachrufen, und im übrigen ist er dafür auch noch nicht lange genug von zu Hause fort. Hier fühlt er sich frei, freier, als er sich je irgendwo gefühlt hat; und obwohl er sich dies erst noch bewußt machen muß, ist diese Freiheit weitgehend darauf zurückzuführen, daß er sich hier in einem nahezu völligen Schweigen bewegt. Sein Wortschatz liegt fast ausschließlich in seinen Fingern und in seinen Augen: er muß sich ganz auf den guten Willen der Franzosen verlassen, und zum Glück wird er nie lange genug hier leben, um diesen guten Willen auf die Probe stellen zu müssen.

Und wenn er nicht sprechen kann, so können auch andere nicht mit ihm sprechen, er kann nicht einmal die anderen belauschen. Er hat keine Möglichkeit zu verstehen, was sie sagen, und daher ist es egal, was sie sagen: in dem daraus resultierenden Schweigen gibt er seine Wachsamkeit auf.

Das hätte er in New York nie riskieren können, wo alle seine stets angespannt Sinne auf Gefahren achteten, oder in London, das zum Verzweifeln war, weil man dort eine fremde Sprache sprach, die oberflächlich wie seine eigene klang. Aber die Leute sagten andere Dinge in London, oder sie sagten die gleichen Dinge auf andere Art. Seine Bemühungen, diesen Code zu entschlüsseln, ermüdeten ihn.

Aber in Paris wird nichts von ihm verlangt. In Paris ist er praktisch unsichtbar – praktisch frei.

Er wäscht sich sein Gesicht, kämmt sich die Haare, zieht ein Jackett über seinen schwarzen Rollkragenpullover, zieht seinen Mantel an, schließt die Tür hinter sich zu und steigt die zwei Treppen zu der kleinen, schmalen Halle hinunter. Der Concierge oder der Nachtwächter oder Besitzer sitzt den ganzen Tag und die ganze Nacht in einem Kabuff, das nicht viel größer als ein Kleiderschrank ist. Dieses Kabuff befindet sich neben der kurzen, L-förmigen Rezeption; an der Wand dahinter hängen die Zimmerschlüssel an einem Brett. Post stapelt sich hoch auf einem Pult in dem Kabuff, und Arthur hat bemerkt (er erwartet keine Post), daß man schon einige Geduld braucht, bis man seine Post ausgehändigt bekommt, denn der Concierge oder Nachtwächter oder was immer er sein mag, ist beinah blind und an ausländische Namen nicht gewöhnt; tatsächlich erbost er sich über die schiere Unmöglichkeit, diese barbarischen Namen auszusprechen, kaum weniger als über die Tatsache, daß seine Gäste überhaupt Post erhalten. Arthur, der sich dieses Fehlers – oder dieses Versehens – noch nicht schuldig gemacht hat, erfreut sich offenbar noch der Huld des Wächters. Jedenfalls nickt er, als Arthur seinen Schlüssel auf den Tisch legt und sagt: *«Bonsoir, m'sieu»*, als Arthur an dem Kabuff vorbeigeht.

Arthur nickt und lächelt ebenfalls und ahmt ihn hilflos nach – der erste Schritt, um Französisch zu lernen: *«Bonsoir, m'sieu»*. Und er tritt auf die Straße hinaus.

Er ist im Studentenviertel von Paris, ein paar von den Leuten, mit denen er in dem Club in London arbeitete, haben ihn herbegleitet. In den zwei Tagen, die er in Paris ist, hat er die ganze Stadt durchwandert, von Sacré-Cœur bis Notre-Dame, von Notre-Dame zum Eiffelturm, vom Eiffelturm zum Étoile. Er hat sich in den Seitenstraßen verirrt, die vom Pigalle abgehen – man hat ihn gewarnt, nachts nicht allein durch diese Straßen zu gehen. Man hat ihm gesagt, solange er die Seine finden könne, werde er auch den Weg zurück finden zum Hotel. Dies hat sich als richtig erwiesen, obwohl der Fluß manchmal entmutigend weit entfernt sein kann. Es ist nicht wahr, daß man den Fluß nicht verfehlen könnte – man kann ihn durchaus verfehlen –, aber es ist mit ihm wie mit dem Polarstern, wenn man ihn findet, kann man sich von ihm leiten lassen.

Er wendet sich jetzt vom Fluß ab und geht den Boulevard Saint-Michel hinunter bis zum Boulevard Saint-Germain. Er geht den Boulevard Saint-Germain hinauf in Richtung Odéon und St.-Germain-des-Prés. Es gibt eine große Pizzeria zwischen dem Odéon und St.-Germain-des-Prés, und nur weil das Bestellen einer Pizza unproblematisch ist, geht er hinein und bestellt eine Pizza und ein Glas Rotwein.

Und jetzt bedauert er vielleicht doch seine Einsamkeit und wünschte, er hätte jemanden, der mit ihm essen ginge, jemanden, mit dem er die Stadt kennenlernen könnte. Er wünschte, ich wäre da, aber mehr als mich braucht er einen Freund. Er braucht jemanden, mit dem er zusammen sein kann, er braucht jemanden, der mit ihm zusammen ist.

Er denkt an Jimmy. Plötzlich sieht er Jimmys Gesicht.

Die Pizza ist heiß – viel mehr ist nicht über sie zu sagen, außer daß sie den Hunger in Schach hält –, und er ißt die Pizza und trinkt seinen Wein und beobachtet das Gedränge auf dem Boulevard.

Die Menschen sind sorglos und glücklich – auf eine Art, wie er es nie gewesen ist. Mein Bruder ist alt genug, um zu wissen – oder hat wenigstens genug gesehen, um zu ahnen –, daß sie nicht so sorglos und glücklich sein können, wie sie wirken. Vielleicht sind sie besser dran oder schlechter, glücklich oder weniger glücklich, böse oder verzweifelt: Sie sind jedenfalls anders als das, was seine Phantasie aus ihnen macht. Da ist immer mehr – oder weniger –, als man sieht: Und was man sieht, ist immer durch zehntausend Tricks des Lichts verfälscht. Arthur, der allein in der fremden, herrlichen Hauptstadt an seiner Pizza kaut, versucht aus alldem, was er sieht und was er nicht sieht, etwas Zusammenhängendes und Erträgliches zu machen.

Und dazu braucht er einen anderen: um zu sehen, was er zu sehen fürchtet, muß er selbst gesehen werden. Er braucht jemanden, dem er sich schenken kann, jemanden, der sich ihm, Arthur, schenkt.

Diese Sehnsucht begleitet ihn nun schon lange Zeit, aber er könnte nicht sagen, daß sie ihn wirklich verwirrt hätte. Crunch beugte der Verwirrung vor, indem er ihm einen absolut klaren Schmerz zufügte: so klar und so absolut, daß es beinah eine Erleichterung gewesen wäre, in Schuld und Schamgefühl eine Zuflucht zu finden. Doch auch Schuld und Scham bedrängen ihn, wenn er das Urteil seines Vaters fürchtet oder sich meines vorstellt. (Das Urteil seiner Mutter fürchtet er nicht, aber er fürchtet, ihr weh zu tun.) Im Grunde spürt er, daß sein Vater und sein Bruder ihn wegen der Wahrheit nicht weniger lieben werden. In gewissem Sinn fühlt er sich verpflichtet, die Wahrheit zu sagen – um unseretwillen und um seiner selbst willen. Denn es ist durchaus möglich, daß er *sein* Urteil fürchtet, nicht das unsere. Daß er *sein* Urteil in unseren Augen liest.

Dennoch ist der Schritt vom Einsehen zum Aussprechen kein leichter. Er hat manches Mal geschwankt und aufgegeben. Und doch weiß er, daß er, als er mit Crunch glücklich war, sich weder schuldig gefühlt noch geschämt hat. Er spürte eine Reinheit, einen Glanz, eine Freude, so als wäre er überraschenderweise, wunderbarerweise gesegnet und fürchtete weder Satan noch Menschen, noch Gott. Er zweifelte nicht einen Moment daran, daß alle Liebe heilig sei. Und eigentlich zweifelt er auch jetzt nicht daran, aber er ist sehr allein.

Und wenn er jetzt gleich durch die Straßen da draußen ginge und einfach nur so schaute, wie er schauen konnte, dann brauchte er die Nacht nicht allein zu verbringen. Das wußte er. Manchmal waren seine Begegnungen sehr, sehr angenehm, sogar wunderbar gewesen; manchmal hatte eine Begegnung zu Freundschaft geführt, Freunde, die miteinander schliefen, wann sie sich eben trafen, wegen der Freude, die es ihnen schenkte, wegen der Freiheit, die es ihnen gab. Das war nicht Liebe, aber es kam sehr nah an die Liebe heran, und es war leichter; aber wenn es auch leichter war, es war nicht genug. Beide Beteiligten erkannten das, und es war in gewissem Sinn die Bewährung ihrer Freundschaft: *Ah*, konnten sie scherzhaft sagen, wenn sie sich wieder anzogen, *wir werden einander immer haben!* Manche dieser Männer waren Ehemänner mit Kindern, Männer, deren Maskulinität nie in Frage gestellt worden war, auch von ihnen selber nicht. Und tatsächlich gab es keinen Grund, sie in Frage zu stellen. Sie lebten ihr Leben, sie lebten ihre Liebe.

Aber diese Männer waren, wenn auch keineswegs so selten wie allgemein angenommen, eben doch selten: Freiheit ist selten. Manche Begegnung war ... nun, nicht so sehr trostlos oder erniedrigend oder gefährlich – man lernte ja rasch, in welchen Gewässern nicht gut fischen war –, sondern einfach nichts, nichts Lebendiges, die Leere im Bett, in den Armen, im Herzen und in der Seele. Man spürte, daß der andere betrogen worden war, daß man sich selbst betrogen hatte, und wenn man fortfuhr zu betrügen, würde die Liebe nie wiederkehren. Arthur weiß nicht, ob er ohne Liebe leben kann. Und er kann sie andererseits auch nicht erfinden.

Er beobachtet den Boulevard. Er sitzt praktisch auf dem Boulevard, nur durch eine Glasscheibe von dem Gedränge getrennt. Es ist wie im Theater, und es ist, als sei man gleichzeitig Teil des Publikums und Teil des Schauspiels. Die Menschen auf dem Boulevard können im Vorbeigehen auch *ihn* sehen, einen fremdartig aussehenden, großäugigen schwarzen Jungen, der eine einsame Pizza ißt. Draußen geht ein amerikanischer Schwarzer vorbei – Arthur weiß nicht, wieso er *weiß*, daß er Amerikaner ist –, ein Schwarzer mit Schnurrbart und Baskenmütze geht vorbei im typischen, schnellen Harlem-Schritt und zwinkert ihm zu. Arthur nickt und lächelt, aber der Mann ist schon verschwunden. Zwei Studenten in Jeans, ein Mann und eine Frau, sie in einem langen Umhang, er in einem dicken Pullover, gehen lachend vorüber, der Umhang des Mädchens flattert hinter ihr her. Zwei Nordafrikaner, der eine ganz jung, mit strahlenden Augen, der andere nicht mehr so jung, die Augen umschattet, groß und mißtrauisch, gehen langsam vorbei, in ein Gespräch vertieft – sie planen vielleicht eine Flugzeugentführung oder überlegen vielleicht auch nur, was beinah genauso kompliziert sein kann, wie und wo sie essen und übernachten können. Ein Polizist geht langsam vorüber, sein schweres Cape schwingt leicht hin und her, sein Knüppel baumelt mit. Er bleibt an der Ecke unter der Ampel stehen und blickt den Boulevard hinab. Die Uhr über der Métro-Station zeigt zehn vor zehn. Die Ampel wird rot, und der Verkehr auf dem Boulevard kommt zum Stillstand, Horden von Menschen überqueren den Boulevard. Einer von ihnen ist ein kleiner, rundlicher brauner Mann mit einem Zeichenblock und einer Einkaufstüte, der eine große Strickmütze in vielen bunten Farben auf dem Kopf trägt. Er ist eine bemerkenswerte, sogar eine erfreuliche Erscheinung; Arthur kann sich nicht vorstellen, in welchem Land er geboren wurde. Die Einkaufstüte scheint schwer zu sein. Er bleibt an der Ecke, unter der Ampel, neben dem Polizisten stehen und stellt die Tüte ab, reibt sich die Hände, wie um sie zu wärmen. Der Polizist sieht ihn an, er sieht den Polizisten an. Plötzlich wirft er den Kopf zurück und lacht. Der Polizist, unsicher, verwirrt, lacht auch. Als hätte er einen Sieg errungen, nimmt der kleine, rundliche braune Mann seine Einkaufstüte und geht weiter, er wirft Arthur im Vorbeigehen ein strahlendes Lächeln zu. Arthur steht beinah auf, um ihm zu folgen.

Eine blonde Frau, wahrscheinlich, aber nicht mit Gewißheit Amerikanerin, geht rasch und zielstrebig auf hohen Hacken vorbei. Auch sie recht bemerkenswert. Ihr Mantel ist lang und elegant, aus weichem gelbem Leder. Ihr Haar ist zu einem Knoten am Hinterkopf geschlungen, die Haare sind vom Nacken hochgezogen. Ihre Augen sind groß und dunkelbraun, voller Humor und Erwartung. Ein großer, magerer Junge mit lockigem Haar und einer Stubsnase, zu leicht angezogen für dieses Wetter, rennt über den Boulevard, entgeht mit knapper Not den Rädern des Busses, den er noch erwischen will. Der Polizist pfeift ärgerlich seine Trillerpfeife, aber der Junge erreicht die Bushaltestelle und steigt in den Bus. Der Bus verschwindet den Boulevard hinunter. Ein anderer Junge, in einem viel zu großen, unförmigen Mantel, geht langsam, wie im Traum, vorüber, er trägt eine Violine in der Hand. Arthur, der seine Pizza aufgegessen hat, bestellt Kaffee, sitzt noch eine Weile da, schlürft den Kaffee und raucht eine Zigarette, bezahlt den Kellner und schließt sich dann der Karawane auf dem Boulevard an.

Er schlendert die Straße hinauf, läßt die Kirche rechts liegen, bleibt einen Moment vor der glasverkleideten Terrasse des *Deux-Magots* stehen und beobachtet die lautlosen, irgendwie glitzernden Menschen, geht dann weiter zum *Café de Flore*, dessen Terrasse voll besetzt ist. Wäre er in einer anderen Stimmung, würde er hineingehen, einfach um sich durch die anonyme Körperwärme trösten zu lassen. Nicht heute abend. Trotzdem blickt er eine Weile über die Menge hin, vor allem eine kleine Frau mit Ponyfrisur und einer unglaublichen Menge Make-up fällt ihm auf – weiß das Gesicht, schwarz um die Augen, ein frösteln machendes Scharlachrot auf den Lippen. Sie hat ein Pekinesenhündchen auf dem Schoß, raucht grade eine Zigarette und trinkt Kaffee. Sie blickt in seine Richtung – einen Moment scheint es, als ob alle das täten –, und auf einmal gerät er fast in Panik, sieht sich in seine Pubertät zurückversetzt und fragt sich, wie er eigentlich aussieht. Er sieht einsam und verletzlich aus, ja, so sieht er aus in seinem alten marineblauen Dufflecoat, seinem schwarzen Rollkragenpullover, seiner blauen Flanellhose, seinen ausgetretenen schwarzen Schuhen mit diesem wirbelnden Regenwald von krausen schwarzen Haaren und diesen großen Augen. Er sieht aus, als wäre er wie beim ersten Landgang nach sechs Monaten auf See. Und ein Riese von einem Mann, vielleicht um die Dreißig, mit rotem Haar, einem klaren, freundlichen Gesicht und tiefliegenden dunkelbraunen Augen sieht ihn freundlich amüsiert an, und ein winziges Lächeln zupft dabei an seinen Lippen.

Arthur dreht sich um und schaut über die Straße. Die Terrasse des *Chez Lipp* ist fast leer, und so überquert er die Straße, stößt die Tür zur Terrasse auf und setzt sich an einen Tisch in der Ecke. Es sitzen nur noch drei andere Leute auf der Terrasse, ein kräftiger grauhaariger Mann, der Pfeife raucht und in einem Buch liest, und ein Paar in mittleren Jahren, das am anderen Ende der Terrasse, in der gegenüberliegenden Ecke, an der Glaswand sitzt.

Der Kellner kommt, und Arthur bestellt sich einen Cognac. Er hat bisher kaum welchen getrunken, und es wäre ein Jammer, wenn man schon in Frankreich war, ihn nicht an der Quelle zu kosten.

Er sitzt da, nippt an seinem Cognac, raucht eine Zigarette, und seine Gedanken wanderten zurück zu Crunch.

Er war nun nicht mehr überrascht, daß Crunch für ihn so lebendig geblieben war nach so vielen Jahren. Crunch war seine erste Liebe gewesen, das war Grund genug. Er wußte nicht, ob er mit seiner ersten Liebe glücklich oder unglücklich gewesen war. Es war wenig sinnvoll, danach zu fragen. Man hätte vielleicht sagen können, daß er glücklich gewesen war und Crunch nicht, aber die Gründe dafür waren geheimnisvoller als das Glück. Erst dadurch, daß er Jimmy wiedergesehen hatte, begann er einzusehen, wie kompliziert die Sache für Crunch gewesen sein mochte.

Anfangs, als Crunch zurückgekehrt war, hatte er geglaubt, Crunchs Sorge um Julia und sein Schmerz über das Baby erklärten seine mürrische Distanziertheit und seine unvorhersehbaren Wutanfälle. Er hatte Arthur nicht berühren wollen: das, sagte er, sei ‹alles vorbei›. Arthur müsse erwachsen werden und erkennen, in welch einer Welt er lebte. Arthur meinte ganz gut zu wissen, in was für einer Welt er lebte – er hatte die Absicht, sich so wenig wie möglich mit ihr einzulassen –, aber er sah nicht, was das mit ihm und Crunch zu tun haben sollte. Die Welt war wie sie war: darum scheiß auf die Welt, wer wird sich darum kümmern, was all die miesen Menschen denken?

Ah, aber diese miesen Menschen haben Macht über Leben und Tod, mein Freund. Die können dich zu *Staub* zermalmen!

Crunch, das einzige, was zählt, bist du und ich.

Nein, das ist nicht das einzige, was es auf dieser Welt gibt, Baby.

Crunch fuhr nach New Orleans und kehrte noch mürrischer, noch schweigsamer als je zurück, mit einem leuchtenden, verstörten Schmerz in den Augen. Arthur verbrachte Tage in der Bude in der 14th Street, hockte reglos in einer Ecke, beobachtete ihn und wußte nicht, was er tun oder sagen sollte.

Und was das Schlimmste war, während Crunch behauptete, daß ‹alles vorbei› war, wußte Arthur, daß *nicht* alles vorbei war: nicht für ihn, nicht für Crunch. Crunch wollte glauben, daß alles vorbei war, er hatte tausenderlei Gründe dafür, aber er konnte nicht die Leidenschaft aus dem Leben verdrängen. Sie war in seinen Augen, jedesmal wenn er Arthur ansah, sie war in seiner leichtesten Berührung. Sie war in seiner Stimme, sie war in allen seinen Widersprüchen. Ausführlich zählte er Arthur die unwiderlegbaren Gründe auf, warum sie sich nicht mehr sehen könnten, nur um ihn fünf Minuten später, als hätte er nichts von alldem gesagt, zu bitten, eine Besorgung für ihn zu machen oder sich mit ihm für den nächsten Tag zu verabreden. Und er sagte sogar, mit einem wehmütigen kleinen Lächeln: «Du wirst doch *da* sein, nicht wahr? Laß mich bitte nicht warten.»

Und auf Arthurs Frage antwortete er: «Verdammt, ja, ich liebe dich, darum versuche ich doch, etwas Verstand in deinen störrischen harten Kopf zu prügeln. Ich will, daß es dir *gutgeht*, begreifst du das nicht?»

Arthur wußte nicht, wie er es ausdrücken sollte, daß es ihm nicht gutgehen konnte, wenn es Crunch nicht gutging.

Betäubt wartete er darauf, daß die Flut wiederkam, daß der Damm brach, daß Crunch zu ihm zurückkehrte.

Nie gab er bei alldem Julia die Schuld, und nie hatte er das Gefühl, daß sie besonders viel damit zu tun hatte – darin war er weiser, als er wußte. Das Baby, der vernichtete Fetus, wog sehr viel schwerer. Das war durch nichts ungeschehen zu machen. Hätte man Joel Miller gefunden und ihn zu Brei geschlagen, es hätte nicht ungeschehen gemacht, was er getan hatte. Julia würde nie zu Crunch kommen, *das* war bestimmt vorbei. Und Arthur war sich nicht sicher, ob Crunch wirklich Julia so sehr brauchte, wie er irgendeine unangreifbare Bestätigung seiner Männlichkeit brauchte. Und die konnte Arthur, was Crunch betraf, nicht bieten.

Er konnte nur, so wie Crunch es sah, seine Männlichkeit bedrohen, wie Crunch auch fürchtete, Arthurs Männlichkeit zu zerstören. Denn immerhin *brach* der Damm unausweichlich und mehr als einmal in diesen flammenfarbenen furchtbaren Monaten, und sie ertranken beinahe in den Fluten. Und es war Crunch, der, an der absoluten Grenze des Ertragbaren, einfach nicht mehr fähig, sich zurückzuhalten, Arthur heftig in die Arme zog, schluchzend und zitternd, und ihn nach Hause schleppte. Und hinterher konnte er kaum sein Glück verbergen. Es schien ihn mächtig zu erleichtern, wenn er Arthur sagen konnte, wie sehr er ihn liebte. Gleichzeitig aber lag immer noch der Schatten zwischen ihnen, der Krieg war nicht vorbei. Arthur schwankte zwischen Hoffnung und Freude und Furcht und Zittern. Am Ende stand jede Versöhnung schon im Zeichen des unausweichlichen Alptraums von Reue und Feindseligkeit, der darauf folgte: dann wurde die Versöhnung selbst zum Alptraum. Crunch konnte weder ja noch nein sagen, und schließlich war es Arthur, der sich von Crunch wegschleppte, weil es für sie keine Möglichkeit mehr gab zusammenzusein. Der Damm würde brechen, wieder brechen, aber die Flut würde nicht mehr zurückkehren, und Crunch würde nie wieder zu ihm kommen.

Auf dem Boulevard herrscht immer noch ein starkes, fliehendes Gedränge, sehr nah bei ihm und doch sehr weit weg, während er zurückgezogen und sicher in seiner Ecke bleibt. Er blickt auf und gibt dem Kellner ein Zeichen, ihm noch einen Cognac zu bringen, und er denkt an Jimmy.

Als er und Jimmy uns verlassen hatten, am Abend nach unserem Essen im *Red Rooster*, hatte Jimmy vorgeschlagen, noch einen letzten Schluck zu trinken, und sie waren in eine Bar gegangen, die Arthur kannte, auf der Avenue, nicht weit von der 125th Street.

Es hatte Arthur einen leichten Schock versetzt, als er entdeckte, daß Julia und ich zusammen lebten und glücklich waren, aber das war nichts, verglichen mit seinem Erstaunen, als er Jimmy wieder sah. Dieses Erstaunen war vermischt mit einem unglaublichen, unvorhergesehenen und daher ziemlich beängstigenden Entzükken: man könnte sagen, daß seine Freude, Jimmy wiederzusehen, dieses Erstaunen auslöste.

Denn er hatte ihn früher kaum je angesehen. Und es *war* ja auch praktisch nichts anzusehen gewesen. Jimmy war der mürrische und ein wenig streitlustige kleine Bruder der Kind-Evangelistin Julia Miller gewesen, der keinen guten Stand hatte in dieser Familie, wo sie alle so emsig damit beschäftigt waren, Sister Julias Arsch zu küssen, daß sie ihn überhaupt nur wahrnahmen, wenn er einmal zwischen sie und Sister Julias Hinterteil geriet, und dann schoben sie ihn einfach beiseite und fuhren fort, sie abzuschmatzen. Bei alldem konnte man annehmen, daß es ein schlimmes Ende mit ihm nehmen würde; anders war es gar nicht mehr vorstellbar. Arthur hatte, wie alle anderen auch, nur eine unbestimmte Ahnung gehabt, wo er steckte, und gar keine Ahnung, was er machte, und niemand von uns hatte erwartet, Jimmy wiederzusehen. Daß wir ihn doch wiedersahen, war ausschließlich Julia zu verdanken, wie Arthur sehr schnell erraten hatte, aber das bereitete ihn nicht auf Jimmy vor. Denn er fand Jimmy spaßig, tapfer und furchtbar rührend. Wenn Jimmy nicht Julias kleiner Bruder gewesen wäre – und vielleicht, wenn Julia und ich nicht zusammen gelebt hätten –, wäre Arthur sich klargeworden, daß seine Reaktion auf Jimmy, das Gefühl, das Jimmy in ihm wachrief, nicht weit entfernt war von dem, was wir Liebe auf den ersten Blick nennen. Und was nicht weit entfernt ist von der Liebe auf den ersten Blick, *ist* wahrscheinlich Liebe auf den ersten Blick. So jedenfalls habe ich es immer verstanden.

Aber Jimmy *war* Julias kleiner Bruder, und vielleicht vier Jahre jünger als Arthur, vielleicht sogar noch minderjährig, und während sie bei diesem ersten Drink saßen, flüchtete Arthur eilig in die andere Richtung: «Sieh mal», sagte er schließlich, als sie ihren zweiten Drick bestellt hatten. «Du bist ein wunderbarer Kerl, und du gefällst mir, aber du weißt nicht, was du redest.»

Jimmy zündete sich eine Zigarette an und starrte ihn an. «Warum sagst du das?»

«Weil es wahr ist. Du sagst, du willst mit mir losziehen, mich kennenlernen, für mich Klavier spielen. Woher weißt du das alles? Du kennst mich nicht, du kennst mich überhaupt nicht. Ich könnte ein ganz komischer Trottel sein.»

«*Wie* komisch?»

Arthur lachte unbehaglich, er wandte den Kopf ab und rückte auf seinem Stuhl hin und her. Er war glücklich, und er fühlte sich elend unbehaglich. Er wünschte, der Junge und er würden nebeneinander sitzen, statt einander gegenüber – obwohl er selbst diese Sitzordnung vorgeschlagen hatte –, damit er ihn berühren könnte. Er wollte dieses Gesicht streicheln, wollte ihn küssen, ihn festhalten und nie wieder loslassen. Der Schweiß auf seinem Rücken, der sein Hemd an der Haut kleben ließ, er wurde eiskalt, und die Kälte ging auf seine Jacke über. Jimmy war doch noch ein Kind. Er hatte kein Recht, ihn kaputtzumachen.

Und dann dachte er an Crunch.

Er wandte sich wieder Jimmy zu.

«Wie komisch bist du? Komm, du kannst es mir ruhig sagen, ich finde es sowieso heraus. Du kennst mich nicht, du bringst dich nur in Schwierigkeiten.»

Die Kellnerin kam und stellte ihnen ihre Drinks hin.

«Weiß deine Schwester von alldem?» Aber Arthur hatte diese Frage gar nicht stellen wollen.

«Ich glaube ja.» Er sah Arthur mit direkten, sehr aufrichtigen Augen an. «Weiß dein Bruder es von dir?»

«Was von mir?» erwiderte Arthur lachend. «Was weißt du von mir?»

«So ziemlich alles, was ich wissen muß. Du darfst nicht vergessen, ich habe dich beobachtet, als du nicht wußtest, daß ich dich beobachtete.»

«Was meinst du damit? Willst du sagen, du hast mir nachspioniert?»

«Du tust ja nichts, was lohnte, daß man dir nachspioniert. Nein, ich meine nur, als ich klein war, da habe ich dich oft beobachtet.»

Er nippte an seinem Glas. «Du warst sehr nett zu mir.»

«War ich?»

«Ja. Du gabst mir manchmal Süßigkeiten oder einen Penny, und ab und zu, wenn du reich warst, einen Nickel. Ich kann mich noch an alles erinnern. Ein paarmal hast du mich ins Kino mitgenommen. Und ich erinnere mich, wie ihr, du und dein Bruder, mich in die Eisdiele mitgenommen habt.» Er grinste. «Ihr beide konntet Julia nicht besonders leiden.»

«Damals war sie eine ziemliche Landplage.»

«Ja. Aber das war eigentlich nicht ihre Schuld. Klar, damals wußte ich das nicht.» Wieder nahm er einen Schluck. «He, wenn ich betrunken werde, mußt du mich nach Hause bringen und mich die ganze Treppe hinauftragen.»

«Dann, um Gottes willen, betrink dich nicht, Mann. Wieviel wiegst du?»

«Ich hab nur geblödelt ... Nicht viel. Vielleicht einhundertvierzig ... fünfundvierzig, so ungefähr.»

Arthur sah ihn an, ein kleines Lächeln spielte in seinem Gesicht, er konnte nichts dagegen tun. Jimmy sah ihn ebenfalls an, mit diesen staunenden, verletzlichen Augen, und Arthur wurde sich bewußt, daß Jimmy sich nie durch irgend etwas, was Arthur sagen mochte, irreführen lassen würde. Er hörte ihm nicht zu, er beobachtete ihn. Und Jimmy fragte: «Weißt du, was komisch ist?»

«Was ist komisch?»

«Wenn zwei Menschen sich so viel zu sagen haben, daß sie fast nichts sagen können, und sie sich nur ansehen. Aber das bedeutet auch, etwas sagen.»

«Und was willst du sagen ... wenn du mich ansiehst?»

Jimmy senkte den Blick. «Ich glaube, das weißt du.» Dann, aufblickend: «Ich habe immer gehofft, dich wiederzusehen. Als Julia kam, da wußte ich, daß ich dich irgendwie, irgendwo wiedersehen würde. Darum ... bin ich wirklich froh, dich jetzt anzusehen, Mann.» Und er grinste und nickte. «Wirklich froh.»

«Und was hast du vor? Ich meine, bleibst du noch 'ne Weile in der Stadt, oder gehst du wieder in den Süden, oder was?»

«Weiß ich noch nicht. Ich möchte sagen, das hängt zum Teil von dir ab. Denn ich habe das, was ich vorhin sagte, ernst gemeint. Aber ich würde ziemlich bald wieder in den Süden gehen.»

«Ich möchte auch hin, aber ich glaube, ich muß zuerst in den Westen.»

«Ich hab dir ja gesagt, ich würde gern mit dir gehen.»

Schweigen breitete sich aus zwischen ihnen, und Jimmy starrte ihn unverwandt an, ohne zu lächeln, mit verschränkten Armen.

«Findest du nicht, daß ich ein bißchen zu alt für dich bin?»

Jimmy hätte lachen wollen, aber er tat es nicht. Später, wenn Arthur diese Frage stellte, kicherte er jedesmal los. Aber jetzt sagte er, die Arme noch immer verschränkt, ganz ruhig: «Nein. Ich glaube, du hast genau das richtige Alter für mich.» Er machte eine Pause. «Ich glaube, auch ich habe genau das richtige Alter für dich. Aber nachdem du schon mal dein Alter zur Sprache gebracht hast, könnte ich sagen, daß du auf deine Art ein bißchen festgefahren bist, so scheint mir – nicht sehr, nur ein bißchen. Ich werde dir guttun. Du brauchst jemanden, der aufmuntert.» Er kräuselte die Lippen, bemüht, nicht zu lächeln. «Ich werde dir guttun, ich werde dich aufmuntern.» Er nickte ernst, seine Lippen waren noch immer von diesem unwillkürlichen Lächeln gekräuselt. Er hielt Arthur eine Zigarette hin, gab ihm Feuer, zündete sich selbst eine an und griff nach seinem Glas. «Falls ich dir ein bißchen forsch vorkomme, dann nur, weil ich weiß, wie schüchtern du bist.»

Arthur lachte, aber er war auch ein wenig erschrocken, sein Herz raste, seine Kleider waren ihm plötzlich zu eng. «Du bist verrückt.»

«Ich bin nicht verrückt. Ich weiß, was ich will.» Dann, sehr ernst: «Weißt du, du brauchst dir wegen meiner Schwester keine Gedanken zu machen, oder wegen deinem Bruder. Sie werden sich sehr freuen über uns. Das weiß ich. Meine Schwester wird froh sein, mich dir anzuvertrauen. Und dein Bruder wird froh sein, *dich mir* anzuvertrauen. Glaube mir. Ich weiß es.»

«Wieso weißt du das?»

Jimmy schaute ein wenig gereizt drein. «Sie lieben uns, darum weiß ich es. Du solltest es auch wissen. Du solltest darauf vertrauen. Dann brauchtest du nicht so zu reden ... all das dumme Zeug reden ... von wegen schmutziger alter Mann wie du, der einen süßen kleinen Jungen wie mich kaputtmacht.»

Wieder dachte Arthur an Crunch und starrte Jimmy an. Es stimmte: vielleicht hatte er weniger Bedenken, Jimmys Leben kaputtzumachen, als vielmehr, sein eigenes zu entblößen.

Jimmy lächelte ein ganz wunderbares Lächeln. «Klar, Alter? Hör mal zu. Du kannst mich nur kaputtmachen, wenn du mich nicht liebst. Und außerdem habe ich schon zuviel geredet, so kommen wir nicht weiter. Tust du es?»

Arthur wurde schwindlig, als ob der Junge ihn ungestüm einen sehr steilen Berg hinaufschleppte. «Was heißt das, wir kommen nicht weiter?» Und während Jimmys strahlende Augen in die seinen blickten, fing er sich wieder. Unwillkürlich lächelte er, wurde nachgiebig. «Ob ich was tue?»

Mit übertriebenen Lippenbewegungen flüsterte Jimmy: «Liebst du mich?»

Arthur beugte sich über den Tisch und berührte einen Moment Jimmys Gesicht. Er flüsterte: «Ja, du Clown, ich liebe dich. Ich habe nur den Spröden gespielt.»

Jimmy lehnte sich zurück. «Wow. Das war eine harte Sache. Ich hab mir einen Drink verdient.»

«Aber ... dann bist du nachher betrunken, und ich muß dich die ganze Treppe raufschleppen.»

«Ach, ich pisse, bevor wir hier gehen, und dann wiege ich überhaupt nichts mehr.»

Sie lachten, und Arthur winkte die Kellnerin herbei. Er winkte die Kellnerin herbei – aus Angst: er spürte plötzlich ein so heftiges Verlangen, Jimmy aus diesem Lokal mitzunehmen, mit Jimmy allein zu sein und eine Reise zu beginnen – anders als alles, was er sich je vorgestellt hatte. Und dieses Verlangen machte ihm angst. Er winkte die Kellnerin herbei und bestellte Drinks, um Zeit zu gewinnen, um Luft zu holen, um seine Hände ruhig werden zu lassen, um der Gewalt zwischen seinen Beinen Herr zu werden, der Gewalt der Hoffnung in seinem Herzen. Etwas so Absolutes hatte er nicht mehr empfunden seit seiner Zeit mit Crunch, und damals – damals – war er ein Junge gewesen, etwas jünger als Jimmy heute war. Nichts in diesem Moment erinnerte ihn an irgend etwas Vergangenes, am allerwenigsten an Crunch. Er hatte jetzt auch nicht mehr das Gefühl, daß er jemals so werden könnte wie Crunch, oder jemals den Jungen vor ihm so verraten könnte: und das Wort *verraten* war ihm bisher noch nie in den Sinn gekommen. Dennoch fürchtete er sich. Dieser Junge vor ihm war ihm auf einmal heilig, und das bewirkte, daß Arthur sich grob, häßlich und plump vorkam. Er wünschte sich, sie würden gehen und diesen Moment hinter sich lassen: und er wünschte sich nichts mehr, als daß dieser Moment blieb. Er fühlte sich unwiderstehlich verführt durch Jimmys Augen, seine Stimme, seine Gegenwart, durch die in ihm verkörperte Mischung von Verletzlichkeit und Macht, von Unschuld und Wissen. Er wußte nicht, was er damit anfangen würde – und das heißt, er wußte nicht, was er mit *sich* anfangen würde –, und so winkte er jetzt wieder die Kellnerin herbei.

Andererseits waren sie glücklich – auf eine Art, die für beide neu war. Verlangen und Entzücken ließen sie erstarren, wo sie waren: und immerhin waren sie sicher, daß sie noch alle Zeit auf Erden vor sich hatten.

Dann endlich schloß das Lokal. Sie schauten sich an, und dann gingen sie schweigend hinaus in die langen, ganz stillen, nicht mehr ganz dunklen Straßen.

«Also, bist du bereit, mich die Treppe hinaufzutragen, Mann?»

Jimmy, mit einem vorsichtigen und zugleich verwegenen Lächeln, mit leuchtenden und zugleich dunklen Augen.

Sie näherten sich der Subway, die in diesem Augenblick, in ihrer elektrischen Düsternis, das Tal der Entscheidung war. Und wenn Arthur jetzt wieder in Panik geriet, so aus Leidenschaft wie aus praktischen Gründen.

Denn er sprach die Wahrheit, als er sagte: «Ich möchte nicht nur ein paar Stunden mit dir zusammensein und dann aufspringen und davonlaufen müssen. Und ich muß morgen ganz früh raus.»

«Gut», sagte Jimmy, wenn auch sehr widerwillig, «ich auch.»

«Also», sagte Arthur, «warum lassen wir's nicht einfach dabei und tun, was wir tun müssen ... und treffen uns dann wieder am Abend, wenn wir den ganzen Scheiß hinter uns haben ... und wir einfach losziehen können ... und zusammensein?»

Er wollte den Jungen küssen. Er begnügte sich damit, sein Gesicht leicht zu berühren. Doch diese kurze, leichte Berührung schien sie beide erbeben zu lassen, während sie dort im harten Licht auf den Stufen zur Subway standen.

Jimmy blickte zu ihm auf, mit seinen strahlenden, staunenden, vertrauenden Augen.

«Okay. Wie wollen wir uns ... treffen?»

Sie lachten. Sie standen in der flüchtigen Leere zwischen der zurückweichenden Nacht und dem heraufkommenden Morgen.

«Also», sagte Arthur, «wer von uns beiden zuerst nach Hause kommt, ruft den anderen an. Okay? Und du holst mich dann bei mir ab. Okay?»

«Okay.» Dann, ernst wie ein Kind: «Du wirst es nicht vergessen?»

In der Leere, dem Schweigen, der Stille wagte es Arthur, die Hand um Jimmys Nacken zu legen, und er hielt ihn so einen Moment fest.

«Wie könnte ich es vergessen», sagte er. Dann: «Laß uns gehen. Wir haben viel vor uns.»

Sie gingen zusammen die Treppe zur Subway hinunter. Aber sie trafen sich nicht mehr am folgenden Abend. Arthurs Verabredung am Morgen führte ihn noch am gleichen Nachmittag nach Kalifornien: er hinterließ eine Nachricht für Jimmy, aber er sah ihn nicht mehr. Als Arthur aus Kalifornien zurückkam, war Jimmy im Süden: sie konnten nicht Verbindung aufnehmen. Dann kam der Wirbel um Julias Abreise, an den ich kaum noch eine Erinnerung habe. Ich weiß, daß Arthur in Chicago war. Jimmy war äußerst niedergeschlagen, zum Teil wegen ihm und Arthur, zum Teil wegen Julia und mir. Sein Leben kam ihm damals wie eine einzige Folge von Katastrophen vor. Ich weiß, daß ich ihm keine Hilfe war. Was uns wieder auf die Reise durch den Süden bringt, als Arthur wirklich hoffte, Jimmy zu finden, und als wir Peanut verloren. Jimmy und Arthur sollten sich über zwei Jahre nicht wiedersehen.

Doch die Wahrheit hinter all diesen Ereignissen, Einzelheiten, Hemmnissen ist, daß Arthur in Panik geraten war: er scheute davor zurück, sich zu bekennen.

Aber es wurde nichts Geringeres als ein Bekenntnis von ihm verlangt. Er träumt von Jimmy und zieht schließlich den Traum vor, weil Träume harmlos zu sein scheinen: Träume schmerzen nicht. Träume lieben auch nicht, und so kommt es, daß wir uns verlieren. Arthur mußte sich aufraffen und einen Stand finden, wo er zu Paul, seinem Vater, und zu Hall, seinem Bruder, und zu aller Welt und zu *seinem* Schöpfer sagen konnte: *Nehmt mich, wie ich bin!*

Jetzt hatten alle die Terrasse des *Chez Lipp* verlassen, wo er sitzt und seinen Cognac trinkt und bedenkt, was für ein gründlicher Puritaner er im Grunde doch ist. Und er ist es wirklich. Aber jeder muß irgendwo auf die Welt kommen, und jeder wird in eine bestimmte Situation hineingeboren. Diese Situation ist sein Erbe. Wäre er ein Moslem oder ein irischer, spanischer, griechischer oder italienischer Katholik, wäre er ein Hindu oder Haitianer oder Brasilianer, ein Indianer oder ein afrikanischer Häuptling, dann wäre sein Leben vielleicht in mancher Hinsicht einfacher, und in anderer Hinsicht komplizierter; auf eine Weise offener, auf eine andere abgeschlossener. Ein Erbe ist eine Gegebenheit: in der Auseinandersetzung mit dieser Gegebenheit entdeckt man sich selbst darin – und man hätte sich nirgends sonst finden können! –, und mit dieser Entdeckung und nicht vorher, beginnt die Möglichkeit von Freiheit.

So ist mein Bruder auch nicht gänzlich niedergeschlagen, trotz all seiner Feigheit, Dummheit und Wut. Irgendwie weiß er gewiß, daß er Jimmy bald wiedersehen wird. Er spürt, daß etwas in Bewegung geraten ist, daß er in Bewegung geraten ist: daß bald etwas passieren wird, etwas sich verändern wird. Er sitzt immer noch da. Menschen verlassen allmählich das Restaurant.

Der rothaarige Riese, den er im Café *Flore* sitzen gesehen hat, kommt an die Tür zur Terrasse, lächelt, tritt ein, kommt zu ihm herüber.

«Ich störe Sie doch nicht, hoffe ich?»

Das Lächeln ist echt, die Augen sind warm und dunkel.

«Ganz und gar nicht.» Arthur macht eine Geste: «Wollen Sie sich nicht setzen?»

«Mit Vergnügen», sagt der Rothaarige. Er setzt sich, blickt in die Runde, schaut auf die Uhr. «Aber dieses Lokal wird bald schließen.» Er sieht Arthur lächelnd an. «Würden Sie mir bitte erlauben, Sie in einem anderen Lokal, das ich kenne, auf einen Drink einzuladen? Es ist keine zwei Minuten von hier entfernt.»

«Mit Vergnügen», sagt Arthur. Er trinkt seinen Cognac aus, wirft einen Blick auf die Rechnung und läßt das Geld auf dem Tisch liegen. Beide erheben sich.

«Sie sind Amerikaner», sagt der Rothaarige. «Sie haben zuviel Trinkgeld gegeben. Sie ruinieren die französische Wirtschaft.»

Als er das sagt, lacht er herzlich, so als wäre die französische Wirtschaft auf jeden Fall etwas zum Lachen, und sie gehen auf die Straße hinaus.

Auf der Straße bleibt er stehen und streckt die Hand aus.

«Ich muß mich vorstellen. Ich bin Guy Lazar.»

Sie schütteln sich die Hand. «Ich bin Arthur Montana.»

«Ah! Das ist der Name einer Bar, nicht weit von hier – aber ich meine, da gehen wir lieber nicht hin.» Sie gehen los. «Sie nennen sich nicht nach dem Staat Montana, oder?»

«Nein, ich hoffe nicht!» sagt Arthur, und sie lachen.

An der nächsten Ecke biegen sie rechts ab. Und da sind plötzlich ein halbes Dutzend junge Leute, Jungen und Mädchen, unsicher, lachend, die in Schlangenlinien bald vor ihnen, bald hinter ihnen, bald um sie herumtanzen.

Guy geht mit einem stetigen, weit ausladenden Schritt, einem leichten Schlingern, die Hände in den Manteltaschen vergraben. Sein kurzer, schwerer schwarzer Mantel ist offen, den grauen Schal hat er um den Hals und eine Schulter geworfen. Der Wind zaust seine kurzen, lockigen roten Haare, zerrt sie nach vorn in die Stirn. Er blickt geradeaus. Sie gehen auf einer breiten, dunklen Straße. Je weiter sie sich vom Boulevard entfernen, desto schmaler wird die Straße.

«Sind sie das erste Mal in Paris?»

«Ja. Ich bin gerade erst angekommen ... oh, vor ein paar Tagen.»

«Aus *Montana* ...?»

«Verdammt, ich habe Montana nie gesehen. Nein. Aus New York, und dann London, und ... jetzt ... hier.»

Guy berührt Arthur leicht am Ellbogen, und sie überqueren die Straße, um in eine engere, noch dunklere Straße einzubiegen. Auch diese Straße ist voller Menschen – voll von lebhaften Schatten von Menschen – und von Musik und Stimmen aus den erleuchteten Fenstern und Türen an beiden Seiten der Straße. Es ist fast wie ein Gang durch einen Basar. Man könnte an jedem Fenster stehenbleiben, durch jede Tür eintreten und – ach, alles mögliche – diskutieren, während man sich über Qualität und Preis der Ware einigt oder streitet.

«Ah. Und was halten Sie von uns?»

«Ich weiß nicht. Sie sind der erste Mensch, mit dem ich spreche, aber Paris mag ich wirklich ... wirklich ... sehr gern.»

Guy dreht sich mit einem unerwartet und entwaffnend schüchternen Lächeln zu ihm. «Gut. Ich will also mein Bestes tun, damit Sie ... *mich* mögen.»

Sie bleiben vor einer Tür stehen, die verschlossen zu sein

scheint, neben Fenstern, die verhängt zu sein scheinen, obwohl von drinnen gedämpfte Geräusche von Leben herausdringen. Guy drückt einen Klingelknopf und lächelt in Arthurs etwas besorgtes Gesicht. «Ist schon gut. Ich versichere Ihnen, ich störe niemanden. Es ist ein Privatclub.»

Und wirklich, jetzt späht ein Auge durch einen Schlitz in der Tür. Die Klappe fällt zurück – Arthur denkt an eine Guillotine –, und der Summer gibt die Tür frei. Guy schiebt Arthur vor sich hinein. Sie sind jetzt in einem kurzen, schmalen Vestibül, die Wände blaßgrau oder staubig weiß, vor dem hohen, breiten Eingang zum Club – eigentlich ein Türrahmen ohne Tür; links ein Korridor und ein weiterer Raum, rechts ein Käfig, in dem eine Frau sitzt. Sie ist es, die den Summer kontrolliert, der die Tür öffnet. Der Mensch, der durch den Schlitz gespäht und der Dame im Käfig ein Zeichen gegeben hat, ihr unentbehrlicher Komplice, ist ein dunkelhaariger junger Mann, der lächelt und Guy die Hand schüttelt. Arthur ist plötzlich vom Klang der französischen Sprache und von Musik eingehüllt – Musik von zu Hause –, die ihm irgendwo von rechts entgegenschallt. Und er ertrinkt, von lächelnden Gesichtern umgeben, in einer Flutwelle des Lächelns: von dem jungen Mann, der ihm jetzt seinen Duffelcoat abnimmt und Guys Mantel nimmt und ihm die Hand schüttelt und, soviel Arthur versteht, beteuert, wie erfreut er sei, und von der Dame im Käfig, die sich herausbeugt und Guy auf beide Wangen küßt und Arthur die Hand schüttelt und, soviel Arthur versteht, beteuert, wie hingerissen sie sei, und ihn *M'sieu Montana!* nennt, als habe sie sich schon lange auf diese Begegnung gefreut. Bei alldem bleibt Guy unerschütterlich charmant und zielstrebig, während er Arthur, durch einen beharrlichen leichten Druck am Ellbogen bedeutet, er solle weitergehen, vorbei an den lächelnden, grüßenden Gesichtern.

Schließlich sind sie im Club. Da stehen Leute an der Bar bereit, wie Arthur zu spüren meint, sich auf ihr Opfer zu stürzen, und lüsterne Männer und Frauen lächeln von der Treppe herab. Arthur wagt es kaum, in den Raum zur Linken zu spähen, der anscheinend eine Küche enthält: irgend etwas an alldem erinnert ihn verrückterweise an Harlem.

Guy blickt angespannt nach rechts, wo alle Tische besetzt sind, er lächelt und winkt, achtet aber darauf, daß Arthur an seiner Seite bleibt, und nähert sich nicht den Tischen. Er gibt der Dame im Käfig ein Zeichen, sie antwortet mit allen ihren Zähnen – einschließlich dem fehlenden, was ziemlich weh tut –, und er und Arthur bahnen sich, die lächelnden Sextiere sanft beiseite schiebend, ihren Weg zwischen raschelnder Seide und Flanell hindurch und steigen die Treppe hinauf.

Sie betreten ein sehr großes, jetzt beinah leeres Speisezimmer und setzen sich an einen Tisch in der Ecke.

Guy lächelt und sagt: «Tut mir leid, daß es so – *mouvementé* war. Es ist nicht immer so ... nicht wenn ich allein komme.»

«Ah, wer weiß, vielleicht bemerken Sie es nur nicht, wenn Sie allein sind.»

Arthur ist fasziniert, es ist wie ein Fest; er ist dankbar, etwas von Paris kennenzulernen – und dies ist hier ganz gewiß etwas von Paris; und er ist Guy dankbar dafür, daß er ihn aus seiner Versponnenheit wachgerüttelt hat.

Es macht jedenfalls mehr Spaß, hier zu sein als in seinem Hotelzimmer, es ist verlockender als seine einsamen Spaziergänge durch die Stadt.

«Tja», sagt Guy, «wenigstens ist es rund um die Uhr geöffnet. Und niemand wird uns hier belästigen.»

Er zieht eine Packung Gitanes hervor und hält sie Arthur hin. Arthur schüttelt kläglich den Kopf.

«Ich habe unlängst eine probiert. Ich dachte, die Lunge fliegt mir durch die Schädeldecke heraus.» Beide lachen. Guy zündet sich seine Gitane an. «Vielleicht einmal, wenn ich wiederkomme. Vielleicht habe ich dann mehr Mut.»

«Oh. Macht nichts, ist doch nur eine Zigarette. Sie kommen wieder ...? Das wäre sehr nett, das bedeutet, daß Sie uns gern haben. Wann?»

«Ich weiß nicht. Aber ich würde gern wiederkommen.»

Eine Weile schweigen sie. Guy beobachtet ihn durch den Rauch seiner Zigarette hindurch.

«Wenn Sie gern wiederkommen würden, dann werden Sie wiederkommen. Und ich würde Sie sehr gern wiedersehen.»

Arthur ist gar nicht schüchtern: nein, schüchtern ist er nicht, das ist nicht eine seiner Eigenschaften. Vielleicht ist er leichtsinnig, möglicherweise sogar verwegen, weil er nicht in Amerika ist. «Mich? Wieso? Sie kennen mich ja gar nicht. Sie haben mich eben erst kennengelernt.»

«*Bien.* Ich mußte Ihnen begegnen, um zu wissen, daß ich Sie gern wiedersehen würde.»

Sie sehen sich gespannt an. Arthur nickt verlegen und lächelt. Und jetzt kommt jemand, anscheinend der Kellner – einer von den Leuten, die auf der Treppe saßen –, mit einem Tablett und räumt den Tisch ab.

«Was möchten Sie trinken?»

«Ich hab vorhin Cognac getrunken. Aber ich glaube, ich sollte lieber wechseln.»

Er sieht Guy an, und ohne Grund lachen beide.

«Gewiß. Was soll es denn sein?»

«Ein doppelter Wodka. Mit Eis.»

«Oh, gewiß. Dasselbe.»

Der Kellner verschwindet. Arthur bemerkt, daß die anderen Paare im Speisezimmer gegangen sind. Es ist, als hätte irgend jemand Anweisung gegeben, ihn und Guy allein zu lassen.

Das kann eigentlich nicht wahr sein, und doch scheint es zum Teil wahr zu sein. Eigentlich ist es ihm auch egal. Er ist neugierig. Er würde sich am liebsten betrinken. Es ist ihm egal, was heute nacht passiert. Vielleicht ist's ein Fest für zwei.

Und in diesem Augenblick spürt er, ohne sich dessen ganz bewußt zu sein – oder vielleicht, ohne der Tatsache ins Auge zu sehen –, daß er sich von Guy immer mehr fasziniert fühlt.

Jetzt herrscht Schweigen zwischen ihnen, und Arthur zündet sich eine Zigarette an, im gleichen Moment, als Guy seine ausdrückt, und der Kellner kommt mit ihren doppelten Wodkas.

Sie erheben sich, stoßen an und trinken.

«Ah. Woher kommen Sie? Sind Sie aus Paris?»

«Nein. Ich bin erst kurz in Paris. Ich komme aus einer Stadt, von der kein Mensch etwas gehört hat ... in der Nähe von Nantes.»

«Wo liegt das?»

«Im Norden.» Guy schlürft seinen Wodka. «Weit im Norden.»

«Was machen Sie in Paris?»

«Ich bin –» mit einem Lächeln – «so was wie eine verdammte Seele ... verstehen Sie? ... ich bin in *les assurances* – im Versicherungsgeschäft, sagt man wohl ...»

«Lebensversicherung?»

«Nein. Ganz so verdammt bin ich nicht. Ich habe auch meine Ehre.» Er sieht Arthur ins Gesicht und lacht. «Nein. Nicht *Lebens*versicherung. Liegenschaften. Feuer. Diebstahl. Solche Sachen. Ich bin darin ganz gut. Ich helfe Leuten, die Geld haben, es zu behalten – ist das nicht eine hohe Aufgabe?»

«Können Sie auch Leuten, die kein Geld haben, dazu verhelfen, welches zu kriegen?»

«Oh. Das ist sehr viel komplizierter. Und auch ambitionierter. Darf ich fragen ... was *Sie* machen?»

Er schlürft seinen Wodka, fühlt sich allmählich immer unbefangener mit seinem neuen Freund.

«Ich bin Sänger.»

«Ach. Ich dachte mir schon. Was singen Sie?»

«Gospel.»

«*Comment?*»

Arthur lächelt in diese aufmerksamen, fragenden braunen Augen hinein. «Ich singe ... Gospelsongs. Ich bin ein Gospelsänger.»

«Ah. Ich verstehe. Wie Mahalia Jackson, ja? Ich würde Sie liebend gern singen hören, eines Tages.»

«Ich würde mich freuen, wenn ich für Sie singen dürfte.»

Wieder ein langes Schweigen. Musik, von weit unten, scheint durch die Bodenbretter heraufzudringen. Arthurs Finger trommeln auf den Tisch.

«Unten im Keller ist ein Night Club. Möchten Sie tanzen?»

«Nein.» Und er trommelt weiter auf den Tisch – den Rhythmus.

«Sie haben wunderschöne Finger. Spielen Sie auch Piano?»

«Ja, tu ich», und sie lächeln einander an, ein Lächeln, das merklich die geladene Atmosphäre reinigt.

Arthur fängt an, über Musik zu sprechen, er dolmetscht gewissermaßen, als wäre er ein Außenstehender. Er ist ein bißchen überrascht, daß er so sprechen kann, über sein Leben, über mich, über den Süden – er spricht von den Bäumen, aber er spricht nicht von Peanut. Guys Gesicht verdüstert sich immer mehr, und er erzählt von seiner Zeit als Soldat in Algerien. Ohne Vorbedacht und nur halb bewußt versuchen sie alles, was sie trennen könnte, so zu nutzen, daß es sie näher zusammenführt. Instinkt, weit mehr als Wissen, führt sie in die Gefahrenzone: sie hoffen, sie umgehen zu können. Sie sprechen so, wie Menschen miteinander sprechen, die sich unterwegs, auf Reisen, in einem überfüllten Wartesaal begegnen – wünschend, sie wären sich schon früher begegnet, hoffend, daß sie sich wiedersehen werden. Und müssen doch gleichzeitig erkennen, daß sie sich nur wegen ihrer ganz und gar unterschiedlichen Reisen begegnet sind. «Man muß lernen, das Bittere mit dem Süßen zu nehmen!» singt Arthur auf einmal, und Guy nickt, wobei er mehr auf Arthurs Ton und seinen Gesichtsausdruck reagiert als auf die Wörter, obwohl er die Verbindung von *bitter* und *süß* versteht. *«Mais, tu es formidable!»* sagt er mit einem entzückten, kindlichen Lächeln, und Arthur albert und clownt noch ein wenig mehr herum. Der Kellner erscheint wieder, und Guy sagt: «Du kannst bestimmt ein Publikum mitreißen. Die würden hier alle *le dancing* vergessen.» Arthur grinst, und sie bestellen noch einmal zwei doppelte Wodka.

Dann sind sie wieder allein in dem leeren Raum, mehr allein denn je.

«Wann wirst du Paris verlassen?» fragt Guy.

Arthur wird wieder ernst. «Ich weiß nicht … Eigentlich wollte ich heute abreisen … morgen. Ich muß nach Hause.»

Er hat Guy schon erzählt, daß er in den Süden fahren wird, sobald er wieder in Amerika ist.

«Du darfst nicht schon *heute* fahren», sagt Guy eindringlich. «Du kannst es nicht, denn es ist schon nach drei Uhr früh.» Um seine Gefühle zu verbergen, trinkt er einen Schluck und zündet sich eine Zigarette an. Dann blicken seine dunklen Augen freimütig in Arthurs Augen. «Ich hoffe, du wirst den Tag mit mir verbringen – diesen Tag und viele Tage, es würde mich sehr glücklich machen.» Er zieht lächelnd die Augenbrauen hoch und legt seine Hand auf Arthurs Hand. *«D'accord?* Sagst du ja?» Seine

Hand ist groß und schwer und sehr – freundlich; es ist unmöglich, auf sein Drängen nicht zu reagieren. Arthur grinst, beugt sich vor, und Guy grinst auch. «Bitte. Ich werde mir heute frei nehmen, und wenn wir aufwachen – koche ich dir etwas, ich bin ein sehr guter Koch, mußt du wissen, aber wir können auch ausgehen, ist ja egal – und *ich* zeige dir Paris, ich zeige dir ... *mich*, und wir wollen den Tag nutzen, es wird ein wunderbarer Tag werden!»

Arthur legt eine Hand auf die Hand, die seine Hand hält.

«Dann – kann ich morgen fahren?»

«Das können wir morgen besprechen. Den ganzen Tag lang.»

Beide lachen.

«Es wird schwer sein, sich loszureißen.»

«Sehr.»

Wieder lachen sie, aber anders als bisher. Guys Hand schließt sich fester um Arthurs, Arthurs Hand schließt sich fester um Guys Hand.

«Ich mag dich», sagt Arthur.

«Ich dich auch. *Enormément.*»

Mit ihren verschränkten Händen und einander in die Augen blickend, zieht einer den anderen näher zu sich, und ihre geöffneten Lippen begegnen sich – Durst stillt sich an Durst. Guy schließt die Augen. Er wird von einem Zittern erfaßt, das sich Arthur mitteilt. Guy öffnet die Augen und starrt in Arthurs Augen, mit einem irgendwie hilflosen, betroffenen Staunen, nicht unähnlich dem Entzücken eines Kindes, und Arthur nimmt Guys Gesicht zwischen beide Hände und küßt ihn noch einmal. Er zittert in einem Rausch der Befreiung. Wie er diesen Fremden in einer fremden Stadt küßt, in einem fremden Zimmer, während alle Welt viel zu beschäftigt ist, um es zu bemerken oder sich darum zu kümmern oder darüber zu urteilen, während Mama und Daddy schlafen und der große Bruder an seinem Arbeitsplatz sitzt und Gott über den friedlichen Feldern New Englands wacht, scheint seine Vergangenheit von ihm abzufallen wie eine bedrückende Illusion, er spürt, wie es vor ihnen auf den Boden fällt, er schiebt es weg mit den Füßen – alles: Julia, Crunch, Peanut, Red, Hall, die Kirchengemeinden, den Terror der Bäume und Straßen, die Bürde von Gestern, die Angst von Morgen, all das fällt in diesem Augenblick von ihm ab, alles, bis auf den Song – er ist so offen und nackt und verwundet wie der Song. Er spürt Guy vor Entzücken beben, seine gewaltige, so sehr verletzliche Körperfülle läßt den Tisch zittern, und auch Arthur bebt, vor Freude und Dankbarkeit: denn er weiß auch, er wird all das, was von ihm abgefallen ist, wieder aufheben müssen, aber nicht heute ... heute werden er und ein anderer sich offen und nackt in den Armen liegen.

Sie lösen sich voneinander. Keiner von beiden spricht. Jeder atmet ganz leicht, mit einem köstlichen, geheimen Entzücken, den Geruch des anderen ein.

«*Ça va?*»

Arthur versteht es, mehr von Guys Augen als von seinen Worten her.

Ernst antwortet er: «*Ça va.*»

«Gehn wir?»

«Ja. Wohin?»

«Zu mir. Es ist nicht weit von hier. Gleich in der la rue des Saints-Pères.»

«Die Straße der heiligen Väter ... richtig?»

Guy grinst. «Ja. Ist vielleicht ein seltsamer Name, für einen wie mich.»

«Wäre es nicht, wenn die Straße 'ne Nummer statt einem Namen hätte. Jedenfalls ... diese heiligen Väter waren auch nicht ohne.»

Obwohl sie gehen wollen, ist noch keiner von beiden bereit aufzustehen. Sie zünden sich gegenseitig Zigaretten an und lehnen sich zurück, schlürfen Wodka, atmen schwer.

Der Kellner ist wieder da – wie lange steht er schon dort? Aber was macht das. Guy bittet ihn um die Rechnung und bezahlt.

Sie trinken ihren Wodka in kostbarem Schweigen aus, stellen die Gläser hin und erheben sich, gehen quer durch den Raum zur Treppe, die jetzt frei, nicht mehr belagert ist. Die Bar ist zur Hälfte leer, vom Keller dröhnt die Musik herauf. Die Leute, die noch an den Tischen sitzen, sind in ihre Gespräche vertieft und haben keinen Blick für sie. Eine andere fröhliche Dame gibt ihnen ihre Mäntel; Guy gibt ihr ein Trinkgeld, und sie treten auf die Straße hinaus.

Die Straßen sind jetzt leer – nur hier und da überquert eine einsame, trostlose Gestalt die Straße, bleibt reglos an einer Ecke stehen. Die Straßen machen Arthur angst. Haben ihm vielleicht immer angst gemacht. Werden ihm vielleicht immer angst machen. Seit er und Crunch sich getrennt hatten, war er durch viele nächtliche Straßen gewandert, furchtsam und brennend vor Verlangen. Es war, als wanderte er durch die Hölle. Er fürchtet noch immer, diese Zeit könnte irgendwann wiederkehren – ähnlich wie jemand, der an einer schweren Krankheit leidet, ständig in Angst vor den Symptomen lebt, die einen erneuten Rückfall ankündigen.

Jetzt aber fühlt er sich ruhig und sicher, während er neben Guy durch Paris geht.

Eine hohe Mauer. Die lange, schmale Straße, in der Guy wohnt. Und jetzt steckt Guy einen Schlüssel in das Schloß einer Tür in dieser Mauer. Sie gelangen in einen weiten Hof – Arthur hatte keine Ahnung, daß sich solche Pracht hinter solchen Mauern finden könnte, wie es in Paris so viele gibt –, und sie überqueren den Hof, um in ein altes, wuchtiges Gebäude einzutreten. Es ist eine weite Eingangshalle, mit einer *loge* auf der einen Seite und einer breiten, gewundenen Treppe auf der anderen. Sie steigen die Treppe zur ersten Etage hinauf und treten in Guys Wohnung ein.

Alt. Das ist der erste Eindruck, der Arthur zum Bewußtsein kommt – alt und hoch, mit Räumen, die in andere Räume übergehen, als wäre dieses Haus nicht erbaut worden, sondern hätte sich irgendwie entwickelt, wäre geduldig Jahr um Jahr und Jahrhundert um Jahrhundert gewachsen. Da gibt es große hohe Spiegel und massive Sessel, an einer Wand hängt ein Gobelin, verblaßt, aber noch immer eine Schlacht verherrlichend. Arthur erkennt Pferde und Hunde, Schilde, Säbel und Rüstungen. Guy nimmt Arthur den Mantel ab, zieht auch seine Jacke aus und wirft beides auf ein großes Sofa, und sie verlassen dieses Foyer und gehen in ein noch größeres Zimmer, noch höher und weniger mit Möbeln vollgestellt, mit einem riesigen dunklen Sofa, Lehnsesseln, einem massiven Holzschrank, einem Leuchter – Guy knipst ihn mit dem Wandschalter an –, noch einem Schrank mit Glastür, der Zierat und Pokale enthält, mit einem langen, niedrigen Tisch vor dem Sofa, runden Tischchen in den Ecken des Zimmers, zwei hohen

Fenstern mit schweren Vorhängen, einer Tür, die in zwei Korridore hinausführt, von denen der eine geradeaus, der andere nach links verläuft. Der eine führt zur Küche und zur Pantry, einem Bad, einem kleinen Schlafzimmer. Der nach links abgehende Flur zu Guys Schlafzimmer, sein Studio, seinem WC und seinem Bad – Arthur hat noch nicht herausgefunden, daß diese beiden Räumlichkeiten in Frankreich getrennt sind (oder waren).

«Wow», sagt er, während er im Zimmer umhergeht und, die Hände in den Taschen, die Bilder an den Wänden betrachtet.

Guy beobachtet die lange dunkle Gestalt in der alten blauen Hose, dem Rollkragenpullover, den abgetretenen Schuhen voll Entzücken. «Es ist alt», sagt er.

«Ist mir klar, daß es alt ist. Aber es ist schön.» Er wendet sein Gesicht Guy zu. «Du lebst hier *allein*?»

«*Hélas*. Ja», sagt Guy, noch immer lächelnd.

«Hast du immer allein gelebt?»

«Ich hatte einige Zeit einen Freund – einen Freund aus Algerien –, aber er ist in seine Heimat zurückgekehrt.» Er geht ein paar Schritte auf und ab, die Hände in den Taschen; Arthur bemerkt, daß er O-Beine hat – daher sein schlingernder Gang.

«Ich kann mir vorstellen, daß er nie wieder nach Frankreich kommen wird.»

«Warum nicht?»

«Nun, wie du vielleicht weißt, gibt es gewisse Mißverständnisse, gewisse Schwierigkeiten, möchte ich sagen ... zwischen Frankreich und Algerien.»

Arthur weiß es, das heißt, er hat von der algerischen Revolte gegen die Franzosen gehört und gelesen – aber er weiß eigentlich doch nichts, und als er jetzt Guys Gesicht betrachtet, möchte er sich nicht weiter auf das Thema einlassen.

«Ich verstehe», sagt er nur und wendet sich ab.

Guy geht an den Schrank. «Möchtest du ... wie nennt ihr's? Wir sagen: *un bonnet de nuit ... enfin* ... möchtest du einen Gutenachtschluck, ehe wir uns fertig machen und ins Bett gehen?»

Arthur ist fasziniert von ihm, ja, aber er liebt ihn auch immer mehr. Er hat etwas so Einsames, Verletzliches an sich. Gleichzeitig wird ihm klar, daß es praktisch das erste Mal ist, daß er sich bei einem weißen Mann so frei fühlt. Aber erst jetzt, als er Guy in seiner Wohnung sieht, ihn sozusagen in all seiner ererbten Weiße stehen sieht, empfindet er ihn als *weiß*. In New York hätte er nicht so auf Guy reagiert, wie er hier auf ihn reagiert hat, jedenfalls nicht so rasch. Er starrt Guy einen Moment an. Dann schüttelt er den Kopf. Die Wahrheit ist, er empfindet Guy als Franzosen, folglich als jemand, der nichts mit New York oder Georgia zu tun hat. Er bringt ihm keine erlernte oder gewollte Reaktion entgegen, weil Guy bisher noch nicht für ihn existiert hat; weder in seiner Phantasie noch in seinem Leben wurde er je von ihm bedroht – das heißt, von einem Franzosen. Aber er ist sich undeutlich bewußt, daß damit vielleicht auch seine Abneigung zu tun hat, über Algerien zu sprechen. Er schüttelt noch einmal den Kopf.

«Heißt dein Kopfschütteln ja?» fragt Guy lachend. «Oder nein?»

Er hat den alten Schrank geöffnet und hält die Wodkaflasche in der Hand.

«Ja», sagt Arthur. «Mir soll's recht sein.»

«Dann hole ich Eis und Gläser.»

«Kann ich mit dir kommen?»

«Sicher. Fühl dich wie zu Hause.»

Die Küche ist groß und sehr altmodisch. Eine Küche, denkt Arthur, die meiner Mutter gefallen würde. Sie holen das Eis aus einem Kühlschrank, der alles andere als modern ist, und die Gläser aus dem Küchenschrank, und dann kehren sie ins Wohnzimmer zurück. Guy gießt Wodka ein, und sie setzen sich auf das Sofa.

Guy zündet sich eine Zigarette an, und er geht zu einem der beiden Fenster und zieht die Vorhänge zurück. Die Morgendämmerung, ein elektrisches Grau, erfüllt den Raum.

Guy kommt zum Sofa zurück und nimmt sein Glas von dem niedrigen Tisch auf.

«Ich habe schon viele Morgen hier gesessen und den Tag anbrechen sehen. Manchmal ist es traurig, manchmal nicht so traurig. Aber immer … immer erwartet dich etwas.» Er schaut Arthur an. «Ist's nicht so, nein? Etwas wartet, gleich da draußen.»

«Bei uns gibt es einen Song darüber», sagt Arthur. «Ja, für mich ist es auch so. Hast du schon einmal von einer Blues-Sängerin namens Bessie Smith gehört?»

«O ja. Ich habe viele Platten von ihr.»

«Es gibt einen Song von ihr, der geht so: *Catch 'em. Don't let them blues in here!*»

Guy lacht, und Arthur lacht, während er ihn ansieht: «Ja», sagt Guy. «Ein bißchen in der Art.»

Dann drückt er seine Zigarette aus, er dreht sich zu Arthur um und legt eine Hand um Arthurs Nacken. «Heute morgen aber spüre ich den Blues nicht.»

Arthur stellt sein Glas ab, und auf einmal fühlt er sich so unsicher und so stark wie ein Schuljunge. Unsicher, weil er Guy beobachtet, spürt und erwartet; stark, weil in ihm ein tiefes Verlangen aufgebrochen ist, das sie beide, Guy und ihn, erbeben lassen wird – stark, weil dieses Verlangen, das so lange geschlummert hat, durch Guys Verlangen geweckt worden ist. Wieder spürt er so etwas wie den Kitzel der Freiheit. Er und sein neu gefundener Freund sind allein. Sie sind bereit, einander zu entdecken, und jetzt sind sie ganz bereit füreinander. Er lacht, tief in seiner Kehle, aus reiner Freude, und Guy lacht mit ihm und zieht ihn an sich.

Guy schläft noch, als Arthur gegen drei Uhr nachmittags erwacht.

Guys Schlafzimmer geht in sein Studio über, und im Studio ist eines der Fenster einen Spaltbreit offen. Eine leichte Brise weht durch das Fenster herein, freundlich und friedlich wie das Halblicht, das durch die Gardinen einfällt. Arthur ist hellwach und genießt es: das heißt, er ist hellwach, ohne den Wunsch, sich zu bewegen.

Guy liegt auf der Seite, das Gesicht Arthur zugekehrt, den einen Arm nach Arthur ausgestreckt. Manche Gesichter wirken im Schlaf gequält, sie haben schwere Kämpfe zu bestehen, machen große Prüfungen durch: Guys Gesicht war ruhig und wehrlos, wie es gewesen sein mußte, als er drei Jahre alt war. Er schnarcht leise, seine Zähne schimmern schwach durch seine geöffneten Lippen. Sein struppiges Haar ist ein wenig feucht und hängt ihm in die Stirn. Die Bettdecke ist halb zur Seite gerutscht: Arthur beobachtet das leichte Heben und Senken der behaarten Brust. Er ist der Spion des frühen Nachmittags: Guy sieht nicht, daß er ihn beobachtet. Die Hand am Ende des über Arthur geworfenen Arms zuckt leicht, noch nicht alarmiert, aber schon bald wird eine Botschaft in Guys Gehirn übermittelt werden und ihn wecken.

Arthur vermeidet es, die Bettdecke zu bewegen, Guy zu berühren. Er kann alles sehen, was da zu sehen ist – den Nabel, das dunklere Schamhaar, das labyrinthische Geschlecht, die Schenkel, die Knie, die Knöchel, die Arschbacken – alles und noch viel mehr, alles, was er jetzt nicht sehen kann, ohne die Bettdecke zu bewegen und damit das Universum einen Millimeter aus dem Lot zu bringen. Er wird all dies immer vor sich sehen, es ist Teil von ihm geworden. Als er am Abend zuvor, ehe oder bald nachdem die Flut hereinbrach, einerlei ... als er gestern abend Guy küßte und dabei die Last seiner Vergangenheit, seiner Erfahrung von sich abfallen fühlte, so daß er wieder nackt sein konnte, da hatte er gewußt: er würde sie wiederaufnehmen müssen. Er hatte nicht gewußt, daß sie so viel schwerer sein würde, schwerer geworden durch eine Nacht.

Er beobachtet Guy. Angst überträgt sich, wandert schnell, hat so viele Vehikel wie Zungen: aber das Verlangen gehört zu den wichtigsten unter ihnen, und wenn das Verlagnen keine Beichte ist, kann es nur ein Fluch sein. Noch nie in Arthurs Leben hat jemand so hilflos in seinen Armen gelegen, noch nie hat er so viel gewollt oder begehrt, hat so viel geschenkt. Er fühlt sich verwandelt. In einer Nacht ist er viel älter geworden.

Er beobachtet Guy, und er möchte ihn schützen. Dies kommt ihm nicht lächerlich vor; oder, falls es das ist, kümmert er sich nicht darum. Er weiß, daß Guy auch ihn schützen möchte – und auch das kommt ihm nicht lächerlich vor. Es wird zum erstenmal für ihn wahr, daß es dies ist, was Liebende füreinander tun – indem sie es wagen, nackt zu sein, indem sie einander die Kraft geben, nichts mehr verbergen zu müssen.

Niemand kann dies allein.

Er zündet sich eine Zigarette an und lehnt sich ins Kissen zurück. Er schaut geradeaus in das geräumige alte Studio gegenüber, er sieht Guys Schreibtisch, seine Stühle, seine Lampen, seine Bücher, ein paar Skulpturen; die Gemälde, etliche an der Wand, etliche wie Schriftrollen in einer Ecke aufgestapelt; die Post, den reich verzierten nordafrikanischen Brieföffner, das Telefon; die Fotografien auf dem Schreibtisch, an den Wänden, einige zeigen Guy in Uniform, einige in der nordafrikanischen Djelabah, ein Foto von seinem Freund Mustafa in der Ecke über dem Plattenspieler; die Platten, eine große Auswahl von Jelly Roll Morton, Bessie Smith, Ma Rainey, Django Reinhardt, Louis Armstrong, Duke Ellington, Billie Holliday, Mahalia Jackson, Ida Cox, Fats Waller und anderen, die selbst *ihm* unbekannt sind, darunter auch ein paar Achtundsiebziger, die er liebend gern besäße, allesamt unermüdlich katalogisiert, beschriftet, jede an ihrem Platz.

Diese Wohnung, die ihm gestern abend so weitläufig erschien, sieht er jetzt als Guys Purgatorium: sie scheint widerzuhallen von den leisen, tapferen Schrecken seiner Tage und Nächte.

Wieder schaut er zu Guy hinüber, Guy hat sich nicht bewegt. Aber sein Arm bewegt sich blindlings, und sein Körper schiebt sich näher an Arthur heran.

Arthur blickt vor sich hin. Sein Leben ist schwerer geworden durch eine Nacht: denn wir alle erwarten ihn in Amerika.

Er spürt nichts von jener romantischen Schizophrenie. Er weiß ganz gut, daß er nicht bleiben kann: dies Wissen ist so real wie die Brise, die durch das Zimmer fächelt. Aber genauso real ist der Mann im Bett neben ihm.

Er hat aber auch nicht das Gefühl, daß es seine Pflicht sei, nach Hause zurückzukehren – es gibt tausend Möglichkeiten, einer Pflicht auszuweichen. Es ist auch keine Frage der Loyalität: ein fragwürdiges Dokument, das man immer zerreißen kann, und immer überdies aus vorzüglichen Gründen.

Er drückt seine Zigarette aus: trotz allem gequält.

Er gleitet rasch aus dem Bett und trottet nackt hinaus zum WC und dann in das riesige Badezimmer, wo er sich Wasser ins Gesicht spritzt. Er betrachtet im Spiegel sein Gesicht, aber wenn du dein Gesicht im Spiegel suchst, offenbart es dir nichts. Er sieht müde, triumphierend und traurig aus – als ob er mehr gesehen hat, als er sehen wollte, und jetzt noch mehr sehen wird.

Es wird schwer sein, sich loszureißen.

Sehr.

Er kehrt ins Schlafzimmer zurück und streckt sich auf dem Bett aus. Er zündet sich noch eine Zigarette an.

Guy schlägt die Augen auf. Sein Lächeln zwingt auch Arthur zu lächeln.

«*Bonjour.*»

Arthur schnappt recht schnell Französisch auf.

«*Bonjour* auch dir.»

«*Puis-je avoir une cigarette?*»

«He, kannst du dich noch an mich erinnern? Ich spreche Englisch.» Aber er zündet eine Gitane an, hustet und reicht sie Guy.

«*Pardon* ... tut mir leid. Ich bin noch nicht ganz wach.»

Guy pafft seine Zigarette, schüttelt den Kopf, fährt sich mit den Händen durchs Haar.

Arthur betrachtet ihn.

«*Pardon.* Ich muß zum WC.»

Und er stolpert aus dem Bett und trottet auf den Flur hinaus. Arthur geht an das Fenster im Studio und starrt in den kühlen Tag hinaus. Er spürt kein Verlangen, sich auf ihn einzulassen. Er meint, daß er vielleicht im Hotel anrufen sollte – oder vielmehr Guy anrufen lassen sollte; früher oder später muß er auch *mich* anrufen; aber jetzt noch nicht. Er möchte zurück ins Bett. Er möchte mit Guy zusammensein, solange er kann.

Also liegt er wieder im Bett, als der hochgewachsene, o-beinige Guy hereingestolpert kommt.

Guy drückt seine Zigarettenkippe aus und kriecht neben ihn ins Bett. Er nimmt Arthur in die Arme.

«Bist du nicht hungrig?»

«Nein. Und du?»

«Ich glaube nicht.» Seine Hände streicheln Arthurs Rücken. «Noch nicht.»

«Meinst du nicht, wir sollten mein Hotel anrufen?»

«Wir können später anrufen. Oder wir können hinfahren, falls du dir Sorgen machst.»

«Nein. Ich mache mir keine Sorgen.»

Als sie sich küssen, als die Hitze zwischen ihnen steigt, als sie die Stunden dieses Nachmittags, der kommenden Nacht an sich reißen, die Stunden, die ihnen noch bleiben, als Guys Hände, sein

Mund und seine Zunge Arthurs Körper anbeten, als Arthur sich schenkt, sich Guy schenkt, als sie dem Wunder der gegenseitigen Hingabe näher kommen, leise lachend, innehaltend, sich nur ansehend, leise schluchzend, einer das starre, brennende Geschlecht des anderen streichelnd, einer des anderen Gerüche trinkend, jeder verwundert über die Farbe des anderen – wie viele Farben eine Farbe doch hat! welch ein Labyrinth! –, als sie, langsam nur, zu heimlicheren Stellen hinabsteigen, um wieder aufzusteigen, immer näher an den Rand gelangend und es zurückhaltend und es niemals enden lassen wollend, die Augen des anderen suchend und lachend über das, was ein jeder dort im anderen sieht, dann ernst und entschlossen, wie Ringer, die sich vorsichtig prüfen, wie Ärzte, Muskeln untersuchend, mit Geschmacksreizen experimentierend, Entdeckungen vergleichend, wobei erst der eine still liegt, dann der andere, und beide werden immer hilfloser und offener für den anderen, sich hingebend, Mord, Zeit, Sprache und Kontinenten zum Trotz, alles in den Hoden geballten Geschichte, Hoffnung, Herrlichkeit und im Penis pochenden Macht zum Trotz, und wissen, daß diese schwebende Spannung nicht viel länger andauern kann, daß nun jeder seine Grenze erreicht, reglos in den Armen des anderen liegend, und sich wieder umdrehend, und diesmal Arthurs langsames, langes Eindringen in Guy, *oh, beweg dich nicht*, dann die Reglosigkeit, das langsame Heben und Senken, die ungeheure Vereinigung, dies Gefühl von stürzenden Geheimnissen und explodierenden Himmeln, etwas Zerbrechliches und Immerwährendes, das sich zwischen zwei Liebenden, zwei Männern ereignet, die Sanftheit der Achselhöhlen, der Brustwarzen, von Nacken und Haar, die unmißverständlich drängende Macht der kommenden letzten Stöße, *ah oui oh baby*, die letzte unglaublich brennende Versteifung, der unerträglich lange dauernde Bruchteil einer Sekunde, bevor der Liebende endlich sich in den Geliebten ergießt, das Zusammenkommen, das endlose Fallen, das Sichaufrichten im letzten Tageslicht, ermattet, verausgabt, einer im anderen zu Hause, und doch ist da in allem ein seltsamer kalter Schmerz, und Arthur denkt: *Ich wollte, ich könnte bleiben. Ich hoffe, wir sehen uns wieder.*

Sie gehen an diesem Abend zu Arthurs Hotel. Arthur bezahlt seine Rechnung, denn er zieht in Guys Wohnung um. Während dieser kurzen Transaktion – Guy läßt das Taxi draußen vor der Tür warten – kann Arthur sehen, daß der Concierge von Guy sehr beeindruckt ist und sich ein wenig über sich selbst ärgert, weil er nicht vermutete, daß der schwarze Amerikaner so glänzende Beziehungen hat. Arthur hat ihn noch nie lächeln oder sich verbeugen gesehen: jetzt tut er beides, lang und ausgiebig und mit großem Vergnügen. Arthur darf seine Koffer nicht einmal anfassen. Eine Gestalt, die er noch nie gesehen hat, taucht aus dem Keller auf und trägt das Gepäck zum Taxi hinaus.

Ah. Die Verwunderung der Europäer über die Beziehungen des schwarzen Amerikaners ist eine der Ursachen des Problems, das seine Anwesenheit im Ausland aufwirft.

Lachend, atemlos, wie Kinder, stellen sie Arthurs Gepäck in Guys *foyer* ab und verlassen sofort wieder das Haus. Sie wollen ins Kino gehen, und dann werden sie essen gehen, und Guy hat Arthur ein Versprechen abgerungen: sie werden nicht über Arthurs Abreise sprechen oder irgendwelche Pläne in dieser Hinsicht machen, bis morgen abend nach dem Essen. Sie werden sich vierundzwanzig Stunden stehlen. Was bedeutet der Diebstahl von vierundzwanzig Stunden angesichts der Ewigkeit? Der Kalender hat so viele Tage, mit denen er spielen kann: was macht es dem Kalender aus, wenn wir einen davon stehlen? Arthur weiß jetzt, daß die Ewigkeit ein eifersüchtiger Tyrann ist, der eine genaue Buchführung über jeden Atemzug verlangt; und der Kalender, ein böswilliger, peinlich genauer Buchhalter, ist der Ewigkeit willig zu Diensten – aber einerlei, Guy hat recht, es gibt Augenblicke, in denen man dem Tyrannen entgegentreten muß. Und sage seinem Knecht, er soll dir im Mondschein begegnen.

Sie lassen also Arthurs Koffer im *foyer*, eilen die Treppe hinunter und durchqueren wieder den Hof, springen in das noch wartende Taxi und lassen sich zu den Champs-Élysées fahren. Oder, wie Guy den Fahrer anweist, zum Étoile. «Wir fangen oben an», sagt Guy, «und laufen hinunter. Auf diese Weise kannst du alles sehen.»

Arthur hat die Champs-Élysées noch nie bei Nacht gesehen.

Und natürlich ist es am schönsten, sie zum erstenmal bei Nacht zu sehen, und wenn man noch dazu jung ist, hilft das ganz ungemein. Wenn man nicht nur jung ist, sondern es obendrein auch noch so einrichten kann, daß man sie zum erstenmal bei Nacht zusammen mit einem Geliebten sieht, dann kann man mit Fug und Recht behaupten, daß man es nicht ganz schlecht getroffen hat. Aber wenn man nicht nur jung ist und die Champs-Élysées nicht nur zum erstenmal bei Nacht zusammen mit einem Geliebten sieht, sondern wenn dieser Geliebter dann auch noch Franzose ist, dann gehört man wahrhaftig zu einer exklusiven, erhabenen Kategorie – und kann auch gleich ein Schweigegelübde ablegen, denn falls die Geschichte jemals Glauben findet, vergiftet sie nur deine Freundschaften.

Wie auch immer, an diesem Donnerstagabend gegen acht Uhr überquerte das Taxi die Brücke, ließ den Concorde hinter sich und rollte die breite, prunkvolle Avenue hinauf, die von Lichtern zu wimmeln schien. Ganz am Ende, auf dem Étoile, stand wie eine Siegesverheißung und scheinbar auf einem Hügel der vielleicht etwas teutonisch anmutende Arc de Triomphe, unter dem das ewige Feuer für den unbekannten Soldaten brennt. Da ist nichts Elysisches an den Champs-Élysées, auch nichts erinnert an ein Feld. Sie sind ernster Jahrmarkt, bei Nacht wie bei Tag. Tagsüber, im Frühling und im Sommer und an bestimmten Tagen im frühen Herbst, können sie zauberhaft und erregend sein, trotz der Piratenpreise; man kann aber auch diese dichtbevölkerte Avenue hinüberschlendern und sich trotzdem einsam fühlen.

Jedenfalls, wenn man sie zum erstenmal bei Nacht gesehen hat, als man jung war, als man glücklich war, dann kommt die Erinnerung von Zeit zu Zeit wieder, und die Erinnerung brennt, aber sie erinnert einen daran, daß man nicht immer unglücklich gewesen ist, und nicht immer unglücklich sein wird.

Für Arthur vermischt sich der Schock der Entdeckung und des Entzückens mit der Gewißheit der drohenden Abreise. So hat alles einen zwiespältigen Charakter. Aber es liegt eine gewisse Weisheit in Guys Beharren, daß sie die nächsten vierundzwanzig Stunden nicht über seine Abreise diskutieren. Diese vierundzwanzig Stunden sind absichtlich und bewußt gestohlen – wie Schuleschwänzen –, und so haben sie die Freiheit, das beste daraus zu machen.

Das Taxi hält an der Place de l'Étoile, und sie steigen aus und gehen los.

Nun gibt es auf den Champs-Élysées, besonders bei Nacht, absolut nichts zu sehen außer anderen, ziemlich müden und berechnenden Gesichtern und Meilen von Reklame, Schaufenster und Schaufenster, Kinos und Caféterrassen. Aber heute nacht ist all das verzaubert. Technisch gesehen müssen sie jetzt die Entscheidung treffen, welchen Film sie sich ansehen wollen, und danach, wo sie zum Essen gehen wollen.

Guy sagt, französische Filme ansehen, sei eine großartige Möglichkeit, Französisch zu lernen, aber er gibt zu, daß es keinen Zweck hat, heute abend mit Arthurs Ausbildung zu beginnen. Sie werden sich also einen amerikanischen Film ansehen, aber die Reklame über den Kinoeingängen, an denen sie vorbeikommen, ist nicht sehr ermutigend. Guy würde sich gern einen Western ansehen, Arthur aber nicht: «Ich bin nicht nach Paris gekommen, um mir 'ne TV-Show anzusehen, Mann.» Guy ist für Hitchcock, aber es gibt keinen Hitchcock, und im übrigen zeigt sich jetzt, daß keiner von beiden sonderlich daran interessiert ist. Sie machen einfach nur einen Spaziergang. Arthur ist von den Auslagen der Läden für Herrenbekleidung fasziniert, und so bleiben sie immer wieder stehen, und Arthur kalkuliert, ob er sich dies oder das kaufen kann, aber er weiß, daß er es sicherlich nicht kann. In einem Schaufenster liegt ein Regenmantel, den er besonders bewundert. Guy ist bereit, ihn am nächsten Morgen zum Anprobieren zu begleiten – «*Vor* dem Abendessen?» bettelt Arthur.

Über alldem sind sie kaum vorangekommen auf der berühmten Avenue, und es wird allmählich zu spät, um ins Kino zu gehen. Jetzt werden sie bis zehn oder halb elf warten müssen. «Dann laß mich dich zu einem Drink einladen», sagt Arthur. «Dabei können wir darüber reden. Ich würde dich wahnsinnig gern auf einer Caféterrasse auf den Champs zu einem Drink einladen.»

Und so setzen sie sich hin und bestellen zwei Whisky.

Im Hotel hat Arthur die Unterwäsche gewechselt und sich ein

weißes Hemd mit offenem Kragen angezogen, einen marineblauen Anzug, einen schwarzen Gabardinemantel mit Gürtel und frische Socken und andere Schuhe. Er sieht elegant aus, und er ist noch jung genug, daß diese Eleganz ihn noch jünger wirken läßt. Er ist wie ein lieber, wißbegieriger Schüler, und er ist sehr glücklich – er strahlt. Guy lächelt jedesmal, wenn er ihn ansieht, er nennt ihn *le chanteur sauvage*, den wilden Sänger und manchmal sagt er: «*ein* wilder Sänger.»

«Sei vorsichtig», sagt Arthur, «du hast keine Ahnung. Da wo ich herkomme, da hätten ein paar *Wilde* dir schon ganz schön zugesetzt. Dagegen bin ich brav.»

Sie sitzen auf einer glasverkleideten Terrasse und beobachten die Menschen, die draußen vorbeigehen.

«Ich frage mich nur», sagt Arthur, «wie es gewesen wäre, wenn ich hier geboren wäre.»

«Ah», sagt Guy. «Ich weiß nur eines – du würdest sehr anders darüber denken.» Er sucht nach Worten. «Ich weiß nicht. Ich glaube, da würdest es vielleicht trotzdem *lieben*. Aber du würdest so viel mehr darüber wissen, daß es eine andere Art Liebe wäre.» Er nickt Arthur unsicher und liebevoll zu. «Vielleicht würdest du es nicht mögen, wenn ich dich im Spaß *mon chanteur sauvage* nenne. Aber –» und so etwas wie Schmerz zeigt sich in seinem Gesicht – «ich weiß es nicht.»

«Ja», sagt Arthur vorsichtig, «wenn du nach New York kämest, wäre das auch sehr neu für dich, nicht?»

Da keiner von beiden der Sprache des anderen sicher ist, muß einer dem anderen in die Augen sehen, wenn sie sprechen, um sich zu vergewissern, daß die Bedeutung angekommen ist.

«Klar, das ist wahr», sagt Guy.

«Und vielleicht würdest du New York lieben – aber auf eine ganz andere Art, als –» er verzieht das Gesicht, macht eine zweifelnde Miene – «*ich* New York liebe. *Falls* ich es liebe. Ich kann mich nie entscheiden.» Er blickt auf die unbekannte Avenue hinaus. «Ich weiß nicht recht, ob ich es liebe – ach, das ist alles sehr kompliziert –, aber, Gott, ich weiß, daß ich es hassen kann.»

«Ich bin mir ganz sicher», sagt Guy mit Bestimmtheit, «daß ich nie etwas lieben könnte, was du verabscheust. Es würde mich zerstören. Ich weiß ja nichts über Amerika», fährt er fort und mustert dabei Arthurs Gesicht, «und ich gebe nicht viel auf das, was ich höre. Ich mag nicht die Franzosen, die ich kenne, die New York lieben … oder meinetwegen Florida oder Los Angeles. Aber das ist meine Angelegenheit, verstehst du? Es hat nichts mit dir zu tun. Ich habe schon immer so gedacht. Oh», sagt er und zündet sich eine Zigarette an, «ich meine nicht diese Leute, die für zehn Tage hinfahren und dann wiederkommen und mir alles über eure Radio City oder den Times Square erzählen. Die reden immer so, als wären sie erleichtert, mit dem Leben davongekommen zu sein.»

Arthur wirft den Kopf zurück und lacht. Guy spricht weiter. «Nein. Ich meine die Leute, die es *wirklich* lieben, die es ganz ernst nehmen, euren ganzen Mist, die *wie* Amerikaner sein wollen. Nicht nur, weil sie dort arbeiten», wieder macht er eine Pause. «Es fällt mir schwer, es richtig auszudrücken. Vielleicht ist es so, daß sie sich ein Vorbild nehmen, das ich für das falsche halte, während sie ihm zu entsprechen versuchen. Ich arbeite natürlich auch für die Amerikaner, und du magst sagen, daß ich nicht besser bin als die anderen, und vielleicht bin ich es wirklich nicht, ich weiß, aber ich will nicht so sein, es ist, wie wenn man ein Deutscher sein wollte. Und für mich ist es, glaube ich, schon mehr als genug, Franzose zu sein. Wirklich.»

Arthur betrachtet ihn aufmerksam. Er hat etwas verstanden, wieder etwas Unerwartetes verstanden, und er hört es vor allem aus Guys Tonfall heraus, liest es in seinen Augen. «Wie? Genug, Franzose zu sein?»

«Heuchler zu sein, um Rassisten zu sein – da brauchen wir keine Vorbilder. Das sind wir selbst. Wir sind sehr, sehr gut in diesen Dingen!» Er drückt fahrig seine Zigarette aus und zündet sich sofort eine neue an. «Ich bin Franzose. Ich war französischer Soldat. Ich weiß Bescheid.»

Arthur kommt sich fast so vor, als belauschte er einen Fremden: er möchte auf diesen Aspekt von dem, was er als Guys Qualen begreift, nicht weiter eingehen. Und er hat noch eine andere, herbere, tödlichere Befürchtung: falls Guy ihm jetzt seine ‹Zeugnisse› anbietet, möchte er sie nicht sehen und schon gar nicht gezwungen sein, sie zu prüfen.

Er denkt anders darüber, vorsichtig nippt er an seinem Whisky und zündet sich eine Zigarette an – Gesten, mehr oder weniger dazu bestimmt, sein Gesicht zu verbergen. Wenn Guy meint, daß er nicht gern Franzose ist, was würde er dann von Arthur denken, wenn Arthur erklärte, daß er nicht gern schwarzer Amerikaner ist? Und zum erstenmal und sicherlich, weil er hier auf dieser ihm unbekannten Avenue sitzt, fügt er die beiden Wörter zusammen: *schwarzer Amerikaner*. Und gleichzeitig hört er das Crescendo von Widerspruch und die unausgesprochene und unaussprechliche Wahrheit der Geschichte – die nicht mehr und nicht weniger ist als das Schlagen seines eigenen Herzens, sein Song. In vieler Hinsicht ist er nicht gern ein schwarzer Amerikaner, oder ein Schwarzer, oder ein Amerikaner, oder Arthur, und für viele Millionen Menschen in seinem Land und in anderen Ländern – einschließlich Frankreich – war seine Existenz ein Beweis für die unaussprechliche Perversität der Geschichte, ein Defekt in Gottes Natur. Dennoch: hier sitzt er, auf den Champs-Élysées, zusammen mit Guy, einem Franzosen, dem Fremden und Geliebten – noch nicht Freund. Er will nicht darüber nachdenken, es würde die gestohlenen vierundzwanzig Stunden verderben und seine Bürde, bereits um einen Tag schwerer geworden, noch viel schwerer machen.

Er muß an Guys Mustafa denken, der nach Algerien heimkehrte. *Er* wird nach Amerika heimkehren. Er will jetzt nicht daran denken, er wird im Flugzeug darüber nachdenken, und während er sein Glas leert, springt er in die Gegenwart zurück:

«Ich schlage vor», sagt er, «daß wir all die vergangenen, gegenwärtigen oder kommenden Weltreiche einmal vergessen, von den Ashanti über Karl den Großen und Königin Victoria bis hin zu Eisenhower, und uns noch einen Drink genehmigen und dann beschließen, wo wir essen gehen. Und dann könnten wir, falls es in dieser Stadt irgendwo Musik gibt, hingehen und Musik hören. Wenn nicht, dann eben nicht. Jedenfalls sollten wir nicht zu lange herumziehen, nicht wahr? Sondern lieber zu einer vernünftigen Zeit heimkommen – vielleicht spielen wir noch ein paar von deinen Schallplatten und gehen dann ins Bett und lieben uns und schlafen. Was meinst du dazu, Alter?»

«Ça va très bien», sagt Guy ernst. Aber er hat Arthurs Gesicht beobachtet und ist sich bewußt, daß Arthurs Stimmung umgeschlagen ist. Er ist sich auch bewußt, daß dies etwas mit einer neuen Einschätzung seiner Person zu tun hat.

Er winkt den Kellner heran, und sie bestellen noch zwei Whisky. Dann sieht er wieder Arthur an. Er beugt sich vor, einen Ellbogen auf den Tisch gestützt, in der Hand die Zigarette, und betrachtet Arthur mit düsterer Miene.

«Ich weiß nicht, ob ich mich klar ausgedrückt habe», sagt er. «Es täte mir leid, von dir mißverstanden zu werden.»

«Mir auch», sagt Arthur, «aber –» und er beschließt, den Stier bei den Hörnern zu packen, denn der Puritaner in ihm hat ihm angekündigt, daß die horizontale Lage bald freudlos sein wird, falls die vertikale Lage eine Lüge ist – «darf ich dir mal etwas sagen? Hm, ja, etwas sagen *und* etwas fragen?»

«Natürlich.» Guys eckiges Gesicht ist angespannt vor Konzentration, seine dunklen Augen sind fast schwarz. Er sitzt noch immer vorgebeugt, mit aufgestütztem Ellbogen da, und die Zigarettenasche muß jeden Augenblick fallen.

«Nun ... erstens ... hör zu. Ich bin hier eben erst angekommen. Ja? Hab nie zuvor Paris gesehen, hab nie zuvor London gesehen ... Gut, ich *hatte* London gesehen, früher einmal ... Aber das hier ist nicht mein Territorium, und wenn ich dich nicht getroffen hätte, säße ich jetzt wahrscheinlich im Flugzeug, oder ich läge in meinem Hotelzimmer und würde mir einen runterholen – oder würde durch die Straßen irren, verstehst du? Jedenfalls würde ich nicht hier sitzen.»

Die Zigarettenasche fällt, gerade als der Kellner wiederkommt. Er nimmt das kleine Mißgeschick – das Guy gar nicht bemerkt hat – mit betonter Resignation zur Kenntnis, stellt sein Tablett ab, wischt über den Tisch, leert den Aschenbecher, nimmt die leeren Gläser fort, stellt die vollen Gläser auf den Tisch, schiebt die Rechnung unter den Aschenbecher, geht fort.

Arthur nimmt Guy die erloschene Zigarette aus der Hand und legt sie in den Aschenbecher.

«Hör einmal zu. Du hast vorhin über Frankreich geredet, und über Amerika, und du hast Deutschland erwähnt, und du willst nicht wie die Amerikaner sein, und du willst nicht wie die Deutschen sein, du willst nicht einmal wie die *Franzosen* sein. Also, da muß ich mich doch fragen, was zum Teufel möchtest du eigentlich sein? Moment!» Denn Guy macht eine Handbewegung. Er greift nach einer Zigarette, und Arthur gibt ihm Feuer. Dann nimmt er sein Glas und prostet Guy zu. «*Cheers*. Aber hör zu. Alle diese Länder mögen verschieden sein. Sie *sind* verschieden, für dich. Scheiße, in Deutschland essen sie Knackwurst, und Pâté in Frankreich, und in England diesen schrecklichen Fraß. Und ihr habt verschiedene Flaggen und Regierungssysteme und was nicht alles, und dauernd liegt ihr euch in den Haaren, und deswegen, glaubt ihr, seid ihr verschieden. Aber soll ich dir mal sagen, worin ihr euch alle *gleich* seid? Das *einzige* Thema, über das ihr *keine* Meinungsverschiedenheiten habt?»

Guy lehnt sich zurück, er zieht an seiner Zigarette und beobachtet Arthur mit einem nüchternen, überlegenen halben Lächeln, die Augen zusammengekniffen.

Arthur greift sich an die Brust. «Das bin ich. Über mich habt ihr keine Meinungsverschiedenheiten. Ich sagte dir ja, dies ist nicht mein Territorium. Ich bin eben erst angekommen. Aber ich habe jeden einzelnen von *euch* Arschlöchern kennengelernt, lange bevor ich hierhergekommen bin.»

Er schlürft seinen Whisky und beobachtet Guy.

«Ich habe euch alle schon in Amerika kennengelernt, ich habe für euch gearbeitet. Und jeder einzelne von euch nannte mich Nigger. Mich und meine Mama und meinen Daddy und meinen Bruder und meine Schwester und meine Tochter und meinen Sohn. Darum ist es mir scheißegal, was du über Frankreich oder Deutschland oder die Schweiz oder England denkst – die Unterschiede zwischen euch sind nicht wichtig. Immer wenn ihr findet, daß ich zu frech werde, könnt ihr eure Meinungsverschiedenheiten lange genug vergessen, um mich in den Arsch zu treten. Vielleicht ist das nicht alles, was ich über euch weiß, und ich hoffe, das ist nicht alles, was an euch dran ist, aber, Baby, es ist das, was ich über euch in Erfahrung gebracht habe, und das reicht.»

Er nimmt noch einen Schluck Whisky und zündet sich eine Zigarette an. Jetzt kann er nicht mehr in Guys Gesicht lesen.

«Und ... das ist alles, was ich dir sagen wollte. Aber wie gesagt, ich wollte dich auch etwas fragen, und zwar möchte ich dich dies fragen: Meinst du nicht, daß ich es ein bißchen *übertrieben* finden könnte, wenn ich, zusätzlich zu all dem Scheißdreck, mit dem ich mich rumschlagen muß, euch auch noch mein Mitleid schenken soll? Scheiße, ihr habt doch all das Gold und die Diamanten und all die Düsenbomber *und* meinen Arsch, und da willst du dich auch noch in meinen Armen *ausweinen*? Komm, Mann, irgendwo muß es 'ne Grenze geben.»

Er fängt an zu lachen, denn Guy hat den Kopf zurückgeworfen und schüttet sich aus vor Lachen.

Er setzt sich auf, seine Augen sind feucht, und er zieht an seiner Zigarette.

Er greift nach seinem Whisky, stellt ihn wieder hin, findet ein Taschentuch und wischt sich die Augen.

Dann sieht er Arthur an.

«*Chapeau.* So habe ich es noch nie gehört. *Mitleid!*» Und wieder lacht er. «Ich stimme dir zu, es ist ein bißchen übertrieben, wie du sagst.» Er wird wieder ernst, nicht ganz ohne Mühe. «Aber ja, Mitleid ist nötig, es gibt keine andere Hoffnung.» Endlich gelingt es ihm, einen Schluck Whisky zu trinken. «Ich habe *keine* Düsenbomber und so weiter, und wenn ich schon *deinen* Arsch hab, dann hast du meinen, und das gibt mir vielleicht das Recht auf ein bißchen *Mitleid.*»

Er wird wieder ernst. «Aber Spaß beiseite. Ich bezahle für etwas, was ich nicht besitze und was ich ganz gewiß nicht besitzen will. Ich will keinen Sklaven besitzen, ich will keine Kolonie besitzen, ich will dein Freund sein, ich will, daß du mich ansiehst als einen Menschen wie du. Das ist die Wahrheit, ich glaube, das weißt du. Es ist wahr, daß ich Franzose bin, und was du über Europa sagst, ist wahr – das sehe ich ein. Aber *ich* habe nie zu dir Nigger gesagt, ich glaube, das liegt nicht in mir. Gut, vielleicht glaubst du mir nicht. Es ist durchaus möglich, daß du es dir nicht leisten kannst, mir zu glauben.» Er senkt den Blick. «Vielleicht kann eine so brutale Geschichte nur brutale Bestien hervorbringen. Aber das glaube ich nicht. Und du glaubst es auch nicht. Geschichte ist immer brutal. *Ich* glaube –» er wird jetzt ganz ernst, zündet sich noch eine Zigarette an, runzelt die Stirn, senkt den Blick – «*ich* glaube, daß meine Geschichte mich in jeder, außer in materieller, Hinsicht zum Bankrotteur gemacht hat und mich bald auch in diesem Sinn bankrott machen wird, und vor dieser Mathematik kann mich auch dein Mitleid nicht bewahren, nicht einmal deine Liebe. Ich halte nicht an meiner Geschichte fest; meine Geschichte hält mich fest. Meine Geschichte hat zu viele Lügen über zu vieles gesprochen, sie hat das Heilige entweiht. Es liegt mir fern, mir das nicht bewußt zu machen. Ich *weiß*, warum wir Afrika brauchten, und es war nicht nur wegen des Goldes und der Diamanten! Das war die Lüge, die wir uns einredeten: weil *wir* zivilisiert waren.» Wieder macht er eine Pause und leert seinen Whisky. «Wir mußten es sein. Es ist ein Wunder, daß überhaupt einer von uns noch furzen oder sogar scheißen kann.» Er blickt nachdenklich in sein Glas, dann sieht er Arthur an. «Trotz allem Anschein, *cher sauvage*, bist du nicht das Opfer. Du warst das Ziel einer Verschwörung, und die Verschwörung ist fehlgeschlagen.»

Er betrachtet Arthur mit einem müden, liebevollen Lächeln. «Ich weiß jedenfalls, ganz egal, was du sagst, daß du nie einen Menschen, den du liebst, im Stich lassen wirst. Und das ist genug.» Er drückt seine Zigarette aus, zündet eine neue an, ein wenig schüchtern jetzt. «Ich bin gerade so betrunken, um mir noch einen Drink zu gönnen –» er schaut Arthur an – «hältst du mit? Und danach gehen wir irgendwo zum Essen, und vielleicht singst du später für mich? Aus Mitleid.» Und er lacht, ein rührendes Lachen. «Ah. Ich bin sehr froh, daß wir geredet haben.»

Arthur sieht ihn an und gibt dem Kellner ein Zeichen. «Baby. Ich auch.»

Sie verlassen das Café und setzen ihren Spaziergang fort. Beide kriegen allmählich Hunger, und es wird allmählich kalt, aber im Augenblick haben sie das Bdürfnis, miteinander zu gehen. Der Vorwand dazu, auch wenn sie eigentlich keinen brauchten, ist, daß Guy ein Stück laufen will, um einen klaren Kopf zu bekommen: die Wahrheit ist, daß das Miteinandergehen ein ganz besonderes Schweigen bewirken kann. Es liegt eine gewisse Sicherheit im Geräusch der Schritte des anderen, eine Bestätigung in der leichten Berührung durch die Schulter des anderen. Das Profil des anderen scheint im Gegenlicht auf und verschwindet wieder, jedesmal ein wenig anders, und Unendlichkeiten werden mit außerzeitlicher Geschwindigkeit verzeichnet. Man kann sprechen oder nicht sprechen – besonders wenn zwischen beiden Friede ist.

Vielleicht wären sie, hätten sie nicht im Café miteinander gesprochen, in ein Taxi gesprungen und zu einem anderen Lokal geeilt; das heißt, sie hätten rennen müssen, statt gehen zu können. Arthur schlägt seinen Mantelkragen hoch, Guy schlingt sich den Schal um den Hals. Beide haben die Hände in den Taschen. Guys o-beiniges Schlingern macht, daß seine Schulter von Zeit zu Zeit Arthurs Schulter berührt; von Zeit zu Zeit übertreibt Guy sein Schlingern absichtlich, und er und Arthur wechseln einen Blick und lächeln.

Sie sprechen kein Wort, bis sie die große Fontäne an einer Kreuzung erreichen. Dort steht ein Taxi auf dem Mittelstreifen der Avenue.

«*Mon cher chanteur*», sagt Guy, «wir müssen etwas essen.»

Sie bleiben stehen und sehen sich an, unter der Straßenlaterne.

«Richtig. Und wo?»

Guy verzieht das Gesicht und blickt die Avenue entlang. «Ich gehe nicht gern hier in der Gegend essen. Es ist nicht –» er lacht – «mein Territorium.»

Er schaut Arthur an und lacht, und Arthur lacht.

«Am anderen Seine-Ufer? Wir können in irgendein Lokal nicht weit von zu Hause gehen, *d'accord*? Und danach finden wir vielleicht irgendwo im Quartier Latin etwas Musik. Das ist da, wo du gewohnt hast», erklärt er. «Du erinnerst dich anscheinend schon gar nicht mehr an dein altes Viertel. Ah! *Les touristes!*»

«Hör mal, Baby. Hauptsache, ich krieg was zwischen die Zähne, okay? Ich weiß nicht, wieso ihr Franzosen euch immer die arschkältesten Straßenecken aussucht, um euch auszusabbeln.»

«*Ah! Comme tu es mal poli! Ils sont tous comme ça, chez toi? Donc, je commece à comprendre enfin ce sacré problème noir!*» Lachend nimmt er Arthur am Arm, und sie gehen hinüber zum

Taxistand. «Saint-Germain-des-Prés», sagt Guy dem Fahrer, und sie steigen ein.

Guy drückt ihm kurz die Hand und schaut ihn an. «*Ça va?*»

«Darauf kannst du dich verlassen, Mann», sagt Arthur. «*Ça va très bien* – mein Französisch wird besser, wie?»

«Du machst große Fortschritte. Wenn nur ...» Das Taxi beschleunigt in Richtung Place de la Concorde. Die Lichter wirbeln vorbei, und sie erinnern Arthur an die Lichter eines Kinderkarnevals in seiner Kindheit, oder in seinen Träumen, er weiß es nicht. Guy seufzt, dann grinst er und dreht sich zu Arthur um. «Vor unserem Abschiedsessen morgen abend – dürfen wir nicht über deine erstaunlichen sprachlichen Fähigkeiten sprechen. Aber es wäre schade, sie verkommen zu lassen.»

«Ich kann mir vorstellen», sagt Arthur, «daß es ein spätes Essen werden wird.»

«Gut möglich», sagt Guy, «besonders, da ich der Koch bin.»

Arthur sieht die hohe Säule auf der Place de la Concorde näher kommen, erstarrt wie ein Zeuge aus alter Zeit, nur vom Mond bewacht. Vielleicht gehört sie gar nicht hierher; wie es auch komisch ist, einen Platz, auf dem einst die Guillotine stand, *Concorde* – Eintracht – zu nennen.

Aber die Geschichte ist vielleicht die geheimnisvollste aller menschlichen Bemühungen, und Arthur verbannt das Monument aus seinen Gedanken – in dem Augenblick, als das Taxi abbiegt und den Fluß zu überqueren beginnt.

Sie essen in einem überfüllten, fröhlichen, freundlichen Lokal im Schatten der Rue Monsieur-le-Prince. Sie sitzen an einem Ecktisch, es muß wohl ein chinesisches oder jedenfalls ein orientalisches Restaurant gewesen sein, denn andauernd kommen Kellner mit neuen Gerichten gelaufen. Es kommt ihnen so vor, als würden sie stundenlang essen, und weil sie glücklich sind, kommt es ihnen so vor, als würden auch alle andern um sie her irgend etwas feiern. Sie trinken viel Wein: immer wieder kommen Kellner mit neuen Flaschen. Sie reden – oder, Arthur redet: in Guys eckiges, gerötetes und lachendes Gesicht, und dauernd scheint Guys Hand über noch einer neuen, zugedeckten Schüssel zu schweben. Arthur schaufelt alles in sich hinein, Guy macht es ebenso, und es ist, als wären sie durch unsichtbare Fäden miteinander verbunden, als würden sie vom bodenlosen Mittelpunkt her dirigiert, ganz als ob der Kalender von der Ewigkeit korrigiert worden wäre, und die Ewigkeit lächelte.

Ja. Mein Bruder war glücklich. Ich wünschte, ich wäre dabei gewesen. Ich bin froh, daß ich nicht dabei sein konnte. Wäre ich dabeigewesen, dann hätte er nicht sehen können (auch wenn *ich* es – natürlich – gesehen hätte), daß er glücklich war, weil er Guy glücklich machte. Er hatte bis dahin nie gewußt, daß er jemanden glücklich machen konnte.

Auch jetzt weiß er dies nicht: Aber da ist vor ihm Guys strahlendes Gesicht, Guy, mit diesen tiefliegenden braunen Augen, dieser eben von den ersten Falten gezeichneten Stirn, diesen rauhen, roten, lockigen Haaren. Und vor allem dem Entzücken in diesen Augen, wenn sie Arthur ansehen.

Es muß ein chinesisches – oder ein orientalisches – Restaurant gewesen sein, denn am Schluß, nachdem all diese exotischen Gerichte verzehrt sind, trinken sie Tee. Das Restaurant ist plötzlich nicht mehr so voll, aber es ist noch nicht spät. Arthur sieht auf die Uhr: erst kurz nach Mitternacht.

Guy beobachtet ihn.

Er greift nach Arthurs Zigaretten, zündet sich eine an und gibt sie Arthur, Arthur nimmt sie, und sie sehen sich an.

Da ist ein Blick in Guys Augen, den Arthur nun schon kennt. Es ist ein Schmerz in diesen Augen, auf dem Grund dieser Augen, wie etwas Lebendiges, das zu leben entschlossen ist, in den Tiefen eines Kerkers, dorthin geschleudert, und das weiß und dich wissen lassen will, daß es weiß, was geschehen ist: etwas, das die Versöhnung verweigert. Es ist der gleiche Blick, der auch auf dem Grund von Arthurs Augen ist, auch wenn Arthur das nicht weiß und es natürlich nie gesehen hat: das heißt, in seinen Augen.

Guy sieht in Arthur etwas, was Arthur nicht im Traum in Guy suchen würde. Der hartnäckige Schmerz, den Guy in Arthur sieht, bestätigt Guys Realität, gibt ihm, so könnte man sagen, das Recht zu leben; er beginnt ihn seiner lästigen Privilegien, seiner blendenden Hautfarbe zu entkleiden und nimmt ihn sozusagen in die menschliche Rasse auf. Auf diese Weise kann er, so hofft er, stellt er sich vor, Arthur auf Arthurs Boden begegnen. Aber es hat absolut keinen Sinn, Arthur auf Arthurs Boden begegnen zu wollen, und Guy kann es ohnehin nicht, und Arthur weiß das. Nicht weil er Arthurs Boden nicht kennenlernen könnte, sondern weil er seinen eigenen nicht kennt. Guy und Arthur mögen gleich einsam sein, aber Guy ist viel isolierter. Arthur ist weit eher ein Fremder für Guy als Guy es je für Arthur sein könnte; wenigstens im Prinzip und als Folge der Geschichte. Arthur braucht Guys Leiden nicht, um sich seine oder Guys Realität bestätigen zu lassen. Um diese Realitäten geht es hier gar nicht, und was die Aufnahme in die menschliche Rasse betrifft, so hat sie sich schon vor langer Zeit ereignet, mit Eisen und Feuer.

Guy hat gesagt, daß seine Geschichte ihn festhält, aber er meint damit, daß er keinen annehmbaren Zugang zu dieser Geschichte hat: sie kann ihn nicht nähren, sie kann ihn nur auszehren. Auf jeden Fall muß sie insgesamt überprüft und überholt werden, bevor sie überhaupt genutzt werden kann, und diese Prüfung wird den Rest von Guys Leben dauern. Guy würde, wie viele andere, wie Arthur, wie du und ich, lieber sein Leben leben, ohne mit der Geschichte zu kämpfen.

Denn dies ist auch Arthurs Qual, auch wenn die Bedingungen so unsagbar anders sind.

Eine Geschichte zu überholen oder der Versuch, sie zu sühnen – ein Bemühen, das sie rechtfertigen mag oder auch nicht –, ist keineswegs das gleiche wie der Abstieg in die Tiefe, den man unternehmen muß, um eine Geschichte auszugraben. Eine Geschichte ausgraben zu müssen heißt auch, den Begriff Geschichte und mit ihm das Vokabular, in dem Geschichte geschrieben ist, zurückzuweisen; denn die geschriebene Geschichte ist zwangsläufig nur das Vokabular der Macht, und Macht ist der am verführerischsten aufgeputzte falsche Zeuge der Geschichte.

Und doch entspringt der Versuch oder mehr noch die Notwendigkeit, eine Geschichte auszugraben, die Wahrheit über sich herauszufinden, dem Bedürfnis, die Macht zu haben, die anderen zu zwingen, daß sie deine Anwesenheit, dein Recht, da zu sein, anerkennen. Der angefochtene Zutritt wird angefochten bleiben, solange du nicht das Wegerecht besitzt – das heißt, solange dein Zutritt angefochten werden kann: Das Dokument, das sicheren Zutritt verspricht, kann jederzeit widerrufen werden. Macht verschafft raschen Zutritt. Aber das Paradoxe dabei ist, daß die in der Geschichte wurzelnde Macht zugleich auch die Nachahmung und die Zurückweisung der Geschichte ist. Die Macht, den anderen zu definieren, besiegelt die eigene Selbstdefinition – wer ist dann also, bei einer so schrecklichen Mathematik, um Guys Ausdruck zu gebrauchen, der Gefangene?

Vielleicht haben wir also letzten Endes gar keine Ahnung, was Geschichte ist, oder wir sind auf der Flucht vor dem Dämon, den wir heraufbeschworen haben. Vielleicht findet sich keine Geschichte in unseren Spiegelbildern, sondern nur in unserer Verweigerung: vielleicht sind die anderen wir selbst. Die Geschichte mag sehr viel mehr sein als der Treibsand, der die anderen verschlingt und der uns noch nicht verschlungen hat, die Geschichte mag versuchen, uns auszukotzen und auszuspucken, die Geschichte ist vielleicht müde. Selbst der Tod, der jeden verschlingt, wird allmählich überdrüssig – der Geschichte, tatsächlich: denn der Tod hat keine Geschichte.

Unsere Geschichte, das sind wir – füreinander. Das ist das einzige, woran wir uns halten können. Eines ist absolut sicher: Man kann niemandes Geschichte zurückweisen oder verachten, ohne damit die eigene zurückzuweisen und zu verachten. Vielleicht ist es das, wovon der Gospelsänger singt.

Denn jetzt verlassen Guy und Arthur das Restaurant, das für immer irgendwo im Schatten der Rue Monsieur-le-Prince hinter ihnen zurückbleibt, und sie wandern im kühlen Wind durch verschiedene Nebenstraßen und dann den Quai Saint-Michel entlang, sie schauen auf den Fluß hinab und hinüber zum anderen Ufer und biegen endlich in die Rue de la Huchette ein: was sinngemäß heißt, wie Arthur mir erzählte, «die Straße der fischenden Katze». (Anscheinend fand er, daß die Straße für ihn so benannt war.)

Es ist Guys Idee, denn er weiß, was Arthur nicht weiß, daß es in dieser Straße mehrere Jazz-Pinten gibt – «*Die*xie-land», wie Guy sagt. Sie treten in eine von ihnen ein, aufs Geratewohl angezogen durch die Musik. Es spielt ein amerikanisches Trio, und ein alter Blues-Sänger aus Memphis, Sonny Carr, sitzt dabei.

Die Kneipe ist nicht sehr groß, sie ist gedrängt voll, und das Trio – zwei junge Schwarze und ein junger Weißer, Piano, Baß und Zugposaune – spielt eben. Alle Tische sind besetzt. Guy bringt ihre Mäntel zum *vestiare*, und sie stellen sich an die Bar, wo sich ebenfalls Menschen drängen.

Es ist ziemlich jung, dieses Gedränge, und etwas bunter, als es sich womöglich in einem anderen Viertel von Paris finden würde: junge französische Studenten, und nicht mehr so junge Studenten, Kinder aus den Niederlanden, aus Deutschland, aus England, Amerikaner, weiße und schwarze, schwarze Afrikaner und Kinder aus Nordafrika.

Die letzteren beiden Gruppen sind die Leute, von denen Arthur sich am meisten angezogen und eingeschüchtert fühlt. Er hat das starke Bedürfnis, sich ihnen zu nähern, aber er weiß nicht wie; weiß auch nicht, ob sie seine Annäherung wollen, und ohnehin spricht er nicht Französisch. Er weiß nicht, ob er sie liebt oder nicht, und zwar deswegen, weil er befürchtet, sie *nicht* zu lieben. Was dies betrifft, so sieht er nicht, wie amerikanisch, wie westlich, wie *weiß* und – im subtilsten Sinn des Wortes – wie rassistisch er ist: denn warum *sollte* er sie überhaupt lieben? Ganz zu schweigen davon, *wie*? Niemand liebt große Menschenmengen, es sei denn, er will sie benutzen, und etliche von denen, die eine solche auserwählte Menge bilden, sind sich dessen voll bewußt. Vorhin hatte Arthur gehofft, nicht in die Lage zu kommen, Guys Zeugnisse überprüfen zu müssen, aber jetzt ist er ein wenig besorgt um seine eigenen. Wenn er schon nicht weiß, was er von *ihnen* denkt, so weiß er schon gar nicht, was sie von *ihm* denken, und *er* ist keine Masse.

Aber da ist der uralte Blues-Sänger, ein müder triumphierender Berg von einem Mann, ruhig sitzt er – oder genauer gesagt, thront er am Ende der Bar, und er und zwei oder drei der jungen Afrikaner scheinen sich gut miteinander zu unterhalten.

Der alte Blues-Sänger ist genauso schwarz wie die schwarzen Afrikaner, oder doch wenigstens beinah, und natürlich von viel dunklerer Haut als die Nordafrikaner. Wenn diese Beobachtung auch etwas zu voreilig ist: wir müssen die Optik revidieren, durch die wir sehen, was wir Hautfarbe nennen. Die Kinder aus den Niederlanden, aus Deutschland, aus England zum Beispiel sind alle mehr oder minder von gleicher Hautfarbe, und dies wäre auch kein Problem, hätte Arthur sie in New York oder in Boston getroffen. Im harten demokratischen Licht dieser Weltstädte wären sie von gleicher Hautfarbe gewesen, ob es ihnen gefiel oder nicht. Aber in Wahrheit, wenn man sie wirklich ansieht, sind sie, wiewohl in der anonymen Masse von gleicher Farbe, jeder für sich doch nicht von der gleichen Schattierung. Verschiedene Geschichten und verschiedene Zufälle sind in gleicher Weise unter der Haut eingeschrieben, und diese Geschichten und Zufälle erklären die feinen Schattierungen. Etliche stammen, über Konstantinopel, von den Wikingern ab, etliche über Wien von den Türken, etliche über die Türkei von den Juden, manche stammen über die spanischen Juden, aus der Türkei, manche über New England von den Portugiesen ab: und sie alle von einer Geschichte, falls wir dieses Wort verwenden wollen, die älter ist als das, was wir als Europa kennen. Diese feinen Abstufungen liegen in ihren Augen – in ihren Namen, falls man der Frage beharrlich nachgehen wollte. Sie sind daher nicht nur das, was ihre Geschichte aus ihnen gemacht hat; sie sind auch das, was sie aus ihrer Geschichte machen. Und was führt sie hierher? So weit fort von den Wäldern der Druiden, um ein Trio zu hören, Piano, Baß und Posaune, drei Menschen, die, sehen wir's, wie es ist, von weiß Gott woher stammen. Wir finden die Antwort nicht in ihrer Hautfarbe.

Und das gilt auch für den ehrwürdigen Blues-Sänger und die Afrikaner, die ihn umringen. In New York oder in Boston wären sie natürlich alle von gleicher Hautfarbe, würden zwangsläufig durch die Optik von Macht und Schuld gesehen werden – würden zwangsläufig als Objekte gesehen werden. Aber hier, in dieser vielbesuchten Hauptstadt, und nicht ganz so weit fort von zu Hause wie Arthur – einerlei in welche Richtung er sich wendet, welches Gewässer oder welche Landfläche er zwischen sich und zu Hause sieht –, werden ihre Schattierungen deutlicher sichtbar als ihre Hautfarbe. Ihre Schattierungen sind stumme Zeugen einer Reise, die zum Beispiel die Niederlande verleugnen. Wir können unmöglich wissen, was für eine Zukunft aus einer alabasternen Vergangenheit, die so hoch tönt, und einer ebenholzenen Vergangenheit, die so verleumdet wurde, entstehen kann, aber Hinweise finden wir vielleicht in jener Palette, die mit Farben experimentiert, um Schattierungen zu entdecken, die Schattierungen mischt, um eine Farbe zu finden – eine Farbe, die, wenn sie einmal gefunden ist, und gerade durch diesen Prozeß bedingt, stets einen willkürlichen und provisorischen Namen tragen wird. Schattierungen lassen sich nicht fixieren; Farbe ist der Gnade des Lichts preisgegeben.

Sonny Carrs Haar ist grau meliert und noch immer sehr dicht; seine Zähne können noch immer ein Schweineschnitzel das Fürchten lehren. Arthur hat sein Leben lang von ihm gehört, und er wagt nicht, sich vorzustellen, wie alt er sein mag.

Paul hat von ihm erzählt, er hat ihn vor vielen Jahren, im Süden, kennengelernt – nur kurz: aber Sonny Carr war ein Mann, als sein Vater noch ein kleiner Junge war. Und ist beinahe so lange, wie Arthur auf der Welt ist, nicht mehr in den Vereinigten Staaten aufgetreten.

Und da ist er nun. Arthur wagt nicht sich vorzustellen, was ihn hierhergeführt hat, mit welchen Leuten er zusammen ist oder war. Man bringt ihm anscheinend eine spöttisch-respektvolle Zuneigung entgegen. Arthur sieht es in den Gesichtern der jungen Leute, und im Gesicht des alten Mannes: obwohl er für ihn eigentlich kein alter Mann ist, denn in diesem Gesicht ist etwas, das zu gegenwärtig, zu fröhlich, zu großzügig ist. Im Augenblick unterhalten sie sich nicht, denn das Trio spielt. Sonny Carr brummt dem Trio von Zeit zu Zeit aufmunternd zu, und das Trio antwortet mit einem schwach angedeuteten ironischen Tusch – es antwortet jedesmal –, und von dieser Art ist auch das Verhältnis zwischen dem Blues-Sänger und den Afrikanern: leicht, angespannt und präzise.

All dies geht Arthur durch den Kopf, als Guy seinen Ellbogen berührt. «Was trinkst du?»

Denn vor ihnen steht die Bardame, ein großes, mageres, schwarzhaariges Mädchen mit hohen Wangenknochen und riesigen dunklen Augen und einem warmen Lächeln.

«Bonsoir, m'sieu», sagt sie.

«Bonsoir, mam'selle.» Er sieht sie an, sieht Guy an, ist ein wenig verlegen – er weiß nicht warum. «Mir bitte einen Whisky», sagt er, «mit Eis.»

«Bon. Et vous, m'sieu?» Dies zu Guy.

«Das gleiche», sagt Guy.

«Bien.» Sie geht plötzlich ans Ende der Bar, anscheinend von Sonny Carr gerufen. Sie beugt sich zu ihm hinüber, und er flüstert ihr etwas zu. Sie nickt, lächelt, und füllt die Gläser; sie kehrt zurück.

Sie stellt die Gläser vor ihnen auf die Theke. Als Guy zahlen will, hebt sie abwehrend die Hand. «Später.» Sie wendet sich lachend ab. «Geht noch nicht weg. Ihr werdet es erfahren, später.» Sie reagiert auf etwas, das sie in Guys Augen sieht. *«Attends. Que ça reste entre nous.»*

«Je n'ai pas tort, dis?»

Sie zuckt die Achseln. «Ah!» Und lacht und beginnt andere Gäste zu bedienen.

Arthur fragt: «Worum ging es?»

«Ich kann es dir wirklich nicht sagen», sagt Guy und hebt seinen Whisky. *«Cheers. Sacré chanteur sauvage.»*

Arthur studiert sein Gesicht. Guy schaut ein wenig verwundert, aber sehr erfreut drein.

Das Trio beendet die Nummer mit einem starken Finale – wir müssen zugeben, daß Arthur eigentlich nicht auf die Musik gehört hat, er war in seine eigene Version des Märchens von den zwei Städten vertieft: aber mit schrecklicher Klarheit hat er den schwarzen Pianisten wahrgenommen, der ihn an Peanut erinnert, und den Posaunisten, der ihn an Crunch erinnert – und irgendwie auch an mich. Und er wehrt sich kopfschüttelnd gegen alle diese Ängste und nimmt einen Schluck aus seinem Glas.

Guy berührt ihn am Ellbogen. «Jetzt werden wir Sonny Carr hören.»

Denn der Posaunist, der auf dem Applaus wie auf einer Woge schwimmt, hat das Mikrofon genommen, und während er sich mit einem auffälligen, grellbunten Taschentuch – einem Taschentuch mit Geschichte – über die Stirn fährt, sagt er lächelnd: «Ladies and Gentlemen, *mesdames et messieurs,* ich kann Ihnen nicht sagen, wie geehrt ich mich fühle, hier stehen und einen der größten Blues-Künstler aller Zeiten ankündigen zu dürfen – *mesdames, messieurs, notre père et notre ami, le grand* – Sonny Carr!»

Und er tritt zurück, und Sonny Carr steigt aufs Podium.

Als er seinen Platz vor dem Mikrofon einnimmt, wird ein seltsamer feiner Unterschied sichtbar. Erstens scheint er nicht recht zu wissen, was das Mikrofon da überhaupt soll – es ist klar: das Mikrofon ist ein banales und zweifelhaftes Instrument, aber er ist bereit, sich darauf einzulassen, falls es sich anständig benimmt. Zweitens scheint er zu wachsen, nicht daß er größer würde, nein, er wird riesig in jeder Hinsicht, scheint die Decke und die Wände zu bedrohen. Er grinst, und wir sehen das Grübchen auf seiner einen Wange, das sich nicht viel verändert haben kann, seit er jung war, und die erstaunte Frage in seinen Augen. Er sagt nichts. Er sieht sich kurz um, zu den Musikern, dann schnickt er mit den Fingern, und im gleichen Moment beginnt er:

Water-boy,
now, tell me
where you hiding?
If you don't a-come,
I'm going to tell your mammy.

Es klingt schmeichelnd und zärtlich, streng und erschöpft – durstig, denn er braucht wirklich diesen Schluck Wasser, dann lächelt er und scheint direkt zur Bar herzuschauen, zu Arthur.

You jack of diamonds,
you jack of diamonds,
I know you of old, boy,
yes, I know you of old!

Und ohne Pause wechselt er über zu:

See, see rider,
See what you done done,

Und dann, triumphierend:

Take this hammer,
carry it to the captain.
Tell him I'm gone, boys,
tell him I'm gone.

Und er beendet den Song mit etwas wie einem Hammerschlag, während die Posaune eine wüste, feindliche Landschaft zeichnet und Baß und Piano den grausamen Wechsel von Tagen und Nächten andeuten. Die Kneipe explodiert vor Applaus, und Sonny Carr steht und neigt den Kopf.

Es ist auf einmal eine sehr starke Geste. Arthur hat diese Geste sein Leben lang gesehen, und doch hat er sie noch nie zuvor gesehen.

Es ist eine Geste, ebenso weit entfernt von Bescheidenheit wie von Stolz.

Sonny neigt den Kopf vor dem, was seinen Zuhörern als seine Vergangenheit, als seine Situation erscheint. Er neigt den Kopf vor ihrer tiefen Dankbarkeit dafür, daß diese Vergangenheit, diese Situation die seine und nicht die ihre ist. Er neigt den Kopf vor ihrer stillen Verwunderung darüber, daß er als Künstler so hochgeachtet und doch als Mensch so schändlich behandelt werden kann: wann und wo immer er als Mensch behandelt wird. Er hört in ihrem Applaus so etwas wie ein stilles Erstaunen, ein unausgesprochenes Bedauern. Sie könnten zum Beispiel gewillt sein, ‹alles› hinzugeben, um so singen zu können, dabei aber fürchten, daß sie gar nicht ‹alles› hingeben können: und was noch entscheidender ist, sie ahnen nicht, daß es gar nicht darum geht, ‹gewillt› zu sein. Es geht vielmehr darum, das eigene Leben anzunehmen, selbst wenn dieses Leben oft nur ein Verhängnis zu sein scheint. Und das ist es irgendwie, wenngleich nicht ‹nur›. Das Verhängnis des eigenen Lebens abzulehnen heißt aber, gefangen und ohne Nahrung zu sein; in ihr Erstaunen mischt sich also jener lähmende Neid – der auch ihr Bedauern bestimmt –, aus welchem das, was wir ‹Rassismus› nennen, so viel von seiner Kraft bezieht. Rassismus ist ein Wort, das nur eines der Ergebnisse – vielleicht das wichtigste Ergebnis – unserer Entfremdung von unseren Anfängen, vom universellen Ursprung bezeichnet.

Der Applaus dient also teilweise dazu, das sich einstellende, gewalttätige und unvermeidliche Unbehagen zu beschwichtigen, zu betäuben.

Sonny beendet den Applaus, indem er die Hand hebt und mit einem Lächeln sagt: «*Merci, messieurs-dames*. Guten Abend,

Ladies and Gentlemen. Ich glaube, wir haben später noch eine kleine Überraschung für Sie. Gehen Sie bitte nicht weg.»

Er wirft dem Trio einen Blick zu, und sie schmettern eine alte, fröhliche Ballade, die Paul manchmal für Arthur sang, als Arthur klein war: *Get Along Home, Cindy, Cindy*, und sie machen eine lustige, frivole Geschichte daraus. Arthur vermutet, daß das Publikum die sexuellen Anspielungen, die Sonny in seinem Slang vorträgt, nicht versteht – in Sonnys Version ist Cindy ein wahres Wunderkind, aber irgendwie zwingt er sich, sie noch zu übertreffen –, aber offenbar können sie ihm mühelos folgen. Sie folgen seinen Augen und natürlich seiner Stimme, und er telegrafiert und interpretiert ihnen alle spaßigen Verdrehungen. Arthur fragt sich, wie er selbst sich vor diesem Publikum fühlen würde.

Das Stöhnen der Posaune, ein mahnender, drängender, eindringlicher Klang, schneidet den Applaus ab. Baß und Klavier haben eine traurige Nachricht zu vermelden, und Sonny hebt an und spricht sie aus:

Ever since Miss Susan Johnson
lost her Jockey, Lee,

Guy packt ihn am Arm.

«Das ist *mein* Song!» flüstert er. «Er ist von Bessie Smith. Ich habe ihn noch nie jemand anders singen hören!»

There has been much excitement,
more to be –

Sehr hart, diese Ankündigung, die außerdem zu verstehen gibt, daß daran nichts Neues ist. Und doch bringt er den ganzen Saal dazu, auf die Nachricht zu warten.

You can hear her moanin'
night and morn.
Wonder where
my Easy Rider's gone?

Dies ist ein ganz anderes Mädchen als Cindy; oder es ist eine älter gewordene Cindy. Sonny erzählt nur die Geschichte. Außerdem ist es eine äußerst lakonische Geschichte, und Arthur fragt sich, was die Zuhörer wohl damit anfangen werden. Es ist ganz still im Raum, als ob alle den Atem anhalten und darauf warten, daß die Nachricht verkündet wird.

All day, the phone rings,
but it's not for me.

Arthur sieht sich in dem angespannt schweigenden Raum um, und er ist verwundert, fragt sich verwundert, was sie eigentlich hören. Vor allem aber ist er verwundert. Die Stimme erzählt die Geschichte, ohne zu schwanken: die drei Musiker steuern die buchstäblich unaussprechliche Wahrheit bei. Eine Welt wird um dieses lakonische Ereignis herum erschaffen, ein Ereignis, das, ohne daß es näher ausgeführt würde, immer schrecklicher wird. Ein namenloser Mann, der fortgelaufen ist, und seine wartende, auf und ab laufende Frau, irgendwo im Tiefen Süden Amerikas – wann? Genau jetzt, nach dem Schweigen auf den Gesichtern im Raum zu urteilen, und der Fortgelaufene, oder die Frau, könnte jeden Moment von der Straße hereinkommen.

Denn,

He's gone where
the Southern
«cross»
the Yellow Dog.

Alle Möglichkeiten offen oder alle Möglichkeiten versperrt. Die Frage bleibt in der Luft hängen, bis sie im Applaus untergeht.

Der Applaus ist ungeheuer, aber diesmal sagt der Posaunist, daß sie jetzt eine Pause machen.

Guy und Arthur sehen sich an. Guy schüttelt lächelnd den Kopf.

«Il est formidable.» Er verzieht lächelnd die Lippen und nickt mit dem Kopf. *«Merde.»* Er blickt über Arthurs Schulter, und sein Gesicht verändert sich.

Arthur dreht sich um und sieht Sonny Carr die Bar entlanggehen, und er kommt direkt auf Arthur zu.

Arthur wird klar, daß Guy diesen Augenblick hat kommen sehen.

«Vielleicht irre ich mich», sagt Sonny Carr zu Arthur, «aber wenn zwei und zwei wirklich vier macht, kann ich dir sagen, wie du heißt. Sag nur ja oder nein: heißt du mit Vornamen Arthur?»

«Ja, Sir», sagt Arthur.

«Und dein Vater heißt ... Paul?»

«Ja, Sir.» Arthur muß unwillkürlich lächeln. Er weiß nicht, wie ihm geschieht.

«Und du kommst eben aus London?»

«Ja, Sir.»

«Ich will dir mal sagen, woher ich das weiß. Ich habe Freunde in London, die haben mir erzählt, daß ein junger Typ hier vorbeikommt, ein Gospelsänger mit dem Namen – na, sag schon, wie war er doch gleich? – Wisconsin? Oklahoma? Ohio? Ein indianischer Name jedenfalls – nicht etwa Chattanooga?»

Sie lachen beide, und Guy lacht, und auch die Barfrau. Das Trio und überhaupt alle im Raum sind erstarrt.

«Nein, Sir. Der Name ist Montana.»

«Wußte ich's doch, irgendwas in dieser Richtung. Wie geht's deinem Vater?»

«Gut. Er hat mir viel von Ihnen erzählt, als ich klein war.»

«Oh. Ich hab ihm viel erzählt – als *er* klein war.» Er lächelt und nimmt Arthurs Hand in seine. «Singst du ein bißchen für uns? Komm.» Er hält inne, sehr behutsam – mein Gott, diese Demut, diese unergründliche Höflichkeit, mit der Erfahrung die Jugend anerkennt! – und sieht Guy an. «Guten Abend, Sir. *Bonsoir*, und Gott segne Sie. Ich will ihn gerade für eine Weile entführen, aber ich werde ihn nicht weit verschleppen. Er bleibt hier, wo Sie ihn sehen können.» Er lächelt und streckt die Hand aus.

Guy ergreift lächelnd seine Hand. «Es ist eine große Ehre für mich, Sie kennenzulernen. Ich bin Guy Lazar.»

«Ich freue mich auch, Sie kennenzulernen. Kommen Sie doch rüber zu uns, auf einen Drink.» Er legt den Arm um Arthur und gibt Guy ein Zeichen, und die drei gehen zurück ans Ende der Bar.

Und so lernt er schließlich auch die Afrikaner und die Nordafrikaner kennen. Es wird ihm deutlich bewußt, daß er, für alle sichtbar, zu Guy gehört. Er fragt sich vor allem, wie die Nordafrikaner dies aufnehmen werden.

Jetzt geht ihm der Gedanke durch den Sinn, daß seine Lage nicht so ganz verschieden von der eines Weißen in den Vereinigten Staaten ist, der sich Sorgen macht, wie seine weißen Freunde seinen schwarzen Freund ansehen werden – nun ja: sich auch Sorgen macht, wie seine weißen Freunde *ihn* ansehen werden.

Er kann dieser verwirrenden Spekulation nicht weiter nachhängen. Sie werden miteinander bekannt gemacht.

Er hätte sich keine Sorgen zu machen brauchen. Er ist in Sonny Carrs Kreis eingetreten, mit Sonnys Arm um seine Schulter; Sonny ist zu ihm hingegangen und hat ihn gerufen. Dies macht ihn zu etwas Besonderem, und es macht Guy zu etwas Besonderem, wenigstens für den Augenblick, für diesen Abend.

Sie schütteln alle einander die Hände. Vielleicht ist da eine schwache Andeutung von Steifheit und übertriebener Höflichkeit in der Art, wie die Nordafrikaner Guy begegnen, aber sie verfliegt rasch, wie ein strenger Geruch in der Luft. Sonny erklärt, was die Barfrau schon weiß, daß nämlich Guy und Arthur seine Gäste sind – sie sind es, schon seit sie hereinkamen – und daß Arthur der Sohn eines alten Freundes von ihm ist, ein Freund von früher, von drüben, und daß Arthur für sie singen wird. So lernt er auch das Trio kennen. Der weiße Bassist ist aus Chicago, der Posaunist aus Oakland, der Pianist aus Syracuse. Und nach den ersten steifen, verlegenen Sekunden beginnen sie miteinander zu sprechen, Guy und zwei von den Nordafrikanern beginnen ein Gespräch, das gemessen, freundlich und eindringlich klingt – oder vielmehr aussieht.

Das Trio über ... neben ihnen fällt in einen guten, rockenden Beat, in den Arthur einstimmen kann, wann er will. Sonny kündigt ihn als die ‹Überraschung› an, die er vorhin versprochen hat. Arthur steigt aufs Podium.

Sonny auf seinem Barhocker überragt Guy, der neben ihm steht. Die Gesichter der Afrikaner und Nordafrikaner glühen im Schummerlicht wie Statuen in einer Höhle. Und die Gesichter jenseits dieses Kreises, jenseits des engsten Kreises um Arthur, sind deutlich und formlos zugleich, wie ein atmendes, wartendes Meer.

Arthur bewegt sich einen Moment im Takt der Musik, die Schultern hochgezogen, wie ich ihn manchmal beim Tanzen sich bewegen sah. Aber sein Kopf ist völlig leer: zu keinem einzigen Lied fallen ihm die Worte ein. Er schaut zu Sonny hinüber, und Sonny sieht die Frage in seinem Gesicht und lacht.

«Sing doch *Daniel*!» ruft er.

Noch immer der Worte nicht sicher, öffnet Arthur den Mund, und die Worte kommen heraus!

Daniel
sah den Stein
der gehauen
aus dem Berg.

Und alles stimmt zusammen, er und das Trio und der Beat, Sonnys schwarzes Gesicht und Guys weißes Gesicht, und all die anderen Gesichter.

Daniel
sah den Stein
der gewälzt
nach Babylon.

Ja, es ist gut. Sonny klatscht in die Hände: «Ja, gut, machen wir 'n bißchen Kirche hier drin!» Guys Gesicht glüht. Die anderen, dunkleren Gesichter begegnen ihm in der Intensität und der Schönheit des Rhythmus, von dem er sich treiben läßt, und die Gesichter jenseits dieses Kreises scheinen mit einer stummen Aufforderung vorwärts zu drängen.

Jesus ist der Stein
der gehauen aus dem Berg
der zerbricht
das Königreich der Welt!

Der Applaus brandet über ihn hinweg wie das Getöse einer einstürzenden Mauer. Die Menge will ihn nicht gehen lassen. Schließlich singen Sonny und Arthur zusammen:

Oh, wenn dereinst ich komme
ans Ende meiner Reise,

Und Sonny schaut Arthur in die Augen, und sie singen:

vom Leben satt
wenn die Schlacht gewonnen.

Arthur hört die gewaltige, heldenhafte Müdigkeit eines Menschen heraus, der sich für die letzte oder die erste große Prüfung bereit macht. Wie er da neben Arthur steht, ihn überragend und sich zugleich, einen Arm auf Arthurs Schulter, auf ihn stützend, sieht Sonny nicht so aus, sondern *ist* so alt, wie er ist. Es ist beinah gewiß, daß er Arthur niemals wiedersehen wird. Ganz gewiß wird er Paul nicht wiedersehen: aber hier steht er und singt, zusammen mit Pauls Sohn.

Den Stab hast du getragen
und das Erlöserkreuz ...

Ja, Sonny Carr ist alt. Für Arthur ist er unvorstellbar alt. Wie er neben ihm steht, fühlt Arthur, während sie zusammen singen, das schwache, unkontrollierbare Zittern in der Hand auf seiner Schulter, das Rasseln am Grund seiner Stimme. Sein Atem ist leicht bitter von all den Jahren mit Frauen und Whisky und Zigaretten, den Jahren des Umherwanderns, der Ablehnung, des Schweigens, und des Getöses; den Jahren des Umherwanderns, Untergehens und Aufsteigens, den Jahren der Tränen und des Zorns und des Lachens und der Lust und der Zärtlichkeit. Arthur kann sich nicht vorstellen, was jetzt vor Sonny liegt. Ist die Straße frei, oder ist sie versperrt? Blickt er zurück, würde er gern umkehren? Woran erinnert er sich?

Er hat sich an meinen Vater erinnert, denkt Arthur, an die Zeit, als mein Vater jung war. Und so hat er mich erkannt.

Aber er ist viel zu jung für solche Spekulationen. Weit entfernt davon, sich von Erinnerungen lösen zu wollen, fängt er eben erst an, welche zu sammeln. Noch ist der Schmerz ein neues, beängstigendes Land für ihn, noch muß er sein Zelt aufstellen und dem Wetter dort draußen trotzen. Auch er weiß nicht, ob die Straße vor ihm frei ist oder versperrt. *Oh, yes,* brummt Sonny, *I know*, und Arthur singt mit ihm die letzten Verse des letzten Lieds, das sie in dieser Nacht zusammen singen,

Dank dir für das, was du getan,
Du hast's vollbracht, mein Weg fängt an,
Den Schlüssel bring ich dir,
Ich hab ja deinen hier bei mir.
Ich preise Gott, ich hab ein Haus erkannt,
Das nicht gebaut von Menschenhand.

Guy und Arthur verbringen mit Sonny und seinen Freunden die Nacht, die mit einem Frühstück in Sonnys Wohnung endet, die in einem Hinterhof an der Place Pigalle gelegen ist. Sie kommen nach Hause, als die Sonne schon aufgegangen ist, und schlafen bis in den Abend.

Und dann kommt natürlich ihr spätes, langes und stilles Abendessen. Es ist Freitagabend, und sie kommen überein, daß Arthur am Sonntagabend fahren wird.

«Paris wird leer sein ohne dich», sagt Guy, der, den Kopf in Arthurs Schoß, auf dem Sofa liegt. «Du wirst mir fehlen, *mon cher chanteur sauvage*. Aber selbst wenn ich millionenmal unglücklicher wäre, als ich es bin, ich würde es nie bedauern, dich kennengelernt zu haben. Es hat mir sehr viel bedeutet, es hat –» er lächelt zu Arthur hinauf – «mir die Hoffnung wiedergegeben.»

«Auch für mich ist es wunderbar gewesen», sagt Arthur. Dann: «Laß uns aber nicht das ganze Wochenende damit verbringen, daß wir einander Good-bye sagen. Scheiße, feiern wir lieber ein Fest. Ja, laß uns zum Beispiel morgen hingehen und fragen, was dieser Regenmantel kostet, und dann laß uns am Airport Good-bye sagen, einfach so. Du siehst mich bestimmt wieder, Baby, mach dir deswegen keine Sorgen.»

Guy schneidet eine Grimasse. «Vergiß nicht, mir Karten zu schicken, wenn du deinen Auftritt im Olympia hast. Dort haben Josephine Baker und all die Großen gesungen, Trenet, Edith Piaf, Yves Montand ... sie alle haben dort gesungen.» Arthur brummt. «Nein, ich meine es ernst. Du wirst bestimmt dort singen, eines Tages.»

Guy bringt Arthur am Sonntag zum Flughafen und küßt ihn an der Paßkontrolle zum Abschied. Arthur trägt den Regenmantel, den er so bewundert hat – Guy hat es sich nicht nehmen lassen, ihn ihm zu schenken. «So wirst du, immer wenn es regnet, bestimmt an mich denken. Vielleicht gibt's eine Sintflut in Amerika. Das würde mich sehr freuen.»

Er betrachtet Arthurs Rücken, während Arthurs Paß abgestempelt wird. Dann dreht Arthur sich ein letztes Mal um und winkt. Guy winkt zurück. Er fühlt, wie Tränen in seine Augen treten. Arthurs lange, schmale Gestalt verschwindet die Treppe hinauf.

Julia war tags zuvor von Abidjan nach Paris geflogen und traf am gleichen Sonntag mit einem anderen Flugzeug in New York ein. Sie hatte ihre Ankunft niemandem außer Jimmy angekündigt, aber Jimmy war im Süden.

Und dann [illegible]

[illegible]

[illegible] Montag [illegible]

[illegible]

Julia [illegible] New York [illegible]

Fünftes Buch
Die Pforten der Hölle

Ich bin's, ich bin's,
Ich bin's, o Herr,
Bedürftig des Gebets zu dir.

Ich weiß, daß mein Gewand mich ziert,
Hab's an der Höllen Pfort' probiert

Ihr habt gewiß meine Erschöpfung und meine Panik gespürt, falls ihr mich bis hierher begleitet habt, und ihr könnt euch vorstellen, wie sehr es mich erschreckt, daß ich ans Ende meiner Geschichte komme. Es sollte nicht meine Geschichte sein, obwohl es weit mehr meine Geschichte geworden ist, als ich gedacht oder gewollt hatte. Ich habe mich mehr als einmal gefragt, warum ich damit angefangen habe, aber – ich weiß warum. Es ist ein Liebeslied für meinen Bruder. Es ist ein Versuch, der Liebe und auch dem Tod ins Auge zu sehen.

Ich habe mich sehr gefürchtet, denn: ich habe mich nackt ausziehen müssen. Was man dann sieht, gefällt einem nicht, und man fürchtet, was andere sehen und tun werden. Wenn man seine tiefsten, namenlosesten Ängste herausfordert, so heißt dies auch, den Himmel herausfordern. Es heißt, dich selbst und alles und jedes und *jeden*, den du liebst, vor das wachsame Auge des zornigsten aller Götter zu zerren: der dir vielleicht deine Unverschämtheit nicht vergeben, der dich vielleicht nicht verschonen wird. Das einzige, was ich als mildernden Umstand für meine Kühnheit anführen kann, ist meine Liebe.

Heute ist Sonntag, und ich bin allein in der Wohnung. Der Winter liegt in der Luft. Eben hat es geregnet, aber jetzt ist die Sonne durchgebrochen. Vor ein paar Stunden sah ich Ruth und Tony und Odessa in den Wagen steigen, um in die Stadt zu fahren. Ruth nimmt die Kinder zu einer Matinee von *The Wiz* mit.

Ich sollte auch mitgehen, aber im letzten Moment bat ich Odessa, eine ihrer Freundinnen einzuladen. (Tony dürfte ich keinen solchen Vorschlag machen – nicht aus irgendwelchen vagen und puritanischen Gründen, sondern einfach, um den Familienfrieden zu wahren. Denn Odessa ist überzeugt, daß ihr Bruder ein Sexist ist, und bei mir hat sie, angesichts meines Alters, ihre Zweifel. Also. Ich werde es Tony überlassen.)

Ich beschloß, nicht mitzugehen, weil früh morgens Jimmy angerufen und gesagt hatte, daß er mich sehen wollte, falls ich Zeit hätte. Er hatte viel zu tun, und ich habe viel zu tun, und wir haben uns in letzter Zeit nicht oft gesehen, und ich weiß, er arbeitet an seinem Buch. Und er sagte, Julia hätte den Vorschlag gemacht, wir sollten auf einen Drink vorbeikommen.

Kurz, unsere Verabredung war, wenn auch ein bißchen anstrengender als die Matinee, doch auch dringender. Trotzdem hatte ich ein leichtes Schuldgefühl, weil ich nicht bei Ruth und den Kindern war. Aber ich muß noch etwas durcharbeiten. Ich bin noch nicht versöhnt.

Ihr werdet denken, ich sollte es sein, in meinem Alter. Aber Alter bedeutet absolut nichts, solange es nicht *dein* Alter ist, und dann weißt du noch immer nicht, was dein Alter bedeutet. Es bedeutet nichts von all den Dingen, die es, wie du dir vorstelltest, bedeuten könnte. Es bedeutet nicht, daß du irgendwie klüger oder besser oder anders bist, und es bedeutet nicht, daß du dich so ohne weiteres versöhnen kannst oder daß du dich überhaupt versöhnen kannst.

Die Kinder aber sind das Leuchtfeuer auf dieser dunklen Ebene. Sie helfen dir zu verstehen, was du tun und wagen mußt: sonst werden *sie* niemals versöhnt sein. Ich bin ihr einziger Schlüssel zu ihrem Onkel, und das Gefäß, das sein Vermächtnis an sie enthält. Nur ich kann dieses Dokument für sie entziffern. So wenig ich bei alldem, was ich bisher zu sagen versuchte, zu lügen wagte, so wenig wage ich sie zu belügen.

Tony und Odessa: Gott weiß, was sie aus alldem machen werden. Ich erkenne mich in ihnen wieder, denn ich weiß, was wir, die ältere Generation, daraus gemacht haben. Ich kann sehen, was wir waren und was wir geworden sind, und das alles ist wirklich in der Spanne eines Augenzwinkerns geschehen. Nicht einer von uns hat unsere Zukunft kommen sehen: Wir lebten selbst in unseren gegenwärtigen, unvorstellbaren Zustand hinein, bis wir auf einmal, ohne jene Zukunft erreicht zu haben, unsere Vergangenheit zu entziffern versuchten. Was ja auch ganz richtig ist, wie ich meine, vorausgesetzt, daß man die Vergangenheit nicht als einen Anlaß für Tränen, Selbstvorwürfe und Reue ansieht. Ich bin, was ich bin und was ich geworden bin. Ich würde, auch wenn ich es könnte, nichts rückgängig machen, und falls ich es könnte, falls ich es rückgängig machen müßte, würde ich doch nicht wissen wie. Der bloße Gedanke daran nimmt mir den Mut, läßt mich müde werden. Nein. Vielen Dank: Ich vergesse nicht, daß Feuer brennt, daß Wasser dich überflutet, überrollt und hinabzieht, daß der Wahnsinn im Tal, im Spiegel, auf dem Berggipfel wartet. Ich bedaure nicht, ich beschwere mich nicht: Außerdem weiß ich sehr wohl, daß es keine Beschwerdestelle gibt. Meine Hand liegt an des Evangeliums Pflug, für das, was vor mir liegt, ist das genug.

Aber die Kinder sehen sich natürlich noch nicht in uns, sie sind so eingeschlossen in ihre Zukunft, wie wir in unsere Vergangenheit.

Jimmys niedriger, schnittiger Triumph rollt in die Einfahrt, und Jimmy steigt aus in die frostige, sonnige Sonntagsluft. Ich beobachte ihn vom Fenster. Er trägt keine Kopfbedeckung und hat eine grüne Militärjacke, eine braune Cordhose und einen schwarzen Pullover an. Er holt eine große Papiertüte aus dem Wagen.

Als er vor der Tür steht, mache ich auf.

Jimmy schenkt mir ein lebhaftes, überraschtes Grinsen. «Wie geht's, mein Bruder, was machst du?»

«Wie geht es *dir*? Ich halt mich ran.»

«Besser», räumt er ein, «als aufgeben. Ich versuche auch, mich ranzuhalten.» Er stellt die Papiertüte auf den Küchentisch. «Ich habe Bier mitgebracht, und was zum Essen. So – und die Familie ist in *The Wiz*?»

«Ja, klar. Ohne den Alten.»

Er klopft mir tröstend auf die Schulter. «Nur nicht verzweifeln. Es ist ein Mordserfolg, du hast bestimmt noch Gelegenheit, es zu sehen.»

«Vielen Dank.» Jimmy zieht seine Jacke aus und geht ins Wohnzimmer. «Wie spät ist es?»

«Bald vier.»

«Wann erwartet Julia uns?»

«Oh. Wann wir kommen. Wir können anrufen.»
«Hast du Hunger? Möchtest du einen Drink oder irgendwas?»
«Ich weiß nicht. Es ist noch zu früh. Ich nehme lieber ein Bier.»
«Willst du ein Glas?»
«Nein.»
Ich gehe mit zwei Bierdosen ins Wohnzimmer. Jimmy steht am Klavier.
«An manchen Tagen weiß ich nicht, ob ich ein Buch schreiben will, oder ob ich eine Sinfonie schreiben will.» Er nimmt sein Bier und setzt sich aufs Sofa.
Ich setze mich ihm gegenüber in den großen Sessel. «Wie kommst du voran?»
«Ich weiß nicht. Aber es läßt mir keine Ruhe, das kann ich dir sagen.»
Ich lächle und beobachte sein Gesicht. Er sieht sehr aufgeräumt aus; schlank, entschlossen, ruhig. Ruhig ist vielleicht nicht ganz das richtige Wort: eine Ruhe ist die Ruhe von jemandem, der ganz Aufmerksamkeit ist, von jemandem, der in aller Ruhe seine Pflicht tut. «Ich wollte dich sehen, aber jetzt weiß ich kaum noch warum. Du weißt schon, was ich meine. Aber vielleicht wollte ich nur einmal meinen Realitätssinn überprüfen, denn die Erinnerung, Mann, wenn du anfängst, dich auf die Erinnerung einzulassen, das kann eine heiße Kiste werden.»
Er nimmt einen Schluck aus seiner Bierdose und lächelt mich an. «Es ist wahr. Ich habe versucht, mich daran zu erinnern, wie ich Arthur zum allerersten mal sah. Ist natürlich Quatsch, was macht es schon, aber es war wie ein Spiel, das ich mit mir selbst spielte. Als wir miteinander gingen, da schien es mir, als sei er immer schon dagewesen, als hätte ich ihn mein ganzes Leben lang gekannt.» Er sieht mich an. «Aber das ändert nichts an der Tatsache, daß ich immer das Gefühl hatte, daß er die große Wende in mein Leben gebracht hat.» Er steht auf, geht zu seiner Jacke und holt seine Zigaretten hervor, zündet eine an, setzt sich wieder hin, reicht mir die Schachtel. Er gibt mir Feuer. «Es ist fast so, als ob alles, was mir *vor* Arthur passiert ist, gar nicht passiert wäre», und er hält inne, runzelt die Stirn. «Ich glaube, ich verstehe das, aber ... die Sachen *sind* passiert, deshalb meine ich, daß er eine

solche Wende brachte ...» Er lacht. «Verstehst du, was ich meine?»

«Ja. Aber das erste Mal, als du Arthur sahst, das muß in der Kirche gewesen sein.»

«Ich weiß ... ja, ich weiß, auch das erste Mal, als ich *dich* sah, das war in einer Kirche. Aber alle diese Kirchen fließen zusammen. Ich bring sie alle durcheinander. Die Kirche, das war für mich vor allem Julia – ja, Julia und meine Mutter. Ich haßte es, wenn der Sonntag kam. Das bedeutete nur, daß alles sich um Julia drehte, und um mich hat sich niemand gekümmert, und mir scheint, ich habe das alles verschlafen. Ich kann mich an Arthur in der Kirche kaum erinnern. Ich erinnere mich –» er sagt es mit einer überraschenden Scheu, er schlürft sein Bier – «wie du uns einmal in die Eisdiele mitnahmst. An diesem Tag glaubte ich beinah, wir würden Freunde werden, Arthur und ich. Verdammt, wie sehr wünschte ich mir einen Freund. Aber, nein. Er ließ mich noch eine ganze Weile warten.»

«Warum hast du gewartet?»

«Ach, komm. Wer weiß?» Jetzt lacht er. «Na, bestimmt nicht, weil ich so viele andere Sachen zu tun hatte.»

Er lehnt sich auf dem Sofa zurück. «Ich meine, daß ich irgend etwas wußte, irgendwo. So wie ich Julia haßte, aber gleichzeitig etwas anderes wußte.»

«Julia stand dir im Weg.»

«Mann, ich hatte immer das Gefühl, daß niemand mit mir etwas zu tun haben wollte, weil ich dieses *Monster* von 'ner heiligen Schwester hatte!»

Wir lachen beide. Dann sagt Jimmy unvermittelt: «Aber auch Julia hatte dieses Gefühl, obwohl ... dieser ganze Mist damals hat eine Menge mit Julia zu tun, bis heute. Und ich will dir mal etwas sagen. Wenn Julia nicht gewesen wäre, hätte ich Arthur vielleicht nie wiedergesehen.» Er blickt zu mir auf, blickt ganz genau wie damals, vor Jahren, als alles anfing. «Ich drücke mich nicht verständlich aus, nicht wahr? Ich bewege mich immer im Kreis.»

Arthur war wieder in sein Leben eingetreten, als alles andere daraus verschwunden war – seine Mutter und sein Vater und lange Zeit auch seine Schwester. Ich glaubte zu verstehen, warum

Jimmys Erinnerung ihn im Stich ließ. Außerdem war da die Kirche vor Arthur und die Kirche nach Arthur. Und die Kirche nach Arthur – die Kirche, in der Jimmy arbeitete, zuerst ohne Arthur und dann, kurz, mit ihm zusammen, befand sich im apokalyptischen Süden, auf einem Schlachtfeld. Es gab mehr als genügend Gründe dafür, daß die Erinnerung stammelte.

Jimmy stellt sein Bier auf den kleinen Tisch und geht zum Klavier. Er starrt eine Weile darauf, dann setzt er sich. Er schiebt den Deckel hoch und berührt die Tasten. Er schaut zu mir her. «Lange fiel es mir schwer, ein Klavier auch nur anzufassen.» Er spielt einen Akkord. «Aber immer wieder spielen, wie ich es tat ... das hat mir geholfen.»

Dann schüttelt er den Kopf und geht vom Klavier weg, er kommt und bleibt in der Mitte des Zimmers stehen. «Sieh mal. Ich bin die ganze Zeit allein, weißt du, nichts als Arbeit, und dann rasch nach Hause, ein bißchen Fernsehen, wenn es nicht zu spät wird, und ich sehe keinen Menschen. Und heute morgen wachte ich plötzlich auf, es war gegen vier oder fünf Uhr, und ich dachte mir, verdammt, Junge, du bist erst siebenunddreißig, du solltest eigentlich leben, du *solltest* aus dem *Leben* etwas machen. Und statt dessen hängst du hier noch immer rum, in Sack und Asche. Was machst du *falsch*?» Er steckt die Hände in die Taschen, zieht sie wieder heraus, betrachtet seine Hände. «Ich wußte nicht, daß es so lange dauern würde, denn ich weiß, er ist –» aber er muß Luft holen, bevor er das Wort aussprechen kann – «tot. Und ich weiß, er hat mich geliebt, und er will nicht, daß ich leide, er will, daß ich lebe. Ich weiß es. Aber anscheinend interessiere ich mich einfach für ... nichts, wirklich, und ich kann mir einfach nicht vorstellen, daß ich mich für irgend *jemand* interessiere. Es ist, als hätte auch mein Leben aufgehört, damals in London. Und ich wünschte noch immer, ich wäre mit ihm gefahren.» Er hält inne. «Das ist's, was mir nicht aus dem Sinn geht, und es ist beinah das einzige, an was ich mich erinnern kann, und das ist so verdammt blöde, und es ist *falsch*!» Er hört auf, lächelt, sieht mich an, Tränen stehen ihm in den Augen. «Ich bin nicht gekommen, um auf deinem schönen sauberen Teppich die große Raserei zu kriegen.»

«Krieg die Raserei. Mir macht's nichts aus. Aber es geht ja um dich. Du fühlst dich noch immer schuldig, und das *ist* blöde – es gibt keinen Grund, warum du dich schuldig fühlen müßtest.»

Arthur hatte in der Pariser Music-Hall gesungen. Er und Jimmy hatten in Paris Streit miteinander gehabt, und deshalb war Arthur ohne ihn nach London gefahren. Aber Jimmy hatte vorgehabt, ihn in London abzuholen und mit ihm in die Staaten zurückzukehren.

Arthur war sehr schwierig gewesen in diesen letzten Monaten. Ich konnte mich gut erinnern. Er war *mir* gegenüber schwierig gewesen. Er machte mir angst. Ich begann allmählich zu begreifen, daß er das, was er tat, haßte. Er wußte nicht, wie er aufhören sollte, und ich wußte nicht, wie ich ihn dazu bringen konnte aufzuhören. Jimmy hatte ihn zum Aufhören zwingen wollen, indem er androhte, ihn zu verlassen, nicht mehr als sein Begleiter aufzutreten. Und tatsächlich hatte er an diesem letzten Abend nicht für Arthur gespielt, und das quält ihn heute noch.

Aber Arthur, der immer mit Verstand getrunken hatte, trank plötzlich anders, und er hatte die Drogen entdeckt – eigentlich nur Haschisch, wie Jimmy hoffte, aber er wußte nichts Genaues: auch Kokain und Heroin waren im Umlauf, und es gab ein paar üble Schleimer auf dieser Welt, die sich an Arthur angehängt hatten. Und Jimmy mußte mit alldem fertig werden. *Er* lebte mit meinem Bruder zusammen. Ich nicht. Und wenn Liebe und Angst Jimmy manchmal dazu brachten, den Krempel hinzuschmeißen, wer könnte ihm das verdenken? Mich brachte Arthur oft dazu, den Kram hinzuschmeißen, aber wie gesagt, ich lebte ja auch nicht mit ihm zusammen.

«Das ist wahr», sagt Jimmy. «Ich weiß. Aber wie lange wird es dauern, bis ich es *glaube*?» Er putzt sich die Nase und geht wieder ans Klavier.

«Möchtest du», frage ich behutsam, «jetzt gern einen *richtigen* Drink? Oder willst du warten, bis wir bei Julia sind?»

«Ich will ihn jetzt», sagt er fröhlich, «wenn du mithältst. Fangen wir mit dem Üblichen an, 'nem Klaren auf Eis.»

Ich gehe in die Küche, um die Drinks zu machen. Jimmy beginnt auf dem Klavier zu improvisieren, über das Thema von *Here Comes the Sun*, vermischt mit *Oh Happy Day*, und steigert sich, wie üblich in eine regelrechte Zeltmissionsekstase hinein. Es klingt sehr klar und wunderschön in meinem leeren Haus, an diesem sonnenhellen kalten Sonntag.

Ich hole Gläser und Eiswürfel, ich lasse Wasser über das Eis laufen, und jetzt mischt die Musik sich irgendwie mit dem Gefühl des fließenden kalten Wassers, dem Gefühl der Eiswürfel und den vielen Lichtern, die das Licht auf ihnen funkeln läßt, und mit dem Licht auf meinen Händen. Ich gieße den dunklen, honigfarbenen Whisky in die Gläser, die wie Kaleidoskope sind, während im Wohnzimmer die Akkorde branden, und mir wird klar, daß Jimmy betet, daß er betet, so inbrünstig er nur kann.

Dann stehe ich einen Moment am Küchenfenster und betrachte die Bäume, den Hof und die stille Straße dahinter, lausche auf Klänge, die an diesem Ort eigentlich fremd und bedrohlich bleiben.

Ich komme ins Zimmer zurück, und Jimmy findet kunstvoll einen tosenden Schluß, er steht auf und nimmt sein Glas.

«*Cheers*», sagen wir beide und setzen uns. Wir reden jetzt über andere Dinge, über die Arbeit, das Geld, die Politik, die Hautfarbe – schließlich über Musik, denn Jimmy sagt plötzlich: «Es wird vielleicht wirklich eine Sinfonie, es wird vielleicht kein Buch.»

Ich beschließe am Ende, nicht mit ihm zu Julia zu fahren, denn inzwischen geht die Sonne unter, und meine Sippe wird bald aus der City nach Hause kommen, und ich habe das Gefühl, ich sollte dann bei ihnen sein.

Als Arthur an jenem fernen Sonntag aus Paris eintraf, hatte er ein Taxi genommen, war über die Williamsburg Bridge direkt zu seinem Loft an der Dey Street gefahren und hatte mich von dort angerufen. Ich war nicht zu Hause, als er das erste Mal anrief; später erwischte er mich dann, und wir trafen uns an diesem Abend und planten mehr oder minder unsere nächste Reise in den Süden.

Arthur hatte Jimmy anrufen wollen, dann aber doch beschlossen, es aufzuschieben. Er hatte sich gefürchtet. Und doch wußte er, daß er ihn diesmal bestimmt treffen würde.

Julia hatte, etwa um die Zeit, als Arthur in seinem Loft eintraf, endlich den Zoll passiert und hatte sich auf den Weg zur Wohnung an der 18th Street gemacht.

New York wirkte sehr fremd nach jener Landschaft, an die sie sich solange gekettet hatte. Ihr schwindelte vor der Weite, ihr graute vor der Freiheit: sie fragte sich, ob sie hier je wieder leben könnte. Jimmys Nachricht, die schon ein paar Wochen alt war, überraschte sie nicht. Sie dachte daran, mich anzurufen, beschloß dann aber, sich erst einmal zurechtzufinden: und sie war sich nicht sicher, ob sie das Recht hätte, mich anzurufen. Es gab viele Dinge, die sie mit jemandem besprechen wollte, ja mußte; aber außer uns, das heißt den Montanas, und ihrem Bruder, hatte sie eigentlich keine Freunde hier.

Sie hatte in Abidjan Freundschaft mit zwei Frauen geschlossen, die eine war schon sehr alt; sie hatten sie nicht fortgehen, nicht in ihre geheimnisvoll barbarische Heimat zurückkehren lassen wollen. Aber sie hatte das Gefühl gehabt, auf diesem französischen Vorposten in Westafrika allmählich zu vertrocknen. Wenn es ihr Wunsch gewesen war, eine andere Definition dessen zu finden, was es hieß, eine Frau, und besonders eine schwarze Frau zu sein – nun, dann hatte sie diese gefunden: aber es schien keine Rolle zu sein, die sie spielen konnte.

Und jetzt existierte sie gleich auf zwei Kontinenten nicht mehr.

Sie hatte ihre Koffer abgestellt und Jimmys Nachricht gelesen, dann war sie ins Badezimmer gegangen und hatte sich heißes Wasser einlaufen lassen, so heiß, wie sie es ertragen konnte. Dann hatte sie sich rasch ausgezogen, wie um alle Spuren ihrer Reise abzuwerfen. Sie hatte sich im Spiegel betrachtet. Die afrikanische Sonne hatte ihre Haut geschwärzt und ihr Haar gekräuselt: und das gefiel ihr. Aber sie wußte – noch – nicht, was sie gewonnen oder verloren hatte. Sie spürte, daß sie etwas gewonnen hatte – etwas, wofür sie noch keine Worte hatte. Vielleicht war sie nach Hause gekommen, um eine Bestandsaufnahme zu machen, die sonst nirgendwo gemacht werden konnte.

Sie hatte Badesalze in die Wanne gestreut, war in die Wanne gestiegen und hatte sich dankbar in die Wärme sinken lassen, während sie sich mit einem rauhen Schwamm schrubbte, ihre Haare schrubbte, als ob sie sich etwas von der Schädeldecke, aus dem Hirn reißen wollte, ihren Körper schrubbte, als ob sie die Sünde abwaschen wollte. Und genau das dachte sie, ihre Bewegungen ließen sie das denken; vielleicht war es sogar das, woran sie immer schon gedacht hatte. Sie war eine Weile ruhig liegen geblieben, hatte sich im Wasser ausgeruht, reglos wie die Blätter auf den Tümpeln, die sie in der luftleeren Mittagsglut gesehen hatte. Sie hatte ihren Körper, ihre Lenden berührt: nicht einmal Afrika hatte sie fruchtbar machen können.

Dann hatte sie ihren Körper mit ihren Ölen und Parfums eingerieben, und ihre Ermüdung war zum Teil einer gewissen schwelgerischen, sehnsüchtigen Trägheit gewichen. Aber ihre Sehnsucht war sehr seltsam, und es schien, als wollte sie niemals enden. Und ihre Schönheit war ihr wie eine Anklage.

Sie hatte ihr langes graues Kleid angezogen und war ins Wohnzimmer gegangen, hatte sich einen Drink eingegossen. Sie hatte sich eine Zigarette angezündet und Nachtwache über ihr Leben gehalten.

Arthur war mit der Absicht nach Amerika zurückgekehrt, in den Süden zu gehen, und er fing sogleich an, seine Reise vorzubereiten. Ich hatte noch nicht alle nötigen Schritte unternommen, um mich freizumachen und ihn zu begleiten. Ein Grund dafür war, daß ich es satt hatte, Kompromisse zu schließen, und daran dachte, alle Brücken hinter mir zu verbrennen. Und der andere Grund war, daß ich eben erst Ruth kennengelernt hatte. Diese beiden Gründe erwiesen sich – natürlich, so könnte man im Rückblick sagen – als ein und derselbe: aber damals, in der Zeit, von der ich erzähle, suchte ich tastend meinen Weg.

Irgendwie aber schafften wir es. Es war nicht leicht für mich, und es war nicht leicht für Arthur: und es sollte, wie sich zeigte, meine Generalprobe als Arthurs Manager werden.

Arthur war damals kein Star, er hatte kein Geld, außer dem Geld, das er unterwegs verdiente. Und er hatte – ein entscheidender Punkt, auf den Ruth mich aufmerksam machte – praktisch nichts anzuziehen. Arthur fand, er war angezogen, wenn er tatsächlich gerade seine Blöße bedeckte, aber hätte man ihn gefragt, dann hätte er geantwortet, daß er es liebte, ‹angezogen› zu sein. Doch in Wirklichkeit lebte er, im Gegensatz zu seiner rührenden Selbsttäuschung, hauptsächlich in alten Hemden, Hosen, Pullovern und Latschen, er ging nur Einkaufen, wenn es sich gar nicht mehr vermeiden ließ oder wenn er etwas im Schaufenster sah: dann rannte er rein, kaufte und rannte wieder raus. Und das gab ihm dann immer ein solches Gefühl der Wohlanständigkeit, daß das Stück, das er sich gekauft hatte, längst verschlissen war, bevor Arthur merkte, daß es wieder mal Zeit war, ‹einkaufen› zu gehen. Da er nun der allerletzte auf dieser Welt war, der sich hätte zwingen lassen, sein Leben in einem Goldfischglas zu verbringen, war er auch der unbeholfenste aller Reisenden, wenn es ums Kofferpacken ging. Seine Vorstellung von Kofferpacken bestand darin, alles, was er sah, in den Koffer zu schmeißen und ihn zuzudrücken und zum nächsten Flugzeug zu rasen – es kam ihm nie in den Sinn, Schränke oder Schubladen zu öffnen. So zieht sich durch die uns bekannte ‹zivilisierte Welt› und noch über deren Grenzen hinaus eine erschreckende Kette von Arthurs Uhren, Armreifen, Ringen, Medaillons, Kämmen, Bürsten, Socken, Unterhosen, Hemden, Krawatten, Krawattennadeln, Manschettenknöpfen, Jacken, Hosen, Schuhen, Brieftaschen, Adreßbüchern, Schallplatten, Fotografien, Büchern, Urkunden, Prospekten, Fan-Post, Einladungen, Ölgemälden, Aquarellen, Notizen und Plakatrollen, unbeantworteten und nicht beendeten Briefen.

Ihm deswegen einen Vorwurf zu machen war gänzlich sinnlos: man mußte lernen, diese Seiten von Arthurs Persönlichkeit in Kauf zu nehmen, wenn man mit ihm zu tun hatte.

Unser Hauptproblem war natürlich das Geld – das Geld für Einkäufe und den täglichen Kleinkram, mitunter ‹Front›geld genannt: das Geld, mit dem man an der ‹Front› bezahlt. Wir nannten es ‹Kleingeld›; wir hatten natürlich keinen Kredit. Es gab keine nennenswerten Schallplattenangebote. All dies sollte sich ändern, aber das wußten wir damals nicht.

Es gab kein Geld im Süden, und Manager sind doch im Geschäft, um Geld zu machen. Eine Minderheit von Künstlern auf allen Gebieten werden ‹Stars›, aber auch diejenigen, die keine Stars sind, arbeiten immerhin genug, um allen möglichen Funktionären die Butter auf dem Brot zu sichern. Arthur bekam keine Engagements nach Copacabana oder Las Vegas, aber er war gut genug für die Universitäten; sein Ruf verbreitete sich in den unwahrscheinlichsten Gegenden. In San Francisco, Oakland zum Beispiel, in Seattle, Philadelphia und natürlich New York, in Teilen von New Jersey, Boston – und aus irgendwelchen Gründen auch in Vancouver, Toronto, Montreal und London. Das waren natürlich die Städte, in denen seine Agentur für ihn abschließen wollte; aber sie *konnten* nicht – *sie* konnten nicht – in Städten wie Savannah, Tallahassee, New Orleans, Birmingham oder Memphis für ihn abschließen. Sie hätten nicht gewußt, wie sie ihn aus den Händen des Sheriffs, von der Strafkette oder aus dem Gefängnis befreien sollten. Sie wollten nicht, daß ihm etwas zustieß, und diese Sorge kam oft aus echter Zuneigung. Aber sie wollten nicht, wollten gewiß nicht, daß er schon am Beginn seiner ‹vielversprechenden› Karriere sich zu sehr auf etwas einließ, das immerhin eine äußerst umstrittene und letztlich unpopuläre Sache war. Außerdem konnte ja, wie J. Edgars Rücktritt meinen unschuldigen Landsleuten vor Augen führte, ungemein brutaler Druck auf alle möglichen Persönlichkeiten und Korporationen ausgeübt werden, auf vielfältige Weise. Arthur selbst stand noch nicht so sehr im Blickfeld, wohl aber manche seiner Promoter.

Wie auch immer, im Süden wurde das Geld damals für Kautionen, Geldstrafen und Essen gebraucht. Man durfte, wie Arthur es ausdrückte, aus dem Süden nichts forttragen, ausgenommen, wenn möglich, die eigene Person: und da pflichtete ich ihm bei.

Dies bedeutete, daß Arthur die Tournee in den Süden bezahlen mußte – indem er auf Tournee ging. Während seine Manager ihn emsig in Städte verpflichteten, wo es etwas Geld zu holen gab, verpflichtete ich ihn fleißig in Städte, wo es nichts zu holen gab. Arthurs Auftritt in Vancouver zum Beispiel würde unsere Reise nach Jackson, Mississippi, finanzieren.

Für mich war es eine wunderbare Sache. Ich liebte es. Es war etwas, was ich gern tat: und ich entdeckte, daß ich es *konnte*. Und im übrigen mußte ich es können, ich war der Mann, der die Zeitpläne synchronisierte.

Sagen wir, Arthur arbeitet sich von Vancouver herunter, er hat Termine in Seattle und Boston, und soll mich von Boston kommend in New York abholen, um dann nach verschiedenen Orten im Süden zu fliegen.

Und sagen wir, in Montreal hat man gehört, daß Arthur in Vancouver eine Sensation war, und will Arthur an einem Tag haben, an dem er, wie ich weiß, in Tuskegee auftreten muß.

«Tut mir leid, unmöglich», sage ich in das aufgeregt keuchende Telefon. «Mr. Montana hat an diesem Tag bereits eine Verpflichtung – eigentlich ist er die ganze Woche ausgebucht.»

«Ausgebucht? Wo?»

«In Universitäten und Kirchen im Süden, Sir.»

«Darf ich fragen, mit wem ich spreche?»

«Mein Name ist Hall.»

«Nun, Mr. Hall ...»

Eines lernte ich schnell. Sie glaubten immer, im Grunde sei Geld das Problem, und sie steigerten immer den Preis. Später fing ich dann natürlich mit dem höchsten, zuletzt genannten Preis an und schraubte ihn auf das Doppelte herauf – so tastete ich mich vorwärts.

Ich fand meinen Weg. Aber das ist eine andere Geschichte. Auch Arthur fand seinen Weg irgendwie, aber nicht auf die gleiche Weise wie ich – er hatte eine andere Aufgabe. Ich begriff allmählich, wie wir unsere Verbindungen knüpfen und aufrechterhalten mußten. Das verdankte ich nicht zuletzt Ruth, die während dieser Generalprobe mit mir zusammenarbeitete und für ihre Nummern am Telefon mehrere Oscars hätte kriegen sollen.

Kurze Pause: ich erzähle euch unterdessen, wie ich Ruth kennenlernte:

Eine der schwarzen Organisationen – damals sprach man noch von ‹Negern› – veranstaltete eine Party, ich erinnere mich nicht mehr, ob es darum ging, einen Sieg zu feiern oder eine Niederlage zu beweinen, und zwar mitten in der City, in Manhattan. Ich mußte hin, wegen meines Jobs. Arthur hatte gesagt, er würde kommen, aber er ließ mich hängen. Wenn ich an die Party zurückdenke, kann ich nur sagen, das war weder Siegesfeier noch Klage, weder Stöhnen noch Tamburinklingeln. Da gab es nur, in jeweils verschiedenem Tempo, Entschlossenheit.

Es gab viel ausgekochtes, glänzendes Haar. Der Afro wartete damals gleich um die Ecke – um die er unlängst wieder verschwunden ist. Es werden viele Hüte getragen, manche offensichtlich von Architekten entworfen: noch gab es weder den Bu-Bu noch den Dashiki, die nach einer Anrede auf Suaheli heischten. Oh, die Brothers und Sisters waren schwer in Form, aber vor allem waren sie vorsichtig entschlossen. Wenn sie so viel Oberfläche zur Schau stellten, dann, um sicherzugehen, daß jeder, der sich durch diese Oberfläche irreführen ließ, durch das Eis brechen und ersaufen mußte. Ihr Anschein von Entschlossenheit wurde aufgewogen durch ihr Wissen, daß sie selbst zentimeterweise auf Zehenspitzen über ein vereistes Grab stelzten oder schlitterten. Aber immerhin waren sie durch das Feuer hindurchgegangen.

Die Brothers waren weit weniger betörend, fast grau, könnte man sagen, in bescheidenes die eigene Person geringer machendes Missionarstuch gekleidet. Während die Ladies Haare zeigten, hatten sie Augen.

Da war ich jedenfalls, einer von diesen Brothers, an ein Leben mit fest zusammengekniffenen Arschbacken gewöhnt, ich benutzte das obligatorische Glas wie einen Schild und lächelte das obligatorische Lächeln. Die Party fand in einer Stadtvilla statt, einem Haus wie bei Henry James. Der Gastgeber war Nachfahre und trug den Namen eines der schlimmsten, todbringenden Finanziers des Landes, eines der berühmtesten Räuber des Jahrhunderts, ‹vom Meer bis zum schimmernden Meer umjubelt›. Nun ja, er hoffte, sich etwas von all unserem verzweifelten, oberflächlichen Glanz einzuhandeln. Er war ein guter Mann, ein aufrichtiger Mann. Ich sprach mit ihm, solange ich konnte, solange ich es aushielt, aber das war nicht lange. Mein Schließmuskel erlahmte: ich mußte meinen Arsch und mein Leben in Sicherheit bringen. Er konnte nichts dafür, der arme Mann, er wirkte, als sei er mitten in eine lärmende Sklavenauktion geraten – am freien Tag des Auktionators.

Ich ging eine Treppenflucht hinunter, wollte mich verdrücken, denn Arthur würde nicht mehr kommen. Ich stand oben auf dem zweiten Treppenabsatz, als jemand mich anhielt, jemand, den ich flüchtig kannte, jemand – sagen wir einmal – von der Konkurrenz, eine andere Art Räuber, ein Abenteurer in der Branche dieser Scheiß-Feldzüge-gegen-die-Armut.

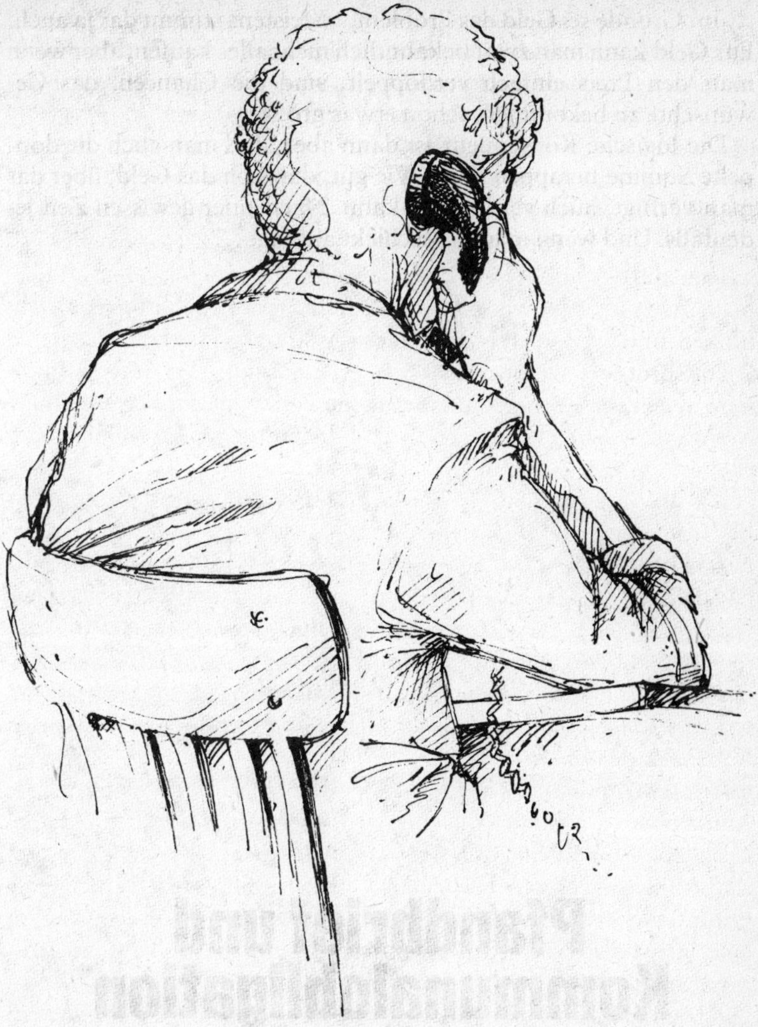

«Sie glaubten immer …

... im Grunde sei Geld das Problem.» Meistens stimmt das ja auch. Für Geld kann man zwar bekanntlich nicht alles kaufen, aber wenn man den Preis einfach verdoppelt, sind die Chancen, das Gewünschte zu bekommen, schon etwas größer.

Die logische Konsequenz ist dann aber, daß man auch die doppelte Summe berappen muß. Wie gut, daß sich das Geld, über das man verfügt, auch verdoppeln kann. Nach einer gewissen Zeit jedenfalls. Und wenn man es geschickt anfängt ...

Er war schwarz, wenn auch, hoffe ich, nicht so wie ich – tatsächlich war er ingwerbraun –, und ich grinste zurück, als er mich angrinste. Sein Name, der mir immer etwas unglücklich erschien, war Roy Furlong. Jemand von uns reimte auf seinen Namen: *nicht für mich, nicht für lang!*

«Na, was machen Sie?»

«Ich stehe hier, wie Sie sehen. Und wie geht's Ihnen?»

«Wunderbar.» Er flüsterte, ich kann mir nicht vorstellen warum, das FBI wisse bereits alles. «Will ein paar Dollars für mein Theater beschaffen.»

«Oh? Wahnsinn! Wo ist Ihr Theater?»

«Keine große Sache, verstehn Sie ... nur mein Loft unten an der East Side ... nicht weit von der Bowery. Die Kinder machen selbst die Kulissen, aus alten Bettüchern, Besenstielen, verschlissenen Decken. Wir sprayen sie mit Farbe über, verstehen Sie? Haben sogar irgendwo Mamas altes Waschbrett aufgetrieben!» Er lachte und beugte sein Fuchsgesicht zu mir vor.

«Wunderbar», sagte ich.

«Ich suche Ihren Bruder ... jemand hat gesagt, er würde heute abend hier sein. Ist er hier?»

«Ich glaube nicht. Ich hab ihn nicht gesehen.»

«Wenn Sie ihn nicht gesehen haben, ist er nicht hier. Ich will Ihnen sagen, was ich von ihm wollte ... er soll mal runterkommen und den Kindern Dampf unterm Arsch machen – ihnen mal 'n bißchen Gospel vorsingen, damit sie wissen, woher sie kommen.»

Wow, dachte ich. «Diese Kinder kommen von überallher», sagte ich. «Ja, aus katholischen Pfarrkirchen und russischen Synagogen und chinesischen Tempeln ...»

«Das ist ja der springende Punkt ... ein Song von Arthur, und die rappeln sich auf und tun sich zusammen.» Er senkte die Stimme. «Und es wäre eine große Publicity fürs Institut – wissen Sie, wir holen ein paar von den schwarzen Brothers aus den Medien zusammen, und die bringen das groß raus, und es wäre auch für Ihren Bruder fabelhafte Publicity.» Er lächelte, sehr zufrieden mit sich. «Alle werden auf den Geschmack kommen.»

Jetzt hätte ich den wirklich lächerlichen Fehler machen und

ihn darauf hinweisen können, daß es mir nicht so vorkam, als würde den Kindern dort viel von irgendeinem ‹Geschmack› vermittelt, und ich hatte schon den Mund aufgemacht, um es in Worten auszudrücken, als ein kräftig gebautes Mädchen in einem braunen Cape und mit einem Hut, der aussah wie eine schiefe chinesische Pagode, aus dem Gewühl um uns her auftauchte und Roy auf die Schulter tippte.

«Sie haben mir doch was von einer Rückerstattungsgarantie erzählt», sagte sie. «Aber die gibt es nicht.» Sie verzog ihre Lippen. «Ich brauche Ihnen wohl nicht zu sagen, wohin ich Ihnen jetzt einen Tritt geben könnte.»

«Ruth, Liebling!» schrie Roy, schlang seine Arme um sie und küßte sie – zum Teil, wie mir schien, um sie zum Schweigen zu bringen, falls sie es tatsächlich ernst meinte. «Bist du schon den ganzen Abend hier? Habe dich gar nicht gesehen.»

«Ich hab mich in den Ecken rumgedrückt und gelauscht, wie Sie den Leuten das Geld abknöpfen. Ich habe das Geschwätz bis oben satt, bis an die Zähne ... warten Sie nur, Mr. Furlong, bis ich meinen Bericht einreiche!»

Roy sagte: «Sie werden mir doch nicht schaden wollen, Schätzchen.» Er wandte sich mit einer gewissen Erleichterung an mich. «Kennt ihr beide euch schon? Das ist Ruth Granger, wir haben mal eine Zeitlang zusammengearbeitet. Ruth, das ist Hall Montana.»

Wir schüttelten uns die Hände. Es gefiel mir, wie ihre Hand sich in meiner anfühlte. «Ich freue mich, Sie kennenzulernen, Mr. Montana. Kennen Sie diesen Medizinmann schon lange?»

«Wir laufen uns manchmal auf Parties über den Weg», sagte ich.

«Ah. *Bettel*-Parties. Natürlich», sagte sie und grinste Roy an.

Roy lachte und hob hilflos die Hände. «Ich weiß nicht, warum du mich so schlecht behandelst, Mama. Also wirklich! Was kann ich Gutes für dich tun?» Und er schaute mich mit, wie er glaubte, gespielter Verzweiflung an. «Wie ich sehe, hast du nichts zu trinken. Darf ich dir einen Drink holen?»

Ich sagte: «*Ich* hole der Lady einen Drink! Wir lassen Sie inzwischen allein, damit Sie sich andere Mittel und Wege ausdenken können, wie Sie bei der Lady wieder Gnade finden.» Ich grinste Ruth an. «Darf ich?»

Sie hängte sich die imposante Umhängetasche, die sie mit sich herumschleppte, über die andere Schulter, damit sie sich bei mir unterhaken konnte: sie war entschieden für alle unwahrscheinlichen Zwischenfälle ausgerüstet. «Ich glaube, Sie haben die perfekte Lösung gefunden», sagte sie und lächelte Roy süß an. «Guten Abend, Mister Furlong!» Und wir mischten uns wieder unter die Menge.

Das hatte ich nicht vorgehabt, hatte wirklich gehen wollen. Aber kaum hatte ich Ruths Gesicht unter diesem absurden und doch einnehmenden Hut gesehen und hatte einen ersten Eindruck von ihrer grotesken Ausrüstung gewonnen, schlug meine Stimmung um, und ich war nicht mehr so sehr darauf erpicht, allein zu sein. Sie gefiel mir. Sie war komisch. Sie war direkt. Nicht einmal im Traum konnte ich mir ihre Geschichte vorstellen. Wenn sie lachte, sah sie genauso aus, wie ein berechnender zehnjähriger Schuhputzerjunge. Sie war kräftig gebaut, aber sie war nicht dick – ein grobknochiges Kind. Und was diese ganze Robustheit zusammenhielt, war ein verletztes und tapferes kleines Mädchen. All das spürte ich, wie man solche Dinge eben spürt. Sie gefiel mir.

Es ist seltsam, aber wenn eine Frau einem Mann auf den ersten Blick gefällt, denkt er meist nicht an sie als Frau: das kommt später, wenn überhaupt. Am Anfang ist er nur erleichtert, daß er nicht gezwungen ist, um eine Eroberung zu kämpfen. Er ist erleichtert, von seiner Rolle befreit zu sein. Viel später dann wird ihm vielleicht klar, daß er von einer Selbsttäuschung befreit gewesen ist, die beide, die Frau und ihn selbst, bedrohte. Und die Frau wird dann zu einem viel interessanteren und schöneren Geschöpf als je zuvor.

Wenn Ruths Äußeres gekünstelt, um nicht zu sagen eigenwillig war, so war ihr Geschmack doch einfach. Sie war zum Beispiel nicht scharf auf einen Brandy Alexander oder einen klebrig süßen Manhattan oder irgendeine französische oder russische Köstlichkeit, sondern wir nahmen, was wir schließlich ergattern konnten, zwei Dewars on the Rocks. Dann drängten wir uns wieder durch die Menge hinaus ins Treppenhaus, wo wir uns kennengelernt hatten. Ruth stellte ihre Umhängetasche auf den Boden, und wir setzten uns auf die Treppe.

Ich weiß nicht, warum wir nicht bereits beschlossen hatten, zusammen fortzugehen, aber ich glaube, wir spürten beide, jeder auf seine Weise, daß wir riskiert hätten, zu rasch vorzugehen und alles zu verderben. Seltsam, wie wir nach etwas handeln, von dem wir noch nicht wissen, daß wir es wissen.

Ich setzte mich auf die Stufe unter ihr und lehnte mich mit dem Rücken an das Eisengeländer der Balustrade.

«Ich freue mich, daß wir uns kennengelernt haben», sagte ich, «aber ich kann nicht der Versuchung widerstehen, Sie zu fragen, wie und wo haben Sie diesen Hut aufgetrieben?»

Sie lachte und faßte an das merkwürdige Ding. «Erinnern Sie sich an Hattie McDaniel, sie hat die Mammie in *Vom Winde verweht* gespielt.»

«Ja.»

«Und erinnern Sie sich, irgend jemand schenkte ihr am Ende etwas ... einen scharlachroten Unterrock, ausgerechnet ...»

Ich fing an zu lachen. «Ja ...»

«Ich glaube, es ist tatsächlich Clark Gable, der ihn ihr schenkt ... ich wage gar nicht, daran zu denken ... aber jedenfalls, sie *zeigt* ihn Clark Gable ... hören Sie doch auf zu *lachen* ...»

«Ich kann nicht ... und dann ...?»

Wieder faßte sie an ihren Hut. «Jeder von uns sucht auf seine Art nach Beifall. Bei Clark Gable, ich gebe es zu, da pfeife ich drauf, aber es gibt ja auch andere. Ich möchte einfach, daß sie sehen, wie gut mir das steht – was sie mir geschenkt haben.»

Ich muß wohl etwas besorgt dreingeschaut haben, denn sie lachte und sagte: «Nein. Es ist nur ein verrückter spaßiger Hut. Es hat etwas damit zu tun, was die Leute die Gabe der glücklichen Hand nennen, wie bei den Prinzen von Serendip. Ich hab ihn an einem *besonderen* verregneten Nachmittag gekauft, und ich setze ihn auf, wenn ich in einer bestimmten Stimmung bin.»

«Was ist das für eine Stimmung?»

«Oh. Wenn ich will, daß man den Hut sieht, bevor man mich sieht.»

«Aber es funktioniert nicht. Im gleichen Moment, als ich den Hut sah, wollte ich *Sie* sehen.»

«Das bedeutet, daß Sie abnormal sind und möglicherweise gefährlich … Sie zweifeln an der Möglichkeit von Ursache und Wirkung.»

Wir lachten beide so laut, daß die Leute sich umdrehten und zu uns herübersahen.

«Woher kommen Sie, Kind?»

«Vom Mississippi-Delta. Habe eine Weile im Süden gelebt.»

«Und woher kennen Sie Roy Furlong?»

«Ist es denn möglich, ihn *nicht* zu kennen?» Sie grinste und trank einen Schluck. «Ich war einmal Privatsekretärin bei –» sie nannte den Namen einer schwarzen Schauspielerin und Sängerin, die im letzten Jahr gestorben war – «und die ließ sich für eine seiner Benefizveranstaltungen einspannen, und ich mußte ihn ein paarmal ausschimpfen.»

Sie kramte in ihrer Umhängetasche und fand eine Zigarettenschachtel. Sie bot mir eine Zigarette an, gab mir Feuer, zündete sich selbst eine an. Sie steckte die Zigaretten wieder in die Tasche. «Wir sind nicht gerade das, was man enge Freunde nennt.»

«Das habe ich gemerkt.»

«War auch nicht schwer, hoffe ich. Trotz dem Hut.»

«Nein. *Wegen* dem Hut.»

Sie lachte. «Gott sei Dank. Na, dann brauche ich ihn wohl mindestens einen Monat nicht mehr aufzusetzen.»

Wir hatten beide unsere Gläser geleert. Ich sagte: «Wollen wir nicht von hier verschwinden? Wenn Sie es nicht gerade eilig haben, würde ich Sie gern auf einen Gutenachtschluck einladen, irgendwo. Okay?»

«Okay», sagte sie und stand auf, wobei sie einen verstohlenen Blick auf ihre Uhr warf. Ich nahm unsere Gläser und stellte sie auf einem der Tische oben an der Treppe. Sie schulterte ihre Tasche, und wir gingen die Treppe hinunter, lächelnd und verschiedenen Leuten zunickend, immer in der Hoffnung, weder von Furlong noch von unserem Gastgeber abgefangen zu werden, die jedoch inzwischen mit ziemlicher Sicherheit dabei waren, sich einer an des anderen Phantasien zu berauschen. Wir kamen hinaus in die frische Luft. Ruth war mit ihrem Wagen gekommen, und so fuhren wir nach *Smalls' Paradies*, wo wir bis zwei oder drei Uhr früh saßen und tranken und redeten und die verschiedenen, indianisch eingefärbten ‹Afrikas› verglichen, in denen wir beide das Licht der Welt erblickt hatten. Ruth wohnte damals am Riverside Drive, in den neunziger Nummern, was so viel hieß, daß wir praktisch Nachbarn waren, und sie fuhr mich nach Hause und setzte mich vor meiner Haustür ab. Wir verabredeten uns zum Lunch an einem der nächsten Tage. Ich erinnere mich noch, wie ich ihr nachsah, bevor ich ins Haus ging, und mich wunderte, wieso mir so friedlich, so unwahrscheinlich leicht zumute war.

Wir fuhren in den Süden, wie geplant, in ein verheerendes Klima. Ich meine jetzt nicht nur das jahreszeitbedingte Klima, oder das Klima meines Herzens, oder Arthurs Herzens. Ich meine etwas Schwierigeres, schwerer zu Definierendes. Es war ein Klima, erzeugt durch etwas, das in der Luft lag. Es war, als ob das Land auf die glutheiße Reinigung des späteren Regens wartete – die erbarmungslose befreiende Definition. Es lag in den Gesichtern, den Stimmen, den Dialekten, im Schrecken dessen, was nicht gesagt werden konnte.

Wir flogen von Stadt zu Stadt, aber zwischen den kleineren Städten reisten wir über Land, wir wanderten manche staubige Straße entlang, querten endlose Eisenbahngleise, liefen durch viele Unterführungen, sahen endlose Depots, Lagerhäuser, Müllhalden, verlassene Häuser am Stadtrand, wo zähes Unkraut an Holz und Stein nagte, gingen an manch einer stillen Abendveranda vorüber, betraten manche Kirche und manchen Schuppen, sahen viele, viele Kinder. Uns beiden wurde plötzlich und wortlos klar, daß wir immer noch den verschwundenen Peanut suchten, den lichten Alexander Theophilos Brown mit seiner rötlichen Haut. Er fehlte in jedem Zimmer, in das wir eintraten, drohte hinter jeder Ecke aufzutauchen, flüsterte uns im Sonnenaufgang und im Sonnenuntergang zu. Wir sprachen nicht über ihn – wir konnten es nicht; wir konnten einander nicht sagen, daß wir in einen Zustand geraten waren, der dem Wahnsinn glich. Wir lebten in Angst und Schrekken, Tag für Tag, wir bewegten uns im Schatten des Todes, und der Schatten des Todes war in aller Augen. Er war in den Augen der Männer und Frauen, die bereit und erpicht darauf waren, unsere Vernichtung herbeizuführen, und in den Augen der Schwarzen, die uns beobachteten und die Augen beobachten, die uns beobachteten. Niemand sprach je davon, so wenig wie mein Bruder und ich je von Peanut sprachen. Aber alles deutete darauf hin – all das, was nicht gesagt werden konnte.

Man konnte nicht sagen, daß Blutsverwandte sich gegenüberstanden, aber doch war es nichts anderes: der Vater schlachtete den Sohn, der Bruder kastrierte den Bruder, die Mutter betrog den Geliebten, die Schwester verleugnete die Schwester – Verwandte, die sich küßten, brachten Verwandte, die sie küßten, an die Strafkette, hetzten sie mit Hunden, weideten sie aus wie Vieh, nachdem sie sie wie Vieh verkauft hatten. Man konnte es nicht sagen: man konnte es nicht flüstern. Man konnte es nicht flüstern: man konnte es nicht träumen. Man konnte es nicht träumen: man konnte es nicht bekennen. Nicht alle Kinder des Sheriffs sind weiß, dieses Wissen war in aller Augen. Nicht alle Kinder meiner Mutter sind schwarz. Dieses Wissen, das gleiche Wissen, war auch in aller Augen, aber mit einem Unterschied.

Dieser Unterschied ist der Unterschied zwischen Flucht und Konfrontation. Oder, wenn ich mich herablassen und Begriffe aus einem Lexikon übernehmen soll, das in seiner absoluten und verzweifelten ehrlichen Unehrlichkeit wahrhaft verblüffend ist, der Unterschied, ob man schwarz oder weiß ist. Die Wörter scheinen infantil und unbedeutend in einem solchen Zusammenhang, die einen so tödlichen Sturm auf so absurd banale Weise erklären: aber ich mußte mich, wie gesagt, herablassen und sie einem Buch entlehnen, das ich, dem Himmel sei Dank, nicht geschrieben habe. Denn dies waren die beiden einzigen gesprochenen Wörter, die einzigen, die gesagt werden durften, die einzigen, die man im Wind des Südens schweben hören konnte. Wenn ich auch meinen Ohren kaum trauen wollte, wenn es mich auch erniedrigte, sehen zu müssen, daß wir so gemeine Feiglinge sein konnten, mußte ich es doch hören, denn ich war mit meinem Bruder unterwegs, und wir zitterten um unser Leben. Für sie waren wir schwarz. Und das war das einzige, was es da zu sagen gab. Oh, vielleicht lachte ich gern, und vielleicht war mir mein Leben lieb, vielleicht verstanden meine Finger, ein Gewehr auseinanderzunehmen oder eine Geige zu spielen, vielleicht liebte ich meine Frau oder meinen Sohn, meine Tochter oder meinen Bruder, vielleicht wußte ich auch, wie alle Menschen, daß ich geboren war, um zu sterben. Nichts von alldem zählte, nichts von alldem verschob auch nur um Haaresbreite die Waagschale – denn ich war schwarz. Wenn ich schon nicht gehorsam sterben oder wohlerzogen lächeln oder dankbar schuften konnte, dann sollte ich auf den Exekutionsplatz geschleppt werden, damit die Hunde sich an meinem Geschlecht labten; damit Feuer, Luft, Wind, Wasser und schließlich die Erde meine Knochen verzehrten: darauf lief es hinaus für mich und die meinen, hier, in meinem eigenen Land, das ich so sehr liebte und das ich aufzubauen geholfen hatte.

Ich beobachtete die Augen der schwarzen Männer und Frauen, wie sie die uns beobachtenden Augen beobachteten. Die Augen drückten Mitleid und Verachtung aus, eine distanzierte Belustigung – und letztlich Kalkulation, denn Kapitulation kam nicht in Frage. Du magst blind sein, schienen die Augen zu sagen, aber *ich* kann sehen, und ich sehe *dich*. Es ist kaum zu glauben, daß ich schon so lange hier bei dir bin und von deiner Hand so viel erlitten habe und dich doch so sehr geliebt und deinen nackten Leib so oft gewaschen habe, daß ich deinen Kindern den Arsch versohlte, bis sie ein bißchen Verstand annahmen (denn *du* warst kein Vorbild), auf dich aufpaßte, wenn du dich in Sicherheit wähntest (und mich darum nicht brauchen konntest), dir meine Tür aufmachte, wenn das Netz der Sicherheit riß und du elend abstürztest (und welche anderen Türen hätten sich dir geöffnet? deine Freunde sind ja allesamt wie du), dich auf den Friedhof begleitete und zur Taufe, o Gott, auf dem Berg, im Tal, Trompeten, Posaunen und Wehklagen, und dich geleitete, deine Seele in jenem letzten Fluß zu wiegen, ja, meinst du denn, daß eine so dichte, leidenschaftliche Beziehung aus mir nichts anderes gemacht hat als einen besonderen Spiegel, der nur zurückwirft, was du sehen willst? Was macht es mir aus, ob du weiß bist? *Sei* weiß: ich brauche meine Hautfarbe nicht zu beweisen. Ich wäre nicht einmal gezwungen, *deine* Hautfarbe zu sehen, wenn du nicht so sehr darauf bedacht wärst, sie zu beweisen. Warum? Und warum ausgerechnet mir. – Aber ich weiß warum. Du fürchtest, daß du schon zu lange hier mit mir zusammen lebst und nicht mehr wirklich weiß bist. Und das stimmt wahrscheinlich, aber du warst von Anfang an niemals wirklich weiß. Niemand ist es. Niemand will überhaupt weiß sein, solange er keine Angst hat, schwarz zu sein. Aber schwarz sein ist nichts, wovor man sich fürchten müßte. Das wußte ich schon, bevor ich dir begegnete, und ich habe es noch einmal gelernt, durch dich.

Vielleicht ist Weißsein kein denkbarer Zustand, sondern eine erschreckende Phantasie, eine moralische Entscheidung. Und tatsächlich das verheerende Klima, in dem Arthur und ich uns bewegten, am ehesten noch einer Schreckensphantasie und war unbestreitbar das Resultat einer moralischen Entscheidung.

Als wir dann in Florida ankamen, waren wir ausgehungert, abgebrannt, und wir hatten unseren Pianisten, einen Jungen aus Harlem namens Scott, an die Strafkette verloren. Das war in Montgomery, Alabama, passiert, einer rechtwinkligen Stadt, so weiß, daß sie tot zu sein scheint wie ein in der Wüste bleichender Knochen. Es gibt solche Städte, Städte mit Farben, die im Gedächtnis haftenbleiben: Jerusalem zum Beispiel ist wirklich golden, wenn die Sonne hinter jenen verwischten Hügeln versinkt. Und wenn die Sonne Montgomery verläßt, fühlt man sich noch am ehesten an die rauchlos glimmenden, alabasternen Pforten der Hölle erinnert.

Scott war ein vorlauter Harlem-Boy von vielleicht zweiundzwanzig Jahren, schlecht vorbereitet auf die Gewaltlosigkeit, aber bereit, es mit ihr zu versuchen, und er wurde in Montgomery gekidnappt – ich weigere mich, das juristische Wort ‹verhaftet› zu gebrauchen –, weil er auf den Gehsteig gespuckt und, wie sich dann zeigte, kein Geld in der Tasche hatte. Die Anklage lautete auf Landstreicherei, und er wurde, großenteils auf Grund seines vorlauten, aufsässigen Benehmens, zu neunzig Tagen verurteilt. Dies geschah bei Einbruch der Dämmerung, während wir im Hotelzimmer saßen und auf ihn warteten. Wir fuhren dann zur Kirche, die Geistlichen telefonierten mit der Polizei, wir brachten eine ganz unbeschreibliche Nacht hinter uns: und fanden doch erst spät am nächsten Nachmittag heraus, was mit Scott passiert war. Um diese Zeit hing er schon an der Strafkette.

Eine Menge kann einem Mann zustoßen in neunzig Tagen, und das ist der Grund, warum Scott nicht ins Hotel gebracht wurde, wo er ordentlich gemeldet war und wo wir das Geld hatten, um zu beweisen, daß er kein Landstreicher war. Und was die Anklage wegen aufsässigen Benehmens betrifft, so ist es eine der geheiligtesten Tugenden des Amerikaners, daß er den Mund ein wenig voll nimmt, wenn Fremde ihn belästigen, mit oder ohne Uniform. Als er gekidnappt wurde, weil er in die Gosse der alabasternen Stadt gespuckt hatte, sagte Scott nichts davon, daß Amerika seit Generationen applaudierte, wenn ein John Wayne zum Beispiel, oder, was das betrifft, ein J. Edgar Hoover den Beweis für diese Tugend ablegten. Nichts ist erfolgreicher als der Erfolg.

Wir mußten das Geld für die Kaution aufbringen, eine willkürlich festgesetzte, aber mitnichten belanglose Summe. Arthur kabelte an seine Agentur und an deren Anwalt – mir wurde zum erstenmal klar, daß *wir* keinen Anwalt hatten, und ich kabelte an meine Zeitschrift und deren Anwalt. Wir hofften, daß wir die Behörden genügend eingeschüchtert hatten, um Scott davor zu bewahren, daß er Peanut folgte. Aber wir konnten uns nicht darauf verlassen, einerlei ob in Dixieland oder nicht, ob im tiefsten Süden oder weiter oben. *Wir* mußten das Geld auftreiben und es in der Tasche haben, wenn wir wiederkamen, und es dem Richter aushändigen und Scott packen und uns irgendwie nach Norden retten. Zum erstenmal mußte Arthur sein im Süden verdientes Honorar kassieren: wir durften keinen einzigen Termin auslassen oder absagen, und so kamen wir nach Florida.

Wir waren uns wohl bewußt, auch wenn man es nicht laut sagen durfte, daß sie Scott gekidnappt hatten, um Arthur einzuschüchtern. Es war ein Wink mit dem wohlbekannten Schild, das noch immer in verschiedensten Truhen auf den Tag wartete, da es wieder hervorgeholt wurde: *Nigger, lies das und laufe. Falls du nicht lesen kannst, lauf trotzdem!*

Auch sie erinnerten sich an Peanut. Sie wollten nicht, daß wir ihn vergaßen.

Und so trafen wir im Kellergeschoß jener Kirche, in der verlassensten Gegend von Florida ein, wo ein Jimmy, so dünn, daß ich ihn kaum wiedererkannte, in einem alten, abgerissenen Pullover am Tisch saß und ein Sandwich kaute.

Ich erkannte ihn nicht wieder, weil er mich zum erstenmal an Julia erinnerte – und ich hatte eben erst Ruth kennengelernt. Ich weiß, es klingt lächerlich, aber es war irgendwie so, als ob ich, als ich ihn sah, die Augen vor einem plötzlichen, allzu starken Licht zusammenkneifen mußte.

«Willkommen beim Gemetzel, Jungs!»

Und wir folgten ihm hinauf in den Hauptraum der Kirche. Er setzte sich ans Klavier, und Arthur begann zu singen, und so begannen sie, endlich, ihre gemeinsame Zeit.

«Meinst du, daß du diesmal bereit bist, mich die Treppe hinaufzutragen, Mann?»

«Ja. Ich denke doch, ich bin bereit.»

«Du hast mich ziemlich warten lassen.»

«Das wollte ich nicht. Es ging nicht anders.»

«Ich habe dich zigmal verflucht, Mann.»

«Das kann ich mir vorstellen.»

«Hast du nicht an mich gedacht? Nein ... du hast nicht an mich gedacht.»

«O ja, das habe ich.»

«Was hast du dir gedacht? Dachtest du, ich würde einfach auf dich warten – wie ein Holzklotz?»

«Ich ... hoffte einfach, du würdest dich freuen, mich zu sehen. Ich konnte nicht weiter vorausdenken.»

«Freust du dich, *mich* zu sehen?»

«Du *weißt*, daß ich mich freue, dich zu sehen.»

«Wie war's in London?»

«Okay.»

«Wie war's in Paris? Was hast du gemacht?»

«Oh, rumgelaufen. Paar Denkmäler besichtigt.»

«Zum Beispiel?»

«Ach, den Triumphbogen.»

«Er ist wunderbar, was?»

«Ganz wunderbar. Aber ich bin nicht lange geblieben.»

«Fahren wir mal zusammen hin?»

«Wenn du möchtest.»

«Oh, du bist so gemein, Mann.»

«Ich habe doch nur Spaß gemacht. Ich hatte niemals vor, ohne dich zu fahren.»

«Solltest du auch nicht. Ich habe auf dich gewartet, Mann, sehr lange.»

Und Jimmy rollt sich zu Arthur herum, der ihn in die Arme zieht. Sie liegen in Jimmys Bett, hinten im Haus, wo Jimmy wohnt. Es ist gegen zwei Uhr morgens.

Im Haus ist es sehr still, genau wie draußen auf den Straßen. Auch Jimmy und Arthur sind sehr still, sehr friedlich; es ist, als wäre jeder von ihnen endlich nach Hause gekommen.

Sie hatten einander unglaublich intensiv gespürt, vorhin in der Kirche, hatten aber sehr wenig miteinander gesprochen. Sie waren von Leuten umgeben, hatten beide zu tun gehabt, Arthur war angespannt, besorgt und erschöpft. Hinter ihm stand das Bild von Scott an der Strafkette, und vor ihm die Frage seines Auftritts bei der Veranstaltung. Es war keine Zeit mehr, etwas zu essen oder sich umzuziehen. Er hatte gewußt, gespürt, daß er Jimmy bald sehen würde, und er hatte sich danach gesehnt, ihn zu sehen. Aber er hatte sich auch davor gefürchtet, ihn zu sehen, und es schien eine Rache des Schicksals, es so einzurichten, daß sie sich unter so mörderischen Umständen, in diesem Augenblick und an diesem Ort wiedersahen.

Und doch begann die Atmosphäre zwischen ihnen sich unmerklich zu entspannen, sobald sie sich der Musik überließen. Einer spürte den anderen, jäh und klar: es war auf einmal ganz verblüffend, sich klarzumachen, daß sie noch nie zusammengearbeitet hatten. Ohne einen Moment Zeit zu haben, von der Vergangenheit zu reden, merkten sie, wie sie in der Gegenwart Gefährten wurden, und die Musik war sogar schon im Begriff, sie in die Zukunft zu führen: wenn sie so zusammen spielen konnten, wären sie wirklich Narren, sich jetzt noch einmal zu verlieren!

Und so wuchs die Hoffnung, wenn auch zögernd. Vielleicht waren sie reicher, als sie geglaubt hatten.

Wir befreiten Scott, wenn auch ohne ihn wieder richtig auf die Beine zu bringen, und schleppten uns zurück nach New York, und Julia rief mich an. Sie hatte eben erst Jimmy wiedergesehen, der erschöpft und zugleich triumphierend gekommen war, um seine Koffer abzustellen; und kurz darauf war Arthur erschienen, um Jimmy abzuholen. So waren wir vier nun wieder vereint, auch wenn ich nicht dabei war: und in dem Augenblick, als die beiden kleinen Brüder aus dem Haus gingen, rief Julia bei mir an.

Es war ein Sonnabend, am späten Nachmittag oder am frühen Abend. Ich war allein, ich spielte Schallplatten, las irgendwie mit halbem Interesse und dachte an morgen, wenn ich Ruth sehen würde. (Ich hatte sie angerufen. Sie wollte versuchen, sich von einer bereits getroffenen Dinner-Verabredung freizumachen und mit mir essen gehen.)

Sie sollte mich zurückrufen. In der langen Zwischenzeit hatte ich nichts vor. Ich wußte, daß ich Jimmy oder Arthur an diesem Abend nicht mehr sehen würde. Ich hatte keinerlei Verpflichtungen, außer gegenüber Hall. Ich hatte beschlossen, nicht aus dem Haus zu gehen. Ich wollte mir telefonisch ein chinesisches Essen bestellen, unter die Dusche gehen und mich vor den Fernseher setzen. Und ich hatte schon Schuhe, Socken und die Hose ausgezogen und wollte gerade unter die Dusche gehen, als das Telefon klingelte.

Ich wußte: das war Ruth. Ich trottete fröhlich zum Telefon hinüber und nahm den Hörer ab, schaute auf die stille, kalte West End Avenue hinaus und kratzte mir abwesend den Bauch und die Eier.

«Hallo! Wie lautet das Urteil?»

Nie, niemals sollte man das tun: rechne nie mit der Stimme am anderen Ende der Leitung, glaube niemals zu wissen, mit wem du sprichst. Die Stimme, die ich hörte, zerschnitt mich glatt wie ein Rasiermesser. Der Schweiß, der plötzlich aus meinen Achselhöhlen tropfte, rieselte so sanft, so brennend über meinen Körper hinunter, wie mein Blut geflossen wäre, wenn ich von den Achseln bis zu den Schenkeln aufgeschlitzt worden wäre.

«Hall ...?»

Ich wußte ihren Namen, und ich wollte ihren Namen rufen,

aber ich konnte nicht. Aus irgendeinem Grund griff ich nach meinem Schwanz. Die Häuser auf der anderen Straßenseite schienen sich mit feindseliger Aufmerksamkeit zu mir herüberzubeugen.

«Hier ist Julia.»

«Ich weiß. Wie geht's dir, Kind?»

«Oh. Das Urteil ist noch nicht raus.»

«Das war nicht für dich bestimmt», sagte ich und war jetzt furchtbar verlegen. Ich wünschte mir, ich hätte etwas anderes gesagt, während sie im gleichen Moment lachte und sagte: «Oh, ich weiß, daß es nicht für mich bestimmt war. Wie geht es dir, Hall?»

«Ich hab schlechtere und bessere Zeiten erlebt.»

Mein Schwanz in meiner Hand wurde langsam steif. Das erschreckte mich, und es machte mich wütend auf Julia. Dann machte es mich verrückterweise wütend auf Ruth.

«Ich würde dich gern sehen, Hall.»

«*Ich würde dich auch gern sehen.* Klar. Wann?»

«Hm, ich hab vorhin deinen lange vermißten Bruder gesehen, zusammen mit *meinem* lange vermißten kleinen Bruder, und so weiß ich, daß du ziemlich müde sein mußt ...»

«*So* müde bin ich nicht. Wann bist du zurückgekommen?»

«Oh, so um die Zeit, als Arthur zurückkam, glaube ich. Aber ich wußte gar nicht, wo *ihr* alle stecktet.»

«Und Gott weiß, Kind, daß wir nicht wußten, wo *du* stecktest.»

Hör auf, sie Kind *zu nennen. Es geht dich nichts an, wo sie gewesen ist oder war.*

Ich bekam es mit der Angst zu tun. Ich sehnte mich immer mehr. Ich war ans Telefon gegangen und hatte damit gerechnet, daß es Ruth sei. Mein Schwanz war schwer und wurde steif, und ich wußte nicht, ob dieses brennende Verlangen Hoffnung oder Erinnerung war, und ich wußte auch nicht mehr den Unterschied.

«Na ja. Du hast mich ja schon immer gewarnt, ich würde mich eines Tages in Timbuktu wiederfinden.»

«Mädchen, selbst in Timbuktu muß es doch Postämter geben und Telefon- und Telegrafenleitungen.»

«Ha.» Sie lachte. «Das ist gerade das Seltsame an Timbuktu. Manchmal sieht es so aus, als gäbe es das alles. Und wenn du wieder hinsiehst, ist es nichts damit.»

«Das klingt ein bißchen wie du und ich.»

«Eigentlich nicht. Ich höre dich – aber nicht wirklich.»

Dann war Schweigen. Ich war so hilflos jetzt, in meinem Verlangen, wie nur ein erwachsener Mann hilflos sein kann.

«Willst du mich heute abend sehen?»

Ich wollte, daß sie ja sagte. Ich wollte, daß sie nein sagte. Ich wollte rein oder raus.

«Nein, heute abend nicht. Morgen?»

«Ich – ich glaube, ich hab schon eine Verabredung zum Abendessen, morgen abend.»

Ich wollte schon sagen: *Aber ich kann sie verschieben.* Doch ich sagte nichts.

«Und mittags?»

«Das ginge klar.»

«Gut, wollen wir's gleich festmachen oder soll ich dich morgen früh noch mal anrufen?»

«Wir können es gleich festmachen.»

«Okay. Treffen wir uns doch ... oh, auf der Treppe zur Carnegie Hall, um halb zwei, ja? Dann können wir überlegen, wohin wir gehen.»

«In Ordnung.»

«Good-bye, Hall. Hab eine gute Nacht. Und schlaf ein bißchen.»

«Ja. Julia?»

«Ja ...?»

«Ich freue mich sehr, dich wiederzusehen. Es war schön, deine Stimme zu hören.»

Sie schien den Atem anzuhalten. Dann: «Ich denke, ich habe vielleicht angefangen, etwas zu lernen – in Timbuktu. Aber du bist der einzige Mensch, dem ich es erzählen kann. Du bist der einzige Mensch, der es vielleicht weiß.»

Mein Verlangen verebbte und schlug in ein anderes, süßeres, unerbittliches Sehnen um.

«Danke, daß du das gesagt hast. Ich werde dir zuhören.»

«Gute Nacht. Julia?»

«Ja?»

«Ich werde dich immer lieben, du. Ich meine –» ich hielt den Atem an, ich ließ meinen Schwanz los – «einerlei was kommt.»

«Ich glaube, das hab ich immer gewußt. Jedenfalls weiß ich's jetzt. Auch ich werde dich immer lieben.» Sie lachte, und es war ein Lachen tief aus der Kehle, aber erstaunlich frei von Bitterkeit. «Einerlei was kommt. Bis morgen dann.»

«Bis morgen.»

Dann legte sie auf, und ich legte auf. Ich zog mich aus und ging unter die Dusche, und ich war frei, bis morgen.

Morgen – das war ein strahlend heller kalter Sonntag, ein Tag von jener Kälte und strahlenden Helle, die so charakteristisch sind für New York. Der Himmel bleibt metallisch, aber er hebt sich dorthin, wo der Himmel sein sollte: die Gebäude gestehen dir dein Recht zu, hier zu sein, und gewähren dir Ellbogenfreiheit. Und ich ging die West End Avenue hinunter, bekleidet mit einer schwarzen russischen Fellmütze, wie ich mich erinnere, und der ersten, vornehmen Winterkleidung, wie eine russische Fellmütze sie verlangt, wobei ich in meiner komplizierten Sorglosigkeit vielleicht eine begnädigte Panik empfand, aber doch für alles bereit zu sein suchte, was dieser Morgen – wie es in dem Lied heißt – bringen würde.

Und bog ostwärts in die 59th Street ein, ging die langen Straßenzüge hinunter zum Columbus Circle, der von der New Yorker Sonntags-Unschuld brodelte – das heißt von Menschen, die kaum wußten, wo sie waren oder warum –, und überquerte den Circle und ging weiter bis zur 57th Street und bog noch mal östlich ab, Richtung Carnegie Hall, während mein Herz zu hämmern anfing und die Stirn unter dem Band meiner russischen Mütze heiß und kalt und feucht zu werden begann.

Und wartete an der Ampel an der Seventh Avenue – eine langsame Ampel – und beobachtete die vor der Carnegie Hall umherirrenden Menschen, beobachtete die Menschen auf den Treppenstufen und starrte auf die unverändert rote Ampel, sah zu, wie die Autos vorbeirasten, die Taxis, und eine von einem Pferd gezogene Kutsche bog vom *Plaza Hotel* kommend in die Avenue ein, ein

Mann und eine Frau und ein kleines Mädchen saßen darin, und die Kutsche rumpelte die Seventh Avenue hinab, rollte an mir vorbei, über die 57th Street hinüber, und das Licht der Ampel wechselte.

Ich überquerte die Avenue. Aber ich war immer noch auf der falschen Straßenseite. Es war mir nicht in den Sinn gekommen, daß ich die Straße hätte überqueren können, während ich darauf wartete, die Avenue zu überqueren. Ich betrachtete die Plakate draußen vor der Carnegie Hall; anscheinend gab es an diesem Nachmittag dort ein Konzert. Viele Menschen standen auf der Treppe. Ich schaute auf meine Uhr. Es war fünfundzwanzig Minuten vor zwei. Man konnte wirklich nicht sagen, daß ich spät dran war. Die Ampel schaltete um, und ich überquerte die Straße.

Sie stand auf der obersten Stufe, nicht weit von der Reihe von Türen an der von der Avenue abgelegenen Seite. Sie trug einen grauen von einem Gürtel zusammengehaltenen Mantel mit hohem Kragen. Sie trug schwarze Stiefel mit hohen Absätzen. Sie trug einen modischen schwarzen Turban, der ihre Ohren bedeckte. Sie hatte die Hände in die Taschen geschoben.

Sie sah nicht so aus, als wartete sie auf jemanden, da sie keineswegs unruhig die Straße beobachtete. Sie stand irgendwie im Halbprofil zu mir und beobachtete die aus und ein gehenden Menschen, oder vielleicht beobachtete sie nichts – es war unmöglich festzustellen, was sie beobachtete –, und sie stand vollkommen ruhig, als sei sie ganz sicher, daß man sie finden werde.

Ich blieb eine Sekunde am Fuß der Treppe stehen und beobachtete sie. Dann stieg ich die Stufen hinauf. Sie wandte den Kopf und sah mich.

Willkommen zu sein ist unbeschreiblich und selten: unmöglich, es jemanden vorzutäuschen. Als Julia den Kopf drehte und mich sah, da wußte ich – *wußte* ich –, daß ich, obwohl ich ihr nicht das bedeutete, was ich ihr zu bedeuten gehofft hatte, ihr doch mehr bedeutete, als ich mir je würde vorstellen können. Ich überließ mich ganz dem Gefühl, willkommen zu sein. Welche Qualen sie mir auch bereitet haben mochte, sie wurden, das spürte ich, fortgeweht von der leichten Brise um meinen Kopf und meine Schulter, als ich nun die Treppenstufen hinaufstieg.

Dann stand ich bei ihr und hielt ihre beiden kleinen, kalten, unbehandschuhten Hände. *Drink to me only with thine eyes* – der alberne Song kam mir auf einmal sinnvoll vor. *And I will pfledge with mine.* Dann zog ich sie in die Arme, und wir küßten uns wie Bruder und Schwester.

«Wie geht's dir, du alte *un*verheiratete Lady aus Timbuktu?»

«Mir geht's gut, ich bin so froh, dich zu sehen.»

«Ich auch.»

Dann sahen wir einander nur an.

«Bist du hungrig?»

«Mir scheint, ich bin am Verhungern.»

«Wo sollen wir essen gehen?»

«Hast du viel Geld dabei?»

Wir lachten. Ich sagte: «Genug für einen Sonntagnachmittag.»

«Und ich hab Jimmys Sparschweinchen aufgebrochen. Gehen wir gleich hier nebenan rein. Da war ich früher bekannt.»

«Ach?»

«Kommt von dem Ruhm, ein *model* zu sein. Aber mit dieser Seite der Sache wollte ich dich nie belästigen. Komm. Es ist zu kalt, sich hier auf der Straße rumzutreiben.»

«Stets zu Diensten, Kind.»

Und so gingen wir die Stufen hinunter und traten in den *Russian Tea Room* ein. Wir hatten die Zeit nicht schlecht gewählt, obwohl Sonntag war. Die Leute, die zur Matinee gehen wollten, zahlten gerade und brachen auf, und die Abendgäste würden noch eine Zeit auf sich warten lassen.

Und es stimmte, daß sie hier bekannt war. «Miss Miller» hier, und «Miss Miller» da, den ganzen Weg vom Kassenschalter bis zu unserem Tisch. Aber ich hatte das Gefühl, daß die Leute sie wirklich mochten, daß sie ihnen Anlaß gegeben hatte, sie zu respektieren, daß sie sich gegenseitig respektierten.

Wir setzten uns, einander gegenüber, an den Tisch.

«Du bist ja berühmt, Kind.»

«Andere würden's vielleicht nicht so freundlich ausdrücken, aber ... ja –» sie grinste – «ich habe meine große Zeit gehabt.»

«Ich habe das Gefühl – deine große Zeit fängt eben erst an.»

Denn so sah sie wirklich aus. Es gibt einen Moment im Leben

eines Mannes, im Leben einer Frau, da alles, was dieser Mensch *ist*, sich zum erstenmal zusammenzufügen scheint, da all die widerstreitenden, unvereinbaren Elemente – das Kinn, die Nase, die Augenbrauen, die Kopfform, der Blick der Augen – zum erstenmal einen zusammenhängenden Entwurf bilden. Julia fing an, wie Julia auszusehen.

Es ist wahr, als Kind-Predigerin war sie ganz unvergeßlich gewesen; aber damals hatte sie ausgesehen wie niemand sonst, sie war einfach die beunruhigende Illustration eines Mysteriums gewesen. Sie war unvergeßlich gewesen, gerade weil sie zu jenem Zeitpunkt, als Kind und als Predigerin, nicht sich selbst gehört und auch nicht die entfernteste Ahnung gehabt hatte, wer sie war. Sie war damals einer Kraft ausgeliefert gewesen, die sie in keiner Weise begreifen konnte. Dies ist der Grund, warum ich zum Beispiel damals wünschte, ich hätte die Augen abwenden können von dem unausweichlichen Schauspiel ihres schrecklichen Sündenfalls, warum ich gehofft hatte, in der Stunde, da ihre Trompete schallte, nicht anwesend zu sein, schon gar nicht herbeigerufen zu werden.

Jetzt *war* etwas mit ihr geschehen, das unmißverständlich war, und aus dem, was zerstückelt worden war, aus dem, was ihr geblieben war, hatte sie angefangen, sich selbst zu erschaffen. Ich bin sicher, daß Julia es Julia nicht mit diesen Worten erklärte, aber ich war willkommen, weil sie Vertrauen hatte in das, was sie in meinen Augen sah.

«Nun? Wo sollen wir anfangen?»

«Oh. Ich weiß nicht. Ich bin gerade erst zurückgekommen. Ich weiß nicht, wo ich bin. Ich bin mir nicht sicher, ob ich weiß, wo ich gewesen bin.

«Afrika?»

«Vielleicht. Eines will ich dir sagen: die Leute, die herumlaufen und sagen, sie hätten Afrika entdeckt, sind allesamt komplett verrückt.» Sie lachte, dieses fröhlich-fromme Lausbubenlachen. «Mir scheint, Afrika könnte *sie* entdeckt haben – um sie verrückt zu machen. Aber Afrika hat noch niemand entdeckt.»

Die Kellnerin kam, um unsere Bestellung aufzunehmen, und erkundigte sich nach Miss Millers Gesundheit, wobei sie mich mit der Hochachtung behandelte, wie sie Miss Millers Begleitung gebührte.

«Wie lang warst du dort ... ich meine», und ich lachte, «wo immer du gewesen bist?»

«Oh. Seit wir uns zuletzt gesehen haben. Etwa zwei Jahre. Aber so ausgedrückt, ergibt es eigentlich keinen Sinn – verstehst du, was ich meine? Es war eine *andere* Art von Zeit.»

Ich sah sie an. «Nein. Ich verstehe nicht, was du meinst. Was meinst du?»

«Also, hör zu. Ich war in einer Stadt, die Abidjan heißt. Sie nennen es eine Stadt, und es liegt an der Westküste von Afrika. Aber es ist nicht wirklich in Afrika – Afrika ist in dieser Stadt und macht sie verrückt.» Sie beobachtete mein Gesicht, dann lachte sie wieder und sagte: «Ja. Ich glaube, es hat auch mich ein wenig verrückt gemacht.»

«Ich habe nie richtig verstanden», sagte ich vorsichtig, «was du dort eigentlich gewollt hast – warum du weggegangen bist.»

Sie senkte den Blick. Dann nahm sie meine Zigarettenschachtel und zündete sich eine an. «Na, sagen wir's mal so: ich fand es richtiger – und anständiger –, gewisse Fragen, die ich dir nicht aufbürden wollte, Afrika aufzubürden.» Wieder senkte sie den Blick. «Du bist nicht die Geschichte.»

«Das gebe ich zu. Aber ... du hast mich verloren.» Sie warf mir einen Blick zu. «Was den besonderen Fall betrifft, meine ich. *Verlieren* wirst du mich nie.»

«Es ist schwer», sagte sie, «die Wahrheit zu sagen. Zum Teil deshalb, weil du sie nicht kennst. Zum Teil, weil du fürchtest ...»

«Weil ich fürchte, daß *du* sie kennst ...?»

Ich weiß nicht, warum ihr Gesicht mich dazu brachte, es ihr auf diese Weise zu sagen. Vielleicht las ich meine eignen Gedanken.

Die Kellnerin kam mit unseren Bloody Marys, und wir bestellten etwas zu essen.

Julia hob ihr Glas, und ich hob meines, und wir neigten uns einander zu.

«Weißt du», fragte sie, «warum eine Bloody Mary eigentlich Bloody Mary heißt? Statt zum Beispiel –» wir lachten beide los – «statt Bloody Virginia, zum Beispiel? Oder Bloody Julia?»

Zum Glück waren in diesem Moment wenige Menschen im *Russian Tea Room*, sonst hätte man uns vielleicht aufgefordert, das Lokal zu verlassen. Auch so drehten sich Köpfe nach uns um, verwundert, was uns so zum Lachen brachte.

«Nein», sagte ich schließlich. «Und ich will es auch nicht herausfinden.»

«Gut», sagte sie, «das heißt, du *weißt* warum.» Sie nippte an ihrer Bloody Mary. «Das gehört zu den Dingen, die ich gelernt habe ... in Timbuktu.» Sie drückte ihre Zigarette aus. «Und darum hat auch noch niemand Afrika entdeckt. Keiner traut sich.»

Sie griff nach einer neuen Zigarette, und dabei sah sie sehr jung und zugleich sehr matt aus. Ich nahm mein Feuerzeug und gab ihr Feuer: ein Reflex, zum Teil wohl durch die Umwelt hervorgerufen. Ich wußte, daß sie eigentlich keine neue Zigarette wollte. Aber sie inhalierte und blies den Rauch behutsam über meinen Kopf hinweg.

Es ist betäubend, eine Schönheit sehen – ertragen – zu müssen, mit der du unerbittlich und für immer verbunden bist und die niemals, niemals, niemals dir gehören, sich dir ergeben wird. Es erschüttert einen mächtig, einer Verletzlichkeit zu begegnen, vor der Stein und Stahl erweichen.

Denn die Frau vor mir sehnte sich danach, jemandem zu gehören. Und es war die Tiefe ihres Sehnens, die das Wesen der Tauschbeziehung veränderte, die den Rahmen des Erwarteten und Üblichen sprengte. Sie war zu tief erschreckt worden, um noch einmal erschreckt zu werden, hatte ein Besitzverhältnis erduldet, lange bevor sie von Liebe träumte. Dies gab ihr, grausamerweise, eine abschreckende Freiheit: wer würde den Versuch wagen, sie zu besitzen?

Auch dies hatte sie während ihrer seltsamen Pilgerfahrt zu lernen begonnen. «Er war ein sehr netter Mann. Ich habe, weißt du, nicht genug über *seine* Welt erfahren. Vielleicht werde ich es nie erfahren. Aber, weißt du, er hat die kirchlichen Schulen absolviert und wurde zum Studium nach Frankreich und in die Schweiz geschickt. Als ich ihn kennenlernte, hatte er irgendeine UNO-Funktion. Ich kam daher, verstehst du, mit all meinem falschen Glanz. Er schien das alles zu durchschauen, direkt in mich hineinzusehen. Ich hatte das Gefühl, daß es unmöglich war, ihn zu täuschen.

Und er war so *schwarz*. Nicht nur *körperlich* schwarz – das war er auch, sondern *wirklich* schwarz, schwarz auf eine Weise, wie es mir vorher nie begegnet war. Er war alt genug, um mein Vater zu sein ... und ... ich vermute ... das machte ihn schön in meinen Augen.»

Während sie das sagte, brach sie vorsichtig ein knuspriges Brötchen auseinander und aß einen Happen von ihrem Beef Stroganoff. Ich beobachtete sie, ich wußte nicht, was ich sagen sollte: es war ja nicht so, daß sie einen Akt der Untreue beichtete.

«Er war natürlich verheiratet, und er hatte Kinder in meinem Alter, die hier aufs College gingen. Ein Mädchen und einen Jungen – da waren noch jüngere Kinder, die ich später, drüben, kennenlernte. Aber der Junge und das Mädchen waren sehr nett zu mir. Ich weiß nicht, was ich erwartete, aber das hatte ich nicht erwartet. Sie schienen auch irgendwie amüsiert, als wäre ich eines von den Päckchen, die ihr Vater gern von seinen Reisen mit nach Hause brachte. Ich hatte das Gefühl, als wollten sie mir sagen, ich solle mir *ihret*wegen keine Sorgen machen ... *sie* waren es gewohnt.»

Sie lachte und nippte an ihrem Wein, während sie sich im Restaurant umsah. Ich geriet immer mehr in den Bann einer Geschichte, die mich einbezog und mich doch ausschloß.

«Er wollte, daß ich mit ihm nach Afrika ging. Ich sagte, das könne ich nicht – er sagte mir, das sei eine Lüge, ich würde träumen. Es gäbe nichts, was mich hier hielt.»

Wieder machte sie eine Pause und sah mich an – nicht gerade so, als ob sie fürchtete, mir weh zu tun: diese Möglichkeit räumte sie mit schmerzlich verzogenen Lippen ein. Sie schaute mich an, als fragte sie sich, ob ich verstand, oder ob ich ihr helfen könnte zu verstehen. Ihre Story schloß mich aus, während sie mich zugleich einbezog – mit ihr. Sie sprach zu mir über etwas, das *uns* widerfahren war.

Dies war die seltsamste und grausamste Respektbekundung, die mir jemals in meinem ganzen Leben erwiesen worden war.

«Also mußte ich darüber nachdenken. *Ich* wußte, was mich hier hielt.»

Sie streckte die Hand aus und legte sie einen kurzen Moment auf meine.

«Ich wäre froh gewesen, hätte ich zu mir selber sagen können, daß du es warst. Aber dann hätte ich gelogen, hätte mich und dich belogen, und dafür liebe ich dich zu sehr.»

Sie ließ meine Hand los und aß von ihrem Reis. Das Restaurant war voll, aber noch nicht überfüllt, und wir hatten für den Augenblick eine Zuflucht.

«Vorhin sagte ich, du bist nicht die Geschichte. Du konntest es nicht ungeschehen machen. Ich konnte es dir nicht aufbürden. Manchmal befreit man sich aus einer Falle, um in die nächste zu tappen. Ich nehme an, ich glaubte, *er* sei die Geschichte. Weil er mich an meinen Vater erinnerte. Und weil er schwarz war, schwarz auf eine Weise, wie mein Vater es nie gewesen ist.» Und sie lächelte. «Vielleicht nahm ich an, *er* könne es ungeschehen machen.»

Sie nahm unvermittelt ihren Turban ab und legte ihn neben sich auf den Sessel. Ich sah ihr schönes sprödes, halb spanisches, halb negerkrauses Haar. Sie hatte diese ganze Fülle unter den Turban hochgesteckt und zu einem Knoten oben auf dem Kopf geschlungen. So konnte man die feinen Linien auf ihrer hohen Stirn und um ihre Augen sehen. Sie fing an, wie Julia auszusehen: der Preis, den sie dafür zahlen mußte, begann sichtbar zu werden.

«Jedenfalls ... schließlich ... fuhr ich hinüber.»

Sie hielt inne, nahm ihr Weinglas und sah mich über den Rand des Glases hinweg an.

«Es gab so viele Dinge, die ich dir damals sagen wollte, aber ich konnte nicht. Ich wollte dich bitten, dich hier um alles zu kümmern, während ich versuchen wollte herauszufinden, was ich herausfinden mußte ... dort drüben.» Jetzt lächelte sie. Es war ein Lächeln, das mich wissen ließ, daß sie für immer ein Teil von mir war; und gerade weil sie ein Teil von mir war, war sie Teil eines Geheimnisses, das ich niemals entschlüsseln würde.

«Ich konnte dir nichts sagen, wirklich, wir waren zu verletzt. Aber ich wußte, du würdest es sowieso tun. Ich wußte –» und sie nippte an ihrem Wein – «daß du deinen Bruder hattest ... und du wußtest, ich hatte meinen. Darum fürchtete ich mich nicht.»

Sie stellte ihr Weinglas hin.

«Ich sagte, ich würde nicht fahren, wenn ich keine Möglichkeit fände, drüben meinen Lebensunterhalt zu verdienen. Ich sagte, daß ich mich nicht dazu eignete, jemandes Konkubine zu sein.» Sie lachte, und es war das unerwartetste Geräusch, und es hallte durch das Lokal, und die Leute drehten sich um und lächelten. «Natürlich gibt's viele Arten, eine Konkubine zu sein ... wie er wußte, und wie ich herausfinden sollte.»

Sie blickte auf den Tisch, als blickte sie in einen Brunnen, als suchte sie nach etwas, das sie versehentlich auf den Grund eines Brunnens hatte fallen lassen. «Er wußte etwas, was ich wirklich nicht wußte ... er wußte, wie sehr ich ihm vertraute.»

Ich sah mich in dem Restaurant um und spürte tatsächlich den Wunsch zu fliehen, aber nicht *vor* Julia, sondern *mit* ihr; und dies brachte mich darauf, alle meine Beziehungen bis zu diesem Moment und auch die künftigen zu überdenken. Ich kaute mein Essen, ein Chicken Kiev, glaube ich, und überblickte diesen Schauplatz, der mir auf einmal so häßlich und brutal fremd vorkam.

Aber eigentlich nicht fremder, als jeder andere Schauplatz es wird, sobald man gezwungen ist, ihn zu untersuchen, zu entschlüsseln und seine Forderungen an ihn zu stellen: gewiß nicht fremder als die europäischen Vorposten, die gleich faulen Zähnen aus dem Kiefer Westafrikas herausragen. Wenn Zähne verfaulen, dann deshalb, weil ihr Wirt, der Körper, ihnen keine richtige Nahrung bietet. Den eindeutigen, auch den eher exotischen US-amerikanischen Vorposten in Europa scheint es momentan nicht an Vitaminen zu fehlen, und doch erwecken sie die unbehagliche Vorstellung eines auf ein Dilemma aufgepfropften Mysteriums; aus ihrem Kontext herausgerissene Details zeigen eine unheilvolle, gnadenlose Widersprüchlichkeit. Alle Details dieses Lokals, in dem wir saßen, waren einst Bestandteil eines Lebens anderswo; eines Gemeinde- oder Stammeslebens, das anderswo zweifellos noch andauerte – gewiß aber, soweit die Sinne es zu erfassen vermochten, nicht hier.

«Ich hatte eine Position bei einer der Fluglinien dort. Ich muß es eine Position nennen, weil es, verdammt noch mal, kein Job war, ich war irgendwie verantwortlich für die nicht Französisch sprechenden V. I. P. s.» Sie lachte. «Sie konnten auch nicht viel Englisch, aber mit Rätselraten und Schmeicheleien kam ich zurecht. Und ich habe sogar ein wenig Holländisch, Französisch und Deutsch gelernt, und wer weiß, vielleicht kommt es mir eines Tages zustatten.

Aber mein Freund wurde, kaum war ich dort, immer wichtiger für mich. *Er* hatte etwas verstanden. Er war der einzige Mensch, der es verstand – nun ja, der einzige *Mann*. Aber am Anfang kannte ich keine Frauen.

Ein schwarzes Mädchen in Afrika, das nicht in Afrika *geboren* ist und Afrika noch nie gesehen hat, ist für alle anderen, denen es begegnet, und auch für sich selbst ein merkwürdiges Geschöpf. Ich weiß nicht, was zuerst kommt, oder was schlimmer ist. Sie wissen nicht, wen sie vor sich haben. Und du weißt auch nicht, wen sie vor sich haben – vielleicht dachtest du, du wüßtest es, aber jetzt weißt du, daß du es nicht weißt. Und du weißt auch nicht, wer *sie* sind. Vielleicht glaubtest du, es zu wissen, aber du weißt es nicht. Du weißt keine verdammte Einzelheit von irgendeinem Tag, den sie auf Erden verbracht haben. Du läufst durchs Dorf oder durch die Dörfer, aber du siehst sie eigentlich gar nicht – Hollywood hat dir Säure in beide Augen gegossen, noch bevor du sieben Jahre alt warst. Du bist blind, das ist das erste, was dir klarwird: du bist blind. Später fängst du an zu sehen – etwas. Und dann beginnst du zu sehen, warum du nichts sehen konntest. Aber anfangs, verdammt, da weißt du mehr über den weißen Spießer vom Mississippi, auch wenn du ihn haßt und weißt, daß er dich haßt. Und dann –» sie blickte zu mir auf, mit diesen Augen – «siehst du, wie die Leute bemüht sind, festzuhalten an dem, was sie wissen, ganz egal wie häßlich es ist. Es ist besser», und sie lachte, «als nichts!»

Sie aß ihr Beef Stroganoff auf, wischte sich mit der Serviette sorgfältig die Lippen und griff nach ihrem Glas.

«Aber vielleicht wird das, was dir dein ganzes Leben lang passiert ist, dir auch in Afrika passieren – warum nicht? Dort *ist* bereits alles passiert, du warst nur nicht dabei. Du weißt zum Beispiel nicht, welcher Stamm dich hervorgebracht hat, und du weißt nicht einmal, was das bedeutet, aber die Leute, die dich in Afrika beobachten, *sie* wissen es. Sie brauchen nicht einmal darüber nachzudenken – sie *wissen* es. Und kümmern sie sich etwa darum, was sie gestern dir getan haben, oder was du gestern ihnen getan hast?

Der Alte, mein Freund, war nicht der Meinung, daß dies in Afrika auf die ‹lange› Zukunft, wie er es nannte, eine Rolle spielte. Aber er rechnet damit, daß ich mindestens hundert Jahre alt werde, und das würde er, nehme ich an, die ‹kurze› Zukunft nennen. Also – ich fing an zu begreifen, daß ich nichts von dem, was *irgend*ein Mensch mir sagte, verstehen würde, wenn ich nicht anfing, eine andere Sprache zu hören – ihr zu vertrauen.» Sie machte ein besorgtes Gesicht und lächelte, ihre Stirn war so angespannt wie Musik. «Aber du kannst eine andere Sprache nicht *hören*, wenn du sie nicht bereits gehört hast. Und am Anfang *wolltest* du sie natürlich nicht hören!»

Wieder sah ich mich im Lokal um. Die Abendgäste kamen allmählich. Sie waren gekleidet, um gesehen zu werden, sie waren gekleidet, um ‹auszugehen›. Ich weiß nicht warum, aber zum erstenmal – oder zum erstenmal so deutlich – empfand ich ihre Prozession als rührend. Sie alle erinnerten irgendwie an Flüchtlinge. Viele von ihnen *waren* Flüchtlinge, oder sie hatten ihr Leben in Amerika als Flüchtlinge begonnen. In gewisser Weise waren sie in Amerika sicherlich mehr zu Hause, als Julia oder ich es von uns behaupten konnten; und doch waren sie auf eine andere Weise, eine Weise, wie Julia und ich es nicht waren, heimatlos. Ich fragte mich, wie weit dies mit den Erinnerungen, die man an zu Hause hatte, zusammenhing – wieviel man von dort hatte mitnehmen können, oder wieviel man hatte zurücklassen müssen. Und auch wie man es zurückließ, und in welchen Händen, oder man denke nur wo? Wer wagt überhaupt, sich zu erinnern? Ist es möglich? Vielleicht könnte Lots Weib es uns sagen, hätte ihr letzter Blick auf die flammende Stadt sie nicht verstummen und erstarren lassen – vielleicht sagt sie es uns ja sogar. Doch Erinnerung kann keine Salzsäule sein, die über ein totes Meer wacht: wir brauchen neue Wörter.

Auch Julia sah zu den Leuten hinüber, den Paaren, den Familien, die an ihre Tische geführt wurden. Es war ein Sonntag, und darum kam es mir so vor, als seien Familien stärker vertreten als sonst. Pummelige Großmütter, mit Broschen über dem ausladenden Busen, das Haar silbern oder blau getönt, geschminkt mit einer Diskretion, die dennoch dem Fernsehen etwas verdankte, und ihre Töchter oder Schwiegertöchter, gefällig, elegant aufgemacht, das Haar kunstvoll frei und wallend. Die prickelnde Winterluft hatte ihre Haut zu blühendem Leben geweckt, und ihre Augen leuchteten von der Lust an der Sicherheit. Die Männer trugen mit gedämpfter Sonntagsfröhlichkeit ihre Besitzerwürde zur Schau, aber sie schienen auch sehr stolz auf ihre Familien, sehr fürsorglich um ihre Kinder bemüht. Einst hatte ich diese Leute beneidet – oder es mir doch eingebildet. Ich beneidete sie nicht mehr, aber es war nett, sie an einem Schauplatz zu beobachten, wo wir einander nicht gefährlich zu sein schienen. Auch sie blickten gelegentlich zu Julia und mir herüber und schienen eine ähnliche Sorglosigkeit und Erleichterung zu empfinden.

Ich beobachtete eine Großmutter, eine feingliedrige Dame mit kurzgeschnittenem silbrig-kastanienbraunem Haar. Sie trug ein kupferfarbenes zweiteiliges Kostüm, sehr elegant, eine Emaillebrosche und dazu passende Ohrringe. Sie mußte einst, in ihrer Jugend, ungemein schön gewesen sein, von jener fragilen, atemlosen und großäugigen Schönheit, die man aus irgendwelchen Gründen mit Wien assoziiert. An der einen Hand trug sie einen Ehering; die andere war nackt. Am Tisch war niemand, der ihr Mann hätte sein können; sie war mit ihrer Tochter oder ihrem Sohn und ihren Enkelkindern gekommen.

Und plötzlich sah ich sie, wie sie vor vielen Jahren, vielleicht in Wien, gewesen sein mochte; die großen dunklen Augen, das geschmackvolle, einfache Kleid, das sie damals getragen haben mochte – irgendwo in Wien, in einem Büro, in einem Zimmer, in einem Restaurant. Ich konnte nicht hören, was sie sagte, aber aus ihren Augen sprach die Unfähigkeit zu glauben, daß ihr der Tod bestimmt war und daß sie bald fortgeschleppt werden und sterben würde. Ich konnte nicht hören, was sie sagte, weil niemand hören konnte, was sie sagte. Ihre Juwelen wurden ihr abgenommen und in einen Kasten geworfen. Irgend jemand, der nicht einmal unfreundlich aussah, zog ihr das einfache, geschmackvolle Kleid aus und nahm ihr die Schuhe ab. Dann gab jemand ihr einen Wink, stieß oder zog sie voran, und sie reihte sich ein und folgte den anderen – so wie man dem Führer auf dem Flughafen folgt oder auch wie man der Kellnerin an den Tisch folgt. Während die ganze Welt sich weigerte hinzuhören und hinzusehen, traf sie nackt in Golgatha ein.

Sie erinnerte sich nicht mehr. Vielleicht erinnerte sich der Ehering, der eben kurz aufleuchtete, als sie über den Tisch langte, um einem ihrer Enkelkinder das Haar zu zausen. Vielleicht waren Träume ihre Zeugen, vielleicht waren Ängste ihr Beweis, vielleicht zuckte ihr eines Augenlid heftig an bestimmten Subway-Stationen, und sie badete in der Wanne, weil sie es nicht fertigbrachte, sich unter eine Dusche zu stellen: dies beweist die tiefe und grenzenlose Wirkung des Erlebens vielleicht bedingt durch das, was wir Erinnerung nennen, vielleicht aber auch nicht.

Ich wundere mich immer mehr über das, was wir Erinnerung nennen. Die Bürde – die Aufgabe – der Erinnerung ist, das Erleben zu klären, es sogar nützlich zu machen, es erträglich zu machen. Erinnerung ist aber auch das, was die Phantasie aus dem Erleben macht oder gemacht hat, und je furchtbarer das Erleben, desto wahrscheinlicher wird die Erinnerung es verzerren oder verwischen. So ist es durchaus möglich – ja, es ist sogar üblich –, daß wir uns bei unserem Handeln von den tatsächlichen Folgen des Erlebnisses leiten lassen, während gleichzeitig die Erinnerung ein ganz anderes Erlebnis hervorbringt, eines, das mit den sichtbaren und unkontrollierbaren Wirkungen im eigenen Leben nicht das geringste zu tun hat. Dies mag der Grund sein, warum wir anscheinend absolut nichts aus der Erfahrung lernen, oder mit anderen Worten, es mag eine Erklärung für unsere Widersprüchlichkeit sein: die Erinnerung verlangt nicht, daß wir das Erleben rekonstruieren, sondern daß wir es rechtfertigen.

Dies kann nicht mit Hilfe der Erinnerung geschehen, sondern nur, wenn wir den Blick auf morgen richten – indem wir das Schreckliche ungeschehen machen wollen, wiederholen wir es.

Das ist vielleicht der Grund, warum ich so oft an Sicherheit denken mußte, wenn ich diese frischgetauften Amerikaner beobachtete, und warum sie mir heimatlos erschienen. Sie *mußten* ja an Sicherheit glauben – wer in aller Welt könnte es ihnen verdenken? Aber ich wußte, daß sie *nicht* in Sicherheit waren: wenn *ich* in meinem Land nicht sicher war, wenn schon mit *mir* kein lebensfähiger Sozialvertrag geschlossen oder eingehalten worden war, dann konnte überhaupt niemand hier sicher sein. Vielleicht glaube ich nicht daran, daß es irgendwo Sicherheit gibt, aber ganz sicher kann es sie nicht unter so unehrlichen Menschen geben. Das wollten sie nicht hören – jetzt, da *sie* die Amerikaner waren, war *ich* der Fremde. Ich konnte es ihnen nicht verdenken, und ich hielt meinen Mund. Und doch mußte ich mich fragen, was ihre Erinnerung aus ihrem Schicksal gemacht hatte: das sie niemals so unbarmherzig hätte überraschen können, wenn sie sich nicht so sicher gewähnt hätten. Es war also doch wahr, wenn auch seltsam und brutal: ich wußte, daß es hier keine Zuflucht gab, wo man sich verstecken konnte; *sie* waren heimatlos, *ich* war daheim.

Ich schaute zu Julia hinüber.

«Wie fühlt man sich, wieder zu Hause angekommen?»

Sie verzog die Lippen und machte ein düsteres Gesicht. «Ich bin froh, wieder hier zu sein. Aber ... es ist die gleiche Frage, die sie mir drüben stellten. Und sie hatten nicht unrecht.»

Wieder schien, als starrte sie in die Tiefe eines Brunnens.

«Ich denke, es war kein Unsinn, meine Rolle als Afro-Sister. Diejenigen, die dir so kamen, verachteten dich nur und wollten eine Möglichkeit finden, dich auszunutzen. Nein. Die Frage war ernst gemeint. Es war etwas Wahres daran, auch wenn ich noch immer nicht es mit Worten ausdrücken kann. Es kommt jedenfalls von irgendwo, wo es keine Worte gibt, wo die Frage die Antwort ist.»

Sie sah zu mir auf, als wollte sie wissen, ob sie sich verständlich ausdrückte. Ich wußte es nicht recht; sie tat es, und sie tat es auch nicht. Sie tat es, ja, wenn *sie* es verstand – ich war ganz auf sie eingestellt.

Sie sah anscheinend etwas in meinem Gesicht, über das sie lächeln mußte. «Na, ich will mal versuchen, es klarer zu machen, Brother. Die Diaspora ist nicht an einem Tag entstanden.» Wir lachten beide. «Aber ich nehme an, wir haben gelernt zu glauben, daß eine Frage und die Antwort darauf etwas Verschiedenes sind, und dabei sagen immer, *die* Antwort. Aber so verhält es sich nicht.» Sie lächelte. «Denk nur an all die Menschen, die wir sehen, wie sie durchs Leben laufen und die Antwort suchen, auf die Antwort warten ... und sich niemals um die Frage kümmern. Also, ich mußte tatsächlich die Frage akzeptieren, weil sie etwas ungeheuer Wichtiges aussagte – über *mich*.»

Sie hielt inne, noch immer lächelnd, und spielte mit den Zigaretten auf dem Tisch herum. Unsere Kellnerin kam, und wir bestellten das Dessert – gefrorene Schokoladenkrem für Julia, russisches Eis für mich – und Kaffee. Es war kurz nach vier. Um halb acht war ich mit Ruth verabredet.

Und plötzlich fragte ich mich, was ich Ruth über diesen Nachmittag erzählen sollte, fragte mich zum erstenmal, was ich ihr von Julia erzählen sollte. Es war das erste Mal, daß ich jemandem über Julia Erklärungen geben mußte.

Und ich sah sie an, als ob ich bereits versuchte, in Gedanken die Worte zu formulieren, als ob ich schon Good-bye sagen wollte. Aber ich hatte Julia schon Good-bye gesagt, und es wurde mir plötzlich und ein für allemal klar, daß ich ihr nie wieder Good-bye sagen würde, und sie mir auch nicht. Das hatten wir schon getan, und es war kein Spaß gewesen, und wir würden dies nie wieder durchmachen müssen. Wir hatten unsere Bedingungen akzeptiert, oder vielleicht hatten wir sie diktiert; das machte jetzt keinen Unterschied mehr. Zu vieles verband uns, als daß wir jemals wieder auseinandergerissen werden konnten: unsere Liebe würde bleiben.

Und ich summte tatsächlich ein paar Takte von jenem Lied, während Julia, das Kinn auf die eine Faust gestützt, mich ironisch musterte.

«Ja», sagte sie, «das ist ein sehr gutes Beispiel ... ich meine, dafür, daß die Frage schon die Antwort sein kann.»

Ich mußte lachen. «Verschone mich, du alte Obi-Zauberin!»

«So bin ich nun mal so erzogen», sagte sie, und wir lachten beide.

Unser Dessert kam, und eine Weile aßen wir schweigend. Dann sagte Julia, den Blick gesenkt: «Er sagte mir, daß ich nicht unfruchtbar sei, daß es viele Formen der Geburt gibt, daß Reue eine Art Abtreibung ist, daß Trauer der einzige Schlüssel zur Freude ist.» Sie blickte auf. «Ich weiß nicht. Aber er hat mir etwas zum Nachdenken aufgegeben – vielleicht hat er mir eine *Möglichkeit* gegeben, darüber nachzudenken. Er hat mich dazu gebracht, nach vorn zu blicken, statt zurückzublicken.»

Wieder schlug sie die Augen nieder. «Und – ich wollte dich sehen, weil ... ich mich irgendwie anders fühle. Ich bin nicht *glücklich*, aber – ich leide keine Qualen wie früher. Das wollte ich dich wissen lassen. Du hast es verdient. Und es gibt sonst niemanden, dem ich das sagen könnte. Oh», und wieder sah sie zu mir auf, «eines Tages werde ich dir noch andere Sachen erzählen. Es war ein Alptraum für mich, ich wußte nicht mehr, wer ich war. Aber das war sehr wichtig ... zu wissen, daß ich es nicht wußte. Es war seltsam, nicht einfach nur als du selbst angesehen zu werden, sondern als Teil von etwas anderem, Älterem, Weiterem angesehen zu werden. Ich haßte es. Aber jetzt, wo ich wieder hier bin, unter all diesen Menschen, die glauben, daß alle Dinge mit ihnen anfangen und aufhören, da ergibt dies alles – einen Sinn.» Sie schüttelte den Kopf, lachte, blickte auf. «Ich weiß nicht mehr, was das bedeutet, *Sinn*, aber ich lerne allmählich, auf das zu vertrauen, was ich nicht weiß.» Sie beugte sich überraschend vor und ergriff meine Hand. «Vielleicht ist das alles, was ich dir sagen wollte. Damit du unbefangen an mich denken und dich frei fühlen kannst.»

Ich nahm ihre Hand in meine beiden Hände. Ich weiß, wir sahen aus wie zwei Liebende, und es war wunderbar zu erkennen, daß wir es letztlich in Wahrheit auch waren.

«Dafür danke ich dir», sagte ich. «Aber ich will meine Freiheit hauptsächlich dazu nutzen, auf die Menschen zu achten, die ich liebe.»

«Das ist eine Zweibahnstraße», sagte sie. Eine Weile schaute sie mich an. «Auch du bist irgendwo gewesen.»

Wir verließen das Lokal gegen sechs Uhr. Es gelang mir, ein Taxi zu finden, ich setzte sie hinein und ging nach Hause, ich konnte es kaum fassen, daß ich so glücklich, so frei war. Am Ende war doch nichts verloren. Wir würden leben.

Es ist hauptsächlich Jimmys Verdienst, daß Arthur – ein Star wurde.

Vielleicht ist das eine merkwürdige Feststellung, und es hängt auch mit dem zusammen, was später ein Teil von Jimmys Schmerz wurde: aber ich muß es als Feststellung stehenlassen.

Ich stimme keineswegs mit Jimmys Einschätzung seiner Verantwortlichkeit überein, und Jimmy wird mir zustimmen müssen, wenn sein Schmerz einmal nachläßt. Immerhin sah ich es geschehen, ohne recht zu wissen, was ich da sah, aber eines war mir ganz klar: Jimmy machte Arthur glücklich. Man kann es nicht anders ausdrücken. Zum erstenmal in unser beider Leben sah ich meinen Bruder glücklich.

Wenn ein Mensch, den du liebst, glücklich ist, dann hast du ein großes Geschenk bekommen: du bist der Ehrengast bei einem seltenen Fest. Wenn dich etwas belastet, erleichtert die Freude deines Bruders deine Last, wenn du auf dem Bauch kriechst, bringt seine Freude dich wieder auf die Beine. Es ist wahr: meine Seele ist Zeuge. Nach Tagen oder Wochen der Verzweiflung und Untätigkeit kommt dir wieder die Kraft, aus dem Haus zu gehen und um das Geld für die Miete zu kämpfen, die Uhr aus dem Pfandhaus zu holen. Das Glück eines Menschen, den du liebst, beweist dir, daß Leben möglich ist. Deine eigenen Ängste, welche auch immer, müssen warten, bis du von dem Fest zurückkehrst – es kommt nicht in Frage, daß du sie mitnimmst. Und da sitzen sie tatsächlich in deinem Zimmer, wenn du zurückkehrst, und schauen dich finster und vorwurfsvoll an, und dir wird klar, daß manche deiner Ängste *dich* weit mehr brauchen als du sie, und unbarmherzig machst du dich daran, das Haus zu säubern.

Doch in Wahrheit war auch ich damals sehr glücklich, nicht nur, weil ich Ruth gefunden hatte, sondern auch, weil ich Julia nicht verloren hatte. Diese beiden Wahrheiten gehörten zusammen: vielleicht wäre ich nicht frei gewesen für Ruth oder für irgend jemanden, wenn Julia verloren gewesen wäre. Und vielleicht hätte ich niemals gewußt, warum ich nicht frei gewesen wäre, hätte niemals bewußt die Verbindung hergestellt: erst als die Wolke sich verzog, als ich Julia wiedersah, wurde mir klar, wie dicht die Wolke gewesen war, wie lange ich rastlos unterwegs gewesen war. O ja, ich hatte Verantwortung, Pflichten, einen im Innersten gefühlten Stolz (oder einen Stolz auf mein innerstes Fühlen) und einen verhältnismäßig starken Willen. Das sind keine Banalitäten; aber ich weiß, was sie vermögen und was sie nicht vermögen. Sie können dir helfen, deine Rüstung anzulegen, und dich lehren, sie zu tragen. Sie können dir nicht helfen, sie wieder abzulegen. Da juckt etwas, da brennt etwas, da fängt endlich, endgültig etwas an zu stinken. Und wenn du in deinen eigenen Gestank eingehüllt bist, wagst du es nicht mehr, einen anderen in deine Nähe zu lassen, und dein Leben wird zu einer Folge von Zwangs- und Vermeidungsritualen. Es ist wahr, ich hatte Arthur, aber Arthur war ein ausgewachsener Mann – mein Bruder, nicht mein Wärter –, und wenn ich mir, sozusagen, nicht meine eigene Karte fürs Konzert kaufen konnte, wäre ihm bald keine andere Wahl geblieben, als mich aus dem Saal werfen zu lassen: ich war auch nicht *sein* Wärter.

Mein West End Avenue-Apartment war also eine Art Tempel der Freude in diesem Winter, als mein zweiunddreißigstes Jahr sich langsam vollendete, als mein dreiunddreißigstes Jahr sich unglaublich, wunderbar mit Posaunenschall aus der Ferne ankündigte.

Julia war selten zu Hause. Sie arbeitete die ganze Zeit. Ihre Abwesenheit hatte, zu ihrer eigenen Überraschung, ihren ‹Marktwert› gesteigert. Sie war ‹in›, als es eben mit dem afrikanischen Moderummel losging. Ihre Reise hatte ihr auch eine neue Intensität verliehen, und laut Jimmy waren ständig Produzenten vom Broadway, aus Hollywood und vom Fernsehem am Telefon, Julia hatte sogar schon ein paar Drehbücher gelesen: worauf sie, wiederum laut Jimmy, «die Arbeit als Modell ungefähr so niedrig findet, wie sie gern sinken möchte».

Bis zu einem gewissen Maße – ja, in einem ganz erheblichen Maße – konnte ich Julias Verfassung an Jimmys Verfassung ablesen, denn sein Blick hatte immer diesen Spatz im Visier, und außerdem hatte er immer Vertrauen zu mir. So wie er wußte, daß ich wußte, daß er meinen Bruder liebte, wußte er, daß ich seine Schwester liebte.

Und noch deutlicher konnte ich Arthurs Zustand an Jimmy ablesen. Als ich zweiunddreißig war, war Arthur fünfundzwanzig und Jimmy einundzwanzig. Einundzwanzig, das ist ein seltsames Alter, verschmitzt, gefräßig, aber alles andere als verschlagen. Weder Arthur noch Jimmy waren imstande, irgend etwas zu verheimlichen, und es muß gesagt werden, daß sie es, wenn es darauf ankam, niemals versuchten. Aber Arthur war in meiner Gegenwart weit zurückhaltender, natürlich besonders in seiner Beziehung zu Jimmy. Ich fand, daß Arthur sehr komisch war, regelrecht ‹niedlich›, wie die älteren Leute sagen. Da kam zum Beispiel Jimmy angetänzelt in den Leinenlatschen, die an die Stelle der Turnschuhe getreten waren, er hatte Arthurs Duffelcoat an, Jeans und einen Pullover, er strahlte wie ein Wandelstern und küßte Ruth, die er ‹Mother Mattie› nannte, umhalste mich stürmisch und rannte, sich die Hände reibend und über die Kälte jammernd – natürlich in die Küche, wobei er über die Schultern schrie: «He, alter Gospelkrieger, du hast den ganzen Tag noch nichts gegessen! Soll ich dir auch etwas machen?»

Das gilt Arthur, der mit ernster Miene hinter ihm hereingetrottet ist und sich alle Mühe gibt, erschöpft auszusehen und sich seine Wonne nicht anmerken zu lassen, die er doch nicht verbergen kann, und so wirft er Ruth oder mir ein Lächeln zu – wir fingen es immer auf –, um dann unter dem Zwang, auf Jimmys Gebrüll zu antworten, die Stirn zu runzeln, in der völlig vergeblichen Hoffnung, ihn zum Schweigen zu bringen, bevor er *alle* Geheimnisse des Geisterschlosses verrät: «Ich habe dich gar nicht fragen hören, ob du an Halls Kühlschrank gehen darfst, Mann!»

Jimmy (an der Küchentür, eine Flasche Scotch in der einen Hand, einen Laib Brot in der anderen): Willst du Schinken oder Brathühnchen oder Kotelett auf dein Sandwich? Du mußt etwas essen, Baby. Dein Bruder will nicht, daß du verhungerst. (Zu mir:) Oder willst du das?

Ich: Bestimmt nicht.

Jimmy: Ich mach dir zuerst mal 'n Drink. Scotch oder Wodka? (Zu mir:) Wo steht dein Wodka?

Ich: Im Schrank unter dem Ausguß – du weißt es doch.

Jimmy: Ach so, ja. (Zu Arthur:) Was ist nun?

Ruth: Mach du die Drinks, Jimmy. Ich mach das Essen.

Jimmy: Okay, Mother Mattie. (Zu Arthur:) Was ist nun?

Arthur (gibt es auf, sich zu wehren): Scotch. Einen Doppelten. Eiswürfel. (Beiseite gesprochen:) Arschloch.

Ruth geht in die Küche, und Arthur sieht mich an – ein sehr rührender Blick, ein gespieltes Stirnrunzeln, eine Frage, eine unbezähmbare Freude. Und ich lache.

Im nächsten Moment lacht Arthur mit. «Ah. Was habt ihr vor?»

«Essen. Trinken. Und, Baby, glücklich sein.»

Und wieder sieht er mich an, mehr denn je mein kleiner Bruder, und ich wage zu sagen: «Ich hab dich lieb. Vergiß es nicht. Und noch eins, was immer dich glücklich macht, das solltest du tun, und wer immer dich glücklich macht, bei dem solltest du sein.»

Er sieht mich noch einmal an, und es scheint etwas von ihm abzufallen. Dann: «Okay. Ich hab dich auch lieb.»

Dann kommt Jimmy mit Arthurs Drink aus der Küche, er reicht ihn ihm, und in der Art, wie er es tut, liegt etwas sehr Rührendes. Es zu beschreiben wäre wahrscheinlich unmöglich. Jede Gebärde, die ein Mensch macht, ist befrachtet, sie ist ein Geständnis, ist eine Offenbarung. Nichts kann verborgen werden, aber da gibt es so viel, was wir nicht sehen wollen, nicht zu sehen wagen. Der Junge hatte den harten Drink, den Arthur verlangte, in ein Glas eingeschenkt, das für ihn, wie ich wußte, ein besonderes, nämlich Arthurs Glas war: ein eckiges, schweres Glas mit einem breiten Silberband. Er kniete nicht gerade nieder, als er Arthur den Drink reichte, wie es zum Beispiel ein griechischer Junge oder ein elisabethanischer Page getan hätte, aber er mußte sich nach vorn beugen, und so verbeugte er sich unbewußt. Mir selbst wurde dies vielleicht nur bewußt, weil ich Jimmys Gesicht beobachtete, und weil ich sah, wie seine Augen Arthurs Blick suchten. Seine Hingabe lag in den Augen, und darum schien es, als ob er sich verbeugte. Es war spöttisch, übertrieben, niggerhaft, witzig, aber es war Liebe, und als Arthur jetzt das Glas nahm, sah er Jimmy in die Augen und schien ihn auf die Lippen, auf die Stirn zu küssen. Und beide waren sie glücklich. Arthur hob sein Glas Jimmy entgegen, dann an die Lippen, und Jimmy verschwand wieder in der Küche. Wir hörten seine Stimme, Ruths Stimme und das Gelächter der beiden.

Jimmy und Arthur verbrachten eigentlich ihre ganze Zeit miteinander, entweder in der 18th Street – «Mann, wir haben's endlich doch noch geschafft, all die Treppen hinauf!» war Jimmy einmal, Ruth und mir gegenüber, herausgeplatzt, während Arthur finster dreinblickte und errötete – oder im Loft an der Dey Street, wo sie auch rund um die Uhr arbeiteten, übten, probten. Es war ein wunderbares Erlebnis, sie zu beobachten; Freiheit ist ein außerordentliches Schauspiel. Es war eine ungeheuer wichtige Zeit in unser aller Leben, ich erinnere mich bis zu dieser Stunde daran als an den Wendepunkt: und damals wurde Tony empfangen. Und wenn ich sage, daß es hauptsächlich Jimmys Verdienst war, daß Arthur ein Star wurde, so meine ich nicht, daß diese Möglichkeit einem von ihnen je in den Sinn gekommen wäre. Jeder lernte bei der Arbeit gewaltig viel vom anderen, aber sie waren weit davon entfernt, den öffentlichen Erfolg zu kalkulieren: zu jener Zeit lag so etwas nicht nur ihrem Denken ganz fern, sondern es wäre auch, hätten sie daran gedacht, eine Falle gewesen, die es zu vermeiden galt. Leute, die meinen, daß sie berühmt werden wollen, haben keine Ahnung, wie dieser Prozeß funktioniert: der Ruhm läßt sich nicht herbeizitieren. Er trifft dich wie ein Hammer, und danach besteht der Trick darin, dem, was beinah wie ein tödlicher Schlag war, standzuhalten. Nein, sie waren glücklich, sie arbeiteten, sie lernten der unaussprechlichen Wahrheit zu vertrauen, daß jeder für den anderen unersetzlich war – sollten sie einander je verlieren, dann müßte jeder wieder von vorn anfangen, leben zu lernen. Und wenn ich sage, daß es hauptsächlich Jimmys Verdienst war, daß Arthur *The Soul Emperor! Mr. Arthur Montana!* wurde, so meine ich damit, daß Jimmys Gegenwart in Arthurs Leben, daß seine Liebe Arthurs Selbsteinschätzung veränderte – sie schenkte ihm eine Freude und eine Freiheit, wie er sie vorher nie gekannt hatte, und sie umgab ihn mit einer strahlenden Verwunderung. Und er trug dieses Licht mit sich auf die Bühne, er bewegte seinen Körper anders, seit er wußte, daß er geliebt, geliebt wurde und sich daher gleichermaßen gebunden und frei wußte, und dieses Wunder, dieser Zauber, dieses nie endende Staunen über diesen nie endenden neuen Tag erfüllte seine Stimme mit dem Jubel von Heerscharen, herbeigerufen aus welchen unbeschreiblichen Katakomben auch immer.

Arthurs erster Platten-Hit zum Beispiel lag damals noch über ein Jahr in der Zukunft, aber hier ist ein Teil der Geschichte, wie es dazu kam:

In der Kirche in Florida, an jenem weit zurückliegenden Nachmittag, als Jimmy zum erstenmal für Arthur spielte, war Arthur nach zwei oder drei improvisierten Stücken der Meinung gewesen, nun sei es genug und wir sollten jetzt lieber wieder in den Keller der Kirche hinuntergehen, damit wir uns unsere Gesichter waschen und frische Hemden anziehen könnten, falls wir Hemden zum Wechseln hatten. Vielleicht hatten wir sogar noch Zeit genug, auf einen raschen Drink irgendwohin zu fahren.

Also brach er ab, drehte sich zu Jimmy um und gab ihm ein Zeichen, die Probe zu beenden; aber Jimmy sah Arthur ganz ruhig und mit der größten Unverschämtheit in die Augen und hämmerte die Anfangsakkorde von *Näher zu dir.*

Arthur hielt die Luft an und wäre beinah herausgeplatzt, aber es blieb ihm nichts anderes übrig, als sich von Jimmy mitreißen zu lassen.

Jesus gewähre
was ich begehre
täglich ein Stückchen näher zu dir
näher zu dir
lieber Herr
näher zu dir.

Ich hatte damals natürlich keine Ahnung, wie direkt und geradezu gotteslästerlich Jimmy vorging – und wenn man bedenkt, wozu wir den Tempel des Heiligen Geistes benutzten, ist ‹gotteslästerlich› ein recht seltsames Wort –, aber wie dem auch sei, sein Ruf war sehr direkt und rührend, und er entlockte Arthur eine Antwort, die hinauszuschallen schien, über die apokalyptischen Straßen hinweg, so daß ich und die beiden Männer, die mit mir in der Kirchentür standen, uns umdrehten, um zu sehen, woher diese Klänge kamen.

Dieser Song wurde dann ganz ihr eigen, ein Sakrament, ein Meilenstein auf ihrem Weg: er bezeichnete den Punkt, wo es kein

Zurück mehr gab, wo sie sich erstaunt, erschrocken, aber ohne eine andere Wahl zu haben vor den Ohren der Menschen und dem Auge Gottes einander anvertrauten.

Arthur sollte nie wieder einen Begleiter wie Jimmy finden, und Jimmy sollte nie wieder einen Sänger wie Arthur begleiten. Dies ist ein Geheimnis, zu dem man einfach amen sagen muß: es wird nie enträtselt werden. Man hat zum Beispiel Tänzer gesehen, die allein oder mit irgendwelchen Partnern ganz Außerordentliches leisteten – und dann sieht man die beiden Tänzer zusammen, die füreinander geschaffen zu sein scheinen seit dem Augenblick, da die Welt entstand. Zusammen vollbringen sie Wunder, die keiner von beiden auch nur im Traum hätte wagen können, und die Art, wie sie Raum und Tod trotzen, hebt auch uns zitternd und strahlend empor.

So waren Arthur und Jimmy. Selten habe ich solche Freiheit gehört oder gesehen, wie wenn sie zusammen spielten und sangen. Es hatte natürlich etwas mit ihrer Jugend zu tun, es hatte etwas damit zu tun, wie sie aussahen, es hatte etwas mit ihrem Gelübde zu tun, mit ihrer Beziehung zueinander: aber es war mehr, viel mehr als das. Es war ein Wunder, ein Zauber, ein Geheimnis: ich nenne es heilig. Mich ließ es jedenfalls erkennen, daß wir allzumal unzulängliche und meist mißtönende Instrumente sind, und doch, wenn wir gemeinsam aufstehen und uns hingeben, können berufene Hände die Antwort auf unsere Sterblichkeit aus unseren Saiten schlagen.

So schafften sie sich beispielsweise mit ganzer Seele in dieses alte Kirchenlied hinein, aber als sie die letzte Note erreicht hatten, war es jedem, der Ohren hatte zu hören, offenbar – und auch all denen, ich schwöre es, die nur die Schwingungen spürten.

Ich künde der Welt
von ihm!
Ich künde den Völkern:
Ich bin gesegnet!
Kündet ihnen, was Jesus
was Jesus getan!
Kündet ihnen
der Tröster ist da!

Und schenke
meiner Seele
Freude, Freude, Freude!

Da waren also wir vier wieder vereint, Julia, Jimmy, Arthur und ich, miteinander fürs Leben verbunden, wie sich zeigen sollte, und auch mit Ruth, die einfach kam und den Platz einnahm und veränderte, der auf sie gewartet hatte.

Arthur und Jimmy sind im Loft in der Dey Street, sie üben an *Erhöhe ihn!*, es ist eine der Nummern, die sie an Weihnachten singen werden, in einem der großen Tempel von Harlem.

Ich habe Arthur selten in seiner Bude an der Dey Street besucht, nicht weil es mir dort nicht gefiel oder weil ich mich nicht willkommen fühlte, sondern weil es mehr seine Werkstatt als seine Wohnung war. Plötzlich erscheint es mir unheimlich, wenn ich es so ausdrücke; ich glaube nicht, daß ich es damals für mich selbst so formuliert hätte. Wenn ich sage, daß ich mich kaum erinnern kann, wie es dort aussah, dann wegen all der Stunden, die ich dort unten verbrachte, als ich Dinge in Schachteln und Kisten verpakkend, Arthur die Augen zudrückte.

Es war in der obersten Etage eines drei- oder vierstöckigen Gebäudes. In den unteren Stockwerken befanden sich verschiedene kleinere Firmen, die sich rasch und sichtbar dem Bankrott näherten, wenigstens nach den Gesichtern zu schließen, die sich manchmal zeigten. Den ganzen Tag heulten und ratterten überall in dem Gebäude Motoren, so daß es immer wie eine große Katze zu schnurren schien. Nach fünf Uhr hörte das Schnurren auf, das Gebäude und die ganze Nachbarschaft wurden still und leer. Hier unten lebte praktisch niemand. Das war ideal für Arthur, der die ganze Nacht und natürlich auch den ganzen Tag herumexperimentieren konnte, so laut er wollte. Seine Musik machte dem ständigen geschäftigen Getöse nicht viel aus.

An Samstagnachmittagen war es dort wunderbar ruhig und friedlich; und dies ist ein Samstag.

Oh,
die Welt ist hungrig
nach dem lebend'gen Brot

Arthur singt es mit leiser Stimme, er steht am Fenster und betrachtet die mit Rolladen verschlossenen Fenster der Cafeteria auf der anderen Straßenseite. Vor dem Lokal lümmeln zwei Säufer an der Wand, Weiße, die sich eine Flasche teilen und sich nicht weiter um die Kälte scheren, obwohl das fadenscheinige Jackett des einen und der zerschlissene schwarze Regenmantel des anderen ihnen wenig Schutz bieten. Das Elend scheint, soviel hat Arthur schon begriffen, nicht die Macht zu haben, sich über Rassenschranken oder, genauer gesagt, Gewohnheiten hinwegzusetzen: weiße Säufer ziehen hauptsächlich mit Weißen herum, und schwarze mit Schwarzen. Sie scheinen blind gegen alles und jeden außerhalb ihrer Welt, nehmen andere Menschen nur als Mittel zur nächsten Flasche wahr. Sie sind ein großes Rätsel für Arthur, er fragt sich, was sie so früh, so schwer getroffen haben mag – denn viele von ihnen sind jung, ihre Jugend wirkt unter der schimmernden Schweiß- und Schmutzschicht hilflos und erstarrt.

Das Loft erstreckt sich über die ganze Länge des obersten Stockwerks, es ist halbherzig geteilt durch eine Wäscheleine mit einem Bettlaken darüber. Hinter diesem Laken ist das Bett: eine Matratze im Königsformat auf einem Holzrahmen, flach am Boden und tagsüber mit einer schweren dunkelblauen Decke und vielen bunten Kissen bedeckt. Dort ist auch das Bad, und gegenüber lehnen die Rudimente einer Küche an der nackten Wand.

Erhöhe den Erlöser
daß ihn die Menschen sehen.

Im vorderen Teil steht Arthurs Klavier, sind die Schallplatten, das Tonbandgerät, Noten, Bücher; all das mehr oder minder gebändigt oder kontrolliert durch eine hölzerne Regalwand. Ein Sofa, Stühle, ein großer Tisch. An den Wänden Fotografien: Paul, Florence, Arthur, ich; Arthur mit ein paar Freunden oder Arbeitskollegen; Julia, und jetzt natürlich Jimmy; ein paar mittelmäßige Gemälde; und Poster, ähnlich Theaterplakaten, die Arthur ankündigen, andere Sänger ankündigen.

Jimmy, in einem alten grünen Overall, sitzt am Piano, er klimpert vor sich hin, aber er lauscht auf Arthur. Arthur, in Jeans, Pullover und Sandalen, geht auf und ab und kämmt sich die Haare.

Vertrau auf ihn
und zweifle nicht
am Wort das er gesagt:
Ich will sie alle
zu mir ziehen!

Und Arthur geht hinter das Laken ins Bad, um seine Frisur zu prüfen und den Kamm loszuwerden.

Jimmy fährt ganz ruhig mit seinen suchenden Improvisationen fort, während das Tempo, mit dem Arthur gesungen hat, ihm noch im Kopf nachklingt. Arthurs Tempo ist die Bedeutung des Lieds, Arthurs Tempo und der Ton, den er und Jimmy gemeinsam treffen. Oder das Lied offenbart sich so, wie es dargebracht wird, und durch die Art, wie es dargebracht wird. Manchmal antwortet Jimmy auf Arthurs Text – seinen Ruf –, indem er ihn exakt wiederholt, manchmal klingt eine Frage auf, eine Klage, manchmal kommt die Antwort ganz aus der Nähe, manchmal aus weiter Ferne. Manchmal fühlen beide sich durch das Lied gefangen und machen einen Sprung, um weiterzugehen, als das Lied oder Arthurs Tempo erlauben: dann plagen sie sich am härtesten, lernen am meisten. Es gibt immer einen Rhythmus unter dem Rhythmus, eine andere Musik unter der Musik – und dahinter.

Arthur kommt zurück, sein Haar sieht aus, wie es aussehen soll, übertrieben gekämmt, und sie gehen an die Arbeit: nicht nur an *Erhöhe ihn!*, sondern auch an die zwei anderen Nummern, die sie am Weihnachtstag singen werden, der jetzt nur noch eine Woche entfernt ist. Wie durch ein Wunder klingelt das Telefon den ganzen Nachmittag nicht, während sie proben, Ruf und Antwort, Ruf und Antwort. Dieser Klang schallt durch die Schlucht der einsamen, finsteren Straße, während die Nacht sich herabsenkt.

Und ich, wenn ich
erhöhet werde
von der Erde –
so will ich sie alle
zu mir ziehen!

Gegen halb acht, acht, wirft Jimmy die Hände hoch, gähnt und verschwindet hinter dem Laken, um ins Bad zu gehen. Auch Arthur gähnt, etwas verwundert, daß es schon so spät ist – er ist schon den ganzen Nachmittag auf den Beinen. Er geht ans Fenster und späht durch die Scheibe auf die menschenleere Straße hinunter, dann zündet er sich eine Zigarette an und wirft sich rückwärts auf das Sofa.

Jimmy kommt mit einem Bier und einem Scotch zurück. Er reicht Arthur den Whisky, dann setzt er sich auf den Boden, den Hinterkopf an Arthurs Knie gelehnt.

Er greift nach Arthurs Zigarette, zündet sich seine eigene daran an, gibt sie Arthur wieder.

«Na, Mann, wie fühlst du dich?»

«Ich habe das Gefühl, wir kommen vorwärts. Aber manchmal weiß ich nicht ... ich bin mir nicht sicher wohin.»

Jimmy zieht an seiner Zigarette. «Yeah. Manchmal spüre ich das auch.»

Arthur zieht sich hoch und stellt die Füße auf den Boden, er beugt sich vor und hält sein Glas zwischen beiden Händen.

«Aber ich habe gar nichts gegen so ein Gefühl», sagt Arthur. «In Wirklichkeit gefällt's mir sogar. Es ist ein bißchen unheimlich. Aber vielleicht ist es das, was ich gesucht habe.»

«Schon mal daran gedacht», fragt Jimmy, «dem Gospel untreu zu werden? Ich meine ... Blues, Balladen, all die andere Musik, die du in dir hast.»

Nach einer Weile sagt Arthur: «Ich habe daran gedacht. Die Leute fragen mich das ständig.»

«Keine Witze. Aber ... ich bin nicht die Leute.»

«Genau. Aber im Gospel bin ich zu Hause.»

Arthur sagt es zögernd, fragend, als ob er beim Sprechen die Wörter übersetzte.

«Ach, komm, Baby, du bist schon lange fort von zu Hause, du bist nichts als ein Zigeuner ... du hast *mich* dazu gebracht, mein glückliches Zuhause zu verlassen.» Er dreht lachend den Kopf und sieht Arthur ins Gesicht – er wundert sich über sich selbst. «He, verstehst du. Zum Beispiel. Wir könnten *damit* groß herauskommen.»

Arthur trinkt von seinem Whisky und blickt aus sehr großer Höhe auf Jimmy herab.

«Du. Bist. Verrückt. Zwei Typen, zwei *schwarze* Typen, und

wir sollen als beschissene phallische Edel-Wilde auftreten? Dann können wir doch gleich *What Did You See in Her?* singen.»

Beide kichern los, aber Jimmy läßt nicht locker.

«Mann, ich schlage doch nicht vor, daß wir eine Tingel-Tangel-Schau machen und die Jahrmärkte zu erobern versuchen. Ich kenne den Jahrmarkt, bin selbst in diesem Zoo gewesen, und glaube mir, dahin kommst du keinen Augenblick zu früh zurück.»

Er reibt kurz seine Wange an Arthurs Knie, dann streckt er sich und schlürft sein Bier.

«Aber mit *Since I Fell for You* könnten wir es schaffen. Du würdest es ja nicht für mich singen – immerhin ist es keine Nelson-Eddy-Jeannette MacDonald-Zahnpastareklame –» wieder kichern sie los – «es ist eine Erinnerung, eine Thekenbeichte, du wirst es für all die anderen da draußen singen, und ich werde dich begleiten. He, hör doch mal ...»

Er steht auf und geht ans Klavier. Der Akkord, den er anschlägt, erinnert an sein Vorspiel zu *Näher zu dir*. Einen Augenblick ist Arthur, der reglos auf dem Sofa sitzt, sich nicht sicher, worauf Jimmy hinauswill. Dann löst die Melodie sich auf, tritt in den Vordergrund. Arthur, auf dem Sofa, summt mit, die letzten Zeilen singt er:

I guess I'll never see the light
I get the blues most every night
since I fell for you.

Arthurs letzter Ton ist auch Jimmys letzter Ton, es ist wie der letzte Ton, der auf einer Trommel geschlagen wird: das Klavier gibt keinen Kommentar dazu. Aber der letzte Ton schwebt weiter in dem eigenartig gesammelten Schweigen.

Jimmy dreht sich auf der Klavierbank um und grinst Arthur an.

«Gar nicht schlecht. Das könnten wir hinkriegen.»

«Nur», sagt Arthur nach einer Weile, «daß ich nicht den Blues kriege ... seit ich dir verfallen bin.»

«Ach, Scheiße», sagt Jimmy, «an so was hab ich nie gedacht», und er kommt ans Sofa zurück und nimmt Arthur in die Arme.

Nach einer Weile legt Arthur seine Hände auf Jimmys Schultern und schiebt ihn von sich, um ihm in die Augen zu sehen.

«Wenn du so über das Singen redest, Mann ... Was du wirklich meinst, ist, daß du nicht getröstet werden willst, du willst –» er lacht, aber es ist ein sehr trockenes Lachen – «keinen Trost.»

«Vielleicht», sagt Jimmy, und auch er lacht, «gibt es keinen für mich.»

«Wenn du meinst, es gibt keinen für dich, dann willst du keinen.»

«Das ist nicht wahr», sagt Jimmy und sieht Arthur an und zieht ihn wieder in seine Arme.

Und diesmal hält Arthur Jimmy fest, als ob einer von ihnen sterben müßte, er hält ihn fest, hält ihn fest, er will dem Jungen nicht weh tun, er will eigentlich nicht mal, daß Jimmy sein Gewicht spüren und tragen muß, daß er seine Gerüche ertragen, in seinen Tränen ertrinken muß. Aber während er Jimmy festhält, kommen ihm, ohne daß er einen Grund wüßte, große, brennende, salzige Tränen, Tränen tiefer als aus Stolz oder Demütigung geweinte Tränen, Tränen tiefer als alle Worte. Er weiß nicht, warum er weint. Er wundert sich über die Gewalt seiner Tränen, wundert sich, daß er nicht aufhören kann zu weinen, staunt, daß er überhaupt weinen kann – und in den Armen eines Jungen: denn auch Arthur ist ein großer Bruder.

Jimmy ringelt seinen grünbekleideten Körper um Arthurs Arme und Beine, drückt sein Gesicht gegen Arthurs salziges Gesicht, seine Finger zausen Arthurs Haare, er sagt nichts, er hält ihn nur fest.

Allmählich hört Arthurs Körper auf zu beben, aber er lockert nicht die Umarmung, mit der er Jimmy festhält. Sehr lange Zeit bewegen sie sich nicht. In der Schlucht herrscht tiefe Stille: das beweist, daß es Frieden geben kann im Tal.

Dann blickt Arthur auf, in Jimmys Gesicht.

«He.»

«Na, du?»

«Mächtig nett von dir, daß du mich beschützt hast.»

«War keine gute Nacht da draußen, für Mann und Maultier.»

«Was hast du denn mit meinem Maultier angestellt?»

«Liegt da drüben. Schläft fest.»

«Bist du sicher?»

«Na, jedenfalls das letzte Mal, als ich nach ihm schaute –» und sie lachen, lachen jetzt so heftig, wie Arthur vorhin weinte, im ungeheuren Luxus ihrer inneren Welt, frei genug miteinander, um sich nicht zusammennehmen zu müssen.

«Hungrig?»

Und sie lachen wieder.

«Na, komm. Sei mal ernst.»

Aber sie müssen immer weiterlachen.

Ja. Aber was macht Arthur da, auf dem Rücken liegend, am Boden des Kellers in diesem Londoner Pub?

Ich habe es versucht, hab es auf jede Weise versucht, nicht dorthin zu gehen, und doch hab ich es nicht so fest versucht wie Arthur – Arthur, der es zuletzt einfach kommen sah, der sah, daß er ihm nicht ausweichen konnte, der schon zu lange darauf zugelaufen war, schon zu lange allein gewesen war, der in Wirklichkeit kein Zutrauen mehr zu einem anderen Zustand hatte. Jimmy war zu spät gekommen.

Aber wenn ich das sage, muß ich genauso auch die Möglichkeit erwägen, daß Jimmy zu früh kam, daß er ein Teil seiner Landschaft, wenn nicht ein Teil dieses Lebens, und zwar schon seit Anbeginn dieses Lebens war. Nach dem, was Arthur sagte, hatte er Jimmy nie bemerkt, als sie Kinder waren; aber er bemerkte ihn doch genug, um nett zu ihm zu sein an jenem weit zurückliegenden Sonntagnachmittag, als seine Mutter ihn ohrfeigte. Er bemerkte ihn genug, daß Jimmy wußte, er wurde bemerkt; und wer weiß, wie weit dieses Wissen Jimmy geholfen hat, sein Tal zu durchwandern? Das ihn außerdem allzubald rief. Zu früh oder zu spät. Ich weiß es nicht. Mir bleibt nur das, was ich nicht weiß.

Es würde die Dinge vielleicht vereinfachen, wenn ich sagen könnte, daß wir nicht wissen, was wir nicht wissen wollen: aber ich, wir, sind nicht so einfach. Wir wissen. Fast alles, was wir tun, zielt darauf ab, uns vor dem zu schützen, was wir wissen: denken wir nur, welchen Gebrauch wir von der schwierigen Vergangenheitsform der Zeitwörter machen.

Wenn ich also sage, mir bleibt nur das, was ich nicht weiß, könnte ich ebensogut mit Tränen in den Augen sagen, ich *wußte*! Aber, Gott, wie sehr habe ich gehofft, nicht zu wissen, wie sehr habe ich gehofft, meine Hand könnte den Himmel stützen.

Ja. Gehen wir noch einmal zurück ins Loft. Da sind sie noch immer, auf dem Sofa, und jetzt lachen sie nicht mehr. Sie liegen ganz ruhig, einer in den Armen des anderen, und in der Dey Street ist es vollkommen still. Arthur oder Jimmy hat die schwarzen Sackleinenvorhänge zugezogen, und das einzige Licht im Zimmer ist das Licht um das Klavier herum und das ganz schwache, durch das Bettlaken gefilterte Licht aus der Küche.

Jimmy fragt: «Hungrig?»

Wobei er Arthur ins Gesicht sieht, unbarmherzig sein Haar zaust, sein ganzes Gewicht auf Arthur ruhen läßt.

«Ich bin am Verhungern ... jetzt, wo ich daran denke.»

«Willst du ausgehen?»

«Willst *du* ausgehen?»

Jimmy rückt näher, er schiebt sie beide tiefer in das Sofa, reibt seine Wange an Arthurs Wange und murmelt: «Ich hab dich zuerst gefragt.»

«Scheiße. Müssen wir ausgehen?»

Jimmy lacht, seine Hand verfängt sich in den Haaren über Arthurs Nacken. «Nein. Wir haben noch Eier und Schweineschnitzel, ein paar übriggebliebene rote Bohnen und Reis, und ein Hühnerbein.» Er richtet sich auf. «Brot, schon ein bißchen alt, aber ich kann's aufbacken, weißt du. Etwas Bier, ein Rest Whisky. Ich meine ... wir müssen nicht *raus*, nicht wenn du nicht ausgehen *willst.*» Er grinst. «Ich kann gleich anfangen.»

«Möchtest du, daß ich dir helfe?»

«Ich werde das Hühnerbein abnagen, das ist alle Hilfe, die ich brauche. Und du deckst den Tisch.»

Beide lachen.

Dann sehen sie zum Tisch hinüber, auf dem sich das Chaos von der nachmittäglichen Arbeit häuft.

«Vielleicht», sagt Arthur, «laß ich lieber *dich* den Tisch decken, und ich stelle mich solange in die Küche.»

«Oder», sagt Jimmy, «wir essen in der Küche und lassen das alles hier bis morgen liegen ... morgen wird's sowieso wieder da liegen.»

Er küßt Arthur behutsam, richtet sich auf, steht auf und zieht seinen Overall an.

«Bleib du nur liegen, bis ich dich rufe, Baby.» Er greift nach Arthurs Glas. «Ich fülle es dir auf.»

Und er verschwindet hinter dem Bettlaken.

Arthur bleibt im dämmerigen Licht auf dem Rücken, auf dem Sofa in dem Loft liegen, wo er eigentlich immer allein gewesen ist. Lange hatte er gehofft, Crunch würde ihn besuchen kommen und vielleicht sogar bleiben. Dann hatte er allmählich eingesehen, daß Crunch das nie tun würde, daß er nicht konnte: er konnte ihn weder besuchen noch konnte er bleiben. Und das nicht, weil Crunch ihn nicht liebte, sondern aus einem schrecklicheren Grund.

Man kann nicht sagen, daß er horcht, aber er hört Jimmy in der Küche summen: das heißt, irgendwo hinter der halbherzigen Teilung. Die Melodie kann er nicht erkennen, sie kommt und geht wie Kopfschmerzen, aber er weiß, daß er sie schon immer kennt.

Jimmy kommt mit einem frischen Drink zurück. Arthur setzt sich auf, stellt die Füße auf den Boden, und Jimmy drückt ihm das Glas in die Hände. Wortlos summend verschwindet er wieder.

Arthur sitzt da und starrt auf die mit schwarzem Sackleinen verhangenen Fenster. Da ist ein Geräusch auf der Straße, irgend jemand schreit oder singt in der Ferne. Eine Wagentür wird zugeschlagen, der kurze, brutale Schlag hallt durch die Schlucht.

Arthur steht auf, geht zum Fenster und späht durch die Vorhänge. Die Straße ist leer wie immer und genauso still. Ach ja, da schlurft anscheinend eine grauenhaft einsame Gestalt um die nächste Ecke und verschwindet. Nicht weit entfernt, am Fulton Fish Market, beginnen die Touristen zu lärmen. China Town ist nur einen Spaziergang weit. Er weiß es, er ist die Strecke oft genug gelaufen.

Er kratzt sich an der Brust, er schlürft seinen Drink und fragt sich, ob er genug weiß, um zu wissen, daß er glücklich ist. Denn er *ist* glücklich, auch wenn er dunkel fühlt, daß er kein Recht auf das Glück hat, glücklich zu sein, und das ist der Grund, warum er an Crunch denken muß. Er war glücklich mit Crunch, einst, wie Jimmy jetzt mit ihm glücklich ist – das Lied, das Jimmy auf seine Weise summt, ist *Didn't it Rain*, und anscheinend hat er Zwiebeln geschnitten, die zusammen mit den Schweineschnitzel auf dem Feuer schmoren.

Außerdem weiß Arthur auch, daß er nicht Crunch ist, so wenig wie er Jimmy oder Jimmy der andere, jüngere Arthur ist, und daß Julia ihre Liebe nicht bedrohen kann: wahrscheinlich – soweit er jetzt weiß oder wissen kann. Die Liebe nimmt viele Gestalten und Gesichter an, und Julia liebt, soweit Arthur weiß, Jimmy und keinen anderen.

Ich hätte ihm sagen können, daß die Wahrheit grausamer war, aber Zeit, Entfernung, Sprache und wir selbst sind ebenso wirklich und unbegreiflich wie die Liebe.

Dennoch staunt Arthur über sein Glück. Es ist, als hätte irgend jemand ihm irrtümlich eine Brieftasche mit einem Vermögen darin in die Hand gedrückt, im guten Glauben, ihm einen Gefallen zu tun, und überzeugt, gesehen zu haben, wie er sie verlor. Die Brieftasche gehört nicht ihm: aber jetzt ist sie in seiner Hand, und der freundliche Fremde ist um die winterliche Straßenecke verschwunden. Da ist niemand auf der Straße, dem er sein Dilemma erklären könnte, erst recht niemand, dem er die Brieftasche geben könnte: nein, er kann nicht länger wie ein Idiot hier stehen mit der Brieftasche in den Händen. Er wird sonst noch andere in Versuchung führen! Er hat eben Glück gehabt, ob er es verdient oder nicht, und was könnte er mit dem Geld anderes tun, als es ausgeben?

Vielleicht muß er an Crunch denken, weil er – er sagt es sich nicht mit diesen Worten, aber es ist doch dieses Staunen, was ihn am Fenster festhält – weil er nie geglaubt hat, daß Freude einfach ein Element der Luft sein könnte, die wir atmen, oder daß Glück etwas so Einfaches sein könnte, zum Beispiel wie das Leuchten in Jimmys Augen, wenn Jimmy ihn ansieht, oder wie Jimmys unnachahmlicher Gang, oder wie die zwei kleinen Dellen über Jimmys Arschbacken, die ganz offensichtlich für Arthurs Daumen dort angebracht sind und aus keinem anderen Grund – welchen anderen Grund könnte es dafür geben? –, oder Jimmys Zähne, Jimmys Grinsen, seine vielen Gerüche, die ebenso viele Signale sind, oder sein stürmisches und manchmal launisches Gemüt: Wolken, die sich verziehen, Wolken, die sich zusammenbrauen, Sterne, Planeten, Milchstraßen, Monde wie Krater, Krater wie Monde, die Sonne, Morgengrau, Abenddämmerung, Ebbe und

Flut, der Dialog der Wandelsterne: all dies in dem schmalen Rahmen eines einundzwanzigjährigen Jungen, der zudem die Welt wissen lassen will, daß er zu Arthur gehört. Und er tut es: Arthur hat Verstand genug, um zu wissen, daß er die Brieftasche nicht in den Rinnstein werfen, daß er nicht, wie andere es vielleicht formulieren würden, das Geld einfach fallen lassen und davonlaufen kann.

Und doch – die Brieftasche wird eines Tages leer sein, das Geld ausgegeben, Gott weiß wo: das Glück ist flüchtig.

Ah, denkt Arthur, der am Fenster steht und auf das Brutzeln der Schweineschnitzel, der Zwiebeln und auf Jimmy lauscht, aber es zu haben ...! Wenn auch nur ein einziges Mal! Und er lächelt, kratzt sich an der Brust, schlürft seinen Drink und lächelt. Und doch weiß etwas in ihm, daß trotz allem irgend etwas, irgend etwas, wie die Sache auch ausgehen mag, irgend etwas, auch wenn das traurige Ende deines Glücks in der Gosse landet wie der letzte Ton eines Lieds oder wie der Blick in den Augen deiner Mama oder deines Daddys, daß irgend etwas, irgend etwas immer bleiben und die Luft, die wir atmen, verändern wird.

Das Glück demütigt uns, macht uns Angst: was werden wir später tun? Es wird später sein, bevor wir erkennen, daß die Frage müßig ist, bevor wir aufhören, diese Frage zu stellen, aber wir haben immer Angst, daß es später zu spät sein wird. Zu spät: so steht Arthur jetzt am Fenster und weiß ganz genau, daß er im nächsten Augenblick hinter die halbherzige Trennwandteilung gehen und Jimmy bei den zwei Grübchen über seinem Arsch packen wird und brummen und ihn in den Nacken beißen und wie eine Katze an seinem Haar schnuppern wird, daß er beide Hände unter Jimmys Schwanz legen und spielerisch Jimmys Hintern gegen seinen Schwanz reiben wird, während Jimmy – spielerisch – protestiert und die Zwiebeln verbrennen läßt, während er sich umdreht und Arthur in die Arme nimmt: zu spät. Auch könnten die Schweineschnitzel verbrennen, wenn Jimmy nicht, wie so oft, große Geistesgegenwart beweist und die Flamme klein stellt, während beide ruhig werden und aufgeben: Arschloch. *Weißt du nicht, daß man essen muß? Du bist magerer als das Maultier, das Abraham Lincoln uns versprochen hat. Wenn dein Bruder dich jetzt sähe, würde er mit mir schimpfen. Setz dich und iß. Ich gehe nirgendwo hin. Ohne dich. Und du wirst verdammt nirgendwo hingehen ohne mich, es sei denn auf Stümpfen. Oder auf Krücken. Und ich denke nicht daran, dir Krücken zu kaufen.*

Jimmy lacht, und Arthur lacht: verwirrt von seinem Glück, und er will es sich nicht anmerken lassen, erschrocken.

Er kann nicht glauben, daß Jimmy ihn liebt, kann sich nicht vorstellen, was man an ihm lieben könnte.

Oh ... Was macht er da am Boden in einem Keller jener historischen Stadt? Dieser Stadt, erbaut auf dem Prinzip, daß er das Vorrecht haben würde, irgendwo draußen vor den Toren zu leben und, ja, zu sterben.

Vielleicht muß ich nun tun, was ich am meisten gefürchtet habe: meinen Bruder an Jimmy abtreten, Jimmys Piano das letzte Solo überlassen: das jetzt auch als Brücke dienen muß.

Also: Arthur kommt durch diese halbherzige Trennwand *und, Mann, er beißt mich ins Genick*. Er fängt an, mit mir rumzufummeln. Macht mir nichts aus, nein, gefällt mir sogar, aber meine Hände sind ganz schmierig von Fett und Zwiebeln, und ich kann mich eine Weile nicht bewegen.

Er dreht mich um und küßt mich, lange genug, daß die Schnitzel anbrennen. Ich schiebe ihn also weg, und ich versuche zu lachen, und ich drehe die Schweineschnitzel um. Ich spüre, wie er mich beobachtet. Ich bin glücklich, aber ich bin auch erschrocken. Ich weiß nicht warum. Also gut. Ich weiß warum. In gewisser Weise. Diese Augen, deines Bruders Augen fragen mich etwas, was noch nie jemand mich gefragt hat, was vielleicht nie wieder jemand mich fragen wird. Du hoffst, daß du die Frage beantworten kannst, die du siehst. Du hoffst, daß du geben kannst, um was du gebeten wirst. Es ist das Wichtigste auf der Welt, das einzige auf der Welt, wenn man das tun kann. Was du sonst kannst, zählt wenig, wenn du das nicht kannst.

Und jetzt, wenn ich versuche, über Arthur zu sprechen, komme ich mir wie ein Freak vor. Und was soll's, ich *bin* ein Freak, nehme ich an. Aber verstehst du, Baby, als ich deinen Bruder in meinen Armen hielt, als er mich umarmte, da kam ich mir nicht wie ein Freak vor. Auch als die Leute anfingen, über uns zu reden, damals, erinnerst du dich – mir war's scheißegal. Ich war nur verletzt, weil Arthur verletzt war. Aber ich werde es dem großen allmächtigen Gott sagen, Baby: ich hab *deinen* Bruder geliebt.

Erst nachdem er uns verlassen hatte, und als ich so allein und so unglücklich war, hat dieser ganze andere *moralische* Scheiß, Mist, was die Welt eben Moral nennt, mich ganz durcheinandergebracht. Zum Beispiel, warum bist du so und nicht anders. Na, wie zum Teufel soll ich das wissen? Ich weiß nur dies: die Frage wäre mir nie gekommen, wäre ich nicht so allein, so verängstigt gewesen, ich meine, sie wär mir nie in den Sinn gekommen. Ich hab Angst, und ich würde gern in Sicherheit leben, und niemand liebt es, verachtet zu werden. Und auch wenn alle es für sich behalten, kannst du es doch nicht ertragen, wenn jemand, den du liebst, verachtet wird. Ich kann Arthur nicht die Treue brechen, kann nicht abhauen und mich irgendwo verstecken, und meine Liebe wie einen Scheißdreck behandeln und von der Welt behandeln lassen. Das kann ich wirklich nicht. Und die Welt hat sowieso keine Moral. Sieh dir die Welt an. Was die Welt Moral nennt, ist nichts weiter als der Traum von Sicherheit. Daher kommt's, daß die Welt so beschissen moralisch ist. Du kannst dich nur sicher fühlen, wenn du einen anderen in Gefahr siehst – sonst bist du dir nie sicher, ob du in Sicherheit bist.

Sieh mal. Ich bin in meinem Zimmer auf und ab gerannt, immer im Zimmer auf und ab, bin durch diese Straßen gelaufen, über diese Highways gerast. Und ich vermisse meinen Kumpel, meinen Geliebten, deinen Bruder, nein, es gibt keine Worte dafür. Und wenn du dann hörst, was die Welt sagt, und du hörst *diesen* Trost – ah! alle wissen, ich bin Jimmy Miller, und alle wissen, ich war mit dem großen, verstorbenen Arthur Montana zusammen. Gar nichts wissen sie, diese Arschlöcher, Mann. Nichts wissen sie. Sie können es sich gar nicht leisten, etwas zu wissen. Im Buch Hiob nennt Hiob diese Typen «allzumal leidige Tröster». Und Hiob hatte recht. Sie wollen dir einreden, daß es was ‹Psychologisches› ist – daß *wir* psychologisch sind. Was für ein Scheiß! Wenn das wahr wäre, wie könnten wir singen, wie könnten wir wissen, daß die Musik aus uns kommt, daß *wir* unsere Brücke zur Ewigkeit bauen, daß *wir* das Lied sind, das wir singen?

Jimmys Stimme verstummte, dann setzte sie wieder ein:

Das Lied gehört nicht dem Sänger. Das Lied findet den Sänger. Noch nie hat ein Sänger irgendwo ein Lied *erfunden* – das ist ganz unmöglich. Er *hört* etwas. Ich glaube wirklich, Baby, ich glaub's tief im Bauch, daß etwas *ihn* hört, daß etwas sagt, komm her! und ihn anspringt, genau wie du auf ein Piano oder ein Sax oder eine Violine oder eine Trommel anspringst, und du bringst das Instrument dazu, das Lied zu singen, das du hörst: und du liebst es und du hütest es, besser als du für dich selbst sorgen würdest, verstehst du das? Aber du hast kein Erbarmen mit dem Lied. Du darfst kein Erbarmen haben! Dieser Klang, der Klang, den du hörst, den du mit äußerster Präzision zu treffen versuchst – und *wow!* verstehst du –, ist der Klang von Millionen und aber Millionen, und wer weiß dann beim Zuhören, wo das Leben ist und wo der Tod?

Ich weiß es. Vielleicht rede ich so, weil ich deinen Bruder nicht mehr necken und ihm nicht mehr in die Augen sehen kann ... Ich kann ihn nicht mehr auf die Bühne laufen oder in ein Zimmer kommen sehen, ich kann nie nie nie wieder seine rauhen Ellbogen und seine spitzen Knie einreiben. Nie wieder muß ich überlegen, wie ich ihm sagen soll, Mann, du hast wirklich keine Arschbacken, und darum kannst du diese Hose nicht kaufen, du siehst darin aus, als ob du keinen Hintern hättest. Er war so ein müder schwarzer Puritaner, dein Bruder. Manchmal drehte er sich um und sah mich an, verstehst du, als ob er Hesekiel oder der heilige Paulus oder Jesaja wäre – diese Kerle aus der Wüste hatten auch keinen Arsch, und sie hatten keinen Jimmy, der ihnen den Schwanz leckte.

Manchmal glaubte ich, er haßte mich für die Art – die Arten, all die Arten, wie ich ihn liebte. Ich konnte es nicht verbergen, wie hätte ich's verbergen können? Jeder Zoll an Arthur war mir heilig.

Und ich meine: heilig.

Das werd ich bezeugen vor all den Göttern der Wüste, und selbst wenn sie mir Sand in die Kehle stopfen, wird das Lied, das mein Freund, auf deines Bruders Knien gehört und dem ich zu vertrauen gelernt hab, immer noch erklingen.

Und wird Wasser in die Wüste tragen, denn das ist's, was das Lied tun soll, das ist es, wenn es in dem Lied heißt: *Meine Seele sei ein Zeuge.*

Denk mal darüber nach, was du hättest unternehmen müssen, um diese fünf unverbundenen Wörter zusammenzufügen und aus der Verbindung ein Lied zu machen.

Ja. Die Predigt gehört nicht dem Prediger. Auch er ist so etwas wie eine Sprechtrommel. Der Mann, der die Geschichte erzählt, erfindet nicht eine Geschichte. Er hört uns zu, und er kann uns nur zurückgeben, was er hört: von uns.

Zum Beispiel ist es absoluter Quatsch, verstehst du, wenn die Leute sich dafür rechtfertigen, wie sie ihr Geld verdienen – nämlich genauso, wie sie ihre Kinder verraten und wie ihre Kinder verlorengehen. Wenn Leute sich dafür rechtfertigen, wie sie ficken und sich ficken lassen, ohne Küsse und sogar ohne Vaseline, dann sind sie gezwungen, den Leuten nur das zu erzählen, was die Leute hören wollen.

Verstehst du: das bedeutet, daß sie besser sind als die Leute, denen sie nichts als Lügen erzählen.

So, und jetzt bist *du* ein Lügner geworden, und alle vergelten dir die Gefälligkeit, die du ihnen getan hast – schicken den Lift zurück, wie die Franzosen sagen würden –, und erzählen dir nur, was *du* hören willst.

Arthur wurde verletzt, er verfing, verlor sich irgendwo darin. Ich hatte mit einigen seiner alten Freunde, Liebhaber, Schmarotzern zu tun, von Paris über London und Amsterdam bis Kopenhagen: Arthur wollte von den Leuten, die *er* respektierte, nichts anderes, als daß sie *ihn* respektierten – die Leute, die Musik gemacht haben, angefangen bei weiß Gott wem, bis hin zu Satchmo, Mr. Jelly-Lord, Bessie, Mahalia, Miles, Ray, Trane, seinem *Daddy* und auch bis zu *dir*, du Arschloch, du! Erst als Arthur es mit der Angst bekam, wie *sie darüber denken mochten, was er mit ihrem Lied – unserem Lied – gemacht hatte*, wurde ihm unsere Liebe unheimlich.

Das war keine leichte Sache, unsere Liebe, aber wir *haben* es durchgestanden, Baby, beinah vierzehn Jahre lang.

Arthur lehnt an der Bar des Londoner Pubs, allein. Der Pub ist ziemlich voll.

Er ist der einzige Schwarze hier, aber das gibt der Sache etwas Beruhigendes: und alle sind distanziert höflich zu ihrem verwirrenden, unerwarteten, aber unzweifelhaft amerikanischen Cousin.

Ihm gegenüber, in der Wand gegenüber, auf der anderen Seite der Theke, befindet sich eine kleine braune hölzerne Service-Tür, eine Tür, die jedesmal leicht, aber kaum merklich hin und her schwingt, wenn jemand vom Personal hereinkommt oder hinausgeht, um dies oder das zu verrichten. Er ist fasziniert von der Tür, oder er ist, ohne darüber nachzudenken, seit über einer Stunde von der Tür hypnotisiert, und während dieser Zeit – aber das macht er sich nicht klar – hat er sich nur bewegt, um sein Glas zu heben oder noch einen Whisky zu bestellen oder sich eine Zigarette anzuzünden. Er macht sich nicht klar, wie seine lange, schwarze, lautlose Reglosigkeit die Besitzer des Londoner Pubs lähmt: die, ob sie es wissen oder nicht, nicht gewohnt sind, daß man sie ignoriert. Ignoriert zu werden bewirkt, daß man darauf wartet, erkannt zu werden oder, wie man einst wohl wehmütig gesagt hätte, entdeckt zu werden.

Jimmy ist jetzt fünfunddreißig Jahre alt, Arthur ist neununddreißig: und Jimmy und Arthur haben tatsächlich vierzehn Jahre miteinander verbracht. Ich gebe zu, daß das unmöglich erscheint, aber ob wir es zugeben oder nicht, die Zeit vergeht.

Boy
oh, du nahmst mich
mit
auf
große Fahrt

Das hatte er als Zugabe gesungen, auf der Bühne der Pariser Music-Hall, für Jimmy, der nicht dagewesen war. Er hatte selbst am Klavier gesessen, er war nicht einmal schlecht gewesen, jedenfalls nicht, soweit sein Publikum es beurteilen konnte. Er war betrunken gewesen, dumpf in einem Zustand der Wut und Angst und Panik, und soweit er sich selbst hatte hören können, war er bestimmt nicht gut gewesen.

Er war überzeugt gewesen, daß Jimmy sich für ihn schämte und schämen mußte und daß dies der Grund war, warum Jimmy nicht dagewesen war.

Aber das Publikum – diese Leere vor ihm – brüllte. Er war gefangen, geblendet vom Licht, und er hatte völlig den Sinn für Humor verloren, der einmal sein Schlüssel gewesen war zu:

Boy
geh, verirre dich nicht
in dem was ich dir sage.

Er hatte es immer als anzügliche leichte Blues-Ballade gebracht: jetzt, am letzten Abend, konnte er es überhaupt nicht richtig bringen, er schaffte es gerade noch, es, ohne den Rhythmus – und das heißt, den Sinn – zu verlieren, zu Ende zu singen und aufzustehen und sich zu verbeugen und dann, verdammt, endlich von der Bühne zu verschwinden, um in der Toilette Salzwasser, eine Flut von Salzwasser, aus seinen Augen und aus seinem Schwanz zu vergießen.

Doch einst,
da fühlte ich
was ich nun nicht mehr wage.

Jetzt weiß er nicht, was er fühlt, und ein ungeheures Gewicht scheint sich in seiner Brust und zwischen seinen Schulterblättern anzusammeln.

Er fragt sich, was ich, sein Bruder Hall, was ich wohl wirklich von ihm denke. Er fragt sich, ob Paul, sein Vater, tot im Grab liegt, vor Scham über seinen Sohn. Und in dem gleichen Augenblick, in dem er weiß, daß er es besser weiß, weiß er doch gleichzeitig, daß er es nicht weiß, daß er nie von dem Urteil, dem Abscheu in seinen eigenen Augen freigesprochen werden wird. Denn er weiß, daß er es ist, und nur er, der so unbarmherzig das Urteil fordert, die Beweisstücke für den Gerichtstag sammelt, die Richter auswählt und verlangt, daß die Trompete ertönt. Er will seinen Fall verhandelt wissen und durch das Urteil freigesprochen werden: aber er kann nur freigesprochen werden, indem er sein Verfahren einstellt.

Gott weiß
ich glaube dir nicht mehr
nicht dir, nicht deinen Lügen.

Aber die Qual ist wirklich, und sie hat reale Konsequenzen. Es ist wahr, daß unser Urteil der Gleichgültigkeit der Welt schmeichelt und an unserem Untergang mitwirken läßt: aber dies zu begreifen und es zu verändern verlangt ein tieferes Verständnis für unser Lied.

Denn zu diesem Zeitpunkt in Arthurs Leben hat Jimmy tatsächlich in dem Pariser Hotel seine Koffer gepackt, er hat erschöpft und ernst seine weinenden Augen getrocknet und hat die Rezeption angerufen, man solle ihn am Morgen wecken und ihm ein Taxi bestellen, das ihn zum Flughafen bringen soll, wo er das Flugzeug nach London nehmen wird. Er bedauert den Streit der Liebenden vom Abend zuvor, doch jetzt hat er nur noch die Absicht, zu dem Geliebten zurückzukehren und mit ihm nach New York zu reisen, und das Buch, das er aufschlägt, nachdem er sich einen Drink eingegossen und sich auf dem Bett ausgestreckt hat, heißt nicht Kummer und Sorge. Er ist ein bißchen beunruhigt, das ist wahr, aber man ist immer beunruhigt über die Rätsel der Entfernung, die man überwinden muß, um sich mit dem Rätsel des Geliebten zu vereinen. Er denkt nicht im entferntesten an Urteil, Richter oder Trompeten. Tatsächlich, um die Wahrheit zu sagen, vermißt Jimmy Arthur einfach nur und wünscht sich Arthur in seinen Armen; er kriegt einen leichten Steifen, er legt sich zurück, immer noch lesend. Er liest, wie man es immer in solchen Momenten tut, etwas von Agatha Christie und wird den Schluß erreicht haben, bevor er merkt, daß er das Buch schon einmal gelesen hat: Jimmy behauptet, daß er in seinem ganzen Leben nur einen einzigen Roman von Agatha Christie gelesen hat, diesen aber genau siebenundachtzigmal.

Und Ruth und ich erwarten die beiden in New York, Ruth entscheidet, was sie ihnen vorsetzen wird, und Julia, die die Einkäufe machen will, schreibt diese Entscheidungen auf, wie Ruth sie ihr am Telefon übermittelt. Ich will nur noch kurz schlafen, bevor die beiden reisenden Monster ankommen, denn ich werde bestimmt nicht viel Schlaf finden, wenn sie erst einmal da sind, und die Kinder – genauer gesagt, Tony, denn Odessa ist noch zu klein – überlegen schon, was ihre beiden Onkel ihnen mitgebracht haben.

Arthur lehnt an der Bar. Er hat bemerkt, daß die anderen im Pub ihn bemerkt haben. Das heißt, er ist sich auf einmal bewußt, daß er als berühmter Sänger erkannt wird, während er da in einem düsteren Londoner Pub steht und allein trinkt. Nun ja, er mag düster sein oder nicht, er weiß es nicht. Er ist einfach vor einiger Zeit hier hereingekommen.

Er kam vom Piccadilly, und jetzt weiß er, wo er ist. Er ist nicht weit von seinem Hotel.

Er ist sich seiner Bekanntheit auch noch auf andere Weise bewußt: ein Paar irische Augen – er ist sicher, daß es irische sind, starrt ihn an, hat ihn die ganze Zeit von einem Tisch am anderen Ende des Raums angestarrt.

Nein, man kann – heute abend – nicht sagen, daß Arthur versucht oder fähig wäre, auf das erstaunlich offene Geständnis oder die Hoffnung oder das Flehen in diesen Augen zu reagieren. Nach einem anderen Abend, ja, in dieser Stadt oder in anderen Städten, ja: aber mit dem Körper kann man ebenso heilige Versprechen legen wie mit Worten, und Arthur hat, sagt er, schon zu oft solche Versprechen gebrochen. So strafft er seine Schultern und betrachtet sich – oder vielmehr sein Äußeres. Wir verändern uns nicht sehr, und so trägt Arthur schwarze Stiefel, eine alte schwarze Cordhose, einen grauen Rollkragenpullover und eine Matrosenjacke. Und sein dünner werdendes Haar hat schon die ersten grauen Strähnen.

Er hat eine Anwandlung von Panik, als er sich strafft, denn er hat eine der schlechten Angewohnheiten eines Stars – oder doch zumindest eines so bestürmten und so unberechenbaren Stars – die Angewohnheit, ohne Ausweis und ohne Bargeld herumzulaufen.

Vorsichtig und mutig zugleich greift er in seine Matrosenjacke und entdeckt erleichtert seine Brieftasche, den Paß, Traveller-Schecks und, Gott allein weiß wieso, ein paar englische Pfundnoten.

Die Pfundnoten, das wird ihm sogleich klar, verdankt er Jimmy, und er lächelt, als er jetzt eine Fünf-Pfund-Note aus seiner Brieftasche nimmt.

Er ist sich der nicht lächelnden irischen Augen in der anderen Ecke des Raums bewußt, ist sich all der anderen auf ihn gerichteten Augen bewußt, und auf einmal will er fort von hier, fort von diesen Leuten, diesen Augen, diesem Tod. Denn das *ist* der Tod – das menschliche Verlangen, auf das du nicht zu antworten vermagst, das Verlangen, das unfähig ist, sich selbst zu erkennen.

Und dann trifft es ihn wieder, ein leichtes Stechen in der Brust und zwischen den Schulterblättern. Er stützt sich leicht auf die Theke und hält sich an seiner Fünf-Pfund-Note fest. Er glaubt, daß es aufgestaute Luft, daß es Verdauungsbeschwerden sind – er will zur Toilette gehen, sobald er bezahlt hat.

Er zahlt, aber seine Hände zittern, er steckt das Wechselgeld irgendwie in die Tasche und geht durch den Raum. Die Toilette ist am anderen Ende des Raums, durch eine schmale Tür hindurch und eine Treppe hinunter.

Die Reise quer durch den Raum ist die längste Reise, zu der er sich je zwingen mußte. Er steigt die Stufen hinunter, und die Stufen steigen ihm entgegen, treffen ihn noch einmal in die Brust, pochen zwischen seinen Schulterblättern, werfen ihn auf den Rükken, starren von der Decke auf ihn herab, zum Greifen nah.

Heute nacht hatte ich einen Traum. Jimmy und Julia und Arthur und ich standen auf einer ländlichen Veranda. Es regnete, aber wir waren vor dem Regen geschützt. Er fiel vor uns wie ein Vorhang herab. Wir konnten durch diesen Vorhang hinaussehen, aber niemand konnte uns sehen.

Es war irgendwie, als ob wir alle im Haus gesessen und geredet hätten oder Karten gespielt oder Musik gemacht hätten, und als wäre jemand gekommen und hätte gesagt: *Oh, Kinder! Kommt, seht mal! Seht mal, da drüben!*

Und dann kommt in meinem Traum Julia, die im Haus gesessen und ein Gedicht geschrieben hat und das Gedicht jetzt in dem Gürtel um ihre Taille verstaut – ein schwerer Gürtel, ich kenne ihn von irgendwoher, aber ich habe keine Zeit, sie zu fragen –, und Jimmy kommt, der Arthur mit einer großen, grausamen goldenen Schere die Haare geschnitten hat, und Arthur, der die zu Boden fallenden Haare in irgend etwas hineingewebt hat, das er Jimmy schenken will, und ich, ich, Hall, der anscheinend Holz gehackt hat, damit wir am Abend ein Feuer machen können: wir alle kommen auf die Veranda gelaufen. Ich habe das Gefühl, daß es Pauls Stimme gewesen sein könnte, aber es könnte auch Ruths Stimme gewesen sein – sie ist irgendwo in diesem Traum, entweder gleich hinter mir, und mich am Ellbogen haltend, oder sie spricht mit Florence.

Florence aber steht im Regen, der auf die Straße herabprasselt, draußen, vor dieser ländlichen Veranda. Sie ist anfangs die einzige, die ich sehen kann, und ich sehe sie, weil sie den Perlmuttkamm im Haar trägt: er zieht den Regen an, und der Regen blitzt auf dem Kamm, wie Blitze bei Tage aus einer Wolkenbank zukken. Amy hilft ihr, Martha zu stützen, und ein Stück hinter ihr versuchen Sidney und Joel einander über die gleißende Straße zu helfen.

Ich trage Tony auf den Schultern. Seine Hände klammern sich an meine Haare. Odessa klammert sich an meine Knie.

Ruths Finger streicheln meinen Rücken.

Arthur rückt näher, steht jetzt neben mir.

«Sollen wir's ihnen sagen? Was am anderen Ende der Straße ist?»

Von der Straße her, aus der Sturzflut, wirft Florence einen warnenden, erbitterten Blick herüber: *Oho, oho.*

Paul läßt das magische Silbermedaillon aufblitzen, das mein Bruder mir geschenkt hat, und verschwindet im Regen. *Oho – oho.*

Ich drehe mich um und sehe Arthur an.

Wir hören den Regen unmittelbar vor uns: der Regen strömt herab.

«Brüder. Ich gehe fort, ich verlasse euch.»

Oho – oho.

«Gehen wir rein», sagt Jimmy.

Oho – oho.

Dann lachen alle. Ich habe Feuer gemacht. Wir haben den Kindern zu essen gegeben, und die Kinder sind im Bett. Wir sind vom Regen durchnäßt, obwohl ich mich nicht erinnern kann, daß wir die Veranda verlassen hätten. Das Feuer trocknet uns allmählich, und zugleich läßt es uns erkennen, wie naß wir sind. Und Arthur wiederholt seine Frage.

«Sollen wir's ihnen sagen? Was am anderen Ende der Straße ist?»

Die Frage peinigt mich, wie ein Lied, das ich Arthur einst singen hörte und an das ich mich in meinem Traum um keinen Preis erinnern kann.

«Ich wünschte», sagte Jimmy, der sich mit der blitzenden Schere an Arthurs Regenwald von senegalesischem Haar zu schaffen macht, während Arthurs Finger emsig mit dem Tuch beschäftigt sind, das er für Jimmy webt, «ihr würdet den Regen machen lassen, was der Regen macht.»

«Oho – *oho*», sagt Julia.

Husch, geh unter,
Sonnenschein,
schau, was der neue Tag uns bringt …

Ich habe Arthur dieses Lied nie singen hören. Er dreht den Kopf und sieht mich an.

Da ging die Sonne unter,
Es kam der neue Tag und brachte
Regen.

Dann erinnere ich mich in meinem Traum an den Anfang eines Lieds, das ich Arthur so gern singen hörte: *Oh, mein geliebter Bruder, wenn diese Welt in Flammen steht, soll dann nicht Gottes Güte deines Hauptes Kissen sein?* Und ich sage zu ihm, in meinem Traum: Nein, sie werden schon herausfinden, was am anderen Ende der Straße ist, da oben am anderen Ende der Straße, da ist nichts anderes als wir selbst, Mann, und dann wache ich auf, und mein Kissen ist naß von Tränen.

Ernest Hemingway

Gesammelte Werke
Deutsch von Paul Baudisch, Richard K. Flesch, Annemarie Horschitz-Horst, Elisabeth Plessen und Ernst Schnabel
Mit einem Vorwort von Rolf Hochhuth und Martin Christadler
6 Bände. 3450 Seiten und 64 Bildtafeln. Gebunden

Ausgewählte Briefe 1917–1961
„Glücklich wie die Könige“
Herausgegeben und mit einer Einführung von Carlos Baker. Deutsch von Werner Schmitz
640 Seiten. Gebunden

Gefährlicher Sommer
Deutsch von Werner Schmitz
224 Seiten. Gebunden und als rororo 12457

49 Depeschen
Ausgewählte Zeitungsberichte und Reportagen aus den Jahren 1920–1956
Herausgegeben von Ernst Schnabel.
Deutsch von Ernst Schnabel unter Mitarbeit von Elisabeth Plessen
400 Seiten. Gebunden und als rororo 1533

Vier Stories aus dem spanischen Bürgerkrieg
Deutsch von Richard K. Flesch und Harry Rowohlt
128 Seiten. Gebunden

Lesebuch
Noch einmal glückliche Tage
256 Seiten. Gebunden

Ernest Hemingway

Die Stories
Deutsch von Annemarie Horschitz-Horst
500 Seiten. Gebunden
(Erzählerbibliothek)

Der Garten Eden
Roman
Deutsch von Werner Schmitz
320 Seiten. In Leinen gebunden

Fiesta
Roman
Deutsch von Annemarie Horschitz-Horst
208 Seiten. Gebunden
und als rororo 5

Die Sturmfluten des Frühlings
Ein romantischer Roman zu Ehren des
Verschwindens einer großen Rasse.
Deutsch von Annemarie Horschitz-Horst
136 Seiten. Gebunden und als
rororo 1716

Ernest Hemingway
dargestellt von Georges-Albert Astre
rm73

rororo

C 1085/6 b

Literatur für Kopf Hörer

Produziert von Bernd Liebner

Eine Auswahl

Rowohlt Cassetten

«Es ist eines, ein Buch zu lesen. Es ist ein neues und recht andersartiges Erlebnis, es von einem verständigen Interpreten mit angenehmer Stimme vorgelesen zu bekommen.»
Rudolf Walter Leonhardt, DIE ZEIT

Erika Pluhar liest Simone de Beauvoir
Eine gebrochene Frau
2 Tonbandcassetten im Schuber
(66012)

Bruno Ganz liest Albert Camus
Der Fall
Deutsch von Guido Meister.
3 Tonbandcassetten im Schuber
(66000)

Elisabeth Trissenaar liest
Louise Erdrich
Liebeszauber
2 Tonbandcassetten im Schuber
(66013)

Erika Pluhar liest Elfriede Jelinek
Oh Wildnis, oh Schutz vor ihr
Keine Geschichte zum Erzählen
1 Tonbandcassette im Schuber
(66002)

Hans Michael Rehberg liest
Henry Miller
Lachen, Liebe, Nächte
Astrologisches Frikassee
2 Tonbandcassetten im Schuber
(66010)

Literatur für Kopf Hörer

Produziert von Bernd Liebner

Eine Auswahl

Rowohlt Cassetten

C 2321/3 a

Armin Müller-Stahl liest
Vladimir Nabokov
Der Zauberer
Deutsch von Dieter E. Zimmer
2 Tonbandcassetten im Schuber
(66005)

Walter Schmidinger liest
Italo Svevo
Zeno Cosini
Das Raucherkapitel
1 Tonbandcassette im Schuber
(66007)

Uwe Friedrichsen liest
Kurt Tucholsky
Schloß Gripsholm
3 Tonbandcassetten im Schuber
(66006)

Christian Brückner liest
John Updike
Der verwaiste Swimmingpool
Der verwaiste Swimmingpool,
Wie man Amerika gleichzeitig liebt und verläßt
Deutsch von Uwe Friesel und Monika Michieli.
1 Tonbandcassette im Schuber
(66004)

Christian Brückner liest
Jean-Paul Sartre
Die Kindheit eines Chefs
Deutsch von Uli Aumüller
3 Tonbandcassetten im Schuber
(66014)